中国古代名著全本译注丛书

左传译注

上

李梦生　译注

图书在版编目(CIP)数据

左传译注/李梦生译注. —上海:上海古籍出版社, 2016.7（2025.6重印）
(中国古代名著全本译注丛书)
ISBN 978-7-5325-7821-4

Ⅰ.①左… Ⅱ.①李… Ⅲ.①中国历史—春秋时代—编年体②《左传》—译文③《左传》—注释 Ⅳ.①K225.04

中国版本图书馆 CIP 数据核字(2015)第 236422 号

中国古代名著全本译注丛书
左传译注
(全二册)
李梦生 译注

上海世纪出版股份有限公司
上海古籍出版社 出版
(上海市闵行区号景路159弄1-5号A座5F 邮政编码201101)
(1)网址:www.guji.com.cn
(2)E-mail:guji1@guji.com.cn
(3)易文网网址:www.ewen.co
上海世纪出版股份有限公司发行中心发行经销
江阴市机关印刷服务有限公司印刷
开本890×1240 1/32 印张53 插页10 字数1,020,000
2016年7月第1版 2025年6月第7次印刷
印数9,551—10,650
ISBN 978-7-5325-7821-4
K·2114 定价:128.00元
如有质量问题,请与承印公司联系

前　言

　　《左传》全称《左氏春秋》或《春秋左氏传》，是中华古籍中辉炳千秋的重要文献。

　　"春秋"本来是中国古代纪事史书的通称，各国都有自己的《春秋》，因为现在流传下来的只有鲁国的《春秋》，所以《春秋》也就顺理成章地成了鲁《春秋》的专用名词。《春秋》的作者一向认为是孔子，说是哀公十四年，西狩获麟，孔子有感于自己的道义不行于天下，所以取鲁史所修《春秋》进行加工编撰，想要让人们从中得到扬善弃恶的教训。全书纪事从隐公元年（前722）至哀公十六年（前479），计244年，后人因此称这一时期为"春秋时代"。书虽用的是鲁国纪元，却兼记各国事，所以它不仅是中国现存的第一部编年史，也是现存的第一部中国通史。

　　《春秋》记事的目的，据后人阐发，主要是劝惩。一是劝恶扬善，即提倡道义，从成败中引发教训。孟子说："世衰道微，邪说暴行有作，臣弑其君者有之，子弑其父者有之。孔子惧，作《春秋》。《春秋》，天子之事也，是故孔子曰：'知我者其惟《春秋》乎！罪我者其惟《春秋》乎！'"（《孟子·滕文公下》）可见，《春秋》之作，是孔子用以定名分、制法度，以息邪说、以禁暴行的。其二是提倡尊王攘夷，提倡王霸、王道，强调以社会等级次序为核心的"礼"。这些，都与孔子其他著作中所宣扬的儒家思想是一致的，所以《春秋》一直被奉为儒家的重要经典，历代治《春秋》的思想家、学者辈出。

　　然而，《春秋》本身的文字十分简练，一件轰轰烈烈的大事，书中通常只有一句话，使人读后不得要领。《史记·孔子世家》

又说孔子"为《春秋》，笔则笔，削则削"。笔就是记录下来，削就是删除不写。这笔削之间，都被认为有大道理存在，被称为"春秋笔法"，存在"一字褒贬"，有"微言大义"。所以就出现了专门解《春秋》的人，他们解《春秋》的专著就是"经传"。传世的经传，最为出名的是左氏、公羊、穀梁三家，这三家的"传"，都被列入了"十三经"之中，充分说明了后人对它们的重视。

左氏、公羊、穀梁三家所传，侧重点不同，观点也不完全相同，所以古人认为，对《春秋》，信者传信，疑者传疑，因此在经与传之间、传与传之间，都没有刻意求一。宋大理学家朱熹在《朱子语类》中说："《左传》是史家，《公》、《穀》是经学。史学者记得事却详，于道理上便差；经学者于义理上有功，然记事多误。"宋叶梦得《春秋传序》也说："《左传》传事不传经，是以详于史而事未必实；《公羊》传义不传事，是以详于经而义未必当。"这些话，都较准确地概括了三传各自的特点。

《左传》的作者，相传为左丘明。左丘明，有人说是鲁君子，也有人说是鲁国的史官。《左传》的成书年代，也一向众说纷纭。到了宋代，经学家开始怀疑《左传》不出于左丘明之手，有人认为是战国初年魏国史官所作；又有人提出递相增补的看法，认为其中吴起加入的最多。又因为《左传》常有无经之传及经传相异的地方，所以被人认为"自是一家书"，"不主为经发"（《晋书·王接传》）。不过许多人不同意这一观点，认为"《左氏》经之与传，犹衣之表里相持而成。经而无传，使圣人闭目思之，十年不能知也"（桓谭《新论》）。

《左传》起于隐公元年，止于哀公二十七年，有无经之传十一年。它详细地记载了这一时期各国的重大事件与重要人物的生平行事。它善于把复杂的事写得有条不紊，剪裁得当，又善于以优美流畅的笔墨叙事写人，所以杜预《春秋左传序》说它"其文缓，其旨远"，赞赏它的委婉与含蓄。由于《左传》具备了这些特点与长处，所以，在今天来看，它不仅是一部经书，又是一部史书，更是一部杰出的文学作品。

作为经书，《左传》与《公羊》、《穀梁》专主解经不同。首先，它往往依附于事实，通过对事、对人的评论，迎合《春秋》大义，进行辩析、论述；通过书中人物之口及"君子曰"等形式，宣扬儒家道统。其次，它通过大量史实，从叙事的角度上表明自己的立场、宗旨，达到与经密切配合的目的。全书最为突出的是对"礼"与"义"的宣传。礼是儒家维护社会次序、维护道统的准则，而"义"是"礼"的内涵，所以全书不断地强调它们的作用。如晋文公想称霸天下，子犯就以"民未知义，未安其居"，"民未知礼，未生其共"（僖公二十七年）的道理来开导他利民崇礼，终于一举成功。在全书中，反复出现"礼，国之干也"（僖公十一年）、"礼，身之干也"（成公十三年）一类话；又不断用"礼也"二字来赞赏某事合乎礼，用"非礼也"三字来批评某事不合乎礼。同样，左氏认为"礼以行义，信以守礼"（僖公二十八年），所以书中总是将"义"放在重要位置，说"君子动则思礼，行则思义，不为利回，不为义疚"（昭公三十一年）。通过这样的宣传，劝人为善，惩治诛挞恶人，达到使人明白"善不可失，恶不可长"的目的。这些，不仅与《春秋》精神一致，也进一步阐发了儒家学说的要义。

《左传》作为儒家经典，被研究了两千多年，尤其是成为科举入仕的敲门砖后，更不知有多少人逐字逐句地推敲钩稽。我们今天读《左传》，不可能也没有必要再像古人那样钻牛角尖地去品味其中的"微言大义"，所以《左传》"经"的意义自可退居次要地位，而史与文学作品的意义则显得更为重要。

《左传》记事，有人统计过，盟会109次，会见97次，"侵六

十、伐二百十有三、战二十三、围四十、入二十七……"，可见头绪纷杂，事件繁多。而作者写来，条分缕析，前后呼应，或简捷明快，或生动细致，这些都已成为后世史家的圭臬。今天读《左传》，不仅要从此了解史实，更重要的是要学会通过这些史实，从中找出借鉴，即总结历史的经验为今天所用。如读越王句践复国的史实，就应该借鉴句践善于忍辱、卧薪尝胆、与人民同苦的精神。读五霸崛起，就应充分注意他们的用人唯贤的做法，从齐桓公任用管仲，晋文公重用从亡诸臣，秦穆公信任蹇叔、百里奚等，牢记"得士者昌，失士者亡"这一道理。通过子产不毁乡校，领会"防言如同防川"的治国方法；通过郑子皮对子产的态度，认识到善于举荐人才、使用人才的重要性。像这样的例子还可以随手举出许多，都是在阅读时应该反复品味、举一反三的。

《左传》在散文上的成就，一向受到推崇，尤其是它长于描绘战争，善于铺叙辞令，更为人赞不绝口。前者可举城濮之战与殽之战为代表。城濮之战是晋楚间第一次大战，也是《左传》重点记载的一次战争。文章详细描述了战争的起因、开始与经过。在具体写战争时，又分两层来叙述：先写临战前楚成王不想打，而子玉坚持要打，内部不统一，已失去取胜先机；而晋国则君臣同心，一方面通过外交手段孤立楚国，一方面利用敌人的弱点，从气势上压倒敌人。在交战时，晋国避强击弱，先剪除楚军右翼，再用假装退兵之计，击败楚军左翼，逼使子玉收兵。文章最后又交代了晋兵获胜后的举动，为晋文公称霸作铺垫。全文条理清晰，委婉曲折，摇曳多姿，成为后世史书及传记类文章的典范。殽之战，作者又别出心裁，另具一格。文章写的是秦、晋在争夺霸权过程中的一场关键战役，但具体写战斗的只有一句话，全篇则着重围绕战前战后作盘旋。在结构上可以分为四个部分，却一脉贯联。第一部分写战争起因及蹇叔哭师，说明秦军远距离偷袭，违反战争规律，预示秦军必败；第二部分写王孙满观秦师及弦高犒师，秦兵偷袭不成，说明秦国骄兵必败，与蹇叔的分析呼应；第三部分写秦、晋交战；第四部分是余波，写文嬴释帅与秦穆公引咎自责。全文虽是记事，却处处突出人物，以人物的语言来表现性格神态，其中蹇叔与先轸的形象尤为神似，呼之欲出。

《左传》中记叙论辩辞令的名篇很多，这些言论，或抓住大国、霸主喜欢标榜自己，以仁义道德为幌子的特点，做好圈套让人钻；或引类设譬，不露声色地向君主劝讽，往往言词精炼，说服力很强。如著名的屈完回答齐桓公的一段话，切中齐桓公小题大做、色厉内荏的特点，理直气壮地进行反驳。前后两番对答，针锋相对，词气凛然，终于迫使齐桓公匆匆讲和收兵。又如烛之武退秦师的一篇说辞，抓住灭郑对秦无利作为论辩的核心，指出亡郑的结果是"陪邻"，"邻之厚，君之薄也"，在主动表示与秦和好的前提下离间秦、晋两国关系，最终使秦穆公退兵。像这样精彩隽永的篇节，还可举出不少，尝鼎一脔，可知全味了。

通过以上简单的介绍，我们基本上已可以明了《左传》的成就与它的特点。尽管《左传》以当时的标准来衡量称不上深奥古僻，但对今天的一般读者来说，阅读时仍不免有很多障碍，所以有必要加以译注。这次译注，采用《四部丛刊》影印的宋刻杜预注《春秋经传集解》为底本，参校了1936年世界书局据清武英殿本影印的《春秋三传》。因为有今译，所以注释主要对人名、地名及个别难词加以诠解。在译注时，参考了前人的不少注本。特别需要说明的是，杨伯峻先生的《春秋左传注》一书，对我的帮助尤大。该书将诸家注释予以厘别归纳汇集，一书起了多书的作用，免去我不少翻检之劳；而杨先生所作的辨解、疏释，更使我获益良多。在译完后，曾参考了现行的几种译本，特别是沈玉成先生的译本。对于今译，我有一点小小的体会：在译时切不可参考前人译本，否则思路、用词难免会受到牵制；在译后切不可不参考前人译本，否则难以纠正自己的主观、谬误。这是我在多年的古籍整理工作实践中所感受到的，谨此提供给初次从事古文今译的同好参考。

李梦生

目 录

前言 ··· 1

春秋左传卷一　隐公 ·· 1
  隐公元年 ·· 1
  隐公二年 ·· 10
  隐公三年 ·· 13
  隐公四年 ·· 20
  隐公五年 ·· 25
  隐公六年 ·· 31
  隐公七年 ·· 35
  隐公八年 ·· 39
  隐公九年 ·· 44
  隐公十年 ·· 48
  隐公十一年 ··· 52

春秋左传卷二　桓公 ·· 61
  桓公元年 ·· 61
  桓公二年 ·· 64
  桓公三年 ·· 72
  桓公四年 ·· 76
  桓公五年 ·· 78

桓公六年 …………………………………………… 83

桓公七年 …………………………………………… 91

桓公八年 …………………………………………… 93

桓公九年 …………………………………………… 97

桓公十年 …………………………………………… 100

桓公十一年 ………………………………………… 103

桓公十二年 ………………………………………… 107

桓公十三年 ………………………………………… 110

桓公十四年 ………………………………………… 114

桓公十五年 ………………………………………… 116

桓公十六年 ………………………………………… 119

桓公十七年 ………………………………………… 122

桓公十八年 ………………………………………… 126

春秋左传卷三　庄公 ………………………………… 130

庄公元年 …………………………………………… 130

庄公二年 …………………………………………… 132

庄公三年 …………………………………………… 134

庄公四年 …………………………………………… 136

庄公五年 …………………………………………… 139

庄公六年 …………………………………………… 141

庄公七年 …………………………………………… 144

庄公八年 …………………………………………… 146

庄公九年 …………………………………………… 150

庄公十年 …………………………………………… 153

庄公十一年 ………………………………………… 158

庄公十二年……………………………………161
庄公十三年……………………………………164
庄公十四年……………………………………166
庄公十五年……………………………………170
庄公十六年……………………………………172
庄公十七年……………………………………175
庄公十八年……………………………………177
庄公十九年……………………………………180
庄公二十年……………………………………183
庄公二十一年…………………………………185
庄公二十二年…………………………………188
庄公二十三年…………………………………193
庄公二十四年…………………………………196
庄公二十五年…………………………………199
庄公二十六年…………………………………202
庄公二十七年…………………………………204
庄公二十八年…………………………………207
庄公二十九年…………………………………212
庄公三十年……………………………………215
庄公三十一年…………………………………218
庄公三十二年…………………………………220

春秋左传卷四　闵公………………………225
　闵公元年……………………………………225
　闵公二年……………………………………231

春秋左传卷五　僖公上 ………………………… 241
- 僖公元年 ………………………… 241
- 僖公二年 ………………………… 244
- 僖公三年 ………………………… 248
- 僖公四年 ………………………… 251
- 僖公五年 ………………………… 258
- 僖公六年 ………………………… 267
- 僖公七年 ………………………… 270
- 僖公八年 ………………………… 275
- 僖公九年 ………………………… 278
- 僖公十年 ………………………… 285
- 僖公十一年 ……………………… 290
- 僖公十二年 ……………………… 293
- 僖公十三年 ……………………… 296
- 僖公十四年 ……………………… 299
- 僖公十五年 ……………………… 302

春秋左传卷六　僖公中 ………………………… 316
- 僖公十六年 ……………………… 316
- 僖公十七年 ……………………… 319
- 僖公十八年 ……………………… 323
- 僖公十九年 ……………………… 326
- 僖公二十年 ……………………… 330
- 僖公二十一年 …………………… 333
- 僖公二十二年 …………………… 337
- 僖公二十三年 …………………… 344

僖公二十四年 ………………………………… 353
僖公二十五年 ………………………………… 365
僖公二十六年 ………………………………… 371

春秋左传卷七　僖公下 ………………………………… 376
僖公二十七年 ………………………………… 376
僖公二十八年 ………………………………… 381
僖公二十九年 ………………………………… 400
僖公三十年 …………………………………… 403
僖公三十一年 ………………………………… 409
僖公三十二年 ………………………………… 413
僖公三十三年 ………………………………… 416

春秋左传卷八　文公上 ………………………………… 427
文公元年 ……………………………………… 427
文公二年 ……………………………………… 434
文公三年 ……………………………………… 441
文公四年 ……………………………………… 445
文公五年 ……………………………………… 449
文公六年 ……………………………………… 452
文公七年 ……………………………………… 460
文公八年 ……………………………………… 469
文公九年 ……………………………………… 473
文公十年 ……………………………………… 477

春秋左传卷九　文公下 …… 481

　　文公十一年 …… 481
　　文公十二年 …… 485
　　文公十三年 …… 491
　　文公十四年 …… 496
　　文公十五年 …… 503
　　文公十六年 …… 510
　　文公十七年 …… 517
　　文公十八年 …… 522

春秋左传卷十　宣公上 …… 532

　　宣公元年 …… 532
　　宣公二年 …… 536
　　宣公三年 …… 545
　　宣公四年 …… 551
　　宣公五年 …… 558
　　宣公六年 …… 560
　　宣公七年 …… 563
　　宣公八年 …… 566
　　宣公九年 …… 569
　　宣公十年 …… 573
　　宣公十一年 …… 578

春秋左传卷十一　宣公下 …… 583

　　宣公十二年 …… 583
　　宣公十三年 …… 606

宣公十四年 …… 609
宣公十五年 …… 614
宣公十六年 …… 622
宣公十七年 …… 625
宣公十八年 …… 630

春秋左传卷十二　成公上 …… 633

成公元年 …… 633
成公二年 …… 636
成公三年 …… 658
成公四年 …… 665
成公五年 …… 669
成公六年 …… 674
成公七年 …… 681
成公八年 …… 686
成公九年 …… 692
成公十年 …… 700

春秋左传卷十三　成公下 …… 705

成公十一年 …… 705
成公十二年 …… 710
成公十三年 …… 715
成公十四年 …… 725
成公十五年 …… 730
成公十六年 …… 737
成公十七年 …… 758

成公十八年 …………………………………………………… 770

春秋左传卷十四　襄公一 …………………………………… 779
　　襄公元年 …………………………………………………… 779
　　襄公二年 …………………………………………………… 783
　　襄公三年 …………………………………………………… 788
　　襄公四年 …………………………………………………… 795
　　襄公五年 …………………………………………………… 804
　　襄公六年 …………………………………………………… 809
　　襄公七年 …………………………………………………… 813
　　襄公八年 …………………………………………………… 819
　　襄公九年 …………………………………………………… 826

春秋左传卷十五　襄公二 …………………………………… 838
　　襄公十年 …………………………………………………… 838
　　襄公十一年 ………………………………………………… 852
　　襄公十二年 ………………………………………………… 861
　　襄公十三年 ………………………………………………… 864
　　襄公十四年 ………………………………………………… 870
　　襄公十五年 ………………………………………………… 887

春秋左传卷十六　襄公三 …………………………………… 892
　　襄公十六年 ………………………………………………… 892
　　襄公十七年 ………………………………………………… 897
　　襄公十八年 ………………………………………………… 902
　　襄公十九年 ………………………………………………… 911

襄公二十年 …… 921
　　襄公二十一年 …… 926
　　襄公二十二年 …… 937

春秋左传卷十七　襄公四 …… 945
　　襄公二十三年 …… 945
　　襄公二十四年 …… 961
　　襄公二十五年 …… 970

春秋左传卷十八　襄公五 …… 988
　　襄公二十六年 …… 988
　　襄公二十七年 …… 1010
　　襄公二十八年 …… 1027

春秋左传卷十九　襄公六 …… 1043
　　襄公二十九年 …… 1043
　　襄公三十年 …… 1060
　　襄公三十一年 …… 1076

春秋左传卷二十　昭公一 …… 1093
　　昭公元年 …… 1093
　　昭公二年 …… 1122
　　昭公三年 …… 1129

春秋左传卷二十一　昭公二 …… 1144
　　昭公四年 …… 1144

昭公五年 …………………………………… 1162
　　昭公六年 …………………………………… 1177
　　昭公七年 …………………………………… 1186

春秋左传卷二十二　昭公三 …………………… 1203
　　昭公八年 …………………………………… 1203
　　昭公九年 …………………………………… 1210
　　昭公十年 …………………………………… 1217
　　昭公十一年 ………………………………… 1225
　　昭公十二年 ………………………………… 1234

春秋左传卷二十三　昭公四 …………………… 1248
　　昭公十三年 ………………………………… 1248
　　昭公十四年 ………………………………… 1271
　　昭公十五年 ………………………………… 1277
　　昭公十六年 ………………………………… 1284
　　昭公十七年 ………………………………… 1294

春秋左传卷二十四　昭公五 …………………… 1302
　　昭公十八年 ………………………………… 1302
　　昭公十九年 ………………………………… 1310
　　昭公二十年 ………………………………… 1317
　　昭公二十一年 ……………………………… 1336
　　昭公二十二年 ……………………………… 1346

春秋左传卷二十五　昭公六 …………………… 1354
　　昭公二十三年 ……………………………… 1354

昭公二十四年 ·· 1365
昭公二十五年 ·· 1371
昭公二十六年 ·· 1388

春秋左传卷二十六　昭公七 ·························· 1401
昭公二十七年 ·· 1401
昭公二十八年 ·· 1411
昭公二十九年 ·· 1420
昭公三十年 ·· 1428
昭公三十一年 ·· 1433
昭公三十二年 ·· 1439

春秋左传卷二十七　定公上 ·························· 1446
定公元年 ·· 1446
定公二年 ·· 1453
定公三年 ·· 1455
定公四年 ·· 1459
定公五年 ·· 1474
定公六年 ·· 1480
定公七年 ·· 1486

春秋左传卷二十八　定公下 ·························· 1489
定公八年 ·· 1489
定公九年 ·· 1498
定公十年 ·· 1505
定公十一年 ·· 1514
定公十二年 ·· 1516

定公十三年 …… 1519
定公十四年 …… 1525
定公十五年 …… 1531

春秋左传卷二十九　哀公上 …… 1535

哀公元年 …… 1535
哀公二年 …… 1542
哀公三年 …… 1549
哀公四年 …… 1553
哀公五年 …… 1557
哀公六年 …… 1561
哀公七年 …… 1569
哀公八年 …… 1575
哀公九年 …… 1582
哀公十年 …… 1586
哀公十一年 …… 1589
哀公十二年 …… 1600
哀公十三年 …… 1605

春秋左传卷三十　哀公下 …… 1611

哀公十四年 …… 1611
哀公十五年 …… 1621
哀公十六年 …… 1628
哀公十七年 …… 1637
哀公十八年 …… 1645
哀公十九年 …… 1647
哀公二十年 …… 1648

哀公二十一年 ………………………………………… 1651
哀公二十二年 ………………………………………… 1653
哀公二十三年 ………………………………………… 1654
哀公二十四年 ………………………………………… 1656
哀公二十五年 ………………………………………… 1659
哀公二十六年 ………………………………………… 1663
哀公二十七年 ………………………………………… 1668

春秋左传卷一　隐公

[传]

惠公元妃孟子[1]，孟子卒，继室以声子[2]，生隐公[3]。

宋武公生仲子[4]，仲子生而有文在其手，曰"为鲁夫人"，故仲子归于我[5]。生桓公而惠公薨，是以隐公立而奉之。

【注释】

〔1〕惠公：鲁惠公，名弗皇，鲁国第十三世君。元妃：国君或诸侯的嫡妻。孟子：宋国人。子是宋姓。〔2〕声子："声"是谥号。诸侯始娶，例以同姓之国侄女或妹随嫁，称"媵"，元妃死则次妃摄治内事。声子为孟子随嫁媵，所以称继室，不称夫人。〔3〕隐公：名息姑。惠公子。惠公死，桓公尚幼，隐公摄行君事。〔4〕宋武公：名司空。〔5〕归：出嫁。

隐 公 元 年

[经]

元年春[1]，王正月[2]。

三月，公及邾仪父盟于蔑[3]。

夏五月，郑伯克段于鄢[4]。

秋七月，天王使宰咺来归惠公、仲子之赗[5]。

九月，及宋人盟于宿[6]。

冬十有二月，祭伯来[7]。

公子益师卒[8]。

【注释】

〔1〕元年：公元前722年。〔2〕王正月：周历正月。〔3〕邾仪父：邾，国名，后封为子爵国。曹姓。地当今山东邹县境。仪父，名克，邾国君。蔑：姑蔑，鲁地。在今山东泗水县东。〔4〕郑伯：郑庄公。段：共叔段，庄公弟。鄢：今河南鄢陵县。〔5〕天王：周王。指周平王。宰咺：宰为官名，名咺。赗（fèng）：助丧用的车马束帛等财物。〔6〕宿：国名，地在今山东东平县。风姓，男爵。〔7〕祭伯：祭为国名，时食采于王畿；伯为爵名。祭伯为周王卿士。〔8〕公子益师：字众父，鲁公子。

[传]

元年春，王周正月。不书即位，摄也。

三月，公及邾仪父盟于蔑，邾子克也。未王命，故不书爵。曰仪父，贵之也。公摄位而欲求好于邾，故为蔑之盟。

夏四月，费伯帅师城郎[1]。不书[2]，非公命也。

【注释】

〔1〕费伯：鲁大夫。郎：鲁邑，在今山东鱼台县。〔2〕不书：指《春秋》不记载。

初，郑武公娶于申[1]，曰武姜[2]。生庄公及共叔段。庄公寤生[3]，惊姜氏，故名曰寤生，遂恶之。爱共叔段，欲立之。亟请于武公[4]，公弗许。

【注释】

〔1〕郑武公：名掘突，桓公子。郑国，姬姓。申：国名，姜姓。地在今河南南阳市。〔2〕武姜：姜为姓，即武公妻姜氏。〔3〕寤生：倒生，出生时足先出。〔4〕亟：多次。

及庄公即位，为之请制[1]。公曰："制，岩邑也[2]，虢叔死焉。佗邑唯命。"请京[3]，使居之，谓之京城大叔。祭仲曰[4]："都城过百雉[5]，国之害也。先王之制：大都不过参国之一，中五之一，小九之一。今京不度[6]，非制也，君将不堪。"公曰："姜氏欲之，焉辟害[7]？"对曰："姜氏何厌之有[8]？不如早为之所，无使滋蔓，蔓难图也。蔓草犹不可除，况君之宠弟乎？"公曰："多行不义必自毙，子姑待之。"

【注释】

〔1〕制：在今河南汜水县境内。原为东虢君领地，东虢为郑灭，地入郑。〔2〕岩邑：险要的城市。〔3〕京：在今河南荥阳县。〔4〕祭仲：郑大夫，字足。其先为祭地封人。〔5〕雉：长三丈、高一丈为一雉。〔6〕不度：不合制度规定。〔7〕辟：同"避"。〔8〕厌：满足。

既而大叔命西鄙、北鄙贰于己[1]。公子吕曰[2]："国不堪贰，君将若之何？欲与大叔，臣请事之；若弗与，则请除之，无生民心。"公曰："无庸，将自及。"大叔又收贰以为己邑，至于廪延[3]。子封曰："可矣，厚将得众[4]。"公曰："不义不昵，厚将崩。"大叔完聚[5]，缮甲兵[6]，具卒乘[7]，将袭郑。夫人将启之[8]。公闻其期，曰："可矣！"命子封帅车二百乘以伐京。

京叛大叔段,段入于鄢,公伐诸鄢。五月辛丑,大叔出奔共[9]。

书曰:"郑伯克段于鄢。"段不弟,故不言弟;如二君,故曰克;称郑伯,讥失教也;谓之郑志[10]。不言出奔,难之也。

【注释】

〔1〕鄙:边境。贰:不专一。此指背叛国君。 〔2〕公子吕:郑大夫,字子封。 〔3〕廪延:在今河南延津县北。 〔4〕厚:指土地广大。 〔5〕完聚:修理城墙,屯聚粮食。 〔6〕缮:制造,修理。甲兵:衣甲武器。 〔7〕卒乘:卒为步兵,乘为车兵。 〔8〕启:开,导。此指作内应。 〔9〕共:国名,地在今河南辉县。 〔10〕郑志:郑伯的意愿。

遂置姜氏于城颍[1],而誓之曰:"不及黄泉[2],无相见也。"既而悔之。颍考叔为颍谷封人[3],闻之,有献于公。公赐之食,食舍肉。公问之,对曰:"小人有母,皆尝小人之食矣,未尝君之羹,请以遗之[4]。"公曰:"尔有母遗,繄我独无[5]!"颍考叔曰:"敢问何谓也?"公语之故,且告之悔。对曰:"君何患焉?若阙地及泉[6],隧而相见[7],其谁曰不然?"公从之。公入而赋:"大隧之中,其乐也融融[8]!"姜出而赋:"大隧之外,其乐也泄泄[9]!"遂为母子如初。

君子曰: "颍考叔,纯孝也,爱其母,施及庄公[10]。《诗》曰[11]:'孝子不匮,永锡尔类[12]',其是之谓乎!"

【注释】

〔1〕城颍：今河南临颍西北。〔2〕黄泉：地下之泉。指死后埋在地下。〔3〕颍考叔：郑人。颍谷：即城颍之谷。封人：管守护疆界的官。〔4〕遗(wèi)：赠送。〔5〕繄(yī)：语助词，用句首。〔6〕阙：同"掘"。〔7〕隧：地道。〔8〕融融：和乐的样子。〔9〕泄泄：舒畅快乐。〔10〕施：推广。〔11〕《诗》曰：所引见《诗·大雅·既醉》。〔12〕锡：同"赐"。

秋七月，天王使宰咺来归惠公、仲子之赗。缓，且子氏未薨[1]，故名。天子七月而葬，同轨毕至[2]。诸侯五月，同盟至[3]。大夫三月，同位至[4]。士逾月，外姻至。赠死不及尸[5]，吊生不及哀，豫凶事，非礼也。

八月，纪人伐夷[6]。夷不告[7]，故不书。

有蜚[8]。不为灾，亦不书。

【注释】

〔1〕子氏：即仲子，子为姓。〔2〕同轨：车轨狭窄相同。指周天子所分封的诸侯。〔3〕同盟：结盟的国家。〔4〕同位：官位相同。〔5〕尸：未葬。〔6〕纪：国名，姜姓，地在今山东寿光县。夷：国名，妘姓。地在今山东即墨县。〔7〕告：报告。〔8〕蜚：一种害虫，专吃稻花，使稻不扬穗。

惠公之季年，败宋师于黄[1]。公立，而求成焉[2]。九月，及宋人盟于宿，始通也[3]。

冬十月庚申，改葬惠公。公弗临，故不书。惠公之薨也，有宋师[4]，大子少[5]，葬故有阙，是以改葬。卫侯来会葬[6]，不见公，亦不书。

【注释】

〔1〕黄：宋城，在今河南杞县北。 〔2〕成：讲和。 〔3〕通：往来交好。 〔4〕有宋师：指正与宋人作战。 〔5〕大子：即太子。 〔6〕卫侯：卫为侯爵，时卫君为卫桓公完。

郑共叔之乱，公孙滑出奔卫[1]。卫人为之伐郑，取廪延。郑人以王师、虢师伐卫南鄙[2]。请师于邾。邾子使私于公子豫[3]，豫请往，公弗许，遂行。及邾人、郑人盟于翼[4]。不书，非公命也。

新作南门。不书，亦非公命也。

十二月，祭伯来，非王命也。

众父卒。公不与小敛[5]，故不书日。

【注释】

〔1〕公孙滑：共叔段之子。 〔2〕虢：此指西虢国，地在今河南陕县。鄙：边境。 〔3〕私：请兵。公子豫：鲁大夫。 〔4〕翼：邾地，在今山东费县西南。 〔5〕小敛：给死者穿衣。

【译文】

[传]

惠公的嫡配夫人是孟子，孟子死后，以声子填房，生隐公。宋武公生女名仲子，仲子生下来手上就有字，作"为鲁夫人"，所以仲子嫁给我国，生了桓公，惠公不久死了，因此隐公摄政，以奉戴桓公。

[经]

元年春，周历正月。

三月，隐公与邾仪父在蔑地会盟。

夏五月，郑庄公在鄢地战胜共叔段。

秋七月，周平王派遣宰咺来馈送助惠公、仲子丧事的财物。

九月，与宋国在宿地会盟。

冬十二月，祭伯来我国。

公子益师去世。

[传]

元年春，周历正月。《春秋》不记载隐公即位，是因为隐公是摄政。

三月，隐公与邾仪父在蔑地会盟，邾仪父就是邾国君，名克。因邾国还没有正式受周王封爵，所以《春秋》没写他的爵位。称他作"仪父"，是由于尊重他。隐公摄政而想和邾国交好，所以举行蔑地的会盟。

夏四月，费伯带领军队修筑郎地的城墙。《春秋》没记载，是因为这事不是奉隐公的命令。

当初，郑武公娶了申国的女儿，名叫武姜。武姜生了庄公及共叔段。庄公出生时倒生，使姜氏受到惊吓，所以取名寤生，因此姜氏不喜欢他。姜氏喜爱共叔段，想立他为太子。她多次向武公请求，武公没有同意。

等到庄公即位，姜氏为共叔段要求把制地作封邑。庄公说："制是个险要的地方，从前虢叔死在那里。其他地方我一定同意照办。"姜氏就要了京地，庄公就让共叔段住在那儿，称为京城大叔。祭仲对庄公说："凡属都城，城墙超过三百丈，那就会成为国家的祸害。按照先王规定的制度：大的都城不得超过国都的三分之一，中等的不得超过五分之一，小的不超过九分之一。如今京的城墙不合乎规定，违反了制度，将来您一定会受害。"庄公说："姜氏要这么做，我有什么办法躲避祸害？"祭仲回答说："姜氏怎么有满足的时候呢？不如及早做好打算，别让祸害滋生蔓延开来，一旦蔓延开来，就难以对付了。蔓延的草尚且难除干净，更何况您的受宠的弟弟呢？"庄公说："坏事做多了，必然会自跌跟头，你姑且等着瞧吧。"

过了不久，大叔命令西部及北部边境地区违背中央听自己的节制。公子吕说："国家不能忍受两种政权共存，您打算怎么办？

如果想让位给大叔，那么臣子我就去侍奉他；如果不给，就请除掉他，不要让百姓们产生其他想法。"庄公说："不必，他会自作自受的。"大叔又把那两块地方划入自己的封地，一直扩展到廪延。公子吕说："可动手了，土地广了，人心就要归附他了。"庄公说："不接受君命，不友爱兄长，土地扩展得越大，瓦解倒台得越快。"大叔修治城池，积聚粮食，修造衣甲武器，训练好步兵车兵，将要偷袭首都。姜氏准备做内应打开城门。庄公打听到大叔起兵的日期，说："可以下手了！"命公子吕率领二百辆战车去攻打京城。京城的人反对大叔段，大叔段逃到了鄢地，庄公又追往鄢地攻打。五月辛丑，大叔逃亡到共国。

《春秋》载"郑伯克段于鄢"。段不守做弟弟的本分，所以不称"弟"；兄弟间似乎两个国君，所以称之为"克"；称呼"郑伯"，是讥讽庄公没教导好弟弟，是说这样的结果正是庄公的意愿。不说"出奔"，是史官下笔有为难之处。

于是庄公把姜氏安置在城颍地方，并发誓说："不到黄泉，不再见面。"不久，庄公又觉得后悔。颍考叔当时任颍谷封人，听到这件事，就带了些东西去献给庄公。庄公赏赐他吃饭，他吃的时候把肉放在一边不吃。庄公问他原由，他回答说："小人有个母亲，小人所有的食物她都吃过了，可是从来没吃过国君的肉汤，请允许我把这给她。"庄公说："你有母亲可以赠送，偏我就没有！"颍考叔说："请问这是什么意思？"庄公把事情原因告诉他，还告诉他自己后悔的心情。颍考叔回答说："您有什么可担心的？假如掘地挖到泉水，在地道中见面，谁会说你违背了誓言呢？"庄公照他的话做了。庄公进入地道时，赋诗说："走入地道中，心里乐融融！"姜氏走出地道，赋诗说："走出地道外，心里真爽快！"于是恢复了以往的母子关系。

君子说："颍考叔真称得上纯孝，他爱自己的母亲，把爱心推广到庄公身上。《诗经》说：'孝子孝心永不竭，神灵赐你好章程。'说的就是这样的情况吧！"

秋七月，周王派遣宰咺来馈送助惠公、仲子丧事的财物。来得晚了，并且仲子还没去世，所以《春秋》直写宰咺的名字。天子死后过七个月下葬，所有的诸侯参加葬礼。诸侯死后过五个月下葬，同盟的诸侯参加葬礼。大夫死后三个月下葬，官位相等的人参加葬礼。士死后一个月下葬，姻亲参加葬礼。向死者赠送助丧礼没赶上下葬前，向生者吊丧没有赶上葬后神位拆除前，人没死而先送助丧物品，这都不合符礼。

八月，纪国人讨伐夷国。夷国没有前来报告，所以《春秋》不记载。

发现吃稻的螽虫。没有造成灾害，所以《春秋》也不记载。

惠公的晚年，在黄地打败了宋国军队。隐公即位，与宋人谋求讲和。九月，与宋国人在宿地会盟，两国开始往来交好。

冬十月庚申，改葬惠公。隐公没有亲自到场哭泣，所以《春秋》不记载。惠公死的时候，正碰上与宋军作战，太子又年幼，葬礼不完备，所以改葬。卫侯来参加葬礼，没有与隐公相见，所以《春秋》也不记载。

郑国共叔段叛乱，公孙滑逃到卫国。卫国人为他攻打郑国，占领廪延。郑国人合同周天子的军队、虢国的军队攻打卫国南部边境。郑国又请求邾国出兵相助。邾国君派人向公子豫私下斡旋，公子豫请求隐公让他去，隐公没同意，他就自己去了。公子豫与郑国、郑国人在翼地会盟。《春秋》没有记载，是因为不是出于隐公的命令。

新造南门。《春秋》不记载，也因为不是出于隐公的命令。

十二月，祭伯来我国，不是出于周王的命令。

公子益师去世。隐公没有参加小敛，所以《春秋》不记载具体的日子。

隐 公 二 年

[经]

二年春^[1],公会戎于潜^[2]。

夏五月,莒人入向^[3]。

无骇帅师入极^[4]。

秋八月庚辰,公及戎盟于唐^[5]。

九月,纪裂繻来逆女^[6]。

冬十月,伯姬归于纪^[7]。

纪子帛、莒子盟于密^[8]。

十有二月乙卯,夫人子氏薨。

郑人伐卫。

【注释】

〔1〕二年:公元前721年。 〔2〕戎:国名,地在今山东菏泽县西南。潜:鲁地。在今山东济宁市。 〔3〕莒:国名,嬴姓,一作己姓,子爵。地在今山东莒县。向:国名。在今山东莒县南。 〔4〕无骇:鲁司空。极:附庸小国,姬姓。地在今山东鱼台县。 〔5〕唐:鲁地。在今山东鱼台县东。 〔6〕裂繻:纪大夫,字子帛。逆:迎接。此指迎亲。 〔7〕伯姬:鲁女。 〔8〕密:莒邑,在今山东昌邑县东南。

[传]

二年春，公会戎于潜，修惠公之好也。戎请盟，公辞。

莒子娶于向，向姜不安莒而归[1]。夏，莒人入向，以姜氏还。

司空无骇入极，费庈父胜之[2]。

戎请盟。秋，盟于唐，复修戎好也。

九月，纪裂繻来逆女，卿为君逆也。

冬，纪子帛、莒子盟于密，鲁故也[3]。

郑人伐卫，讨公孙滑之乱也[4]。

【注释】

[1]不安莒：在莒不安心。 [2]费庈(qíng)父：即费伯。 [3]鲁故：莒、鲁不和，纪侯娶鲁女，因派大夫与莒结盟，使莒、鲁和解，所以说"鲁故"。 [4]公孙滑之乱：指卫人助公孙滑攻取郑廪延事。

【译文】

[经]

二年春，隐公在潜地会见戎人。

夏五月，莒国人攻入向国。

无骇领兵攻入极国。

秋八月庚辰，隐公与戎人在唐地结盟。

九月，纪裂繻来我国迎亲。

冬十月，伯姬出嫁去纪国。

纪裂繻、莒子在密地结盟。

十二月乙卯，夫人仲子去世。

郑国人攻打卫国。

[传]

二年春，隐公在潜地会见戎人，是为了重修惠公时二国的友好关系。戎人请求结盟，隐公没答应。

莒子娶向国女为妻，向姜在莒国不安心而回到向国。夏，莒人攻入向国，带向姜回国。

司空无骇攻入极国，派费庈父灭亡了极国。

戎人请求结盟。秋，在唐地结盟，是为了重修和戎人的友好关系。

九月，纪裂𦈈来我国迎亲，是卿为国君来迎亲。

冬，纪裂𦈈、莒子在密地结盟，是为了鲁国的缘故。

郑国人攻打卫国，是讨伐公孙滑叛乱一事。

隐 公 三 年

[经]

三年春[1],王二月己巳,日有食之。

三月庚戌,天王崩[2]。

夏四月辛卯,君氏卒[3]。

秋,武氏子来求赙[4]。

八月庚辰,宋公和卒[5]。

冬十有二月,齐侯、郑伯盟于石门[6]。

癸未,葬宋穆公。

【注释】

〔1〕三年:公元前720年。〔2〕天王:周平王。〔3〕君氏:即桓公母声子。〔4〕武氏子:周大夫之嗣。时平王丧,新王未得行其爵命,听命于冢宰。鲁国当时不供奉周王丧,所以武氏子来求赙。赙:助丧用的金帛财物。〔5〕宋公和:即宋穆公,名和,武公司空之子,宣公力之弟,在位九年。〔6〕齐侯:齐僖公。齐国,侯爵,姜姓。郑伯:郑庄公。石门:齐地。在今山东平阴县北,长清县西南。

[传]

三年春,王三月壬戌,平王崩。赴以庚戌[1],故书之。

夏，君氏卒。声子也。不赴于诸侯，不反哭于寝[2]，不祔于姑[3]，故不曰薨。不称夫人，故不言葬，不书姓。为公故，曰君氏。

【注释】
〔1〕赴：同"讣"，讣告。周平王是壬戌日去世，想让诸侯早日临丧，故提早十二天，说是庚戌日死的。〔2〕寝：帝王宗庙中的后殿，是存衣冠的地方。〔3〕祔：祭名，将新死的人的神主放祖先神主旁合祭。姑：婆婆。按：夫人丧礼，例应讣告诸侯，反哭于寝，祔于祖姑。三礼成，才称"薨"，书"葬"，称"夫人"。

郑武公、庄公为平王卿士[1]。王贰于虢[2]，郑伯怨王，王曰"无之"。故周、郑交质[3]，王子狐为质于郑[4]，郑公子忽为质于周[5]。王崩，周人将畀虢公政[6]。四月，郑祭足帅师取温之麦[7]。秋，又取成周之禾[8]。周、郑交恶[9]。

【注释】
〔1〕卿士：周朝的执政官。〔2〕贰于虢：指偏信虢公，想把政权分一部分归虢公。虢，指西虢公，仕于周。〔3〕交质：交换人质。〔4〕王子狐：周平王的儿子。〔5〕郑公子忽：郑庄公太子，后即位为昭公。〔6〕畀(bì)：交给。〔7〕祭足：即祭仲，郑大夫。温：周王畿内小国，地在今河南温县南。〔8〕成周：周地，地在今河南洛阳市东。〔9〕交恶：互相憎恨。

君子曰："信不由中[1]，质无益也。明恕而行[2]，要之以礼[3]，虽无有质，谁能间之[4]？苟有明信[5]，涧溪沼沚之毛[6]，蘋蘩薀藻之菜[7]，筐筥锜釜之器[8]，潢汙行潦之水[9]，可荐于鬼神[10]，可羞于王公[11]，而况君子结二国之信，行之以礼，又焉用质？《风》有《采蘩》、《采蘋》[12]，《雅》有《行苇》、《泂酌》[13]，昭忠信也[14]。"

【注释】

〔1〕中：同"衷"，内心。〔2〕明恕：互相体谅。〔3〕要：约束。〔4〕间：离间。〔5〕明信：彼此了解，诚信相待。〔6〕涧溪：都是山间小沟。沼沚(zhǐ)：均为小池塘。毛：植物。这里指野草。〔7〕蘋：浅水中所长的植物。蘩：俗称白蒿，草本植物。薀藻：聚集的水草。菜：此指野菜。〔8〕筐筥(jǔ)：竹制盛器，方叫筐，圆叫筥。锜釜：均为炊具。有脚的名锜，无脚的叫釜。〔9〕潢：积水池。汙(wū)：池塘。行潦：道路上的积水。〔10〕荐：进献。〔11〕羞：进奉食品。〔12〕《采蘩》、《采蘋》：均是《诗·召南》篇名，写妇女采集野菜以供祭祀。〔13〕《行苇》、《泂酌》：均是《诗·大雅》篇名。《行苇》写周祖先宴享老人的仁德，歌颂忠厚。《泂酌》写汲取行潦之水供宴享。〔14〕昭：表明。忠信：忠诚信用。

武氏子来求赙，王未葬也。

宋穆公疾，召大司马孔父而属殇公焉[1]，曰："先君舍与夷而立寡人[2]，寡人弗敢忘。若以大夫之灵[3]，得保首领以没[4]，先君若问与夷，其将何辞以对？请子奉之，以主社稷[5]，寡人虽死，亦无悔焉。"对曰："群臣愿奉冯也[6]。"公曰："不可。先君以寡人为贤，使主社稷，若弃德不让，是废先君之举也，岂曰能贤？光昭先君之令德，可不务乎[7]？吾子其无废先君之功。"使公子冯出居于郑。八月庚辰，宋穆公卒，殇公即位。

【注释】

〔1〕孔父：名嘉，官大司马。属(zhǔ)：嘱托，托付。殇公：名与夷，宣公之子，穆公之侄。〔2〕先君：指宣公。寡人：诸侯谦词，意即寡德之人。〔3〕灵：威灵。意即托各大夫之福，仗各位之力。〔4〕保首领：即善终。〔5〕社稷：本土谷之神，引申为国家。〔6〕冯(píng)：公子冯，后即位为庄公。〔7〕务：专力从事。

君子曰："宋宣公可谓知人矣。立穆公，其子飨之[1]，命以义夫。《商颂》曰[2]：'殷受命咸宜，百禄是荷[3]。'其是之谓乎！"

【注释】

〔1〕飨：享受。宋宣公立穆公，穆公卒，仍以宣公子立之，故云"其子飨之"。〔2〕《商颂》曰：下引诗见《诗·商颂·玄鸟》。〔3〕荷：任，承受。

冬，齐、郑盟于石门，寻卢之盟也[1]。庚戌，郑伯之车偾于济[2]。

【注释】

〔1〕寻：重续。卢：齐地，在今山东长清县西南。〔2〕偾：翻倒。济：济水，在今山东境内。

卫庄公娶于齐东宫得臣之妹[1]，曰庄姜，美而无子，卫人所为赋《硕人》也[2]。又娶于陈[3]，曰厉妫，生孝伯，早死。其娣戴妫生桓公[4]，庄姜以为己子。

公子州吁，嬖人之子也[5]，有宠而好兵。公弗禁，庄姜恶之。石碏谏曰[6]："臣闻爱子，教之以义方[7]，弗纳于邪。骄、奢、淫、泆[8]，所自邪也。四者之来，宠禄过也。将立州吁，乃定之矣，若犹未也，阶之为祸[9]。夫宠而不骄，骄而能降，降而不憾，憾而能眕者鲜矣[10]。且夫贱妨贵，少陵长，远间亲，新间旧[11]，小加大，淫破义，所谓六逆也。君义，臣行，父慈，子孝，兄爱，弟敬，所谓六顺也。去顺效逆，所以速祸也[12]。君人者将祸是务去[13]，而速之，无乃不可乎？"弗听。其子厚与州吁游[14]，禁之，不可。桓公立，乃老[15]。

【注释】

〔1〕卫庄公：名扬，武公子，在位二十三年。东宫：太子所居。得臣：齐庄公的太子。 〔2〕《硕人》：见《诗·卫风》。诗写庄姜的美貌，车马服饰的讲究、婚姻的美满等。 〔3〕陈：国名，妫（guī）姓。 〔4〕娣：妹妹。一般指同嫁一个丈夫的妹妹。 〔5〕嬖（bì）人：受宠爱的人。此指宠妾。 〔6〕石碏（què）：卫大夫。 〔7〕义方：指正确的礼仪规矩。 〔8〕泆：同"逸"，荒淫放荡。 〔9〕阶之为祸：成为酿成祸乱的阶梯。 〔10〕眕（zhěn）：克制。 〔11〕新：州吁母后娶而得宠，故云新。 〔12〕速：招致。 〔13〕务：勉力从事。 〔14〕厚：石厚，石碏之子。 〔15〕老：告老退休。

【译文】

[经]

三年春，周历二月己巳，发生日食。
三月庚戌，周平王去世。
夏四月辛卯，君氏去世。
秋，武氏子来我国求取助平王丧事的礼物。
八月庚辰，宋穆公和去世。
冬十二月，齐僖公与郑庄公在石门结盟。

癸未，安葬宋穆公。

[传]

三年春，周历三月壬戌，周平王去世。讣告上写庚戌日，所以《春秋》载庚戌日。

夏，君氏去世。君氏就是声子。她去世没给诸侯发讣告，下葬后没回到宗庙去哭祭，没把神主放在婆婆的神主旁合祭，所以《春秋》不称她为"薨"。又因为不能称她为"夫人"，所以不记载她下葬，也不记载她的姓氏。因为她是隐公的母亲，所以称她为"君氏"。

郑武公、郑庄公先后任周平王的卿士。平王又偏信虢公，想把政权分一部分给虢公，郑庄公埋怨平王，平王说："没有这样的事。"因此周、郑交换人质，王子狐到郑国去作人质，郑公子忽到周作为人质。平王去世，周人准备把政权交给虢公。四月，郑国的祭足带领军队割取了温地的麦子。秋天，又割取了成周的谷子。周、郑就此互相憎恨。

君子说："诚信不是出自内心，交换人质是没有益处的。彼此互相体谅而后行事，以礼仪来加以约束，虽然没有什么抵押做保证，又有谁能离间他们呢？只要彼此了解诚信相待，涧溪、沼沚中长的野草，蘋蘩、蕰藻一类野菜，筐、筥、錡、釜一类器具，浅池、行潦中的水，都可以供奉鬼神，可以献给王公，何况君子缔结两个国家间的信任，按礼仪行事，又哪里用得着人质？《国风》有《采蘩》、《采蘋》篇，《大雅》有《行苇》、《泂酌》篇，就是为了表明忠诚信用。"

武氏子来我国求取助平王丧事的礼物，因为当时平王还没有下葬。

宋穆公生病，召见大司马孔父，把殇公托付给他，说："先君不立与夷而立寡人为君，寡人不敢忘记。如果能托大夫的福，能够善终，先君如果问起与夷，我将用什么话来回答？请你事奉他，以主持国家，寡人虽然死去，也没有什么后悔的事了。"孔父回答说："臣子们都愿意事奉公子冯。"穆公说："不行。先君认为寡人贤惠，让寡人主持国家，如果丢弃道德不让位，这就废弃了先君的选拔,怎么称得上贤惠?发扬光大先君美好的品德,能不专心一意去做吗?您不要废弃了先君的功业。"于是令公子冯到郑国去居住。八月庚辰,宋穆公去世,宋殇公即位。

君子说:"宋宣公可称得上了解人了。他立穆公为君,他的儿子日后仍然得以为君,这是因为他的命令合乎道义吧!《商颂》说:'殷商受命都合乎道义,所以蒙受了各种福禄。'说的就是这种情况吧!"

冬,齐国与郑国在石门结盟,是重续当年在卢地结盟的友好关系。庚戌,郑庄公所乘的车子翻在济水中。

卫庄公所娶的是齐国太子得臣的妹妹,名叫庄姜,美貌而没有生儿子,就是卫国人作《硕人》诗赞美的那个人。庄公又娶陈国女子,名叫厉妫,生下孝伯,很小就死了。她的妹妹戴妫与庄公生下桓公,庄姜以桓公作为自己的儿子。

公子州吁是庄公宠妾所生的儿子,受到宠爱又喜欢武事。庄公不管束他,庄姜却很讨厌他。石碏劝谏庄公说:"我听说爱自己的儿子,就用正确的礼仪规矩来教导,不让他走入邪道。骄傲、奢侈、淫欲、放荡,是走入邪道的缘由。这四者所以产生,是宠爱过分的缘故。如果准备立州吁为太子,那就定下来;如果没有决定立他为太子,这样做就会成为酿成祸乱的阶梯。受到宠爱而不骄傲,骄傲而能安心于地位的下降,地位下降而能无所怨恨,怨恨而能自我克制,这样的人是很少的。再说卑贱的妨害高贵的,年幼的欺凌年长的,疏远的离间亲近的,新人离间旧人,权势小的超越权势大的,邪恶破坏道义,这就叫做六逆。国君行事合乎道义,臣子受命执行,父亲慈爱,儿子孝顺,哥哥友爱,弟弟恭敬,这就叫做六顺。去掉顺的而去效法逆的,这就是招致祸害的原因。作为人君应该勉力去消除祸害,现在却去招致祸害,恐怕这样做不妥当吧?"庄公不听从石碏的劝谏。石碏的儿子石厚与州吁交游,石碏禁止他,但办不到。桓公即位,石碏就告老退休。

隐 公 四 年

[经]

四年春[1],王二月,莒人伐杞[2],取牟娄[3]。

戊申,卫州吁弑其君完[4]。

夏,公及宋公遇于清[5]。

宋公、陈侯、蔡人、卫人伐郑[6]。

秋,翚帅师会宋公、陈侯、蔡人、卫人伐郑[7]。

九月,卫人杀州吁于濮[8]。

冬十有二月,卫人立晋[9]。

【注释】

〔1〕四年:公元前719年。〔2〕杞:国名,姒氏,伯爵,始封雍丘,即今河南杞县。后多次迁封。时居青州,近莒国。〔3〕牟娄:杞邑。在今山东诸城县。〔4〕州吁:卫庄公庶子,卫桓公异母弟。 弑:以下杀上曰"弑"。完:卫桓公。〔5〕宋公:宋殇公与夷。遇:临时定期,简化礼节相见,称遇。清:卫邑,在今山东东阿县北。〔6〕陈侯:陈桓公。蔡:国名,姬姓,侯爵,始封河南上蔡。〔7〕翚:公子翚,鲁大夫。不称他为公子,是因为他出兵不出于鲁君之命。〔8〕濮:河名,在陈国,流经今河南。〔9〕晋:公子晋,立为卫宣公。

[传]

四年春，卫州吁弑桓公而立。公与宋公为会，将寻宿之盟[1]。未及期，卫人来告乱。夏，公及宋公遇于清。

【注释】
〔1〕宿之盟：事在隐公元年。

宋殇公之即位也，公子冯出奔郑，郑人欲纳之[1]。及卫州吁立，将修先君之怨于郑[2]，而求宠于诸侯以和其民[3]，使告于宋曰："君若伐郑以除君害，君为主，敝邑以赋与陈、蔡从[4]，则卫国之愿也。"宋人许之。于是[5]，陈、蔡方睦于卫，故宋公、陈侯、蔡人、卫人伐郑，围其东门，五日而还。

【注释】
〔1〕纳之：送公子冯回国为君。 〔2〕先君之怨：指前代国君结下的怨仇。 〔3〕求宠：讨好。和其民：使君民关系和协，即安定百姓。〔4〕赋：兵赋，指作战所需的人力财物。 〔5〕于是：在这时候。

公问于众仲曰[1]："卫州吁其成乎？"对曰："臣闻以德和民，不闻以乱。以乱，犹治丝而棼之也[2]。夫州吁，阻兵而安忍[3]。阻兵无众[4]，安忍无亲，众叛亲离，难以济矣。夫兵犹火也，弗戢[5]，将自焚也。夫州吁弑其君而虐用其民[6]，于是乎不务令德[7]，而欲以乱成，必不免矣。"

【注释】

〔1〕众仲：鲁大夫。 〔2〕治丝：把丝理清。棼：纷乱。 〔3〕阻兵：倚仗武力。安忍：安于残忍。 〔4〕无众：失去民众。 〔5〕戢(jí)：停止，收藏。此指控制，收敛。 〔6〕虐用：暴虐地使用。 〔7〕务：致力。令德：美好的德行。

秋，诸侯复伐郑。宋公使来乞师，公辞之。羽父请以师会之[1]，公弗许，固请而行。故书曰"翚帅师"，疾之也[2]。诸侯之师败郑徒兵[3]，取其禾而还。

【注释】

〔1〕羽父：即公子翚。 〔2〕疾：憎恶。 〔3〕徒兵：步兵。

州吁未能和其民，厚问定君于石子[1]。石子曰："王觐为可[2]。"曰："何以得觐？"曰："陈桓公方有宠于王，陈、卫方睦，若朝陈使请[3]，必可得也。"厚从州吁如陈。石碏使告于陈曰："卫国褊小，老夫耄矣[4]，无能为也。此二人者，实弑寡君，敢即图之。"陈人执之而请莅于卫[5]。九月，卫人使右宰丑莅杀州吁于濮[6]，石碏使其宰獳羊肩莅杀石厚于陈[7]。

君子曰："石碏，纯臣也[8]，恶州吁而厚与焉[9]。'大义灭亲'，其是之谓乎！"

【注释】

〔1〕厚：石厚，卫臣。 定君：稳定州吁国君的地位。石子：石碏，石厚的父亲。 〔2〕王觐：朝见周天子。依例，周天子同意某诸侯朝见，某诸侯便取得合法身份。 〔3〕朝：当时诸侯相会亦可称朝。 〔4〕耄：八十岁。此指年老。 〔5〕莅：临，到。 〔6〕右宰丑：右宰是官名，丑

是人名。〔7〕宰：家臣之长。〔8〕纯臣：纯粹、忠诚不二的臣子。〔9〕与焉：参与，一起。

卫人逆公子晋于邢[1]。冬十二月，宣公即位。书曰"卫人立晋"，众也[2]。

【注释】

〔1〕逆：迎接。邢：国名，姬姓，侯爵。地在今河北邢台县。
〔2〕众也：按公子晋不当即位，石碏立之，符合大众的愿望，所以《春秋》书"卫人立晋"，称人是因为其得众。详《公羊传》。

【译文】

[经]

四年春，周历二月，莒国人攻打杞国，占领牟娄。
戊申，卫州吁杀害他的国君完。
夏，隐公与宋殇公草草相会于清地。
宋殇公、陈桓公、蔡国人、卫国人攻打郑国。
秋，公子翚领兵会合宋殇公、陈桓公、蔡国人、卫国人攻打郑国。
九月，卫国人在濮地杀死州吁。
冬十二月，卫国人立公子晋为君。

[传]

四年春，卫州吁杀害桓公自立为君。隐公与宋殇公会见，打算重叙在宿地会盟的友情。预定的日子没到，卫人来报告国内发生叛乱。夏，隐公与宋殇公在清地草草相会。

宋殇公即君位时，公子冯逃亡到郑国，郑国人打算送公子冯回国为君。等到卫州吁自立为君，准备向郑国报复上代君主结下的怨仇，以此来讨好诸侯，使君民关系和协。派人到宋国去对宋殇公说："您如果要攻打郑国用以除掉对您有害的公子冯，您作为主力，我卫国提供军费兵力而和陈、蔡二国作为属军，这是我们卫国的愿望。"宋国答应了州吁。这时候，陈国、蔡国正和卫国友好，因此宋殇公、陈桓公、蔡国人、卫国人攻打郑国，围住了郑国都城的东门，五天以后才撤兵。

鲁隐公问众仲说："卫国的州吁会成功吗？"众仲回答说："臣子听说用德行来使君民和协，没听说过用战乱的。用乱，就等于要理清丝绪而反而去弄乱。这个州吁，倚仗武力而安于残忍。倚仗武力就会失去民众，安于残忍就会没有亲信的人。民众背叛，亲信离去，难以成功了。用兵就像用火一样，不收敛控制，将会焚烧自己。州吁杀了他的国君，又暴虐地使用他的民众，这样子不致力于建立美好的德行，反而想通过战乱取得成功，他一定不能免于祸害了。"

秋，诸侯再次攻打郑国。宋殇公派人来我国要求出兵，隐公拒绝了。公子翚请求出兵与诸侯会合，隐公不答应，公子翚执意请求后带兵去了。所以《春秋》记载说"翚帅师"，是对他表示憎恶。诸侯的军队打败了郑国的步兵，割取了郑国的谷子后回兵。

州吁没有能与百姓关系和协，石厚向石碏请教稳定州吁国君地位的办法。石碏说："去朝见周天子就可以了。"石厚问："怎样才能够去朝见？"石碏说："陈桓公正得到周天子的宠幸，陈国与卫国正和睦，如去拜会陈桓公请他向天子请求，一定能达到目的。"石厚跟随州吁一起去陈国。石碏派人告诉陈国说："卫国地方狭小，我老头子年龄大了，不能做什么了。这两个人就是杀我国国君的人，敢向你们请求乘此机会设法除掉他们。"陈国人把他们抓起来，而请卫国派人到陈国来处置他们。九月，卫国派右宰丑到陈国去在濮地杀了州吁，石碏派他的家臣主管獳羊肩到陈国去杀了石厚。

君子说："石碏是个忠诚不二的臣子，憎恨州吁，同时也连带把石厚杀了。'大义灭亲'，说的就是这样的人吧！"

卫国人到邢国去迎接公子晋。冬十二月，卫宣公即位。《春秋》载"卫国人立公子晋为君"，是因为是出于大众的愿望。

隐 公 五 年

[经]

五年春[1]，公矢鱼于棠[2]。

夏四月，葬卫桓公。

秋，卫师入郕[3]。

九月，考仲子之宫[4]，初献六羽[5]。

邾人、郑人伐宋。

螟[6]。

冬十有二月辛巳，公子彄卒[7]。

宋人伐郑，围长葛[8]。

【注释】

〔1〕五年：公元前718年。〔2〕矢：陈列。鱼：此指捕鱼的器具。棠：即唐，鲁邑，在今山东鱼台县东北。〔3〕郕（chéng）：国名，姬姓，伯爵。地在今山东范县。〔4〕考：成，落成。仲子：鲁桓公生母，参卷首《传》。宫：此指神庙。〔5〕初献：古代祭祀，奠爵三次，称初献、亚献、终献。羽：树雉尾于竿，古代舞者执而舞之，称羽。六羽即舞羽的人六行，每行六人。〔6〕螟：食禾心的害虫。〔7〕公子彄：即臧僖伯，鲁大夫。封于臧。〔8〕长葛：郑邑，今河南长葛县。

[传]

五年春，公将如棠观鱼者。臧僖伯谏曰："凡物不足以讲大事[1]，其材不足以备器用[2]，则君不举焉。君将纳民于轨物者也[3]。故讲事以度轨量谓之轨[4]，取材以章物采谓之物[5]。不轨不物，谓之乱政。乱政亟行，所以败也。故春蒐夏苗，秋狝冬狩[6]，皆于农隙以讲事也。三年而治兵[7]，入而振旅[8]，归而饮至[9]，以数军实[10]。昭文章[11]，明贵贱，辨等列，顺少长，习威仪也。鸟兽之肉不登于俎[12]，皮革齿牙、骨角毛羽不登于器，则公不射，古之制也。若夫山林川泽之实，器用之资，皂隶之事[13]，官司之守，非君所及也。"公曰："吾将略地焉[14]。"遂往，陈鱼而观之，僖伯称疾，不从。书曰"公矢鱼于棠"，非礼也，且言远地也。

【注释】
〔1〕讲：讲习。大事：指祭祀与军事。〔2〕器用：礼器及军用。〔3〕纳：纳入。轨物：法度与礼制。〔4〕度：衡量。〔5〕章：发扬。〔6〕春蒐夏苗，秋狝冬狩：蒐、苗、狝、狩分别为四季打猎的称呼。蒐，搜索，猎取没怀胎的兽；苗，猎取践坏庄稼的兽；狝，杀死兽；狩，围猎，各种兽均可取。〔7〕治兵：外出整治军队。〔8〕振旅：回来时整顿军伍。〔9〕饮至：诸侯外出朝觐、会盟、作战归来，到宗庙中饮酒庆贺。〔10〕军实：指车马、人数、器械及所获物品。〔11〕昭：表明。文章：服饰、旌旗的颜色花纹。〔12〕登：装入。俎：祭祀时所用的礼器。〔13〕皂隶：下等贱役。〔14〕略地：巡视边境。

曲沃庄伯以郑人、邢人伐翼[1]，王使尹氏、武氏助之[2]。翼侯奔随[3]。

夏，葬卫桓公。卫乱，是以缓。

【注释】
〔1〕曲沃：在今山西闻喜县。晋昭侯封其叔父成师于曲沃。事详后桓公二年。庄伯为成师子。翼：晋邑，曾为晋都城，在今山西翼城县东。〔2〕尹氏、武氏：都是周世族大夫。〔3〕翼侯：即晋鄂侯，昭侯子，孝侯弟。随：晋地，在今山西介休县。

四月，郑人侵卫牧[1]，以报东门之役[2]。卫人以燕师伐郑[3]。郑祭足、原繁、泄驾以三军军其前，使曼伯与子元潜军军其后。燕人畏郑三军而不虞制人[4]。六月，郑二公子以制人败燕师于北制[5]。君子曰："不备不虞，不可以师。"

【注释】
〔1〕牧：卫地，在今河南汲县。〔2〕东门之役：见隐公四年。〔3〕燕：南燕国，地在今河南汲县西。〔4〕制：郑邑，一名虎牢。〔5〕二公子：即曼伯、子元。

曲沃叛王。秋，王命虢公伐曲沃而立哀侯于翼[1]。
卫之乱也，郕人侵卫，故卫师入郕。

【注释】
〔1〕哀侯：晋鄂侯子，名光。

九月，考仲子之宫，将《万》焉[1]。公问羽数于众仲。对曰:"天子用八[2],诸侯用六,大夫四,士二。夫舞所以节八音而行八风[3],故自八以下。"公从之。于是初献六羽,始用六佾也[4]。

【注释】

〔1〕万:舞名。 〔2〕八:指八行,六十四人。下六为六行三十六人,四为四行十六人,二为二行四人。 〔3〕节:调节。八音:指金(钟)、石(磬)、丝(琴、瑟)、竹(箫管)、土(埙)、木(柷、敔)、匏(笙)、革(鼓)。行:传播。八风:东方谷风,东南方清明风,南方凯风,西南方凉风,西方阊阖风,西北方不周风,北方广莫风,东北方融风。 〔4〕佾(yì):乐舞的行列。

宋人取邾田。邾人告于郑曰:"请君释憾于宋,敝邑为道[1]。"郑人以王师会之,伐宋,入其郛[2],以报东门之役。宋人使来告命[3]。公闻其入郛也,将救之,问于使者曰:"师何及?"对曰:"未及国。"公怒,乃止,辞使者曰:"君命寡人同恤社稷之难[4],今问诸使者,曰'师未及国',非寡人之所敢知也。"

【注释】

〔1〕道:向导。 〔2〕郛:外城。 〔3〕告命:即策书,指以国君名义发往他国的文书。 〔4〕恤:忧虑。

冬十二月辛巳,臧僖伯卒。公曰:"叔父有憾于寡人[1],寡人弗敢忘。"葬之加一等。

宋人伐郑,围长葛,以报入郛之役也。

【注释】

〔1〕叔父：诸侯称同姓大夫，长曰伯父，少曰叔父。有憾：指谏阻观捕鱼而隐公不听从的不愉快事。

【译文】

[经]

五年春，隐公在棠地陈列捕鱼的器具。

夏四月，安葬卫桓公。

秋，卫国军队攻入郕国。

九月，仲子神庙落成，初献用六行人舞羽。

邾国人、郑国人攻打宋国。

有螟虫为害。

冬十二月辛巳，公子彄去世。

宋国人攻打郑国，包围长葛。

[传]

五年春，隐公将去棠地观看捕鱼。臧僖伯进谏说："凡是物品不能用来讲习祭祀和军事，它的材料不能用来制作礼器和兵器，国君就不会对它有所举动。国君是要把百姓纳入法度与礼制中去的人。因此，讲习大事用来衡量法度的程度称作法度，选取材料用来发扬礼制的光采称作礼制。既不合乎法度，又不合乎礼制，就称作乱政。乱政的次数多了，就导致国家败亡。因此，春蒐夏苗，秋狝冬狩，都是在农闲时讲习军事。每过三年演习一次，出发时整治好部队，回来时又整顿一次，完成后到宗庙去祭祀庆贺，清点车马、人员、器械及所获物品。彰显器物的文采，分清贵贱的区别，辨别等级的差阶，理清少年和老人的顺序，这是讲习威仪。鸟兽的肉不是用于祭祀，其皮革、齿牙、骨角、毛羽不是用于制造军用器具，国君就不去射它们，这是自古以来的制度。至于那山林川泽中的物产，一般器物的材料，那是下等贱役的事，有关官员的职责，不是国君所应该过问的。"隐公说："我要去巡视边境。"于是前往棠地，陈设渔具让人捕鱼而观赏。臧僖伯托病，没有随从前往。《春秋》载说"隐公在棠地陈列捕鱼的器具"，是说隐公此举不合乎礼法，并且棠地远离国都。

曲沃庄伯带领郑国人、邢国人攻打翼邑，周天子派尹氏、武氏帮助他。晋鄂侯逃到随地。

夏，葬卫桓公。因为卫国发生内乱，所以推迟了。

四月，郑国人入侵卫国的牧地，是为了报复去年围攻郑东门这一战役。卫国人带领南燕国军队攻打郑国。郑国的祭足、原繁、泄驾带领三军驻扎在南燕军前，派曼伯与子元偷偷领兵驻扎在南燕军后面。燕国人害怕郑国的三军，却没有提防从制地来的军队。六月，郑国的曼伯与子元带着制人在北制打败了燕军。君子说："不防备意外，不可以作战。"

曲沃背叛周天子。秋，周天子命令虢公讨伐曲沃，在翼地立哀侯为晋国君。

卫国动乱的时候，郕国人侵略卫国，所以卫国的军队攻入郕国。

九月，仲子的神庙落成，打算在庙内献演《万》舞。隐公向众仲询问执羽舞人的人数。众仲回答说："天子用八行，诸侯用六行，大夫用四行，士用二行。舞是用来调节八音而传播八风的，所以从八行依次递减。"隐公听从了。于是初献时用六行人舞羽，开始用六行舞人。

宋国人掠取邾国的土地。邾国人告诉郑国说："请君王对宋报复解恨，我国愿做向导。"郑国人带领周天子的军队与邾国军队会合，攻打宋国，进入了宋都的外城，用以报复去年宋围攻郑东门的战役。宋国派使者以国君的名义来鲁国告急。隐公听说郑军攻入宋都外城，将出兵求援，询问使者说："郑军到了哪里？"使者回答说："还没到国都。"隐公发怒，停止出兵，辞谢使者说："君王命寡人一起为宋国的危难忧虑，现今询问使者，回答说'郑军还没到国都'，这就不是寡人所敢知道的了。"

冬十二月辛巳，臧僖伯去世。隐公说："叔父对寡人有不满，寡人不敢忘。"于是按原等级加一等安葬了他。

宋国人攻打郑国，包围长葛，以报复郑军攻入都城外城的战役。

隐 公 六 年

[经]

六年春[1],郑人来渝平[2]。

夏五月辛酉,公会齐侯[3],盟于艾[4]。

秋七月[5]。

冬,宋人取长葛。

【注释】

〔1〕六年:公元前717年。〔2〕渝平:弃怨修好。渝,改变。平,和而不结盟。〔3〕齐侯:齐僖公。〔4〕艾:在山东临沂县西。〔5〕秋七月:《春秋》体例,该季有事则记录,如果无事就列该季度首月,以备四时。

[传]

六年春,郑人来渝平,更成也[1]。

翼九宗五正顷父之子嘉父逆晋侯于随[2],纳诸鄂[3]。晋人谓之鄂侯。

夏,盟于艾,始平于齐也。

【注释】

〔1〕更成：重新媾和或修好。〔2〕九宗：一姓为九族。五正：五官之长。唐叔始封时，受怀姓九宗，职官五正。顷父：与其子嘉父均为晋大夫。晋侯：晋鄂侯，隐公五年逃到随地。〔3〕鄂：晋邑，在今山西乡宁县南。

五月庚申，郑伯侵陈，大获。往岁，郑伯请成于陈[1]，陈侯不许[2]。五父谏曰[3]："亲仁善邻，国之宝也。君其许郑。"陈侯曰："宋、卫实难[4]，郑何能为？"遂不许。

【注释】

〔1〕成：结好。〔2〕陈侯：陈桓公。〔3〕五父：陈公子佗。桓公弟。桓公末年，杀太子免自立。〔4〕难：畏难，祸害。

君子曰："善不可失，恶不可长[1]，其陈桓公之谓乎！长恶不悛[2]，从自及也[3]。虽欲救之，其将能乎？《商书》曰[4]：'恶之易也[5]，如火之燎于原，不可乡迩[6]，其犹可扑灭？'周任有言曰[7]：'为国家者，见恶如农夫之务去草焉，芟夷蕴崇之[8]，绝其本根，勿使能殖[9]，则善者信矣[10]。'"

【注释】

〔1〕长：滋长。〔2〕悛(quān)：改正。〔3〕从：跟着，随后。〔4〕商书：指《尚书》中记载商事的一部分。下引文见《盘庚》篇，无"恶之易也"一句。〔5〕易：蔓延。〔6〕乡：同"向"，面对。迩：接近。〔7〕周任：周大夫，史官。〔8〕芟(shān)：割除。夷：削平。蕴崇：堆积。〔9〕殖：生长。〔10〕信：同"伸"。

秋，宋人取长葛。

冬，京师来告饥[1]。公为之请籴于宋、卫、齐、郑[2]，礼也。

【注释】

〔1〕京师：指周都城。饥：饥荒。谷不熟曰饥。〔2〕籴：购进粮食。

郑伯如周，始朝桓王也。王不礼焉。周桓公言于王曰[1]："我周之东迁，晋、郑焉依[2]。善郑以劝来者，犹惧不蔇[3]，况不礼焉？郑不来矣！"

【注释】

〔1〕周桓公：周执政大臣，又称周公黑肩。〔2〕焉：是。〔3〕蔇(qì)：至、及。

【译文】

[经]

六年春，郑国人来我国弃怨修好。

夏五月辛酉，隐公与齐僖公相会，在艾地结盟。

秋七月。

冬，宋国人攻下长葛。

[传]

六年春，郑国人来我国弃怨修好，这种情况称为"更成"。

翼邑的九宗五正顷父之子嘉父到随地去迎接晋侯，把他安置在鄂地。晋人称呼他为鄂侯。

夏，和齐国在艾地结盟，开始和齐国修好。

五月庚申，郑庄公入侵陈国，俘获很多。往年，郑庄公请求与陈国结好，陈桓公不同意。五父劝谏说："亲近仁义而和睦邻邦，是国家重要的政策。君王还是答应郑国吧。"陈桓公说："宋、卫二国才是可怕的祸害，郑国能为害什么？"于是没有同意。

君子说："善不能够丢失，恶不能够滋长，这就是说的陈桓公吗？滋长恶而不改正，随后就自己蒙受祸害。即使想补救，又怎能办到呢？《商书》说：'恶蔓延时，就像火在原野上燃烧，不能面对接近，怎么还能够扑灭？'周任有句话说：'治理国家的人，见到恶就像农夫尽力除去草一样，把它割掉铲除后堆起来做肥料，挖掉它的老根，不让它再次生长，这样善的就能够发展了。'"

秋，宋国人攻下长葛。

冬，京师派人来报告饥荒。隐公代周向宋、卫、齐、郑各国购买粮食，这是合乎礼的事。

郑庄公到成周去，首次去朝见周桓王。桓王对他不加礼遇。周桓公对桓王说："我们周朝东迁，依靠的是晋国与郑国。好好地对待郑国用以鼓励后来的诸侯，还怕来不及，何况不加礼遇呢？郑国不会再来了！"

隐 公 七 年

[经]

七年春[1],王三月,叔姬归于纪[2]。

滕侯卒[3]。

夏,城中丘[4]。

齐侯使其弟年来聘[5]。

秋,公伐邾。

冬,天王使凡伯来聘[6]。

戎伐凡伯于楚丘以归[7]。

【注释】

〔1〕七年:公元前716年。 〔2〕叔姬:伯姬之妹。伯姬于隐公二年出嫁纪国,叔姬当从嫁,因时年幼,所以至此年方出嫁纪国。 〔3〕滕:国名,姬姓,侯爵。地在今山东滕县。 〔4〕中丘:鲁邑,在今山东临沂县东北。 〔5〕齐侯:齐僖公。年:夷仲年。聘:聘问。诸侯间通问修好,例遣大夫执玉帛前往。 〔6〕天王:周桓王。凡伯:凡为国名,姬姓,伯爵,地在今河南辉县西南。时凡伯仕周为卿士。 〔7〕楚丘:卫地。一说戎地,在今山东曹县东南。

[传]

七年春,滕侯卒。不书名,未同盟也。凡诸侯同盟，于是称名，故薨则赴以名[1]，告终称嗣也[2]，以继好息民[3]，谓之礼经[4]。

【注释】

〔1〕赴：讣告。诸侯会盟，盟书书名告神，所以死亦以名告各同盟国。〔2〕告终称嗣：报告死去的人名字，通知由谁嗣位。〔3〕息民：安定人民。〔4〕经：法则、原则。

夏，城中丘。书，不时也[1]。

齐侯使夷仲年来聘，结艾之盟也[2]。

秋，宋及郑平。七月庚申，盟于宿。公伐邾，为宋讨也[3]。

初，戎朝于周，发币于公卿[4]，凡伯弗宾[5]。冬，王使凡伯来聘。还，戎伐之于楚丘以归。

【注释】

〔1〕不时：不合时令。《左传》庄公二十九年云，凡土木工程，当在秋天农事完毕后开始，冬至前完工。〔2〕结：牢固，巩固。〔3〕为宋讨：宋与郑本结怨，现在和好，所以鲁国伐邾国讨好宋国，因为邾是宋的仇敌，曾与郑同伐宋，宋向鲁告急，而被鲁国拒绝。事见隐公五年。〔4〕发币：向公卿们送礼物。币，束帛。〔5〕宾：待以客礼。

陈及郑平。十二月，陈五父如郑莅盟。壬申，及郑伯盟，歃如忘[1]。泄伯曰[2]："五父必不免，不赖盟矣[3]。"郑良佐如陈莅盟[4]。辛巳，及陈侯盟，亦知陈之将乱也。

郑公子忽在王所[5]，故陈侯请妻之。郑伯许之，乃成昏[6]。

【注释】
〔1〕歃：歃血。会盟时双方口含牲畜的血或以血涂口旁，表示信誓。如忘：心不在焉，漫不经心。　〔2〕泄伯：郑大夫泄驾。　〔3〕赖：依赖。　〔4〕良佐：郑大夫。　〔5〕公子忽：时在周王处，得周王宠爱，所以陈与郑讲和后，即提出婚事。　〔6〕昏：同"婚"，此指订婚。

【译文】

[经]
七年春，周历三月，叔姬出嫁到纪国。
滕侯去世。
夏，修筑中丘城墙。
齐僖公派他的弟弟夷仲年来我国聘问。
秋，隐公攻打邾国。
冬，周桓王派凡伯来我国聘问。
戎国人在楚丘攻击凡伯，把他逮回国内。

[传]
七年春，滕侯去世。不记录他的名字，是因为滕国没有和我国结盟。凡是诸侯相互结盟，在盟书上书名告神，所以去世时讣告上写名字，这是为了报告国君去世及由谁嗣位，用来继续过去的友好关系安定人民，这样做是礼的法则。
夏，修筑中丘城墙。《春秋》记载，是因为修城不合时令。
齐僖公派夷仲年来我国聘问，是为了巩固在艾地的盟会。
秋，宋国与郑国修好。七月庚申，在宿地结盟。隐公攻打邾国，是代宋国讨伐。
起初，戎国到周朝见，向公卿们赠送礼物，凡伯对他们不以客礼相待。冬，周天子派凡伯来我国聘问。回去的路上，戎人在楚丘攻击他，把他逮回国内。
陈国与郑国修好。十二月，陈国的五父到郑国参加盟会。壬申,与郑庄公盟誓,歃血时漫不经心。泄伯说:"五父必定免不了遭祸,因为他不以结盟作为国家的依赖。"郑国的良佐到陈国去参加盟会。辛巳,与陈桓公盟誓,也料到陈国将要发生动乱。

郑国的公子忽在周天子那里,所以陈桓公请求把女儿嫁给他。郑庄公同意了,于是就举行订婚仪式。

隐 公 八 年

[经]

八年春[1],宋公、卫侯遇于垂[2]。

三月,郑伯使宛来归祊[3]。

庚寅,我入祊。

夏六月己亥,蔡侯考父卒[4]。

辛亥,宿男卒[5]。

秋七月庚午,宋公、齐侯、卫侯盟于瓦屋[6]。

八月,葬蔡宣公。

九月辛卯,公及莒人盟于浮来[7]。

螟。

冬十有二月,无骇卒。

【注释】

〔1〕八年:公元前715年。 〔2〕宋公:宋殇公。卫侯:卫宣公。遇:相遇。临时定期,非正规会见。垂:卫地。在今山东曹县北。 〔3〕郑伯:郑庄公。宛:郑大夫。祊:在今山东费县。 〔4〕蔡侯:蔡宣侯。 〔5〕宿男:宿国君,男爵。 〔6〕齐侯:齐僖公。瓦屋:周地,在今河南沁川县。 〔7〕浮来:莒地,在今山东莒县西。

[传]

八年春,齐侯将平宋、卫[1],有会期。宋公以币请于卫,请先相见,卫侯许之,故遇于犬丘[2]。

郑伯请释泰山之祀而祀周公[3],以泰山之祊易许田。三月,郑伯使宛来归祊,不祀泰山也。

夏,虢公忌父始作卿士于周。

【注释】

〔1〕平宋、卫:杜预注谓让宋、卫两国与郑国讲和修好。〔2〕犬丘:即垂。〔3〕释泰山之祀而祀周公:释,舍弃。天子祭泰山,诸侯陪祭,因此各国在泰山附近都有汤沐邑,郑邑为祊。当初周成王营王城,有迁都之意,所以赐周公许田(在今山东临沂县西北,一说近许国之田)以为鲁国朝宿之邑。郑国因天子不能复巡狩,所以提出与鲁国交换,各近其国。又因许田有周公别庙,所以郑国说自己不再祭祀泰山而改祀周公。

四月甲辰,郑公子忽如陈逆妇妫。辛亥,以妫氏归。甲寅,入于郑。陈鍼子送女[1]。先配而后祖[2]。鍼子曰:"是不为夫妇。诬其祖矣[3],非礼也,何以能育[4]?"

【注释】

〔1〕陈鍼子:陈大夫。〔2〕先配而后祖,配,成亲。祖,祭告祖庙。凡婚姻,应先祭告祖庙后才去迎亲。郑公子忽所做不合礼,所以陈鍼子对他批评。〔3〕诬:欺骗。〔4〕育:生育。

齐人卒平宋、卫于郑[1]。秋,会于温[2],盟于瓦屋,以释东门之役,礼也。

八月丙戌，郑伯以齐人朝王，礼也。

公及莒人盟于浮来，以成纪好也[3]。

【注释】

〔1〕卒：终于。　〔2〕温：周畿内小国，在今河南温县。　〔3〕以成纪好：隐公二年，纪、莒二国为了鲁国在密地结盟，所以现在鲁与莒国结盟，是成全纪国对修好的努力。

冬，齐侯使来告成三国。公使众仲对曰："君释三国之图以鸠其民[1]，君之惠也。寡君闻命矣，敢不承受君之明德[2]。"

【注释】

〔1〕图：图谋，戒备。鸠：安定。　〔2〕明德：完美的德性。

无骇卒。羽父请谥与族[1]。公问族于众仲。众仲对曰："天子建德，因生以赐姓，胙之土而命之氏[2]。诸侯以字为谥，因以为族，官有世功，则有官族，邑亦如之。"公命以字为展氏[3]。

【注释】

〔1〕羽父：即公子翚。　〔2〕胙：以土地赐与功臣。氏：姓的分支，用以明子孙所自出而确立宗族。　〔3〕展氏：诸侯之子称公子，公子之子称公孙，公孙之子以王父字为氏。无骇是公子展之孙，所以族以展名。

【译文】

[经]

八年春，宋殇公、卫宣公在垂地相遇。

三月，郑庄公派遣宛来我国划归祊地。
庚寅，我国入主祊地。
夏六月已亥，蔡宣侯考父去世。
辛亥，宿男去世。
秋七月庚午，宋殇公、齐僖公、卫宣公在瓦屋结盟。
八月，安葬蔡宣侯。
九月辛卯，隐公与莒国人在浮来结盟。
有螟虫为害。
冬十二月，无骇去世。

[传]

八年春，齐僖公将使宋、卫两国与郑修好，已经定了盟会的日期。宋殇公派人带着礼物去卫国请求，希望先期会面，卫宣公同意了，所以在犬丘相遇。

郑庄公请求舍弃祭祀泰山而祭祀周公，拿泰山附近的祊地与我国换许田。三月，郑庄公派宛来我国划归祊地，表示不再祭祀泰山。

夏，虢公忌父开始任周朝卿士。

四月甲辰，郑公子忽去陈国迎娶妻子妫氏。辛亥，带着妫氏启程回国。甲寅，进入郑国。陈鍼子送妫氏到郑国。公子忽夫妇先成亲后去祭告祖庙。鍼子说："这一对算不上夫妇，欺骗了他的祖先了，这是不合乎礼的，怎么能够生育呢？"

齐国人终于使宋国、卫国与郑国修好。秋，在温地会见，在瓦屋结盟，捐弃当年东门战役的怨仇，这是合乎礼的。

八月丙戌，郑庄公带齐国人朝见周天子，这是合乎礼的。

隐公和莒国人在浮来结盟，是成全纪国对和好作的努力。

冬，齐僖公派人来我国报告三国讲和的事。隐公令众仲回答说："君王使三国消除互相报仇的图谋来安定他们的人民，这是君王的恩惠。寡君听到了，岂敢不承受君王的明德。"

无骇去世。羽父为他请求谥号与氏族。隐公向众仲询问有关氏族命名的制度。众仲回答说："天子建立有德的人为诸侯，依照他出身的地方赐予姓，分封给他土地，又赐给他氏名。诸侯以他的字作为谥号，后人就因此而为氏族。累代作某官而有功劳，后人就以这官名作为氏族，封在某邑的也是如此。"隐公命令无骇以公子展的字展为氏族。

隐 公 九 年

[经]
九年春[1],天子使南季来聘[2]。
三月癸酉,大雨震电。庚辰,大雨雪。
挟卒[3]。
夏,城郎[4]。
秋七月。
冬,公会齐侯于防[5]。

【注释】
〔1〕九年:公元前714年。 〔2〕南季:周大夫,南为氏,季为字。〔3〕挟:鲁大夫。 〔4〕郎:鲁邑,在山东曲阜附近。与隐公元年费伯所城郎为二地。 〔5〕齐侯:齐僖公。防:鲁地,在今山东费县东北。

[传]
九年春,王三月癸酉,大雨霖以震,书[1],始也[2]。庚辰,大雨雪,亦如之。书,时失也[3]。凡雨,自三日以往为霖。平地尺为大雪。

【注释】

〔1〕书：指记载具体日子。 〔2〕始：开始的日子。 〔3〕时失：节令气候不正常。

夏，城郎，书，不时也。

宋公不王[1]。郑伯为王左卿士，以王命讨之，伐宋。宋以入郕之役怨公[2]，不告命。公怒，绝宋使。

秋，郑人以王命来告伐宋[3]。

冬，公会齐侯于防，谋伐宋也。

【注释】

〔1〕不王：杜预注云"不共王职"，即不朝见周王，不受王节制。〔2〕入郕之役：见隐公五年。隐公曾为修好宋而伐郕，宋人仍无和好意。〔3〕郑人以王命来告：前郑伐宋未建功，所以再来告知鲁国。

北戎侵郑[1]，郑伯御之。患戎师[2]，曰："彼徒我车，惧其侵轶我也[3]。"公子突曰[4]："使勇而无刚者尝寇[5]，而速去之。君为三覆以待之[6]。戎轻而不整[7]，贪而无亲，胜不相让，败不相救。先者见获必务进[8]，进而遇覆必速奔[9]，后者不救，则无继矣。乃可以逞。"从之。戎人之前遇覆者奔。祝聃逐之[10]。衷戎师[11]，前后击之，尽殪[12]。戎师大奔。十一月甲寅，郑人大败戎师。

【注释】

〔1〕北戎：即山戎，居今河北迁安县，常南侵齐、郑等国。〔2〕患：忧虑。〔3〕侵轶：突袭、包抄。〔4〕公子突：庄公子，后即

位为厉公。〔5〕勇而无刚:勇敢而又不刚强。这样的人去诱敌便不会以后退为耻。尝:试探,诱敌。〔6〕覆:埋伏。〔7〕轻:轻率,浮躁。〔8〕务进:急于前进。〔9〕奔:逃跑。〔10〕祝聃:郑大夫。〔11〕衷:包围。〔12〕殪:毙。

【译文】

[经]

九年春,周天子派遣南季来我国聘问。

三月癸酉,下大雨打雷。庚辰,下大雪。

挟去世。

夏,修筑郎地的城墙。

秋七月。

冬,隐公与齐僖公相会于防地。

[传]

九年春,周历三月癸酉,下了许多天大雨并打雷,《春秋》记载"癸酉",是开始下雨的日子。庚辰,下大雪,也是记载开始的日子。《春秋》记载这件事,是因为气候不正常的缘故。凡是下雨,连续三天以上的叫"霖"。平地积雪一尺的叫"大雪"。

夏,修筑郎地的城墙,《春秋》记载,是因为修城不合时令。

宋殇公对周王不恭敬。郑庄公任周天子的左卿士,所以用天子的名义讨伐他,攻打宋国。宋国因为曾被攻入外城的那次战役怨恨隐公,没有来报告。隐公发怒,断绝了与宋国的来往。

秋,郑国人用天子的名义来我国报告攻打宋国的事。

冬,隐公与齐僖公相会于防地,商量攻打宋国的事。

北戎入侵郑国,郑庄公抵御他们。他对抵敌戎军忧虑,说:"他们是步兵,我们是车兵,我怕他们会包抄突袭我们。"公子突说:"派遣勇敢而又不刚强的人去诱敌,一交战就赶快后退,君王设下三处埋伏等着他们。戎兵轻率而不整肃,贪心而不相互亲爱,战胜时各不相让,战败时各不相救。在前面的人见到财物俘虏定然急于前进,前进而遇到伏兵必定快速逃跑,在后面的人不加救援败兵就没有救应。这样我们就能获胜了。"郑庄公听从了他的话。戎人的前军遇到伏兵败退逃跑，祝聃追赶他们，包围他们前后夹攻，把他们都杀死。戎人的后军拼命逃走。十一月甲寅，郑国人大败戎军。

隐公十年

[经]

十年春[1],王二月,公会齐侯、郑伯于中丘[2]。

夏,翚帅师会齐人、郑人伐宋[3]。

六月壬戌,公败宋师于菅[4]。辛未,取郜[5]。辛巳,取防[6]。

秋,宋人、卫人入郑。宋人、蔡人、卫人伐戴[7]。郑伯伐取之。

冬十月壬午,齐人、郑人入郕。

【注释】

〔1〕十年:公元前713年。 〔2〕齐侯:齐僖公。郑伯:郑庄公。中丘:鲁地,即隐公七年所筑。 〔3〕翚:公子翚(羽父)。因他不待隐公命便去会师,所以直呼其名。 〔4〕菅:宋地,在今山东金乡、城武两县间。 〔5〕郜:宋邑,在今山东城武县东南。因别于郜国,故又称南郜。 〔6〕防:在今山东金乡县西。以别于鲁防邑,故又称西防。按:鲁与卫、郑一起出兵,鲁国先行,败宋兵。郑兵后到,乘胜攻下郜、防,归于鲁,所以《春秋》称"取"。 〔7〕戴:国名,子姓。在今河南考城县东南。

[传]

十年春，王正月[1]，公会齐侯、郑伯于中丘。癸丑，盟于邓[2]，为师期。

【注释】

〔1〕正月：《春秋》载为二月，下"癸丑"为正月二十六日，故《春秋》所载误。〔2〕邓：鲁地。在今山东兖州附近。

夏五月，羽父先会齐侯、郑伯伐宋。

六月戊申，公会齐侯、郑伯于老桃[1]。壬戌，公败宋师于菅。庚午，郑师入郜；辛未，归于我。庚辰，郑师入防；辛巳，归于我。君子谓："郑庄公于是乎可谓正矣。以王命讨不庭[2]，不贪其土以劳王爵[3]，正之体也。"

蔡人、卫人、郕人不会王命[4]。

【注释】

〔1〕老桃：宋地，在今山东济宁市北。〔2〕不庭：不朝见天子，不循理。〔3〕劳：犒劳。王爵：天子所任命的爵位。鲁国爵尊，郑国爵卑，所以说"以劳王爵"，即犒劳爵位尊于自己的国家。〔4〕不会王命：没听从天子命令伐宋。

秋七月庚寅，郑师入郊[1]。犹在郊，宋人、卫人入郑。蔡人从之，伐戴。八月壬戌，郑伯围戴。癸亥，克之，取三师焉[2]。宋、卫既入郑，而以伐戴召蔡人，蔡人怒，故不和而败。

九月戊寅，郑伯入宋。

冬，齐人、郑人入郕，讨违王命也。

【注释】

〔1〕入郊：回师进入自己的郊外。 〔2〕三师：宋、卫、蔡三国的军队。

【译文】

[经]

十年春，周历二月，隐公与齐僖公、郑庄公在中丘相会。

夏，翚率领军队会合齐国人、郑国人攻打宋国。

六月壬戌，隐公在菅地打败宋国军队。辛未，取得郜地。辛巳，取得防地。

秋，宋国人、卫国人攻入郑国。宋国人、蔡国人、卫国人攻打戴国。郑庄公攻下戴国，取得了戴地。

冬十月壬午，齐国人、郑国人攻入郕国。

[传]

十年春，周历正月，隐公与齐僖公、郑庄公在中丘相会。癸丑，在邓地结盟，商定出兵的日期。

夏五月，羽父先期会合齐僖公、郑庄公攻打宋国。

六月戊申，隐公在老桃会合齐僖公、郑庄公。壬戌，隐公在菅地打败宋国军队。庚午，郑国军队攻入郜地；辛未，把郜归属我国。庚辰，郑国军队攻入防地；辛巳，把防归属我国。君子说："郑庄公在这件事上可称得上合乎正道了。用天子的命令讨伐对周朝不恭敬的国家，自己不贪求土地而用以犒劳爵位高于自己的国家，这是得到治理政务的本体了。"

蔡国人、卫国人、郕国人没听从天子命令讨伐宋国。

秋七月庚寅，郑国的军队回来，进入郊外。郑军还在郊外时，宋国人、卫国人攻入郑国。蔡国人跟在后面，进攻戴国。八月壬戌，郑庄公包围戴地。癸亥，攻下戴，俘获了三国的军队。宋、卫军队已经攻入郑国，而叫蔡国人去攻打戴国，蔡国人发怒，所以因三国不和而导致失败。

九月戊寅，郑庄公攻入宋国。

冬，齐国人、郑国人攻入郕国，这是讨伐郕国违抗周天子的命令。

隐公十一年

[经]

十有一年春[1],滕侯、薛侯来朝[2]。

夏,公会郑伯于时来[3]。

秋七月壬午,公及齐侯、郑伯入许[4]。

冬十有一月壬辰,公薨。

【注释】

〔1〕十有一年:公元前712年。 〔2〕滕:国名,姬姓,侯爵,地在今山东滕县。此时国君名谥不详。薛:国名,任姓,侯爵,地在今山东滕县南。此时国君名谥不详。 〔3〕时来:郑地,一名郲,在今河南荥阳县。 〔4〕许:国名,姜姓,男爵,地在今河南许昌市。

[传]

十一年春,滕侯、薛侯来朝,争长[1]。薛侯曰:"我先封。"滕侯曰:"我,周之卜正也[2]。薛,庶姓也[3],我不可以后之。"公使羽父请于薛侯曰[4]:"君与滕君辱在寡人[5]。周谚有之曰:'山有木,工则度之[6];宾有礼,主则择之。'周之宗盟,异姓为后。寡人若朝于薛,不敢与诸任齿[7]。君若辱贶寡人[8],则愿以滕君为请。"薛侯许之,乃长滕侯。

【注释】

〔1〕争长:争班列的先后。 〔2〕卜正:卜官之长。 〔3〕庶姓:同姓以外诸姓。 〔4〕请:这里有开导的意思。 〔5〕辱在寡人:说承蒙他们委屈存问鲁君。 〔6〕度:揣量。 〔7〕齿:并列。 〔8〕贶(kuàng):赐与。

夏,公会郑伯于郲,谋伐许也。

郑伯将伐许,五月甲辰,授兵于大宫[1]。公孙阏与颍考叔争车[2],颍考叔挟辀以走[3],子都拔棘以逐之[4],及大逵[5],弗及,子都怒。

【注释】

〔1〕授兵:分发兵器。大宫:即太宫,祖庙。 〔2〕公孙阏(è):郑大夫,字子都。 〔3〕辀(zhōu):车辕。时分发兵器,车亦为兵器之一,分发时尚未装配驾马,颍考叔为了得到这辆车,所以抢先拿起车辕夹在胳膊下便跑。 〔4〕棘:同"戟"。 〔5〕大逵:大路。四通八达的路叫逵。

秋七月,公会齐侯、郑伯伐许。庚辰,傅于许[1]。颍考叔取郑伯之旗蝥弧以先登[2]。子都自下射之,颠。瑕叔盈又以蝥弧登[3],周麾而呼曰[4]:"君登矣!"郑师毕登。壬午,遂入许。许庄公奔卫。

【注释】

〔1〕傅:迫近。 〔2〕蝥(máo)弧:旗名。 〔3〕瑕叔盈:郑大夫。〔4〕周麾:向四周挥动旗帜。

齐侯以许让公。公曰:"君谓许不共[1],故从君讨之。许既伏其罪矣,虽君有命,寡人弗敢与闻。"乃与郑人。

【注释】
〔1〕不共:共同"恭",恭顺。不恭,即没有尽到做诸侯对周天子的义务。

郑伯使许大夫百里奉许叔以居许东偏[1],曰:"天祸许国[2],鬼神实不逞于许君[3],而假手于我寡人[4]。寡人唯是一二父兄不能共亿[5],其敢以许自为功乎?寡人有弟[6],不能和协,而使糊其口于四方[7],其况能久有许乎?吾子其奉许叔以抚柔此民也[8],吾将使获也佐吾子[9]。若寡人得没于地[10],天其以礼悔祸于许[11],无宁兹许公复奉其社稷[12]。唯我郑国之有请谒焉[13],如旧昏媾[14],其能降以相从也[15]。无滋他族[16],实偪处此[17],以与我郑国争此土也。吾子孙其覆亡之不暇,而况能禋祀许乎[18]?寡人之使吾子处此,不唯许国之为,亦聊以固吾圉也[19]。"

【注释】
〔1〕许叔:许庄公的弟弟,后即位为穆公。东偏:都城东边。〔2〕天祸:上天降祸。〔3〕不逞:不满意。〔4〕假:借。〔5〕父兄:父老兄弟。指同姓臣子。共亿:相安无事。〔6〕有弟:指共叔段。〔7〕糊其口:靠薄粥以维持生计。指勉强度日。于四方:指寄食外邦。〔8〕抚柔:安抚。〔9〕获:公孙获,郑大夫。〔10〕得没于地:得以寿终埋葬于地。〔11〕悔祸:撤除降予的祸害。〔12〕无:发语词,无义。宁:宁可。〔13〕请谒:请求。〔14〕昏媾:婚姻,姻亲。

〔15〕降以相从：屈己从人。即降格同意。　〔16〕滋：使之蔓延滋长。他族：指别的国家。　〔17〕实：定居。偪：同"逼"，逼近。处此：留住在这儿。　〔18〕禋(yīn)祀：祭祀。禋祀许，即替许主持祭祀，意为占领许国。　〔19〕圉：边境。

乃使公孙获处许西偏，曰："凡而器用财贿[1]，无置于许。我死，乃亟去之[2]。吾先君新邑于此[3]，王室而既卑矣[4]，周之子孙日失其序[5]。夫许，大岳之胤也[6]，天而既厌周德矣[7]，吾其能与许争乎？"

【注释】

〔1〕而：你。财贿：财货。　〔2〕亟：急，快。　〔3〕先君：指郑武公。新邑：新建都邑。郑原在陕西，武公东迁至新郑。　〔4〕既：已经。卑：衰微。　〔5〕序：同"绪"，前人的功业。　〔6〕大岳：太岳，上古官名，掌四岳祭祀，是四方诸侯的领袖。　〔7〕厌：厌弃。

君子谓："郑庄公于是乎有礼。礼，经国家[1]，定社稷，序民人[2]，利后嗣者也。许无刑而伐之[3]，服而舍之[4]，度德而处之[5]，量力而行之，相时而动[6]，无累后人，可谓知礼矣。"

【注释】

〔1〕经：治理。　〔2〕序：使人民有次序等级，不致混乱。　〔3〕无刑：不守法度。　〔4〕服：服罪。　〔5〕度：估量。　〔6〕相时：观察时机。

郑伯使卒出豭[1]，行出犬鸡[2]，以诅射颍考叔者[3]。君子谓："郑庄公失政刑矣[4]。政以治民，刑以正邪,既无德政,又无威刑,是以及邪。邪而诅之,将何益矣!"

【注释】

〔1〕卒:军队每一百人为一卒。豭(jiā):公猪。〔2〕行:步兵二十五人为一行。〔3〕诅:祭神使之加祸于某人。〔4〕政刑:政治与刑法。

王取邬、刘、芳、邘之田于郑[1],而与郑人苏忿生之田[2]:温、原、絺、樊、隰郕、攒茅、向、盟、州、陉、隤、怀[3]。君子是以知桓王之失郑也。恕而行之,德之则也[4],礼之经也。已弗能有而以与人,人之不至,不亦宜乎?

【注释】

〔1〕邬、刘:在今河南偃师县西南。芳、邘:郑邑,在河南沁阳县。〔2〕苏忿生:周武王司寇。〔3〕温:今河南温县西南。原:在今河南济源县西北。絺:在今河南沁阳县西南。樊:一名阳樊,在今河南济源县。隰郕:在今河南武陟县西南。攒茅:在今河南修武县西北。向:在今河南济源县南。盟:即孟津,在今河南孟县。州:在今河南沁阳县东南。陉:在今河南沁阳县西北。隤:在今河南获嘉县西北。怀:在今河南武陟县西南。〔4〕则:准则。

郑、息有违言[1],息侯伐郑。郑伯与战于竟[2],息师大败而还。君子是以知息之将亡也。不度德,不量力,不亲亲,不征辞[3],不察有罪,犯五不韪而以伐人[4],其丧师也,不亦宜乎?

【注释】

〔1〕息：国名，姬姓，侯爵，在今河南息县。违言：言语不合而失和。〔2〕竟：同"境"。〔3〕征辞：指考察"违言"的缘起和是非。〔4〕犹：是。

冬十月，郑伯以虢师伐宋。壬戌，大败宋师，以报其入郑也。宋不告命[1]，故不书。凡诸侯有命，告则书，不然则否。师出臧否[2]，亦如之。虽及灭国，灭不告败，胜不告克，不书于策。

【注释】

〔1〕命：国家大事、政令。〔2〕臧否：善恶得失。

羽父请杀桓公，将以求大宰[1]。公曰："为其少故也，吾将授之矣。使营菟裘[2]，吾将老焉。"羽父惧，反谮公于桓公而请弑之。公之为公子也，与郑人战于狐壤[3]，止焉[4]。郑人囚诸尹氏，赂尹氏而祷于其主钟巫[5]，遂与尹氏归而立其主。十一月，公祭钟巫，齐于社圃[6]，馆于寪氏[7]。壬辰，羽父使贼弑公于寪氏，立桓公而讨寪氏，有死者。不书葬，不成丧也。

【注释】

〔1〕大宰：即太宰，又称冢宰，天官之长，辅佐君王治理国家的官。〔2〕菟裘：在今山东泗水县境。〔3〕狐壤：郑地，所在不详。〔4〕止：被俘虏。因是自己国家的国君，所以讳言被获，而言止。〔5〕主：主祭神。〔6〕齐：通"斋"，斋戒。社圃：园名。〔7〕馆：住宿。寪氏：鲁大夫。

【译文】

[经]

十一年春，滕侯、薛侯来我国朝见。

夏，隐公在时来与郑庄公相会。

秋七月壬午，隐公与齐僖公、郑庄公进入许国。

冬十一月壬辰，隐公去世。

[传]

十一年春，滕侯、薛侯来我国朝见，争执班列的先后。薛侯说："我先受封。"滕侯说："我是周的卜正。薛国是庶姓，我不能排在他后面。"隐公派遣羽父拜见薛侯开导说："承蒙君王与滕君委曲问候寡人。周俗谚有这样的话：'山上有树木，工匠就加以揣量；宾客有礼貌，主人就加以选择。'周诸侯有会盟的事，异姓总是排在后面。寡人如果到薛国去朝见，就不敢和任姓诸侯并列。君王如果委曲赐恩于寡人，那就希望同意滕君排在前面。"薛侯同意了，就让滕侯排在前面。

夏，隐公与郑庄公相会于郲地，谋划攻打许国。

郑庄公将攻打许国，五月甲辰，在太庙分发兵器。公孙阏与颍考叔争抢一辆兵车，颍考叔拿起车辕夹在胳膊下便跑，公孙阏拔了支戟追了上去，追到大路上，没能赶上，公孙阏很生气。

秋七月，隐公会合齐僖公、郑庄公攻打许国。庚辰，迫近许城。颍考叔拿过郑庄公的大旗蝥弧抢先登城。公孙阏从城下用箭射颍考叔，颍考叔掉下城来。瑕叔盈又拿起蝥弧旗登上城，向四面挥动，大叫说："君王登上城了！"郑国的军队全都登上了城。壬午，于是攻入许都。许庄公逃往卫国。

齐僖公把许国让给隐公。隐公说："君王认为许国不恭顺，所以我们跟从君王讨伐它。许国既然已经伏罪，虽然君王有令，但寡人不敢领受。"于是把许国给了郑国人。

郑庄公让许大夫百里侍奉许叔居住在许都东边，对他说："上天降祸许国，鬼神确实对许君不满，因而借我寡人之手惩罚他。寡人只有一两个父老兄弟尚且不能相安无事，怎么敢把讨伐许国当作自己的功劳？寡人有个弟弟，不能和睦相处，使他在外邦奔走谋生,怎么可能长久地占有许国?您要待奉许叔安抚此地的百姓,我将派公孙获来帮助您。如果寡人能得以寿终,上天或者会依礼撤除降予许国的祸害,愿意让许公重新主持他的国家。那时候如果我们郑国对他有所请求,可能会像对待老姻亲一样,降格同意的吧。不要让别的国家滋蔓到这里,迫近这儿居住,来和我们郑国争夺这块土地。我的子孙挽救自己的危亡还来不及,又怎能替你们许国主持祭祀呢?寡人之所以让您住在这里,不单是为了许国,也聊且以此来巩固我国的边境。"

郑庄公于是派公孙获居许都的西边,对他说:"凡是你的用具财物,都不要放在许国。我死后,你就赶快离开许国。我的先君在这里新建都城,周王室已经衰微了,周王朝的子孙也日逐一日地丢失祖先的功业。许国是太岳的后嗣,上天既然认为周德不足而厌弃它,我怎能与许国相争呢?"

君子说:"郑庄公在这件事上是合乎礼的。礼,是用来治理国家,安定社稷,使人民有次序,使后代获得利益的东西。许国不守法度就去攻打它,它服罪就饶恕它,衡量德行而处置,估察力量而行事,看准了时机而动作,不给后代添麻烦,可以说是懂得礼了。"

郑庄公令每卒奉献一头公猪,每行奉献一只狗或一只鸡,用以祭神诅咒射死颍考叔的人。君子说:"郑庄公丧失了政治、刑法的原则了。政治用以治理人民,刑法用来匡正邪恶,既然没有合符道德的政治,又没有足以令人震慑的刑法,所以才发生邪恶的事。发生了邪恶的事而去诅咒它,又有什么好处呢!"

周天子从郑国割取邬、刘、芴、邗的田地,而把原来属于苏忿生的温、原、缔、樊、隰郕、欑茅、向、盟、州、陉、隤、怀的田地给郑国。君子由此而知道周桓王会失去郑国了。按照恕道行事是道德的准则、礼的常规。自己不能保有而拿来给别人,别人不肯来附,不也是很应该的吗?

郑国与息国因口角而失和,息侯攻打郑国。郑庄公与息兵在境内交战,息军大败而回。君子因此而知道息国将要灭亡了。不估量德行,不衡度力量,不亲近亲戚,不考辨是非,不明察有罪,犯了这五条过错还去攻打别人,他的丧失军队,不也是很应该的吗？

　　冬十月，郑庄公率领虢国的军队攻打宋国。壬戌，把宋国军队打得大败，以报复宋国攻入郑国的那次战役。宋国没有来报告这件事，所以《春秋》没有记载。凡是诸侯有大事，来报告就记载，不来报告就不记载。出兵的善恶得失，也是这样。即使国家遭到灭亡，被灭的国家不报告战败，胜利的国家不报告战胜，都不记载在简策上。

　　羽父请求杀死桓公，想以此谋求太宰的职位。隐公说："我因为他年轻的缘故才摄政，我打算把国政交付给他了。让人在菟裘营造房屋，我将在那里养老。"羽父害怕，反过来在桓公面前讲隐公坏话，并请求桓公杀死隐公。当隐公还是公子的时候，与郑国人在狐壤交战，被俘虏。郑国人把他囚禁在尹氏家，他贿赂尹氏并在尹氏的主祭神钟巫前祷告，于是与尹氏一起回国，并在鲁国设立钟巫的神主。十一月，隐公去祭祀钟巫，在社圃斋戒，住宿在寪氏家。壬辰，羽父派遣贼人去寪氏家杀死隐公，立桓公为国君而讨伐寪氏，寪氏家有人被枉杀。《春秋》不记载下葬，是因为桓公没有按国君的丧礼为隐公发丧。

春秋左传卷二 桓公

桓 公 元 年

[经]

元年春[1],王正月,公即位。

三月,公会郑伯于垂,郑伯以璧假许田[2]。

夏四月丁未,公及郑伯盟于越[3]。

秋,大水。

冬十月。

【注释】

〔1〕元年:公元前711年。 〔2〕假:借。《公羊传》说这里是"易",即增加的意思。从下《传》来看,这里是以璧与祊田两者来交换许田。 〔3〕越:卫地,近垂。

[传]

元年春,公即位,修好于郑。郑人请复祀周公,卒易祊田。公许之。三月,郑伯以璧假许田,为周公祊故也。

夏四月丁未,公及郑伯盟于越,结祊成也。盟曰:"渝盟无享国[1]。"

【注释】

〔1〕渝：改变，违背。

秋，大水。凡平原出水为大水。

冬，郑伯拜盟[1]。

宋华父督见孔父之妻于路[2]，目逆而送之[3]，曰："美而艳。"

【注释】

〔1〕拜盟：拜谢结盟。杜预注说如是郑伯自来，《春秋》又没记载；如是派人来，不应说"郑伯"，疑有谬误。〔2〕华父督：宋大夫，宋戴公之孙，名督，字华父。孔父：孔父嘉，宋司马。〔3〕逆：迎着。

【译文】

[经]

元年春，周历正月，桓公即位。

三月，桓公在垂地与郑庄公相会，郑庄公用璧交换许田。

夏四月丁未，桓公与郑庄公在越地结盟。

秋，发大水。

冬十月。

[传]

元年春，桓公即位，与郑国修好。郑国人请求重新祭祀周公，完成交换祊田的事。桓公答应了。三月，郑庄公用璧交换许田，这是为了祭祀周公和以祊田交换许田的缘故。

夏四月丁未，桓公与郑庄公在越地结盟，这是为了巩固交换祊田的友好。誓言说："如果违背誓言，就不能享有国家。"

秋，发大水。凡是平原被水淹没称为大水。

冬，郑庄公来拜谢结盟。

宋华父督在路上见到孔父嘉的妻子，他盯住她走过来又盯着她远去，说："华美而艳丽。"

桓公二年

[经]

二年春[1]，王正月戊申，宋督弑其君与夷及其大夫孔父[2]。

滕子来朝[3]。

三月，公会齐侯、陈侯、郑伯于稷[4]，以成宋乱[5]。

夏四月，取郜大鼎于宋[6]。戊申，纳于大庙[7]。

秋七月，杞侯来朝。

蔡侯、郑伯会于邓[8]。

九月，入杞。

公及戎盟于唐。冬，公至自唐[9]。

【注释】

[1]二年：公元前710年。 [2]与夷：宋殇公。 [3]滕子：滕本为侯爵，见隐公十一年，时降为子爵。 [4]齐侯：齐僖公。陈侯：陈桓公。郑伯：郑庄公。稷：宋地，在今河南商丘县。 [5]成：平服，平定。宋乱：指华父督弑宋殇公事。 [6]郜：国名，在今山东城武县，文王子所封。 [7]大庙：指鲁始封周公庙。 [8]蔡侯：蔡桓侯。邓：蔡地。在今河南郾城县南。 [9]至自唐：从唐回来。《春秋》凡记至自某地，都是回国后告于宗庙。

[传]

二年春，宋督攻孔氏，杀孔父而取其妻。公怒，督惧，遂弑殇公。君子以督为有无君之心而后动于恶[1]，故先书弑其君。会于稷以成宋乱，为赂故，立华氏也。

【注释】

〔1〕动于恶：指杀害大臣的罪恶行为。

宋殇公立，十年十一战，民不堪命[1]。孔父嘉为司马，督为大宰，故因民之不堪命[2]，先宣言曰[3]："司马则然[4]。"已杀孔父而弑殇公，召庄公于郑而立之，以亲郑。以郜大鼎赂公，齐、陈、郑皆有赂，故遂相宋公。夏四月，取郜大鼎于宋。戊申，纳于大庙，非礼也。

【注释】

〔1〕不堪命：无法承受频繁参与战争的命令。 〔2〕故：有意。因：承。 〔3〕宣言：扬言。 〔4〕则然：要这样做。因司马是主持军事的长官。

臧哀伯谏曰[1]："君人者将昭德塞违[2]，以临照百官[3]，犹惧或失之，故昭令德以示子孙。是以清庙茅屋[4]，大路越席[5]，大羹不致[6]，粢食不凿[7]，昭其俭也。衮、冕、黻、珽[8]，带、裳、幅、舃[9]，衡、紞、纮、綖[10]，昭其度也。藻率、鞞、鞛[11]，鞶、厉、游、缨[12]，昭其数也。火、龙、黼、黻[13]，昭其文也。五色比象[14],昭其物也。钖、鸾、和、铃[15],昭其声也。三辰旂旗[16],昭其明也。夫德俭而有度,登降有数。文物以纪之[17],声明以发之,以临照百官,百官于是乎戒惧而不敢易纪律。今灭德立违,而置其赂器于大庙,以明示百官,百官象之[18],其又何诛焉!国家之败,由官邪也。官之失德,宠赂章也[19]。郜鼎在庙,章孰甚焉?武王克商,迁九鼎于雒邑[20],义士犹或非之[21],而况将昭违乱之赂器于大庙,其若之何?"公不听。周内史闻之曰[22]:"臧孙达其有后于鲁乎[23]!君违不忘谏之以德。"

【注释】

〔1〕臧哀伯:一名臧孙达,鲁大夫,僖伯之子。 〔2〕昭德:昭明善德。塞违:杜绝邪恶。 〔3〕临照:显示,示范。 〔4〕清庙:周代祀文王之庙。庙堂必须保持肃穆清净,故名清庙。茅屋:用茅草装饰屋顶。〔5〕大路:即玉辂,天子祀天时御用的大车。越(kuò)席:用蒲草织的席子。 〔6〕大羹:祭祀用的肉汁。不致:不用全五味来调和。 〔7〕粢食(zī sì):供祭祀用的各类食物。凿:细舂。将糙米加工成精米。〔8〕衮:帝王及上公的礼服。冕:帝王、诸侯、卿大夫所戴的礼帽。黻(fú):用作祭服的蔽膝,用皮革制成。珽(tǐng):帝王所持的玉笏,即大圭。 〔9〕带:指束衣的革带。裳:下身的衣服。幅:邪幅,即绑腿布。舄(xì):履。 〔10〕衡:系冠冕与发髻的横簪。紞(dǎn):系冠冕两侧悬下的瑱的绳子。纮(hōng):冠冕上的纽带。綖(yān):覆盖在冕上的布。〔11〕藻率(lǜ):放置圭、璋等玉器的皮垫子,上绘有花纹。鞞(bǐng)、鞛(běng):佩刀上的装饰品。 〔12〕鞶(pán):衣服上的大带,皮制。厉:带子下垂的部分。游(liú):即"旒",旌旗边缘悬垂的装饰品。缨:马胸前的装饰品。 〔13〕火、龙:衣上所绘绣的图像。黼(fǔ)、黻:指衣上的图案。黑白相间称黼,黑青相间称黻。 〔14〕五色比象:古以器物上的五种颜色,象征天地四方,即东青、南赤、西白、北黑、天玄、地黄;玄不为正色,所以仅称五色。 〔15〕钖(yáng)、鸾、和、铃:

分别系在马头、马勒、车轼、旂上的铃。〔16〕三辰:日、月、星。此指画在旗上的图。旂旗:画龙或悬有铃的称旂,画熊虎的称旗。〔17〕纪:通"记",标识。〔18〕象:学习模仿。〔19〕章:同"彰",显著。〔20〕九鼎:传为夏禹所铸,周灭商后,迁九鼎于雒邑(今河南洛阳市)。〔21〕义士:指伯夷、叔齐一类人。〔22〕内史:掌书王命之事的官。〔23〕有后于鲁:指臧哀伯在鲁国后继有人。因臧僖伯曾劝谏隐公不要去棠地观鱼,哀伯发扬其父的精神又谏纳鼎。

秋七月,杞侯来朝,不敬。杞侯归,乃谋伐之。蔡侯、郑伯会于邓,始惧楚也[1]。

九月,入杞,讨不敬也。

【注释】

〔1〕楚:国名,芈姓,子爵,亦称荆。楚武王僭号称王,有北侵之志。蔡、郑二国近楚,故聚而会谋。

公及戎盟于唐,修旧好也。冬,公至自唐,告于庙也。凡公行,告于宗庙。反行,饮至、舍爵、策勋焉[1],礼也。特相会,往来称地,让事也。自参以上[2],则往称地,来称会,成事也。

【注释】

〔1〕饮至:会盟或讨伐归,合饮于宗庙。舍爵:劝酒。策勋:把勋劳记录在简册上。〔2〕参:同"叁"。

初,晋穆侯之夫人姜氏以条之役生大子[1],命之曰仇[2]。其弟以千亩之战生[3],命之曰成师。师服曰[4]:"异哉,君之名子也!夫名以制义[5],义以出礼,礼以体政,政以正民。是以政成而民听,易则生乱[6]。嘉耦曰妃[7],怨耦曰仇,古之命也。今君命大子曰仇,弟曰成师,始兆乱矣,兄其替乎[8]?"

【注释】
〔1〕晋穆侯:名费生,晋第九代君王。条:晋地。在今山西安邑镇北。〔2〕仇:即晋文侯。〔3〕千亩:在今山西安泽县北。〔4〕师服:晋臣。〔5〕名以制义:名字是用来表示道义。〔6〕易:相反。〔7〕妃:相匹配、比美。〔8〕替:废,衰颓。

惠之二十四年[1],晋始乱,故封桓叔于曲沃[2],靖侯之孙栾宾傅之[3]。师服曰:"吾闻国家之立也,本大而末小[4],是以能固。故天子建国[5],诸侯立家[6],卿置侧室[7],大夫有贰宗[8],士有隶子弟[9],庶人工商各有分亲[10],皆有等衰[11]。是以民服事其上而下无觊觎[12]。今晋,甸侯也[13],而建国。本既弱矣,其能久乎?"

【注释】
〔1〕惠:鲁惠公。惠公二十四年为周平王二十六年,这年晋文侯仇卒,子昭侯伯即位。〔2〕桓叔:即成师。曲沃:在今山西闻喜县东。〔3〕靖侯:名宜臼,厉侯福之子。〔4〕本:根本。末:枝叶。〔5〕国:指诸侯之国。〔6〕家:指分封卿大夫之家。〔7〕侧室:嫡子外的儿子。〔8〕贰宗:大夫受封于诸侯,其嫡子为小宗,次者为贰宗,犹如卿的侧室辅佐嫡室。〔9〕隶子弟:士卑,禄无法自赡,所以以子弟为仆隶。〔10〕庶人:平民。各有分亲:言平民、工匠、商人没有身份高低尊卑,故以亲疏为分别。〔11〕等衰:依次而下的等级。〔12〕觊觎(jì yú):非分的冀望或希图。〔13〕甸侯:周公以九州制为九服,邦畿方千里,其外每五百里谓之一服,侯、甸、男、采、卫、蛮六

服为中国，夷、镇、蕃三服为夷狄。晋系甸服之诸侯。

惠之三十年，晋潘父弑昭侯而纳桓叔[1]，不克。晋人立孝侯[2]。

惠之四十五年，曲沃庄伯伐翼[3]，弑孝侯。翼人立其弟鄂侯[4]。鄂侯生哀侯[5]。哀侯侵陉庭之田[6]。陉庭南鄙启曲沃伐翼[7]。

【注释】

〔1〕潘父：晋大夫。〔2〕孝侯：名平，昭侯之子。〔3〕曲沃庄伯：桓叔成师之子，名鱓。翼：晋都城。〔4〕鄂侯：名郄。〔5〕哀侯：名光。〔6〕陉庭：在翼南边境。〔7〕启：导、引。

【译文】

[经]

二年春，周历正月戊申，宋华父督杀害他的君王与夷及宋大夫孔父。

滕子来我国朝见。

三月，桓公与齐僖公、陈桓公、郑庄公相会于稷地，是为了平服宋国内乱。

夏四月，从宋国取来郜国的大鼎。戊申，把鼎搬入太庙。

秋七月，杞侯来我国朝见。

蔡桓侯、郑庄公相会于邓地。

九月，攻入杞国。

桓公与戎国在唐地结盟。冬，桓公从唐地回来。

[传]

二年春，宋华父督攻打孔氏家族，杀死孔父，而占有他的妻子。宋殇公发怒，华父督害怕，于是杀死殇公。君子认为华父督因为心中已没有国君因此做出杀害大夫的罪恶行为,因此《春秋》先载他杀害他的君王。在稷地相会是为了平服宋国内乱,因为得到宋国的贿赂,确立了华氏的政权。

宋殇公即位以来,十年中参与了十一次战争,百姓难以承受。孔父嘉任司马,华父督为太宰,有意顺着百姓难以忍受这一点,先期宣扬说打仗是司马要这样做。不久,华父督杀死孔父,又杀害殇公,把庄公从郑国召回立为国君,以此亲近郑国。用郜国的大鼎贿赂桓公,齐、陈、郑各国都得到贿赂,所以华父督得以做宋庄公的国相。夏四月,从宋国取来郜国的大鼎。戊申,把鼎搬入太庙,这是不合乎礼的。

臧哀伯进谏说:"作为百姓的君王应该宣扬美德,杜绝邪恶的行为,以此为准则作为百官的示范,这样还担心仍然会有所过失,所以要宣扬美德,用以教育子孙后代。因此,太庙用茅草盖顶,玉辂用蒲草席做垫子,肉汁不用全五味来调和,供祭祀用的米不经细舂,这是为了表明节俭。礼服、礼帽、蔽膝、玉笏、革带、裙子、绑腿、鞋子、横簪、瑱绳、纽带、冕布,这是为了表明法度。玉器的垫子、佩刀的装饰,衣带、飘带、旗帜及马胸前的装饰品,这是为了表明等级尊卑。衣上所绘火、龙及图案,这是为了表明文饰高下。五色象征天地四方,这是为了表明器物的色彩。钖、鸾、和、铃,这是为了表明声音。旗上的日月星及各种形象,这是为了表明光彩。行为的准则应当是节俭而有法度,升降有一定的程度。以花纹和物色来作为标志,以声音与光彩来发扬它,以此向各级官吏作明显的表示,各级官吏才会警戒畏惧,不敢违反纪律。如今却抛弃德行而树立邪恶,把人家贿赂的器物放在太庙里,公然将它显示在各级官员面前。各级官员如跟着学坏样,又怎么去责备他们呢?一个国家的衰败,是由于官员的行为不正。官员的美德的丧失,是由于受宠而贿赂公然进行。把郜鼎放在太庙里,还有比这更明显的受贿吗?武王战胜殷商,把九鼎迁移到雒邑,尚且有义士对他非难,更何况把表明违法叛乱的贿赂来的器物放在太庙里,这怎么能行呢?"桓公没有听从。周朝的内史听到这件事,说:"臧孙达的后代在鲁国一定能长享禄位吧!君主违背礼制,他没有忘记以美德进行规劝。"

秋七月，杞侯来我国朝见，不恭敬。杞侯回国后，我国谋划讨伐他。

蔡桓公、郑庄公相会于邓地，是由于对楚国开始产生畏惧。

九月，攻入杞国，是为了讨伐杞侯的不恭敬。

桓公与戎国在唐地结盟，是为了重修过去的友好关系。冬，桓公从唐地回来，《春秋》记载，是由于回来后祭告了宗庙。凡是国君出行，要祭告于宗庙。回来后，祭告宗庙，宴饮臣下，互相劝酒，记录功勋于简册，这是合乎礼的。单独与一国相会，无论是我去还是彼来，都记载相会地点，表示互相谦让，是不设会主的会见。自三国以上，那么前去参加便记载相会地点，别国来便仅记载会见，这是盟主已定的会见。

起初，晋穆侯的夫人姜氏在条地战役时生下太子，取名为仇。仇的弟弟是千亩战役时所生，取名为成师。师服说："奇怪啊，国君这样为儿子取名！命名是用来表示道义，道义产生礼仪，礼仪体现出政事，政事用来端正人民。所以政事成功而人民服从，反之就发生动乱。好的配偶叫妃，不好的配偶叫仇，这是古代的名称。如今君王取名太子为仇，他的弟弟为成师，这已开始预兆动乱了，做哥哥的恐怕要衰颓了！"

鲁惠公二十四年，晋国开始内乱，因此把桓叔封在曲沃，靖侯的孙子栾宾辅佐他。师服说："我听说国家的建立，根本大而枝叶小，因此才能巩固。所以天子建立诸侯国，诸侯设立卿大夫家，卿设置侧室，大夫设有贰宗，士有以子弟充当的仆隶，平民、工匠、商人各有亲疏，都有依次而下的等级。因此百姓甘心地事奉上级，下级对上也没有什么非分的冀望。如今晋国只是甸服中的侯国，却又另外建立国。它的根本已经衰弱了，又岂能够长久呢？"

鲁惠公三十年，晋国的潘父杀害昭侯而接纳桓叔，没有成功。晋国人立了孝侯。

鲁惠公四十五年，曲沃庄伯攻打翼城，杀害孝侯。翼地的人立了他的弟弟鄂侯。鄂侯生了哀侯。哀侯侵没陉庭地方的田地。陉庭南部边境的人引导曲沃武公讨伐翼城。

桓公三年

[经]

三年春正月[1],公会齐侯于嬴[2]。

夏,齐侯、卫侯胥命于蒲[3]。

六月,公会杞侯于郕。

秋七月壬辰朔[4],日有食之,既[5]。

公子翬如齐逆女。

九月,齐侯送姜氏于讙[6]。公会齐侯于讙。夫人姜氏至自齐。

冬,齐侯使其弟年来聘[7]。

有年[8]。

【注释】

〔1〕三年:公元前709年。 〔2〕齐侯:齐僖公。嬴:齐邑,在今山东莱芜县西北。 〔3〕卫侯:卫宣公。胥命:互相申约,但不歃血设盟,即普通的会见。蒲:卫地,在今河北长垣县。 〔4〕朔:初一。 〔5〕既:尽,全。 〔6〕讙:鲁地,在今山东肥城县。 〔7〕聘:外交访问。古时公女出嫁他国,亦例派大夫随加聘问。 〔8〕有年:指五谷皆丰收。

[传]

三年春，曲沃武公伐翼[1]，次于陉庭[2]。韩万御戎[3]，梁弘为右[4]，逐翼侯于汾隰[5]，骖絓而止[6]，夜获之，及栾共叔[7]。

【注释】

〔1〕曲沃武公：曲沃庄伯鱓之子。〔2〕次：驻扎。凡行军所至，再宿为信，过信为次。〔3〕韩万：曲沃庄伯之弟。御戎：驾驭戎车。〔4〕梁弘：曲沃臣。右：车右，司执戈。〔5〕翼侯：即哀侯。汾隰（xí）：汾水边低地。汾水源出山西宁武，南流至河津县入黄河。〔6〕骖：车两旁的马。絓：纠结。指哀侯的驾车之马被林木挂住。〔7〕栾共叔：哀侯傅，名成。

会于嬴，成昏于齐也[1]。
夏，齐侯、卫侯胥命于蒲，不盟也。
公会杞侯于郕，杞求成也。

【注释】

〔1〕昏：同"婚"。

秋，公子翚如齐逆女。修先君之好，故曰公子。齐侯送姜氏，非礼也。凡公女嫁于敌国[1]，姊妹则上卿送之，以礼于先君；公子则下卿送之[2]；于大国，虽公子亦上卿送之；于天子，则诸卿皆行，公不自送；于小国，则上大夫送之。

【注释】

〔1〕公女：指本国国君的姊妹、女儿。敌国：对等的国家。 〔2〕公子：国君的女儿。

冬，齐仲年来聘，致夫人也[1]。

芮伯万之母芮姜恶芮伯之多宠人也[2]，故逐之，出居于魏[3]。

【注释】

〔1〕致：护送，此指对被护送者尽到责任。 〔2〕芮：国名，姬姓，伯爵，地在今陕西朝邑县。 〔3〕魏：即魏城，在今山西芮城县。

【译文】

[经]

三年春正月，桓公与齐僖公在嬴地相会。

夏，齐僖公、卫宣公在蒲地会谈。

六月，桓公与杞侯在郕地相会。

秋七月壬辰初一，发生日食，全蚀。

公子翬去齐国迎接齐女。

九月，齐僖公送姜氏到谨地。桓公与齐僖公在谨地相会。夫人姜氏从齐国来到我国。

冬，齐僖公派他的弟弟年来我国聘问。

五谷丰收。

[传]

三年春，曲沃武公进攻翼地，驻扎在陉庭。韩万任御者，梁弘任车右，在汾水边低地追逐晋哀侯，驾车的骖马逃跑中被林木挂住，停了下来。晚上俘获了哀侯，同时抓住了栾共叔。

桓公与齐僖公在嬴地会见，是由于与齐女订婚。

夏，齐僖公、卫宣公在蒲地会谈，说会谈是因为没有结盟。

桓公与杞侯在郕地相会,是因为杞国要求和好。

秋,公子翚去齐国迎接齐女,重修上代国君的友好关系,所以《春秋》称他为"公子"。齐僖公送姜氏来,是不合乎礼的。凡是本国公族的女子出嫁到对等的国家,如果是国君的姊妹,就派上卿护送,用以表示对上代国君的尊敬;如果是国君的女儿,就派下卿护送;出嫁到大国,即使是国君的女儿,也派上卿护送;嫁给天子,就由各位卿全都去护送,国君不亲自护送;出嫁到小国,就派上大夫护送。

冬,齐仲年来我国聘问,这是为了慰问姜氏。

芮伯万的母亲芮姜嫌恶芮伯宠姬过多,因此把他赶走,让他住到魏城去。

桓 公 四 年

［经］

四年春正月[1]，公狩于郎。

夏，天王使宰渠伯纠来聘[2]。

【注释】

〔1〕四年：公元前708年。 〔2〕宰：官名，掌王家内外事物。渠伯纠：渠为氏，伯纠为名。时伯纠摄父之职，出聘列国，所以《春秋》书名以讥之。

［传］

四年春正月，公狩于郎。书时，礼也。

夏，周宰渠伯纠来聘。父在，故名。

秋，秦师侵芮，败焉，小之也[1]。

冬，王师、秦师围魏，执芮伯以归[2]。

【注释】

〔1〕小：轻敌。 〔2〕芮伯：芮伯万，见桓公三年传。秦攻芮败，因此攻魏城，把已被放逐的芮伯带回国，想重立他为芮君。

【译文】

[经]

四年春正月,桓公在郎地打猎。

夏,周桓王派宰渠伯纠来我国聘问。

[传]

四年春正月,桓公在郎地打猎。《春秋》记载具体时间,是因为合乎礼。

夏,周宰渠伯纠来我国聘问。他的父亲还健在,所以《春秋》记载他的名字。

秋,秦国的军队入侵芮国,打了败仗,是因为轻敌。

冬,周天子及秦国的军队包围魏城,把芮伯抓住,带回国内。

桓 公 五 年

[经]

五年春正月[1],甲戌,己丑[2],陈侯鲍卒。
夏,齐侯、郑伯如纪[3]。
天王使仍叔之子来聘[4]
葬陈桓公。
城祝丘[5]。
秋,蔡人、卫人、陈人从王伐郑。
大雩[6]。
螽[7]。
冬,州公如曹[8]。

【注释】

〔1〕五年:公元前707年。〔2〕甲戌,己丑:甲戌为前年十二月二十一日,己丑为此年正月六日。陈国内乱,在上述日子发了两次讣告,《春秋》写两个日子,系事于本年,是存疑慎事。〔3〕齐侯:齐僖公。郑伯:郑庄公。〔4〕仍叔:周大夫。〔5〕祝丘:在今山东临沂县东南。〔6〕大雩(yú):旱祭,即求雨之祭。〔7〕螽(zhōng):蝗虫。〔8〕州:国名,姜姓,公爵。都淳于,即今山东安丘县东北淳于城。曹:国名,姬姓,伯爵。都陶丘,即今山东定陶县。

[传]

五年春正月，甲戌，己丑，陈侯鲍卒，再赴也[1]。于是陈乱。文公子佗杀大子免而代之。公疾病而乱作，国人分散，故再赴。夏，齐侯、郑伯朝于纪，欲以袭之。纪人知之。

【注释】
〔1〕赴：同"讣"。

王夺郑伯政[1]，郑伯不朝。
秋，王以诸侯伐郑，郑伯御之。王为中军；虢公林父将右军[2]，蔡人、卫人属焉；周公黑肩将左军[3]，陈人属焉。

【注释】
〔1〕王夺郑伯政：指周桓王罢免郑庄公卿士官职，不让他参与周朝政。〔2〕虢公林父：即虢仲，时为周卿士。〔3〕周公黑肩：即周桓公，名黑肩。

郑子元请为左拒以当蔡人、卫人[1]，为右拒以当陈人，曰："陈乱，民莫有斗心，若先犯之[2]，必奔。王卒顾之，必乱。蔡、卫不枝[3]，固将先奔。既而萃于王卒[4]，可以集事[5]。"从之。曼伯为右拒[6]，祭仲足为左拒，原繁、高渠弥以中军奉公[7]，为鱼丽之陈[8]，先偏后伍，伍承弥缝。战于繻葛[9]，命二拒曰："旝动而鼓[10]。"蔡、卫、陈皆奔，王卒乱，郑师合以攻之，王卒大败。祝聃射王中肩[11]，王亦能军[12]。祝聃请从之。公曰："君子不欲多上人[13]，况敢陵天子乎[14]！苟自救也，社稷无陨[15]，多矣[16]。"

夜，郑伯使祭足劳王[17]，且问左右[18]。

【注释】

〔1〕郑子元：郑公子。拒：方阵，用来抵御敌军进攻。〔2〕犯：进攻。〔3〕枝：同"支"，支持。〔4〕萃：聚集，集中。〔5〕集事：成功。〔6〕曼伯：即檀伯，郑大夫。〔7〕原繁：郑大夫。高渠弥：郑卿，亦称高伯。〔8〕鱼丽之陈：陈同"阵"。鱼丽阵是由车卒编组组成的一种阵法。兵车一队分为二偏，每偏二十五乘车；以步卒五人为伍，在车后。弥补偏间的缝隙。〔9〕繻(xū)葛：郑地，今河南长葛。〔10〕蝥(kuài)：大旗。〔11〕祝聃：郑臣。射：远距离射箭。〔12〕王亦能军：谓周天子的军队虽败不乱，有秩序地退却。一说"亦"为"不"字之误，谓王师大败，溃不成军。〔13〕上人：出人之上，超越别人。〔14〕陵：侵侮。〔15〕陨：坠落、颠覆。〔16〕多：满足。〔17〕劳：慰问。〔18〕左右：指周群臣。

仍叔之子[1]，弱也。

秋，大雩，书，不时也。凡祀，启蛰而郊[2]，龙见而雩[3]，始杀而尝[4]，闭蛰而烝[5]。过则书。

冬，淳于公如曹[6]。度其国危，遂不复。

【注释】

〔1〕仍叔之子：杜预注谓下当脱"来聘"二字。〔2〕启蛰：即惊蛰。郊：郊祀，以祈农事。〔3〕龙：苍龙，东方角、亢、氐、房、心、尾、箕七星宿的总称。七宿现在夏四月。夏四月雩祭为预为百谷祈雨，是常规祭祀，与旱祭的雩祭不同。〔4〕始杀：指初秋开始形成肃杀之气。尝：祭名，秋谷登场，天子尝新，先荐宗庙。〔5〕闭蛰：昆虫蛰伏。时当冬十月。烝：祭名，冬天祭祀宗庙。〔6〕淳于公：即州公。

【译文】

[经]

五年春正月，甲戌日，己丑日，陈桓公鲍去世。

夏，齐僖公、郑庄公去纪国。

周桓王派仍叔的儿子来我国聘问。

安葬陈桓公。

修筑祝丘的城墙。

秋，蔡国人、卫国人、陈国人跟随周桓王讨伐郑国。

举行求雨的祭祀。

发生蝗灾。

冬，州公去曹国。

[传]

五年春正月，甲戌日，己丑日，陈桓公鲍去世，发了两次讣告。当时陈国发生内乱，文公的儿子佗杀死了太子免，取代了他。陈桓公病情严重时内乱发生，国内的人民分散，所以再次发出讣告。

夏，齐僖公、郑庄公去纪国朝见，想乘机袭击纪国。纪国人觉察到了他们的阴谋。

周桓王不让郑庄公参与周朝政，郑庄公不再入周朝觐。

秋，周桓王率领诸侯攻打郑国，郑庄公出兵抵抗。周桓王率领中军；虢公林父率领右军，蔡国人、卫国人属其辖下；周公黑肩率领左军，陈国人属其辖下。

郑国的子元建议用左方阵来抵御蔡国人、卫国人，用右方阵来抵御陈国人，他说："陈国正逢内乱，人民没有战斗的勇气，如果先进攻他们，他们一定会败逃。周天子的军队见到陈军败逃，一定会发生混乱。蔡、卫的军队支持不住，定然会争先逃奔。接下来集中兵力对付周天子的军队，就可以取得胜利了。"郑庄公接受了他的建议。曼伯率领右方阵的军队，祭仲足率领左方阵的军队，原繁、高渠弥率领中军跟随庄公，摆设鱼丽阵，前为偏，后为伍，伍弥补偏间的缝隙。在繻葛展开战斗，郑庄公命令左右二方阵说："大旗挥动便击鼓进攻。"战斗开始，蔡、卫、陈国的军队都败逃，周天子的军队因此混乱，郑国的军队从两边会拢进攻周军，周军大败。祝聃发箭射中周桓王的肩膀，但周军虽败不乱。祝聃请求追击周军，郑庄公说："君子不希望过分地占人上风，更何况敢侵侮天子呢！如果能挽救自己，使国家免于灭亡，这就足够了。"

晚上，郑庄公派遣祭足慰问周桓王，同时问候天子的群臣。

《春秋》称"仍叔之子"，是由于他很年轻。

秋，为求雨而行祭祀，《春秋》记载，是由于它不是常规的雩祭。凡是祭祀，昆虫惊醒始动时举行郊祭，苍龙星出现时举行雩祭，秋天肃杀之气来临时举行尝祭，昆虫进入冬眠时举行烝祭。如果过了常规时间举行祭祀，《春秋》就作记载。

冬，州公去曹国。他估计自己的国家危险，于是没有回国。

桓 公 六 年

[经]

六年春正月[1]，实来[2]。

夏四月，公会纪侯于成[3]。

秋八月壬午，大阅[4]。

蔡人杀陈佗。

九月丁卯，子同生[5]。

冬，纪侯来朝。

【注释】

〔1〕六年：公元前706年。 〔2〕这句是承上年"州公如曹"句。州公去曹后未返国，此时来鲁国。"实来"，即"来"，"实"有定居意。《左传》说是因为来而不归，因此这样写，以别于一般的来。一说"实来"为"当时之常言"。 〔3〕成：在今山东宁阳县北。 〔4〕阅：阅兵，即检阅兵车及驾车的马。 〔5〕同：公子同，后即位为庄公。

[传]

六年春，自曹来朝。书曰"实来"，不复其国也[1]。

【注释】

〔1〕复：回。

楚武王侵随[1]，使薳章求成焉[2]，军于瑕以待之[3]。随人使少师董成[4]。鬥伯比言于楚子曰[5]："吾不得志于汉东也[6]，我则使然[7]。我张吾三军而被吾甲兵[8]，以武临之，彼则惧而协以谋我，故难间也[9]。汉东之国随为大，随张必弃小国，小国离，楚之利也。少师侈[10]，请羸师以张之。"熊率且比曰[11]："季梁在[12]，何益？"鬥伯比曰："以为后图，少师得其君。"王毁军而纳少师[13]。

【注释】
〔1〕楚武王：名熊通，楚第十七君。随：姬姓国，侯爵，其地在今湖北随县。〔2〕薳(wěi)章：楚大夫。成：和议。〔3〕瑕：随地，在今湖北随县。〔4〕少师：官名。董：主持。〔5〕鬥伯比：楚大夫，令尹子文之父。〔6〕汉东：指汉水以东地区的小国，如江、黄、六等国。〔7〕我则使然：指是由于自己失策而导致如此。〔8〕张：张大，扩展。〔9〕间：离间，乘隙。〔10〕侈：狂妄自大。〔11〕熊率且(jū)比：楚大夫。〔12〕季梁：随之贤臣。〔13〕毁军：毁损军容。故意让军容不整。

少师归，请追楚师，随侯将许之。季梁止之曰："天方授楚[1]，楚之羸，其诱我也，君何急焉？臣闻小之能敌大也，小道大淫[2]。所谓道，忠于民而信于神也。上思利民，忠也；祝史正辞[3]，信也。今民馁而君逞欲，祝史矫举以祭[4]，臣不知其可也。"公曰："吾牲牷肥腯[5]，粢盛丰备[6]，何则不信？"对曰："夫民，神之主也。是以圣王先成民而后致力于神[7]。故奉牲以告曰'博硕肥腯'[8]，谓民力之普存也，谓其畜之硕大蕃滋也[9]，谓其不疾瘯蠡也[10]，谓其备腯咸有也[11]，奉盛以告曰'洁粢丰盛'，谓其三时不害而民和年丰也[12]。奉酒醴以告曰'嘉栗旨酒'[13]，谓其上下皆有嘉德而无违心也。所谓馨香[14]，无谗慝也[15]。故务其三时，修其五教[16]，亲其九族[17]，以致其禋祀[18]。于是乎民和而神降之福，故动则有成。今民各有心，而鬼神乏主，君虽独丰，其何福之有！君姑修政而亲兄弟之国，庶免于难。"随侯惧而修政，楚不敢伐。

【注释】

〔1〕授：付予好运，照顾。〔2〕淫：淫虐乱政。〔3〕祝史：主持祭祀的官。正辞：讲实话，无虚言诡语。〔4〕矫举：诈称功德以欺骗鬼神。〔5〕牲：牛、羊、猪。牷（quán）：毛色纯一的牲畜。腯（tū）：肥壮。〔6〕粢（zī）：粮食。粢盛，装在祭器中的粮食。〔7〕成民：谓养民而使之有成就。〔8〕博硕：宽广硕大。〔9〕蕃滋：蕃育滋生。〔10〕瘯蠡（cù luǒ）：家畜疫病，皮毛上生疥癣。蠡，此通瘰。〔11〕咸有：兼备。〔12〕三时：指春、夏、秋农忙时季。三时不害，即农时不受扰害。〔13〕嘉栗：使之美善。旨酒：美酒。〔14〕馨香：芳香远闻。〔15〕谗：谗言，诬陷别人的坏话。慝（tè）：邪恶。〔16〕五教：指父义、母慈、兄友、弟恭、子孝。〔17〕九族：说法不一。一说自高、曾至曾孙、玄孙九代。一说己族之外，加外祖父、外祖母、岳父、岳母、姨母之子、姑母之子、姊妹之子、女之子。〔18〕禋（yīn）祀：祭祀鬼神。

夏，会于成，纪来咨谋齐难也。

北戎伐齐[1]，齐侯使乞师于郑[2]。郑大子忽帅师救齐[3]。六月，大败戎师，获其二帅大良、少良，甲首三百[4]，以献于齐。于是，诸侯之大夫戍齐，齐人馈之饩[5]，使鲁为其班[6]，后郑。郑忽以其有功也，怒，故有郎之师[7]。

【注释】
〔1〕北戎：即山戎，居今河北迁安县一带。〔2〕齐侯：齐僖公禄父。〔3〕大子忽：即公子忽，见隐公三年传。大子，太子。〔4〕甲首：披甲之人的首级。〔5〕馈：赠送。饩：牲腥之类食品。〔6〕为其班：确定各国的先后次序。〔7〕郎：鲁邑，在今山东鱼台县东北。郎之师，指桓公十年，郑合齐、卫伐鲁之役。

公之未昏于齐也，齐侯欲以文姜妻郑大子忽[1]。大子忽辞，人问其故，大子曰："人各有耦[2]，齐大，非吾耦也。《诗》云：'自求多福[3]。'在我而已，大国何为？"君子曰："善自为谋。"及其败戎师也，齐侯又请妻之，固辞。人问其故，大子曰："无事于齐，吾犹不敢。今以君命奔齐之急[4]，而受室以归[5]，是以师昏也。民其谓我何？"遂辞诸郑伯。

【注释】
〔1〕文姜：齐僖公女，襄公妹，嫁鲁桓公。〔2〕耦：同"偶"，匹配。〔3〕自求多福：见《诗·大雅·文王》。谓求福在己，非由人，所以下文有"在我而已"的话。〔4〕奔齐之急：奔救齐国的急难。〔5〕受室：即娶妇。

秋，大阅，简车马也。
九月丁卯，子同生。以大子生之礼举之，接以大牢[1]，卜士负之[2]，士妻食之[3]。公与文姜、宗妇命之[4]。

【注释】

〔1〕接：子生三日父见之，称接。大牢：即太牢，牛。〔2〕卜士：以占卜选定一位士。〔3〕食：为奶妈。〔4〕宗妇：宗族中年高位崇的妇女。

公问名于申繻[1]。对曰："名有五：有信，有义，有象，有假，有类。以名生为信[2]，以德命为义[3]，以类命为象[4]，取于物为假[5]，取于父为类[6]。不以国，不以官，不以山川，不以隐疾，不以畜牲，不以器币。周人以讳事神，名，终将讳之。故以国则废名，以官则废职，以山川则废主，以畜牲则废祀，以器币则废礼。晋以僖侯废司徒[7]，宋以武公废司空[8]，先君献、武废二山[9]，是以大物不可以命。"公曰："是其生也，与吾同物[10]，使之曰同。"

【注释】

〔1〕申繻(xū)：鲁大夫。〔2〕以名生：当为"以生名"，即以生时特征命名，如鲁公子友生时手有文如"友"字，便取名"友"。〔3〕以德命：即以祥瑞的字来命名，如文王名昌，武王名发。〔4〕以类命：以相类似的东西来命名。如孔子头如尼丘，取名为丘。〔5〕取于物：用物品来命名。如孔鲤生时有人送鱼，即取名为鲤。〔6〕取于父：用与父亲相类似的意思命名。如下桓公子与其同日生，所以名同。〔7〕僖侯：名司徒，所以因避讳废司徒一官。〔8〕武公：名司空，以避讳改司空官名为司城。〔9〕献、武：鲁献公名具，鲁武公名敖，鲁人避讳，废山名，改以其乡名为山名。〔10〕物：据昭公七年《传》，岁、时、日、月、星、辰为六物。同与桓公同日生，故云"同物"。

冬，纪侯来朝，请王命以求成于齐[1]，公告不能。

【注释】

〔1〕请王命：谓请桓公转求得到周天子的命令。

【译文】

[经]

六年春正月，州公来我国。

夏四月，桓公与纪侯在成地相会。

秋八月壬午，举行盛大的阅兵活动。

蔡国人杀死陈佗。

九月丁卯，子同出生。

冬，纪侯来我国朝见。

[传]

六年春，州公从曹国到我国来朝见。《春秋》记载"实来"，是因为他不再回他的国家。

楚武王入侵随国，派薳章去随国讲和，把军队驻扎在瑕地等待结果。随国人派少师主持和议。鬭伯比对楚武王说："我国在汉东一带不能得志，这是我们自己失策所造成的。我们张大三军整顿装备，用武力来威胁他们，他们便会因为恐惧而联合起来对付我国，因此很难离间他们。汉东的国家以随国最大，随国如果自高自大，就一定会抛弃小国，小国离心，是我们楚国的利益。少师这个人狂妄自大，请君王表现出军队疲弱的状况来让他更加自满。"熊率且比说："随国有季梁，这计谋有什么用？"鬭伯比说："这是为日后作打算，少师得到他们君王的信任。"楚武王因此有意使军容不整，接待少师。

少师回去后，请求追击楚军。随侯准备听从他的请求。季梁劝阻随侯说："上天正眷顾楚国，楚军的疲弱，是在诱惑我们，君王何必急着出兵呢？臣听说小国所以能抗拒大国，是由于小国得道而大国淫虐乱政。所谓道，就是忠于人民而取信于鬼神。国君经常想到对百姓有利，这就是忠；祝史祭祀时的言词诚实不欺，这就是信。如今人民挨饿而国君放纵私欲，祝史谎称功德来祭祀，我不知道这样做有什么好。"随侯说:"我祭祀时用的牲畜毛色纯正而且肥壮,盛在祭器中的粮食丰富完备,怎么会不取信于鬼神?"季梁回答说:"人民,是神灵的主宰。因此圣明的君王先使人民安居乐业后才致力于祭祀鬼神。所以在奉献牺牲时就祝告说'牲畜又大又肥壮',是说人民的财力普遍存在,是说他们的牲畜肥大而且繁殖众多,是说牲畜不生疾病皮毛纯洁,是说牲畜类全体壮,兼而得之。在奉献粮食时祝告说'洁净的粮食丰富充足',是说他们春夏秋三季没有遇到灾害,人民和睦,年成丰收。在奉献甜酒时祝告说'至善至洁酿好酒',是说他们上下都有美好的德行而没有背离的心念。所谓芳香之气远闻,是说没有诬陷别人的邪恶。因此他们专心忙着春、夏、秋三季的农事,修明五教,亲近九族,用这些来向鬼神祭祀。这样,人民就和睦,鬼神也就赐予他们幸福,因此做任何事都会获得成功。现在人民各自怀着异心,鬼神也就没有主宰,君王的祭祀虽然丰盛,又怎能求得鬼神降福!君王姑且修明政事,与周围兄弟国家亲近,也许能免于灾难。"随侯感到恐惧,于是修明政事,楚国就没有敢来攻打随国。

夏,与纪侯相会于成地,纪侯是来我国商讨如何对付齐国灭纪的企图。

北戎攻打齐国,齐僖公派人到郑国求救兵。郑国的太子忽领兵救齐。六月,大败戎军,擒获戎军两个主帅大良、少良,斩了戎军三百人的头,献给齐国。这时候,各国的大夫帮助齐国防守边境,齐人赠送他们食物,请鲁国来确定各国的先后次序,把郑国排在后面。郑太子忽因为自己有功劳,发怒,所以后来有郎地的战役。

在桓公还没有与齐国结姻以前,齐僖公想把文姜嫁给郑太子忽。太子忽辞谢了,人们问他原因,太子忽说:"人人都有自己合适的配偶,齐国强大,不是我的配偶。诗说:'求于自己,必多福。'靠我自己而已,要大国干什么?"君子说:"太子忽善于为自己打算。"等到他打败了戎军,齐僖公又请求把别的女子嫁给他,他坚决推辞。人们问原因,太子忽说:"我没为齐国办什么事,尚且不敢娶齐国女子。如今由于国君的命令奔救齐国的急难,却娶了妻子回去，这是以战争要取婚姻，人民将会怎么说我呢？"于是假托郑庄公的意思推辞了。

秋，举行盛大的阅兵活动，检阅兵车及拉车的马。

九月丁卯，子同出生。举行太子出生的礼仪，父亲接见儿子时用太牢，通过占卜选择士人抱他，让士人的妻子给他做奶妈。桓公及文姜、同宗年高位崇的妇人为他命名。

桓公向申繻询问命名的事，申繻回答说："名有五种，有信，有义，有象，有假，有类。以生时的特征命名叫信，以祥瑞的字来命名叫义，以相类似的东西来命名叫象，用物品来命名叫假，用与父亲有关的意思命名叫类。命名不用国名，不用官名，不用山川名，不用疾病名，不用畜牲名，不用器物礼物名。周朝人通过避讳来奉事神灵，名，在死后就要避讳。因此，用国号命名就会废除国名，用官名命名就会改变官职的称呼，用山川名命名就会改变山川神的名，用畜牲名命名就会废除祭祀，以器物礼物命名就会废除礼仪。晋国因为僖公名而废除司徒官，宋国因为武公名而废除司空官，我国因为前代献公、武公名而废除二山之名，所以大的事物不能用来命名。"桓公说："这孩子的出生，日子与我相同，命名他为同。"

冬，纪侯来我国朝见，请求桓公转求周天子下令让纪国与齐国讲和，桓公告诉他办不到。

桓 公 七 年

[经]

七年春二月己亥[1],焚咸丘[2]。

夏,穀伯绥来朝[3]。

邓侯吾离来朝[4]。

【注释】

〔1〕七年:公元前705年。 〔2〕焚:放火烧田,驱使野兽外逃,然后围猎。咸丘:鲁地,在今山东巨野县东南。 〔3〕穀:国名,伯爵,地在今湖北穀城县。 〔4〕邓:国名,曼姓,侯爵,地在今河南邓县。

[传]

七年春,穀伯、邓侯来朝。名,贱之也。

夏,盟、向求成于郑[1],既而背之。

秋,郑人、齐人、卫人伐盟、向。王迁盟、向之民于郑[2]。

冬,曲沃伯诱晋小子侯[3],杀之。

【注释】

〔1〕盟、向:二邑名,隐公十一年周天子以与郑交换者。郑当时对

二邑名义上有所有权,实际上没得到。有人推测二邑必与郑有兵事,所以现在与郑求和。〔2〕郏(jiā):一名王城,即今河南洛阳市。〔3〕曲沃伯:曲沃武公。小子侯:晋哀侯子,晋十六世君。

【译文】

[经]

七年春二月己亥,放火焚烧咸丘田地。

夏,穀伯绥来我国朝见。

邓侯吾离来我国朝见。

[传]

七年春,穀伯、邓侯来我国朝见。《春秋》记载他们的名字,是由于贱视他们。

夏,盟、向二邑向郑国求和,不久又背叛郑国。

秋,郑国人、齐国人、卫国人攻打盟、向二邑。周天子把盟、向二邑的人民迁移到郏地。

冬,曲沃伯诱骗晋小子侯,把他杀死。

桓 公 八 年

[经]

八年春正月己卯[1]，烝[2]。

天王使家父来聘[3]。

夏五月丁丑，烝。

秋，伐邾。

冬十月，雨雪。

祭公来[4]，遂逆王后于纪。

【注释】

〔1〕八年：公元前704年。〔2〕桓公五年《传》云："闭蛰而烝，过则书。"闭蛰当夏正十月，此年春正月当夏正十二月，烝祭过时，所以《春秋》记载。下同。〔3〕家父：周大夫。〔4〕祭公：周天子的三公。时周天子与纪国通婚，因纪国小，所以由鲁国代为主持，祭公因此先至鲁，后迎亲。

[传]

八年春，灭翼[1]。

随少师有宠。楚鬬伯比曰："可矣。仇有衅，不可失也。"

夏,楚子合诸侯于沈鹿[2]。黄、随不会[3]。使薳章让黄[4]。楚子伐随,军于汉、淮之间。

【注释】

〔1〕此事与上年《传》语相接。翼为晋都城。 〔2〕沈鹿:楚地,在今湖北钟祥县东。 〔3〕黄:国名,嬴姓,地在今河南潢川县。〔4〕让:责备。

季梁请下之[1],弗许而后战,所以怒我而怠寇也。少师谓随侯曰:"必速战。不然,将失楚师。"随侯御之,望楚师[2]。季梁曰:"楚人上左[3],君必左[4],无与王遇[5]。且攻其右,右无良焉,必败。偏败,众乃携矣[6]。"少师曰:"不当王,非敌也[7]。"弗从。战于速杞[8],随师败绩[9]。随侯逸,鬬丹获其戎车[10],与其戎右少师[11]。

秋,随及楚平。楚子将不许,鬬伯比曰:"天去其疾矣[12],随未可克也。"乃盟而还。

【注释】

〔1〕下之:屈服。 〔2〕望:眺望。 〔3〕上左:尊重左。上,同"尚"。 〔4〕君:指随侯。随侯在左,则正对楚右军,不与楚王遇。 〔5〕遇:即"当",正面相对。 〔6〕携:离散。 〔7〕非敌:不是地位同等的敌国。 〔8〕速杞:随地,在今湖北应山县西。〔9〕败绩:作战大败。庄公十一年《传》:"大崩曰败绩。" 〔10〕鬬丹:楚大夫。戎车:君王所乘兵车。 〔11〕戎右:即车右。〔12〕疾:指随少师。

冬,王命虢仲立晋哀侯之弟缗于晋[1]。

祭公来，遂逆王后于纪，礼也。

【注释】
〔1〕虢仲：即周朝卿士虢公林父。

【译文】
[经]
八年春正月己卯，举行烝祭。
周桓王派遣家父来我国聘问。
夏五月丁丑，举行烝祭。
秋，进攻郕国。
冬十月，下雪。
祭公来我国，然后去纪国迎接王后。

[传]
八年春，曲沃伯灭亡了翼。
随国的少师得到随侯宠爱。楚国的鬬伯比说："可以了，仇人有了弱点，不可放过。"
夏，楚武王在沈鹿会合诸侯，黄国、随国未赴会。楚武王派薳章谴责黄国。楚武王讨伐随国，军队驻扎在汉水、淮水之间。
季梁建议向楚国表示屈服，楚国不同意然后再战，这样做可以激怒我军的士气而使敌军懈怠。少师对随侯说："必须速战，不这样，将会错过战胜楚军的机会。"随侯出兵抵御楚兵，远望楚国的军队。季梁说："楚国人尊重左，君王一定要处在左军中，不要和楚王正面作战。姑且攻击他的右军，右军没有良将，一定会失败。他们的偏师失败，大众便会离散了。"少师说："不和楚王正面作战，就表示我们不是与他地位相等的敌国。"随侯不听季梁的话。与楚国在速杞交战，随国军队打了败仗。随侯逃走。鬬丹缴获了随侯乘的兵车，擒住了车右少师。
秋，随国与楚国议和。楚武王打算不同意，鬬伯比说："上天已经去除了他们的祸患少师了，随国还不能够战胜。"于是与随订立了盟约后回国。

冬,周天子命虢仲到晋国立晋哀侯的弟弟缗为国君。

祭公来我国,然后去纪国迎接王后,是合乎礼法的。

桓 公 九 年

[经]

九年春[1]，纪季姜归于京师[2]。

夏四月。

秋七月。

冬，曹伯使其世子射姑来朝[3]。

【注释】

〔1〕九年：公元前703年。 〔2〕纪季姜：纪侯女，周桓王后。季是排行，姜是姓。 〔3〕曹伯：曹桓公。世子：即太子。

[传]

九年春，纪季姜归于京师。凡诸侯之女行[1]，唯王后书。

巴子使韩服告于楚[2]，请与邓为好。楚子使道朔将巴客以聘于邓[3]。邓南鄙鄾人攻而夺之币[4]，杀道朔及巴行人。楚子使薳章让于邓，邓人弗受。

【注释】

〔1〕行：出嫁。 〔2〕巴：国名，子爵，姬姓。国始在湖北襄樊附

近,战国时迁入四川。韩服:巴国行人。行人掌接待来往宾客,通使外邦。〔3〕道朔:楚大夫。巴客:即韩服。〔4〕鄾(yōu):在今湖北襄樊市。一说为国名。

夏,楚使鬬廉帅师及巴师围鄾[1]。邓养甥、聃甥帅师救鄾[2]。三逐巴师[3],不克。鬬廉衡陈其师于巴师之中[4],以战,而北[5]。邓人逐之,背巴师而夹攻之[6]。邓师大败,鄾人宵溃。

【注释】
〔1〕鬬廉:楚大夫。〔2〕养甥、聃甥:邓大夫。〔3〕逐:进攻,冲击。〔4〕衡:同"横"。〔5〕北:同"背",败走。〔6〕背巴师:指邓军追楚师,出于巴军之外。

秋,虢仲、芮伯、梁伯、荀侯、贾伯伐曲沃[1]。
冬,曹大子来朝,宾之以上卿,礼也。
享曹大子。初献,乐奏而叹。施父曰[2]:"曹大子其有忧乎,非叹所也。"

【注释】
〔1〕梁:国名,伯爵,嬴姓,地在今陕西韩城县。荀:国名,侯爵,姬姓,地在今山西新绛县。贾:国名,伯爵,姬姓,地在今山西襄汾县。〔2〕施父:鲁大夫。

【译文】
[经]
九年春,纪国的季姜出嫁到京城。
夏四月。

秋七月。

冬，曹桓公派遣他的太子射姑来我国朝见。

[传]

九年春，纪国的季姜出嫁到京城。凡是诸侯的女儿出嫁，只有嫁作王后的《春秋》才记载。

巴子派遣韩服向楚国报告，请求与邓国通好。楚武王派遣道朔带着巴国使臣到邓国去聘问。邓国南部边境的鄾地人攻击他们，抢去了巴国带的礼物，杀死了道朔及巴国的使臣。楚武王派薳章去责问邓国，邓国人不服贴。

夏，楚国派鬥廉率领本国及巴国的军队包围鄾地。邓国的养甥、聃甥率领军队救援鄾地。邓军向巴军发动了三次攻击，没能取胜。鬥廉把楚军横陈在巴军中间与邓军战，伪装败退。邓军追击楚军，追过了巴军，楚军回头与巴军夹攻邓军。邓国的军队大败，鄾地的人连夜溃散。

秋，虢仲、芮伯、梁伯、荀侯、贾伯攻打曲沃。

冬，曹太子来我国朝见，用接待上卿的礼接待他，这是合乎礼仪的。

设享礼接待曹太子。第一次献酒，奏乐，曹太子叹息。施父说："曹太子恐怕有忧患吧，这里不是叹息的地方啊。"

桓公十年

[经]

十年春[1],王正月庚申,曹伯终生卒。

夏五月,葬曹桓公。

秋,公会卫侯于桃丘[2],弗遇。

冬十有二月丙午,齐侯、卫侯、郑伯来战于郎[3]。

【注释】

[1]十年:公元前702年。 [2]桃丘:在今山东东阿县。桓公往桃丘会卫宣公,然卫已应齐、郑请,助兵伐鲁,故未赴会。 [3]齐侯:齐僖公。郑伯:郑庄公。郎:近鲁都曲阜。

[传]

十年春,曹桓公卒。

虢仲谮其大夫詹父于王[1]。詹父有辞[2],以王师伐虢。夏,虢公出奔虞[3]。

秋,秦人纳芮伯万于芮[4]。

【注释】

[1]詹父:虢仲属下大夫。 [2]有辞:有理。 [3]虞:国名,公

爵，姬姓，地在今山西平陆县。〔4〕纳：送回。芮伯于桓公四年被秦所执。

初，虞叔有玉[1]，虞公求旃[2]，弗献。既而悔之，曰："周谚有之：'匹夫无罪，怀璧其罪。'吾焉用此，其以贾害也[3]。"乃献之。又求其宝剑。叔曰："是无厌也。无厌，将及我[4]。"遂伐虞公，故虞公出奔共池[5]。

【注释】

〔1〕虞叔：虞公的弟弟。〔2〕旃："之焉"的合音。〔3〕贾(gǔ)害：得祸。〔4〕将及我：言由物而害及我的生命。〔5〕共池：在今山西平陆县西。

冬，齐、卫、郑来战于郎，我有辞也。

初，北戎病齐[1]，诸侯救之。郑公子忽有功焉。齐人饩诸侯，使鲁次之。鲁以周班后郑[2]。郑人怒，请师于齐。齐人以卫师助之，故不称侵伐。先书齐、卫，王爵也[3]。

【注释】

〔1〕病齐：伐齐而使齐病，暗示齐国无法抵御。〔2〕周班：周室封爵的次序。〔3〕王爵：即周班。此段追叙事，详桓公六年。

【译文】

[经]

十年春，周历正月庚申，曹桓公终生去世。

夏五月,安葬曹桓公。

秋,桓公去桃丘与卫宣公会面,没见到卫宣公。

冬十二月丙午,齐僖公、卫宣公、郑庄公来到郎地与我国交战。

[传]

十年春,曹桓公去世。

虢仲在周桓王面前诬陷他属下大夫詹父。詹父有理,率领周朝军队讨伐虢国。夏,虢公逃亡到虞国。

秋,秦国人把芮伯万送归芮国。

起初,虞叔有块美玉,虞公问他讨,虞叔不肯给。不久,虞叔后悔了,说:"周朝的谚语有这样一句话:'普通百姓没有罪,怀中藏有玉璧就会变得有罪。'我哪里用得着这玉,难道让它带来祸害吗?"于是把玉献给虞公。虞公又向他讨宝剑。虞叔说:"这是不知满足了。不知满足,将会因此危及我的生命。"于是就攻打虞公,因此虞公逃亡到共池。

冬,齐国、卫国、郑国来到郎地与我国交战,我国是有理的一方。

起初,北戎使齐国无法应付,诸侯援救齐国。郑国的公子忽有功劳。齐国人赠送诸侯食物,让鲁国确定赠送的先后次序。鲁国根据周室封爵的次序,把郑国排在后面。郑国人发怒,请求齐国出兵。齐国人率领卫国军队帮助郑国,所以《春秋》不称这次战争为"侵伐"。记载次序把齐、卫放前面,是按照周室封爵的次序。

桓公十一年

[经]

十有一年春正月[1],齐人、卫人、郑人盟于恶曹[2]。

夏五月癸未,郑伯寤生卒。

秋七月,葬郑庄公。

九月,宋人执郑祭仲[3]。突归于郑[4]。郑忽出奔卫。

柔会宋公、陈侯、蔡叔盟于折[5]。

公会宋公于夫钟[6]。

冬十有二月,公会宋公于阚[7]。

【注释】

〔1〕十有一年:公元前701年。〔2〕恶曹:杜预注"地阙",即不详何地。或以为在河南延津县。〔3〕祭仲:即祭足。〔4〕突:公子突,太子忽之弟,后即位为厉公。〔5〕柔:鲁大夫。宋公:宋庄公。陈侯:陈厉公。蔡叔:蔡大夫,一云即蔡桓侯之弟。折:不详。〔6〕夫钟:在今山东汶上县。〔7〕阚(kàn):在今山东汶上县。

[传]

十一年春,齐、卫、郑、宋盟于恶曹。

楚屈瑕将盟贰、轸[1]。郧人军于蒲骚[2]，将与随、绞、州、蓼伐楚师[3]。莫敖患之[4]。鬭廉曰："郧人军其郊，必不诫[5]，且日虞四邑之至也[6]。君次于郊郢以御四邑[7]，我以锐师宵加于郧。郧有虞心而恃其城，莫有斗志。若败郧师，四邑必离。"莫敖曰："盍请济师于王[8]？"对曰："师克在和[9]，不在众。商、周之不敌，君之所闻也。成军以出，又何济焉？"莫敖曰："卜之。"对曰："卜以决疑，不疑何卜？"遂败郧师于蒲骚，卒盟而还。

【注释】
〔1〕屈瑕：楚大夫。贰：国名，与轸国均在今湖北应山县。〔2〕郧：亦作邧，国名，子爵，地在今湖北郧县。蒲骚：郧邑，在今湖北应山县西北。〔3〕绞：国名，地在今湖北郧县西北。州：国名，地在今湖北监利县东。蓼：国名，在今河南沘源县南。〔4〕莫敖：官名。屈瑕时官莫敖。〔5〕诫：警戒。〔6〕虞：望，期望。〔7〕次：止，到达。郊郢：楚地，当离楚都不远。〔8〕济师：增加军队。〔9〕克：战胜。和：团结。

郑昭公之败北戎也[1]，齐人将妻之，昭公辞。祭仲曰："必取之。君多内宠，子无大援，将不立[2]。三公子[3]，皆君也。"弗从。
夏，郑庄公卒。

【注释】
〔1〕郑昭公：即太子忽。〔2〕将不立：谓将难以立为君。〔3〕三公子：指太子忽之弟子突、子亹、子仪。其母皆有宠。

初，祭封人仲足有宠于庄公，庄公使为卿[1]。为公娶邓曼[2]，生昭公，故祭仲立之。宋雍氏女于郑庄公[3]，曰雍姞，生厉公。雍氏宗[4]，有宠于宋庄公，故诱祭仲而执之，曰："不立突，将死。"亦执厉公而求赂焉。祭仲与宋人盟，以厉公归而立之。

秋九月丁亥，昭公奔卫。己亥，厉公立。

【注释】

〔1〕使为卿：谓庄公将祭仲自封人擢为卿，执国政。〔2〕邓曼：邓国之女，曼姓。〔3〕雍氏：宋大夫，姞姓，故嫁郑庄公之女名雍姞。〔4〕宗：通"崇"，有声誉。

【译文】

[经]

十一年春正月，齐国人、卫国人、郑国人在恶曹结盟。

夏五月癸未，郑庄公寤生去世。

秋七月，安葬郑庄公。

九月，宋国人逮捕郑祭仲。公子突回到郑国。郑忽逃亡到卫国。

柔与宋庄公、陈厉公、蔡叔在折地相会结盟。

桓公与宋庄公在夫钟相会。

冬十二月，桓公与宋庄公在阚地相会。

[传]

十一年春，齐、卫、郑、宋在恶曹结盟。

楚屈瑕准备与贰、轸二国结盟。郧国人陈兵于蒲骚，准备与随、绞、州、蓼军队一起攻打楚国。莫敖对此表示忧虑。斗廉说："郧国人把军队驻扎在自己的郊区，一定不会警戒，并且天天在盼望四国的军队到来。您驻军于郊郢用以抵御四国的军队，我带领精锐部队连夜进攻郧军。郧军有盼望之心又凭仗城池可守，没有斗志。如果击败郧军，四国一定会离心散去。"莫敖说："何不向君王请求增加军队？"鬬廉回答说："军队战胜的关键在于同心协力，不在乎人数的多少。商朝打不过周朝，这是您所知道的。整顿好军队而出击，又何需增加人员呢？"莫敖说："占卜问一下吉凶。"鬬廉回答说："占卜是为了解决心中的疑惑，没有疑惑，何须占卜？"于是在蒲骚打败了郧军，最终与贰、轸结盟而回。

郑昭公打败北戎时，齐国君打算把女儿嫁给他，昭公辞谢了。祭仲说："你一定要娶她。君王宠爱的姬妾很多，你没有强大的外援，将难以被立为国君。其他三个公子，都有可能立为国君。"昭公没有听从。

夏，郑庄公去世。

起初，祭地的封人仲足得到庄公的宠信，庄公任命他为卿。祭仲为庄公娶邓曼为夫人，生昭公，因此祭仲立他为国君。宋雍氏把女儿嫁给郑庄公，名叫雍姞，生厉公。雍氏声誉崇隆，得到宋庄公的宠信，因此诱骗祭仲到宋国，把他拘留，说："不立公子突为君，就杀死你。"同时又拘留了厉公索取财货。祭仲与宋人结盟，让厉公回国而立他为国君。

秋九月丁亥，昭公逃亡到卫国。己亥，厉公立为国君。

桓公十二年

[经]

十有二年春正月[1]。

夏六月壬寅,公会杞侯、莒子[2],盟于曲池[3]。

秋七月丁亥,公会宋公、燕人[4],盟于榖丘[5]。

八月壬辰,陈侯跃卒[6]。

公会宋公于虚[7]。

冬十有一月,公会宋公于龟[8]。

丙戌,公会郑伯[9],盟于武父[10]。

丙戌,卫侯晋卒[11]。

十有二月,及郑师伐宋。丁未,战于宋。

【注释】

[1]十有二年:公元前700年。 [2]杞侯:杞靖侯。 [3]曲池:在今山东宁阳县北。 [4]宋公:宋庄公。 [5]榖丘:宋邑,在今河南商丘东南。 [6]陈侯跃:陈厉公。 [7]虚:宋地,在今河南延津县东。 [8]龟:宋地,在今河南睢县。 [9]郑伯:郑厉公。 [10]武父:郑地,在今山东东明县西南。 [11]卫侯晋:卫宣公。

[传]

十二年夏,盟于曲池,平杞、莒也[1]。

公欲平宋、郑。秋,公及宋公盟于句渎之丘[2]。宋成未可知也,故又会于虚。冬,又会于龟。宋公辞平,故与郑伯盟于武父,遂帅师而伐宋,战焉,宋无信也。

君子曰:"苟信不继,盟无益也。《诗》云:'君子屡盟,乱是用长[3]。'无信也。"

【注释】

〔1〕平杞、莒:使杞、莒和好。隐公四年,莒伐杞,二国始不和。〔2〕句渎之丘:即榖丘。 〔3〕所引诗见《小雅·巧言》。是用,即是以。

楚伐绞,军其南门。莫敖屈瑕曰:"绞小而轻[1],轻则寡谋,请无捍采樵者以诱之[2]。"从之。绞人获三十人。明日,绞人争出,驱楚役徒于山中[3]。楚人坐其北门而覆诸山下[4],大败之,为城下之盟而还。

伐绞之役,楚师分涉于彭[5]。罗人欲伐之[6],使伯嘉谍之[7],三巡数之[8]。

【注释】

〔1〕小而轻:国小而人轻躁易动。 〔2〕捍:保护。 〔3〕役徒:即采樵者。 〔4〕坐:守,等待。覆:设伏。 〔5〕彭:彭水,今名南河,源出湖北房县,在榖城县流入汉水。 〔6〕罗:国名,熊姓,地在今湖北宜城县。 〔7〕伯嘉:罗大夫。 〔8〕巡:遍。数之:计楚军人数的多寡。

【译文】

[经]

十二年春正月。

夏六月壬寅,桓公与杞靖侯、莒子相会,在曲池结盟。

秋七月丁亥,桓公与宋庄公、燕国人相会,在榖丘结盟。

八月壬辰,陈厉公跃去世。

桓公与宋庄公在虚地相会。

冬十一月,桓公与宋庄公在龟地相会。

丙戌,桓公与郑厉公相会,在武父结盟。

丙戌,卫宣公晋去世。

十二月,我军与郑军攻打宋国。丁未,与宋国交战。

[传]

十二年夏,在曲池结盟,是为了使杞、莒二国和好。

桓公想使宋、郑两国和好。秋天,桓公与宋庄公在句渎之丘结盟。宋国是否有诚意和好尚不清楚,所以又相会于虚地。冬天,又在龟地相会。宋庄公拒绝和好,所以桓公与郑厉公在武父结盟,随后就率领军队攻打宋国,与宋国交战,这是因为宋国没有信用。

君子说:"如果信用跟不上,结盟便没有什么好处。《诗》说:'君子多次结盟,骚乱因此也就滋长。'都是说没有信用的结果。"

楚国进攻绞国,军队驻扎在南门。莫敖屈瑕说:"绞国小而人轻躁易动,轻躁易动便缺少计谋。请不要派兵保护我军出外砍柴的人,用以引诱他们。"楚武王听从了他的话。绞国人俘获了三十个楚国砍柴的人。第二天,绞国人争着出城,在山中追赶楚国砍柴人。楚军坐守在绞国北门,在山下设埋伏,大败绞军,与绞国订了城下之盟而回师。

进攻绞国的战役,楚军分兵渡过彭水。罗国人企图攻打楚军,派伯嘉侦察楚军,三次全面地清数了楚军的人数。

桓公十三年

[经]

十有三年春二月[1]，公会纪侯、郑伯[2]。己巳，及齐侯、宋公、卫侯、燕人战[3]。齐师、宋师、卫师、燕师败绩。

三月，葬卫宣公。

夏，大水。

秋七月。

冬十月。

【注释】

〔1〕十有三年：公元前699年。〔2〕纪侯：纪靖侯。郑伯：郑厉公。〔3〕齐侯：齐僖公。宋公：宋庄公。卫侯：卫惠公。

[传]

十三年春，楚屈瑕伐罗，鬬伯比送之。还，谓其御曰："莫敖必败。举趾高[1]，心不固矣[2]。"遂见楚子曰[3]："必济师[4]。"楚子辞焉，入告夫人邓曼[5]。邓曼曰："大夫其非众之谓[6]，其谓君抚小民以信，训诸司以德[7],而威莫敖以刑也[8]。莫敖狃于蒲骚之役[9],将自用也[10],必小罗[11]。君若不镇抚[12],其不设备乎。夫固谓君训众而好镇抚之[13],召诸司而劝之以令德,见莫敖而告诸天之不假易也[14]。不然,夫岂不知楚师之尽行也。"楚子使赖人追之[15],不及。

【注释】
〔1〕举趾高:举步自高,谓骄傲自满。 〔2〕不固:指防备敌人的心不固。 〔3〕见:请见。楚子:楚武王。 〔4〕济:增加。 〔5〕邓曼:楚武王夫人,与前郑庄公夫人邓曼非一人。 〔6〕大夫:指鬭伯比。非众之谓:言不是单纯要求增加军队人数。 〔7〕诸司:诸有司,指一般官吏。 〔8〕威:震慑。刑:刑法。 〔9〕狃:贪惑,习以为常。 〔10〕自用:自以为是,听不进别人的话。 〔11〕小:轻视。 〔12〕镇抚:镇压抚绥。此指戒饬。 〔13〕固:本,原来。 〔14〕假易:宽纵。 〔15〕赖:国名,子爵,地在今湖北随县北。赖人指赖国仕于楚的人。

莫敖使徇于师曰[1]:"谏者有刑。"及鄢[2],乱次以济[3]。遂无次,且不设备。及罗,罗与卢戎两军之[4],大败之。莫敖缢于荒谷[5],群帅囚于冶父以听刑[6]。楚子曰:"孤之罪也。"皆免之。

【注释】
〔1〕徇:宣告、号令。 〔2〕鄢:水名。源出湖北保康县,流经南漳、宜城,入汉水。 〔3〕乱次:次序混乱。济:渡河。 〔4〕卢戎:南蛮夷国,地在今湖北南漳县。两军之:两面驻扎,即两面夹攻。 〔5〕荒谷:与下冶父均楚地,在今湖北江陵县东南。 〔6〕听刑:听候施刑,即请罪。

宋多责赂于郑[1],郑不堪命,故以纪、鲁及齐与宋、卫、燕战。不书所战[2]，后也。

郑人来请修好[3]。

【注释】

〔1〕责：索取。　〔2〕所战：战于何处。　〔3〕此语当与下年《传》语相连。

【译文】

[经]

十三年春二月，桓公与纪靖侯、郑厉公相会。己巳，与齐僖公、宋庄公、卫惠公、燕国人交战。齐、宋、卫、燕的军队大败。

三月，安葬卫宣公。

夏，发大水。

秋七月。

冬十月。

[传]

十三年春，楚国屈瑕去攻打罗国，鬥伯比送行。回来对他驾车的人说："莫敖一定会打败仗。他走路趾高气扬，防备敌人的心就不牢固了。"他就去求见楚武王说："一定要增加军队。"楚武王拒绝了，入内宫告诉夫人邓曼。邓曼说："鬥伯比想说的不单是要增加军队，他是说君王要用信义来镇抚普通百姓，用美德来训诫普通官吏，而以刑法来震慑莫敖。莫敖被蒲骚之役的胜利迷了心窍，将会自以为是，定然轻视罗国。君王如果对他不进行戒饬，他会放松警惕不加防备。鬥伯比的原意是请君王训诫大众而好好地戒饬他们，召集官吏而以美德来勉励他们，召见莫敖而告诉他上天不会宽纵他的过失。不然的话，鬥伯比难道不知道楚国的军队已经全部出发了。"楚武王派赖人追赶莫敖，没有赶上。

莫敖命人在军中号令说："敢于进谏的人要受刑罚。"到了鄢水，渡河时次序混乱。于是军队没有次序，又不加防备。到达罗国，罗军与卢戎军队从两面夹攻楚军，楚军大败。莫敖吊死在荒谷，其他将帅们自己囚禁在冶父等候处分。楚武王说："这是我的罪过。"赦免了所有将帅。

宋国多次向郑国索取财宝，郑国无法忍受，因此带领纪、鲁两国军队与齐、宋、卫、燕的军队交战。《春秋》不记载作战的地点，是因为鲁国军队迟到了。

郑国人来我国请求修好。

桓公十四年

[经]

十有四年春正月[1]，公会郑伯于曹。

无冰[2]。

夏五[3]。

郑伯使其弟语来盟。

秋八月壬申，御廪灾[4]。乙亥，尝。

冬十有二月丁巳，齐侯禄父卒[5]。

宋人以齐人、蔡人、卫人、陈人伐郑。

【注释】

〔1〕十有四年：公元前698年。 〔2〕无冰：古例于二月藏冰，此年气候和暖，无冰可藏，故《春秋》记载。 〔3〕夏五：杜注云："不书月，有阙文。" 〔4〕御廪：藏君王所耕田产的粮食，其粮用以祭祀。灾：天火。 〔5〕齐侯禄父：齐僖公。

[传]

十四年春，会于曹，曹人致饩，礼也。

夏，郑子人来寻盟[1]，且修曹之会。

秋八月壬申，御廪灾。乙亥，尝。书，不害也[2]。

冬，宋人以诸侯伐郑，报宋之战也。焚渠门[3]，入及大逵[4]；伐东郊，取牛首[5]；以大宫之椽归，为卢门之椽[6]。

【注释】
〔1〕子人：郑伯弟语之字。寻盟：重修桓公十二年武父之盟。〔2〕不害：不以御廩灾为惧。御廩失火，属天示警，人主当惧而反省。而桓公三天后仍举行尝祭，所以《春秋》记录。　〔3〕渠门：郑都城门。〔4〕大逵：四通八达的街道。　〔5〕牛首：郑郊，在今河南废陈留县治西南。　〔6〕卢门：宋城门名。

【译文】

[经]
十四年春正月，桓公与郑厉公相会于曹国。
没有结冰。
夏五。
郑厉公派他的弟弟语来我国结盟。
秋八月壬申，御廩发生不明原因的火灾。乙亥，举行尝祭。
冬十二月丁巳，齐僖公禄父去世。
宋国人率领齐、蔡、卫、陈各国攻打郑国。

[传]
十四年春，桓公与郑厉公相会于曹国，曹国馈送食物，这是合乎礼的。
夏，郑国子人来我国重修旧盟，并且重修在曹国相会之谊。
秋八月壬申，御廩发生不明原因的火灾。乙亥，举行尝祭。《春秋》记载，是因为桓公对火灾没有畏惧之心。
冬，宋国人率领诸侯攻打郑国，这是为了报复前年郑国攻打宋国的那次战争。宋军焚烧了郑国都城的渠门，入城到达了大街上。攻打东郊，占领了牛首，把郑国太庙的椽子带回国作卢门的椽子。

桓公十五年

[经]

十有五年春二月[1],天王使家父来求车[2]。

三月乙未,天王崩。

夏四月己巳,葬齐僖公。

五月,郑伯突出奔蔡。

郑世子忽复归于郑[3]。

许叔入于许[4]。

公会齐侯于艾[5]。

邾人、牟人、葛人来朝[6]。

秋九月,郑伯突入于栎[7]。

冬十有一月,公会宋公、卫侯、陈侯于袲[8],伐郑。

【注释】

〔1〕十有五年:公元前697年。〔2〕天王:周桓王。〔3〕复归:复其位。世子忽即郑昭公。〔4〕许叔:许穆公新臣。郑等三国灭许,使居许东偏,事见隐公十一年。〔5〕齐侯:齐襄公。艾:在山东临沂县西。〔6〕牟:国名,地在今山东莱芜县东。葛:国名,嬴姓,地在今山东,具体所在不详。邾、牟、葛均小国,其君来朝见,因国小,所以称

"人"。　〔7〕栎：郑邑，今河南禹县。　〔8〕宋公：宋庄公。卫侯：卫惠公。陈侯：陈庄公。袲(yí)：宋地，在今安徽宿县。

[传]
十五年春，天王使家父来求车，非礼也。诸侯不贡车服，天子不私求财。

祭仲专，郑伯患之，使其婿雍纠杀之[1]。将享诸郊[2]。雍姬知之，谓其母曰："父与夫孰亲？"其母曰："人尽夫也，父一而已，胡可比也？"遂告祭仲曰："雍氏舍其室而将享子于郊，吾惑之，以告。"祭仲杀雍纠，尸诸周氏之汪[3]。公载以出[4]，曰："谋及妇人，宜其死也。"

【注释】
〔1〕雍纠：郑大夫，当为雍姞族人。　〔2〕享诸郊：在郊区宴请祭仲。　〔3〕尸：陈尸。周氏：郑大夫。汪：水池。　〔4〕载：载雍纠尸体。出：出奔，逃亡。

夏，厉公出奔蔡。
六月乙亥，昭公入。
许叔入于许。
公会齐侯于艾，谋定许也。
秋，郑伯因栎人杀檀伯[1]，而遂居栎。
冬，会于袲，谋伐郑，将纳厉公也。弗克而还。

【注释】
〔1〕因：依靠。檀伯：郑守栎大夫。

【译文】

[经]

十五年春二月,周桓王派家父来我国求索车辆。

三月乙未,周桓王去世。

夏四月己巳,安葬齐僖公。

五月,郑厉公突逃亡到蔡国。

郑世子忽回到郑国复位。

许叔进入许国。

桓公与齐襄公在艾地相会。

邾国、牟国、葛国国君来我国朝见。

秋九月,郑厉公突进入栎邑。

冬十一月,桓公与宋庄公、卫惠公、陈庄公在袤地相会,攻打郑国。

[传]

十五年春,周桓王派家父来我国求索车辆,这是不合乎礼的。诸侯不进贡车辆戎服,天子不求取私人财货。

祭仲专权擅政,郑厉公很担心,派祭仲的女婿雍纠杀死他。雍纠准备在郊外宴请祭仲。雍姬知道了,对她母亲说:"父亲与丈夫哪一个亲?"她母亲说:"人人都可选做丈夫,父亲则仅有一个,怎么可以比呢?"雍姬于是告诉祭仲说:"雍纠不在家里而准备在郊外宴请你,我难以理解,特此告诉您。"祭仲杀死雍纠,把他的尸体暴露在周氏的水池里。厉公把雍纠的尸体装上车逃亡,说:"大事与妇人商量,死得不冤枉。"

夏,郑厉公逃亡到蔡国。

六月乙亥,郑昭公进入郑国。

许叔进入许国。

桓公与齐襄公在艾地相会,商议安定许国的事。

秋,郑厉公依靠栎邑的人民杀死檀伯,因而就居住在栎邑。

冬,桓公与诸侯在袤地相会,商议攻打郑国,打算送厉公回国。战斗没有取胜而退回。

桓公十六年

[经]

十有六年春正月[1],公会宋公、蔡侯、卫侯于曹[2]。

夏四月,公会宋公、卫侯、陈侯、蔡侯伐郑[3]。

秋七月,公至自伐郑。

冬,城向[4]。

十有一月,卫侯朔出奔齐。

【注释】

〔1〕十有六年:公元前696年。 〔2〕宋公:宋庄公。蔡侯:蔡桓侯。卫侯:卫惠公,名朔。 〔3〕陈侯:陈庄公。 〔4〕向:见隐公二年《经》注。一度为莒邑。

[传]

十六年春正月,会于曹,谋伐郑也[1]。

夏,伐郑。

秋七月,公至自伐郑,以饮至之礼也[2]。

冬,城向。书,时也。

【注释】

〔1〕前年冬谋送郑厉公回国没有成功,所以再次商议。 〔2〕饮至:见隐公五年《传》注。

初,卫宣公烝于夷姜[1],生急子,属诸右公子[2]。为之娶于齐,而美,公取之,生寿及朔,属寿于左公子。夷姜缢。宣姜与公子朔构急子[3]。公使诸齐,使盗待诸莘[4],将杀之。寿子告之,使行[5],不可,曰:"弃父之命,恶用子矣!有无父之国则可也。"及行,饮以酒,寿子载其旌以先,盗杀之。急子至,曰:"我之求也,此何罪?请杀我乎!"又杀之。二公子故怨惠公[6]。

十一月,左公子泄、右公子职立公子黔牟。惠公奔齐。

【注释】

〔1〕烝:以下淫上。指和母辈通奸。夷姜:庄公妾,宣公庶母。〔2〕属:使傅之。右公子:名职。右公子之称,缘由不详,或云"左右媵之子,因以为号"。 〔3〕宣姜:即齐女。构:挑拨离间,诬陷。〔4〕盗:指派人伪装为强盗。莘:卫地,在今山东莘县。 〔5〕行:逃走。 〔6〕二公子:即左、右公子。惠公:即公子朔,桓公十三年立为卫侯。

【译文】

[经]

十六年春正月,桓公与宋庄公、蔡桓侯、卫惠公在曹国相会。

夏四月,桓公与宋庄公、卫惠公、陈庄公、蔡桓侯会合攻打郑国。

秋七月，桓公从攻打郑国的战役回到鲁国。

冬，修筑向地的城墙。

十一月，卫惠公朔逃亡到齐国。

[传]

十六年春正月，在曹国相会，是为了商议攻打郑国。

夏，攻打郑国。

秋七月，桓公从攻打郑国的战役回到鲁国，《春秋》记载，是因为举行了在宗庙饮宴庆贺的仪式。

冬，修筑向地的城墙。《春秋》记载，是因为合乎时令。

起初，卫宣公与庶母夷姜通奸，生下急子，把急子托付给右公子。宣公为急子娶齐国女子为妻，齐女很美，宣公就自己娶了他，生了寿及朔，把寿托付给左公子。夷姜自己上吊死了。宣姜与公子朔在宣公跟前诬陷急子。宣公派遣急子出使齐国，派人伪装强盗等在莘地，准备杀死他。寿子把这事告诉了急子，叫他逃走，急子不同意，说："违弃父亲的命令，还要儿子做什么！要是有没有父亲的国家才能这样做。"临行时，寿子用酒把急子灌醉，把急子的旌旗载在自己车上走在前面，假强盗就把他杀了。急子赶到，说："该杀的是我，他有什么罪？请你们杀死我吧！"假强盗又杀了急子。左、右二公子因此而怨恨惠公。

十一月，左公子泄、右公子职立公子黔牟为国君。惠公逃亡到齐国。

桓公十七年

[经]

十有七年春正月丙辰[1]，公会齐侯、纪侯盟于黄[2]。

二月丙午，公会邾仪父，盟于趡[3]。

夏五月丙午，及齐师战于奚[4]。

六月丁丑，蔡侯封人卒。

秋八月，蔡季自陈归于蔡[5]。

癸巳，葬蔡桓侯。

及宋人、卫人伐邾。

冬十月朔，日有食之。

【注释】

[1]十有七年：公元前695年。 [2]齐侯：齐襄公。黄：齐地，在今山东淄川东北。 [3]趡(cuī)：鲁地，当在今山东泗水县与邹县之间。 [4]奚：当在今山东滕县。 [5]蔡季：蔡桓侯封人之弟，名献舞，时由陈国送回国，即位，为哀公。

[传]

十七年春，盟于黄，平齐、纪，且谋卫故也。

及邾仪父盟于趡，寻蔑之盟也[1]。

夏，及齐师战于奚，疆事也。于是齐人侵鲁疆，疆吏来告，公曰："疆埸之事[2]，慎守其一而备其不虞[3]。姑尽所备焉。事至而战[4]，又何谒焉[5]？"

【注释】

〔1〕蔑之盟：事在隐公元年。〔2〕疆埸：边境。〔3〕其一：指自己一方的土地。备：预备、防备。不虞：意外。〔4〕事：戎事，指外国侵略。〔5〕谒：谒告，请示。

蔡桓侯卒，蔡人召蔡季于陈。秋，蔡季自陈归于蔡，蔡人嘉之也。

伐邾，宋志也[1]。

冬十月朔，日有食之。不书日，官失之也。天子有日官，诸侯有日御。日官居卿以厎日[2]，礼也。日御不失日，以授百官于朝。

【注释】

〔1〕宋志：鲁伐邾是违背了当年与邾国的盟约，所以强调"宋志"。〔2〕居卿：天子日官即太史，朝位特尊，与卿相同。厎(zhǐ)：杜注云："平也，谓平历数。"即推算。

初，郑伯将以高渠弥为卿[1]，昭公恶之，固谏，不听。昭公立，惧其杀己也，辛卯，弑昭公而立公子亹[2]。君子谓昭公知所恶矣。公子达曰[3]："高伯其为戮乎[4]，复恶已甚矣[5]。"

【注释】

〔1〕郑伯：郑庄公。 〔2〕公子亹（wěi）：昭公弟，无谥号。〔3〕公子达：不详。 〔4〕高伯：伯为高渠弥之字。 〔5〕复恶：报怨。

【译文】

[经]

十七年春正月丙辰，桓公与齐襄公、纪侯相会，在黄地结盟。

二月丙午，桓公与邾仪父相会，在趡地结盟。

夏五月丙午，与齐国军队在奚地交战。

六月丁丑，蔡桓侯封人去世。

秋八月，蔡季从陈国回到蔡国。

癸巳，安葬蔡桓侯。

与宋国人、卫国人攻打邾国。

冬十月朔，发生日食。

[传]

十七年春，在黄地结盟，是为了调和齐、纪两国的关系，同时商议对付卫国。

与邾仪父在趡地结盟，这是重申过去在蔑地的盟约。

夏，与齐国军队在奚地交战，是为了边境冲突。当时齐国军队入侵鲁国边境，守边境的官吏来报告，桓公说："边境上的事，谨慎地守卫自己一方而防备意外的事发生。姑且尽自己的力量防备就是了。有外国军队入侵就与它战斗，又何必请示呢？"

蔡桓侯去世，蔡国人把蔡季从陈国召回。秋，蔡季从陈国回到蔡国，蔡国人对他非常推重嘉赏。

攻打邾国，是宋国的意愿。

冬十月朔，发生日食。《春秋》没有记载日子，这是史官失职。天子设有日官，诸侯设有日御。日官地位与卿相当，职掌推算历象，这是合乎礼的。日御及时把日官推定的日历，在朝廷上授给百官。

起初，郑庄公准备任命高渠弥为卿，昭公厌恶高渠弥，坚持劝阻，庄公没有采纳。昭公即位后，高渠弥害怕昭公会杀死自己，辛卯，杀害昭公而立公子亹为君。君子说昭公对他所厌恶的人称得上十分了解。公子达说："高伯恐怕难逃被诛戮的下场吧，他报复怨仇太过分了。"

桓公十八年

[经]

十有八年春[1]，王正月，公会齐侯于泺[2]。

公与夫人姜氏遂如齐。

夏四月丙子，公薨于齐[3]。

丁酉，公之丧至自齐。

秋七月。

冬十有二月己丑，葬我君桓公。

【注释】

〔1〕十有八年：公元前694年。〔2〕齐侯：齐襄公。泺：在今山东济南市西北。〔3〕桓公在齐被杀，经言"薨"，是为本国君王讳。

[传]

十八年春，公将有行[1]，遂与姜氏如齐。申繻曰[2]："女有家[3]，男有室[4]，无相渎也[5]，谓之有礼。易此必败[6]。"公会齐侯于泺，遂及文姜如齐。齐侯通焉[7]。公谪之[8]，以告。

【注释】

〔1〕有行：有出行的举动。〔2〕申繻：见桓公六年注。〔3〕家：指丈夫。〔4〕室：妻子。〔5〕渎：亵渎，轻慢。〔6〕易：改变，违反。〔7〕通：通奸。〔8〕谪：责备。

夏四月丙子，享公。使公子彭生乘公[1]，公薨于车[2]。

鲁人告于齐曰："寡君畏君之威，不敢宁居[3]，来修旧好，礼成而不反[4]，无所归咎[5]，恶于诸侯。请以彭生除之。"齐人杀彭生。

【注释】

〔1〕乘公：扶持桓公上车。〔2〕公薨于车：《公羊传》说齐襄公派彭生抱桓公上车时，故意拉折他的肋骨，所以桓公死在车上。〔3〕宁居：安居不动。〔4〕不反：没能回国。〔5〕归咎：归罪于某人身上。

秋，齐侯师于首止[1]，子亹会之，高渠弥相[2]。七月戊戌，齐人杀子亹而轘高渠弥[3]。祭仲逆郑子于陈而立之[4]。是行也，祭仲知之[5]，故称疾不往。人曰："祭仲以知免。"仲曰："信也。"

【注释】

〔1〕首止：卫地，在今河南睢县附近。〔2〕相：做助手，任相礼。〔3〕轘(huàn)：车裂。〔4〕郑子：昭公弟子仪。〔5〕祭仲知之：祭仲知齐国不怀好意，曾劝子亹勿去。见《史记·郑世家》。

周公欲弑庄王而立王子克[1]。辛伯告王[2]，遂与王杀周公黑肩。王子克奔燕[3]。

初，子仪有宠于桓王，桓王属诸周公。辛伯谏曰："并后，匹嫡，两政，耦国，乱之本也。"周公弗从，故及。

【注释】

〔1〕王子克：庄王弟子仪。 〔2〕辛伯：周大夫。 〔3〕燕：指南燕。

【译文】

[经]

十八年春，周历正月，桓公与齐襄公在泺地相会。
然后，桓公与夫人姜氏到齐国去。
夏四月丙子，桓公在齐国去世。
丁酉，桓公的灵柩从齐国运回鲁国。
秋七月。
冬十二月己丑，安葬我国国君桓公。

[传]

十八年春，桓公打算出行，于是和姜氏一起到齐国去。申繻说："女子有自己的丈夫，男子有自己的妻子，不能够相互间不尊重，这就叫做有礼。违反了这一点，一定会坏事。"桓公与齐襄公在泺地相会，然后带着文姜去齐国。齐襄公与文姜私通。桓公责备文姜，文姜把这事告诉了齐襄公。

夏四月丙子，齐襄公宴请桓公。宴后让公子彭生扶持桓公登车，桓公死在车上。

鲁国人告诉齐国说："我国国君敬畏君王的威严，不敢安居，所以到贵国来重修旧好。礼仪完成了他却没能回国，又没有人承担罪责，在诸侯中造成了恶劣的影响。请求杀死彭生以清除这种影响。"齐国人杀死了彭生。

秋，齐襄公率领军队驻扎在首丘，子亹前去会见，高渠弥为辅相。七月戊戌，齐国人杀死了子亹而车裂高渠弥。祭仲到陈国迎接郑子回国，立为国君。这次会见，祭仲明白齐人不怀好意，所以假托生病没去。有人说："祭仲有先见之明所以免于难。"祭仲说："确实如此。"

周公想杀死周庄王而立王子克为天子。辛伯报告了庄王，于是帮助庄王杀死周公黑肩。王子克逃亡到南燕。

起初，王子克受到周桓王的宠爱，桓王把他托付给周公。辛伯劝谏说："妾的地位同王后，庶子等同嫡子，二卿有同等权力，大城市规模与都城相等，这都是祸乱的本源。"周公没有听从，所以遭到祸害。

春秋左传卷三　庄公

庄 公 元 年

[经]

元年春[1],王正月。

三月,夫人孙于齐[2]。

夏,单伯送王姬[3]。

秋,筑王姬之馆于外。

冬十月乙亥,陈侯林卒。[4]

王使荣叔来锡桓公命。[5]

王姬归于齐。

齐师迁纪郱、鄑、郚。[6]

【注释】

〔1〕元年:公元前693年。 〔2〕夫人:庄公母。孙:同"逊",避让。鲁人责备文姜,文姜出奔齐国,不言"奔",言孙,是避讳。〔3〕单伯:周卿士。王姬:天子之女。王姬嫁齐,以同姓诸侯鲁国国君为主婚,所以单伯先将王姬送到鲁国,准备出嫁。 〔4〕陈侯林:陈庄公。 〔5〕荣叔:周大夫。锡桓公命:赐予桓公爵服等赏命。天子赐诸侯命,可在即位时,也可在即位后或死后。锡,赐。 〔6〕郱(píng)、鄑(zī)、郚(wǔ):三邑皆纪邑。齐欲灭纪,故迁其民而取其地。

[传]

元年春，不称即位，文姜出故也。

三月，夫人孙于齐。不称姜氏，绝不为亲[1]，礼也。

秋，筑王姬之馆于外。为外[2]，礼也。

【注释】

〔1〕绝不为亲：断绝母子关系。因姜氏有杀夫之罪，因此庄公不认其为母，是合乎礼的。 〔2〕外：此外指非亲属关系，王姬非鲁女，故云外。

【译文】

[经]

元年春，周历正月。
三月，夫人避逃到齐国。
夏，单伯送王姬来我国。
秋，在城外修筑王姬的馆舍。
冬十月乙亥，陈庄公林去世。
周庄王派遣荣叔来我国赐桓公爵服等赏命。
王姬出嫁到齐国。
齐军迁徙纪国郱、鄑、郚三邑居民。

[传]

元年春，不记载庄公即位，是因为文姜还在国外的缘故。

三月，夫人避逃到齐国。《春秋》不称她为姜氏，是由于庄公与她断绝了母子关系，这样做是合乎礼的。

秋，在城外修筑王姬的馆舍。因为王姬不是鲁国女子，这样做是合乎礼的。

庄 公 二 年

[经]

二年春[1]，王二月，葬陈庄公。

夏，公子庆父帅师伐於馀丘[2]。

秋七月，齐王姬卒[3]。

冬十有二月，夫人姜氏会齐侯于禚[4]。

乙酉，宋公冯卒[5]。

【注释】

〔1〕二年：公元前692年。 〔2〕公子庆父：鲁庄公之弟。於馀丘：或云邾国之邑，或云国名。 其地当近鲁。 〔3〕齐王姬：周女，齐襄公夫人。 〔4〕禚(zhuó)：齐地，在今山东长清县。 〔5〕宋公冯：宋庄公。

[传]

二年冬，夫人姜氏会齐侯于禚。书，奸也。

【译文】

[经]

二年春，周历二月，安葬陈庄公。

夏，公子庆父率领军队攻打於馀丘。

秋七月，齐王姬去世。

冬十二月，夫人姜氏与齐襄公在禚地相会。

乙酉，宋庄公冯去世。

[传]

二年冬，夫人姜氏与齐襄公在禚地相会。《春秋》记载这件事，是因为他们通奸。

庄 公 三 年

[经]

三年春[1],王正月,溺会齐师伐卫[2]。

夏四月,葬宋庄公。

五月,葬桓王。

秋,纪季以酅入于齐[3]。

冬,公次于滑[4]。

【注释】

〔1〕三年:公元前691年。〔2〕溺:公子溺,鲁大夫。〔3〕纪季:纪侯之弟。酅(xī):纪国邑名,在今山东临淄东。〔4〕滑:郑地,在今河南睢县西北。

[传]

三年春,溺会齐师伐卫,疾之也[1]。

夏五月,葬桓王,缓也[2]。

秋,纪季以酅入于齐,纪于是乎始判[3]。

冬,公次于滑,将会郑伯谋纪故也[4]。郑伯辞以难[5]。凡师,一宿为舍,再宿为信,过信为次。

【注释】

〔1〕疾：厌恶。杜注说"疾其专命而行，故去氏"。 〔2〕缓：桓王死了七年才葬，故曰缓。 〔3〕判：分裂。纪侯居纪，纪季入齐为附庸。 〔4〕郑伯：郑子仪。 〔5〕难：国有祸难。时郑厉公居栎，时时准备入郑复位，子仪自顾不暇，故辞。

【译文】

[经]

三年春，周历正月，溺会合齐国军队攻打卫国。

夏四月，安葬宋庄公。

五月，安葬周桓王。

秋，纪季带着酅地归入齐国。

冬，庄公住在滑地。

[传]

三年春，溺会合齐国军队攻打卫国，《春秋》称其名，是表示对他厌恶。

夏五月，安葬周桓王。葬期拖延太久。

秋，纪季带着酅地归入齐国，纪国这时开始分裂。

冬，庄公住在滑地，打算会见郑伯子仪，谋划纪国的事。郑伯以自己国家有祸难为由推辞了。凡是军队在外，在一个地方住一夜称舍，住两夜称信，住两夜以上称次。

庄 公 四 年

[经]

四年春[1]，王二月，夫人姜氏享齐侯于祝丘[2]。

三月，纪伯姬卒[3]。

夏，齐侯、陈侯、郑伯遇于垂[4]。

纪侯大去其国[5]。

六月，齐侯葬纪伯姬。

秋七月。

冬，公及齐人狩于禚[6]。

【注释】

〔1〕四年：公元前690年。〔2〕齐侯：齐襄公。祝丘：鲁地。在今山东临沂县南。〔3〕纪伯姬：鲁女，即隐公二年纪裂繻所迎娶者。〔4〕陈侯：陈宣公。郑伯：郑子仪。垂：见隐公八年注。〔5〕大去：去而不返。〔6〕齐人：指齐襄公。禚：见庄公二年注。

[传]

四年春，王三月，楚武王荆尸[1]，授师孑焉[2]，以伐随。将齐[3]，入告夫人邓曼曰："余心荡[4]。"邓曼叹曰："王禄尽矣！盈而荡[5]，天之道也[6]，先君其知之矣,故临武事,将发大命[7],而荡王心焉。若师徒无亏[8],王薨于行,国之福也。"王遂行,卒于樠木之下[9]。令尹鬭祁、莫敖屈重除道梁溠[10],营军临随。随人惧,行成。莫敖以王命入盟随侯,且请为会于汉汭而还[11]。济汉而后发丧。

【注释】
〔1〕荆尸:楚武王新创的一种阵法。〔2〕子:戟。〔3〕齐:同斋。授兵器例在太庙,故先须斋戒。〔4〕荡:散乱不安。〔5〕盈:饱满。〔6〕天之道:天所作的启示。〔7〕大命:征伐命令。〔8〕师徒:军队。〔9〕樠木:山名,在今湖北钟祥县东。〔10〕令尹:楚执政大臣。除道:开路。梁:桥。此指修筑桥。溠(zhà):河名,今名扶恭河,流经今湖北随县一带。〔11〕汭:水弯曲之处。

纪侯不能下齐[1],以与纪季。夏,纪侯大去其国,违齐难也[2]。

【注释】
〔1〕下齐:屈服于齐国。〔2〕违:避。

【译文】

[经]
四年春,周历二月,夫人姜氏在祝丘设宴招待齐襄公。
三月,纪伯姬去世。
夏,齐襄公、陈宣公、郑子仪在垂地非正式相会。
纪侯永久离开他的国家。
六月,齐襄公安葬纪伯姬。
秋七月。
冬,桓公与齐襄公在禚地打猎。

[传]

　　四年春，周历三月，楚武王使用荆尸阵法，把戟发给士兵，去攻打随国。准备斋戒时，武王入宫告诉夫人邓曼说："我心散乱不安。"邓曼叹息说："君王的禄命尽了！该精神饱满时却心神散乱，这是上天的启示啊。我国去世的君主大概也知道了，所以在作战前，将要发布征伐命令时而使王心散乱不安。如果军队没有损失，君王死在路上，这就是国家的福分了。"武王于是出征，死在樠木山下。令尹鬬祁、莫敖屈重开路前进，在溠河上建桥，在随国附近安营下寨。随国人害怕，请求讲和。莫敖以楚王的名义进入随国与随侯结盟，并且约请随侯在汉水之曲相会，然后回师。军队渡过了汉水后才宣布武王已死的消息。

　　纪侯不能屈服事齐，便把自己所统治的地方给了纪季。夏，纪侯永久离开了他的国家，以躲避齐国对他的迫害。

庄 公 五 年

[经]

五年春[1],王正月。

夏,夫人姜氏如齐师。

秋,郳犁来来朝[2]。

冬,公会齐人、宋人、陈人、蔡人伐卫。

【注释】

〔1〕五年:公元前689年。 〔2〕郳(ní):附庸小国,其先出于邾,后为小邾。地在今山东滕县境内。

[传]

五年秋,郳犁来来朝。名,未王命也。

冬,伐卫,纳惠公也。

【译文】

[经]

五年春,周历正月。

夏,夫人姜氏去齐国军队中。

秋,郳犁来来我国朝见。

冬,庄公会合齐、宋、陈、蔡的军队攻打卫国。

[传]

五年秋,郳犁来来我国朝见。《春秋》称呼他的名字,是因为他没得到周天子的封爵。

冬,攻打卫国,是为了送卫惠公回国。

庄 公 六 年

[经]

六年春[1],王正月,王人子突救卫[2]。

夏六月,卫侯朔入于卫[3]。

秋,公至自伐卫。

螟。

冬,齐人来归卫俘[4]。

【注释】

〔1〕六年:公元前688年。〔2〕王人:周朝的小官。〔3〕卫侯朔:即卫惠公。桓公十六年逃亡到齐国。〔4〕归卫俘:诸传皆云"归卫宝",杜注以为《经》有误。俘,囚犯,俘虏。

[传]

六年春,王人救卫。夏,卫侯入,放公子黔牟于周,放宁跪于秦[1],杀左公子泄、右公子职,乃即位。君子以二公子之立黔牟为不度矣[2]。夫能固位者,必度于本末而后立衷焉[3]。不知其本,不谋;知本之不枝,弗强。《诗》云:"本枝百世[4]。"

冬,齐人来归卫宝,文姜请之也。

【注释】

〔1〕宁跪：卫大夫。　〔2〕不度：不度于本末。即考虑不周到。〔3〕衷：中，中庸，指兼顾本末的主意。　〔4〕引句见《诗·大雅·文王》。

楚文王伐申[1]，过邓，邓祁侯曰："吾甥也[2]。"止而享之。骓甥、聃甥、养甥请杀楚子[3]，邓侯弗许。三甥曰："亡邓国者，必此人也。若不早图，后君噬齐[4]，其及图之乎！图之，此为时矣。"邓侯曰："人将不食吾余[5]。"对曰："若不从三臣，抑社稷实不血食[6]，而君焉取余？"弗从。还年[7]，楚子伐邓。十六年，楚复伐邓，灭之。

【注释】

〔1〕申：申国，见隐公元年注。　〔2〕吾甥：楚武王夫人邓曼为邓祁侯之姐妹，所以文王为祁侯之甥。　〔3〕骓甥、聃甥、养甥：均邓大夫，亦均为邓祁侯之甥。　〔4〕噬齐：同"噬脐"，人无法咬到自己肚脐，以喻后悔来不及。　〔5〕不食吾余：唾弃之意。　〔6〕血食：祭祀时必杀牲畜，称血食。不血食，即神灵得不到祭祀。　〔7〕还年：伐申还之年。

【译文】

[经]

六年春，周历正月，周朝小官子突救援卫国。

夏六月，卫惠公朔回到卫国。

秋，庄公从攻打卫国的战役回国。

发生螟灾。

冬，齐国人来我国归还卫国的俘虏。

[传]

六年春，周朝小官救援卫国。夏，卫侯回到国内，把公子黔牟放逐到周，把宁跪放逐到秦，杀死左公子泄、右公子职，然后即国君位。君子认为二公子立黔牟为君缺乏周到的考虑。凡对能巩固自己地位的人，一定要周密地审视他各个方面，然后采取不偏不倚的适当主张。不了解他的根本，不考虑立他；知道他根本深厚但却没有枝叶辅助，也不勉强拥立。《诗》说："本枝俱茂，百世昌盛。"

冬，齐国人来我国归还卫国的宝器，是由于听从文姜的请求。

楚文王征伐申国，路过邓国，邓祁侯说："他是我的外甥。"挽留文王并设宴款待他。骓甥、聃甥、养甥请求杀死楚文王，邓祁侯不同意。三甥说："灭亡邓国的，一定是这个人。如果不早些动手，君王以后要后悔就来不及了！现在下手还来得及！下手吧，现在正是时候了。"邓侯说："这样做，人将唾弃我再也不参加我其余的宴会了。"三甥回答说："如果不听从臣等三人的话，那么社稷神灵就得不到祭祀，而君王哪里还有祭祀剩余的肉来供宾客呢？"邓侯仍然不听。楚文王从申国回来的那一年，攻打邓国。庄公十六年，楚国再次攻打邓国，灭亡了邓国。

庄 公 七 年

[经]

七年春[1]，夫人姜氏会齐侯于防[2]。

夏四月辛卯，夜，恒星不见[3]。夜中，星陨如雨[4]。

秋，大水。

无麦、苗[5]。

冬，夫人姜氏会齐侯于穀[6]。

【注释】

〔1〕七年：公元前 687 年。〔2〕防：见隐公九年注。〔3〕恒星：日常所见的星。见：同"现"。〔4〕星陨如雨：据《传》，谓星"与雨偕"，《公羊》与《穀梁》均云星陨似雨。〔5〕无麦、苗：周历秋相当于夏历夏天，所以成熟的麦遭雨无收，黍稷的苗也漂没。〔6〕穀：齐地，在今山东东阿县。

[传]

七年春，文姜会齐侯于防，齐志也。

夏，恒星不见，夜明也。星陨如雨，与雨偕也。

秋，无麦苗，不害嘉谷也[1]。

【注释】

〔1〕不害嘉谷：因黍稷还有时间补种，故云。

【译文】

[经]

七年春，夫人姜氏与齐襄公在防地相会。

夏四月辛卯，夜间，通常所见的星星没有出现。半夜，星星陨落，天又下雨。

秋，发大水。

麦子没有收成，禾苗漂没。

冬，夫人姜氏与齐襄公在榖地相会。

[传]

七年春，文姜与齐襄公在防地相会，是出于齐襄公的意愿。

夏，通常所见的星星没有出现，是由于夜间明亮的缘故。"星陨如雨"，是说星星陨落，与雨一起落下。

秋，麦子没有收成，禾苗漂没，不影响禾黍的收成。

庄 公 八 年

[经]

八年春[1],王正月,师次于郎以俟陈人、蔡人[2]。
甲午,治兵[3]。
夏,师及齐师围郕[4],郕降于齐师。
秋,师还。
冬十有一月癸未,齐无知弑其君诸儿[5]。

【注释】

〔1〕八年:公元前686年。〔2〕郎:见隐公元年注。〔3〕治兵:授兵器,例在太庙进行。〔4〕郕:见隐公五年注。〔5〕无知:公孙无知,齐庄公之孙。诸儿:齐襄公。

[传]

八年春,治兵于庙,礼也。
夏,师及齐师围郕,郕降于齐师。仲庆父请伐齐师[1]。公曰:"不可。我实不德,齐师何罪?罪我之由[2]。《夏书》曰:'皋陶迈种德,德,乃降[3]。'姑务修德以待时乎[4]!"秋,师还。君子是以善鲁庄公。

【注释】

〔1〕仲庆父：即公子庆父，见庄公二年注。〔2〕罪我之由：乃罪由我之倒装。〔3〕"皋陶"三句：所引《尚书》已佚，《古文尚书》将此二句入《大禹谟》篇。皋陶，舜之臣，掌刑狱事。迈，勉力。〔4〕姑：且。

齐侯使连称、管至父戍葵丘[1]。瓜时而往，曰："及瓜而代。"期戍[2]，公问不至[3]。请代，弗许。故谋作乱。僖公之母弟曰夷仲年[4]，生公孙无知，有宠于僖公，衣服礼秩如適[5]，襄公绌之[6]。二人因之以作乱[7]。连称有从妹在公宫，无宠，使间公[8]，曰："捷，吾以女为夫人[9]。"

【注释】

〔1〕连称、管至父：皆齐大夫。葵丘：在今山东临淄附近。〔2〕期戍：到了接替代戍的时候。〔3〕公问：襄公遗代之命。〔4〕母弟：同母弟。〔5〕衣服礼秩如適：所享衣服礼数品秩皆同嫡子。適，指襄公。〔6〕绌：降低其待遇。〔7〕因：依。〔8〕间：窥伺机会。〔9〕女：同"汝"。

冬十二月，齐侯游于姑棼[1]，遂田于贝丘[2]。见大豕，从者曰："公子彭生也[3]！"公怒曰："彭生敢见！"射之，豕人立而啼。公惧，队于车[4]，伤足丧屦[5]。反，诛屦于徒人费[6]，弗得，鞭之，见血。走出，遇贼于门，劫而束之。费曰："我奚御哉！"袒而示之背，信之。费请先入，伏公而出斗，死于门中。石之纷如死于阶下[7]。遂入，杀孟阳于床[8]，曰："非君也，不类。"见公之足于户下，遂弒之，而立无知。

【注释】

〔1〕姑棼：齐地，当在今山东博兴县附近。〔2〕田：同"畋"，打猎。贝丘：在今山东博兴县南。〔3〕公子彭生：为齐襄公作替罪羊杀死，事见桓公十八年。〔4〕队：通"坠"。〔5〕丧：失去。〔6〕诛：责，求。徒人费：执徒役者，名费。一说当作"侍人"，即"寺人"。〔7〕石之纷如：齐小臣。〔8〕孟阳：小臣，伪装齐侯睡床上，故被杀。

初，襄公立，无常[1]。鲍叔牙曰[2]："君使民慢[3]，乱将作矣。"奉公子小白出奔莒[4]。乱作，管夷吾、召忽奉公子纠来奔[5]。

初，公孙无知虐于雍廪[6]。

【注释】

〔1〕无常：政令无常，言行无准。〔2〕鲍叔牙：齐大夫，公子小白之傅。〔3〕君使民慢：言君王政令无常，使人民生出慢易之心。〔4〕公子小白：僖公庶子，襄公弟。无知死后入即位，是为桓公。〔5〕管夷吾：即管仲，公子纠之傅，后相桓公。召忽：齐大夫，亦公子纠之傅。公子纠：小白的庶兄。〔6〕雍廪：公孙无知封邑渠丘的大夫。此句与下庄公九年《传》事相连。

【译文】

[经]

八年春，周历正月，我军驻扎于郎地等候陈、蔡的军队。
甲午，发给战士武器。
夏，我军及齐军包围郕国，郕国向齐军投降。
秋，我军回国。
冬十一月癸未，齐无知杀死他的国君诸儿。

[传]

八年春，在太庙发给战士武器，这是合乎礼的。

夏，我军与齐军包围郕国，郕国向齐军投降。仲庆父请求攻打齐军。庄公说："不行。我们实在缺乏德行，齐军有什么罪？罪是由我而来。《夏书》说：'皋陶勉力培育德行，有了德行，别人自然降服。'我们姑且致力于修德以等待时机吧！"秋，军队回国。君子因此而称扬鲁庄公。

齐襄公派遣连称、管至父戍守葵丘。瓜熟时前往，襄公说："等明年瓜熟时遣人接替。"到了接替戍守的时间，襄公遣代的命令并没有下达。二人请求派人接替，襄公不同意。二人因此策划叛乱。僖公的同母弟名叫夷仲年，生公孙无知，得到僖公的宠爱，所享衣服礼数品秩都与嫡子相同。襄公即位后降低了公孙无知的待遇。连称、管至父便依靠公孙无知发动叛乱。连称有个堂妹在襄公的后宫，不得宠，公孙无知派她窥伺襄公的举动，对她说："事情成功后，我立你为夫人。"

冬十二月，齐襄公到姑棼去游览，接着在贝丘打猎。见到一头大猪，跟随的人说："这是公子彭生啊！"襄公发怒说："公子彭生怎么敢现形！"用箭射它，猪像人一样直立啼叫。襄公害怕，掉下了车子，摔坏了脚，丢了鞋。回来后，襄公派徒人费去找鞋子，找不着，鞭打徒人费，打得他流血。徒人费走出屋子，与贼人在门口相遇，贼人劫持他把他绑起来。徒人费说："我怎会抵抗你们呢？"解开衣服让他们看他受鞭刑的背，贼人相信了他。徒人费请求为贼人先进去刺探一下，他进内后把襄公藏好后出来与贼人搏斗，死在门洞下。石之纷如斗死在阶下。贼人于是入内，把孟阳杀死在床上，说："这不是君王，样子不像。"见到齐襄公的脚从门下边露出来，于是把他杀了，立无知为君。

起初，襄公即位，政令没有一定的准则。鲍叔牙说："君王使人民生慢易之心，祸乱将要发生了。"于是侍奉公子小白逃亡到莒国。叛乱发生后，管夷吾、召忽侍奉公子纠逃亡来鲁国。

起初，公孙无知虐待雍廪。

庄 公 九 年

[经]

九年春[1],齐人杀无知。

公及齐大夫盟于蔇[2]。

夏,公伐齐,纳子纠。齐小白入于齐。

秋七月丁酉,葬齐襄公。

八月庚申,及齐师战于干时[3],我师败绩。

九月,齐人取子纠,杀之。

冬,浚洙[4]。

【注释】

〔1〕九年:公元前 685 年。 〔2〕蔇:鲁地,在今山东苍山县。〔3〕干时:时水之旁,其流旱则干,故地名干时,在今山东桓台县附近。〔4〕洙:洙水,在鲁国境内。

[传]

九年春,雍廪杀无知。

公及齐大夫盟于蔇,齐无君也。

夏,公伐齐,纳子纠。桓公自莒先入。

秋,师及齐师战于干时,我师败绩,公丧戎路[1],

传乘而归[2]。秦子、梁子以公旗辟于下道[3],是以皆止[4]。

【注释】

〔1〕戎路:国君乘坐的兵车。 〔2〕传乘:乘驿传的车子。传,驿。乘,轻便车。或云转乘他车。 〔3〕秦子、梁子:庄公御者与车右。辟:同"避"。下道:旁边的小路。 〔4〕止:被俘。

鲍叔帅师来言曰[1]:"子纠,亲也,请君讨之[2]。管、召,仇也,请受而甘心焉[3]。"乃杀子纠于生窦[4],召忽死之[5]。管仲请囚,鲍叔受之,及堂阜而税之[6]。归而以告曰:"管夷吾治于高傒[7],使相可也[8]。"公从之。

【注释】

〔1〕来言:到鲁国来致辞说。 〔2〕讨:诛杀。 〔3〕甘心:称心,快意。 〔4〕生窦:在今山东菏泽县北。 〔5〕死之:为子纠而自杀。 〔6〕堂阜:齐鲁交界地,在今山东蒙阴县西北。税:脱,释放。 〔7〕治:治国之才。高傒:齐上卿。 〔8〕相:辅佐。

【译文】

[经]

九年春,齐国人杀死无知。
庄公与齐大夫在蔇地结盟。
夏,庄公攻打齐国,送子纠回国。齐小白进入齐国。
秋七月丁酉,安葬齐襄公。
八月庚申,我军与齐军在干时交战,我军大败。
九月,齐国人索取子纠,把他杀了。
冬,疏浚洙水。

[传]

九年春,雍廪杀死无知。

庄公与齐大夫在蔇地结盟,是因为齐国没有国君的缘故。

夏,庄公攻打齐国,以送子纠回国。齐桓公从莒国抢先回到齐国。

秋,我军与齐军在干时交战,我军大败。庄公丢掉了自己的兵车,乘驿传的车回来。秦子、梁子打着庄公的旗帜避在旁边的小路上,因此都被齐军俘获。

鲍叔带领军队到鲁国来致辞说:"子纠,是我们君王的亲属,请贵国国君诛杀他。管仲、召忽,是我们君王的仇人,请交给我们让我们称心快意地处置他们。"于是在生窦杀死子纠,召忽自杀。管仲请求把自己囚禁起来送回国,鲍叔接受了管仲,到了堂阜就把他放了。鲍叔回国后向桓公禀报说:"管夷吾治理国家的才能高过高傒,可以让他辅佐君王。"齐桓公接纳了这一意见。

庄 公 十 年

[经]

十年春[1],王正月,公败齐师于长勺[2]。

二月,公侵宋[3]。

三月,宋人迁宿[4]。

夏六月,齐师、宋师次于郎[5]。

公败宋师于乘丘[6]。

秋九月,荆败蔡师于莘[7],以蔡侯献舞归[8]。

冬十月,齐师灭谭[9]。谭子奔莒。

【注释】

〔1〕十年:公元前684年。〔2〕长勺:在今山东曲阜县北。〔3〕侵:攻打。凡军队作战,有钟鼓称伐,无钟鼓称侵。〔4〕宿:不详,或言即今江苏宿迁县。〔5〕郎:见隐公九年注。〔6〕乘丘:在今山东兖州市。〔7〕荆:即楚。莘:蔡地,当在今河南汝南县境。〔8〕蔡侯献舞:蔡哀侯。〔9〕谭:小国,在山东济南市东南。

[传]

十年春,齐师伐我。公将战,曹刿请见[1]。其乡人曰:"肉食者谋之[2],又何间焉[3]。"刿曰:"肉食者鄙[4]，未能远谋。"乃入见。

问："何以战？"公曰："衣食所安[5]，弗敢专也，必以分人。"对曰："小惠未遍，民弗从也。"公曰："牺牲玉帛[6]，弗敢加也[7]，必以信。"对曰："小信未孚[8]，神弗福也[9]。"公曰："小大之狱，虽不能察，必以情。"对曰："忠之属也，可以一战[10]，战则请从。"公与之乘，战于长勺。

【注释】

〔1〕曹刿（guì）：鲁人，一作曹沫。〔2〕肉食者：食肉者，指作官有俸禄的人。〔3〕间：参与。〔4〕鄙：鄙薄，目光短浅。〔5〕安：安身。〔6〕牺牲玉帛：指祭神用的牛、羊、豕及宝玉、绸帛。〔7〕加：增加。言有一定的度数，不夸大。〔8〕孚：信服。〔9〕福：保佑。〔10〕以：凭借。

公将鼓之，刿曰："未可。"齐人三鼓，刿曰："可矣。"齐师败绩。公将驰之[1]，刿曰："未可。"下，视其辙[2]，登，轼而望之[3]，曰："可矣。"遂逐齐师。

既克，公问其故，对曰："夫战，勇气也。一鼓作气，再而衰，三而竭。彼竭我盈，故克之。夫大国难测也，惧有伏焉。吾视其辙乱，望其旗靡[4]，故逐之。"

【注释】

〔1〕驰：驱车追赶。〔2〕辙：车轮行过的痕迹。〔3〕轼：车前横木。〔4〕靡：倒下。

夏六月，齐师、宋师次于郎。公子偃曰[1]："宋师不整,可败也。宋败,齐必还,请击之。"公弗许。自雩门窃出[2],蒙皋比而先犯之[3]。公从之,大败宋师于乘丘。齐师乃还。

【注释】
〔1〕公子偃:鲁大夫。 〔2〕雩门:鲁南城西门。 〔3〕皋比:虎皮。此指把虎皮蒙在马上。

蔡哀侯娶于陈,息侯亦娶焉。息妫将归,过蔡。蔡侯曰:"吾姨也[1]。"止而见之,弗宾[2]。息侯闻之,怒,使谓楚文王曰:"伐我,吾求救于蔡而伐之。"楚子从之。秋九月,楚败蔡师于莘,以蔡侯献舞归。

【注释】
〔1〕姨:小姨,即妻妹。 〔2〕弗宾:不以礼相待。

齐侯之出也[1],过谭,谭不礼焉。及其入也,诸侯皆贺,谭又不至。冬,齐师灭谭,谭无礼也。谭子奔莒,同盟故也。

【注释】
〔1〕齐侯:齐桓公小白。

【译文】

[经]
十年春,周历正月,庄公在长勺打败齐军。
二月,庄公攻打宋国。

三月，宋人迁移宿地居民。

夏六月，齐军、宋军驻扎在郎地。

庄公在乘丘打败宋军。

秋九月，楚国在莘地打败蔡军，俘获蔡哀侯献舞回国。

冬十月，齐军灭亡了谭国。谭子逃亡到莒国。

[传]

十年春，齐国军队攻打我国。庄公准备迎战，曹刿请求面见。他的同乡人说："这让当官的人去谋划，你又何必参与其中呢？"曹刿说："当官的目光短浅，没有深谋远见。"于是入宫进见。

曹刿问庄公："你依靠什么作战？"庄公说："衣服和食物这些用来安身的东西，我不敢独自享受，一定把它们分给众人。"曹刿回答说："这些小恩小惠不能遍及百姓，百姓是不会听从您的。"庄公说："祭祀用的牺牲玉帛，不敢虚报夸大，一定如实反映。"曹刿回答说："这是小信用，不能使鬼神信服，鬼神不会保佑您。"庄公说："大大小小的诉讼案件，虽然不能详细审察，但一定按照实际情况处理。"曹刿回答说："这是忠心尽力为人民办事，可以凭借这点一战，作战时请让我跟随您前往。"庄公与他同坐一辆兵车，在长勺与齐兵交战。

庄公准备击鼓，曹刿说："还不行。"齐军击了三通鼓，曹刿说："可以击鼓了。"齐军大败。庄公准备驱车追击，曹刿说："还不行。"跳下车，察看齐军兵车行过的痕迹，登上车，靠着车前横木眺望齐军，说："可以追击了。"于是追赶齐军。

打了胜仗后，庄公问曹刿其中缘故，曹刿回答说："战争，靠的是勇气。第一次击鼓时，士兵们鼓足了勇气；第二次击鼓，勇气便有所衰落；第三次击鼓时，勇气就竭尽了。敌人的勇气竭尽，而我方勇气高涨充沛，所以能战胜。大国是难以测度的，我怕他们有埋伏。我看他们车轮的痕迹混乱，眺望他们的旗帜倒伏，所以追赶他们。"

夏六月，齐军、宋军驻扎在郎地。公子偃说："宋军部伍不整，可以打败他。宋军败了，齐军定然回国，请攻击宋军。"庄公不同意。公子偃私下从雩门出兵，把马蒙上虎皮先攻宋军。庄公领兵接着进攻，在乘丘大败宋军。齐军于是回国。

蔡哀侯娶陈国女子为妻，息侯也娶陈国女子为妻。息妫出嫁时，路过蔡国。蔡哀侯说："她是我的小姨。"留住她与她相见，对她无礼。息侯听说后，发怒，派人对楚文王说："请您攻打我国，我向蔡国求救，您便能攻打蔡国。"楚文王听从了这一建议。秋九月，楚军在莘地打败了蔡军，俘获了蔡哀侯献舞回国。

齐桓公逃亡国外时，经过谭国，谭国对他不加礼遇。到了桓公回国为君，诸侯都去祝贺，谭国又没去。冬，齐军灭亡了谭国，这是由于谭国无礼。谭子逃亡到莒国，是因为两国是同盟国的缘故。

庄公十一年

[经]

十有一年春[1]，王正月。

夏五月戊寅，公败宋师于鄑[2]。

秋，宋大水。

冬，王姬归于齐[3]。

【注释】

〔1〕十有一年：公元前683年。〔2〕鄑(zī)：鲁地，具体所在不详。〔3〕鲁为主婚人，故记载。

[传]

十一年夏，宋为乘丘之役故侵我。公御之，宋师未陈而薄之[1]，败诸鄑。凡师，敌未陈曰败某师，皆陈曰战，大崩曰败绩[2]，得儁曰克[3]，覆而败之曰取某师[4]，京师败曰王师败绩于某。

【注释】

〔1〕陈：列成阵势。薄：迫近。〔2〕大崩：大败崩溃。〔3〕得儁：战胜而俘获敌军中雄儁之士。〔4〕覆：埋伏。

秋,宋大水。公使吊焉[1],曰:"天作淫雨[2],害于粢盛[3],若之何不吊[4]?"对曰:"孤实不敬[5],天降之灾,又以为君忧,拜命之辱。"臧文仲曰[6]:"宋其兴乎。禹、汤罪己[7],其兴也悖焉[8]。桀、纣罪人,其亡也忽焉[9]。且列国有凶称孤[10],礼也。言惧而名礼,其庶乎[11]。"既而闻之曰公子御说之辞也[12]。臧孙达曰[13]:"是宜为君,有恤民之心。"

【注释】

〔1〕吊:慰问。〔2〕淫雨:大雨不停。〔3〕粢盛:供祭祀用的禾黍。此指百谷。〔4〕不吊:此指皇天不怜恤。〔5〕孤:诸侯平日自称寡人,在凶、服称孤。〔6〕臧文仲:即臧孙辰,鲁大夫。〔7〕禹、汤罪己:禹曾下车泣囚,以为罪在自己;汤遇旱祷雨,有"罪当朕躬"之句。〔8〕悖:同"勃",盛状。〔9〕忽:速度很快。〔10〕有凶:指有凶荒之灾。〔11〕其庶:犹言"庶几于兴",与上"宋其兴乎"呼应。〔12〕公子御说:庄公子,闵公弟,后即位为桓公。〔13〕臧孙达:即臧哀伯。

冬,齐侯来逆共姬[1]。

乘丘之役,公以金仆姑射南宫长万[2],公右歂孙生搏之[3]。宋人请之。宋公靳之[4],曰:"始吾敬子,今子,鲁囚也,吾弗敬子矣。"病之[5]。

【注释】

〔1〕齐侯:齐桓公。〔2〕金仆姑:箭名。南宫长万:宋勇士,一作南宫万,又称宋万。〔3〕右:车右。搏:活捉。〔4〕靳:取笑,羞弄。〔5〕病:怀恨,不满。

【译文】

[经]

十一年春,周历正月。

夏五月戊寅,庄公在鄑地打败宋国军队。

秋,宋国发大水。

冬,王姬出嫁到齐国。

[传]

十一年夏,宋国因为乘丘那次战役的缘故,进攻我国。庄公率兵抵御宋兵。宋国的军队还没有列成阵势,我军就迫近攻击,在鄑地打败了宋军。凡是作战,敌人还没列成阵势称作"败某师",大家都摆好阵势称作"战",大败崩溃称作"败绩",战胜而俘获敌人勇士称作"克",埋伏军队打败对方称作"取某师",周朝的军队打败仗称作"王师败绩于某"。

秋,宋国发大水,庄公派人去慰问,说:"上天降大雨不停,危害了庄稼,怎么如此不顾念下民呢?"宋国君回答说:"这实在是孤对上天不敬重,上天降下灾害,还因此让贵国国君忧虑,敬承厚意,实不敢当。"臧文仲说:"宋国大概将兴盛了。禹、汤归罪自己,他们勃然而兴盛。桀、纣归罪别人,他们迅速灭亡。并且列国发生灾荒国君自称为'孤',这是合乎礼的。言词间戒惧而称呼上又合乎礼,他的兴盛大概是没问题了。"后来听到传闻说这是公子御说的话。臧孙达说:"这个人可以做国君,因为他有爱护人民的仁心。"

冬,齐桓公来我国迎娶共姬。

乘丘那一战役,庄公用金仆姑射中南宫长万,庄公的车右歂孙把他活捉了。宋国人请求我国放回了南宫长万。宋闵公嘲笑南宫长万,说:"从前我很敬重你,现在的你,是鲁国的囚犯,我不敬重你了。"南宫长万心中因此对闵公怀恨。

庄公十二年

[经]

十有二年春[1]，王三月，纪叔姬归于酅[2]。

夏四月。

秋八月甲午，宋万弑其君捷及大夫仇牧[3]。

冬十月，宋万出奔陈。

【注释】

〔1〕十有二年：公元前682年。〔2〕纪叔姬：鲁女，嫁纪国，时纪季以酅入齐，国亡，故书"归于酅"。〔3〕宋万：即南宫长万。捷：宋闵公。

[传]

十二年秋，宋万弑闵公于蒙泽[1]。遇仇牧于门，批而杀之[2]。遇大宰督于东宫之西，又杀之。立子游[3]。群公子奔萧[4]，公子御说奔亳[5]。南宫牛、猛获帅师围亳[6]。

【注释】

〔1〕蒙泽：在今河南商丘市东北蒙县故城。据《公羊传》载，这时

候，宋闵公再次嘲笑南宫长万，所以南宫长万杀死了他。〔2〕批：用手打击。〔3〕子游：宋公子。〔4〕萧：宋邑，地在今安徽萧县。〔5〕亳(bó)：宋邑，在今河南商丘市北。〔6〕南宫牛：南宫长万之子。猛获：南宫长万的同党。

冬十月，萧叔大心及戴、武、宣、穆、庄之族以曹师伐之[1]。杀南宫牛于师[2]，杀子游于宋[3]，立桓公。猛获奔卫。南宫万奔陈，以乘车辇其母[4]，一日而至[5]。

【注释】

〔1〕萧叔大心：萧邑大夫，叔为行第，大心为名。戴、武、宣、穆、庄：均为宋前代国君。〔2〕于师：即于亳，因师在亳。〔3〕宋：指宋国都。〔4〕辇其母：载其母。此谓南宫长万亲自拉车。〔5〕一日而至：言其多力，因宋、陈二国隔二百六十里。

宋人请猛获于卫，卫人欲勿与。石祁子曰[1]："不可。天下之恶一也，恶于宋而保于我，保之何补？得一夫而失一国，与恶而弃好，非谋也[2]。"卫人归之。亦请南宫万于陈，以赂。陈人使妇人饮之酒，而以犀革裹之[3]，比及宋，手足皆见。宋人皆醢之[4]。

【注释】

〔1〕石祁子：卫大夫。〔2〕非谋：不是好的计谋。〔3〕犀革：犀牛皮。〔4〕醢(hǎi)：剁为肉酱。

【译文】

[经]

十二年春，周历三月，纪叔姬从酅地归国。

夏四月。

秋八月甲午，宋万杀死他的国君捷及大夫仇牧。

冬十月，宋万逃亡到陈国。

[传]

十二年秋，宋万在蒙泽杀死了宋闵公。在门口遇到仇牧，举手一掌将仇牧打死。在东宫的西面遇到太宰督，又杀了他。立子游为国君。众公子逃亡到萧地，公子御说逃亡到亳地。南宫牛、猛获带领军队包围了亳地。

冬十月，萧叔大心以及戴、武、宣、穆、庄公的族人率领曹国军队讨伐南宫长万。在交战中杀死南宫牛，在都城里杀了子游，立桓公为国君。猛获逃亡到卫国。南宫长万逃往陈国，把车子载着母亲，自己拉车，一天就到达陈国。

宋人到卫国去请求归还猛获，卫国人想不给，石祁子说："不能这样。天下的邪恶是相同的，猛获在宋国作恶而受我国保护，保护他有什么好处？得到一个人却失去了一个国家，帮助邪恶的人而丢弃友好邦国，这不是好的计谋。"卫国人便把猛获交给宋国。宋国人又要求陈国归还南宫长万，并送上财礼。陈国人派遣妇人把南宫长万灌醉，并用犀牛皮把他捆裹起来，等到了宋国，南宫长万挣扎得犀牛皮破裂，手脚都露了出来。宋国人把两人都剁成肉酱。

庄公十三年

[经]

十有三年春[1],齐侯、宋人、陈人、蔡人、邾人会于北杏[2]。

夏六月,齐人灭遂[3]。

秋七月。

冬,公会齐侯,盟于柯[4]。

【注释】

〔1〕十有三年:公元前681年。 〔2〕齐侯:齐桓公。齐桓公以诸侯主天下之盟,此为始。下各国,依《春秋》例,也有可能与会的是国君。北杏:齐地,当在今山东东阿县。 〔3〕遂:国名,妫姓,地在今山东宁阳县西北。 〔4〕柯:齐邑,在今山东阳谷县东北。

[传]

十三年春,会于北杏,以平宋乱,遂人不至。夏,齐人灭遂而戍之。

冬,盟于柯,始及齐平也[1]。

宋人背北杏之会[2]。

【注释】

〔1〕自庄公十年，鲁、齐二国凡两战，至此讲和。 〔2〕此句当与下一年传文相连。

【译文】

[经]

十三年春，齐桓公与宋、陈、蔡、邾等国人在北杏相会。

夏六月，齐国人灭亡遂国。

秋七月。

冬，庄公与齐桓公相会，在柯地结盟。

[传]

十三年春，在北杏相会，是为了平定宋国内乱，遂国人没有到会。夏，齐国人灭亡了遂国，派兵戍守。

冬，在柯地结盟，我国开始与齐国讲和。

宋国人违背了北杏会议的约定。

庄公十四年

[经]

十有四年春[1],齐人、陈人、曹人伐宋。

夏,单伯会伐宋[2]。

秋七月,荆入蔡[3]。

冬,单伯会齐侯、宋公、卫侯、郑伯于鄄[4]。

【注释】

〔1〕十有四年:公元前680年。 〔2〕单伯:周大夫。 〔3〕入:有二义,一指攻获大城,一指攻下城而不占有它。 〔4〕齐侯:齐桓公。宋公:宋桓公。卫侯:卫惠公。郑伯:郑厉公。鄄(juān):卫地,在今山东鄄城县西北。

[传]

十四年春,诸侯伐宋,齐请师于周。夏,单伯会之,取成于宋而还。

郑厉公自栎侵郑,及大陵[1],获傅瑕[2]。傅瑕曰:"苟舍我,吾请纳君。"与之盟而赦之。六月甲子,傅瑕杀郑子及其二子而纳厉公[3]。

【注释】

〔1〕大陵：在今河南临颍县北。 〔2〕傅瑕：郑臣。 〔3〕郑子：即子仪。

初，内蛇与外蛇斗于郑南门中，内蛇死。六年而厉公入。公闻之，问于申繻曰："犹有妖乎[1]？"对曰："人之所忌[2]，其气焰以取之，妖由人兴也。人无衅焉[3]，妖不自作。人弃常则妖兴，故有妖。"

【注释】

〔1〕这句话的意思是：郑厉公的归国为君，难道是由于妖孽吗？〔2〕所忌：指忌遇妖。 〔3〕衅：空隙，裂痕。此指人的缺陷。

厉公入，遂杀傅瑕。使谓原繁曰[1]："傅瑕贰[2]，周有常刑，既伏其罪矣。纳我而无二心者，吾皆许之上大夫之事[3]，吾愿与伯父图之。且寡人出，伯父无里言[4]，入，又不念寡人，寡人憾焉。"对曰："先君桓公命我先人典司宗祏[5]。社稷有主而外其心，其何贰如之？苟主社稷，国内之民其谁不为臣？臣无二心，天之制也。子仪在位十四年矣，而谋召君者，庸非贰乎？庄公之子犹有八人，若皆以官爵行赂劝贰而可以济事，君其若之何？臣闻命矣。"乃缢而死。

【注释】

〔1〕原繁：郑大夫，郑厉公的伯父。 〔2〕贰：贰心，不忠心。〔3〕上大夫：即卿。 〔4〕里言：谓不将国内情况向厉公通报。 〔5〕宗祏(shí)：宗庙中藏主的石室。此即指守宗庙。

蔡哀侯为莘故[1]，绳息妫以语楚子[2]。楚子如息，以食入享[3]，遂灭息，以息妫归，生堵敖及成王焉。未言，楚子问之，对曰："吾一妇人而事二夫，纵弗能死，其又奚言？"楚子以蔡侯灭息，遂伐蔡。秋七月，楚入蔡。

君子曰[4]："《商书》所谓'恶之易也，如火之燎于原，不可乡迩，其犹可扑灭'者，其如蔡哀侯乎！"

冬，会于鄄，宋服故也。

【注释】
〔1〕为莘故：指庄公十年战于莘，蔡哀侯被俘事。〔2〕绳：誉，夸奖。〔3〕以食入享：设享礼招待息侯。〔4〕君子曰：此段语已见引于隐公六年。

【译文】
[经]
十四年春，齐国、陈国、曹国的军队进攻宋国。
夏，单伯领兵与诸侯会合进攻宋国。
秋七月，楚兵攻入蔡国。
冬，单伯与齐桓公、宋桓公、卫惠公、郑厉公在鄄地相会。

[传]
十四年春，诸侯进攻宋国，齐国请求周朝出兵。夏，单伯领兵与诸侯会合，与宋国讲和后回国。

郑厉公从栎邑进攻郑都城，到达大陵时，擒获了傅瑕。傅瑕说："如果放了我，我设法使你归国为君。"郑厉公与他设立盟誓后赦免了他。六月甲子，傅瑕杀死郑子仪及他的两个儿子，接纳厉公回国。

起初，郑国南门中有一条从城里出来的蛇与一条从城外来的蛇相斗，城里的蛇被咬死。过了六年，郑厉公回国。鲁庄公听说这件事，问申繻说："这事与妖孽有关吗？"申繻回答说："一个人所顾忌的事，是由他自己的气焰所决定，妖孽由于人而兴起。人如没有缺陷，妖孽不会自己发生。人不遵守常道，妖孽就会兴起，所以会有妖孽。"

郑厉公回国，就杀了傅瑕。他派人对原繁说："傅瑕怀有异心，对此周朝有规定的刑法，如今他已经得到惩处了。帮助我回国而没有三心二意的人，我都答应他们任命为上大夫的职务，我愿与伯父一起商量一下。再说寡人离开国都在外时，伯父没有向寡人通报朝内的情况；回国以后，又不亲附寡人，寡人为此感到遗憾。"原繁回答说："先君桓公命令我的先人掌管宗庙的石室。国家有主而自己的心却向着外边，还有比这更大的叛逆吗？如果主持国家，国内的百姓谁不是他的臣下？做臣下的不可以有叛逆之心，这是上天的规定。子仪居于君位已经十四年了，那策谋请君王回国的人，难道不是叛逆吗？庄公的儿子还有八人在世，如果都通过以封官爵为贿赂来劝说别人反叛而又能取得成功，君王又怎么办呢？我听到君王的命令了。"于是上吊而死。

蔡哀侯因为在莘地战败被俘的缘故，在楚文王面前称赞息妫的美貌。楚文王到息国，假装设享礼招待息侯，乘机攻打息国，灭亡了息国，把息妫带回国，生了堵敖及成王。息妫从不主动开口，楚文王询问原因，息妫回答说："我一个妇人却嫁了两个丈夫，既然不能以死守志，又能说什么？"楚文王由于蔡哀侯的挑拨而灭息，为取悦息妫，于是攻打蔡国。秋七月，楚军攻入蔡国。

君子说："《商书》所说'恶蔓延时，就像火在原野上燃烧，不能面对接近它，怎么能够扑灭，'恐怕就是指像蔡哀侯这样的人吧！"

冬，相会于鄄地，是由于宋国顺服的缘故。

庄公十五年

[经]

十有五年春[1],齐侯、宋公、陈侯、卫侯、郑伯会于鄄[2]。

夏,夫人姜氏如齐[3]。

秋,宋人、齐人、邾人伐郳[4]。

郑人侵宋。

冬十月。

【注释】

[1]十有五年:公元前679年。 [2]齐侯:齐桓公。宋公:宋桓公。陈侯:陈宣公。卫侯:卫惠公。郑伯:郑厉公。 [3]姜氏:文姜,齐僖公女。 [4]郳(ní):或云即小邾,或云另是一郳,地不可考。

[传]

十五年春,复会焉,齐始霸也。

秋,诸侯为宋伐郳。郑人间之而侵宋[1]。

【注释】

[1]间:乘其空隙,乘机。

【译文】

[经]

十五年春,齐桓公、宋桓公、陈宣公、卫惠公、郑厉公在鄄地相会。

夏,夫人姜氏去齐国。

秋,宋国人、齐国人、邾国人攻打郳国。

郑国人侵袭宋国。

冬十月。

[传]

十五年春,再次相会,齐国开始称霸。

秋,诸侯为宋国进攻郳国。郑国人乘机侵袭宋国。

庄公十六年

[经]

十有六年春[1]，王正月。

夏，宋人、齐人、卫人伐郑。

秋，荆伐郑[2]。

冬十有二月，会齐侯、宋公、陈侯、卫侯、郑伯、许男、滑伯、滕子同盟于幽[3]。

邾子克卒[4]。

【注释】

〔1〕十有六年：公元前678年。〔2〕荆：即楚。〔3〕齐侯：齐桓公。宋公：宋桓公。陈侯：陈宣公。卫侯：卫惠公。郑伯：郑厉公。许男：许穆公。滑：国名，姬姓，地在今河南偃师县。幽：宋地，在今河南兰考县内。〔4〕邾子克：即邾仪父，名克。

[传]

十六年夏，诸侯伐郑，宋故也。

郑伯自栎入，缓告于楚。秋，楚伐郑，及栎，为不礼故也。

郑伯治与于雍纠之乱者[1]。九月，杀公子阏[2]，刖强鉏[3]。公父定叔出奔卫[4]。三年而复之，曰："不可使共叔无后于郑。"使以十月入，曰："良月也[5]，就盈数焉[6]。"君子谓："强鉏不能卫其足。"

【注释】
〔1〕雍纠之乱：事见庄公十年。〔2〕公子阏：及下句的强鉏，皆祭仲党羽，公子阏或当作"公孙阏"。〔3〕刖（yuè）：断足。〔4〕公父定叔：共叔段之孙。定为谥号。〔5〕良月：好月份。古以奇数之月为恶月，偶数为良月。〔6〕盈数：满数。

冬，同盟于幽，郑成也。

王使虢公命曲沃伯以一军为晋侯[1]。初，晋武公伐夷[2]，执夷诡诸[3]，蒍国请而免之[4]。既而弗报，故子国作乱[5]，谓晋人曰："与我伐夷而取其地。"遂以晋师伐夷，杀夷诡诸。周公忌父出奔虢[6]。惠王立而复之[7]。

【注释】
〔1〕王：周僖王。曲沃伯：即曲沃武公、晋武公，时统一晋国。一军：一万二千五百人，车五百乘。周制，王六军，大国三军，次国二军，小国一军。〔2〕夷：周采地名，地不详。〔3〕夷诡诸：周大夫。〔4〕蒍国：周大夫，王子颓之师。〔5〕子国：即蒍国。〔6〕周公忌父：周朝卿士。〔7〕惠王：周惠王，于庄公十八年即位。

【译文】

[经]
十六年春，周历正月。
夏，宋国人、齐国人、卫国人进攻郑国。

秋，楚国进攻郑国。

冬十二月，庄公与齐桓公、宋桓公、陈宣公、卫惠公、郑厉公、许穆公、滑伯、滕子相会，一起在幽地结盟。

邾子克去世。

[传]

十六年夏，诸侯进攻郑国，是为了郑侵袭宋国的缘故。

郑厉公从栎地回到都城为君，没有及时通知楚国。秋，楚国进攻郑国，打到栎地，这是为了郑国对楚国无礼的缘故。

郑厉公追究参与雍纠叛乱的人。九月，杀死公子阏，斩下强钼的脚。公父定叔逃亡到卫国。三年后，郑厉公让他回国，说："不能让共叔在郑国没有后代。"让他在十月回到国内，说："十月是个好月份，这是个满数呢。"君子说："强钼没办法保全他的脚。"

冬，在幽地一起结盟，是为了与郑讲和。

周僖王派虢公命令曲沃伯设立一军，任晋国国君。起初，晋武公进攻夷地，抓获夷诡诸，芮国为他求情而赦免了他。后来夷诡诸不加报答，所以芮国作乱，对晋国人说："跟着我去进攻夷地并占领它的土地。"于是领着晋军攻打夷地，杀死夷诡诸。周公忌父逃亡到虢国，周惠王立为君后让他回国复职。

庄公十七年

[经]

十有七年春[1],齐人执郑詹[2]。

夏,齐人歼于遂[3]。

秋,郑詹自齐逃来。

冬,多麋[4]。

【注释】

〔1〕十有七年:公元前677年。 〔2〕郑詹:郑大夫叔詹,郑执政大臣。或云为"郑之卑微者"。 〔3〕歼:杀光。遂:见庄公十三年注。 〔4〕多麋:周之冬当夏之秋,麋多则伤害庄稼,所以作为灾害现象而记载。麋,鹿的一种。

[传]

十七年春,齐人执郑詹,郑不朝也。

夏,遂因氏、颌氏、工娄氏、须遂氏飨齐戍[1],醉而杀之,齐人歼焉。

【注释】

〔1〕颌:音gé,又音hé。

【译文】

[经]

十七年春,齐国人拘捕了郑詹。

夏,齐国人杀尽了遂国人。

秋,郑詹从齐国逃到我国。

冬,多麋鹿。

[传]

十七年春,齐国人拘捕了郑詹,是因为郑国不去朝见齐国。

夏,遂国的因氏、颌氏、工娄氏、须遂氏宴请戍守的齐军,把齐军灌醉后杀死,齐国人把遂国人杀尽。

庄公十八年

[经]

十有八年春[1]，王三月，日有食之。

夏，公追戎于济西[2]。

秋，有蜮[3]。

冬十月。

【注释】

〔1〕十有八年：公元前676年。〔2〕戎：南戎。见隐公二年注。济西：济水之西。〔3〕蜮（yù）：即蛾，食稻叶的虫。

[传]

十八年春，虢公、晋侯朝王[1]，王飨醴[2]，命之宥[3]，皆赐玉五瑴[4]，马三匹，非礼也。王命诸侯，名位不同，礼亦异数，不以礼假人[5]。

【注释】

〔1〕虢公：虢公醜。晋侯：武公子献公诡诸。〔2〕醴：甜酒。〔3〕宥：回敬。〔4〕瑴：亦作珏，玉一对。〔5〕假：借。假人，即不按规定给人。虢公与晋侯二人爵位不同，但赏赐一样，所以说"以礼假人"，是"非礼"。

虢公、晋侯、郑伯使原庄公逆王后于陈[1]。陈妫归于京师,实惠后。

夏,公追戎于济西。不言其来,讳之也[2]。

秋,有蜮,为灾也。

【注释】
〔1〕郑伯:郑厉公。原庄公:周卿士。 〔2〕讳之:因戎来袭鲁而鲁不知,所以讳言其来。

初,楚武王克权[1],使斗缗尹之[2]。以叛,围而杀之。迁权于那处[3],使阎敖尹之[4]。及文王即位,与巴人伐申而惊其师。巴人叛楚而伐那处,取之,遂门于楚。阎敖游涌而逸[5],楚子杀之,其族为乱。冬,巴人因之以伐楚。

【注释】
〔1〕权:国名,子姓,地在今湖北当阳县东南。 〔2〕斗缗:楚大夫。尹之:以权为县,以斗缗为县尹。 〔3〕那处:楚地,在今湖北荆门县东南。 〔4〕阎敖:楚大夫。 〔5〕涌:湖名,即今湖北监利县东南乾港湖。逸:逃走。

【译文】

[经]

十八年春,周历正月,发生日食。
夏,庄公在济水西边追击戎人。
秋,发现蜮虫。
冬十月。

[传]

十八年春，虢公、晋侯朝见周王，周王以甜酒招待，并命他们回敬自己，都赐给他们五对玉、三匹马，这是不合乎礼的。天子策命诸侯，名称地位不同，礼仪的等级也相应不同，不能随意将礼仪违例给人。

虢公、晋献公、郑厉公派遣原庄公去陈国迎接周王后陈妫。陈妫嫁到京师，就是惠王后。

夏，庄公在济水西边追击戎人。不记载戎人来攻，是由于避讳。

秋，发现蜮虫。《春秋》记载，是由于造成灾害。

起初，楚武王攻下权国，派鬬缗为权地的县尹。鬬缗占据权地背叛楚国，楚国包围权地杀死了鬬缗。把权地的居民迁移到那处，派阎敖为县尹。到文王即位，与巴国人一起攻打申国而楚军惊扰巴国的军队。巴国人背叛楚国，攻打那处，予以占领，接着攻打楚都的城门。阎敖游过了涌湖逃走，楚文王把他杀死，他的族人起而作乱。冬，巴国人乘乱攻打楚国。

庄公十九年

[经]

十有九年春[1]，王正月。

夏四月。

秋，公子结媵陈人之妇于鄄[2]，遂及齐侯、宋公盟[3]。

夫人姜氏如莒。

冬，齐人、宋人、陈人伐我西鄙[4]。

【注释】

〔1〕十有九年：公元前675年。〔2〕公子结：鲁大夫。媵：陪嫁。诸侯娶于一国，二国以庶出之女陪嫁称媵。时卫女嫁陈宣公为夫人，鲁女陪嫁。鄄：卫地，在今山东鄄城县西北。〔3〕齐侯：齐桓公。宋公：宋桓公。〔4〕鄙：边境。

[传]

十九年春[1]，楚子御之，大败于津[2]。还，鬻拳弗纳[3]。遂伐黄[4]，败黄师于踖陵[5]。还，及湫[6]，有疾。夏六月庚申卒，鬻拳葬诸夕室[7]，亦自杀也，而葬于绖皇[8]。

【注释】

〔1〕此段与上一年传文相连。 〔2〕津：在今湖北江陵县南。〔3〕鬻拳：楚大阍（守城门的官）。 〔4〕黄：国名，嬴姓，地在今河南潢川县西。 〔5〕踖（què）陵：黄地。 〔6〕湫：在今湖北钟祥县北。〔7〕夕室：或谓地名，或谓楚国君主冢墓所在之称。 〔8〕经皇：地宫的前庭。

初，鬻拳强谏楚子，楚子弗从，临之以兵，惧而从之。鬻拳曰："吾惧君以兵，罪莫大焉。"遂自刖也。楚人以为大阍，谓之大伯[1]，使其后掌之[2]。君子曰："鬻拳可谓爱君矣，谏以自纳于刑，刑犹不忘纳君于善。"

【注释】

〔1〕大伯：同"太伯"。 〔2〕使其后：让他的子孙后代。

初，王姚嬖于庄王[1]，生子颓。子颓有宠，蒍国为之师。及惠王即位[2]，取蒍国之圃以为囿[3]，边伯之宫近于王宫[4]，王取之。王夺子禽祝跪与詹父田[5]，而收膳夫之秩[6]，故蒍国、边伯、石速、詹父、子禽祝跪作乱，因苏氏[7]。秋，五大夫奉子颓以伐王，不克，出奔温[8]。苏子奉子颓以奔卫。卫师、燕师伐周。冬，立子颓。

【注释】

〔1〕王姚：周庄王妾，姚姓。嬖：受宠。 〔2〕惠王：庄王孙，僖王子。〔3〕圃：种菜的园子。囿：圈养牲畜的地方。 〔4〕边伯：周大夫。〔5〕子禽祝跪：周大夫。杜注以为二人，但与下"五大夫"之数不合。

〔6〕膳夫：管饮食的官。此指石速。秩：俸禄。 〔7〕苏氏：苏忿生家人。隐公十一年，周桓王曾夺苏忿生十二邑之田，苏氏当即因此恨周室。
〔8〕温：苏氏属邑。

【译文】

[经]

十九年春，周历正月。

夏四月。

秋，公子结送卫国出嫁到陈国女子的陪嫁鲁女到达鄄地，因此与齐桓公、宋桓公结盟。

夫人姜氏去莒国。

冬，齐国人、宋国人、陈国人进攻我国西部边境。

[传]

十九年春，楚文王率兵抵抗，在津地被打得大败。回到国内，鬻拳不肯开门让他进城。楚文王便领兵攻打黄国，在踖陵打败黄国军队。回国路上，到达湫地，得病。夏六月庚申，楚文王去世，鬻拳把他安葬在夕室，他也自杀，安葬在文王地宫的前庭。

起初，鬻拳坚决谏阻楚文王，楚文王不听从，鬻拳用武器对着他，楚文王害怕而只好听从。鬻拳说："我用武器威胁君王，没有比这罪行更大的罪了。"于是自己斩下了双腿。楚国人让他担任大阍，称之为太伯，并让他后人世代掌此职。君子说："鬻拳可称得上爱护君王了，因为谏阻君王而自己对自己施刑，受了刑仍然不忘使国君走正道。"

起初，王姚有宠于周庄王，生下子颓。子颓受到宠爱，派蒍国做他的老师。到周惠王继承王位，夺取蒍国的菜园子做自己养牲畜的地方，边伯的住宅靠近王宫，周惠王也占取了。周惠王强取子禽祝跪及詹父的田地，又收回了膳夫石速的俸禄。因此，蒍国、边伯、石速、詹父、子禽祝跪发动叛乱，依靠苏氏。秋，五位大夫事奉子颓攻打周惠王，没有取胜，逃亡到温邑。苏子事奉子颓逃亡到卫国。卫国、燕国的军队进攻周朝。冬，立子颓为君王。

庄公二十年

[经]

二十年春[1],王二月,夫人姜氏如莒。

夏,齐大灾[2]。

秋七月。

冬,齐人伐戎。

【注释】

〔1〕二十年:公元前674年。 〔2〕大灾:大火。《春秋》言"灾",皆为火灾。

[传]

二十年春,郑伯和王室[1],不克。执燕仲父[2]。夏,郑伯遂以王归。王处于栎[3]。秋,王及郑伯入于邬[4],遂入成周,取其宝器而还。冬,王子颓享五大夫,乐及遍舞[5]。郑伯闻之,见虢叔,曰:"寡人闻之,哀乐失时,殃咎必至。今王子颓歌舞不倦,乐祸也。夫司寇行戮,君为之不举[6],而况敢乐祸乎!奸王之位[7],祸孰大焉?临祸忘忧,忧必及之。盍纳王乎?"虢公曰:"寡人之愿也。"

【注释】

〔1〕和:调和。〔2〕燕仲父:南燕君主。〔3〕栎:见桓公十五年注。〔4〕邬:齐地,在今河南偃师县西南。〔5〕遍舞:所有的舞蹈。〔6〕举:君王进餐奏乐为"举"。不举,即废食、撤乐。〔7〕奸:同"干",犯。

【译文】

[经]

二十年春,周历二月,夫人姜氏去莒国。
夏,齐国发生大火灾。
秋七月。
冬,齐国人攻打戎国。

[传]

二十年春,郑厉公调和周王室争斗,没有结果。抓住了燕仲父。夏,郑厉公便带着周惠王回国。周惠王住在栎地。秋,周惠王与郑厉公到了邬地,接着进入成周,取得了成周的宝器后回归。冬,王子颓宴享五位大夫,奏乐并舞所有的舞蹈。郑厉公听说这件事,见到虢叔,对他说:"寡人听说,悲哀和快乐得不是时候,灾殃一定会降临。如今王子颓欣赏歌舞不知疲倦,是以祸患为快乐啊。司寇行刑杀人,国君为此要废食撤乐,何况敢以祸患为快乐呢!篡夺王位,还有比这更大的祸患吗?面对祸患而忘记忧患,忧患一定会到来。为什么不让惠王复位呢?"虢公说:"这正是寡人的愿望。"

庄公二十一年

[经]

二十有一年春[1],王正月。

夏五月辛酉,郑伯突卒。

秋七月戊戌,夫人姜氏薨。

冬十有二月,葬郑厉公。

【注释】

〔1〕二十有一年:公元前673年。

[传]

二十一年春,胥命于弭[1]。夏,同伐王城[2]。郑伯将王自圉门入[3],虢叔自北门入,杀王子颓及五大夫。郑伯享王于阙西辟[4],乐备[5]。王与之武公之略[6],自虎牢以东。原伯曰[7]:"郑伯效尤[8],其亦将有咎[9]。"五月,郑厉公卒。

【注释】

〔1〕胥命:诸侯相见,约言而不歃血。弭:郑地,在今河南密县。〔2〕王城:周都城,今河南洛阳。 〔3〕圉门:王城南门。 〔4〕阙:王

宫前的双柱。西辟：西边的房屋。 〔5〕乐备：备六代之乐，即黄帝之《云门》、《大卷》，尧之《大咸》，舜之《大韶》，禹之《大夏》，汤之《大濩》，周武王之《大武》。诸侯享王奏全套乐舞是不合礼的。〔6〕武公：郑武公。略：经略的土地。虎牢之东的土地为周平王赐郑武公，后失之。 〔7〕原伯：原庄公。见庄公十八年注。 〔8〕尤：罪过。此指郑厉公效王子颓奏乐及遍舞。 〔9〕咎：灾、殃。

王巡虢守[1]，虢公为王宫于玤[2]，王与之酒泉[3]。郑伯之享王也，王以后之鞶鉴予之[4]。虢公请器，王予之爵[5]。郑伯由是始恶于王[6]。冬，王归自虢。

【注释】

〔1〕王巡虢守：王巡视虢公所守土地。守，同"狩"，天子到诸侯所在地称巡狩。 〔2〕玤：虢地，在今河南渑池县。 〔3〕酒泉：周邑，具体所在不详。 〔4〕鞶：大带，亦名绅带。鞶鉴，说法不一，或谓以镜子为装饰的带子。 〔5〕爵：酒器。 〔6〕郑伯：此指厉公子文公。爵为礼器，比鞶鉴珍贵，所以郑文公对周惠王不满。

【译文】

[经]

二十一年春，周历正月。
夏五月辛酉，郑厉公突去世。
秋七月戊戌，夫人姜氏去世。
冬十二月，安葬郑厉公。

[传]

二十一年春，郑厉公与虢叔在弭地商谈。夏，一起攻打王城。郑厉公侍奉周惠王从圉门入城，虢叔从北门入城，杀死王子颓及五大夫。郑厉公在宫阙西边的房屋设享礼招待周惠王，奏舞全套乐舞。周惠王赐给郑厉公自虎牢以东原郑武公的土地。原伯说：

"郑厉公学坏样，他也将会遭殃。"五月，郑厉公去世。

周惠王巡视虢公所守的土地，虢公为他在珪地建造行宫，惠王把酒泉赐给他。郑厉公设享礼招待周惠王时，惠王赐给他王后用的鞶鉴。虢公请求赏赐器物，惠王赐给他爵。郑文公从此开始怀恨惠王。冬，惠王从虢国回到王城。

庄公二十二年

[经]

二十有二年春[1],王正月,肆大眚[2]。

癸丑,葬我小君文姜[3]。

陈人杀其公子御寇[4]。

夏五月。

秋七月丙申,及齐高傒盟于防[5]。

冬,公如齐纳币[6]。

【注释】
〔1〕二十有二年:公元前672年。 〔2〕肆大眚(shěng):大赦有罪之人。肆,同"赦"。眚,罪、过。 〔3〕小君:对国母礼葬的称呼。〔4〕公子御寇:陈太子。 〔5〕高傒:见庄公九年注。防:东防,见隐公九年注。 〔6〕纳币:纳聘礼。币,帛。

[传]

二十二年春,陈人杀其大子御寇。陈公子完与颛孙奔齐[1]。颛孙自齐来奔。

【注释】

〔1〕公子完：陈厉公之子，后仕齐，改田氏，卒谥敬仲。五世后昌大。颛孙：陈公子，与完均为太子党。到鲁后，为颛孙氏。

齐侯使敬仲为卿[1]。辞曰："羁旅之臣[2]，幸若获宥[3]，及于宽政[4]，赦其不闲于教训而免于罪戾[5]，弛于负担[6]，君之惠也，所获多矣。敢辱高位，以速官谤[7]？请以死告。《诗》云[8]：'翘翘车乘[9]，招我以弓[10]。岂不欲往，畏我友朋。'"使为工正[11]。

【注释】

〔1〕齐侯：齐桓公。 〔2〕羁旅：客居在外。 〔3〕宥：赦免。 〔4〕宽政：指齐国宽大的政令。 〔5〕闲：同"娴"，熟谙。 〔6〕弛：宽免，放下。 〔7〕速：招致。官谤：因不称职而受到官员指责。 〔8〕诗：原诗已逸。 〔9〕翘翘：远貌。 〔10〕招我以弓：古代聘士用弓。 〔11〕工正：掌百工之官。

饮桓公酒，乐。公曰："以火继之[1]。"辞曰："臣卜其昼，未卜其夜，不敢。"君子曰："酒以成礼，不继以淫[2]，义也。以君成礼，弗纳于淫，仁也。"

【注释】

〔1〕火：灯火。继之：以继昼饮。 〔2〕淫：过分。

初，懿氏卜妻敬仲[1]，其妻占之，曰："吉。是谓'凤皇于飞[2]，和鸣锵锵[3]，有妫之后[4]，将育于姜[5]。五世其昌，并于正卿[6]。八世之后，莫之于京[7]。'"陈厉公，蔡出也[8]。故蔡人杀五父而立之[9]，生敬仲。其少也，周史有以《周易》见陈侯者[10]，陈侯使筮之，遇《观》☷☴之《否》☷☰[11]。曰："是谓'观国之光，利用宾于王[12]。'此其代陈有国乎？不在此，其在异国；非此其身，在其子孙。光远而自他有耀者也。《坤》，土也。《巽》，风也。《乾》，天也。风为天于土上，山也。有山之材而照之以天光，于是乎居土上。故曰：'观国之光，利用宾于王。'庭实旅百[13]，奉之以玉帛[14]，天地之美具焉，故曰：'利用宾于王。'犹有观焉，故曰其在后乎。风行而著于土[15]，故曰其在异国乎。若在异国，必姜姓也。姜，大岳之后也。山岳则配天，物莫能两大。陈衰，此其昌乎！"

及陈之初亡也[16]，陈桓子始大于齐[17]。其后亡也[18]，成子得政[19]。

【注释】
[1]懿氏：陈大夫。卜：用龟灼兆以占吉凶。 [2]于飞：飞。于为语助，无义。 [3]锵锵：状鸣声相和嘹亮。 [4]有妫：陈为舜后，妫姓。 [5]姜：齐国之姓。 [6]正卿：卿之长。 [7]京：大。 [8]蔡出：蔡女所生。 [9]蔡人杀五父：见桓公六年。 [10]周史：周朝太史。 [11]观之否："观"与"否"俱卦名。观，坤下巽上；否，坤下乾上。两卦六爻之上二爻与下三爻皆同，惟第四爻有异，乃观之六四变为否之九四。凡占，以初占之卦为主，再任取六爻之一变易之，即得次卦，然后合其卦象、爻辞以定吉凶。这次占卜，初卦为观，取第四爻变易为否，故得"观之否"。 [12]用：于。宾于王：为王上宾。 [13]庭实：诸侯朝见天子或互相聘问，必将礼物陈列庭上，称庭实。旅：陈。百：言其多。 [14]玉帛：乾为金玉，坤为布帛，故云。 [15]风行而著于土：巽为风，坤为土，巽在坤上，故云。风行，则当迁于外国。 [16]初亡：指昭公八年楚灭陈。 [17]陈桓子：敬仲五世孙

陈无宇。〔18〕后亡：指哀公十七年楚再灭陈。 〔19〕成子：即陈常，一作田常，敬仲八世孙，专齐国政。

【译文】

［经］

二十二年春，周历正月，大赦罪犯。

癸丑，安葬我国先君桓公的夫人文姜。

陈国人杀死他们的公子御寇。

夏五月。

秋七月丙申，与齐高傒在防地结盟。

冬，庄公到齐国去送聘礼。

［传］

二十二年春，陈国人杀死他们的太子御寇。陈公子完与颛孙逃亡到齐国。颛孙又从齐国逃来我国。

齐桓公让敬仲做卿。敬仲辞谢说："我这个寄居在外的臣子，有幸得到陈国宽恕，身受齐国宽大的政令，赦免我的不熟谙教训而得以免除罪过，放下负担，这是君王的恩惠，我所得到的已经很多了。怎么敢接受这样高的职位，以招致不称职的指责？谨昧死以告。《诗》说：'车子远远驰来，带着招聘我的弓。我难道不想去？怕的是朋友责讽。'"桓公于是让他做工正。

敬仲请齐桓公宴饮，桓公很高兴。天黑了，桓公说："点上灯火继续喝。"敬仲辞谢说："我只知道白天招待您，不知道晚上陪饮，不敢奉命。"君子说："酒用来完成礼仪，不能持续过度，这是义。与君主饮酒完成了礼仪，不使君主过度，是仁。"

起初，懿氏将以女嫁给敬仲，占卜吉凶，他的妻子占卜，说："吉利。这叫做'凤凰飞翔，相和鸣声嘹亮。有妫的后人，养育于姜。五世要繁荣昌盛，与正卿并立朝班。八世以后，地位没有人与他相抗。'"陈厉公是蔡女所生，所以蔡国人杀了五父而立他为国君，生了敬仲。在敬仲年少时，有个周朝的太史拿了《周易》来见陈厉公，陈厉公让他用筮草占卜敬仲的遭际，得到了

《观》卦☶变易《否》卦☷,说:"这叫做'观仰王朝的光辉盛治,利于成为君王的贵宾'。这个人恐怕要代替陈而享有国家吧!但不在本国,而在别国;不在本身,而在他的子孙。光是从别处远方照耀而来的。坤是土,巽是风,乾是天。风起于天而行于土上,这是山。具有山中的物产,而有天光照射,这就居于土上,所以说'观仰王朝的光辉盛治,利于成为君王的贵宾'。庭上陈列的礼物上百,另外奉有美玉绸帛,天上地下美好的东西都齐备了,所以说'利于成为君王的贵宾'。还有等着观仰,所以说昌盛在于后代。风吹行而落在土上,所以说他的昌盛在别国。如果在别国,一定是姜姓的国家。姜,是太岳的后代。山岳高大能与天相配,但事物不能有两者一般大。陈国衰亡时,是他后代昌盛时吧!"

等到陈国第一次灭亡,陈桓子开始在齐国昌大。陈国再次灭亡,陈成子执掌齐国的政权。

庄公二十三年

[经]

二十有三年春[1],公至自齐。

祭叔来聘[2]。

夏,公如齐观社[3]。

公至自齐。

荆人来聘。

公与齐侯遇于穀[4]。

萧叔朝公[5]。

秋,丹桓宫楹[6]。

冬十有一月,曹伯射姑卒[7]。

十有二月甲寅,公会齐侯盟于扈[8]。

【注释】

〔1〕二十有三年:公元前671年。 〔2〕祭叔:周大夫。 〔3〕社:祀社神。 〔4〕穀:齐地,见庄公九年注。 〔5〕萧叔:萧叔大心,见庄公十二年注。 〔6〕丹:用朱色漆漆之。桓宫:桓公之庙。楹:柱子。据《穀梁传》,天子诸侯之庙柱用微青黑色,用红色非礼。 〔7〕曹伯射姑:曹庄公。 〔8〕扈:不详。杜注云郑地,在河南原武废县。

[传]

二十三年夏,公如齐观社,非礼也。曹刿谏曰:"不可。夫礼,所以整民也[1]。故会以训上下之则[2],制财用之节[3];朝以正班爵之义,帅长幼之序[4];征伐以讨其不然。诸侯有王[5],王有巡守,以大习之[6]。非是,君不举矣[7]。君举必书,书而不法[8],后嗣何观?"

【注释】

〔1〕整:整治。〔2〕则:法则。〔3〕节:规定,标准。〔4〕帅:率,遵循。〔5〕有王:指朝聘于天子。〔6〕大习:习朝会制度。〔7〕举:出行。〔8〕不法:不合法度。

晋桓、庄之族逼[1],献公患之。士蒍曰[2]:"去富子[3],则群公子可谋也已。"公曰:"尔试其事。"士蒍与群公子谋,谮富子而去之。

秋,丹桓宫之楹。

【注释】

〔1〕桓:桓叔。庄:庄伯。二人为曲沃武公的父与祖。〔2〕士蒍:晋大夫。〔3〕富子:桓、庄族中多智谋者。

【译文】

[经]

二十三年春,庄公从齐国回到国内。

祭叔来我国聘问。

夏,庄公去齐国观看祭祀社神。

庄公从齐国回到国内。

楚国人来我国聘问。
庄公与齐桓公在穀地相见。
萧叔朝见庄公。
秋,用朱漆漆桓公庙的柱子。
冬十一月,曹庄公射姑去世。
十二月甲寅,庄公与齐桓公相会在扈地结盟。

[传]

二十三年夏,庄公去齐国观看祭祀社神,这是不合乎礼的。曹刿谏阻说:"您不能去。礼,是用来整治人民的。因此会见是用以训示上下之间的法则,制订财赋的标准;朝见是用来申明排列爵位的意义,遵循长幼的次序;征伐是用来攻打对上的不敬。诸侯朝聘于天子,天子巡察诸侯各国,以熟习训练朝聘与会见的制度。不是以上五种情况,国君是不出行的。国君出行必定要记载下来,记载了而不合法度,子孙后代如何作鉴戒?"

晋桓、庄的家族过于强盛而威逼公族,献公对此忧患不安。士蒍说:"去掉富子,那么群公子就有办法可以对付了。"献公说:"你试着办这事。"士蒍与群公子谋议,乘机讲富子坏话而赶走了他。

秋,用朱漆漆桓公庙的柱子。

庄公二十四年

[经]

二十有四年春[1],王三月,刻桓宫桷[2]。

葬曹庄公。

夏,公如齐逆女。

秋,公至自齐。

八月丁丑,夫人姜氏入[3]。

戊寅,大夫、宗妇觌[4],用币[5]。

大水。

冬,戎侵曹。

曹羁出奔陈[6]。

赤归于曹[7]。

郭公[8]。

【注释】

〔1〕二十有四年:公元前670年。 〔2〕刻:镂刻。桷:椽子。〔3〕姜氏:哀姜。 〔4〕宗妇:同姓大夫的夫人。一说大夫宗妇为一,因大夫无见君夫人之礼。觌(dí):见。 〔5〕币:玉帛之属。 〔6〕羁:杜注为曹太子。或云为曹君。 〔7〕赤:曹僖公。 〔8〕杜注以为下有阙误。

[传]

二十四年春，刻其桷，皆非礼也。御孙谏曰[1]："臣闻之，俭，德之共也[2]；侈，恶之大也。先君有共德而君纳诸大恶，无乃不可乎？"

【注释】
〔1〕御孙：鲁大夫。 〔2〕共(hóng)：大。

秋，哀姜至。公使宗妇觌，用币，非礼也。御孙曰："男贽大者玉帛[1]，小者禽鸟，以章物也[2]。女贽不过榛栗枣脩[3]，以告虔也。今男女同贽，是无别也。男女之别，国之大节也，而由夫人乱之，无乃不可乎？"

【注释】
〔1〕贽：礼物。古人进见，手执礼物表示恭敬。公、侯、伯、子、男五等诸侯执玉，诸侯太子及小国国君等执帛，卿执羔，大夫执雁，庶人执雉，工商执鸡。 〔2〕章物：以所执物表明身份。 〔3〕脩：干肉。

晋士蒍又与群公子谋，使杀游氏之二子[1]。士蒍告晋侯曰[2]："可矣。不过二年，君必无患。"

【注释】
〔1〕游氏之二子：亦桓、庄之族。 〔2〕晋侯：晋献公。

【译文】

[经]
二十四年春，周历三月，雕镂桓公庙的椽子。

安葬曹庄公。

夏,庄公去齐国迎亲。

秋,庄公从齐国回到国内。

八月丁丑,夫人哀姜到达我国。

戊寅,大夫、宗妇进见夫人,以玉帛作礼物。

发大水。

冬,戎国进攻曹国。

曹羁逃亡到陈国。

赤回到曹国。

郭公。

[传]

二十四年春,雕镂桓公庙的椽子,与用朱漆漆柱子都不合乎礼。御孙谏阻说:"臣子听说,节俭,是道德中的重大表现;奢侈,是恶行中的重大表现。先君有大德而君王你把他放入大恶中去,岂不是太不应该了吗?"

秋,哀姜到我国。庄公令宗妇进见,以玉帛作礼物,是不合乎礼的。御孙说:"男子进见的礼物,大的用玉帛,小的用禽鸟,以所执物表明身份等级。女子的礼物不过是榛、栗、枣、干肉,以表示虔敬而已。如今男女的礼物相同,这是男女没有差别了。男女有别,是国家的大法,而由于夫人使之淆乱,岂不是太不应该了吗?"

晋士蔿又与群公子策谋,让他们杀死了游氏的两个儿子。士蔿告诉晋献公说:"可以了。不出二年,君王就必定没有忧患了。"

庄公二十五年

[经]

二十有五年春[1]，陈侯使女叔来聘[2]。

夏五月癸丑，卫侯朔卒[3]。

六月辛未朔，日有食之。鼓，用牲于社。

伯姬归于杞。

秋，大水。鼓，用牲于社、于门。

冬，公子友如陈[4]。

【注释】

〔1〕二十有五年：公元前669年。〔2〕陈侯：陈宣公。女叔：陈卿，女为氏，叔为字。〔3〕卫侯朔：卫惠公。〔4〕公子友：即季友，庄公弟。去陈为报聘。

[传]

二十五年春，陈女叔来聘，始结陈好也。嘉之，故不名。

夏六月辛未朔，日有食之。鼓，用牲于社，非常也[1]。唯正月之朔[2]，慝未作[3]，日有食之，于是乎用币于社，伐鼓于朝。

【注释】

〔1〕非常：非礼之常，即非礼。〔2〕正月：正阳之月，即夏历四月，周历六月。〔3〕慝：阴气。正月是阳气用事之月，其时阴气未作。

秋，大水。鼓，用牲于社、于门，亦非常也。凡天灾，有币无牲。非日月之眚，不鼓。

晋士蒍使群公子尽杀游氏之族，乃城聚而处之[1]。冬，晋侯围聚[2]，尽杀群公子。

【注释】

〔1〕聚：晋邑，在今山西绛县东南。〔2〕晋侯：晋献公。

【译文】

[经]

二十五年春，陈宣公派女叔来我国聘问。

夏五月癸丑，卫惠公朔去世。

六月辛未朔，发生日食。击鼓，用牺牲祭祀社神。

伯姬出嫁到杞国。

秋，发大水。击鼓，用牺牲祭祀社神及城门门神。

冬，公子友去陈国。

[传]

二十五年春，陈女叔来我国聘问，这是开始和陈国结好。《春秋》赞美这件事，所以不记载女叔的名。

夏六月辛未朔，发生日食。击鼓，用牺牲祭祀社神，不合乎礼。只有正月朔日，阴气没有发作，出现了日食，这才用玉帛祭祀社神，在朝廷上击鼓。

秋，发大水。击鼓，用牺牲祭祀社神及城门门神，也不合乎礼。凡是碰到天灾，祭祀时用玉帛不用牺牲。不是日月食，不用击鼓。

晋士蒍让群公子杀尽了游氏的族人，于是在聚地修筑城墙，让群公子住进去。冬，晋献公包围了聚城，把群公子全都杀死。

庄公二十六年

[经]
二十有六年春[1],公伐戎。
夏,公至自伐戎。
曹杀其大夫。
秋,公会宋人、齐人伐徐[2]。
冬十有二月癸亥朔,日有食之。

【注释】
〔1〕二十有六年:公元前668年。 〔2〕徐:国名,嬴姓,地在今安徽泗县西北。

[传]
二十六年春,晋士蒍为大司空。
夏,士蒍城绛[1],以深其宫[2]。
秋,虢人侵晋。冬,虢人又侵晋。

【注释】
〔1〕城绛:加固绛都的城墙。绛,在今山西翼城县东。
〔2〕深:高。

【译文】

[经]

二十六年春,庄公进攻戎国。

夏,庄公从进攻戎国战役回国。

曹国杀死他们的大夫。

秋,庄公会同宋国人、齐国人攻打徐国。

冬十二月癸亥朔,发生日食。

[传]

二十六年春,晋士蒍任大司空。

夏,士蒍加固绛都的城墙,同时加高宫墙。

秋,虢国人侵袭晋国。冬,虢国人再次侵袭晋国。

庄公二十七年

[经]

二十有七年春[1],公会杞伯姬于洮[2]。

夏六月,公会齐侯、宋公、陈侯、郑伯[3],同盟于幽。

秋,公子友如陈,葬原仲[4]。

冬,杞伯姬来[5]。

莒庆来逆叔姬[6]。

杞伯来朝[7]。

公会齐侯于城濮[8]。

【注释】

〔1〕二十有七年:公元前667年。〔2〕洮:鲁地,在今山东旧濮阳县西南。〔3〕齐侯:齐桓公。宋公:宋桓公。陈侯:陈宣公。郑伯:郑文公。〔4〕原仲:陈大夫。〔5〕来:女子归宁,即回娘家。〔6〕庆:莒大夫。〔7〕杞伯:杞惠公。〔8〕城濮:卫地,在今山东旧濮县(今范阳)南。

[传]

二十七年春,公会杞伯姬于洮,非事也[1]。天子非展义不巡守[2],诸侯非民事不举,卿非君命不越竟[3]。

夏,同盟于幽,陈、郑服也。

秋,公子友如陈,葬原仲,非礼也。原仲,季友之旧也。

冬,杞伯姬来,归宁也。凡诸侯之女,归宁曰来,出曰来归[4]。夫人归宁曰如某,出曰归于某。

【注释】

〔1〕非事:与民事无关。〔2〕展义:宣扬德义。〔3〕竟:同"境"。〔4〕出:见弃于夫家。来归:来而不再返回。

晋侯将伐虢,士蒍曰:"不可。虢公骄,若骤得胜于我,必弃其民。无众而后伐之,欲御我谁与[1]?夫礼乐慈爱,战所畜也[2]。夫民让事、乐和、爱亲、哀丧而后可用也。虢弗畜也,亟战将饥[3]。"

王使召伯廖赐齐侯命[4],且请伐卫,以其立子颓也。

【注释】

〔1〕与:从。〔2〕畜:具备。〔3〕饥:指没有士气。〔4〕召伯廖:周惠王卿士。

【译文】

[经]

二十七年春,庄公与杞伯姬在洮地相会。

夏六月,庄公与齐桓公、宋桓公、陈宣公、郑文公相会,一起在幽地结盟。

秋，公子友去陈国，参加原仲的葬礼。
冬，杞伯姬回娘家探亲。
莒庆来我国迎娶叔姬。
杞惠公来我国朝见。
庄公与齐桓公在城濮相会。

[传]

二十七年春，庄公与杞伯姬在洮地相会，与民事无关。天子不是为宣扬德义不出外巡察，诸侯不是为民事不出行，卿不是君王命令不出国。

夏，一起在幽地结盟，是由于陈国、郑国顺服。

秋，公子友去陈国，参加原仲的葬礼，这是不合乎礼的。原仲，是公子友的朋友。

冬，杞伯姬来，是说她回娘家。凡是诸侯的女儿，回娘家叫做"来"，被丈夫家休弃叫做"来归"。本国国君夫人回娘家叫做"去某地"，被丈夫家休弃叫做"归某地"。

晋献公准备攻打虢国，士蒍说："不行。虢公骄横，如果一下子与我国交战而得胜，必然会抛弃他的人民。他没有人民扶持然后我们去攻打他，有谁会跟从他抵御我们？礼乐慈爱，是战争所应当具备的条件。人民谦让、和协、对亲属爱护、对死者哀悼，然后可以使用。这些虢国都不具备，屡次对外作战，人民将会缺乏士气。"

周惠王派遣召伯廖赐齐桓公宠命，并请求他攻打卫国，因为卫国拥立子颓为国君。

庄公二十八年

[经]

二十有八年春[1],王三月甲寅,齐人伐卫。卫人及齐人战,卫人败绩。

夏四月丁未,邾子琐卒。

秋,荆伐郑。公会齐人、宋人救郑。

冬,筑郿[2]。

大无麦禾。

臧孙辰告籴于齐[3]。

【注释】

〔1〕二十有八年:公元前666年。 〔2〕郿:当在今山东寿张废县治南,鲁下邑。 〔3〕臧孙辰:鲁大夫,即臧文仲。告籴:请买粮食。

[传]

二十八年春,齐侯伐卫。战,败卫师。数之以王命[1],取赂而还。

【注释】

〔1〕数:责。

晋献公娶于贾[1],无子。烝于齐姜[2],生秦穆夫人及大子申生。又娶二女于戎,大戎狐姬生重耳[3],小戎子生夷吾[4]。晋伐骊戎[5],骊戎男女以骊姬[6],归生奚齐。其娣生卓子[7]。

【注释】
〔1〕贾:国名。姬姓,在今山西襄汾县东。〔2〕烝:以下淫上。齐姜:杜注云武公妾。〔3〕大戎:唐叔后代,姬姓,以狐为氏。〔4〕小戎:允姓之戎。子:女子。〔5〕骊戎:国名,姬姓,男爵,地在今陕西临潼县。〔6〕女:纳女于人。〔7〕娣:同嫁一夫的妹妹。

骊姬嬖,欲立其子,赂外嬖梁五与东关嬖五,使言于公曰:"曲沃,君之宗也[1]。蒲与二屈[2],君之疆也[3]。不可以无主。宗邑无主则民不威,疆埸无主则启戎心[4]。戎之生心,民慢其政,国之患也。若使大子主曲沃,而重耳、夷吾主蒲与屈,则可以威民而惧戎,且旌君伐[5]。"使俱曰:"狄之广莫[6],于晋为都[7]。晋之启土,不亦宜乎?"晋侯说之。夏,使大子居曲沃,重耳居蒲城,夷吾居屈。群公子皆鄙,唯二姬之子在绛。二五卒与骊姬谮群公子而立奚齐,晋人谓之"二五耦"[8]。

【注释】
〔1〕宗:宗邑。曲沃是桓公所封,其先宗庙所在地。〔2〕蒲:在今山西隰县北。二屈:在今山西吉县,南屈与北屈相毗邻,故称二屈。〔3〕疆:边疆之邑。〔4〕埸(yì):界。疆埸亦边疆之义。〔5〕旌:表彰。伐:功勋。〔6〕狄:戎狄,指晋境外之地。广莫:广大无边。〔7〕都:都邑。〔8〕二五耦:谓梁五与东关嬖五二人朋比为奸。两人共

耕曰耦。

楚令尹子元欲蛊文夫人[1]，为馆于其宫侧而振万焉[2]。夫人闻之，泣曰："先君以是舞也，习戎备也。今令尹不寻诸仇雠[3]，而于未亡人之侧，不亦异乎！"御人以告子元[4]。子元曰："妇人不忘袭仇，我反忘之！"

【注释】
〔1〕子元：武王子，文王弟。蛊：蛊惑，诱奸。文夫人：文王夫人，即息妫。〔2〕振万：万为武舞名，舞时振铎为节拍，故称振万。〔3〕寻：用。〔4〕御人：夫人的侍者。

秋，子元以车六百乘伐郑，入于桔柣之门[1]。子元、鬬御疆、鬬梧、耿之不比为旆[2]，鬬班、王孙游、王孙喜殿[3]。众车入自纯门[4]，及逵市[5]。县门不发[6]，楚言而出[7]。子元曰："郑有人焉。"诸侯救郑，楚师夜遁。郑人将奔桐丘[8]，谍告曰："楚幕有乌。"乃止。

【注释】
〔1〕桔柣(dié)之门：郑远郊的门。〔2〕旆：前军。〔3〕殿：殿后，后军。〔4〕纯门：郑外郭门。〔5〕逵市：内城外大路上的市场。〔6〕县门：县同"悬"。县门，内城闸门。不发，不放下来。〔7〕言：商议。〔8〕桐丘：在今河南扶沟县西。

冬，饥。臧孙辰告籴于齐，礼也[1]。

筑郿，非都也。凡邑有宗庙先君之主曰都，无曰邑。邑曰筑，都曰城。

【注释】

〔1〕《周书·籴匡篇》说遇大灾荒，卿士向邻国请求购粮。所以说臧孙辰此举合乎礼。

【译文】

[经]

二十八年春，周历三月甲寅，齐国人攻打卫国。卫国人与齐国人作战，卫国人大败。

夏四月丁未，邾子琐去世。

秋，楚国攻打郑国。庄公会同齐国人、宋国人救援郑国。

冬，修筑郿邑的城墙。

麦禾严重歉收。

臧孙辰向齐国请求购买粮食。

[传]

二十八年春，齐桓公攻打卫国。与卫国作战，打败了卫国军队，用周王的名义责备卫国，收取了贿赂后回国。

晋献公娶贾国女子为夫人，没有生儿子。他与齐姜通奸，生下秦穆公夫人及太子申生。又娶了戎人的两个女子，大戎狐姬生下重耳，小戎女生下夷吾。晋国攻打骊戎，骊戎男把骊姬献给献公，回国后生下奚齐，她妹妹生下卓子。

骊姬受到献公宠爱，想立自己的儿子为太子，贿赂献公的男宠梁五与东关嬖五，让他们对晋献公说："曲沃是君王的宗邑，蒲和二屈是君王边疆重邑，不可以没有人主管。宗邑没人主管，人民便不知威惧；边疆没人主管，就会导致戎人生入侵之心。戎人生入侵之心，人民轻慢政令，这是国家的祸患。如果派太子主管曲沃，又派重耳、夷吾主管蒲和屈，那就可以使人民威惧、戎人害怕，并且能宣扬君王你的功劳。"又让二人一起进言："戎狄广大无边的土地，晋国可以在那里建立都邑。晋国能开拓疆土，不是很好的事吗？"晋献公听了很高兴。夏，派遣太子居住曲沃，重耳居住蒲城，夷吾居住屈地。群公子都住在边境，唯独骊姬与她妹妹的儿子住在绛都。梁五与东关嬖五最终与骊姬诬陷了群公子，而立奚齐为太子，晋国人称他们为"二五耦"。

楚国令尹子元想诱惑文王夫人，在她的宫旁建造馆舍，在里面摇铃铎跳万舞。夫人听见后，哭着说："先君让人跳这舞是为了演习战争用的。如今令尹不用来对付仇敌却用在我这个未亡人旁边，不是太不对头了吗？"侍者把这话告诉了子元。子元说："妇女尚且不忘记攻袭仇敌，我反倒忘了！"

秋，子元率领战车六百辆进攻郑国，进入桔柣之门。子元、鬭御疆、鬭梧、耿之不比为前军，鬭班、王孙游、王孙喜为后队。车队从纯门入，到达内城外大路上的市场。郑内城闸门没有放下，楚军疑有埋伏，商议一阵后退了出来。子元说："郑国有能人在。"诸侯救援郑国，楚军夜间悄悄撤走。郑国人准备逃往桐丘，间谍报告说："楚军帐幕上有乌鸦。"于是停止不逃。

冬，发生饥荒。臧孙辰向齐国请求购买粮食，这是合乎礼的。

修筑郿邑的城墙，称"筑"是因为郿不是都城。凡是城邑有宗庙和先君神主的称"都"，没有的称"邑"。修建邑的城墙称"筑"，修建都的城墙称"城"。

庄公二十九年

[经]

二十有九年春[1],新延厩[2]。

夏,郑人侵许。

秋,有蜚。

冬十有二月,纪叔姬卒[3]。

城诸及防[4]。

【注释】

〔1〕二十有九年:公元前665年。〔2〕新:更新,重建。〔3〕纪叔姬:见庄公十二年注。〔4〕诸:在今山东诸城县西南。防:即东防,见隐公九年注。

[传]

二十九年春,新作延厩。书,不时也。凡马日中而出[1],日中而入。

夏,郑人侵许。凡师有钟鼓曰伐,无曰侵,轻曰袭[2]。

秋,有蜚。为灾也。凡物不为灾不书。

【注释】

〔1〕日中：春分，秋分。〔2〕轻：轻装快速进攻。

冬十二月，城诸及防，书，时也。凡土功[1]，龙见而毕务[2]，戒事也[3]。火见而致用[4]，水昏正而栽[5]，日至而毕[6]。

樊皮叛王[7]。

【注释】

〔1〕土功：土木工程。〔2〕龙：苍龙七宿，周正十一月、夏正九月晨现于东方。毕务：农事完成。〔3〕戒事：准备开工。〔4〕火：大火，心宿，夏正十月初出现于东方。〔5〕水：大水，即定星。昏：黄昏。正：正南。水星十月出现。栽：筑土，打夯。〔6〕日至：冬至。〔7〕樊皮：周大夫。

【译文】

[经]

二十九年春，重建延厩。
夏，郑国人侵袭许国。
秋，出现蜚虫。
冬十二月，纪叔姬去世。
修筑诸及防地的城墙。

[传]

二十九年春，重新建造延厩。《春秋》记载，是因为不合时令。凡是马，春分时放牧，秋分时入厩。

夏，郑国人侵袭许国。凡是出兵，击鼓撞钟的称"伐"，不击钟鼓的称"侵"，轻装突进的称"袭"。

秋，出现蜚虫。《春秋》记载，是由于造成灾害。凡是事物不造成灾害，《春秋》便不加以记载。

冬十二月，修筑诸及防地的城墙，《春秋》记载，是因为合乎时令。凡是土木工程，苍龙星出现而农事结束，便要做好准备工作。大火星出现就要把一切应用工具搬到现场，大水星在黄昏出现在正南方就要夯土筑墙，冬至要完工。

樊皮背叛周王。

庄公三十年

[经]

三十年春[1]，王正月。

夏，次于成[2]。

秋七月，齐人降鄣[3]。

八月癸亥，葬纪叔姬。

九月庚午朔，日有食之。鼓，用牲于社。

冬，公及齐侯遇于鲁济[4]。

齐人伐山戎[5]。

【注释】

〔1〕三十年：公元前664年。〔2〕成：见桓公六年注。〔3〕鄣：纪邑，在今江苏赣榆县。〔4〕齐侯：齐桓公。鲁济：济水流经鲁国的一段。〔5〕山戎：北戎，地在今河北北部。

[传]

三十年春[1]，王命虢公讨樊皮。夏四月丙辰，虢公入樊，执樊仲皮[2]，归于京师。

216 左传译注

【注释】

〔1〕此节接上年传。〔2〕樊仲皮：即樊皮，皮为名，仲为排行。

楚公子元归自伐郑，而处王宫。鬥射师谏^[1]，则执而梏之^[2]。秋，申公鬥班杀子元^[3]，鬥穀於菟为令尹^[4]，自毁其家以纾楚国之难^[5]。

冬，遇于鲁济，谋山戎也，以其病燕故也^[6]。

【注释】

〔1〕鬥射师：或谓即鬥廉，或谓是鬥般。〔2〕梏：铐上手铐。〔3〕申公：申邑县尹。楚君自称王，称县尹为公。〔4〕鬥穀於菟（wū tú）：即令尹子文。〔5〕毁其家：拿出家中的财物。毁，减少。纾：缓。〔6〕燕：北燕，召公奭之后，都蓟（今北京市）。

【译文】

[经]

三十年春，周历正月。
夏，我军驻扎在成地。
秋七月，齐国人使鄣地降附。
八月癸亥，安葬纪叔姬。
九月庚午朔，发生日食。击鼓，用牺牲祭祀社神。
冬，庄公与齐桓公在鲁国境内的济水边非正式会见。
齐国人攻打山戎。

[传]

三十年春，周惠王命令虢公讨伐樊皮。夏四月丙辰，虢公进入樊地，擒获了樊皮，带回京师。

楚公子元从攻打郑国的战役回国后，就住在王宫里。鬥射师劝阻他，他把鬥射师抓起来戴上手铐。秋，申公鬥班杀死子元，鬥穀於菟做了令尹，拿出自己的家产来救济楚国的困乏。

冬，在鲁国的济水边非正式会面，是策划攻打山戎，因为山戎危害燕国的缘故。

庄公三十一年

[经]

三十有一年春[1],筑台于郎[2]。

夏四月,薛伯卒。

筑台于薛[3]。

六月,齐侯来献戎捷[4]。

秋,筑台于秦[5]。

冬,不雨。

【注释】

〔1〕三十有一年:公元前663年。 〔2〕郎:见隐公九年注。郎台一名泉台,在曲阜南逵泉。 〔3〕薛:此薛为鲁邑名,具体所在不详。〔4〕献:致物于人。捷:俘虏。 〔5〕秦:在山东范县。

[传]

三十一年夏六月,齐侯来献戎捷,非礼也。凡诸侯有四夷之功[1],则献于王,王以警于夷。中国则否。诸侯不相遗俘。

【注释】

〔1〕四夷：东夷、西戎、南蛮、北狄，是对华夏以外四方部落的总称。

【译文】

[经]

三十一年春，在郎地筑台。

夏四月，薛伯去世。

在薛地筑台。

六月，齐桓公来我国献上俘获的戎人。

秋，在秦地筑台。

冬，没有下雨。

[传]

三十一年夏六月，齐桓公来我国献上俘获的戎人，这是不合乎礼的。凡是诸侯讨伐四方夷狄取得胜利，便把俘获的人或物献给周王，周王用来警诫夷狄。在中原作战便不献。诸侯不互相赠送俘虏。

庄公三十二年

[经]

三十有二年春[1],城小穀[2]。

夏,宋公、齐侯遇于梁丘[3]。

秋七月癸巳,公子牙卒[4]。

八月癸亥,公薨于路寝[5]。

冬十月己未,子般卒[6]。

公子庆父如齐[7]。

狄伐邢[8]。

【注释】

〔1〕三十有二年:公元前662年。 〔2〕小穀:齐邑,管仲采邑,在今山东东阿县。 〔3〕宋公:宋桓公。齐侯:齐桓公。梁丘:宋邑,在今山东成武县东北。 〔4〕公子牙:庄公弟,即叔牙,一名僖叔。 〔5〕路寝:正寝,古天子诸侯常居治事之所。 〔6〕子般:庄公太子。 〔7〕公子庆父:庄公长弟。 〔8〕邢:姬姓国,地在今河北邢台市。

[传]

三十二年春,城小穀,为管仲也。

齐侯为楚伐郑之故[1],请会于诸侯。宋公请先见于齐侯。夏，遇于梁丘。

【注释】
〔1〕楚伐郑：在庄公二十八年。

秋七月，有神降于莘[1]。惠王问诸内史过曰[2]："是何故也？"对曰："国之将兴，明神降之，监其德也[3]；将亡，神又降之，观其恶也。故有得神以兴，亦有以亡。虞、夏、商、周皆有之。"王曰："若之何？"对曰："以其物享焉[4]，其至之日，亦其物也[5]。"王从之。内史过往，闻虢请命[6]，反曰："虢必亡矣，虐而听于神。"

【注释】
〔1〕莘：虢地，在今河南三门峡市。〔2〕内史过：周大夫。〔3〕监：临，视察。〔4〕物：祭品，祭服。〔5〕其至之日，亦其物：古以干支纪日，每个日子祭神有相应的祭品。如戊、己日祭用心，玉、服皆黄；庚、辛日祭用肝，玉、服皆白。各神祭祀有一定制度，但此神无祀典可依，所以以其始降的日子为祭日，依该日相应祭品祭祀。〔6〕请命：即下文请神赐田。

神居莘六月。虢公使祝应、宗区、史嚚享焉[1]。神赐之土田。史嚚曰："虢其亡乎！吾闻之，国将兴，听于民；将亡，听于神。神，聪明正直而壹者也[2]，依人而行[3]。虢多凉德[4]，其何土之能得！"

【注释】

〔1〕祝应、宗区、史嚚(yín)：太祝应、宗人区、太史嚚。〔2〕壹：专一。〔3〕依人而行：根据其人的情况而决定应否赐福。〔4〕凉德：薄德，虐民之政。

初，公筑台临党氏[1]，见孟任[2]，从之。闷[3]，而以夫人言，许之，割臂盟公[4]，生子般焉。雩[5]，讲于梁氏[6]，女公子观之[7]，圉人荦自墙外与之戏[8]。子般怒，使鞭之。公曰："不如杀之，是不可鞭。荦有力焉，能投盖于稷门[9]。"

【注释】

〔1〕党氏：党家，姓任。〔2〕孟任：党氏女，后为庄公夫人。〔3〕闷：关门。〔4〕割臂：划破手臂滴血歃盟。〔5〕雩：求雨祭祀。〔6〕讲：讲习，演习。〔7〕女公子：子般之妹。或谓梁氏女。〔8〕圉人：掌养马放牧的官。〔9〕盖：门扇。稷门：鲁都南门。

公疾，问后于叔牙。对曰："庆父材。"问于季友[1]，对曰："臣以死奉般。"公曰："乡者牙曰庆父材[2]。"成季使以君命命僖叔待于鍼巫氏[3]，使鍼季酖之[4]，曰："饮此则有后于鲁国，不然，死且无后。"饮之，归及逵泉而卒[5]，立叔孙氏。

【注释】

〔1〕季友：公子友，庄公三弟，即成季。〔2〕乡者：以前。乡，通"向"。〔3〕鍼(qián)巫：即鍼季，鲁大夫。鍼姓，巫为职或名，季乃字。〔4〕酖：鸟名，羽毛有毒，古人用以为毒酒杀人。〔5〕逵泉：在曲阜东南五里。

八月癸亥，公薨于路寝。子般即位，次于党氏。冬十月己未，共仲使圉人荦贼子般于党氏[1]。成季奔陈。立闵公[2]。

【注释】

〔1〕共仲：即庆父。贼：杀害。 〔2〕闵公：庄公子，名启方，《史记》作名开。

【译文】

[经]

三十二年春，修筑小穀的城墙。

夏，宋桓公、齐桓公在梁丘非正式会见。

秋七月癸巳，公子牙去世。

八月癸亥，庄公在路寝去世。

冬十月己未，子般去世。

公子庆父去齐国。

狄人攻打邢国。

[传]

三十二年春，修筑小穀城墙，这是为管仲而修的。

齐桓公因为楚国攻打郑国的缘故，请求与诸侯相会。宋桓公请求和齐桓公先行相见。夏，二人在梁丘非正式会见。

秋七月，有神降临到莘地。惠王向内史过询问说："这是什么缘故呢？"内史过回答说："国家将要兴旺，神明下降，视察它的德行；国家将要灭亡，神明又下降，视察它的罪恶。因此有的得到神而兴旺，也有的得到神而灭亡。虞、夏、商、周都有过这样的情况。"惠王说："把他怎么样？"内史过回答说："用相应的物品来祭祀他。依他来到的日子，就取那天相应的祭品祭祀。"惠王听从了。内史过前去祭祀，听到虢国请求神明赐田，回国后说："虢国必定要灭亡了，暴虐而听命于神明。"

神在莘地住了六个月。虢公派祝应、宗区、史嚚设享礼祭祀。神明答应赐给虢国疆土田地。史嚚说:"虢国恐怕要灭亡了吧!我听说,国家将要兴旺,听从于人民;国家将要灭亡,听从于神明。神,是聪明正直而专一的,依照各人的不同而赐福降祸。虢国多的是暴虐之政,又怎么能得到土地!"

起初,庄公靠近党家建筑高台,他见到孟任,便紧紧尾随着。孟任把门关上,庄公答应立她为夫人,她答应了,割破手臂与庄公歃血立誓,后来生了子般。一次雩祭,在梁氏家演习,庄公的女儿在旁观看,圉人荦从墙外对她进行调戏。子般发怒,派人鞭打圉人荦。庄公说:"不如把他杀了,这个人不能鞭打。他力气很大,能够投掷稷门的城门扇。"

庄公得病,问叔牙谁可以继承君位。叔牙回答说:"庆父有才能。"向季友询问,季友回答说:"臣尽死力事奉子般。"庄公说:"刚才叔牙说庆父有才能。"季友便派人以君王的名义命令叔牙等待在鍼巫家中,派鍼季用毒酒毒死他,对他说:"喝了这酒,你的后代在鲁国仍然享有禄位,不喝的话,你死了,后代还没有禄位。"叔牙喝了毒酒,回家时走到逵泉便死了,鲁国立他后代为叔孙氏。

八月癸亥,庄公在路寝去世。子般即位为国君,住在党氏家中。冬十月己未,庆父派圉人荦在党家杀死子般。季友逃亡到陈国。立闵公为国君。

春秋左传卷四　闵公

闵公元年

[经]

元年春[1]，王正月。

齐人救邢。

夏六月辛酉，葬我君庄公。

秋八月，公及齐侯盟于落姑[2]。季子来归[3]。

冬，齐仲孙来[4]。

【注释】

〔1〕元年：公元前661年。〔2〕落姑：齐地。一云在今山东平阴县，一云在博兴县。〔3〕季子：公子友，即季友。〔4〕仲孙：仲孙湫，齐大夫。

[传]

元年春，不书即位，乱故也。

狄人伐邢。管敬仲言于齐侯曰[1]："戎狄豺狼，不可厌也[2]。诸夏亲昵，不可弃也。宴安鸩毒[3]，不可怀也。《诗》云[4]：'岂不怀归，畏此简书[5]。'简书，同恶相恤之谓也。请救邢以从简书。"齐人救邢。

【注释】

〔1〕管敬仲：即管仲。〔2〕厌：满足。〔3〕宴安：安乐。〔4〕诗：见《诗·小雅·出车》。〔5〕简书：盟书。

夏六月，葬庄公，乱故，是以缓。

秋八月，公及齐侯盟于落姑，请复季友也[1]。齐侯许之，使召诸陈，公次于郎以待之[2]。"季子来归"，嘉之也。

【注释】

〔1〕复：回国。〔2〕郎：在鲁都曲阜近郊。

冬，齐仲孙湫来省难。书曰"仲孙"，亦嘉之也。仲孙归曰："不去庆父[1]，鲁难未已。"公曰："若之何而去之？"对曰："难不已，将自毙，君其待之。"公曰："鲁可取乎？"对曰："不可，犹秉周礼[2]。周礼，所以本也。臣闻之，国将亡，本必先颠，而后枝叶从之。鲁不弃周礼，未可动也。君其务宁鲁难而亲之。亲有礼，因重固[3]，间携贰[4]，覆昏乱，霸王之器也[5]。"

【注释】

〔1〕时庆父已回到鲁国，故云。〔2〕秉：秉持，实施。〔3〕重固：稳定坚固。〔4〕携贰：内部不和，离心离德。〔5〕器：策略，方法。

晋侯作二军[1]，公将上军，大子申生将下军。赵夙御戎[2],毕万为右[3],以灭耿、灭霍、灭魏[4]。

【注释】
〔1〕晋侯:晋献公。 〔2〕赵夙:晋大夫,赵衰之兄。 〔3〕毕万:晋大夫,毕公高之后。 〔4〕耿:姬姓国,地在今山西河津县东南。霍:姬姓国,地在今山西霍县西南。魏:姬姓国,地在今山西芮城县东北。

还,为大子城曲沃。赐赵夙耿,赐毕万魏,以为大夫。士蒍曰:"大子不得立矣,分之都城而位以卿[1],先为之极[2],又焉得立,不如逃之,无使罪至。为吴大伯[3],不亦可乎?犹有令名,与其及也。且谚曰:'心苟无瑕,何恤乎无家。'天若祚大子,其无晋乎。"

卜偃曰[4]:"毕万之后必大。万,盈数也;魏,大名也;以是始赏[5],天启之矣。天子曰兆民,诸侯曰万民。今名之大,以从盈数,其必有众[6]。"

【注释】
〔1〕位以卿:卿始有军行,晋献公令申生将下军,所以说"位以卿"。 〔2〕先为之极:言身位储君,又位于卿,已到了极点。 〔3〕吴大伯:即吴太伯,周太王嫡子,知其父欲立弟季历,避位而逃到吴地,为吴始祖。 〔4〕卜偃:晋掌卜的大夫。 〔5〕始赏:开始受封赏。 〔6〕必有众:一定能得到人民。

初,毕万筮仕于晋。遇《屯》䷂之《比》䷇[1]。辛廖占之[2],曰:"吉。屯固比入[3],吉孰大焉?其必蕃昌。震为土[4],车从马[5],足居之[6],兄长之[7],母覆之[8],众归之[9],六体不易[10],合而能固[11],安而能杀[12]，公侯之卦也[13]。公侯之子孙[14]，必复其始。"

【注释】
〔1〕屯：卦象为震下坎上，初爻九"—"变为六"- -"，即为"比"，坤下坎上。〔2〕辛廖：晋大夫。〔3〕屯固比入：屯，艰险之象，因此坚固。比，亲密之象，所以能入。〔4〕震为土：震变为坤，坤为地，故言"为土"。〔5〕车从马：震为车，坤为马。震变为坤，故言"从马"。〔6〕足居之：震为足，震变为坤，安静之象，所以说"足居之"。〔7〕兄长之：震为长男，初爻变，是最长之意，故云。〔8〕母覆之：坤为母，故云。〔9〕众归之：坤为众。〔10〕六体：指以上六义。〔11〕合而能固：比卦有合之义，屯卦有固之义。〔12〕安而能杀：比卦有坤，坤为土安之象。屯卦有震，震为雷杀之象。以坤承震之变，所以说"安而能杀"。〔13〕公侯之卦：总结以上卦象而断言。《屯》之初九曰"利建侯"，《比》之大象曰"建万国，亲诸侯"，均言为公侯之卦。〔14〕公侯之子孙：毕万为毕公高之后。

【译文】
　　[经]
　　元年春，周历正月。
　　齐国人救援邢国。
　　夏六月辛酉，安葬我国国君庄公。
　　秋八月，闵公与齐桓公在落姑结盟。季子回到国内。
　　冬，齐仲孙来我国。

　　[传]
　　元年春，《春秋》不记载闵公即位，是由于国内混乱的缘故。
　　狄人攻打邢国。管仲对齐桓公说："戎狄好比豺狼，难以得到满足。中原各国互相亲近，不能够丢弃。安乐就好像鸩酒毒药，不能够怀恋。《诗》说：'难道不想回家乡，邻邦盟约不敢忘。'盟约，是共同对付敌人互相支援的意思。请求您遵从盟约救援邢国。"齐国人于是救援邢国。

夏六月,安葬庄公。因为发生动乱的缘故,所以推迟了。

秋八月,闵公与齐桓公在落姑结盟,是为了请齐桓公帮助让季友回国。齐桓公答应了闵公的请求,派人去陈国召回季友,闵公驻扎在郎地等候他。《春秋》记载"季子回到国内",称"季子",这是赞美他。

冬,齐国仲孙湫来我国慰问祸难。《春秋》称他为"仲孙",也是对他表示赞美。仲孙湫回到国内,说:"不除掉庆父,鲁国的祸难还不能终止。"齐桓公说:"用什么办法才能除掉庆父?"仲孙湫回答说:"祸难不终止,将会自取灭亡,君王等着瞧吧。"齐桓公说:"鲁国可以攻取吗?"仲孙湫回答说:"不能够,他们仍然秉持周礼。周礼,是立国的根本。臣听说,一个国家将要灭亡,就像大树,树干定然先行倒下,然后枝叶跟着枯萎。鲁国不抛弃周礼,不能去动它的脑筋。君王应当从事于安定鲁国的祸难并且亲近它。亲近有礼仪的国家,依靠坚定稳固的国家,离间内部不和的国家,灭亡昏昧动乱的国家,这是称霸称王的策略。"

晋献公建立两个军,自己率领上军,太子申生率领下军。以赵夙为君王战车的驾驶,毕万任车右,出兵灭掉耿国、霍国、魏国。

回国后,为太子修筑曲沃的城墙。把原耿国赐给赵夙,原魏国赐给毕万,任命他们为大夫。士蒍说:"太子不能够继续作储君了。分给他都城而让他处在卿位,先让他做到了极点,又怎么能继续做储君呢?不如逃往别处,不要等罪加到头上。像吴太伯那样,不是也很好吗?这样还能有好的名声,胜过留下获罪。而且谚语说:'心里如果没有瑕疵,就不必为无家而忧患。'上天如果降福太子,他就一定会离开晋国。"

卜偃说:"毕万的后代必然昌大。万,是满数;魏,是大名;用这地方做起始封赏地,上天已启示预兆了。天子主天下称'兆民,'诸侯主一国称'万民'。如今大的名称又随着满数,他一定会得到民众。"

起初,毕万为在晋国做官而占卜,得到了《屯》卦䷂变为《比》卦䷇。辛廖推测说:"吉利。屯坚固而比进入,还有比这更吉利的吗？因此他一定会蕃衍昌盛。震变为土，车随着马，脚踏实地，兄长抚育，母亲爱护，大众归附，这六条不变，能合又能固，安定又能杀戮，这是公侯的卦象。公侯的子孙，一定会回复始初公侯的地位。"

闵 公 二 年

[经]

二年春[1],王正月,齐人迁阳[2]。

夏五月乙酉,吉禘于庄公[3]。

秋八月辛酉,公薨。

九月,夫人姜氏孙于邾[4]。

公子庆父出奔莒。

冬,齐高子来盟[5]。

十有二月,狄入卫。

郑弃其师。

【注释】

〔1〕二年:公元前660年。 〔2〕阳:国名,姬姓,地在今山东沂水县西南。 〔3〕吉禘:禘,大祭。大祭后告吉,故称吉禘。 〔4〕孙:同"逊",出奔。 〔5〕高子:齐大夫高傒。

[传]

二年春,虢公败犬戎于渭汭[1]。舟之侨曰[2]:"无德而禄,殃也。殃将至矣。"遂奔晋。

夏,吉禘于庄公,速也[3]。

【注释】

〔1〕犬戎：戎之一种，即后世匈奴。渭汭：渭水流入黄河处，即今陕西华阴县东北。〔2〕舟之侨：虢大夫。〔3〕速：古代三年之丧，实二十五月而毕，然后入庙大祭。庄公时去世仅二十一月，故云"速"。

初，公傅夺卜齮田[1]，公不禁。秋八月辛丑，共仲使卜齮贼公于武闱[2]。成季以僖公适邾[3]。共仲奔莒，乃入，立之。以赂求共仲于莒，莒人归之。及密[4]，使公子鱼请[5]，不许。哭而往，共仲曰："奚斯之声也。"乃缢。闵公，哀姜之娣叔姜之子也，故齐人立之。共仲通于哀姜，哀姜欲立之。闵公之死也，哀姜与知之，故孙于邾。齐人取而杀之于夷[6]，以其尸归，僖公请而葬之。

【注释】

〔1〕卜齮（yǐ）：鲁大夫。〔2〕共仲：即公子庆父。武闱：路寝的旁门。〔3〕僖公：《史记》以为闵公弟，杜注谓闵公庶兄。〔4〕密：鲁地，在今山东费县北。〔5〕公子鱼：鲁贤臣，字奚斯。〔6〕夷：或以为鲁地，具体所在不详。

成季之将生也，桓公使卜楚丘之父卜之[1]。曰："男也。其名曰友，在公之右。间于两社[2]，为公室辅。季氏亡，则鲁不昌。"又筮之，遇《大有》䷍之《乾》䷀[3]，曰："同复于父，敬如君所。"及生，有文在其手曰"友"，遂以命之。

【注释】

〔1〕卜楚丘之父：名不详。 〔2〕两社：鲁国有两社，即周社、亳社。间于两社，即在两社之间，官执政大臣。 〔3〕大有：卦名，乾下离上。乾：乾上乾下。大有的上卦离变为乾，象征子与父同德。乾为君，离为臣，离变为乾，又象征君臣同心。

冬十二月，狄人伐卫。卫懿公好鹤，鹤有乘轩者[1]。将战，国人受甲者皆曰[2]："使鹤，鹤实有禄位，余焉能战！"公与石祁子玦[3]，与宁庄子矢[4]，使守，曰："以此赞国[5]，择利而为之。"与夫人绣衣，曰："听于二子。"渠孔御戎，子伯为右，黄夷前驱，孔婴齐殿。及狄人战于荧泽[6]，卫师败绩，遂灭卫。卫侯不去其旗，是以甚败。狄人因史华龙滑与礼孔以逐卫人。二人曰："我，大史也，实掌其祭。不先，国不可得也。"乃先之。至则告守曰："不可待也[7]。"夜与国人出。狄入卫，遂从之，又败诸河。

【注释】

〔1〕轩：大夫所乘的车。 〔2〕受甲：接受武器甲胄出战的人。 〔3〕石祁子：卫大夫。玦：一种玉器，环形而有缺口，常用以表示决心或决绝。 〔4〕宁庄子：名速，卫正卿。矢：箭。与矢则表示誓言、防御。 〔5〕赞国：辅助国家。 〔6〕荧泽：在今河南淇县东。 〔7〕待：抵御。

初，惠公之即位也少[1]，齐人使昭伯烝于宣姜[2]。不可，强之。生齐子、戴公、文公、宋桓夫人、许穆夫人。文公为卫之多患也，先适齐。及败，宋桓公逆诸河[3]，宵济。卫之遗民男女七百有三十人，益之以共、滕之民为五千人[4]，立戴公以庐于曹[5]。许穆夫人赋《载驰》[6]。齐侯使公子无亏帅车三百乘、甲士三千人以戍曹[7]。归公乘马[8]，祭服五称[9]，牛羊豕鸡狗皆三百，与门材[10]。归夫人鱼轩[11]，重锦三十两[12]。

【注释】

〔1〕惠公：卫懿公的父亲。〔2〕昭伯：卫惠公庶兄。宣姜：齐女，惠公之母。烝是以下犯上，不一定是通奸，这里即臣子娶君夫人之意。〔3〕逆：迎接。〔4〕共、滕：均卫邑，共在今河南辉县，滕所在不详。〔5〕曹：卫邑，在今河南滑县西南。〔6〕载驰：见《诗·鄘风》。〔7〕齐侯：齐桓公。公子无亏：即公子武孟，其母为卫姬。〔8〕归：同"馈"。乘马：驾车之马。〔9〕称：单衣复衣配套曰称。〔10〕门材：为门户的材料。〔11〕鱼轩：装饰鱼皮的车子。〔12〕重锦：厚实的细锦。两：匹。

郑人恶高克[1]，使帅师次于河上，久而弗召，师溃而归。高克奔陈。郑人为之赋《清人》[2]。

【注释】

〔1〕高克：郑大夫。〔2〕清人：见《诗·郑风》。

晋侯使大子申生伐东山皋落氏[1]。里克谏曰[2]："大子奉冢祀社稷之粢盛[3]，以朝夕视君膳者也，故曰冢子。君行则守，有守则从。从曰抚军，守曰监国，古之制也。夫帅师，专行谋[4]，誓军旅[5]，君与国政之所图也[6]，非大子之事也。师在制命而已[7]。禀命则不威，专命则不孝，故君之嗣適不可以帅师[8]。君失其官，帅师不威，将焉用之？且臣闻皋落氏将战，君其舍之。"公曰："寡人有子，未知其谁立焉。"不对而退。见大子，大子曰："吾其废乎？"对曰："告之以临民[9]，教之以军旅[10]，不共是惧[11]，何故废乎？且子惧不孝，无惧弗得立。修己而不责人，则免于难。"

【注释】

〔1〕东山皋落氏：赤狄别种，居住在今山西垣曲县。〔2〕里克：亦称里季，晋大夫。〔3〕冢祀：祭祀。冢，大。粢盛：置于祭具中的谷物。〔4〕专行谋：专谋断略。〔5〕誓：号令。〔6〕国政：国之正卿。〔7〕制命：专制军队之号令。〔8〕適：同"嫡"。〔9〕告之以临民：指命令太子居曲沃，是以治理百姓之道训太子。〔10〕教之以军旅：言使太子将下军，是以统兵之事教太子。〔11〕共：同"恭"。

大子帅师，公衣之偏衣[1]，佩之金玦。狐突御戎[2]，先友为右[3]。梁馀子养御罕夷[4]，先丹木为右[5]。羊舌大夫为尉[6]。先友曰："衣身之偏，握兵之要，在此行也，子其勉之。偏躬无慝[7]，兵要远灾[8]，亲以无灾，又何患焉！"狐突叹曰："时，事之征也[9]。衣，身之章也[10]。佩，衷之旗也[11]。故敬其事则命以始[12]，服其身则衣之纯[13]，用其衷则佩之度[14]。今命以时卒，闵其事也[15]；衣之尨服[16]，远其躬也[17]；佩以金玦，弃其衷也。服以远之，时以闵之，尨凉冬杀，金寒玦离，胡可恃也？虽欲勉之，狄可尽乎？"梁馀子养曰："帅师者受命于庙，受脤于社[18]，有常服矣。不获而尨，命可知也[19]。死而不孝，不如逃之。"罕夷曰："尨奇无常，金玦不复[20]，虽复何为，君有心矣。"先丹木曰："是服也，狂夫阻之[21]。曰'尽敌而反'。

敌可尽乎！虽尽敌，犹有内谗，不如违之[22]。"狐突欲行。羊舌大夫曰："不可。违命不孝，弃事不忠。虽知其寒[23]，恶不可取，子其死之。"大子将战，狐突谏曰："不可。昔辛伯谂周桓公云[24]：'内宠并后，外宠二政，嬖子配適，大都耦国，乱之本也。'周公弗从，故及于难。今乱本成矣，立可必乎？孝而安民[25]，子其图之，与其危身以速罪也。"

【注释】

〔1〕偏衣：左右异色，其半似公服。〔2〕狐突：字伯行，晋大夫。〔3〕先友：晋大夫。〔4〕梁馀子养：晋大夫，梁馀氏，名子养。罕夷：晋下军卿。〔5〕先丹木：晋大夫。〔6〕羊舌大夫：名不详。尉：军尉，军中执法官。〔7〕慝(tè)：恶意。〔8〕兵要远灾：威权在己，可以远离灾害。〔9〕征：征象。〔10〕章：标志。〔11〕衷：内心。旗：表现。〔12〕命以始：谓当在春夏二季赏。〔13〕纯：古代以纯色为贵。〔14〕度：常度。佩当以玉为之，今赏以金玦，故云。〔15〕闵：闭塞。闵其事，指不敬其事，使之不通达。〔16〕尨服：杂色服。〔17〕远其躬：疏远他。〔18〕脤：社肉。此指出兵前受脤。〔19〕命：指献公的命令。意为献公不怀好意。〔20〕金玦不复：玦表示决绝。故云。〔21〕阻之：对之有疑。〔22〕违：去，别离。〔23〕寒：寒薄。〔24〕辛伯：周大夫。谂：告。周桓公：名黑肩，周朝卿。下引文见桓公十八年。〔25〕孝而安民：奉身为孝，不战为安民。

成风闻成季之繇[1]，乃事之[2]，而属僖公焉，故成季立之。

僖之元年，齐桓公迁邢于夷仪[3]。二年，封卫于楚丘[4]。邢迁如归，卫国忘亡。

卫文公大布之衣，大帛之冠[5]，务材训农，通商惠工，敬教劝学，授方任能[6]。元年革车三十乘[7]，季年乃三百乘[8]。

【注释】
〔1〕成风：庄公妾，僖公的母亲。 〔2〕事：结以为援。 〔3〕夷仪：在今山东聊城县西。 〔4〕楚丘：卫地，在今河南滑县同。 〔5〕大帛：大白，粗帛。 〔6〕授方：制定为官的法则。 〔7〕革车：蒙革之车，即战车。 〔8〕季年：末年，或以为指僖公末年。

【译文】

[经]
二年春，周历正月，齐国人迁移阳国的居民。
夏五月乙酉，为庄公举行大祭。
秋八月辛酉，闵公去世。
九月，夫人姜氏逃亡到邾国。
公子庆父逃亡到莒国。
冬，齐国高子来我国结盟。
十二月，狄人攻入卫国。
郑国抛弃了他的军队。

[传]
二年春，虢公在渭水流入黄河的地方打败犬戎。舟之侨说："没有德而受禄，这是灾殃。灾殃将要来临了。"于是逃亡到晋国。
夏，为庄公举行大祭，时间提前了。
起初，闵公的师傅夺取卜齮的田地，闵公没有禁止。秋八月辛丑，庆父派卜齮在武闱杀死了闵公。成季带着僖公去了邾国。庆父逃亡到莒国，成季和僖公才回国，立僖公为国君。用财物向莒国求取庆父，莒国人把他送回鲁国。到了密地，庆父派公子鱼入朝请求赦免，没有得到允许。公子鱼哭着回来，庆父听见了，说："这是公子鱼的声音。"于是上吊死了。闵公是哀姜的妹妹叔姜的儿子，所以齐国人立他为国君。庆父与哀姜私通，哀姜想立他为国君。闵公的被杀，哀姜参与知道这事，所以她逃亡到邾国。

齐国人向邾国索取了哀姜,把她杀死在夷地,带着她的尸体回国,鲁僖公请求归还她的尸体,把她安葬了。

成季将要出生时,鲁桓公请卜楚丘的父亲占卜。他说:"生的是男孩。他的名叫友,在您之右。他处在两社之间,为公室的辅佐。季氏灭亡,则鲁国不会昌盛。"又用筮草占,得到《大有》䷍变为《乾》䷀,卜楚丘的父亲说:"尊贵如同父亲,受到敬重如同国君。"等到他生下来,他的手上有纹像个"友"字,因此就取名友。

冬十二月,狄人攻打卫国。卫懿公喜爱鹤,鹤有乘坐轩车的。将要与狄人作战,国内接受甲胄的人都说:"派鹤去吧!鹤享有官禄职位,我们怎么能作战!"卫懿公交给石祁子玉玦,交给宁庄子箭,派他们守御,说:"用这个来辅助国家,选择有利的事去做。"交给夫人绣衣,说:"听从他们二人。"派渠孔驾驭战车,子伯为车右,黄夷为前锋,孔婴齐为殿后。与狄人在荧泽交战,卫国军队打了败仗,狄人于是灭亡了卫国。卫懿公不肯去掉他的旗帜,所以败得很惨。狄人俘虏了太史华龙滑与礼孔,带着二人追逐卫军。二人说:"我们是太史,是掌管卫国祭祀的人。如果我们不先回国,你们是不可能得到卫国的。"狄人便让他们先回国都。二人到了国都,告诉守御的人说:"没法抵御了。"夜间与国都中人一起撤离。狄人进入卫都,跟着追击卫国人,又在黄河边打败了卫国人。

起初,卫惠公即位时年龄很小,齐国人让昭伯与宣姜成亲。昭伯不同意,齐国人强迫他。生下齐子、戴公、文公、宋桓公夫人、许穆公夫人。文公因为卫国祸患太多,在与狄交战前就去了齐国,到卫国打败,宋桓公在黄河边迎接卫国败兵,晚上渡过了黄河。卫国剩下男女七百三十人,加上共、滕的人民共为五千人,立戴公为君客居曹地。许穆公夫人因此作《载驰》这首诗。齐桓公派公子无亏率领战车三百辆、甲士三千人守卫曹邑。送给戴公驾车的马,五套祭服,牛羊豕鸡狗各三百只,又给他做门户的材料。送给夫人鱼轩,厚实细锦三十匹。

郑国人厌恶高克,派他领兵驻扎在黄河边,很久不召他回来,军队溃散逃回。高克逃亡到陈国。郑国人为他作《清人》诗。

晋献公派太子申生攻打东山皋落氏。里克劝阻说："太子是奉事宗庙祭祀、社稷大祭，以及早晚照看君王膳食的人，所以叫作冢子。君王出行就守国，如国家已有人留守就跟随国君。跟随国君称抚军，守护国家称监国，这是古代的制度。领兵作战，专谋断略，号令将士，这是君王与执政的卿所应该策谋的，不是太子的事情。领兵作战要点在专制号令。遇事要向上请示便没有威严，擅自发号施令便是不孝，所以君王的嫡子不能够统帅军队。国君在任命职官时有了差错，太子统帅军队没有威严，将怎么用兵打仗呢？再说臣听说皋落氏准备出兵迎敌，君王还是收回命令的好。"晋献公说："寡人有好几个儿子，不知立哪个为继承人好。"里克不予回答，退了下来。进见太子，太子说："我恐怕要被废黜了吧？"里克回答说："君王以治理百姓的道理培训你，以统帅军队的事教导你，害怕的是自己不恭敬，有什么缘故会废黜你？再说做儿子的该害怕自己不孝，不该害怕不能做储君，自己修身而不责备别人，就能够免于祸难。"

太子率领军队，晋献公让他穿左右颜色不同的偏衣，佩带金玦。狐突为太子驾驭战车，先友为车右。梁馀子养为罕夷驾驭战车，先丹木为车右。羊舌大夫任军尉。先友说："穿着一半与国君衣服相同的偏衣，掌握着军队大权，成败在此一行，您要好好勉励自己。分出自己一半衣服给你是没有恶意，掌握兵权就远离灾害，既得君王亲爱又没有灾害，又担心什么呢！"狐突叹息说："时令，是事物的征象。衣服，表明人物的等级。佩饰，是内心的表露。因此对某事敬重便在开始的季节发布命令，赐予衣服就用纯色，使人衷心为我所用便让他佩带合乎常度的佩饰。如今发布命令在季节结束的日子，是要让事不通达；给他穿杂色的衣服，是有意疏远他；给他佩金玦，是表示内心对他决绝。在衣服上疏远他，在时令上使他不通达，杂色是表示凉薄，冬季是肃杀的节气，金意味着寒冷，玦表示决绝，这样怎么可以依靠呢？即使想勉力而为，狄人怎么能消灭干净呢？"梁馀子养说："率领军队的人在太庙里接受命令，在土地神庙里接受祭肉，有规定的服饰。如今没得到规定的服饰而得到杂色衣，献公的命令所包含的意思就可以知道了。死了还要称作不孝，不如逃走。"罕夷说："杂色的衣服不合常规，金玦表示决绝不归，虽然回来又有什么意思，君王已经不怀好意了。"先丹木说："这样的衣服，狂夫也会对它产生疑惑。命令说'杀尽了敌人再回来'。敌人杀得尽吗！即使杀尽了敌人，还有内部的谗言，不如离开这里。"狐突想走，羊舌大夫说："不行。违背君命是不孝，抛弃任务是不忠。虽然已经感到国君心中寒薄，邪恶的心念不足取，您还是为此而死吧。"太子准备作战，狐突劝阻说："不行。往昔辛伯劝告周桓公说：'内宠与王后相等，外宠与执政相等，庶子与嫡子地位一样，大的都城与国都规模相同，这就是祸乱的根本。'周公没有听从，因此遭到祸难。如今祸乱的根本已经形成，您难道还肯定会被立为储君吗？与其使自身遭到危害而加快罪孽的到来，还不如奉身为孝、不战而安定人民，您好好想一想。"

成风听说了成季出生时占卜的卦辞，便与他结好，并且把僖公托付给他，所以成季立僖公为国君。

僖公元年，齐桓公把邢国迁移到夷仪。二年，把卫国封在楚丘。邢国迁移后十分安定，如同回到自己原来的国土；卫国也安居乐业，忘记了自己的灭亡。

卫文公穿粗布衣服，戴粗帛帽子，广种有用的树木，劝导人民耕种，使商贩流通，给工匠以优惠，重视教化，勉励人民学习，制定为官的法则，任用贤明的人才。元年时有战车三十辆，到末年已有三百辆。

春秋左传卷五　僖公上

僖 公 元 年

[经]

元年春[1],王正月。

齐师、宋师、曹师次于聂北[2],救邢。

夏六月,邢迁于夷仪。

齐师、宋师、曹师城邢。

秋七月戊辰,夫人姜氏薨于夷[3],齐人以归。

楚人伐郑。

八月,公会齐侯、宋公、郑伯、曹伯、邾人于柽[4]。

九月,公败邾师于偃[5]。

冬十月壬午,公子友帅师败莒师于郦[6],获莒挐[7]。

十有二月丁巳,夫人氏之丧至自齐。

【注释】

〔1〕元年:公元前659年。〔2〕聂北:当即今山东博平废治博平镇。〔3〕姜氏:哀姜。〔4〕齐侯:齐桓公。宋公:宋桓公。郑伯:郑文公。曹伯:曹昭公。柽:在今河南淮阳县西北。〔5〕偃:邾地,在今山东费县南。〔6〕郦:鲁地,具体所在不详。〔7〕莒挐:莒君之弟。

[传]

元年春，不称即位，公出故也。公出复入，不书，讳之也。讳国恶，礼也。

诸侯救邢。邢人溃，出奔师[1]。师遂逐狄人，具邢器用而迁之，师无私焉[2]。

【注释】
〔1〕师：指诸侯驻扎在聂北的军队。〔2〕无私：无所私取。

夏，邢迁于夷仪，诸侯城之，救患也。凡侯伯[1]，救患、分灾、讨罪[2]，礼也。

秋，楚人伐郑，郑即齐故也。盟于荦[3]，谋救郑也。

九月，公败邾师于偃，虚丘之戍将归者也[4]。

【注释】
〔1〕侯伯：诸侯之伯，即霸主。此指齐桓公。〔2〕分灾：诸侯有灾，分谷帛之属赈救。〔3〕荦：即柽。〔4〕虚丘：地不详。当为邾地。

冬，莒人来求赂。公子友败诸郦，获莒子之弟挐。非卿也，嘉获之也。公赐季友汶阳之田及费[1]。

夫人氏之丧至自齐。君子以齐人之杀哀姜也为已甚矣，女子，从人者也。

【注释】
〔1〕汶阳：汶水以北的地方。费：今山东费县。

【译文】

[经]

元年春,周历正月。

齐国军队、宋国军队、曹国军队驻扎在聂北,救援邢国。

夏六月,邢国迁移到夷仪。

齐国军队、宋国军队、曹国军队修筑邢国城墙。

秋七月戊辰,夫人姜氏在夷地去世,齐国人把她尸体带回国。

楚国人攻打郑国。

八月,僖公与齐桓公、宋桓公、郑文公、曹昭公、邾子在柽地相会。

九月,僖公在偃地打败邾国军队。

冬十月壬午,公子友率领军队在郦地打败莒国军队,俘获莒挐。

十二月丁巳,夫人的灵柩从齐国运到我国。

[传]

元年春,《春秋》不称僖公即位,是由于僖公当时出逃在外的缘故。僖公出逃后又回国,《春秋》不加记载,这是由于避讳。讳言本国的坏事,是合乎礼的。

诸侯救援邢国。邢国人溃散,逃到诸侯军中。诸侯军队于是赶走了狄人,装载了邢国的器物财宝而帮助他们迁移,军队没有私下拿取邢国的物品。

夏,邢国迁移到夷仪,诸侯为它修筑城墙,这是救援患难。凡是诸侯之长,救援患难、赈济灾害、讨伐有罪,是合乎礼的。

秋,楚国人攻打郑国,是因为郑国亲附齐国的缘故。诸侯在荦地结盟,是为了商讨救援郑国的事。

九月,僖公在偃地打败邾国军队,这支军队是戍守在虚丘即将回去的军队。

冬,莒国人来求财宝。公子友在郦地打败了他们,俘获莒国国君的弟弟挐。挐不是卿,《春秋》记载,是为了表彰公子友俘获敌人的功劳。僖公赐公子友汶水以北的田地以及费邑。

夫人的灵柩从齐国运回我国。君子认为齐国人杀死哀姜是做得过了头,妇女的本分就是听从夫家。

僖 公 二 年

[经]
二年春[1]，王正月，城楚丘[2]。
夏五月辛巳，葬我小君哀姜[3]。
虞师、晋师灭下阳[4]。
秋九月，齐侯、宋公、江人、黄人盟于贯[5]。
冬十月，不雨。
楚人侵郑。

【注释】
〔1〕二年：公元前658年。〔2〕楚丘：见闵公二年注。〔3〕小君：即君夫人。诸侯之母礼葬后的尊称。〔4〕下阳：即夏阳，虢邑，在今山西平陆县。〔5〕齐侯：齐桓公。宋公：宋桓公。江：国名，嬴姓，地在今河南息县西南。黄：见桓公八年注。贯：宋地，在今山东曹县南。

[传]
二年春，诸侯城楚丘而封卫焉[1]。不书所会，后也。

【注释】
〔1〕封：分封。古建诸侯，必分之土地，立疆界，聚土为封以记之。所以建立国家称封国。卫已亡，重新建立，所以称封。

晋荀息请以屈产之乘与垂棘之璧[1]，假道于虞以伐虢[2]。公曰[3]："是吾宝也。"对曰："若得道于虞，犹外府也[4]。"公曰："宫之奇存焉[5]。"对曰："宫之奇之为人也，懦而不能强谏，且少长于君[6]，君昵之，虽谏，将不听。"乃使荀息假道于虞，曰："冀为不道[7]，入自颠軨[8]，伐鄍三门[9]。冀之既病，则亦唯君故。今虢为不道，保于逆旅[10]，以侵敝邑之南鄙。敢请假道以请罪于虢。"虞公许之，且请先伐虢。宫之奇谏，不听，遂起师。夏，晋里克、荀息帅师会虞师伐虢[11]，灭下阳。先书虞，贿故也。

【注释】

〔1〕荀息：又称荀叔，晋大夫。屈产之乘：屈地所出的良马。垂棘之璧：垂棘所出的玉璧。屈，晋地，见庄公二十八年注。垂棘，晋地，在今山西潞城县。〔2〕假：借。〔3〕公：晋献公。〔4〕外府：外库。〔5〕宫之奇：虞大夫。〔6〕少长于君：从小与君王一起长大。〔7〕冀：国名，地在今山西河津县。〔8〕颠軨：虞地，即虞坂，在今山西平陆县东北。〔9〕鄍：虞邑，亦在平陆县东北。〔10〕保：堡垒，碉楼。逆旅：客舍。〔11〕里克：见闵公二年注。

秋，盟于贯，服江、黄也。

齐寺人貂始漏师于多鱼[1]。

虢公败戎于桑田[2]。晋卜偃曰："虢必亡矣。亡下阳不惧，而又有功，是天夺之鉴，而益其疾也[3]。必易晋而不抚其民矣，不可以五稔[4]。"

冬，楚人伐郑，鬬章囚郑聃伯[5]。

【注释】

〔1〕寺人：宦官而任宫中侍御者。各书寺人貂一作"竖貂"、"竖刁"。漏师：泄露军队中机密。多鱼：地名，所在不详。 〔2〕桑田：在今河南灵宝县。 〔3〕疾：此指罪恶。 〔4〕稔：谷一年一熟为一稔。〔5〕鬬章：楚大夫。聃伯：郑大夫。

【译文】

[经]

二年春，周历正月，修筑楚丘城墙。

夏五月辛巳，安葬先国君庄公夫人哀姜。

虞国军队、晋国军队灭亡下阳。

秋九月，齐桓公、宋桓公与江、黄二国国君在贯地结盟。

冬十月，没有下雨。

楚国人入侵郑国。

[传]

二年春，诸侯修筑楚丘的城墙，把卫国封在那里。《春秋》没有记载诸侯会见，是由于鲁僖公迟到了。

晋荀息请求用屈地所出的良马与垂棘所出的玉璧为礼物，向虞国借道攻打虢国。晋献公说："这些是我国的宝物啊。"荀息说："如果向虞国借到了路，这些宝物就像放在我们自己的外库中一样。"晋献公说："宫之奇在那儿。"荀息回答说："宫之奇的为人，懦弱而不能够极力劝谏，再加上他从小与国君一起长大，国君对他过于亲热，即使劝谏，也不会听。"晋献公于是派荀息向虞国借路，说："冀国残暴无道，从颠䡖入侵虞国，攻打鄍邑三面城门。我国伐冀使冀国受到损伤，这是为了君王的缘故。如今虢国无道，在客舍筑起碉堡，用来侵略我国的南部边境。敢请贵国借条路用来向虢国问罪。"虞公同意了，并且要求让自己先去攻打虢国。宫之奇劝谏，虞公不听，于是发兵攻打虢国。夏，晋国的里克、荀息带领军队会合虞军攻打虢国，灭亡了下阳。《春秋》记载这事时把虞国放前面，是由于虞国接受了贿赂。

秋，在贯地结盟，是由于收服江、黄二国。

齐国的寺人貂开始在多鱼泄露军事机密。

虢公在桑田打败戎人。晋卜偃说："虢国必将灭亡。下阳被灭亡它不害怕，反而又建立军功，这是上天夺去了它的镜子，而加重它的罪恶。它必将轻视晋国而不安抚自己的人民，它过不了五年。"

冬，楚国人攻打郑国，鬥章囚禁了郑聃伯。

僖 公 三 年

[经]

三年春[1],王正月,不雨。

夏四月,不雨。

徐人取舒[2]。

六月,雨。

秋,齐侯、宋公、江人、黄人会于阳谷[3]。

冬,公子友如齐莅盟。

楚人伐郑。

【注释】

〔1〕三年:公元前657年。 〔2〕舒:国名,偃姓。地在今安徽舒城县一带。 〔3〕齐侯:齐桓公。宋公:宋桓公。阳谷:今山东阳谷县。

[传]

三年春,不雨。夏六月,雨。自十月不雨至于五月,不曰旱,不为灾也。

秋,会于阳谷,谋伐楚也。

齐侯为阳谷之会,来寻盟[1]。冬,公子友如齐莅盟。

【注释】
〔1〕来寻盟：派人来重温旧好。

楚人伐郑，郑伯欲成。孔叔不可[1]，曰："齐方勤我[2]，弃德不祥。"

齐侯与蔡姬乘舟于囿，荡公。公惧，变色，禁之，不可。公怒，归之，未之绝也。蔡人嫁之。

【注释】
〔1〕孔叔：郑大夫。 〔2〕勤：劳。勤我，为我勤劳。

【译文】
[经]
三年春，周历正月，没有下雨。
夏四月，没有下雨。
徐国人攻取了舒国。
六月，下雨。
秋，齐桓公、宋桓公和江、黄二国国君在阳谷相会。
冬，公子友去齐国参加会盟。
楚国人攻打郑国。

[传]
三年春，没有下雨。夏六月，下雨。自十月不下雨一直持续到五月，《春秋》不记载旱，是因为没有成灾。
秋，在阳谷相会，这是为了商讨进攻楚国。
齐桓公为了阳谷会盟的事，派人来我国重温旧好。冬，公子友去齐国参加会盟。

楚国人攻打郑国，郑文公想与楚国讲和，孔叔不同意，说："齐国正为我国勤劳，丢弃他们的恩德是不祥的事。"

齐桓公与蔡姬在园子里坐船游玩，蔡姬有意把船摇晃不停与桓公开玩笑。桓公害怕，脸色都变了，令她停下，她不听。桓公发怒，把蔡姬送回蔡国，但没有断绝关系。蔡国人把蔡姬嫁给了别的国家。

僖公四年

[经]

四年春[1]，王正月，公会齐侯、宋公、陈侯、卫侯、郑伯、许男、曹伯侵蔡[2]。蔡溃。遂伐楚，次于陉[3]。

夏，许男新臣卒。

楚屈完来盟于师[4]，盟于召陵[5]。

齐人执陈辕涛涂[6]。

秋，及江人、黄人伐陈。

八月，公至自伐楚。

葬许穆公。

冬十有二月，公孙兹帅师会齐人、宋人、卫人、郑人、许人、曹人侵陈[7]。

【注释】

〔1〕四年：公元前656年。〔2〕齐侯：齐桓公。宋公：宋桓公。陈侯：陈宣公。卫侯：卫文公。郑伯：郑文公。许男：许穆公。曹伯：曹昭公。〔3〕陉：楚地，依杜注，在今河南郾城县南。〔4〕屈完：楚大夫。〔5〕召陵：在今河南郾城县。〔6〕辕涛涂：陈大夫。〔7〕公孙兹：鲁大夫，叔牙之子，即叔孙戴伯。

[传]

四年春,齐侯以诸侯之师侵蔡。蔡溃,遂伐楚。楚子使与师言曰:"君处北海,寡人处南海,唯是风马牛不相及也[1]。不虞君之涉吾地也,何故?"管仲对曰:"昔召康公命我先君大公曰[2]:'五侯九伯[3],女实征之,以夹辅周室[4]。'赐我先君履,东至于海,西至于河,南至于穆陵[5],北至于无棣[6]。尔贡包茅不入[7],王祭不共[8],无以缩酒[9],寡人是征。昭王南征而不复[10],寡人是问。"对曰:"贡之不入,寡君之罪也,敢不共给。昭王之不复,君其问诸水滨。"师进,次于陉。

【注释】

〔1〕风:牛马牝牡相诱相逐。 〔2〕召康公:召公奭。大公:即太公望,齐始封君。 〔3〕五侯:公、侯、伯、子、男五等爵位的诸侯。九伯:九州之长。 〔4〕夹辅:左右辅助。 〔5〕穆陵:楚地,在今湖北麻城县北。 〔6〕无棣:在今河北卢龙县。 〔7〕包茅:包扎捆束好的菁茅。菁茅是一种带刺的草,用来滤酒。 〔8〕共:通"供"。 〔9〕缩酒:滤酒去掉渣滓。 〔10〕昭王:周昭王。周昭王南征楚国,渡汉水时,当地人用胶粘的船给他乘。船到中流散架,周昭王及臣属都被淹死。不复:不回。

夏,楚子使屈完如师。师退,次于召陵。齐侯陈诸侯之师[1],与屈完乘而观之。齐侯曰:"岂不穀是为[2]?先君之好是继。与不穀同好,如何?"对曰:"君惠徼福于敝邑之社稷[3],辱收寡君,寡君之愿也。"齐侯曰:"以此众战,谁能御之?以此攻城,何城不克?"对曰:"君若以德绥诸侯[4],谁敢不服?君若以力,楚国方城以为城[5],汉水以为池,虽众,无所用之。"屈完及诸侯盟。

【注释】

〔1〕陈:摆开,陈列。〔2〕不穀:不善。谦词。〔3〕徼(yāo)福:求福。社稷:指国家、土地。〔4〕绥:安抚。〔5〕方城:山名,在淮水以南,江、汉以北。

陈辕涛涂谓郑申侯曰[1]:"师出于陈、郑之间,国必甚病[2]。若出于东方,观兵于东夷[3],循海而归,其可也。"申侯曰:"善。"涛涂以告,齐侯许之。申侯见,曰:"师老矣[4],若出于东方而遇敌,惧不可用也。若出于陈、郑之间,共其资粮扉屦[5],其可也。"齐侯说,与之虎牢[6]。执辕涛涂。秋,伐陈,讨不忠也。

【注释】

〔1〕申侯:郑大夫。〔2〕病:指供应烦费。〔3〕观兵:耀武扬威。东夷:指郯、莒之类东方小国。〔4〕老:久出而疲惫。〔5〕扉屦:指粗鞋。扉,草鞋。屦,麻鞋。〔6〕虎牢:郑邑,即制,见隐公元年注。

许穆公卒于师,葬之以侯,礼也。凡诸侯薨于朝会,加一等;死王事[1],加二等。于是有以衮敛[2]。

冬,叔孙戴伯帅师会诸侯之师侵陈。陈成,归辕涛涂。

【注释】

〔1〕王事：受周天子命征伐。许为男爵，死于为周伐楚，故加二等，以侯爵礼葬。 〔2〕衮：衮衣，天子的礼服。

初，晋献公欲以骊姬为夫人，卜之，不吉；筮之，吉。公曰："从筮。"卜人曰："筮短龟长[1]，不如从长。且其繇曰[2]：'专之渝[3]，攘公之羭[4]。一薰一莸[5]，十年尚犹有臭[6]。'必不可。"弗听。立之，生奚齐。其娣生卓子。及将立奚齐，既与中大夫成谋[7]。姬谓大子曰："君梦齐姜，必速祭之。"大子祭于曲沃，归胙于公。公田[8]，姬置诸宫六日。公至，毒而献之。公祭之地，地坟；与犬，犬毙；与小臣，小臣亦毙。姬泣曰："贼由大子[9]。"大子奔新城[10]，公杀其傅杜原款。或谓大子："子辞[11]，君必辩焉。"大子曰："君非姬氏，居不安，食不饱。我辞，姬必有罪。君老矣，吾又不乐。"曰："子其行乎！"大子曰："君实不察其罪，被此名也以出，人谁纳我？"十二月戊申，缢于新城。姬遂谮二公子曰："皆知之。"重耳奔蒲，夷吾奔屈。

【注释】

〔1〕筮短龟长：龟卜成象，蓍筮成数，象先数后，以先为长，以后为短。 〔2〕繇：占卜所得之辞。 〔3〕专之渝：谓专宠必变乱。渝，变。 〔4〕攘：除，夺。羭：羊之肥美者。喻专宠之变将夺公之好。羭，指申生。 〔5〕薰：香草。指申生等。莸：臭草，指骊姬等。 〔6〕十年尚犹有臭：谓香臭共处则香不敌臭，喻善易消而恶难除。 〔7〕中大夫：里克。 〔8〕田：出猎。 〔9〕贼：阴谋。 〔10〕新城：即曲沃。 〔11〕辞：陈状自辩。

【译文】

[经]

四年春，周历正月，僖公会合齐桓公、宋桓公、陈宣公、卫文公、郑文公、许穆公、曹昭公侵袭蔡国。蔡国溃败。于是攻打楚国，驻扎在陉地。

夏，许穆公新臣去世。

楚国屈完来诸侯军中会盟，在召陵订立盟约。

齐国人拘禁陈辕涛涂。

秋，与江国人、黄国人攻打陈国。

八月，僖公从攻打楚国战役回到国内。

安葬许穆公。

冬十二月，公孙兹率领军队会合齐、宋、卫、郑、许、曹等国军队侵袭陈国。

[传]

四年春，齐桓公率领诸侯的军队侵袭蔡国，蔡国溃败，于是攻打楚国。楚成王派人到诸侯军中，对齐桓公说："您住在北海，寡人我住在南海，这真是风马牛不相及。没料到您竟然踏入我们楚国的土地，这是什么缘故？"管仲代表桓公回答说："从前召康公命令我先代君主太公说：'五等诸侯，九州伯长，你都可以征伐他们，以便辅佐周王室。'赐给我们先代君主管辖的范围，东到大海，西到黄河，南到穆陵，北到无棣。你们应该进贡的苞茅没有按时进贡，使得天子祭祀时供应不上，缺少滤酒的东西，这是寡人我要向你们征询的。昭王南下巡狩没有能再回去，这是寡人我要向你们质问的。"楚使者回答说："贡品没能按时进献，这是我国君王的罪过，怎么敢不供给。昭王没有能再回去，请您到水边去问吧。"诸侯军队又向前开进，驻扎在陉地。

夏，楚成王派屈完到诸侯军中。诸侯军队后退，驻扎在召陵。齐桓公把诸侯军队列成阵势，与屈完一起坐着兵车检阅。齐桓公说："这岂是为了我个人？他们是为了继续我们先代君王的友好关系而来到这里。与我们和好，怎么样？"屈完回答说："承蒙您的恩惠为敝国求福，肯降格接纳我国的国君，这正是我国国君的愿望。"齐桓公说:"我用这么多军队去作战,有谁能够抵挡?用这么多军队去攻城,什么城攻不下?"屈完回答说:"您如果以恩德来安抚诸侯,谁敢不服从?您如凭藉武力,楚国以方城山为城墙,以汉水为护城河,您的军队虽多,只怕也用不上。"屈完与诸侯订立了盟约。

陈辕涛涂对郑申侯说:"军队撤退取道陈国与郑国之间,两国一定不堪负担。如果取道东方,向东夷国家耀武扬威,沿着海边回去,这就好了。"申侯说:"不错。"涛涂把这意见禀告齐桓公,齐桓公同意了。申侯进见齐桓公,说:"军队出外已久疲惫不堪,如果取道东方遇到敌人,恐怕无法投入战斗了。如果取道陈国、郑国之间,由两国供应粮食军需,这样才好。"齐桓公很高兴,把虎牢赏给申侯。把辕涛涂拘禁起来。秋,攻打陈国,声讨它对齐国的不忠诚。

许穆公死于军中,用侯礼安葬他,这是合乎礼的。凡是诸侯在朝见、相会过程中去世,加一等安葬;为周天子征战而死,加二等安葬。所以诸侯也有用天子衮衣入殓的。

冬,叔孙戴伯率领军队会合诸侯的军队侵袭陈国。陈国求和,齐国把辕涛涂释放回国。

起初,晋献公想立骊姬为夫人,用龟卜,不吉利;用蓍草筮,吉利。献公说:"服从占筮的结果。"卜人说:"占筮没有龟卜灵验,不如服从龟卜的结果。而且它的繇辞说:'专宠一定会产生变乱,将要夺走您的肥羊。香草和臭草放在一起,十年后尚有臭气飞扬。'一定不可以。"晋献公不听,立骊姬为夫人,生下奚齐。骊姬的妹妹生下了卓子。等到打算立奚齐为太子,已经和里克商量妥当。骊姬对太子申生说:"君王梦见你母亲齐姜,你一定要赶快祭祀她。"太子在曲沃祭祀齐姜,把祭酒祭肉带回来献给献公。献公正巧出外打猎,骊姬把酒肉放在宫内六天。献公回来,骊姬在酒肉中放了毒,然后献给献公,让献公先试一下是否有毒。献公把酒洒在地上,地皮隆起。把肉给狗吃,狗死去;给宦官吃,宦官也死了。骊姬哭着说:"这是太子阴谋害你。"太子逃亡到新城,献公杀了他的师傅杜原款。有人对太子说:"您上书辩解,君王一定会分清是非。"太子说:"君王没有骊姬,居处不安,饮食不饱。我上书辩解，骊姬必定有罪。君王老了，我怎么再能令他不高兴。"人们问他："您准备逃走吗?"太子说："君王还没有查清我的罪过，带着这弑君的罪名出逃，有谁会接纳我?"十二月戊申，太子在新城自己上吊而死。骊姬于是又诬陷两位公子说："太子下毒的事二人都参与了。"重耳逃亡到蒲城，夷吾逃亡到屈城。

僖公五年

[经]

五年春[1],晋侯杀其世子申生[2]。

杞伯姬来,朝其子[3]。

夏,公孙兹如牟[4]。

公及齐侯、宋公、陈侯、卫侯、郑伯、许男、曹伯会王世子于首止[5]。

秋八月,诸侯盟于首止。

郑伯逃归,不盟。

楚人灭弦[6],弦子奔黄。

九月戊申朔,日有食之。

冬,晋人执虞公。

【注释】

〔1〕五年:公元前655年。〔2〕申生死于去岁冬,《春秋》记载是根据晋国来报告的时间。〔3〕朝其子:带其子来朝。〔4〕牟:鲁之邻国。见桓公十五年注。〔5〕齐侯:齐桓公。宋公:宋桓公。陈侯:陈宣公。卫侯:卫文公。郑伯:郑文公。许男:许僖公。曹伯:曹昭公。王世子:周惠王太子郑。首止:卫地。见桓公十八年注。〔6〕弦:国名,姬姓,地在今河南潢川县北。

[传]

五年春，王正月辛亥朔，日南至[1]。公既视朔[2]，遂登观台以望[3]，而书，礼也。凡分、至、启、闭[4]，必书云物[5]，为备故也。

【注释】

〔1〕日南至：即冬至日。〔2〕视朔：诸侯于每月朔日（初一）告庙，称告朔；然后于太庙听一月之政事，谓视朔。〔3〕观台：宫门前高台上的门屋。一说即太庙中的台。〔4〕分：春分、秋分。至：夏至、冬至。启：立春、立夏。闭：立秋、立冬，因阴气用事，故称闭，与阳气用事为启对。〔5〕云物：云气的颜色。古以云气颜色以占吉凶。

晋侯使以杀大子申生之故来告。初，晋侯使士蒍为二公子筑蒲与屈，不慎[1]，置薪焉。夷吾诉之。公使让之。士蒍稽首而对曰[2]："臣闻之，无丧而戚，忧必仇焉[3]。无戎而城[4]，仇必保焉[5]。寇仇之保，又何慎焉！守官废命不敬，固仇之保不忠，失忠与敬，何以事君？《诗》云[6]：'怀德惟宁，宗子惟城[7]。'君其修德而固宗子，何城如之？三年将寻师焉[8]，焉用慎？"退而赋曰："狐裘尨茸[9]，一国三公[10]，吾谁适从[11]？"及难，公使寺人披伐蒲[12]。重耳曰："君父之命不校[13]。"乃徇曰[14]："校者吾仇也。"逾垣而走。披斩其袪，遂出奔翟[15]。

【注释】

〔1〕不慎：不慎重。古代筑城，以木板为框，中实泥土，今将筑城木材中杂以薪（柴），所以说"不慎"。〔2〕稽首：俯首下拜至地，是

最敬重的礼。〔3〕仇：应、对。〔4〕戎：战争、兵事。〔5〕仇必保：言城为寇仇所保障、凭藉。〔6〕诗云：出《诗·大雅·板》。〔7〕宗子：群公子。〔8〕寻：用。〔9〕尨茸：同"蒙茸"。〔10〕三公：或以为指献公、重耳、夷吾。以意推之，当指尊贵者很多，犹如狐裘蒙茸。〔11〕适：专。适从，听从谁。〔12〕寺人披：宦官，一作"寺人勃鞮"。〔13〕校：对敌，抵抗。〔14〕徇：宣示。〔15〕翟：即狄，此指邻晋国的狄地。

夏，公孙兹如牟，娶焉。

会于首止，会王大子郑，谋宁周也[1]。

陈辕宣仲怨郑申侯之反己于召陵[2]，故劝之城其赐邑，曰："美城之，大名也，子孙不忘。吾助子请。"乃为之请于诸侯而城之，美。遂谮诸郑伯曰："美城其赐邑，将以叛也。"申侯由是得罪。

【注释】

〔1〕宁周：安定周室。时周太子郑因惠后宠少子带，地位不宁，故齐桓公作首丘之会，以巩固太子地位。这次会议不出于周惠王的意思，所以周惠王使郑伯逃盟。〔2〕辕宣仲：即辕涛涂。

秋，诸侯盟。王使周公召郑伯，曰："吾抚女以从楚[1]，辅之以晋，可以少安。"郑伯喜于王命而惧其不朝于齐也，故逃归不盟。孔叔止之曰："国君不可以轻[2]，轻则失亲。失亲患必至，病而乞盟，所丧多矣，君必悔之。"弗听，逃其师而归。

【注释】

〔1〕抚：安抚。〔2〕轻：轻举妄动。

楚鬭穀於菟灭弦，弦子奔黄。于是江、黄、道、柏方睦于齐[1]，皆弦姻也。弦子恃之而不事楚，又不设备，故亡。

【注释】

〔1〕道：国名，地当在今河南确山县北，或云在息县西南。柏：国名，地在今河南舞阳县。

晋侯复假道于虞以伐虢。宫之奇谏曰："虢，虞之表也[1]。虢亡，虞必从之。晋不可启[2]，寇不可玩[3]，一之谓甚，其可再乎？谚所谓'辅车相依[4]，唇亡齿寒'者，其虞、虢之谓也。"公曰："晋，吾宗也[5]，岂害我哉？"对曰："大伯、虞仲[6]，大王之昭也[7]。大伯不从[8]，是以不嗣。虢仲、虢叔，王季之穆也[9]，为文王卿士，勋在王室，藏于盟府[10]。将虢是灭，何爱于虞？且虞能亲于桓、庄乎[11]？其爱之也？桓、庄之族何罪，而以为戮，不唯逼乎？亲以宠逼，犹尚害之，况以国乎？"公曰："吾享祀丰絜[12]，神必据我[13]。"对曰："臣闻之，鬼神非人实亲，惟德是依。故《周书》曰[14]：'皇天无亲，惟德是辅。'又曰：'黍稷非馨[15]，明德惟馨。'又曰：'民不易物，惟德繄物[16]。'如是，则非德，民不和，神不享矣。神所冯依[17]，将在德矣。若晋取虞而明德以荐馨香，神其吐之乎？"弗听，许晋使。宫之奇以其族行，曰："虞不腊矣[18]，在此行也，晋不更举矣。"

【注释】

〔1〕表：外围，屏障。　〔2〕启：启发，开端。　〔3〕玩：忽视。〔4〕辅：车箱两边的夹板。一说辅为面颊而车为牙床。　〔5〕宗：同宗。二国均姬姓。　〔6〕大伯：即泰伯，周太王长子，吴始祖。虞仲：泰伯之弟，与泰伯一起逃往江南。　〔7〕大王：周太王，即古公亶父，周文王之祖父。昭：古代宗庙神主排列分昭、穆两行，昭左穆右，始祖后第一代为昭，第二代为穆，依次而推。泰伯、虞仲为太王之子，故云"昭"。〔8〕不从：不跟从他父亲。泰伯避位逃江南。　〔9〕王季：后稷十三代孙，排位为昭，虢仲、虢叔为其子，排位为穆，二人为东虢、西虢始封国君。　〔10〕盟府：主管策勋封赏盟约的官府。　〔11〕桓：曲沃桓叔，晋献公曾祖父。庄：曲沃庄伯，晋献公祖父。二族被晋献公杀尽。〔12〕絜：同"洁"。　〔13〕据：依从，凭借。　〔14〕周书：载周历史之书，已佚。　〔15〕黍稷：指祭祀用的谷类。　〔16〕繄：是。　〔17〕冯依：凭借，依靠。　〔18〕腊：年终时的祭祀。

八月甲午，晋侯围上阳[1]。问于卜偃曰："吾其济乎？"对曰："克之。"公曰："何时？"对曰："童谣云：'丙之晨[2]，龙尾伏辰[3]，均服振振[4]，取虢之旗[5]。鹑之贲贲[6]，天策焞焞[7]，火中成军[8]，虢公其奔[9]。'其九月、十月之交乎。丙子旦，日在尾，月在策，鹑火中，必是时也。"

【注释】

〔1〕上阳：虢国都城，在今河南陕县南。　〔2〕丙：指丙子。〔3〕龙尾：指尾宿，为苍龙七宿之六。辰：日月之会。伏辰，指日行至尾，光为日夺，伏而不见。　〔4〕均服：当作"袀服"，戎服，黑色。振振：盛貌。　〔5〕取虢之旗：古战以取得对方旗为荣，取旗即获胜。〔6〕鹑：鹑火，柳宿，为朱鸟七宿之三。贲贲：状柳宿形状。　〔7〕天策：傅说星。焞(tūn)焞：光盛貌。　〔8〕火中：指鹑星出现于南方。成军：勒兵整旅。　〔9〕其：将要。

冬十二月丙子朔[1],晋灭虢,虢公丑奔京师[2]。师还,馆于虞[3],遂袭虞,灭之,执虞公及其大夫井伯[4],以媵秦穆姬[5]。而修虞祀,且归其职贡于王[6]。

故书曰:"晋人执虞公。"罪虞,且言易也。

【注释】

〔1〕冬十二月丙子朔:此用周历,即夏历十月初一。〔2〕京师:王城,周都城,即今河南洛阳。〔3〕馆:客舍。这里作动词,意为居住。〔4〕井伯:虞大夫。〔5〕媵:陪嫁。秦穆姬:晋献公女,秦穆公夫人。〔6〕职贡:职役赋税等。

【译文】

[经]

五年春,晋献公杀死他的太子申生。

杞伯姬回国探亲,带她的儿子来朝见。

夏,公孙兹去牟国。

僖公与齐桓公、宋桓公、陈宣公、卫文公、郑文公、许僖公、曹昭公在首止与周太子相会。

秋八月,诸侯在首止结盟。

郑文公逃回国,没有参加结盟。

楚国人灭亡弦国,弦国国君逃亡到黄国。

九月戊申朔,发生日食。

冬,晋国人抓住虞公。

[传]

五年春,周历正月辛亥朔,冬至。僖公在太庙听政后,于是登上观台观望云气,把它记录下来,这是合乎礼的。凡是春分、秋分、夏至、冬至、立春、立夏、立秋、立冬,一定要记录云气颜色,是为了防备灾害的缘故。

晋献公派人来报告杀害太子申生的缘故。起初,晋献公派士芀为两位公子建筑蒲与屈地的城墙，士芀不慎重对待，材料中放进了木柴。夷吾向晋献公控告，献公派人责备士芀。士芀稽首回答说："臣子听说，没有丧事而忧戚，忧愁的事必定会找上门来；没有战事而筑城，敌人一定会据以为保障。既然要成为敌人的保障，又干嘛要慎重对待！作为一位任职官员没执行好命令是对君王不敬，巩固敌人的保障是不忠。失去了忠和敬，怎么能事奉君王？《诗》说：'心存道德便是安宁，公子们就是坚固的城墙。'君王只要修养德行而巩固公子们的地位，有什么城墙能够相比？三年之内将要用兵，又哪里用得上慎重行事？"退下来后作诗说："狐皮袍子蓬松松，一个国家有三公，究竟哪个我该听从？"等到祸难发生，献公派寺人披攻打蒲邑。重耳说："君父的命令不能抵抗。"于是宣令说："谁抵抗谁就是我的敌人。"爬墙逃走，寺人披用刀砍下了他的袖口，重耳便逃亡到了翟国。

夏，公孙兹去牟国，在那里娶了女子。

诸侯会于首止，与周太子郑会见，是为了商议安定周室。

陈国的辕涛涂怨恨郑国的申侯在召陵出卖他，因此劝申侯在他所赐的封地筑城，他说："把城建筑得美观些，这样可以扩大名声，让子孙牢记。我帮助你请求。"于是为申侯向诸侯请求，建筑了城墙，建得很美观。辕涛涂就在郑文公面前诬陷申侯说："申侯把自己所赐的封邑的城墙建得如此美观，是准备反叛。"申侯因此而得罪了郑文公。

秋，诸侯会盟。周惠王派周公召见郑文公，说："我安抚你，让你去跟随楚国，再让晋国辅助你，你就可以稍微得到安定了。"郑文公对周惠王的命令感到高兴，又害怕不去朝见齐国，因而逃回国不参加结盟。孔叔阻止他说："国君不可以轻举妄动，轻举妄动会失去亲近的国家。失去了亲近的国家祸患一定会来到，陷入困境再去请求结盟，所失掉的就多了，君王一定会后悔这样做。"郑文公不听，丢下了随从的军队逃回了国内。

楚国鬬縠於菟灭亡了弦国，弦国国君逃亡到黄国。当时江、黄、道、柏四国正和齐国友好，这些国家都与弦国有姻亲关系。弦国国君凭借这点而不事奉楚国，又不设置防备，所以灭亡。

晋献公再次向虞国借道去攻打虢国。宫之奇劝阻说："虢国是虞国的屏障。虢国灭亡了，虞国必然跟着灭亡。晋国的侵略野心不能开启，外国的军队不能轻易引进。一次已经太过分了，怎么可以再有第二次呢？谚语说的'辅与车互相依存，没了嘴唇牙齿就会寒冷'，就是指的虞国与虢国这样的情况啊。"虞公说："晋国是我的同宗，难道会害我吗？"宫之奇回答说："太伯、虞仲，是太王的儿子。太伯没有跟从他父亲，所以没能继承王位。虢仲、虢叔，是王季的儿子，任文王的卿士，对周室有勋劳，因功封赏的记录保存在盟府。晋国连虢国也要灭掉，对虞国又有什么爱惜呢？再说虞与晋的关系能比桓、庄更亲吗？如果晋爱惜同宗的话，桓、庄的族人有什么罪，却都被杀戮，还不是因为他们对自身有威胁吗？至亲的人，因为受宠而使人感到产生威胁，尚且要杀害他们，何况一个国家呢？"虞公说："我祭神的祭品既丰盛又清洁，神一定会保佑我。"宫之奇回答说："臣子听说，鬼神不固定亲近哪一个人，只保佑有德行的人。所以《周书》说：'皇天没有固定的亲近的人，只对有德行的人加以辅助。'又说：'祭祀的禾黍并不香，美好的德行才香。'又说：'人民不能改易祭祀的物品，只有德行才能充当祭品。'这样说来，没有德行，人民就不和，神灵也不肯享用他的祭品了。神灵所凭藉的，就在于德行了。如果晋国攻取了虞国，而能够修明德行，向神灵献上这芳香的祭品，神灵难道会吐出来吗？"虞公不听，答应晋国的使者借道。宫之奇带着他的族人离开虞国，说："虞国等不到腊祭就要灭亡了，就是在这一次，晋国用不着再次出兵了。"

八月甲午，晋献公包围了上阳。献公问卜偃说："我能获得成功吗？"卜偃回答说："一定能攻下来。"献公问："在什么时候？"卜偃回答说："童谣唱道：'丙子的清晨，龙尾星隐伏不见。军装威武整齐，把虢国的旗号抢到手间。鹑火星像只鸟儿，天策星光辉闪耀。鹑星出现在南方就整顿好队伍，虢公将在这时候逃跑。'这日子大概在九月、十月相交的时候。丙子日的清晨，太阳运行到尾星上，月亮在天策星上，鹑火星出现于南方，一定是这个日子。"

冬十二月丙子朔，晋国灭亡了虢国。虢公丑逃往周都城。晋军回国，在虞国小住，于是袭击虞国，把虞国灭亡了，抓住虞公与虞国大夫井伯,把井伯作为秦穆姬的陪嫁人员。仍然祭祀虞国所祭祀的山川之神,把虞国应该承担的职贡赋税交给周天子。

因此《春秋》记载说:"晋国人抓住虞公。"这是归罪于虞公,而且表明事情进行得非常容易。

僖 公 六 年

[经]

六年春[1],王正月。

夏,公会齐侯、宋公、陈侯、卫侯、曹伯伐郑[2],围新城[3]。

秋,楚人围许。

诸侯遂救许。

冬,公至自伐郑。

【注释】

〔1〕六年:公元前654年。 〔2〕齐侯:齐桓公。宋公:宋桓公。陈侯:陈宣公。卫侯:卫文公。曹伯:曹昭公。 〔3〕新城:在今河南省密县。

[传]

六年春,晋侯使贾华伐屈[1]。夷吾不能守,盟而行。将奔狄[2],郤芮曰[3]:"后出同走,罪也。不如之梁[4]。梁近秦而幸焉[5]。"乃之梁。

【注释】

〔1〕晋侯:晋献公。贾华:晋右行大夫。 〔2〕狄:即翟,参僖公五

年《传》。〔3〕郤芮：晋大夫。〔4〕梁：国名，在今陕西韩城县南。〔5〕幸：谓得秦之幸。

夏，诸侯伐郑，以其逃首止之盟故也。围新密[1]，郑所以不时城也。

【注释】
〔1〕新密：即新城。以郑新筑，故称新城。

秋，楚子围许以救郑[1]。诸侯救许，乃还。
冬，蔡穆侯将许僖公以见楚子于武城[2]。许男面缚衔璧[3]，大夫衰绖[4]，士舆榇。楚子问诸逢伯[5]，对曰："昔武王克殷，微子启如是[6]。武王亲释其缚，受其璧而祓之[7]，焚其榇，礼而命之，使复其所。"楚子从之。

【注释】
〔1〕楚子：楚成王。〔2〕武城：今河南南阳市。〔3〕面缚：反绑。〔4〕衰绖：丧服。〔5〕逢伯：楚大夫。〔6〕微子启：殷纣王之庶兄。〔7〕祓：除去凶恶之礼。

【译文】
[经]
六年春，周历正月。
夏，僖公会合齐桓公、宋桓公、陈宣公、卫文公、曹昭公攻打郑国，包围了新城。
秋，楚国人包围许国。
诸侯于是救援许国。

冬，僖公从攻打郑国战役回到国内。

[传]

六年春，晋献公派遣贾华攻打屈邑。夷吾抵挡不住，与贾华订立盟约后出走。他准备逃往狄国，郤芮说："在重耳后出走却到同一个地方，等于承认骊姬所说的罪状。不如去梁国。梁国靠近秦国而受到秦国的信任。"于是去梁国。

夏，诸侯攻打郑国，是因为郑国在首丘盟会时逃走的缘故。包围了新密，这城就是郑国不当筑城时所筑的。

秋，楚成王包围许国，用以救援郑国。诸侯救援许国，楚成王于是撤兵。

冬，蔡穆侯带着许穆公到武城去见楚成王。许穆公反绑双手口中衔着璧，大夫穿着丧服，士抬着棺木。楚成王问逢伯如何处理，逢伯回答说："从前武王战胜殷朝，微子启就是这样做的。武王亲自解开他的绳子，接受了他的璧后为他举行祈祷，烧掉他的棺木，对他加以礼遇后而给以封号，让他回到原先的封地去。"楚成王照他的话做。

僖公七年

[经]

七年春[1]，齐人伐郑。

夏，小邾子来朝[2]。

郑杀其大夫申侯。

秋七月，公会齐侯、宋公、陈世子款、郑世子华[3]，盟于宁母[4]。

曹伯班卒。

公子友如齐。

冬，葬曹昭公。

【注释】

〔1〕七年：公元前653年。〔2〕小邾子：即郳犁来。详庄公五年注。〔3〕齐侯：齐桓公。宋公：宋桓公。〔4〕宁母：鲁地，在今山东鱼台县。

[传]

七年春，齐人伐郑。孔叔言于郑伯曰："谚有之曰：'心则不竞[1]，何惮于病[2]。'既不能强，又不能弱，所以毙也。国危矣，请下齐以救国[3]。"公曰："吾知其所由来矣，姑少待我。"对曰："朝不及夕，何以待君？"夏，郑杀申侯以说于齐，且用陈辕涛涂之谮也。

【注释】
〔1〕竞：强，争竞。〔2〕病：屈辱。〔3〕下：屈服。

初，申侯，申出也，有宠于楚文王。文王将死，与之璧，使行，曰："唯我知女，女专利而不厌[1]，予取予求，不女疵瑕也[2]。后之人将求多于女，女必不免。我死，女必速行。无适小国，将不女容焉。"既葬，出奔郑，又有宠于厉公。子文闻其死也[3]，曰："古人有言曰：'知臣莫若君。'弗可改也已。"

【注释】
〔1〕专利：一心谋利。〔2〕疵瑕：用作动词，指不怪罪。〔3〕子文：即楚令尹鬭穀於菟。

秋，盟于宁母，谋郑故也。管仲言于齐侯曰："臣闻之，招携以礼[1]，怀远以德，德礼不易[2]，无人不怀。"齐侯修礼于诸侯，诸侯官受方物[3]。

【注释】
〔1〕携：离。此指有二心的国家。〔2〕不易：不违背。〔3〕方物：土特产。

郑伯使大子华听命于会。言于齐侯曰："泄氏、孔氏、子人氏三族[1]，实违君命。君若去之以为成[2]，我以郑为内臣[3],君亦无所不利焉。"齐侯将许之。管仲曰:"君以礼与信属诸侯[4],而以奸终之[5],无乃不可乎?子父不奸之谓礼,守命共时之谓信[6]。违此二者,奸莫大焉。"公曰:"诸侯有讨于郑,未捷。今苟有衅[7],从之,不亦可乎?"对曰:"君若绥之以德[8],加之以训辞,而帅诸侯以讨郑,郑将覆亡之不暇[9],岂敢不惧?若总其罪人以临之[10],郑有辞矣,何惧?且夫合诸侯以崇德也,会而列奸,何以示后嗣?夫诸侯之会,其德刑礼义,无国不记。记奸之位,君盟替矣[11]。作而不记,非盛德也。君其勿许,郑必受盟。夫子华既为大子而求介于大国[12],以弱其国,亦必不免。郑有叔詹、堵叔、师叔三良为政[13],未可间也。"齐侯辞焉。子华由是得罪于郑。

【注释】
〔1〕泄氏、孔氏、子人氏:三族为郑大族,和太子华不睦。〔2〕去之:除掉他们。〔3〕内臣:国内的臣属。〔4〕属(zhǔ):会合。〔5〕奸(gān):犯,扰乱。〔6〕守命:忠实地遵照使命办事。共时:重视时机。〔7〕衅:嫌隙。此指郑太子华不忠实于君父之命。〔8〕绥:安抚。〔9〕覆亡:救亡。〔10〕总:统领。罪人:指太子华。其出卖郑国,是郑之罪人。〔11〕替:废。指丧失威信,盟约无效。〔12〕介:凭借。〔13〕叔詹、堵叔、师叔:均为郑大夫。

冬,郑伯请盟于齐。
闰月[1],惠王崩。襄王恶大叔带之难[2]。惧不立,不发丧而告难于齐。

【注释】

〔1〕闰月：闰十二月。 〔2〕恶：患，畏。襄王即王太子郑，齐曾为定其位而会于首止，时怕惠王宠子带作难，故惧不立而向齐告急。

【译文】

[经]

七年春，齐国人攻打郑国。

夏，小邾子来我国朝见。

郑国杀死他们的大夫申侯。

秋七月，僖公与齐桓公、宋桓公、陈太子款、郑太子华相会，在宁母结盟。

曹昭公班去世。

公子友去齐国。

冬，安葬曹昭公。

[传]

七年春，齐国人攻打郑国。孔叔对郑文公说："有这样的谚语说：'心里如果不争强，又怕什么屈辱？'既不能强，又不能弱，这才是导致死亡的原因。国家危险了，请对齐国表示屈服用以挽救国家。"郑文公说："我知道他们是为了什么来的了，姑且稍微等我一下。"孔叔回答说："早晨保证不了晚上，怎么等待君王呢？"夏，郑国杀死申侯以取悦于齐国，同时也是听信了陈辕涛涂的诬陷。

起初，申侯是申氏所生，受到楚文王的宠爱。楚文王临死时，送给申侯玉璧，叫他离开，说："只有我了解你，你一意聚财而不会满足，从我这里取，从我这里求，我不怪罪你。以后的君王将会大量向你索取财物，你必定难以免罪。我死后，你一定要快些走。不要去小国，他们不会容纳你的。"楚文王安葬后，申侯逃到郑国，又得到郑厉公的宠爱。子文听到申侯死讯后，说："古人有句话说：'了解臣子的没有比得上君王。'这句话真是不变的真理啊。"

秋，在宁母结盟，是为了商量对付郑国的事。管仲对齐桓公说："臣子听说，招抚对自己怀有二心的国家用礼，使疏远的国家归心用德，不违背德和礼，没有人会不归附。"齐桓公便依礼对待诸侯，诸侯的官员接受了齐国送上的土特产。

郑文公派遣太子华到盟会上听取命令。太子华对齐桓公说："泄氏、孔氏、子人氏三族，是违抗您命令的。您如果除掉他们，以此来与我国讲和，我将把郑国作为您的臣属，这对您也没有什么不利。"齐桓公准备答应他。管仲说："君王用礼及信会合诸侯，而用邪恶作为结束，恐怕不行吧？儿子对父亲不违背叫作礼，忠实地执行命令重视时机叫作信，如果违背了这两点，就没有比这更邪恶的了。"齐桓公说："诸侯对郑国有所讨伐，没有获胜。如今幸而有隙可乘，利用这个机会，不也是可以的吗？"管仲回答说："君王如果用德行来安抚他们，再对他们加以训导，然后带领诸侯去讨伐郑国，郑国将会挽救危亡都来不及，怎敢不害怕？如果领着他们国家的罪人去攻打他们，郑国有话可说了，他还怕什么？再说会合诸侯是为了崇尚德行，在会合诸侯时将奸邪之人列入，将拿什么来教育后代？诸侯相会，他们的德行、刑罚、礼仪、道义，没有一个国家不记录。记载了让奸邪之人列于君位，君王的盟约也就没有威信而遭到废弃了。事情作了而不记载，这就不符合崇高的道德。君王请不要答应太子华，郑国必定会接受盟约。子华既然是太子却请求依仗大国之力，用来削弱本国，他也一定不能免于祸患。郑国有叔詹、堵叔、师叔三位贤人执政，还没有空子可以钻呢。"齐桓公于是拒绝了太子华的要求。子华因此而获罪于郑国。

冬，郑文公派人到齐国请求订立盟约。

闰十二月，周惠王去世。周襄王害怕太叔带将造成祸害，担心自己不能立为国君，所以不发布丧事的消息而向齐国报告祸难。

僖公八年

[经]

八年春[1]，王正月，公会王人、齐侯、宋公、卫侯、许男、曹伯、陈世子款[2]，盟于洮[3]。郑伯乞盟[4]。

夏，狄伐晋。

秋七月，禘于大庙[5]，用致夫人[6]。

冬十有二月丁未[7]，天王崩。

【注释】

〔1〕八年：公元前652年。〔2〕王人：周朝使者。齐侯：齐桓公。宋公：宋桓公。卫侯：卫文公。许男：许僖公。曹伯：曹共公。〔3〕洮：在今山东鄄城县南。〔4〕郑伯：郑文公。〔5〕禘：大祭。〔6〕夫人：哀姜。〔7〕此月日依周朝讣告发表日，实周天子已死一年。

[传]

八年春，盟于洮，谋王室也。郑伯乞盟，请服也。襄王定位而后发丧。

晋里克帅师，梁由靡御[1]，虢射为右[2]，以败狄于采桑[3]。梁由靡曰："狄无耻，从之必大克。"里克曰："惧之而已，无速众狄。"虢射曰："期年[4]，狄必至，示之弱矣。"

夏，狄伐晋，报采桑之役也，复期月[5]。

【注释】

〔1〕梁由靡：晋大夫。〔2〕虢射：晋大夫。〔3〕采桑：在今山西乡宁县西。晋败狄为补叙去年事。〔4〕期年：一年。〔5〕期月：即期年。

秋，禘而致哀姜焉，非礼也。凡夫人不薨于寝[1]，不殡于庙[2]，不赴于同，不祔于姑[3]，则弗致也。

冬，王人来告丧，难故也，是以缓。

【注释】

〔1〕寝：寝宫，即卧室。〔2〕殡：停棺。〔3〕祔：陪祀。

宋公疾，大子兹父固请曰[1]："目夷长[2]，且仁，君其立之。"公命子鱼，子鱼辞，曰："能以国让，仁孰大焉？臣不及也，且又不顺[3]。"遂走而退。

【注释】

〔1〕兹父：后即位为襄公。〔2〕目夷：字子鱼，兹父庶兄。〔3〕不顺：立庶废嫡，不符合礼制。

【译文】

[经]

八年春，周历正月，僖公与周朝使者、齐桓公、宋桓公、卫文公、许僖公、曹共公、陈太子款相会,在洮地结盟。郑文公请求加入盟会。

夏,狄国进攻晋国。

秋七月,在太庙举行大祭,是因为把夫人哀姜的神主放入太庙。

冬十二月丁未,周惠王去世。

[传]

八年春,在洮地会盟,商议安定王室。郑文公请求加入盟会,是表示顺服。襄王君位安定后才发布周惠王丧事。

晋里克率领军队,梁由靡为他驾驭战车,虢射任车右,在采桑打败了狄人。梁由靡说:"狄人不知羞耻,追击他们,一定能取得大胜。"里克说:"让他们觉得害怕就行了,不要去招惹更多的狄人。"虢射说:"不出一年,狄人一定会再来,我们已向他们示弱了。"

夏,狄人攻打晋国,这是为了报复采桑一役,一年内必来的预言应验了。

秋,举行大祭,把哀姜的神主放进太庙,这是不合乎礼的。凡是夫人,没有死在寝宫,没有停棺于祖庙,没有向同盟国发讣告,没有陪祀祖姑,就不能把神主放进太庙。

冬,周朝的使者来报告惠王丧事,因为发生祸难,所以报得晚了。

宋桓公生病,太子兹父再三请求说:"目夷年长而又仁爱,君王应该立他为国君。"桓公命令目夷为君,目夷推辞说:"能够把国家让给别人,还有比这更大的仁爱吗?这是臣子比不上的,而且又不符合礼制上立君的规矩。"于是快步退了出去。

僖 公 九 年

[经]

九年春[1],王三月丁丑,宋公御说卒[2]。

夏,公会宰周公、齐侯、宋子、卫侯、郑伯、许男、曹伯于葵丘[3]。

秋七月乙酉,伯姬卒。

九月戊辰,诸侯盟于葵丘。

甲子,晋侯佹诸卒[4]。

冬,晋里克杀其君之子奚齐。

【注释】

〔1〕九年:公元前651年。〔2〕宋公:宋桓公。〔3〕宰周公:即宰孔,食邑于周,官太宰。齐侯:齐桓公。宋子:宋襄公。因在丧期,故称"子"不称爵。卫侯:卫文公。郑伯:郑文公。许男:许僖公。曹伯:曹共公。葵丘:在今河南兰考县。〔4〕晋侯:晋献公。

[传]

九年春,宋桓公卒,未葬而襄公会诸侯,故曰子。凡在丧,王曰小童,公侯曰子[1]。

【注释】

〔1〕公侯:指公、侯、伯、子、男五等诸侯。

夏,会于葵丘,寻盟,且修好,礼也。王使宰孔赐齐侯胙,曰:"天子有事于文武[1],使孔赐伯舅胙[2]。"齐侯将下拜。孔曰:"且有后命。天子使孔曰:'以伯舅耋老[3],加劳,赐一级,无下拜。'"对曰:"天威不违颜咫尺[4],小白余敢贪天子之命无下拜[5]?恐陨越于下[6],以遗天子羞。敢不下拜?"下,拜,登,受。

【注释】

〔1〕有事:有祭祀之事。文武:周文王与周武王。〔2〕伯舅:天子对异姓诸侯的尊称。〔3〕耋(dié):七十岁。〔4〕颜:面。咫尺:极近。八寸为咫。〔5〕贪:妄自,有不该受而受之意。〔6〕陨越:坠落,跌倒。此指有违礼法。

秋,齐侯盟诸侯于葵丘,曰:"凡我同盟之人,既盟之后[1],言归于好。"宰孔先归,遇晋侯曰[2]:"可无会也。齐侯不务德而勤远略[3],故北伐山戎,南伐楚,西为此会也。东略之不知,西则否矣。其在乱乎[4]。君务靖乱,无勤于行。"晋侯乃还。

【注释】

〔1〕既:既经。〔2〕晋侯:晋献公。献公后到,所以在路上相遇。〔3〕勤远略:忙于向远方进攻。略,征伐。〔4〕其在乱乎:此句有省略,意为晋国要担心的是内乱。时晋献公宠骊姬,杀太子,内乱之兆已萌,所以宰孔劝他。

九月，晋献公卒，里克、㔻郑欲纳文公[1]，故以三公子之徒作乱[2]。

【注释】
〔1〕㔻(pēi)郑：晋大夫。文公：重耳。 〔2〕三公子：指申生、重耳、夷吾。

初，献公使荀息傅奚齐，公疾，召之，曰："以是藐诸孤辱在大夫[1]，其若之何？"稽首而对曰："臣竭其股肱之力，加之以忠贞。其济，君之灵也；不济，则以死继之。"公曰："何谓忠贞？"对曰："公家之利，知无不为，忠也；送往事居，耦俱无猜[2]，贞也。"及里克将杀奚齐，先告荀息曰："三怨将作[3]，秦、晋辅之，子将何如？"荀息曰："将死之。"里克曰："无益也。"荀叔曰："吾与先君言矣，不可以贰[4]。能欲复言而爱身乎[5]？虽无益也，将焉辟之[6]？且人之欲善，谁不如我？我欲无贰而能谓人已乎[7]？"

【注释】
〔1〕藐诸孤：弱小的孤儿。辱在：托付。 〔2〕耦：两者，即死者与活者。无猜：没有猜疑。此句意为使对生者不愧，死者即使复生也对之无愧。 〔3〕三怨：指三公子之徒。 〔4〕贰：改变。 〔5〕复言：再作诺言，指背前诺。 〔6〕辟：同"避"。 〔7〕已：止。

冬十月，里克杀奚齐于次[1]。书曰："杀其君之子。"未葬也。荀息将死之，人曰："不如立卓子而辅之。"荀息立公子卓以葬。

【注释】

〔1〕次：丧次。即守丧的草庐。

十一月，里克杀公子卓于朝，荀息死之。君子曰："诗所谓'白圭之玷，尚可磨也；斯言之玷，不可为也'[1]，荀息有焉。"

【注释】

〔1〕所引诗见《诗·大雅·抑》。玷，玉之瑕疵。

齐侯以诸侯之师伐晋，及高梁而还[1]，讨晋乱也。令不及鲁，故不书。

【注释】

〔1〕高梁：晋邑，在今山西临汾市东北。

晋郤芮使夷吾重赂秦以求入，曰："人实有国，我何爱焉？入而能民[1]，土于何有[2]？"从之。齐隰朋帅师会秦师[3]，纳晋惠公。

秦伯谓郤芮曰[4]："公子谁恃？"对曰："臣闻亡人无党，有党必有仇。夷吾弱不好弄[5]，能斗不过[6]，长亦不改，不识其他。"

【注释】

〔1〕能民：得民。 〔2〕土于何有："何有于土"的倒装，意谓入国为君为要，土地不足惜。晋惠公此番为求秦，赂河外列城五，这两句是为赂土作辩解。 〔3〕隰朋：齐大夫。 〔4〕秦伯：秦穆公。 〔5〕弱：

小,幼。〔6〕不过:不为已甚。

公谓公孙枝曰[1]:"夷吾其定乎?"对曰:"臣闻之,唯则定国[2]。《诗》曰:'不识不知,顺帝之则[3]。'文王之谓也。又曰:'不僭不贼,鲜不为则[4]。'无好无恶,不忌不克之谓也[5]。今其言多忌克,难哉!"公曰:"忌则多怨,又焉能克?是吾利也。"

【注释】

〔1〕公孙枝:秦大夫,字子桑。 〔2〕唯则:行为合乎法则。〔3〕引诗见《诗·大雅·皇矣》。帝,天帝。则,法则。 〔4〕引诗见《诗·大雅·抑》。僭,差错。贼,残害。 〔5〕克:胜。

宋襄公即位,以公子目夷为仁,使为左师以听政,于是宋治。故鱼氏世为左师[1]。

【注释】

〔1〕鱼氏:目夷字子鱼,其后以鱼为氏。

【译文】

[经]

九年春,周历三月丁丑,宋桓公御说去世。
夏,僖公与宰周公、齐桓公、宋襄公、卫文公、郑文公、许僖公、曹共公在葵丘相会。
秋七月乙酉,伯姬去世。
九月戊辰,诸侯在葵丘结盟。
甲子,晋献公佹诸去世。

冬，晋里克杀死国君的儿子奚齐。

[传]

九年春，宋桓公去世，还没有安葬，襄公便和诸侯相会，所以《春秋》称他为"子"。凡是在丧期，周王称"小童"，诸侯称"子"。

夏，在葵丘相会，是重温旧盟，并调整发展友好关系，这是合乎礼的。周襄王派宰孔赐给齐桓公胙肉，说："天子祭祀文王与武王，派我来赐给伯舅胙肉。"齐桓公准备下阶跪拜接受。宰孔说："还有后面的命令。天子派我说：'因为伯舅已是高龄，再加上有功劳，赐进一级，不用下阶跪拜。'"齐桓公回答说："天子的威严就在我面前连咫尺的距离都不到，小白我怎敢妄自借天子的命令而不下阶跪拜？恐我违背礼法于下，给天子带来不光彩。我怎敢不下阶跪拜？"下阶，跪拜，登堂，受胙。

秋，齐桓公与诸侯在葵丘结盟，说："凡是我们一起结盟的人，既经结盟，就归于和好。"宰孔先行回国，碰到晋献公，对他说："你可以不必去参加盟会了。齐桓公不致力于德行而忙于向远方进攻，所以向北攻打山戎，向南攻打楚国，对西面举行了这场盟会。是否会向东征伐不知道，向西边攻打看来是不会了。晋国的忧患恐怕在于内乱吧！君王应该致力于平息内乱，用不着忙于赴会。"晋献公于是回国去了。

九月，晋献公去世，里克、㔻郑想接纳文公为君，因此带领三公子的党羽作乱。

起初，献公派遣荀息辅助奚齐，献公生病，召见荀息，说："把这个弱小的孤儿托付给大夫你，你准备怎么办？"荀息叩拜后回答说："臣子一定尽辅助之力，再加上忠贞。事情成功，托君王在天之灵保佑；不成功，就继之以死。"献公说："什么叫忠贞？"荀息回答说："国家的利益，凡是知道的便没有不做的，这是忠；送走死者，事奉新君，使两者都没有猜疑，这是贞。"等到里克准备杀死奚齐，先行告诉荀息说："三公子的怨恨将要发作了，秦国和晋国人都襄助他们，你准备怎么办？"荀息说："准备去死。"里克说："这样做没有益处。"荀息说："我已答应先君了，不能够改变。难道能背弃旧诺而爱惜自己一身吗?虽然是没有益处,又怎么能避开呢?再说人们要做善事,又有谁不像我一样?我自己想不改变诺言,难道能对别人说停止实施他们的诺言吗?"

冬十月,里克在守丧的草庐里杀死了奚齐。《春秋》记载说:"杀死他国君的儿子。"是因为晋献公还没安葬。荀息准备自杀,有人对他说:"不如立卓子为君而辅佐他。"荀息立公子卓为君,安葬了献公。

十一月,里克在朝堂上杀死了公子卓,荀息自杀。君子说:"《诗》所说的'白玉圭上有了污点,尚可琢磨除干净;开口说话出毛病,要想挽回可不成,'荀息就是这种情况。"

齐桓公率领诸侯的军队攻打晋国,到达高梁便回师,这是为了讨伐晋国的内乱。命令没有下达给鲁国,所以《春秋》没有记载。

晋郤芮让夷吾给秦国送重礼请秦国帮助他回国为君,郤芮对夷吾说:"国家已被别人占有,我们还有什么不舍得的?回到国内能得到人民,土地有什么可惜的?"夷吾听从了他的话。齐隰朋率领军队会合秦国军队,送晋惠公入国为君。

秦穆公问郤芮说:"公子依靠什么?"郤芮回答说:"臣子听说逃亡在外的人没有党羽,有了党羽必定就有仇人。夷吾从小不贪玩,能够争斗而不为已甚,年纪大了也不改变,其他我就不知道了。"

秦穆公对公孙枝说:"夷吾能安定晋国吗?"公孙枝回答说:"臣子听说,只有行为合乎法则才能安定国家。《诗》说:'好像不知又不觉,顺乎天意把国享。'这说的是文王啊。又说:'不犯过错不害人,很少不被人当典型。'这说的是没有偏好也没有厌恶,不猜忌也不好胜。如今他的话中多的是猜忌与好胜,要安定晋国困难了!"秦穆公说:"猜忌就多怨,又怎么能胜?这对我国有好处。"

宋襄公即位,认为公子目夷仁爱,让他做左师以处理国事,宋国因此大治。所以鱼氏世代任左师。

僖 公 十 年

[经]

十年春[1],王正月,公如齐。

狄灭温,温子奔卫。

晋里克弑其君卓,及其大夫荀息[2]。

夏,齐侯、许男伐北戎[3]。

晋杀其大夫里克。

秋七月。

冬,大雨雪。

【注释】

〔1〕十年:公元前650年。 〔2〕事在去年,经列今年,杜注谓是讣告之期。 〔3〕齐侯:齐桓公。许男:许僖公。北戎:山戎。

[传]

十年春,狄灭温,苏子无信也[1]。苏子叛王即狄[2],又不能于狄,狄人伐之,王不救,故灭。苏子奔卫。

【注释】
　　〔1〕苏子：温国君，以苏为氏。　〔2〕叛王：事见庄公十九年。

　　夏四月，周公忌父、王子党会齐隰朋立晋侯[1]。晋侯杀里克以说[2]。将杀里克，公使谓之曰："微子则不及此[3]。虽然，子弑二君与一大夫，为子君者不亦难乎？"对曰："不有废也，君何以兴？欲加之罪，其无辞乎？臣闻命矣。"伏剑而死[4]。于是丕郑聘于秦，且谢缓赂，故不及。

【注释】
　　〔1〕周公忌父：周卿士。王子党：周大夫。晋侯：晋惠公。　〔2〕以说：以不篡自解，示讨恶之意。　〔3〕微：无。　〔4〕伏剑：以剑自杀。

　　晋侯改葬共大子[1]。秋，狐突适下国[2]，遇大子[3]，大子使登，仆[4]，而告之曰："夷吾无礼[5]，余得请于帝矣，将以晋畀秦[6]，秦将祀余。"对曰："臣闻之，神不歆非类[7]，民不祀非族。君祀无乃殄乎[8]？且民何罪？失刑乏祀[9]，君其图之。"君曰："诺，吾将复请。七日新城西偏，将有巫者而见我焉。"许之，遂不见。及期而往，告之曰："帝许我罚有罪矣，敝于韩[10]。"

【注释】
　　〔1〕共大子：太子申生。　〔2〕下国：曲沃。　〔3〕遇大子：指仿佛如梦而见到太子。　〔4〕仆：为其御。狐突本为太子御。　〔5〕无礼：此无礼指夷吾时烝于献公次妃贾君。　〔6〕畀：付。　〔7〕歆：享。

〔8〕殄：灭绝。 〔9〕失刑：处罚不当。指因怒夷吾而迁延及人民。〔10〕敝于韩：败于韩。韩指韩原，在今山西芮城县。晋惠公后于僖公十五年与秦战于韩，被俘。

丕郑之如秦也，言于秦伯曰："吕甥、郤称、冀芮实为不从[1]，若重问以召之[2]，臣出晋君，君纳重耳，蔑不济矣[3]。"

【注释】
〔1〕吕甥：姓瑕吕，名饴甥，字子金，晋大夫，食采于阴，故又称阴饴甥。郤称：郤芮同族，晋大夫。冀芮：即郤芮，食采于冀。不从：谓不同意割地与秦。 〔2〕重问：下重聘。问，聘问的礼物。 〔3〕蔑：无。

冬，秦伯使泠至报问[1]，且召三子。郤芮曰："币重而言甘，诱我也。"遂杀丕郑、祁举及七舆大夫[2]：左行共华、右行贾华、叔坚、骓歂、累虎、特宫、山祁，皆里、丕之党也。丕豹奔秦[3]，言于秦伯曰："晋侯背大主而忌小怨[4]，民弗与也，伐之必出。"公曰："失众，焉能杀。违祸[5]，谁能出君。"

【注释】
〔1〕泠至：秦大夫。 〔2〕七舆大夫：侯伯七命，副车七乘，所以有七舆大夫之官。 〔3〕丕豹：丕郑之子。 〔4〕背大主：指背秦穆公，指不实行诺言割地。忌小怨：指忌里、丕等人。 〔5〕违祸：避祸。

【译文】
[经]
十年春，周历正月，僖公去齐国。

狄人灭亡温国，温国国君逃亡到卫国。
晋里克杀害他的国君卓，及他们国家的大夫荀息。
夏，齐桓公、许僖公攻打北戎。
晋国杀死他们的大夫里克。
秋七月。
冬，下大雪。

[传]

十年春，狄人灭亡温国，这是因为苏子没有信义。苏子背叛周王投靠狄人，又与狄人关系不睦，狄人攻打他，周王不救援，所以灭亡。苏子逃亡到卫国。

夏四月，周公忌父、王子党会同齐隰朋拥立晋惠公为君。晋惠公杀死里克以表示讨恶。将要杀里克前，惠公派人对他说："没有你我就做不了国君。尽管如此，你杀害了二位国君及一位大夫，做你的君王不是太难了吗？"里克回答说："没有前君遭废除，君王怎么能兴起？你若想加我以罪，还怕没有话说吗？臣子听到命令了。"以剑自杀而死。这时候丕郑去秦国聘问，同时是为推迟割让国土给秦而表示歉意，所以没有和里克一起被杀。

晋惠公改葬了共太子。秋，狐突到曲沃去，恍惚中与太子申生相遇，申生让他登上车，驾驭车子，告诉他说："夷吾无礼，我已经请求天帝并蒙同意了，将要把晋国交付给秦国，秦国将祭祀我。"狐突回答说："臣子听说，神不享用不是自己同族的祭品，人民也不祭祀不是自己同族的神。这样，您的祭祀不是要灭绝了么？再说人民有什么罪？处罚不当又灭绝祭祀，您好好想一想。"申生说："好吧，我将重新请求。七天后在新城的西边，我将凭依巫者以现形，可来见我。"狐突答应了，申生于是不见了。到了约定的日子狐突前往，巫者告诉他说："上帝允许我惩罚有罪的人了，让他在韩地大败。"

丕郑到秦国去，对秦穆公说："吕甥、郤称、郤芮是不同意给秦国土地的，如果您用重礼对他们进行慰问并召他们来秦，臣子把晋惠公赶走，君王让重耳回国为君，没有不成功的。"

冬，秦穆公派遣泠至到晋国回聘，并且召请吕甥等三人。郤芮说:"财礼重而说话甜,是在诱骗我们。"于是杀死丕郑、祁举与七舆大夫:左行共华、右行贾华、叔坚、骓歂、累虎、特宫、山祁,都是里克、丕郑的同党。丕豹逃到秦国,对秦穆公说:"晋惠公背叛大主而忌恨小怨,人民不支持他,如果攻打晋国,他一定会被赶走。"秦穆公说:"如果晋惠公不得到民众支持,又怎能杀死这么多大夫?晋国人逃避祸患还来不及,谁能把君王赶走?"

僖公十一年

[经]

十有一年春[1]，晋杀其大夫㔻郑父[2]。

夏，公及夫人姜氏会齐侯于阳谷[3]。

秋八月，大雩。

冬，楚人伐黄。

【注释】

〔1〕十有一年：公元前649年。 〔2〕㔻郑父：即㔻郑，父为对男子的尊称。杀㔻郑事在前年，此为来告之期。 〔3〕姜氏：声姜。杜注云妇人与公同出为非礼。齐侯：齐桓公。阳谷，齐地，见僖公三年注。

[传]

十一年春，晋侯使以㔻郑之乱来告[1]。天王使召武公、内史过赐晋侯命[2]。受玉惰。过归，告王曰："晋侯其无后乎！王赐之命而惰于受瑞，先自弃也已，其何继之有？礼，国之干也；敬，礼之舆也[3]。不敬则礼不行，礼不行则上下昏，何以长世？"

【注释】

〔1〕晋侯：晋惠公。 〔2〕天王：周襄王。召武公：名过，周卿士。内史过：周大夫。赐晋侯命：诸侯即位，天子赐爵命，是一种荣誉。〔3〕礼之舆：无敬则礼不行，所以说敬是礼之舆。舆，车。

夏，扬、拒、泉、皋、伊、洛之戎同伐京师[1]，入王城，焚东门。王子带召之也。秦、晋伐戎以救周。秋，晋侯平戎于王。

黄人不归楚贡。冬，楚人伐黄。

【注释】

〔1〕扬、拒、泉、皋、伊、洛之戎：都是离周都城洛阳不远的戎人。

【译文】

[经]

十一年春，晋国杀死他们的大夫丕郑。

夏，僖公与夫人姜氏在阳谷会见齐桓公。

秋八月，举行求雨的雩祭。

冬，楚国人攻打黄国。

[传]

十一年春，晋惠公派人来我国通报丕郑作乱的事。周襄王派遣召武公、内史过赐给晋侯爵命。晋惠公接受玉圭时无精打采的。内史过回国后，告诉周襄王说："晋惠公的后代恐怕不能享有君位了！天子赐他爵命而他接受祥瑞物时无精打采，这是先已自弃了，他怎还会有继承人？礼，是国家的主干；敬，是行礼的车子。不敬礼就不能推行，礼不能推行上下便昏乱，怎么能维持长久呢？"

夏，扬、拒、泉、皋、伊、洛的戎人一起攻打周京师，进入京城,焚毁了东门。这是王子带把他们召来的。秦、晋攻打戎人以救援周朝。秋,晋惠公让戎人与周朝讲和。

黄国人不肯上交楚国贡品。冬,楚国人攻打黄国。

僖公十二年

[经]
十有二年春[1],王三月庚午,日有食之。
夏,楚人灭黄。
秋七月。
冬十有二月丁丑,陈侯杵臼卒[2]。

【注释】
〔1〕十有二年:公元前648年。〔2〕陈侯:陈宣公。

[传]
十二年春,诸侯城卫楚丘之郭[1],惧狄难也。
黄人恃诸侯之睦于齐也,不共楚职[2],曰:"自郢及我九百里[3],焉能害我?"夏,楚灭黄。

【注释】
〔1〕郭:外城。〔2〕职:贡物。〔3〕郢:楚都,今湖北江陵县。

王以戎难故,讨王子带。
秋,王子带奔齐。冬,齐侯使管夷吾平戎于王[1],

使隰朋平戎于晋。

【注释】
〔1〕齐侯：齐桓公。管夷吾：管仲。

王以上卿之礼飨管仲，管仲辞曰："臣，贱有司也[1]，有天子之二守国、高在[2]。若节春秋来承王命，何以礼焉？陪臣敢辞[3]。"王曰："舅氏[4]，余嘉乃勋[5]，应乃懿德，谓督不忘[6]。往践乃职[7]，无逆朕命。"管仲受下卿之礼而还。

君子曰："管氏之世祀也宜哉！让不忘其上。《诗》曰：'恺悌君子，神所劳矣[8]。'"

【注释】
〔1〕贱有司：谦词，自称官职低下。 〔2〕国、高：国子、高子，齐卿。大国立三卿，其二卿由天子任命。 〔3〕陪臣：凡诸侯之臣对天子自称陪臣。 〔4〕舅氏：指齐桓公。天子称异姓诸侯为伯舅。 〔5〕乃：你的。 〔6〕督：深厚。 〔7〕践：执行。 〔8〕所引诗见《诗·大雅·旱麓》。恺悌，乐易，平易近人。劳，劳来，保佑。

【译文】
［经］
十二年春，周历三月庚午，发生日食。
夏，楚国人灭亡了黄国。
秋七月。
冬十二月丁丑，陈宣公杵白去世。

[传]

十二年春，诸侯修筑卫楚丘的外城，这是因为惧怕狄人扰乱。

黄国人倚仗诸侯与齐国和睦，不向楚国进贡，说："从郢都到我这里有九百里路，楚国怎么能危害我？"夏，楚国灭亡了黄国。

周襄王因为戎人来扰乱的缘故，讨伐王子带。

秋，王子带逃往齐国。冬，齐桓公派遣管夷吾让戎人与周朝讲和，派隰朋让戎人与晋国讲和。

周襄王以接待上卿的礼仪设宴款待管仲，管仲推辞说："臣子是卑微的小官，我国的上卿有天子任命的国子、高子在。如果他们在春秋两季来奉承王命，用什么礼节来对待他们呢？陪臣请求辞去这样的待遇。"襄王说："伯舅，我嘉美你的功勋，接受你的美德，这些可谓深厚而不能忘记。去执行你的职务，不要违背我的命令。"管仲最终接受了款待下卿的礼节后回国。

君子说："管氏世世代代享受祭祀是十分恰当的！礼让而不忘记比自己爵位高的人。《诗》说：'平易近人的好君子，神灵保佑百事成。'"

僖公十三年

[经]

十有三年春[1],狄侵卫。

夏四月,葬陈宣公。

公会齐侯、宋公、陈侯、卫侯、郑伯、许男、曹伯于咸[2]。

秋九月,大雩。

冬,公子友如齐。

【注释】

〔1〕十有三年:公元前647年。〔2〕齐侯:齐桓公。宋公:宋襄公。陈侯:陈穆公。卫侯:卫文公。郑伯:郑文公。许男:许僖公。曹伯:曹共公。咸:卫地,在今河南濮阳县东南。

[传]

十三年春,齐侯使仲孙湫聘于周,且言王子带。事毕,不与王言。归,复命曰:"未可。王怒未怠[1],其十年乎?不十年,王弗召也。"

【注释】
〔1〕怠：缓、懈。

夏，会于咸，淮夷病杞故[1]，且谋王室也。
秋，为戎难故，诸侯戍周，齐仲孙湫致之[2]。

【注释】
〔1〕淮夷：或以为居住淮河一带的夷人，或以为国名。〔2〕致：领戍卒前往。

冬，晋荐饥[1]，使乞籴于秦[2]。秦伯谓子桑[3]："与诸乎？"对曰："重施而报，君将何求？重施而不报，其民必携[4]，携而讨焉，无众必败。"谓百里[5]："与诸乎？"对曰："天灾流行，国家代有，救灾恤邻，道也。行道有福。"

【注释】
〔1〕荐饥：麦、禾都不熟。即大饥荒。荐，重、厚。〔2〕乞籴：求贷粮、购粮。〔3〕秦伯：秦穆公。子桑：即公孙枝。〔4〕携：离。〔5〕百里：或谓即大夫百里奚。

丕郑之子豹在秦，请伐晋。秦伯曰："其君是恶，其民何罪？"秦于是乎输粟于晋，自雍及绛相继[1]，命之曰"泛舟之役"。

【注释】
〔1〕雍：秦都，今陕西凤翔县。绛：晋都，见庄公二十六年注。

【译文】

[经]

十三年春,狄人侵袭卫国。

夏四月,安葬陈宣公。

僖公与齐桓公、宋襄公、陈穆公、卫文公、郑文公、许僖公、曹共公在咸地相会。

秋九月,举行求雨的雩祭。

冬,公子友去齐国。

[传]

十三年春,齐桓公派遣仲孙湫到周朝去朝聘,并且为王子带回国疏通。聘问的事完毕后,仲孙湫没有开口向周襄王谈王子带的事。回国后,向齐桓公汇报说:"还办不到。王的怒气还没消减,恐怕要等十年吧?不到十年,王不会召他回国的。"

夏,在咸地相会,是因为淮夷扰乱杞国的缘故,同时为了商量安定周王室。

秋,为了戎人造成祸难,诸侯派兵守卫周朝,齐仲孙湫领兵前往。

冬,晋国发生大饥荒,派人向秦国请求购买粮食。秦穆公问子桑:"给他们吗?"子桑回答说:"再次给他们恩惠,如果他们报答我们,君王还要求什么?如果再次给他们恩惠他们不报答我们,他们的人民一定会生叛离之心,人民生叛离之心而我们去讨伐,他们失去民众就一定会失败。"问百里:"给他们吗?"百里回答说:"天灾流行,总在各个国家交替发生,救援受灾地区,周济邻国,这是道义。按道义行事的人有福分。"

丕郑的儿子丕豹在秦国,请求攻打晋国。秦穆公说:"我厌恶的是他们的国君,晋国的百姓有什么罪?"秦国便把米运往晋国,运食船从秦雍都到晋绛都接连不断,称之为"泛舟之役"。

僖公十四年

[经]
十有四年春[1]，诸侯城缘陵[2]。
夏六月，季姬及鄫子遇于防[3]，使鄫子来朝。
秋八月辛卯，沙鹿崩[4]。
狄侵郑。
冬，蔡侯肸卒[5]。

【注释】
〔1〕十有四年：公元前646年。〔2〕缘陵：杞邑，在今山东昌乐县东南。诸侯为杞筑城防淮夷。〔3〕季姬：僖公女。鄫：国名，姒姓，地在今山东枣庄市东。〔4〕沙鹿：山名，在今河北大名县东。〔5〕蔡侯：蔡穆侯。

[传]
十四年春，诸侯城缘陵而迁杞焉。不书其人，有阙也[1]。
鄫季姬来宁，公怒，止之，以鄫子之不朝也。夏，遇于防，而使来朝。
秋八月辛卯，沙鹿崩。晋卜偃曰："期年将有大咎，几亡国。"

【注释】

〔1〕阙：杜注谓"器用不足，城池未固而去，为惠不终也"。毛奇龄谓阙指阙文。

冬，秦饥，使乞籴于晋，晋人弗与。庆郑曰[1]："背施无亲[2]，幸灾不仁，贪爱不祥，怒邻不义。四德皆失，何以守国？"虢射曰[3]："皮之不存，毛将安傅[4]？"庆郑曰："弃信背邻，患孰恤之？无信患作，失援必毙，是则然矣。"虢射曰："无损于怨而厚于寇[5]，不如勿与。"庆郑曰："背施幸灾，民所弃也。近犹仇之，况怨敌乎？"弗听。退曰："君其悔是哉！"

【注释】

〔1〕庆郑：晋大夫。〔2〕背施：背弃恩施。〔3〕虢射：晋大夫。〔4〕傅：同"附"。此处以皮喻答应割给秦的土地，以毛喻不给秦粮食。意为前者结怨已深，虽与粮已无济于事。〔5〕无损于怨：言给粮不能减少秦对晋的怨恨。

【译文】

[经]

十四年春，诸侯修筑缘陵城墙。

夏六月，季姬与鄫子在防地会面，让鄫子来我国朝见。

秋八月辛卯，沙鹿山崩塌。

狄人侵袭郑国。

冬，蔡穆侯肸去世。

[传]

十四年春，诸侯修筑缘陵的城墙，把杞国迁到那里。《春秋》没有记载筑城的人，是记录文字有阙。

鄫季姬回国探亲，僖公发怒，不放她回去，因为鄫子不来朝见的缘故。夏，季姬与鄫子在防地会面，让鄫子来朝见。

秋八月辛卯，沙鹿山崩塌。晋国卜偃说："一年内将有大灾难，几乎要亡国。"

冬，秦国发生饥荒，派人到晋国请求购买粮食，晋国人不给。庆郑说："背弃秦国的恩施是不讲亲近之情，庆幸人家的灾害是不仁，贪图爱惜自己的东西是不祥，激怒邻国是不义。这四种道德都丢失了，用什么来保卫国家？"虢射说："皮已经不存在了，毛能附在哪里？"庆郑说："丢弃信用，背弃邻国，有了患难谁来周济！没有信用就会发生患难，失去救援就必定会灭亡，这是通常的道理。"虢射说："给了粮食也不能减少秦对我们的怨恨，反使敌人增强实力，不如不给。"庆郑说："背弃恩施，庆幸灾害，是人民所抛弃的。亲近的人尚且会因此而结仇，何况是有深怨的敌人呢？"晋惠公不听。庆郑退下来说："国君将会为此而后悔的！"

僖公十五年

[经]

十有五年春[1],王正月,公如齐。

楚人伐徐。

三月,公会齐侯、宋公、陈侯、卫侯、郑伯、许男、曹伯[2],盟于牡丘[3],遂次于匡[4]。公孙敖帅师及诸侯之大夫救徐[5]。

夏五月,日有食之。

秋七月,齐师、曹师伐厉[6]。

八月,螽[7]。

九月,公至自会。

季姬归于鄫。

己卯晦,震夷伯之庙[8]。

冬,宋人伐曹。

楚人败徐于娄林[9]。

十有一月壬戌,晋侯及秦伯战于韩[10]。获晋侯。

【注释】

〔1〕十有五年:公元前645年。 〔2〕齐侯:齐桓公。宋公:宋襄

公。陈侯：陈穆公。卫侯：卫文公。郑伯：郑文公。许男：许僖公。曹伯：曹共公。〔3〕牡丘：在今山东聊城县东北。〔4〕匡：在今山东金乡县北。一云在河南长垣县西南。〔5〕公孙敖：庆父之子孟穆伯。〔6〕厉：国名，一云在湖北随县，一云在河南鹿邑县。〔7〕螽（zhōng）：蝗虫。〔8〕夷伯：杜注云鲁大夫展氏之祖父。〔9〕娄林：在今安徽泗县东北。〔10〕晋侯：晋惠公。秦伯：秦穆公。韩：韩原，晋地，在今山西芮城县。

[传]

十五年春，楚人伐徐，徐即诸夏故也〔1〕。三月，盟于牡丘，寻葵丘之盟，且救徐也。孟穆伯帅师及诸侯之师救徐，诸侯次于匡以待之。

夏五月，日有食之。不书朔与日，官失之也。

秋，伐厉，以救徐也。

【注释】

〔1〕诸夏：中原地区诸侯。

晋侯之入也，秦穆姬属贾君焉〔1〕，且曰："尽纳群公子〔2〕。"晋侯烝于贾君，又不纳群公子，是以穆姬怨之。晋侯许赂中大夫〔3〕，既而皆背之。赂秦伯以河外列城五〔4〕，东尽虢略〔5〕，南及华山〔6〕，内及解梁城〔7〕，既而不与。晋饥，秦输之粟；秦饥，晋闭之籴。故秦伯伐晋。

【注释】

〔1〕属：嘱托。贾君：太子申生的夫人。〔2〕尽：全部。〔3〕中大夫：指晋国的里克、丕郑等帮助他回国的人。〔4〕列城：诸城。

〔5〕虢略：在今河南灵宝县。　〔6〕华山：在陕西华阴县，当时为秦、晋交界处。　〔7〕内：河内。解（xiè）梁：在今山西永济县。

卜徒父筮之[1]，吉，"涉河，侯车败"。诘之，对曰："乃大吉也，三败必获晋君。其卦遇《蛊》䷑[2]，曰：'千乘三去[3]，三去之余，获其雄狐。'夫狐蛊，必其君也。《蛊》之贞，风也；其悔，山也。岁云秋矣[4]，我落其实而取其材[5]，所以克也。实落材亡，不败何待？"

【注释】

〔1〕卜徒父：秦之卜人。　〔2〕蛊：巽下，艮上。艮为狐，主五爻，五为君位，故曰雄狐。凡内卦为贞，外卦为悔。蛊内卦为"巽"，巽为风；外卦为"艮"，艮为山。　〔3〕千乘：诸侯。去：遮挡。　〔4〕云：语助。　〔5〕"我落"句：巽为内卦，代表秦；艮为外卦，代表晋。秦为风，晋为山，风吹山上故成落实取材之象。

三败及韩。晋侯谓庆郑曰："寇深矣，若之何？"对曰："君实深之，可若何？"公曰："不孙[1]。"卜右[2]，庆郑吉，弗使。步扬御戎[3]，家仆徒为右[4]，乘小驷[5]，郑入也。庆郑曰："古者大事[6]，必乘其产，生其水土而知其人心，安其教训而服习其道[7]，唯所纳之，无不如志。今乘异产以从戎事，及惧而变，将与人易[8]。乱气狡愤[9]，阴血周作[10]，张脉偾兴[11]，外强中干。进退不可，周旋不能[12]。君必悔之。"弗听。

【注释】

〔1〕不孙：无礼。孙，同"逊"，恭顺。 〔2〕右：车右。 〔3〕步扬：晋大夫，食采于步。 〔4〕家仆徒：晋大夫。 〔5〕小驷：马名。 〔6〕大事：指战争。 〔7〕服习：反复练习，熟悉。 〔8〕易：相反。 〔9〕乱气：呼吸无节奏。狡：乖戾。 〔10〕阴血：体内之血。周作：周身发作。 〔11〕脉：血管。偾兴：兴奋。 〔12〕周旋：旋转驰逐。

九月，晋侯逆秦师[1]，使韩简视师[2]，复曰："师少于我，斗士倍我。"公曰："何故？"对曰："出因其资，入用其宠，饥食其粟，三施而无报，是以来也。今又击之，我怠秦奋[3]，倍犹未也。"公曰："一夫不可狃[4]，况国乎！"遂使请战，曰："寡人不佞[5]，能合其众而不能离也，君若不还，无所逃命。"秦伯使公孙枝对曰："君之未入，寡人惧之；入而未定列[6]，犹吾忧也。苟列定矣，敢不承命。"韩简退曰："吾幸而得囚。"

【注释】

〔1〕逆：迎战。 〔2〕韩简：晋大夫。视师：侦察秦军情况。 〔3〕怠：松懈。 〔4〕狃：狎，轻侮。 〔5〕不佞：不聪明，不才。 〔6〕定列：定君位。

壬戌，战于韩原，晋戎马还泞而止[1]。公号庆郑[2]。庆郑曰："愎谏违卜[3]，固败是求[4]，又何逃焉。"遂去之。梁由靡御韩简，虢射为右，辂秦伯[5]，将止之[6]。郑以救公误之，遂失秦伯。秦获晋侯以归。晋大夫反首拔舍从之[7]。秦伯使辞焉，曰："二三子何其戚也？寡人之从君而西也，亦晋之妖梦是践[8]，岂敢以至[9]？"晋大夫三拜稽首曰："君履后土而戴皇天，皇天后土实闻君之言，群臣敢在下风[10]。"

【注释】
〔1〕还(xuán)泞：在泥泞中盘旋。止：出不来。〔2〕号：呼叫。〔3〕愎：执拗。〔4〕固：本来。〔5〕辂(yà)：迎，遇上。〔6〕止之：俘获他。〔7〕反首：披散头发。拔舍：拔营。〔8〕妖梦：指狐突遇申生事，见僖公十年。践：应验。〔9〕以至：太过分。〔10〕下风：在下风头，比喻卑下。

穆姬闻晋侯将至，以大子罃、弘与女简璧登台而履薪焉[1]，使以免服衰绖逆[2]，且告曰："上天降灾，使我两君匪以玉帛相见[3]，而以兴戎。若晋君朝以入，则婢子夕以死；夕以入，则朝以死。唯君裁之！"乃舍诸灵台[4]。

【注释】
〔1〕大子罃(yíng)：秦太子，后即位为康公。弘：太子罃的弟弟。履薪：站在柴上，表示要自焚。〔2〕免(wèn)服：即"绋服"，丧服。衰(cuī)绖：亦为丧服。绖是麻布做的带子。〔3〕玉帛：古代通问时用作礼物。〔4〕灵台：秦宫名，在都城郊外。

大夫请以入。公曰："获晋侯，以厚归也[1]。既而丧归，焉用之？大夫其何有焉？且晋人戚忧以重我[2]，天地以要我[3]。不图晋忧[4]，重其怒也；我食吾言，背天地也。重怒难任[5]，背天不祥，必归晋君。"公子縶曰[6]："不如杀之，无聚慝焉[7]。"子桑曰："归之而质其大子,必得大成[8]。晋未可灭而杀其君,只以成恶[9]。且史佚有言曰[10]:'无始祸[11],无怙乱[12],无重怒。'重怒难任,陵人不祥[13]。"乃许晋平。

【注释】

〔1〕厚:丰厚的收获。〔2〕重:使之重视,打动。〔3〕要:要挟。〔4〕图:考虑。〔5〕任:承受,担当。〔6〕公子絷:字子显,秦大夫。〔7〕聚慝:积聚邪恶。〔8〕成:讲和。〔9〕成恶:使关系更恶化。〔10〕史佚:周史官。〔11〕始祸:倡导祸乱。〔12〕怙乱:乘乱取利。〔13〕陵:欺陵。

晋侯使郤乞告瑕吕饴甥[1],且召之。子金教之言曰[2]:"朝国人而以君命赏[3],且告之曰:'孤虽归,辱社稷矣。其卜贰圉也。[4]'"众皆哭。晋于是乎作爰田[5]。吕甥曰:"君亡之不恤,而群臣是忧,惠之至也,将若君何?"众曰:"何为而可?"对曰:"征缮以辅孺子[6]。诸侯闻之,丧君有君,群臣辑睦,甲兵益多,好我者劝,恶我者惧,庶有益乎!"众说,晋于是乎作州兵[7]。

【注释】

〔1〕郤乞:晋大夫,时随晋惠公在秦。瑕吕饴甥:即吕甥、吕饴甥、阴饴甥,见僖公十年注。〔2〕子金:吕饴甥之字。〔3〕朝:召见。〔4〕卜贰圉:卜日立子圉为君。贰,指太子。〔5〕爰田:分公田之税应入公者以赏赐群臣。〔6〕征缮:财赋、军赋曰征,修治曰缮。孺子:指子圉。〔7〕作州兵:改革兵制,使军队扩大。

初,晋献公筮嫁伯姬于秦,遇《归妹》☷之《睽》

䷵[1]。史苏占之曰[2]:"不吉。其繇曰:'士刲羊[3],亦无衁也[4]。女承筐,亦无贶也[5]。西邻责言[6],不可偿也。《归妹》之《睽》,犹无相也[7]。'《震》之《离》,亦《离》之《震》,为雷为火[8],为嬴败姬,车说其輹[9],火焚其旗[10],不利行师,败于宗丘[11]。《归妹》《睽》孤[12],寇张之弧[13],侄其从姑[14],六年其逋,逃归其国,而弃其家[15],明年其死于高梁之虚[16]。"

【注释】

〔1〕归妹:震上、兑下。上六变为上九,阴变阳,成"睽",离上、兑下。 〔2〕史苏:晋主卜筮之臣。 〔3〕刲:刺,杀。 〔4〕衁(huāng):血。 〔5〕贶:赐、与。 〔6〕责言:责备的话。 〔7〕无相:无助。归妹,嫁女之卦,睽,乖离之象,所以说"无相"。 〔8〕为雷为火:震为雷,离为火。 〔9〕车说其輹:说,同"脱"。輹,车下的伏兔。因震为车,兑为毁折,故云。 〔10〕火焚其旗:离为火,故云。 〔11〕宗丘:即韩原。 〔12〕归妹睽孤:归妹为嫁女,睽为睽离之象,《易·睽》上九云:"睽孤,见豕负涂,载鬼一车,先张之弧,后说之弧。"意为睽违至极,孤独狐疑,遂酿成种种幻觉。 〔13〕寇张之弧:谓敌人将要拉弓射我。 〔14〕侄其从姑:指后子圉为质入秦。 〔15〕弃其家:抛弃其妻。子圉娶怀嬴。 〔16〕高梁:晋邑,在今山西临汾市。

及惠公在秦,曰:"先君若从史苏之占,吾不及此夫!"韩简侍,曰:"龟,象也;筮,数也。物生而后有象,象而后有滋[1],滋而后有数。先君之败德,及可数乎[2]?史苏是占,勿从何益[3]?《诗》曰:'下民之孽,匪降自天,僔沓背憎,职竞由人[4]。'"

【注释】

〔1〕滋：滋生蕃衍。〔2〕及可数乎："数可及乎"的倒语，数指筮数。〔3〕勿：发语词，无义。〔4〕引诗见《诗·小雅·十月之交》。傅沓，议论纷纷。背憎，背后彼此憎恨。职，主，主要。

震夷伯之庙，罪之也，于是展氏有隐慝焉[1]。
冬，宋人伐曹，讨旧怨也[2]。
楚败徐于娄林，徐恃救也。

【注释】

〔1〕隐慝：人所不知的罪恶。〔2〕旧怨：指庄公十四年曹国与齐、陈攻打宋国。

十月，晋阴饴甥会秦伯，盟于王城[1]。秦伯曰："晋国和乎？"对曰："不和。小人耻失其君而悼丧其亲，不惮征缮以立圉也，曰：'必报仇，宁事戎狄[2]。'君子爱其君而知其罪，不惮征缮以待秦命，曰：'必报德，有死无二。'以此不和。"秦伯曰："国谓君何[3]？"对曰："小人戚，谓之不免。君子恕[4]，以为必归。小人曰：'我毒秦，秦岂归君？'君子曰：'我知罪矣，秦必归君。贰而执之，服而舍之，德莫厚焉，刑莫威焉。服者怀德，贰者畏刑。此一役也，秦可以霸。纳而不定，废而不立，以德为怨，秦不其然。'"秦伯曰："是吾心也。"改馆晋侯，馈七牢焉[5]。

【注释】

〔1〕王城：在今陕西大荔县。〔2〕宁：宁可。〔3〕国：指国中的

人。〔4〕恕：推己及人。〔5〕牢：一牛一羊一猪为一牢。

蛾析谓庆郑曰[1]："盍行乎？"对曰："陷君于败，败而不死，又使失刑[2]，非人臣也。臣而不臣，行将焉入？"十一月，晋侯归。丁丑，杀庆郑而后入。

【注释】
〔1〕蛾析：晋大夫。〔2〕失刑：不能实施刑罚。

是岁，晋又饥，秦伯又饩之粟[1]，曰："吾怨其君而矜其民[2]。且吾闻唐叔之封也[3]，箕子曰[4]：'其后必大。'晋其庸可冀乎[5]！姑树德焉，以待能者。"于是秦始征晋河东，置官司焉。

【注释】
〔1〕饩(xì)：赠送。〔2〕矜：哀怜。〔3〕唐叔：武王子，成王弟，名虞，晋始封祖。〔4〕箕子：殷贤大夫，纣之诸父。〔5〕庸：福。冀：尽。

【译文】
[经]
十五年春，周历正月，僖公去齐国。
楚国人攻打徐国。
三月，僖公与齐桓公、宋襄公、陈穆公、卫文公、郑文公、许僖公、曹共公相会，在牡丘结盟，然后驻扎在匡地。公孙敖带领军队与诸侯大夫领兵救援徐国。
夏五月，发生日食。
秋七月，齐国军队、曹国军队攻打厉国。

八月，发生蝗灾。

九月，僖公从盟会回国。

季姬回到鄫国。

己卯晦，雷击夷伯的庙宇。

冬，宋国人攻打曹国。

楚国人在娄林打败徐国。

十一月壬戌，晋惠公与秦穆公在韩地交战。晋惠公被生擒。

[传]

十五年春，楚国人攻打徐国，是因为徐国与中原地区诸侯亲密的缘故。三月，诸侯在牡丘结盟，是重修葵丘之盟，同时商议救援徐国的事。孟穆伯率领军队与诸侯的军队一起救援徐国，诸侯驻扎在匡地等待结果。

夏五月，发生日食。《春秋》没有记载朔日和具体日期，这是史官的疏漏。

秋，攻打厉国，是以此救援徐国。

晋惠公回国继承君位的时候，秦穆姬嘱托他照顾好贾君，并且说："你要把群公子全都接纳回国。"晋惠公与贾君通奸，又不接纳群公子，因此穆姬怨恨他。晋惠公答应给中大夫们馈送礼物，后来他违背了诺言。他答应割给秦穆公黄河以外的城市五座，范围东边到虢略，南边到华山，黄河这边到解梁城，后来都没给。晋国发生饥荒，秦国运送米给他们；秦国发生饥荒，晋国不肯卖给秦国粮食。因此秦穆公攻打晋国。

卜徒父用蓍草占卜，吉利，"渡过黄河，侯的车子毁坏"。秦穆公问他何以为吉，他回答说："这是大吉。打败他们三次，就一定能擒获晋君。这一卦得的是《蛊》☶☴，繇词说：'阻击千乘之君三次，三次之后，必然擒获他们的雄狐。'那雄狐，一定是他们的国君。《蛊》的内卦是风，外卦是山。时令是秋天，我们的风吹过他们的山，吹落他们的果实，并取得他们的木材，所以可以战胜。果实落地，木材丧失，他们不败还等何时？"

晋军打了三次败仗，退到了韩地。晋惠公对庆郑说："敌人深入了，拿他们怎么办？"庆郑回答说："是君王你使他们深入的，还能怎么办?"晋惠公申斥说:"无礼!"占卜选任车右的人选,庆郑吉利,但晋惠公不用他。派遣步扬驾驶战车,家仆徒为车右,用小驷驾车,这小驷是郑国赠送的。庆郑说:"古代碰到战争,必定用本国所产的马驾车,因为它生长在自己的国家,懂得主人的心意,安于主人的调教训练,习惯熟悉本国的道路,随便在什么场合使用,它都能使你满意。如今用外国的马驾车去作战,遇到意外的事惊惧而会失去常态,将会和驾车人的意愿相违背。它们将会紧张地乱喷着气,乖戾暴躁,体内周身血液沸腾,血管暴涨突起,外表看上去很强壮,骨子里却枯竭虚怯了。进退不听指挥,旋转不灵活。君王一定会后悔的。"晋惠公不肯听从。

　　九月,晋惠公迎战秦国军队,派韩简侦察秦军情况。韩简回报说:"秦军人数比我们少,但勇于战斗的士兵是我们的一倍。"晋惠公说:"这是什么缘故?"韩简回答说:"您当初逃亡在外依靠他们资助,回国继位是由于他们对您厚爱,受了灾荒吃他们的粮食,得到三次施恩却没有回报,所以他们才出兵攻打我们。现在我们又还击他们,我军斗志松懈而秦军斗志激昂,勇于战斗的士兵比我们多一倍还不止呢。"晋惠公说:"一个普通的人尚且不能轻侮,何况一个国家呢!"于是派韩简去定战期,说:"寡人不才,能够聚合我们的军队而不能遣散他们,您如果不肯回军,我将无所回避您的作战命令。"秦穆公派公孙枝回答说:"当初您没有回国为君时,寡人为您忧惧;您回国了而君位还没安定,仍然为您担心。假如您君位已经安定了,我怎么敢不接受您作战的命令。"韩简退了下来,说:"我能够落得个被俘囚的下场已经是幸运的了。"

　　壬戌,在韩原交战,晋惠公驾战车的马在泥泞中盘旋出不来。晋惠公高声呼叫庆郑来救。庆郑说:"不听劝谏,不依占卜行事,本来就是自求失败,又为什么要逃避呢?"于是不理晋惠公而走开了。梁由靡为韩简驾驭战车,虢射为车右,拦截住秦穆公,将要俘获他。庆郑来招呼他们去救晋惠公,因此失去了捉住秦穆公的机会。秦军擒获了晋惠公后回国。晋国的大夫们披散头发,拔寨起营,在后面跟着秦军。秦穆公派人辞谢说:"你们几位为什么这么忧伤呢?寡人跟着你们国君西行,只是你们晋国的妖梦应验了罢了,怎么敢做得太过分呢?"晋大夫三拜叩头说:"君王脚踩后土头顶皇天,皇天后土都听到了君王的话,我们岂敢不等在下面听从吩咐。"

穆姬听说晋惠公将要来到,带着太子䓨、弘以及女儿简璧登上高台,站在柴草上,派人穿着丧服去迎接秦穆公,并对他说:"上天降下灾祸,使我们两国的国君不以玉帛相见,而互相打仗。如果晋惠公早晨入城,那么婢子我晚上就去死;如果晚上入城,我早晨就去死。请君王考虑决定!"秦穆公于是把晋惠公安顿在灵台。

秦国的大夫们请求把晋惠公带进都城。秦穆公说:"擒获晋惠公,是带着丰厚的收获回国。如果接着因此而发生丧事,这又有什么用呢?大夫又能得到什么好处呢?再说,晋国人用忧伤来打动我,用天地来约束我。不考虑晋国人的忧伤,便加重他们的愤怒;我违背我的诺言,是违背天地。深重的愤怒难以承担,违背上天是不吉祥的。一定得把晋惠公放回去。"公子縶说:"不如把他杀了,不要让他积聚邪恶。"子桑说:"把他放回去而以太子为人质,这样就能以优厚的条件讲和。不能够把晋国灭亡却杀死他们的君王,只会使关系恶化。再说史佚有这么一句话说:'不要倡导祸乱,不要乘别人祸乱而取利,不要增加别人的愤怒。'沉重的愤怒难以承担,欺陵别人不吉祥。"于是允许晋国讲和。

晋惠公派遣郤乞把情况通报给瑕吕饴甥,并召他前来。吕饴甥教郤乞该如何说话,他说:"你把都城的人都召集到宫门前,以国君的名义给予赏赐,并且告诉他们君王说:'孤虽然回国,但已给国家带来了耻辱。还是占卜立子圉为国君吧。'"大家听了都哭了起来。晋国于是分国君田地的收入赏赐群臣。吕饴甥说:"君王不为自己在国外而担忧,却为群臣担忧,这是最大的恩惠了,我们准备怎样报答君王?"大夫们说:"怎样做才行呢?"吕饴甥说:"征收赋税,修治武备,用以辅佐太子。诸侯听说我国失去了国君又有了新的国君,群臣和睦齐心,武器比以前更多,这样,与我们和好的国家会勉励我们,与我们有仇隙的国家会害怕我们,也许会有益处吧!"众人很高兴,晋国因此而改革兵制。

起初,晋献公为伯姬嫁给秦国而占筮,得到《归妹》☷变成

《睽》☲。史苏预测说:"不吉利。繇词说:'男子用刀杀羊,不见血浆;女子手奉竹筐,无物可装。西面的邻人责备我,没法补偿。归妹变睽,无人相帮。'《震》卦变成《离》卦,就是《离》卦变成《震》卦。震为雷离为火,是姓嬴的秦打败姓姬的晋。车子脱落了伏兔,大火烧掉了旌帜,不利于出兵打仗,在宗丘将会败亡。归妹是嫁女,睽为孤独,敌人将要拉弓射我。侄子跟着姑姑,六年后才能逃走,逃回了自己的国家,抛弃了自己的妻子,第二年他死在高梁的废墟里。"

等到晋惠公被拘在秦国,他说:"先君如果听从了史苏的占卜,我就不会到这个地步了!"韩简侍立在旁,说:"龟卜,出现的是形象;筮草,是通过数字预测。物体产生以后才有形象,有了形象后才能滋生,滋生后才有数字。先君道德败坏,岂是筮数所能概括的吗?史苏的这次占卜,听从了又有什么益处?《诗》说:'百姓遭到的灾难,不是从天而降;当面谈笑背后憎恨,主要还在于人们自己争竞。'"

雷击夷伯的庙宇,这是怪罪于他,由此可知展氏有人所不知的罪恶。

冬,宋国人攻打曹国,是讨伐过去结下的仇怨。

楚国在娄林打败徐国,是因为徐国凭仗有诸侯的救援而懈怠。

十月,晋吕饴甥会见秦穆公,在王城订立盟约。秦穆公说:"晋国国内和睦吗?"吕饴甥回答:"不和睦。小人因为失掉国君而感到羞耻,因为死去亲属而感到哀悼,不怕征收赋税、修治武备以立圉为国君,说:'一定要报仇,宁可为此而事奉戎狄。'君子爱戴自己的国君,也知道他的罪过,不怕征收赋税、修治武备以等待秦国的命令,说:'一定要报答秦国的恩德,纵是死也不改变。'因此不和睦。"秦穆公说:"晋国人对国君的未来如何判断?"吕饴甥回答说:"小人忧戚,认为他不会被赦免。君子推己及人,认为他一定会被赦回国。小人说:'我们损害了秦国,秦国怎么肯放回国君?'君子说:'我们已经认识到自己的过错,秦国一定会放国君回国。不忠心时就擒拿他,服罪认错了就宽免他,没有比这更厚重的恩德了,没有比这更威严的刑罚了。服罪的人怀念恩德,不忠心的人害怕刑罚。通过这件事,秦国就能成为诸侯的领袖了。送他回国为君而不安定他的君位，废掉一个国君又不另立新的国君，把恩德变为仇怨，秦国不会这样做。'"秦穆公说："这正是我的心意。"于是改善晋惠公待遇，让他住入宾馆，送给他牛、羊、猪各七头。

蛾析对庆郑说："你为什么不逃走？"庆郑说："我使国君陷于失败，国君失败我又不去死，又让国君不能实施刑罚，这就不是臣子了。做臣子却又不依合臣道，又能走到什么地方去？"十一月，晋惠公回国。丁丑，杀死了庆郑然后进入都城。

这一年，晋国又遇上饥荒，秦穆公又赠送给晋国粮食，说："我怨恨他们的国君但哀怜他们的人民。再说我听说唐叔受封的时候，箕子说：'他的后代必定昌盛。'晋国的后福岂会穷尽不成！我们姑且树立德行，以等待他们国家出现能人。"这时候，秦国开始征收晋国划归的黄河以东地区的赋税，设置官员。

春秋左传卷六　僖公中

僖公十六年

[经]

十有六年春[1]，王正月戊申朔，陨石于宋五。是月，六鹢退飞过宋都[2]。

三月壬申，公子季友卒。

夏四月丙申，鄫季姬卒。

秋七月甲子，公孙兹卒。

冬十有二月，公会齐侯、宋公、陈侯、卫侯、郑伯、许男、邢侯、曹伯于淮[3]。

【注释】

〔1〕十有六年：公元前644年。　〔2〕鹢：水鸟。退飞：高飞遇风而退。宋人以为灾异。　〔3〕齐侯：齐桓公。宋公：宋襄公。陈侯：陈穆公。卫侯：卫文公。郑伯：郑文公。许男：许僖公。曹伯：曹共公。淮：今江苏盱眙县。

[传]

十六年春，陨石于宋五，陨星也。六鹢退飞过宋都，风也。周内史叔兴聘于宋，宋襄公问焉，曰："是何祥也[1]？吉凶焉在？"对曰："今兹鲁多大丧[2]，明年齐有乱,君将得诸侯而不终。"退而告人曰:"君失问。是阴阳之事,非吉凶所在也。吉凶由人,吾不敢逆君故也[3]。"

【注释】

〔1〕祥:杜注:"吉凶之先见者。"即征兆。 〔2〕今兹:今年。〔3〕逆:违背。

夏,齐伐厉不克,救徐而还。

秋,狄侵晋,取狐厨、受铎[1],涉汾,及昆都[2],因晋败也。

王以戎难告于齐[3],齐征诸侯而戍周。

【注释】

〔1〕狐厨:杜注为一邑,或谓两邑,与受铎均在今山西襄汾县之汾水西。 〔2〕昆都:在山西临汾县南,汾水之东。 〔3〕王:周襄王。

冬,十一月乙卯,郑杀子华[1]。

十二月会于淮,谋鄫,且东略也。城鄫,役人病[2],有夜登丘而呼曰:"齐有乱。"不果城而还。

【注释】

〔1〕子华:郑太子,参僖公七年传。 〔2〕役人:劳工。病:疲弊。

【译文】

[经]

十六年春,王正月戊申朔,从天上掉下五块石头落在宋国。

这一月，六只鹢鸟倒退着飞过宋国都。

三月壬申，公子季友去世。

夏四月丙申，鄫季姬去世。

秋七月甲子，公孙兹去世。

冬十二月，僖公与齐桓公、宋襄公、陈穆公、卫文公、郑文公、许僖公、邢侯、曹共公在淮地相会。

[传]

十六年春，从天上掉下五块石头落在宋国，掉下的是星星。六只鹢鸟倒退着飞过宋国都，是由于大风。周内史叔兴在宋国聘问，宋襄公向他询问这两件事，说："这是什么征兆？吉凶应验在什么地方？"叔兴回答说："今年鲁国多大的丧事，明年齐国将有内乱，君王将领袖诸侯但不能保持下去。"叔兴退出来后告诉别人说："君王的问题问得不恰当。这二件事是与阴阳有关的事，与人事的吉凶无涉。吉凶由人的行为决定，我如此回答是因为不敢违背君王的缘故。"

夏，齐国攻打厉国没能取胜，救援了徐国后回兵。

秋，狄人侵袭晋国，攻取了狐厨、受铎，渡过汾水，到达昆都，是乘晋国刚被秦国打败的机会。

周襄王把戎人造成的祸害告诉齐国，齐国征集诸侯的军队戍守周。

冬，十一月乙卯，郑国杀死子华。

十二月，诸侯在淮地相会，商议鄫国的事，并且打算向东征伐。为鄫国修筑城墙，服役的劳工疲劳不堪，有人晚上登上小山高声叫喊："齐国发生了动乱。"诸侯没修完城便回国了。

僖公十七年

[经]
十有七年春[1],齐人、徐人伐英氏[2]。
夏,灭项[3]。
秋,夫人姜氏会齐侯于卞[4]。
九月,公至自会。
冬十有二月乙亥,齐侯小白卒。

【注释】
〔1〕十有七年:公元前643年。〔2〕英氏:国名,偃姓,其地或以为在安徽金寨县,或以为在六安县。〔3〕项:国名,地在今河南项城县。〔4〕卞:鲁邑,在今山东泗水县东。

[传]
十七年春,齐人为徐伐英氏,以报娄林之役也。
夏,晋大子圉为质于秦,秦归河东而妻之[1]。惠公之在梁也,梁伯妻之。梁嬴孕,过期,卜招父与其子卜之[2]。其子曰:"将生一男一女。"招曰:"然。男为人臣[3],女为人妾。"故名男曰圉,女曰妾。及子圉西质,妾为宦女焉[4]。

【注释】

〔1〕河东：即晋割给秦的河东五城。　〔2〕卜招父：梁大卜。〔3〕臣：与下妾均指为人奴婢。　〔4〕宦女：侍女。

师灭项。淮之会，公有诸侯之事未归而取项[1]。齐人以为讨[2]，而止公[3]。

秋，声姜以公故，会齐侯于卞。九月，公至。书曰"至自会"，犹有诸侯之事焉，且讳之也。

【注释】

〔1〕诸侯之事：即国家事务。　〔2〕以为讨：以此事声讨鲁僖公。〔3〕止：拘捕。

齐侯之夫人三：王姬，徐嬴，蔡姬，皆无子。齐侯好内[1]，多内宠，内嬖如夫人者六人[2]：长卫姬[3]，生武孟[4]；少卫姬，生惠公[5]；郑姬，生孝公[6]；葛嬴，生昭公[7]；密姬，生懿公[8]；宋华子，生公子雍。公与管仲属孝公于宋襄公，以为大子。雍巫有宠于卫共姬[9]，因寺人貂以荐羞于公[10]，亦有宠，公许之立武孟。

【注释】

〔1〕好内：好女色。　〔2〕内嬖：即内宠。如夫人：谓受宠爱礼秩与夫人相同。　〔3〕长卫姬：即卫共姬，以卫姬有二，故以长、少区别。〔4〕武孟：即公子无亏。桓公卒后即位，三月后为国人所杀。　〔5〕惠公：即公子元，继懿公后为君，在位十年。　〔6〕孝公：公子昭，继无亏后为君，在位十年。　〔7〕昭公：即公子潘，继孝公为君，在位二十年。〔8〕懿公：即公子商人。昭公卒，子舍立，商人杀舍自立，在位四年。

〔9〕雍巫：即易牙，名巫。雍谓饔人，即职膳厨事。 〔10〕羞：通"馐"。

管仲卒，五公子皆求立[1]。冬十月乙亥，齐桓公卒。易牙入，与寺人貂因内宠以杀群吏[2]，而立公子无亏。孝公奔宋。十二月乙亥赴，辛巳夜殡[3]。

【注释】
〔1〕五公子：指孝公以外的五个公子。 〔2〕群吏：诸执政、大夫。〔3〕辛巳上距桓公卒日六十七日，据载，其时桓公尸虫已爬出户外。

【译文】

[经]
十七年春，齐国人、徐国人攻打英氏国。
夏，灭亡项国。
秋，夫人姜氏在卞地会见齐桓公。
九月，僖公从会议回国。
冬十二月乙亥，齐桓公小白去世。

[传]
十七年春，齐国人为徐国攻打英氏国，是为了报复娄林那次战役。
夏，晋太子圉去秦国做人质，秦国归还了河东土地给晋国并把女儿嫁给太子圉。晋惠公在梁国时，梁伯把女儿嫁给他。梁嬴怀孕，足月未产，卜招父与他的儿子占卜。他儿子说："将生下一男一女。"招父说："不错。男的给人做奴仆，女的给人做奴婢。"因此男的取名为圉，女的取名为妾。及至子圉到秦国做人质，妾也在秦国为侍女。
我军灭亡了项国。在淮地相会后，僖公还有国事要处理没回国，而我军攻取了项国。齐国人因此向僖公问罪，把他拘捕起来。

秋，声姜因为僖公的缘故，与齐桓公在卞地相会。九月，僖公来到。《春秋》记载说"至自会"，是还有国事要处理，同时讳言被齐国拘捕一事。

齐桓公有三位夫人：王姬、徐嬴、蔡姬，都没有生儿子。齐桓公喜欢女色，内宠很多，内宠中享受同夫人相同待遇的有六个人：长卫姬，生武孟；少卫姬，生惠公；郑姬，生孝公；葛嬴，生昭公；密姬，生懿公；宋华子，生公子雍。桓公和管仲把孝公拜托给宋襄公，立为太子。雍巫得到卫共姬的宠爱，通过寺人貂献给桓公美味珍馐，也得到桓公宠爱，桓公答应他立武孟为继承人。

管仲去世，五公子都谋求继承君位。冬十月乙亥，齐桓公去世。易牙入宫，与寺人貂一起依靠内宠杀死执政大夫们，立公子无亏为君。孝公逃亡到宋国。十二月乙亥发讣告。辛巳夜入殓。

僖公十八年

[经]

十有八年春[1],王正月,宋公、曹伯、卫人、邾人伐齐[2]。

夏,师救齐。

五月戊寅,宋师及齐师战于甗[3],齐师败绩。

狄救齐。

秋八月丁亥,葬齐桓公。

冬,邢人、狄人伐卫。

【注释】

〔1〕十有八年:公元前642年。 〔2〕宋公:宋襄公。曹伯:曹共公。 〔3〕甗(yán):齐地,在今山东历城县。

[传]

十八年春,宋襄公以诸侯伐齐。三月,齐人杀无亏[1]。

郑伯始朝于楚[2],楚子赐之金[3],既而悔之,与之盟曰:"无以铸兵。"故以铸三钟。

【注释】

〔1〕宋襄公受齐桓公嘱托立孝公，此时带着孝公伐齐，所以齐人杀无亏以平宋怒。　〔2〕郑伯：郑文公。　〔3〕楚子：楚成王。金：指铜。

齐人将立孝公，不胜四公子之徒[1]，遂与宋人战。夏五月，宋败齐师于甗，立孝公而还。

秋八月，葬齐桓公。

【注释】

〔1〕四公子：指无亏、孝公以外四公子。

冬，邢人、狄人伐卫，围菟圃[1]。卫侯以国让父兄子弟及朝众曰[2]："苟能治之，燬请从焉。"众不可，而后师于訾娄[3]。狄师还。

梁伯益其国而不能实也[4]，命曰新里[5]，秦取之[6]。

【注释】

〔1〕菟圃：卫地，当在今河南长垣县境。　〔2〕卫侯：卫文公燬。朝众：指各位大夫。　〔3〕訾娄：在今河南滑县西南。　〔4〕实：徙其民居住。　〔5〕新里：秦占领后称为新城，在今陕西澄城县东北。　〔6〕此与下一年起首为一传，为后人割裂。

【译文】

[经]

十八年春，周历正月，宋襄公、曹共公、卫国人、邾国人攻打齐国。

夏，我军援救齐国。

五月戊寅，宋国军队与齐国军队在甗地交战，齐国军队大败。狄人援救齐国。

秋八月丁亥，安葬齐桓公。

冬，邢国人、狄人攻打卫国。

[传]

十八年春，宋襄公带领诸侯的军队攻打齐国。三月，齐国人杀死无亏。

郑文公开始去朝见楚国，楚成王赐给他铜，不久后悔了，与他订立盟誓说："不要用它铸造武器。"郑国因此用这些铜铸了三口钟。

齐国人准备立孝公为君，但对付不了四公子的党徒，这些人于是和宋国人交战。夏五月，宋国军队在甗地打败齐国军队，立孝公为国君后回国。

秋八月，安葬齐桓公。

冬，邢国人、狄人攻打卫国，包围菟圃。卫文公把君位让给父兄子弟及朝中大夫说："有谁如果能治理好国家，我就跟从他。"众人不同意，然后在訾娄陈列军队。狄军就退了回去。

梁伯拓广他的国土却派不出人去居住，命名那地方为新里，秦国占领了那儿。

僖公十九年

[经]

十有九年春[1]，王三月，宋人执滕子婴齐。

夏六月，宋公、曹人、邾人盟于曹南[2]。鄫子会盟于邾[3]。己酉，邾人执鄫子用之[4]。

秋，宋人围曹。

卫人伐邢。

冬，会陈人、蔡人、楚人、郑人盟于齐。

梁亡。

【注释】

〔1〕十有九年：公元前641年。 〔2〕曹南：曹国南部边境。杜注说曹国虽然与会，但不服，无地主之礼，所以不称会盟具体地点，而曰"曹南"。 〔3〕鄫子到邾国会盟，《公羊传》认为是迟到的缘故。〔4〕用：用作牺畜，即作祭物。

[传]

十九年春，遂城而居之。

宋人执滕宣公。

夏，宋公使邾文公用鄫子于次睢之社[1]，欲以属东夷[2]。司马子鱼曰[3]："古者六畜不相为用，小事不用大牲，而况敢用人乎？祭祀以为人也。民，神之主也。用人，其谁飨之？齐桓公存三亡国以属诸侯[4]，义士犹曰薄德。今一会而虐二国之君，又用诸淫昏之鬼[5]，将以求霸，不亦难乎？得死为幸[6]！"

【注释】
〔1〕次睢：不详何地。杜注云在睢水边，"水次有妖神，东夷皆社祠之"。一云在山东临沂县。 〔2〕属东夷：使东夷来归附自己。 〔3〕司马子鱼：即公子目夷。 〔4〕存三亡国：指桓公平鲁乱立僖公、筑夷仪封邢、城楚丘封卫。 〔5〕淫昏之鬼：即次睢之神。 〔6〕得死：犹言善终。

秋，卫人伐邢，以报菟圃之役。于是卫大旱，卜有事于山川[1]，不吉。宁庄子曰："昔周饥，克殷而年丰。今邢方无道，诸侯无伯[2]，天其或者欲使卫讨邢乎？"从之，师兴而雨。

【注释】
〔1〕有事：有祭祀之事。 〔2〕无伯：齐桓公已死，故无霸主。

宋人围曹，讨不服也。子鱼言于宋公曰："文王闻崇德乱而伐之[1]，军三旬而不降[2]，退修教而复伐之，因垒而降[3]。《诗》曰：'刑于寡妻，至于兄弟，以御于家邦[4]。'今君德无乃犹有所阙，而以伐人，若之何？盍姑内省德乎[5]？无阙而后动。"

【注释】

〔1〕崇：崇侯虎。其国在今陕西户县东。 〔2〕军三旬：军队进攻了三旬。 〔3〕因垒：依前所筑壁垒。谓没有新筑壁垒，也未增添兵力。〔4〕所引诗见《诗·大雅·思齐》。刑，同"型"，示范。寡妻，嫡妻。御，治理。 〔5〕内：退。省德：自省自己德行如何。

陈穆公请修好于诸侯以无忘齐桓之德。冬，盟于齐，修桓公之好也。

梁亡。不书其主，自取之也。初，梁伯好土功，亟城而弗处[1]，民罢而弗堪[2]，则曰："某寇将至。"乃沟公宫[3]，曰："秦将袭我。"民惧而溃，秦遂取梁。

【注释】

〔1〕亟：多次。 〔2〕罢：同"疲"。 〔3〕沟：做动词，开沟。

【译文】

[经]

十九年春，周历三月，宋国人拘捕滕子婴齐。

夏六月，宋襄公、曹国人、邾国人在曹国南部边境结盟。鄫子到邾国参加盟会。己酉，邾国人拘捕鄫子，把他作为祭物。

秋，宋国人包围了曹国。

卫国人攻打邢国。

冬，僖公与陈国人、蔡国人、楚国人、郑国人在齐国会盟。

梁国灭亡。

[传]

十九年春，秦国人在新里筑城墙，在那里居住。

宋国人拘捕滕宣公。

夏，宋襄公派邾文公用鄫子祭祀次睢的土地神，想以此使东夷来归附。司马子鱼说："古代六畜不能互相代替来用于祭祀，小的祭祀不用大的牲口，更何况敢用人呢？祭祀是为了人。人民，是神的主人。用人祭祀，有谁来享用？齐桓公恢复了三个灭亡的国家来使诸侯归附，义士还说他德行微薄。如今一次盟会而残害二个国家的君主，又用来祭祀淫邪昏乱的鬼神，想以此来求取做诸侯之长，不也是很难的吗？能够得到善终已经是很幸运的事了！"

秋，卫国人攻打邢国，是为了报复菟圃这一战役。这时候卫国大旱，为祭祀山川的事占卜，不吉利。宁庄子说："往昔周朝国内发生饥荒，战胜了殷商后就得到丰收年。如今邢国正是无道的时候，诸侯又没有领袖，这莫不是上天想要让卫国攻打邢国吧？"卫君听从了他的话，军队聚集后天就下起雨来。

宋国人包围曹国，是讨伐曹国对宋不顺服。子鱼对宋襄公说："文王听到崇侯虎昏乱没有德行而去攻打他，军队进攻了三十天而崇侯虎不投降，文王便退兵修明教化，然后再去攻打，仍然凭依先前所建的壁垒，而崇国投降了。《诗》说：'在正妻面前作出典范，对待兄弟也相同，以此治国事事通。'如今君王的德行恐怕还有所欠缺，而以此攻打别人，能把人家怎么样？何不姑且退兵自省自己的德行？等到没有欠缺了再发兵。"

陈穆公请求诸侯们重修友好关系，以示不忘齐桓公的德行。冬，诸侯在齐国会盟，重修齐桓公建立的友好关系。

梁国灭亡。《春秋》不记载是谁灭亡了它，是说它自取灭亡。起初，梁伯喜欢土木建筑，多次筑城而无人居住，人民疲劳而难以承受，就说："某敌人将要来打我们。"于是在国君的宫室外挖沟，说："秦国将要来袭击我国。"人民害怕而溃散，秦国就占领了梁国。

僖公二十年

[经]

二十年春[1]，新作南门[2]。

夏，郜子来朝[3]。

五月乙巳，西宫灾[4]。

郑人入滑。

秋，齐人、狄人盟于邢。

冬，楚人伐随。

【注释】

〔1〕二十年：公元前640年。〔2〕南门，本名稷门，僖公重建，比别门高大，改名高门。〔3〕郜子：郜为姬姓国，但据隐公十年、桓公二年经、传已亡于宋，故诸家解释不一，或谓是失地之君，或谓另是一郜。〔4〕西宫：鲁宫名，鲁有东、西、北宫。

[传]

二十年春，新作南门。书，不时也。凡启塞从时[1]。

滑人叛郑而服于卫。夏，郑公子士、泄堵寇帅师入滑[2]。

秋，齐、狄盟于邢，为邢谋卫难也。于是卫方病邢。

【注释】
〔1〕启塞：启指城门阖扇。塞指贯门扇的横木，即键。《礼记·月令》谓仲春修阖扇，孟冬修键闭。 〔2〕公子士：郑大夫，郑文公子。泄堵寇：郑大夫。

随以汉东诸侯叛楚。冬，楚斗榖於菟帅师伐随，取成而还。君子曰："随之见伐，不量力也。量力而动，其过鲜矣。善败由己[1]，而由人乎哉？《诗》曰：'岂不夙夜？谓行多露[2]。'"

【注释】
〔1〕善败：同"成败"。 〔2〕所引诗见《诗·召南·行露》。夙夜，早晚，朝夕。这里是早夜的意思，即天未明。行，道路。

宋襄公欲合诸侯，臧文仲闻之，曰："以欲从人则可，以人从欲鲜济。"[1]

【注释】
〔1〕此条与下一年传当为一传。

【译文】
[经]
二十年春，重新建造南门。
夏，郜子来我国朝见。
五月乙巳，西宫发生火灾。

郑国人攻入滑国。

秋，齐国人、狄国人在邢国结盟。

冬，楚国人攻打随国。

[传]

二十年春，重新建造南门。《春秋》记载，是因为不符合时令。凡是修建城门门扇、门闩，应该在规定的时令中做。

滑国人背叛郑国而顺服卫国。夏，郑公子士、泄堵寇率领军队攻入滑国。

秋，齐国、狄国在邢国结盟，为邢国商议对付卫国加于邢国的祸难。这时候卫国才担忧邢国。

随国率领汉水以东的诸侯背叛楚国。冬，楚鬭穀於菟率领军队攻打随国，讲和后回国。君子说："随国被人攻打，是由于没估量自己的力量。估量好自己的力量然后行动，遭受的祸害就少了。成功与失败在于自己，难道会在于别人？《诗》说：'难道不想天不亮就赶路？实在怕道上沾满露珠。'"

宋襄公想要会合诸侯，臧文仲听说了，说："把自己的欲望顺从于别人就可以，强迫别人服从自己的欲望就很少成功。"

僖公二十一年

[经]

二十有一年春[1],狄侵卫。

宋人、齐人、楚人盟于鹿上[2]。

夏,大旱。

秋,宋公、楚子、陈侯、蔡侯、郑伯、许男、曹伯会于盂[3]。

执宋公以伐宋[4]。

冬,公伐邾。

楚人使宜申来献捷[5]。

十有二月癸丑,公会诸侯盟于薄[6],释宋公。

【注释】

〔1〕二十有一年:公元前639年。〔2〕鹿上:宋地,在今安徽阜阳市南。〔3〕宋公:宋襄公。楚子:楚成王。陈侯:陈穆公。蔡侯:蔡庄公。郑伯:郑文公。许男:许僖公。曹伯:曹共公。盂:宋地,在今河南睢县。〔4〕执宋公,杜注云不写谁执宋公,是因为宋公无德而争盟,为诸侯所疾,"故总见众国共执之文"。〔5〕宜申:鬭宜申。〔6〕薄:即亳,宋邑,在今河南商丘市北。

[传]

二十一年春，宋人为鹿上之盟，以求诸侯于楚[1]。楚人许之。公子目夷曰："小国争盟，祸也。宋其亡乎，幸而后败。"

【注释】

〔1〕求诸侯于楚：时中原诸侯郑、陈、蔡等国已依附楚国，所以宋襄公求楚让这些诸侯听命于自己。

夏，大旱。公欲焚巫尫[1]。臧文仲曰："非旱备也。修城郭[2]，贬食省用[3]，务穑劝分[4]，此其务也。巫尫何为？天欲杀之，则如勿生，若能为旱，焚之滋甚。"公从之。是岁也，饥而不害。

【注释】

〔1〕尫：仰面突胸的人。杜注云：此类人因天哀怜他们，怕下雨下入他们的鼻子，所以天旱。　〔2〕修城郭：恐敌人乘灾来攻，又以工代赈。〔3〕贬食：降低、减少饮食。　〔4〕务穑：致力稼穑。劝分：劝人分财施舍。

秋，诸侯会宋公于盂。子鱼曰："祸其在此乎！君欲已甚[1]，其何以堪之？"于是楚执宋公以伐宋。冬，会于薄以释之。子鱼曰："祸犹未也，未足以惩君。"

任、宿、须句、颛臾[2]，风姓也。实司大皞与有济之祀[3]，以服事诸夏。邾人灭须句，须句子来奔，因成风也[4]。成风为之言于公曰："崇明祀[5]，保小寡[6]，周礼也。蛮夷猾夏[7]，周祸也。若封须句，是崇皞、济而修祀纾祸也[8]。"

【注释】
〔1〕已甚：太过分。〔2〕任：国名，故城在今山东济宁市。宿：国名，见隐公元年注。须句：国名，在今山东东平县。颛臾：国名，地在今山东费县。〔3〕司：主。大皞：太皞，即伏羲氏，为上述四国之祖先。有济：济水。〔4〕成风：庄公之妾，僖公之母，须句人。〔5〕明祀：指太皞与济水之祭祀。〔6〕小寡：小国寡民。〔7〕猾：乱。〔8〕修祀：俞樾认为当为"修礼"之误，否则与上重复。纾：缓解。

【译文】

[经]

二十一年春，狄人侵袭卫国。
宋国人、齐国人、楚国人在鹿上结盟。
夏，大旱。
秋，宋襄公、楚成王、陈穆公、蔡庄公、郑文公、许僖公、曹共公在盂地相会。
拘捕了宋襄公来攻打宋国。
冬，僖公攻打邾国。
楚成王派宜申来我国进奉宋国的俘虏和战利品。
十二月癸丑，僖公与诸侯在薄地会盟，释放宋襄公。

[传]

二十一年春，宋国人举行了鹿上的盟会，向楚国请求让归附楚国的中原诸侯奉自己为领袖，楚国人答应了。公子目夷说："小国争当盟主，这是灾祸。宋国恐怕要灭亡了，能够推迟失败已是幸运的事了。"

夏，大旱。僖公准备火焚巫师与仰面突胸的畸形人。臧文仲说："这不是防备旱灾的办法。修理城墙，降低减少饮食，节省开支，致力农事，劝人分财施舍，这才是应该做的事。巫师与仰面突胸的畸形人能起什么作用？上天如果要杀死他们，那么不如不要生下他们，如果他们能导致旱灾，焚死了他们只能加剧旱情。"僖公同意了他的看法。这一年，虽有饥荒，但没有产生危害。

秋，诸侯在盂地会见宋襄公。公子目夷说："祸害就在这里吧！君王的欲望太过分，那怎么受得了？"结果楚国拘捕了宋襄公去攻打宋国。冬，在薄地会盟，释放了宋襄公。公子目夷说："祸害还不止这些，单这样还不足以惩罚君王。"

任、宿、须句、颛臾，都是风姓国家。他们主持太暤与济水的祭祀，而服从中原各国。邾国人灭亡了须句，须句国君逃来我国，这是因为成风是须句人的缘故。成风为他们而对僖公进言说："尊崇明祀，保护小国寡民，这是周的礼仪。蛮夷扰乱中原，是周的祸患。如果封须句国，这是尊崇太暤、济水神而修明祭祀、缓解祸患的做法。"

僖公二十二年

[经]

二十有二年春[1],公伐邾,取须句。

夏,宋公、卫侯、许男、滕子伐郑[2]。

秋八月丁未,及邾人战于升陉[3]。

冬十有一月己巳朔,宋公及楚人战于泓[4],宋师败绩。

【注释】

〔1〕二十有二年:公元前638年。〔2〕宋公:宋襄公。卫侯:卫文公。许男:许僖公。〔3〕升陉:鲁地,不详为今何地。〔4〕泓:水名,在今河南柘城县北。

[传]

二十二年春,伐邾,取须句,反其君焉,礼也。

三月,郑伯如楚。夏宋公伐郑。子鱼曰:"所谓祸在此矣。"

初,平王之东迁也,辛有适伊川[1],见被发而祭于野者[2],曰:"不及百年,此其戎乎!其礼先亡矣。"

秋,秦、晋迁陆浑之戎于伊川[3]。

【注释】

〔1〕辛有：周大夫。伊川：伊水所经之地，在今河南嵩县至伊川县一带。　〔2〕被发：即披发。披发为当时夷狄之俗。　〔3〕陆浑之戎：戎之一种，本居瓜州。

晋大子圉为质于秦，将逃归，谓嬴氏曰[1]："与子归乎？"对曰："子，晋大子，而辱于秦，子之欲归，不亦宜乎？寡君之使婢子侍执巾栉[2]，以固子也。从子而归，弃君命也。不敢从，亦不敢言。"遂逃归。

【注释】

〔1〕嬴氏：即怀嬴，太子妻。　〔2〕婢子：《礼记·曲礼》："自世妇以下自称曰婢子。"执巾栉：谦语，即为妻。

富辰言于王曰[1]："请召大叔[2]。《诗》曰：'协比其邻，昏姻孔云[3]。'吾兄弟之不协，焉能怨诸侯之不睦？"王说。王子带自齐复归于京师，王召之也。

【注释】

〔1〕富辰：周大夫。王：周襄王。　〔2〕大叔：王子带。　〔3〕所引诗见《诗·小雅·正月》。协比，今作"洽比"，意同，均言协和亲密。

邾人以须句故出师。公卑邾[1]，不设备而御之。臧文仲曰："国无小，不可易也。无备，虽众不可恃也。《诗》曰：'战战兢兢，如临深渊，如履薄冰[2]。'又曰：'敬之敬之，天惟显思，命不易哉[3]！'先王之明德，犹无不难也，无不惧也，况我小国乎！君其无谓邾小，蜂虿有毒[4]，而况国乎？"弗听。八月丁未，公及邾师战于升陉，我师败绩。邾人获公胄，县诸鱼门[5]。

【注释】
〔1〕卑：轻视。 〔2〕所引诗见《诗·小雅·小旻》。战战兢兢，恐惧小心的样子。 〔3〕所引诗见《诗·周颂·敬之》。 〔4〕虿：一种毒虫，长尾名虿，短尾名蝎。 〔5〕鱼门：邾国城门。

楚人伐宋以救郑。宋公将战，大司马固谏曰："天之弃商久矣[1]，君将兴之，弗可赦也已。"弗听。冬十一月己巳朔，宋公及楚人战于泓。宋人既成列[2]，楚人未既济[3]。司马曰："彼众我寡，及其未既济也请击之。"公曰："不可。"既济而未成列，又以告。公曰："未可。"既陈而后击之[4]，宋师败绩。公伤股，门官歼焉[5]。

【注释】
〔1〕天之弃商：上天不肯降福给商。商，即宋，其先为微子，其地为商旧都周围地区。 〔2〕成列：排成战斗行列。 〔3〕未既济：还没有完全渡过河。 〔4〕陈：同"阵"，摆阵势。 〔5〕门官：国君的亲军侍卫。

国人皆咎公[1]。公曰："君子不重伤[2]，不禽二毛[3]。古之为军也，不以阻隘也[4]。寡人虽亡国之余，不鼓不成列[5]。"子鱼曰："君未知战。勍敌之人隘而不列[6]，天赞我也。阻而鼓之，不亦可乎？犹有惧焉。且今之勍者，皆吾敌也。虽及胡耇[7]，获则取之，何有于二毛？明耻教战[8]，求杀敌也。伤未及死，如何勿重？若爱重伤，则如勿伤；爱其二毛，则如服焉。三军以利用也[9]，金鼓以声气也[10]。利而用之，阻隘可也；声盛致志[11]，鼓儳可也[12]。"

【注释】
〔1〕咎：归罪，指责。〔2〕重伤：杀伤已受伤的人。〔3〕禽：同"擒"。二毛：头发花白。指老人。〔4〕阻隘：险要的地势。〔5〕鼓：击鼓，号令进军攻击。〔6〕勍敌：劲敌，强敌。〔7〕胡耇(gǒu)：年纪很老的人。〔8〕明耻：宣明失败误国是耻辱的道理。〔9〕三军：诸侯大国设上、中、下三军。利用：凭借有利条件来作战。〔10〕声气：以声音鼓励士气。〔11〕声盛：谓金鼓之声大作。致志：鼓起斗志。〔12〕儳(chǎn)：阵列不整齐。

丙子晨，郑文夫人芈氏、姜氏劳楚子于柯泽[1]。楚子使师缙示之俘馘[2]。君子曰："非礼也。妇人送迎不出门，见兄弟不逾阈[3]，戎事不迩女器[4]。"

【注释】
〔1〕柯泽：郑地，具体所在不详。〔2〕师缙：楚国乐师。俘：俘虏。馘(guó)：战争中割下杀死者左耳以计功。〔3〕阈：门限。〔4〕女器：女子使用的东西。

丁丑，楚子入享于郑，九献[1]，庭实旅百[2]，加笾豆六品[3]。享毕，夜出，文芈送于军，取郑二姬以归[4]。叔詹曰："楚王其不没乎！为礼卒于无别，无别不可谓礼，将何以没？"诸侯是以知其不遂霸也。

【注释】

〔1〕九献：敬酒九次。 〔2〕庭实旅百：院子里陈设的礼品上百。旅，陈。 〔3〕加笾豆六品：笾、豆皆容器，装食品。以上礼均为享天子或上公所用。 〔4〕二姬：姬姓二女。郑，姬姓。

【译文】

[经]

二十二年春，僖公攻打邾国，占领须句。

夏，宋襄公、卫文公、许僖公、滕子攻打郑国。

秋八月丁未，与邾国人在升陉交战。

冬十一月己巳朔，宋襄公与楚国人在泓水交战，宋兵大败。

[传]

二十二年春，攻打邾国，占领须句，让须句国君回国，这是合乎礼的。

三月，郑文公去楚国。夏，宋襄公攻打郑国。子鱼说："所谓的祸患就在这里了。"

起初，周平王东迁的时候，辛有到伊川去，见到有人披着头发在野地里祭祀，他说："用不了百年，这里将是戎人居住的地方了！它的礼仪先已消亡了。"

秋，秦、晋把陆浑之戎迁移到伊川。

晋太子圉在秦国做人质，准备逃回本国，对嬴氏说："与你一起走好吗？"嬴氏回答说："你是晋国的太子，而屈居于秦国，你想回去，不是很应该的事吗？我们君王所以让我做你的妻子，是为了让你安心。跟着你回去，是抛弃了君王的命令。我不敢跟你走，也不敢把这事说出去。"太子圉便逃回晋国。

富辰对周襄王说："请您把太叔召回国。《诗》说：'和他的邻居亲近融洽，亲戚之间友好来往。'我国兄弟间不融洽，怎么能怪诸侯之间不和睦？"周襄王听了很高兴。王子带从齐国回到京师，是周襄王把他召回的。

邾国人因为鲁国攻取须句的缘故出兵进攻鲁国。僖公轻视邾国，不设防备就去抵御它。臧文仲说："国家没有大小之分，都不能够轻视。不设防备，虽然人多还是不足以依靠。《诗》说：'战战兢兢，如同面对着深渊，如同脚踩着薄冰。'又说：'处事警惕又警惕，天理昭彰不可欺，保全国运实不易！'以先王的美德，尚且对事没有不困难，没有不小心谨慎的，何况我们小国呢？君王不要认为邾国弱小，黄蜂、蛋虫都有毒，何况一个国家呢？"僖公不听。八月丁未，僖公与邾国军队在升陉交战，我军大败。邾军缴获了僖公的头盔，把它悬挂在鱼门上。

楚国人攻打宋国用以救援郑国。宋襄公准备迎战，大司马固劝阻他说："上天不肯降福给商已经很久了，君王打算使它兴盛，那是上天所不肯饶恕的事。"宋襄公不听。冬十一月己巳朔，宋襄公与楚军在泓水交战。宋军已经排成战斗的行列，楚军还没有完全渡过河来。司马说："他们人多我们人少，趁他们还没全部渡过河来请下令攻击他们。"宋襄公说："不行。"楚军渡过了河而没排成战斗行列，司马又请求下令攻击，宋襄公说："还不行。"等楚军摆好阵势后宋军才发动攻击，宋军大败。宋襄公大腿负伤，门官被杀得一干二净。

宋国人都归咎于宋襄公。宋襄公说："君子不杀伤已经受伤的人，不擒捉头发花白的人。古代的用兵之道，不凭借险要的地势攻击敌人。寡人虽然是亡国者的后代，但不攻击还没有排成战斗行列的人。"子鱼说："君王不懂得作战的道理。强大的敌人由于地形阻隘而没能排成战斗行列，是上天帮助我们。趁他们被阻隔而进行攻击，不也是可以的吗？这样做还有所担心不能取胜呢。再说现在的强者，都是我们的敌人。即使是遇到老人，能够俘获就抓回来，对头发花白的人怜惜什么？使战士明白失败是耻辱，教导士兵如何作战，是为了杀死敌人。敌人受伤还没有死，为什么不再次杀伤他？如果可怜敌人不再次杀伤他们，那还不如起初就不要下手；如果可怜敌人中头发花白的人，那还不如向他们屈服。三军是凭借有利条件来作战的，鸣金击鼓是以声音来鼓励士气。抓住有利的机会就使用，在险要的地方攻击敌人是可以的；盛大的金鼓之声是为了鼓舞起斗志，向那些没有排列成战斗行列的人进攻是可以的。"

丙子晨，郑文公夫人芈氏、姜氏在柯泽慰劳楚成王。楚成王派师缙把生擒的俘虏及杀死的敌人的左耳给她们看。君子说："这是不符合礼的。妇人送迎不出房门，会见兄弟不出门槛，战争中不接近女子使用的器物。"

丁丑，楚成王入郑国都城接受享礼，主人敬酒九次，庭院中陈设的礼物有上百件，外加笾豆装盛食物六件。宴会结束，楚成王夜间出城，文芈把他送到军中，他带了郑国的两个女子回国。叔詹说："楚王恐怕不得善终吧！实施礼节而最终男女无别，男女无别就不能称为有礼，他将怎能得到善终？"诸侯从这件事知道楚成王不能完成霸业。

僖公二十三年

[经]

二十有三年春[1]，齐侯伐宋[2]，围缗[3]。

夏五月庚寅，宋公兹父卒。

秋，楚人伐陈。

冬十有一月，杞子卒[4]。

【注释】

〔1〕二十有三年：公元前637年。〔2〕齐侯：齐孝公。〔3〕缗：在今山东省金乡县东北。〔4〕杞子：杞成公。

[传]

二十三年春，齐侯伐宋，围缗，以讨其不与盟于齐也。

夏五月，宋襄公卒，伤于泓故也。

秋，楚成得臣帅师伐陈[1]，讨其贰于宋也。遂取焦、夷[2]，城顿而还[3]。子文以为之功，使为令尹。叔伯曰[4]："子若国何？"对曰："吾以靖国也[5]。夫有大功而无贵仕，其人能靖者与有几？"

【注释】

〔1〕成得臣：字子玉，楚大夫。　〔2〕焦：今安徽亳县。夷：在今安徽亳县东南七十里。　〔3〕顿：国名，姬姓，地在今河南项城县。〔4〕叔伯：即芮吕臣，楚大夫。　〔5〕靖：安定。

九月，晋惠公卒。怀公命无从亡人[1]。期，期而不至，无赦。狐突之子毛及偃从重耳在秦[2]，弗召。冬，怀公执狐突曰："子来则免。"对曰："子之能仕，父教之忠，古之制也。策名委质[3]，贰乃辟也[4]。今臣之子，名在重耳，有年数矣。若又召之，教之贰也。父教子贰，何以事君？刑之不滥，君之明也，臣之愿也。淫刑以逞，谁则无罪？臣闻命矣。"乃杀之。卜偃称疾不出，曰："《周书》有之：'乃大明服[5]。'己则不明而杀人以逞，不亦难乎？民不见德而唯戮是闻，其何后之有？"

【注释】

〔1〕无从亡人：不要跟随逃亡的重耳。　〔2〕狐突：晋大夫。毛：狐毛。偃：狐偃，字子犯。　〔3〕策名：名书于策上，指出仕。委质：指臣给君送上礼物，表示做人臣子。　〔4〕辟：罪。　〔5〕乃大明服：《尚书·康诰》文，言君大明，臣子乃服。

十一月，杞成公卒。书曰"子"，杞，夷也[1]。不书名，未同盟也。凡诸侯同盟，死则赴以名，礼也。赴以名，则亦书之，不然则否，辟不敏也[2]。

【注释】

〔1〕夷：杞本非夷，因同夷礼，故视同夷人。　〔2〕不敏：不审。辟不敏，避免失审而误书。

晋公子重耳之及于难也[1]，晋人伐诸蒲城。蒲城人欲战，重耳不可，曰："保君父之命而享其生禄[2]，于是乎得人[3]。有人而校[4]，罪莫大焉。吾其奔也。"遂奔狄，从者狐偃、赵衰、颠颉、魏武子、司空季子[5]。狄人伐廧咎如[6]，获其二女：叔隗、季隗，纳诸公子。公子取季隗，生伯儵、叔刘；以叔隗妻赵衰，生盾。将适齐，谓季隗曰："待我二十五年，不来而后嫁。"对曰："我二十五年矣，又如是而嫁，则就木焉[7]，请待子。"处狄十二年而行。

【注释】

〔1〕及于难：遭遇祸难。指被骊姬陷害。 〔2〕保：依靠。生禄：从采邑中得到赋税收入，供给自己生活，所以叫生禄。禄，俸禄。〔3〕得人：得到人们的拥护。 〔4〕校：同"较"，对抗，较量。〔5〕赵衰(cuī)：字子馀。颠颉(jié)：晋大夫。魏武子：名犨(chōu)，晋大夫。司空季子：又名胥臣、臼季，字季子，官司空。 〔6〕廧(qiáng)咎(gāo)如：狄的一种，隗姓，居今河南安阳市附近。 〔7〕就木：进棺材。

过卫，卫文公不礼焉[1]。出于五鹿[2]，乞食于野人[3]，野人与之块[4]，公子怒，欲鞭之。子犯曰："天赐也。"稽首，受而载之。

【注释】

〔1〕不礼：不加礼遇。 〔2〕五鹿：卫地，在今河南濮阳县南。〔3〕野人：乡下人。 〔4〕块：土块。

及齐，齐桓公妻之，有马二十乘[1]，公子安之。从者以为不可,将行,谋于桑下。蚕妾在其上^[2],以告姜氏。姜氏杀之,而谓公子曰:"子有四方之志,其闻之者吾杀之矣。"公子曰:"无之。"姜曰:"行也。怀与安^[3],实败名。"公子不可。姜与子犯谋,醉而遣之。醒,以戈逐子犯。

【注释】
〔1〕乘:马四匹为一乘。 〔2〕蚕妾:养蚕的女奴。 〔3〕怀:眷恋。

及曹,曹共公闻其骈胁^[1],欲观其裸。浴,薄而观之^[2]。僖负羁之妻曰^[3]:"吾观晋公子之从者,皆足以相国^[4]。若以相,夫子必反其国。反其国,必得志于诸侯^[5]。得志于诸侯而诛无礼,曹其首也。子盍蚤自贰焉^[6]?"乃馈盘飧^[7],置璧焉。公子受飧反璧。

【注释】
〔1〕骈胁:肋骨并列连成一片。 〔2〕薄:迫近。 〔3〕僖负羁:曹大夫。 〔4〕相国:做国家的辅佐。 〔5〕得志于诸侯:谓达到称霸于诸侯的目的。 〔6〕贰:表示不同。 〔7〕盘飧(sūn):盘中盛着饭菜。

及宋,宋襄公赠之以马二十乘。

及郑,郑文公亦不礼焉。叔詹谏曰:"臣闻天之所启^[1],人弗及也。晋公子有三焉,天其或者将建诸!君其礼焉。男女同姓^[2],其生不蕃,晋公子,姬出也^[3],而至于今,一也。离外之患^[4],而天不靖晋国,殆将启之，二也。有三士足以上人而从之[5]，三也。晋、郑同侪[6]，其过子弟[7]，固将礼焉，况天之所启乎？"弗听。

【注释】
〔1〕启：开。这里是赞助之意。〔2〕男女：此指父母。〔3〕姬出：重耳母狐姬，晋为姬姓国，所以是"男女同姓"。〔4〕离：同"罹"，遭受。〔5〕三士：指狐偃、赵衰、贾佗。上人：居人之上。〔6〕同侪：同等。〔7〕过子弟：即"子弟过"。

及楚，楚子飨之[1]，曰："公子若反晋国，则何以报不穀[2]？"对曰："子女玉帛则君有之[3]，羽毛齿革则君地生焉[4]。其波及晋国者[5]，君之余也，其何以报君？"曰："虽然，何以报我？"对曰："若以君之灵，得反晋国，晋、楚治兵，遇于中原，其辟君三舍[6]。若不获命[7]，其左执鞭弭[8]，右属櫜鞬[9]，以与君周旋[10]。"子玉请杀之[11]。楚子曰："晋公子广而俭[12]，文而有礼。其从者肃而宽[13]，忠而能力[14]。晋侯无亲[15]，外内恶之[16]。吾闻姬姓，唐叔之后，其后衰者也，其将由晋公子乎！天将兴之，谁能废之[17]。违天必有大咎。"乃送诸秦。

【注释】
〔1〕楚子：楚成王。〔2〕不穀：不善。古诸侯自称的谦词。〔3〕子女：男女奴隶。〔4〕羽：孔雀、翡翠等用作装饰的鸟羽。毛：兽毛。齿：象牙。革：牛皮。〔5〕波：散播、流传。〔6〕辟：同"避"，退让。舍：古代行军三十里为一舍。〔7〕获命：指不能取得对方谅解，获得对方允许。〔8〕弭：弓。〔9〕属（zhǔ）：佩，系。櫜（gāo）：箭

袋。鞬：盛弓的袋。〔10〕周旋：本意是应酬、打交道，这里是对付、较量之意。〔11〕子玉：成得臣。〔12〕广而俭：志向远大而态度谦逊。〔13〕肃：严肃。宽：宽厚。〔14〕力：效力。〔15〕晋侯：指当时为君的晋惠公。无亲：没人亲近。〔16〕恶：憎恨，厌恶。〔17〕废：衰败。

秦伯纳女五人，怀嬴与焉[1]。奉匜沃盥[2]，既而挥之。怒曰："秦、晋匹也[3]，何以卑我！"公子惧，降服而囚[4]。他日，公享之。子犯曰："吾不如衰之文也[5]。请使衰从。"公子赋《河水》[6]，公赋《六月》[7]。赵衰曰："重耳拜赐。"公子降，拜，稽首，公降一级而辞焉。衰曰："君称所以佐天子者命重耳，重耳敢不拜？"

【注释】

〔1〕怀嬴：晋太子圉之妻。〔2〕奉匜(yí)：捧着盛水器。沃盥：浇水洗手洗脸。这是新婚时礼节。〔3〕匹：相等。〔4〕降服：换了衣服。〔5〕文：有文采，善辞令。〔6〕河水：逸诗篇名，大意说黄河水归入大海。重耳以海喻秦，暗示自己如河入海般事奉秦。〔7〕六月：《诗·小雅》篇名，写尹吉甫佐周宣王征伐，振兴文、武事业。秦穆公借此说重耳将来定能称霸诸侯，扶助周天子。

【译文】

[经]

二十三年春，齐孝公攻打宋国，包围缗地。

夏五月庚寅，宋襄公兹父去世。

秋，楚国人攻打陈国。

冬十一月，杞子去世。

[传]

二十三年春,齐孝公攻打宋国,包围缗地,是为了讨伐宋国不参加在齐国举行的那次盟会。

夏五月,宋襄公去世,是因为泓水战争中受伤的缘故。

秋,楚成得臣率领军队攻打陈国,是讨伐它与宋国交好背叛楚国。于是攻占了焦、夷,修筑了顿国的城墙后回国。子文把这些作为他的功劳,让他做令尹。叔伯说:"你把国家怎么样?"子文回答说:"我正是以此安定国家。有大功却不能得到显要的职位,这样的人能够安定国家的有几个?"

九月,晋惠公去世。晋怀公命令不准跟随逃亡在外的人。规定了期限,到期不回来,不赦免。狐突的儿子狐毛与狐偃跟随重耳在秦国,狐突不肯召他们回国。冬,怀公拘捕了狐突说:"你的儿子回来就赦免你。"狐突回答说:"当儿子能够出仕,父亲用忠诚的道理教导他,这是古代的制度。把名字写在策书上,给主人呈上礼物表示忠心,如果背叛就是犯罪。如今臣的儿子,名字在重耳那儿已经有很多年了。如果又召他回来,是教他背叛。父亲教儿子背叛主人,又怎么来事奉君王?不滥施刑罚,这是君王的贤明,也是臣子的愿望。滥施刑罚来满足自己的欲望,那么谁没有罪?臣子听到你的命令了。"晋怀公于是杀死了狐突。卜偃推说有病不出门,说:"《周书》有这样的话:'君王伟大贤明臣子才能顺服。'自己如果不贤明而以杀人满足自己的欲望,不也很难维持吗?人民看不到他的德行而只听到他杀戮,他的后代又怎能长久保持下去?"

十一月,杞成公去世。《春秋》记载称其为"子",是因为把杞当作夷人。不记载名,是因为没有和鲁国一起结盟。凡是同盟的诸侯,死时讣告上便写上名,这是合乎礼的。讣告上写上名,《春秋》也记载他的名,否则就不记载,这是为了避免由于不清楚而出差错。

晋公子重耳遭到祸难时,晋军到蒲城攻打他。蒲城人想要迎战,重耳不同意,说:"依靠君父的命令而享受到养生的俸禄,因此而得到人们的拥护。由于有人拥护而与君父对抗,没有比这更大的罪行了。我还是逃吧。"就逃亡到狄,跟从他的是狐偃、赵衰、颠颉、魏武子、司空季子。狄人攻打廧咎如，俘获了他两个女儿：叔隗、季隗，献给重耳。重耳娶季隗为妻，生下伯儵、叔刘；把叔隗嫁给赵衰，生下赵盾。重耳将要到齐国去，对季隗说："等我二十五年，不回来然后嫁人。"季隗回答说："我二十五岁了，再过二十五年后出嫁，那时已要进棺材了，请让我等你。"重耳在狄住了十二年然后离开。

经过卫国，卫文公对他不加礼遇。离开五鹿往前走，向乡下人索讨食物，乡下人给他土块，重耳发怒，要鞭打他。狐偃说："这是上天赐予我们土地啊。"叩头，接受了土块后放在车上。

到了齐国，齐桓公为他娶妻，给他八十匹马，重耳在齐国生活得很满足。跟随他的人认为这样下去不行，准备离开，在桑树下商量。有个养蚕的女奴正好在树上听见了，把这事告诉了姜氏。姜氏把女奴杀了，对重耳说："您有远大的志向，那个听到的人我已把她杀了。"重耳说："没有这回事。"姜氏说："走吧！眷恋妻子和贪图安乐，会败坏一个人的名声的。"重耳不肯走。姜氏与狐偃设计，把重耳灌醉了后把他送走了。重耳酒醒后，拿起戈追赶狐偃。

到了曹国，曹共公听说重耳的肋骨并列连成一片，想看他裸体时的样子。乘重耳洗澡，迫近他观看究竟。僖负羁的妻子说："我看晋国公子的那些随从，个个都足以做国家的辅佐。如果用他们作辅佐，那一位必定能回他本国为君。回到本国为君，就一定能达到称霸诸侯的目的。达到称霸诸侯的目的而讨伐对他无礼的人，曹国将首当其冲。你何不趁早表示与共公不同的态度呢？"僖负羁于是赠送重耳饭菜，放进去一块玉璧。重耳接受了饭菜，退回了玉璧。

到了宋国，宋襄公赠送给他八十匹马。

到了郑国，郑文公也对他不加礼遇。叔詹劝谏说："臣子听说上天所赞助的人，别人是无法比得上的。晋公子有三个优越条件，上天或许要扶持他为君吧！君王你还是对他以礼相待为好。父母同姓，所生子女不会昌盛，晋公子是姬姓父母所生，而活到现在，这是一。遭受到逃亡在外的祸患，而上天不使晋国安定，恐怕将要赞助他了，这是二。有三位才能足以超越别人之上的贤士跟随着他，这是三。晋国与郑国是同等国家，他们的子弟经过这里，尚且应当以礼相待，何况上天所赞助的人呢！"郑文公不听。

到了楚国，楚成王设宴招待他，说："公子如果能回到晋国为君，用什么来报答在下？"重耳回答说："男女奴隶、宝玉、丝绸是君王所拥有的，鸟羽、兽毛、象牙、牛皮是君王土地上出产的。那些流及晋国的，是君王的剩馀物，我能用什么来报答君王呢？"楚成王说："虽说如此，你用什么来报答我？"重耳回答说："如果能托君王的福，得以回到晋国，晋国与楚国如果操演军事，在中原相遇，我将退兵九十里相让。如果再不能得到君王的谅解，那就左手拿着鞭子与弓，右边佩着箭袋弓套，与君王较量一番。"子玉请求楚成王杀死重耳。楚成王说："晋公子志向远大而态度谦卑，语言有文采而行动合乎礼仪。他的随从们态度严肃而性情宽厚，忠心耿耿而能够为他效力。晋惠公没人亲近，国外国内的人都憎恶他。我听说姬姓中唐叔的后代将会是最后衰败的，大概就因为有晋公子可以振兴晋国的缘故吧！上天将要使他兴盛，谁能使他衰败？违背上天的意愿一定会有大祸。"于是把重耳送到秦国。

秦穆公送给重耳五个女子，怀嬴也在其中。怀嬴捧着匜浇水让重耳盥洗，重耳洗完了挥手令她走开。怀嬴发怒说："秦和晋是对等国家，你为什么看不起我！"重耳害怕，换了衣服囚禁自己以认罪。后来有一天，秦穆公宴请重耳。狐偃说："我不如赵衰那样谈吐有文采，请让赵衰跟你去赴宴。"在宴会上重耳赋《河水》诗，秦穆公赋《六月》诗。赵衰说："重耳拜谢恩赐。"重耳走到阶下，跪拜，叩头。秦穆公走下一级台阶辞谢。赵衰说："君王您用辅佐天子的话来命令重耳，重耳岂敢不拜？"

僖公二十四年

[经]

二十有四年春[1],王正月。

夏,狄伐郑。

秋七月。

冬,天王出居于郑[2]。

晋侯夷吾卒[3]。

【注释】

〔1〕二十有四年:公元前636年。 〔2〕天王:周襄王。居:天子以天下为家,所以不书其逃亡,而曰居。 〔3〕晋侯夷吾:晋惠公。因晋文公定位以后才发讣告,故系于此。或以为错简,原文当在二十三年冬。

[传]

二十四年春,王正月,秦伯纳之。不书,不告入也。及河[1],子犯以璧授公子,曰:"臣负羁绁从君巡于天下[2],臣之罪甚多矣。臣犹知之,而况君乎?请由此亡[3]。"公子曰:"所不与舅氏同心者[4],有如白水[5]。"投其璧于河。济河,围令狐[6],入桑泉[7],取臼衰[8]。二月甲午,晋师军于庐柳[9]。秦伯使公子絷如晋师〔10〕，师退，军于郇〔11〕。辛丑，狐偃及秦、晋之大夫盟于郇。壬寅，公子入于晋师。丙午，入于曲沃。丁未，朝于武宫〔12〕。戊申，使杀怀公于高梁〔13〕。不书，亦不告也。

【注释】
〔1〕河：黄河。　〔2〕负羁绁：背着马笼头、马缰绳。这是当时从行者的客套话。　〔3〕亡：离开。因子犯在逃亡过程中曾触犯过重耳，怕重耳为君后报复，所以有此请求。　〔4〕所：如果。舅氏：狐偃父狐突为重耳舅父。　〔5〕有如：意为有神明为证。　〔6〕令狐：晋地，在今山西临猗县。　〔7〕桑泉：在临猗县临晋镇东北。　〔8〕臼衰（cuī）：在今山西旧解县西北。　〔9〕庐柳：在临猗县境内。　〔10〕公子絷：秦大夫。　〔11〕郇：在临猗县西南。　〔12〕武宫：重耳祖父曲沃武公的神庙。　〔13〕高梁：见僖公十五年《传》注。

吕、郤畏偪〔1〕，将焚公宫而弑晋侯〔2〕。寺人披请见，公使让之〔3〕，且辞焉，曰："蒲城之役，君命一宿〔4〕，女即至。其后余从狄君以田渭滨，女为惠公来求杀余〔5〕，命女三宿，女中宿至。虽有君命，何其速也。夫袪犹在，女其行乎！"对曰："臣谓君之入也，其知之矣。若犹未也，又将及难。君命无二，古之制也。除君之恶，唯力是视。蒲人、狄人，余何有焉？今君即位，其无蒲、狄乎〔6〕？齐桓公置射钩而使管仲相，君若易之，何辱命焉？行者甚众，岂唯刑臣。"公见之，以难告。三月，晋侯潜会秦伯于王城〔7〕。己丑晦，公宫火，瑕甥、郤芮不获公，乃如河上，秦伯诱而杀之。晋侯逆夫人嬴氏以归。秦伯送卫于晋三千人〔8〕，实纪纲之仆[9]。

【注释】
〔1〕吕、郤：晋大夫吕饴甥、郤芮。畏偪：恐怕受到迫害。二人均为晋惠公党。〔2〕公宫：国君所住宫。〔3〕让：责备。〔4〕一宿：一夜。意为第二天。〔5〕求：搜索。〔6〕此蒲、狄借指反对者。〔7〕王城：秦地，在今陕西大荔县东。〔8〕卫：卫士。〔9〕纪纲之仆：管理门户的仆人。

初，晋侯之竖头须[1]，守藏者也[2]。其出也，窃藏以逃，尽用以求纳之[3]。及入，求见，公辞焉以沐[4]。谓仆人曰："沐则心覆[5]，心覆则图反[6]，宜吾不得见也。居者为社稷之守，行者为羁绁之仆，其亦可也，何必罪居者？国君而仇匹夫，惧者甚众矣。"仆人以告，公遽见之。

【注释】
〔1〕竖：未成年仆人。〔2〕守藏：保管财物。〔3〕求纳：设法让重耳回国。〔4〕辞焉：同"辞之"。重耳不知头须窃财为己出力，故不见他。〔5〕覆：倒。〔6〕图：思考。

狄人归季隗于晋而请其二子[1]。文公妻赵衰，生原同、屏括、楼婴[2]。赵姬请逆盾与其母，子余辞。姬曰："得宠而忘旧，何以使人？必逆之。"固请，许之。来，以盾为才，固请于公以为嫡子，而使其三子下之，以叔隗为内子而己下之[3]。

【注释】

〔1〕请其二子：请求留下季隗所生二子伯儵、叔刘。 〔2〕原同、屏括、楼婴：同、括、婴为名，原、屏、楼是三人的采邑。 〔3〕内子：正妻。

晋侯赏从亡者，介之推不言禄[1]，禄亦弗及。推曰："献公之子九人，唯君在矣。惠、怀无亲，外内弃之。天未绝晋，必将有主。主晋祀者，非君而谁？天实置之，而二三子以为己力[2]，不亦诬乎？窃人之财，犹谓之盗，况贪天之功以为己力乎？下义其罪，上赏其奸，上下相蒙[3]，难与处矣！"其母曰："盍亦求之，以死谁怼[4]？"对曰："尤而效之[5]，罪又甚焉，且出怨言，不食其食。"其母曰："亦使知之若何？"对曰："言，身之文也。身将隐，焉用文之？是求显也。"其母曰："能如是乎？与女偕隐。"遂隐而死。晋侯求之，不获，以绵上为之田[6]，曰："以志吾过，且旌善人。"

【注释】

〔1〕介之推：一作"介子推"，从文公逃亡的小臣。 〔2〕二三子：指从亡之臣。 〔3〕蒙：欺。 〔4〕怼：怨。 〔5〕尤：过，罪。 〔6〕绵上：在今山西介休县。田：私田，供祭祀用。

郑之入滑也[1]，滑人听命。师还，又即卫。郑公子士、泄堵俞弥帅师伐滑[2]。王使伯服、游孙伯如郑请滑。郑伯怨惠王之入而不与厉公爵也[3]，又怨襄王之与卫、滑也，故不听王命而执二子。王怒，将以狄伐郑。富辰谏曰："不可。臣闻之，大上以德抚民[4]，其次亲亲以相及也[5]。昔周公吊二叔之不咸[6]，故封建亲戚以蕃屏周[7]。管蔡郕霍，鲁卫毛聃，郜雍曹滕，毕原酆郇[8]，文之昭也。邘晋应韩[9]，武之穆也。凡蒋邢茅胙祭[10]，周公之胤也。召穆公思周德之不类[11]，故纠合宗族于成周而作诗，曰：'常棣之华，鄂不韡韡，凡今之人，莫如兄弟[12]。'其四章曰：'兄弟阋于墙[13]，外御其侮。'如是，则兄弟虽有小忿，不废懿亲[14]。今天子不忍小忿以弃郑亲，其若之何？庸勋亲亲[15]，昵近尊贤，德之大者也。即聋从昧，与顽用嚚[16]，奸之大者也。弃德崇奸，祸之大者也。郑有平、惠之勋[17]，又有厉、宣之亲[18]，弃嬖宠而用三良[19]，于诸姬为近，四德具矣。耳不听五声之和为聋，目不别五色之章为昧，心不则德义之经为顽，口不道忠信之言为嚚，狄皆则之，四奸具矣。周之有懿德也，犹曰'莫如兄弟'，故封建之。其怀柔天下也，犹惧有外侮，扞御侮者莫如亲亲，故以亲屏周。召穆公亦云[20]。今周德既衰，于是乎又渝周、召以从诸奸[21]，无乃不可乎？民未忘祸[22]，王又兴之，其若文、武何[23]？"王弗听，使颓叔、桃子出狄师。夏，狄伐郑，取栎[24]。王德狄人，将以其女为后。富辰谏曰："不可。臣闻之曰：'报者倦矣，施者未厌。'狄固贪惏[25]，王又启之，女德无极，妇怨无终，狄必为患。"王又弗听。

【注释】

〔1〕郑之入滑：事在僖公二十年。　〔2〕泄堵俞弥：亦称"堵俞

弥"，郑大夫。〔3〕不与厉公爵：事在庄公二十一年。〔4〕大上：最上等的人。大，同"太"。〔5〕以相及：由近及远。〔6〕吊：伤。二叔：管叔、蔡叔。咸：终。〔7〕封建：分封土地，建立国家。〔8〕以上十六国，皆文王子。管，在今河南郑州市。毛，封邑在陕西扶风县，后迁河南宜阳县。聃，即冉，封地在河南开封附近。雍，在今河南修武县。毕，在今陕西西安市西北。原，在今河南济源县。酆，亦作"丰"，在今陕西户县东。郇，在今山西临猗县西南。〔9〕以上四国皆武王子。邗，在今河南沁阳县西北。应，在今河南宝丰县西南。韩，在今河北固安县。〔10〕以上六国，为周公后代。蒋，在河南固始县。茅，在今山东金乡县。胙，在今河南延津县北。祭，在今河南郑州市东北。〔11〕召穆公：召公虎，为召康公十六世孙。类：善。〔12〕所引诗见《诗·小雅·棠棣》。棠棣，落叶乔木，春开花。鄂不，今作"萼不"，即花萼、花跗。韡韡，光明貌。〔13〕阋：不和，争斗。〔14〕懿亲：美好的亲戚。〔15〕庸勋：对有功劳的人酬劳。〔16〕嚚(yíng)：妄，恶。〔17〕平、惠之勋：平王东迁、惠王出奔，郑国都出过大力。〔18〕厉、宣之亲：郑始封祖桓公友是周厉王之子，宣王同母弟。〔19〕嬖宠：宠臣。此指郑杀嬖臣申侯、宠子子华。三良：叔詹、堵叔、师说。〔20〕召穆公亦云：指召穆公作诗事。〔21〕渝：变，改。从诸奸：指用狄军。〔22〕民未忘祸：指以前子颓乱、叔带召狄之事。〔23〕若文武何：谓将废文王、武王功业。〔24〕栎：今河南禹县。〔25〕贪惏：同"贪婪"。

初，甘昭公有宠于惠后[1]，惠后将立之，未及而卒。昭公奔齐，王复之，又通于隗氏[2]。王替隗氏[3]。颓叔、桃子曰："我实使狄，狄其怨我。"遂奉大叔，以狄师攻王。王御士将御之，王曰："先后其谓我何[4]？宁使诸侯图之。"王遂出。及坎欿[5]，国人纳之。秋，颓叔、桃子奉大叔，以狄师伐周，大败周师，获周公忌父、原伯、毛伯、富辰。王出适郑，处于汜[6]。大叔以隗氏居于温[7]。

【注释】

〔1〕甘昭公：即王子带、太叔带，封于甘，昭为谥号。 〔2〕隗氏：即新立为后的狄女。 〔3〕替：废。 〔4〕先后：指惠后。 〔5〕坎欿：在今河南巩县东南。 〔6〕氾：在今河南襄城县南。 〔7〕温：在今河南温县西南。

郑子华之弟子臧出奔宋，好聚鹬冠[1]。郑伯闻而恶之，使盗诱之。八月，盗杀之于陈、宋之间。君子曰："服之不衷[2]，身之灾也。《诗》曰：'彼己之子，不称其服[3]。'子臧之服，不称也夫。《诗》曰'自诒伊戚'[4]，其子臧之谓矣。《夏书》曰'地平天成'[5]，称也。"

【注释】

〔1〕鹬：一种水鸟。 〔2〕衷：合度。 〔3〕所引诗见《诗·曹风·候人》。 〔4〕所引诗见《诗·小雅·小明》。 〔5〕夏书：杜注："夏书，逸书。地平其化，天成其施，上下相称为宜。"

宋及楚平。宋成公如楚，还入于郑。郑伯将享之，问礼于皇武子[1]。对曰："宋，先代之后也，于周为客，天子有事膰焉[2]，有丧拜焉[3]，丰厚可也。"郑伯从之，享宋公有加，礼也。

【注释】

〔1〕皇武子：郑卿。 〔2〕有事：有祭祀之事。膰(fán)：宗庙祭肉。此用作动词，谓送祭肉。 〔3〕有丧：指周天子有丧事。

冬，王使来告难曰："不穀不德，得罪于母弟之宠子带[1]，鄙在郑地氾[2]，敢告叔父。"臧文仲对曰："天子蒙尘于外，敢不奔问官守[3]。"王使简师父告于晋[4]，使左鄢父告于秦[5]。天子无出，书曰"天王出居于郑"，辟母弟之难也。天子凶服降名[6]，礼也。郑伯与孔将钮、石甲父、侯宣多省视官具于氾[7]，而后听其私政，礼也。

【注释】

〔1〕母弟："弟"当为"氏"之讹。〔2〕鄙：野居。〔3〕官守：王之群臣。奔问官守，即"奔问左右"之意，为谦恭之词。〔4〕简师父：周大夫。〔5〕左鄢父：周大夫。〔6〕降名：指称"不穀"。〔7〕孔将钮、石甲父、侯宣多：皆郑大夫。官：指周王随官。具：器用。

卫人将伐邢，礼至曰[1]："不得其守[2]，国不可得也。我请昆弟仕焉。"乃往，得仕[3]。

【注释】

〔1〕礼至：卫大夫。〔2〕守：即"官守"之守，此指邢国正卿国子。〔3〕此条与下年"春卫人伐邢"本为一传。

【译文】

[经]

二十四年春，周历正月。
夏，狄人攻打郑国。
秋七月。
冬，周襄王离开成周居住在郑国。
晋惠公夷吾去世。

[传]

二十四年春，周历正月，秦穆公送重耳回国。《春秋》没有记载，是因为晋国没有把重耳回国的事通知鲁国。到达黄河边，狐偃把玉璧还给重耳，说："臣子背着马笼头、马缰绳跟随您周游于天下，臣的罪过实在很多。我自己尚且知道，何况您呢？请让我从此离开吧。"重耳说："如果有不和舅氏同心的，有河神为证！"把他的玉璧投入了河中。渡过黄河，包围了令狐，攻入桑泉，占领了白衰。二月甲午，晋国的军队驻扎在庐柳。秦穆公派公子絷到晋军中去陈述利害，晋军后退，驻扎在郇地。辛丑，狐偃与秦、晋两国的大夫在郇地订立盟约。壬寅，重耳来到晋军中。丙午，进入曲沃。丁未，朝拜武公的神庙。戊申，派人在高梁杀死怀公。《春秋》没有记载，也是因为晋国没有告知鲁国。

吕、郤恐怕受到迫害，准备放火烧宫室杀死晋文公重耳。寺人披请求接见，文公派人责备他，并拒绝见他，说："蒲城那一役，君王命令你第二天到达，你马上就来了。以后我跟着狄君在渭水边打猎，你为惠公来搜索杀死我，惠公命令你第四天到达，你第三天就到了。虽然说是有君王的命令，可是为什么要那么快呢？我那只被你割断的衣袖还在，你还是走吧！"寺人披回答说："臣以为君王这次回国，大概已经懂得做国君的道理了。假如还没有，又将遭到祸难。君王的命令要不折不扣地执行，这是从古以来的制度。铲除国君所厌恶的人，应当尽力而为。蒲人、狄人，对我来说又有什么关系呢？如今君王即位为君，难道就没有蒲、狄一类对头吗？齐桓公不追究射钩的事而让管仲为相，君王如果改变这一做法，我自己会走，何必要承蒙君王下令呢？走的人很多，岂止我这个受过刑的臣子。"晋文公接见了他，他把吕、郤作乱的事告诉了文公。三月，晋文公秘密到王城会见秦穆公。己丑晦，宫室起火，瑕甥、郤芮没能抓到晋文公，于是到黄河边上去，秦穆公设计把他们骗去杀了。晋文公迎接夫人嬴氏回国。秦穆公送给晋国卫士三千人，充实管理门户的干练仆人的队伍。

起初，晋文公的小仆人头须，是专门保管财物的。晋文公逃亡出国时，头须偷了保管的财物逃走，全部花费在设法使文公回国上。到了文公回国，头须请求文公接见，文公以正在洗头为借口推辞不见。头须对仆人说:"洗头时心是倒着的,心倒着,考虑问题就与平常相反,怪不得我不能见到他了。留在国内的人是国家的守卫者,跟随逃亡的人是牵马服役的仆人,二者都是可以的,何必怪罪于留在国内的人?作为一个国君而仇视普通人,心中害怕的人就多了。"仆人把这番话告诉文公,文公急忙接见头须。

狄人送季隗到晋国而请求留下她的两个儿子。晋文公把女儿嫁给赵衰,生下原同、屏括、楼婴。赵姬请求迎回赵盾和他的母亲,赵衰不同意。赵姬说:"得了新宠而忘记旧好,以后怎么使用别人?一定要接他们回来。"再三请求,赵衰同意了。叔隗母子回国后,赵姬认为赵盾有才干,执意向晋文公请求让赵盾为嫡子,而让自己的三个儿子居赵盾之下,让叔隗为正妻而自己居她之下。

晋文公赏赐跟随他逃亡的人,介之推不称功求禄赏,禄赏也没有轮到他。介之推说:"献公的九个儿子,只有国君在世。惠公、怀公没有亲近的人,国内国外的人都抛弃他们。上天不绝晋国,必定会有君主。主持晋国祭祀的人,不是国君又是谁?这实在是上天的安排,而这几个人以为是他们的力量,这不是欺罔吗?偷别人的财物,尚且称之为盗,何况贪天之功以为自己的力量呢?下面的人把罪过当作合乎义,上面的人对这欺骗行为加以赏赐,上下互相欺蒙,这就难以和他们相处了!"介之推的母亲说:"你何不也去求赏?不求而死,将能怨谁?"介之推回答说:"明知过错而又效仿他们,罪就更大了。而且我既口出怨言,不愿再得他的俸禄了。"介之推的母亲说:"也让他知道一下,怎么样?"介之推回答说:"言语,是身体的纹饰。身体将要隐藏,怎还用得着纹饰?这样做是去求显露了。"他母亲说:"你能这样做吗?我与你一起隐居。"于是隐居而死。晋文公寻找他们,没找到,把绵上的田作为他的私田,说:"用来记录我的过错,且表彰善人。"

郑国军队攻入滑国,滑国人表示顺从郑国。郑国军队回国后,滑国又叛郑通好于卫。郑公子士、泄堵俞弥率领军队攻打滑国。周襄王派伯服、游孙伯去郑国请求不要攻打滑国。郑文公怨恨当年周惠王回国时不肯赏赐厉公酒爵,又怨恨周襄王偏袒卫国与滑国,所以不服从周襄王的命令,而拘捕了伯服与游孙伯。周襄王发怒,准备领着狄人攻打郑国。富辰劝谏说:"这样不行。臣子听说，最上等的人用德行来安抚民众，次一等的亲近亲属并由近到远以推广恩义。往昔周公伤感管叔、蔡叔不得善终，所以给亲戚分封土地、建立诸侯用来做周的屏障。管、蔡、郕、霍、鲁、卫、毛、聃、郜、雍、曹、滕、毕、原、酆、郇，是文王的儿子。邢、晋、应、韩，是武王的儿子。凡、蒋、邢、茅、胙、祭，是周公的后裔。召穆公忧虑周德不善，因此集合宗族到成周，作诗说：'棠棣花儿开放，在萼花蒂是多么艳丽。试看如今世上的人，有谁能够亲近比上兄弟。'它的第四章说：'兄弟在家虽争吵，却能同心对外抗强暴。'这样说来，兄弟之间虽然有小的不满，不会因此废弃好的亲戚关系。如今天子您不能忍受小怨而废弃郑国这门亲戚，又能够把它怎么样？酬劳有功劳的人，亲近自己的亲戚，接近近臣，尊敬贤人，这是德行中的大德。靠近耳聋的人，跟从昏昧的人，赞成顽劣的人，使用奸恶的人，这是邪恶中的大恶。抛弃德行，崇尚邪恶，这是祸患中的大祸。郑国有辅佐平王、惠王的功勋，又有厉王、宣王的亲戚关系，舍弃宠臣而任用三良，在姬姓国中离我们最近，四种德行都具备了。耳朵听不到五音相和是耳聋，眼睛无法分辨五色文彩是昏昧，心中不能以道德正义为准则是顽劣，口中不说忠信的话是奸恶。狄人都效法这些，四种邪恶全具备了。周室具有美好的德行时，还说'有谁能够亲近比上兄弟'，所以分封土地，建立诸侯。当它笼络安抚天下时，尚且担心有外界的侵犯，抵御外界侵犯的办法，没有比得上亲近自己的亲戚，所以用亲戚来作为周室的屏障。召穆公也是这样说的。如今周室的德行已经衰败，在这时候又改变周公、召穆公的做法，以跟从各种邪恶，恐怕是不可以的吧！人民还没忘记祸乱，君王又重新挑动祸乱，将怎样对待文王、武王创下的这基业呢？"周襄王不听，派遣颓叔、桃子领狄军出征。夏，狄人攻打郑国，占领了栎地。周襄王感谢狄人，想要把狄君的女儿立为王后。富辰劝谏说："这样不行。臣子听说：'报答的人已经厌倦了，可被施与的人还没有满足。'狄人本性贪婪，君王你又引导他们。女子的德行没有尽头，妇人的怨恨没有终止，狄人一定会成为祸患。"周襄王又不听。

起初，王子带得到惠后的宠爱，惠后准备立他为太子，还没实施就去世了。王子带逃亡到齐国,周襄王让他回国,他又和隗氏私通。周襄王废黜了隗氏。颓叔、桃子说:"是我们使狄攻打郑国,到了这地步,狄人会怨恨我们。"于是奉事王子带,带狄军进攻周襄王。襄王的侍卫们准备抵御,襄王说:"先王后将会说我什么?宁可让诸侯想法收拾他。"襄王于是离开都城。到达坎欿,都城里的人又把他接回去。秋,颓叔、桃子奉事王子带,带狄军进攻成周,把周军打得大败,俘获周公忌父、原伯、毛伯、富辰。周襄王离开成周去郑国,居住在氾地。王子带和隗氏住在温地。

郑子华的弟弟子臧逃亡到宋国,喜欢收集用鹬的羽毛装饰的帽子。郑文公听说后很厌恶他,派人去引诱他出来。八月,郑文公派去的人把子臧杀死在陈国与宋国交界的地方。君子说:"衣服不合适,这是身体的灾祸。《诗》说:'那个人儿啊,衣服穿得不相称。'子臧的服饰,就是不相称啊!《诗》说'自寻烦恼与悲伤',这话正适合于说子臧。《夏书》说'大地平静,上天安宁',这就是相称了。"

宋国与楚国讲和。宋成公去楚国,回国时进入郑国。郑文公准备设宴款待他,问皇武子用什么礼仪。皇武子回答:"宋国是先朝的后代,对周朝来说是客人。周天子祭祀宗庙要送给他祭肉,有了丧事他来吊唁要答拜,可以招待他丰盛一些。"郑文公听从了他的话,设宴招待宋成公,比通常的礼仪有所增加,这是合乎礼的。

冬,周襄王的使者来报告发生的祸难说:"不才没有德行,得罪了母后宠爱的弟弟王子带,如今野居在郑国的氾地,谨敢以此报告叔父。"臧文仲回答说:"天子在外边蒙受尘土,我们岂敢不赶快去慰问左右。"周襄王派简师父到晋国报告,派左鄢父到秦国报告。天子没有离开国家的事,《春秋》记载"周襄王离开成周居住在郑国",是说他避让同母弟弟所造成的祸难。天子穿凶衣,降低对自己的称谓,在这种情况下是合乎礼的。郑文公和孔将钼、石甲父、侯宣多到氾地去问候周襄王的随从官员并检查供应的器具,然后听取属于郑国自己的政事,这是合乎礼的。

卫国人准备攻打邢国,礼至说:"不得到他们的正卿,是得不到他们国家的。我请求让我兄弟去他们国家做官。"于是派他们前去邢国,做了官。

僖公二十五年

[经]

二十有五年春[1],卫侯燬灭邢[2]。

夏四月癸酉,卫侯燬卒。

宋荡伯姬来逆妇[3]。

宋杀其大夫[4]。

秋,楚人围陈,纳顿子于顿[5]。

葬卫文公。

冬十有二月癸亥,公会卫子、莒庆[6],盟于洮[7]。

【注释】

〔1〕二十有五年:公元前635年。〔2〕卫侯燬:卫文公。〔3〕荡伯姬:鲁女而嫁宋大夫荡氏者。〔4〕此条无传,不知所杀何人。〔5〕杜注说顿国国君迫于陈而逃到楚国,所以楚国围陈,送顿君回国。〔6〕卫子:卫成公,不称爵,因父死未逾年。莒庆:莒大夫。〔7〕洮:鲁地,近莒。

[传]

二十五年春,卫人伐邢,二礼从国子巡城[1],掖以赴外[2],杀之。正月丙午,卫侯燬灭邢,同姓也,故名。礼至为铭曰:"余掖杀国子,莫余敢止。"

【注释】

〔1〕二礼:礼氏兄弟。 〔2〕赴:通"仆",跌倒。

秦伯师于河上,将纳王。狐偃言于晋侯曰:"求诸侯,莫如勤王。诸侯信之[1],且大义也。继文之业而信宣于诸侯[2],今为可矣。"使卜偃卜之,曰:"吉。遇黄帝战于阪泉之兆[3]。"公曰:"吾不堪也。"对曰:"周礼未改。今之王,古之帝也。"公曰:"筮之。"筮之,遇《大有》☰☲之《睽》☲☱[4],曰:"吉。遇'公用享于天子,之卦[5]。战克而王享,吉孰大焉。且是卦也,天为泽以当日[6],天子降心以逆公,不亦可乎?《大有》去《睽》而复[7],亦其所也。"晋侯辞秦师而下。三月甲辰,次于阳樊[8]。右师围温,左师逆王。夏四月丁巳,王入于王城,取大叔于温,杀之于隰城[9]。

【注释】

〔1〕信:信任。 〔2〕文:晋文侯仇,曾率兵护送周平王东迁立国。信:信用。 〔3〕黄帝战于阪泉:黄帝与炎帝战,于阪泉(今河北涿鹿县)战败炎帝,成为各部落领袖。 〔4〕大有:乾下离上。睽:兑下离上。 〔5〕公用享于天子:《大有》九三的爻辞。公,群臣。 〔6〕天为泽以当日:乾为天,兑为泽,离为日。《大有》变《睽》,乾变为兑,故云。 〔7〕复:指《大有》变《睽》,最终仍将复到本卦。此象征天子复位。 〔8〕阳樊:在今河南济源县东南。 〔9〕隰城:在今河南武陟县。

戊午,晋侯朝王,王享醴,命之宥[1]。请隧[2],弗许,曰:"王章也[3]。未有代德而有二王[4],亦叔父之所恶也。"与之阳樊、温、原、攒茅之田[5]。晋于是始启南阳[6]。

阳樊不服,围之。苍葛呼曰[7]:"德以柔中国[8],刑以威四夷[9],宜吾不敢服也。此谁非王之亲姻,其俘之也!"乃出其民。

【注释】
〔1〕宥:敬酒。 〔2〕隧:隧葬。 〔3〕王章:天子所用的典章。〔4〕代德:取代周室有天下的德行。 〔5〕原、攒茅:见隐公十一年注。〔6〕南阳:地在黄河北,太行山南,故名南阳,相当于今新乡地区,上述四邑均属南阳。 〔7〕苍葛:当为阳樊人的首领。 〔8〕柔:怀柔,安抚。 〔9〕四夷:指华夏以外的蛮、夷、戎、狄。

秋,秦、晋伐鄀[1]。楚鬬克、屈御寇以申、息之师戍商密[2]。秦人过析隈[3],入而系舆人以围商密[4],昏而傅焉[5]。宵,坎血加书[6],伪与子仪、子边盟者。商密人惧曰:"秦取析矣,戍人反矣。"乃降秦师。秦师囚申公子仪、息公子边以归。楚令尹子玉追秦师,弗及,遂围陈,纳顿子于顿。

【注释】
〔1〕鄀(nuò):秦楚界上小国,地在今河南内乡县。 〔2〕鬬克:字子仪,时为楚申公(楚地方长官称公)。屈御寇:字子边,时为楚息公。商密:鄀国国都。 〔3〕析隈:鄀地,今内乡、淅川县之西北境皆属析。或将隈断属下,谓丹水之曲。 〔4〕舆人:众人。 〔5〕傅:迫近。〔6〕坎血加书:古设盟,挖地为坎,杀牲于其上,取血以告神,歃血,加盟书于其上。

冬，晋侯围原，命三日之粮[1]。原不降，命去之。谍出，曰："原将降矣。"军吏曰[2]："请待之。"公曰："信，国之宝也，民之所庇也。得原失信，何以庇之？所亡滋多。"退一舍而原降。迁原伯贯于冀[3]。赵衰为原大夫，狐溱为温大夫[4]。

【注释】
〔1〕三日之粮：携带三日之粮。〔2〕军吏：军官。〔3〕冀：在今山西河津县东北。〔4〕狐溱(zhēn)：狐毛的儿子。

卫人平莒于我。十二月，盟于洮，修卫文公之好，且及莒平也。

晋侯问原守于寺人勃鞮[1]。对曰："昔赵衰以壶飧从，径[2]，馁而弗食。"故使处原。

【注释】
〔1〕寺人勃鞮：即寺人披。〔2〕径：指晋侯行大路，赵衰走小路，两人失散。

【译文】
[经]
二十五年春，卫文公燬灭亡邢国。
夏四月癸酉，卫文公燬去世。
宋荡伯姬来我国迎亲。
宋国杀死他们的大夫。
秋，楚国人包围陈国，送顿子回到顿国。
安葬卫文公。
冬十二月癸亥，僖公与卫成公、莒庆相会，在洮地结盟。

[传]

二十五年春，卫国人攻打邢国，礼氏兄弟跟随国子巡城，左右挟持国子，把他推倒在城外，杀死了他。正月丙午，卫文公燬灭亡邢国，因为两国同姓，所以记载卫文公的名。礼至在铜器上作铭文说："我挟持杀死国子，没有人敢来阻止。"

秦穆公驻军在黄河边上，准备送周襄王回去。狐偃对晋文公说："要想得到诸侯的拥护，没有比勤王更好的办法了。诸侯会因此而信任你，再说这又合乎大义。继承文侯的功业而信用传扬于诸侯，现在是做的时候了。"晋文公让卜偃占卜，说："吉利。占得黄帝战于阪泉的预兆。"晋文公说："这我可不敢当。"卜偃回答说："周朝的礼法制度没有改变。如今的王，就是古代的帝。"晋文公说："占筮。"占筮，得到《大有》䷍变成《睽》䷥，说："吉利。遇上'公受到天子设享礼招待'的卦。战胜后周王设享礼招待你，还有比这更吉利的吗？再说这一卦，天变成泽以承受日的照耀，象征天子将屈尊以迎接你，这不也很好吗？《大有》变成《睽》最终要回复到本卦，象征天子也就会回到他的处所。"晋文公便辞退秦军顺黄河而下。三月甲辰，驻扎在阳樊。以右翼部队包围温地，用左翼部队迎接周襄王。夏四月丁巳，周襄王进入王城，从温邑抓来太叔王子带，把他杀死在隰城。

戊午，晋文公朝见周襄王，周襄王用甜酒招待他，并命令他向自己劝酒。晋文公请求死后用隧葬，周襄王不同意，说："这是天子所用的典章。没有人具有取代周室统治天下的德行却有两个天子，这也是叔父所憎恶的。"赐给他阳樊、温、原、欑茅的田地。晋国从这时起才开辟了南阳疆土。

阳樊人不愿顺服晋国，晋军包围了阳樊。苍葛大声喊道："德行是用来安抚中原国家的，刑罚是用来威慑四夷的，你们竟围攻我们，难怪我们不敢顺服你们了。这里的人哪个不是周天子的亲戚，难道可以俘虏他们吗？"晋国于是放百姓出城。

秋，秦国、晋国攻打鄀国。楚鬭克、屈御寇率领申、息的军队戍守商密。秦国军队经过析地一角，便进入析地假装把自己的士兵捆绑着冒充俘虏以包围商密，黄昏时逼近城下。晚上，挖地歃血，把盟书放在上面，假装和鬭克、屈御寇盟誓的样子。商密人害怕，说："秦国已经攻占了析了，戍守的人背叛了。"于是向秦军投降。秦军囚禁了申公鬥克、息公屈御寇而回国。楚令尹子玉追赶秦军，没赶上，于是包围陈国，送顿子回到顿国。

冬，晋文公包围了原地，命令携带三天的粮食。三天到了，原人不肯投降，晋文公命令离开。侦察情况的人从城里出来，说："原人准备投降了。"军官们说："请等待一下。"晋文公说："信用，是国家的宝贝，是百姓所赖以庇护的。得到了原，却失去了信用，将用什么来庇护百姓？这样我们失去的就更多了。"军队退后了三十里而原人投降。晋文公把原伯贯迁移到冀地。任命赵衰为原大夫，狐溱为温大夫。

卫国人调停我国与莒国的关系。十二月，在洮地结盟，重温卫文公时的和好关系，并且与莒国讲和。

晋文公向寺人勃鞮询问守原地的人选。勃鞮回答说："往昔赵衰带着食物跟随你，他走小路与你失散，饿了而不独自饮食。"所以晋文公任命赵衰为原大夫。

僖公二十六年

[经]

二十有六年春[1],王正月己未,公会莒子、卫宁速[2],盟于向[3]。

齐人侵我西鄙。公追齐师至酅[4],弗及。

夏,齐人伐我北鄙。

卫人伐齐。

公子遂如楚乞师[5]。

秋,楚人灭夔[6],以夔子归。

冬,楚人伐宋,围缗。公以楚师伐齐,取谷[7]。公至自伐齐。

【注释】

[1]二十有六年:公元前634年。 [2]莒子:莒兹丕公。宁速:卫大夫宁庄子。 [3]向:莒地,在今山东莒县南。 [4]酅(xī):齐地,在今山东东阿县南。 [5]公子遂:即东门襄仲、东门遂、仲遂,庄公子,鲁卿。遂为名,襄为谥,仲为字,东门为氏。 [6]夔:国名,芈姓,地在今湖北秭归县。 [7]谷:今山东东阿县。

[传]

二十六年春,王正月,公会莒兹圣公、宁庄子,盟于向,寻洮之盟也。齐师侵我西鄙,讨是二盟也。夏,齐孝公伐我北鄙。卫人伐齐,洮之盟故也。公使展喜犒师[1],使受命于展禽[2]。

【注释】
〔1〕展喜:鲁大夫。 〔2〕展禽:名获,字禽,谥惠,食邑于柳下,故又称柳下惠。展喜是他弟弟。

齐侯未入竟[1],展喜从之[2],曰:"寡君闻君亲举玉趾,将辱于敝邑,使下臣犒执事。"齐侯曰:"鲁人恐乎?"对曰:"小人恐矣,君子则否。"齐侯曰:"室如县罄[3],野无青草,何恃而不恐?"对曰:"恃先王之命。昔周公、大公股肱周室,夹辅成王。成王劳之而赐之盟,曰:'世世子孙,无相害也。'载在盟府[4],大师职之[5]。桓公是以纠合诸侯而谋其不协,弥缝其阙而匡救其灾,昭旧职也。及君即位,诸侯之望曰:'其率桓之功[6]。'我敝邑用不敢保聚[7],曰:'岂其嗣世九年而弃命废职,其若先君何?君必不然。'恃此以不恐。"齐侯乃还。

【注释】
〔1〕竟:同"境"。 〔2〕从之:从而见齐侯。 〔3〕室如县罄:罄同"磬"。磬悬挂,中高两边低,中间空虚。此言百姓贫乏,室中一无所有,虽房舍高起,两檐低垂,但如悬磬,内中空空。 〔4〕载在盟府:载,载书,即盟约。盟府,藏盟约处。 〔5〕大师职之:谓由太师职掌。

杜注以为太师即齐姜太公。〔6〕率：因循。〔7〕保聚：保城聚众。

东门襄仲、臧文仲如楚乞师，臧孙见子玉而道之伐齐、宋[1]，以其不臣也。

夔子不祀祝融与鬻熊[2]，楚人让之，对曰："我先王熊挚有疾，鬼神弗赦而自窜于夔。吾是以失楚，又何祀焉？"秋，楚成得臣、鬬宜申帅师灭夔[3]，以夔子归。

【注释】
〔1〕子玉：即楚令尹成得臣。道：引导。〔2〕祝融、鬻熊：皆楚之祖先，夔为楚之别封，依礼当祭祀。〔3〕鬬宜申：字子西，楚司马。

宋以其善于晋侯也，叛楚即晋。冬，楚令尹子玉、司马子西帅师伐宋，围缗。

公以楚师伐齐，取穀。凡师能左右之曰"以"。寘桓公子雍于穀，易牙奉之以为鲁援[1]。楚申公叔侯戍之。桓公之子七人，为七大夫于楚。

【注释】
〔1〕杜注说公子雍本与齐孝公争立，所以让他居穀以威胁齐。

【译文】
[经]
二十六年春，周历正月己未，僖公与莒兹㔻公、卫宁速相会，在向地结盟。
齐国人侵袭我国西部边境。僖公追击齐军到酅地，没有赶上。

夏，齐国人攻打我国北部边境。

卫国人攻打齐国。

公子遂去楚国求救兵。

秋，楚国人灭亡夔国，带着夔子回国。

冬，楚国人攻打宋国，包围缗地。僖公率领楚国军队攻打齐国，占领穀地。僖公从攻打齐国战役中回国。

[传]

二十六年春，周历正月，僖公与莒兹㔻公、宁庄子相会，在向地结盟，是重温洮地盟会的友好关系。齐国军队侵袭我国西部边境，是表示对这两次盟会的不满。夏，齐孝公攻打我国北部边境。卫国人攻打齐国，是履行洮地盟约的缘故。僖公派遣展喜去犒劳齐军，令他向展禽那儿去请教如何措辞。

齐孝公还没进入鲁境，展喜迎上去从而见到齐孝公，说："寡君听说君王您亲自前来，将要屈尊驾临我国，派下臣前来犒劳您的左右。"齐孝公说："鲁国人害怕吗？"展喜回答说："小人害怕了，君子则不害怕。"齐孝公说："你们家中空虚如悬磬，原野中寸草不长，凭仗着什么不害怕？"展喜回答说："凭仗着先王的命令。往昔周公、太公辅佐周室，在左右协助成王。成王慰劳他们，命令他们结盟，说：'世世代代的子孙，不要互相侵害。'这盟约存放在盟府，由太师掌管着。齐桓公因此而联合诸侯，解决他们之间的纠纷，补救诸侯的缺失而抚恤救援他们的灾害，这都是显扬齐国往昔辅佐周室的旧责啊。等到君王即位，诸侯都盼望说：'他能继承桓公的事业。'因此，我敝邑不敢保城聚众，说：'难道他刚继位九年就抛弃王命、废弃自己的职责，他怎么向先君交待？君王一定不会这样。'凭仗着这些，所以不害怕。"齐孝公于是撤兵回国。

东门襄仲、臧文仲去楚国求救兵。臧文仲进见子玉而引导他攻打齐、宋两国，因为他们不肯事奉楚国。

夔子不祭祀祝融和鬻熊，楚人责备他，他回答说："我的先王熊挚有病，鬼神不肯赦免他，所以他自己流窜到夔国。我国因此而失去楚国的庇护，又祭祀什么？"秋，楚令尹子玉、司马子西率领军队灭亡了夔国,带着夔子回国。

宋国因为他们曾对晋文公表示友善,所以背叛楚国而亲附晋国。冬,楚令尹子玉、司马子西率领军队攻打宋国,包围了缗地。

僖公率领楚国军队攻打齐国,占领榖地。凡是率领别国军队能随意指挥称为"以"。安置桓公的儿子雍在榖地,让易牙事奉他作为鲁国的外援。楚申公叔侯戍守那儿。桓公的儿子七人,七人都在楚国做了大夫。

春秋左传卷七　僖公下

僖公二十七年

[经]

二十有七年春[1],杞子来朝[2]。

夏六月庚寅,齐侯昭卒。

秋八月乙未,葬齐孝公。

乙巳,公子遂帅师入杞。

冬,楚人、陈侯、蔡侯、郑伯、许男围宋[3]。

十有二月甲戌,公会诸侯,盟于宋。

【注释】

〔1〕二十有七年:公元前633年。 〔2〕杞子:杞桓公。 〔3〕楚人:指楚成王。陈侯:陈穆公。蔡侯:蔡庄侯。郑伯:郑文公。许男:许僖公。

[传]

二十七年春,杞桓公来朝,用夷礼,故曰子。公卑杞,杞不共也。[1]

夏,齐孝公卒。有齐怨,不废丧纪,礼也。

秋,入杞,责礼也。

【注释】

〔1〕共：同"恭"，恭敬。

楚子将围宋，使子文治兵于睽[1]，终朝而毕，不戮一人。子玉复治兵于蒍[2]，终日而毕，鞭七人，贯三人耳[3]。国老皆贺子文[4]，子文饮之酒。蒍贾尚幼[5]，后至，不贺。子文问之，对曰："不知所贺。子之传政于子玉，曰：'以靖国也。'靖诸内而败诸外，所获几何？子玉之败，子之举也。举以败国，将何贺焉？子玉刚而无礼，不可以治民[6]。过三百乘，其不能以入矣。苟入而贺，何后之有？"

【注释】

〔1〕治兵：演习兵事。睽：楚地，具体所在不详。〔2〕蒍：楚地，具体所在不详。〔3〕贯耳：用箭穿耳。〔4〕贺子文：贺他举荐得人。〔5〕蒍贾：字伯嬴，孙叔敖之父。后为楚著名贤大夫。〔6〕治民：此当指治军，故下有"过三百乘"云云。

冬，楚子及诸侯围宋，宋公孙固如晋告急。先轸曰[1]："报施救患，取威定霸，于是乎在矣。"狐偃曰："楚始得曹而新昏于卫，若伐曹、卫，楚必救之，则齐、宋免矣。"于是乎蒐于被庐[2]，作三军，谋元帅。赵衰曰："郤縠可。臣亟闻其言矣[3]。说礼乐而敦诗书[4]。诗书，义之府也。礼乐，德之则也。德义，利之本也。《夏书》曰[5]：'赋纳以言[6]，明试以功，车服以庸[7]。'君其试之。"乃使郤縠将中军，郤溱佐之。使狐偃将上军，让于狐毛，而佐之。命赵衰为卿，让于栾枝、先轸[8]。使栾枝将下军，先轸佐之。荀林父御戎，魏犨为右。

【注释】

〔1〕先轸：晋大夫，一名原轸。〔2〕蒐：检阅，阅兵。被庐：晋地，不详今所在。〔3〕亟：多次。〔4〕敦：崇尚。〔5〕夏书曰：引语见《尚书·益稷》。〔6〕赋纳：广泛听取。〔7〕庸：报酬。〔8〕栾枝：晋大夫，字贞子。

晋侯始入而教其民[1]，二年，欲用之。子犯曰："民未知义，未安其居。"于是乎出定襄王，入务利民，民怀生矣[2]。将用之。子犯曰："民未知信，未宣其用。"于是乎伐原以示之信[3]。民易资者不求丰焉[4]，明征其辞。公曰："可矣乎？"子犯曰："民未知礼，未生其共。"于是乎大蒐以示之礼，作执秩以正其官[5]，民听不惑而后用之[6]。出穀戍，释宋围，一战而霸，文之教也。

【注释】

〔1〕教：教化、训练。〔2〕怀：眷恋。生：生计，产业。〔3〕伐原：事见僖公二十五年传。〔4〕易资：交易，作买卖。〔5〕作：设置。执秩：主管禄位爵位的官。〔6〕听：辨别能力。

【译文】

[经]

二十七年春，杞桓公来我国朝见。
夏六月庚寅，齐孝公昭去世。

秋八月乙未，安葬齐孝公。

乙巳，公子遂率领军队攻入杞国。

冬，楚成王、陈穆公、蔡庄侯、郑文公、许僖公率兵包围宋国。

十二月甲戌，僖公与诸侯相会，在宋国结盟。

[传]

二十七年春，杞桓公来我国朝见，由于他用的是夷人的礼节，所以《春秋》称他为"子"。僖公看不起他，因为僖公认为杞桓公不恭敬。

夏，齐孝公去世。虽然对齐国有怨恨，还是不废除对他的丧礼，这是合乎礼的。

秋，攻入杞国，是为了责备杞桓公的无礼。

楚成王准备出兵包围宋国，派子文在睽地演习军事，一个早晨就完事，没有杀戮一人。子玉又在蒍地演习军事，用了一天完事，鞭打七个人，用箭穿了三个人的耳朵。国内的元老都祝贺子文举荐得人，子文请他们饮酒。蒍贾那时年龄还小，后到，不祝贺。子文问他原因，蒍贾回答说："我不知道该祝贺些什么。你把政权传给子玉，说：'为了安定国家。'安定于内而败坏于外，所能得到的又有多少？子玉的失败，是由于你的荐举。荐举而使国家败坏，将有什么可以祝贺的呢？子玉刚强而无礼，不可以让他治理人民。率领兵车超过三百乘，他就不能够返回国内了。如果他能回来再祝贺他，又怎能算晚呢？"

冬，楚成王与诸侯军队包围宋国，宋公孙固到晋国报告紧急情况。先轸说："报答恩施，解救患难，要在诸侯中取得威望，巩固称霸的地位，都在这次举动了。"狐偃说："楚国刚刚得到曹国的归附，最近又与卫国通婚，如果攻打曹国、卫国，楚国一定会去救援，那么齐国、宋国可以解除威胁了。"因此在被庐检阅军队，建立三军，商议元帅的人选。赵衰说："郤縠可以充当。臣多次听到他的言论。他爱好礼乐而崇尚诗书。诗书是义理的府库，礼乐是德行的准则。德行与义理，是成功的根本条件。《夏书》说：'广泛听取能人的意见，通过具体事件来进行检验，有了功劳便用车马衣服进行酬劳。'君王不妨试一下。"晋文公于是任命郤縠统帅中军,郤溱辅佐他;任命狐偃统帅上军,狐偃让给狐毛而自己辅佐他;任命赵衰为卿,赵衰让给栾枝、先轸。任命栾枝统帅下军,先轸辅佐他。任命荀林父为国君驾驭战车,魏犨为车右。

晋文公刚一回国就教化他的人民,二年后,想使用他们。狐偃说:"人民还不知道道义,还没有安居乐业。"晋文公便出外去安定周襄王的王位,回国后致力于做对人民有利的事,人民便安于他们的生计了。晋文公又准备用他们,狐偃说:"人民还不知道信用,还没有明白信用的作用。"晋文公便攻打原地让人民明白什么是信用。人民做买卖不谋取厚利,说话算话。晋文公说:"可以用了吗?"狐偃说:"人民还不知道礼仪,还没有产生恭敬之心。"晋文公便举行阅兵式让他们看到礼仪,设置执秩官来规定官员的职责,人民听到事情后能明辨是非然后使用他们。赶走楚国在穀地的戍军,解除楚军对宋国的包围,一仗打下来就成为霸主,这全是晋文公教化的结果。

僖公二十八年

[经]

二十有八年春[1]，晋侯侵曹[2]。晋侯伐卫。

公子买戍卫[3]，不卒戍[4]，刺之[5]。

楚人救卫。

三月丙午，晋侯入曹，执曹伯[6]，畀宋人[7]。

夏四月己巳，晋侯、齐师、宋师、秦师及楚人战于城濮[8]，楚师败绩。

楚杀其大夫得臣。

卫侯出奔楚[9]。

五月癸丑，公会晋侯、齐侯、宋公、蔡侯、郑伯、卫子、莒子[10]，盟于践土[11]。陈侯如会[12]。

公朝于王所。

六月，卫侯郑自楚复归于卫。

卫元咺出奔晋[13]。

陈侯款卒。

秋，杞伯姬来。

公子遂如齐。

冬，公会晋侯、齐侯、宋公、蔡侯、郑伯、陈子、莒子、邾子、秦人于温[14]。

天王狩于河阳[15]。壬申,公朝于王所。

晋人执卫侯,归之于京师。

卫元咺自晋复归于卫。

诸侯遂围许[16]。

曹伯襄复归于曹,遂会诸侯围许。

【注释】

〔1〕二十有八年:公元前632年。 〔2〕晋侯:晋文公。 〔3〕公子买:字子丛,鲁大夫。 〔4〕不卒戍:没满期便离开。这是向楚国解释之词,非事实。 〔5〕刺:杀。 〔6〕曹伯:曹共公。 〔7〕畀:送交。 〔8〕城濮:卫地,在今山东范县。 〔9〕卫侯:卫成公。 〔10〕齐侯:齐昭侯。宋公:宋成公。蔡侯:蔡庄侯。郑伯:郑文公。卫子:卫成公时出居于外,其弟叔武奉盟,故称子。莒子:莒兹丕公。 〔11〕践土:在今河南原阳县西南。 〔12〕陈侯:陈穆公。陈本附楚,楚败惧晋,故赴会,但未与盟。 〔13〕元咺:卫大夫。 〔14〕陈子:陈共公。未卒丧,故称子。秦人:秦穆公。 〔15〕河阳:在今河南孟县西。 〔16〕围许:时诸侯均从晋,惟许从楚,故伐之。

[传]

二十八年春,晋侯将伐曹,假道于卫,卫人弗许。还[1],自南河济[2]。侵曹伐卫。正月戊申,取五鹿[3]。

【注释】

〔1〕还:往回走。 〔2〕南河:即棘津、济津,在河南淇县南,延津县北,河道早湮。 〔3〕五鹿:卫地,在今河南濮阳县南。

二月,晋郤縠卒。原轸将中军,胥臣佐下军[1],上德也[2]。

晋侯、齐侯盟于敛盂[3]。卫侯请盟,晋人弗许。卫侯欲与楚,国人不欲,故出其君以说于晋。卫侯出居于襄牛[4]。

【注释】

〔1〕胥臣:即司空季子,见僖公二十三年注。〔2〕上:同"尚"。〔3〕敛盂:卫地,在今河南濮阳县南。〔4〕襄牛:卫地,在今河南睢县。

公子买戍卫,楚人救卫,不克。公惧于晋,杀子丛以说焉[1]。谓楚人曰:"不卒戍也。"

【注释】

〔1〕子丛:公子买字。

晋侯围曹,门焉[1],多死,曹人尸诸城上[2],晋侯患之,听舆人之谋曰:"称舍于墓[3]。"师迁焉,曹人凶惧[4],为其所得者棺而出之。因其凶也而攻之。三月丙午,入曹。数之[5],以其不用僖负羁而乘轩者三百人也,且曰:"献状[6]。"令无入僖负羁之宫而免其族,报施也。魏犫、颠颉怒曰:"劳之不图[7],报于何有!"爇僖负羁氏。魏犫伤于胸,公欲杀之而爱其材,使问,且视之。病[8],将杀之。魏犫束胸见使者曰:"以君之灵,不有宁也[9]?"距跃三百[10],曲踊三百[11]。乃舍之,杀颠颉以徇于师[12],立舟之侨以为戎右[13]。

【注释】

〔1〕门：攻打城门。 〔2〕尸：陈尸。 〔3〕称：声言。 〔4〕凶惧：惊扰害怕。凶，通"讻"，惊扰不安。 〔5〕数：数说，列举其罪状而责问。 〔6〕献状：供认情况。 〔7〕劳：功劳。 〔8〕病：伤势重。 〔9〕宁：安宁。 〔10〕距跃：朝上跳。三百：形容多次。 〔11〕曲踊：向前跳。 〔12〕徇：宣告。 〔13〕舟之侨：本虢大夫而投奔晋国者。

宋人使门尹般如晋师告急[1]。公曰："宋人告急，舍之则绝，告楚不许。我欲战矣，齐、秦未可，若之何？"先轸曰："使宋舍我而赂齐、秦，籍之告楚[2]。我执曹君而分曹、卫之田以赐宋人。楚爱曹、卫，必不许也。喜赂怒顽，能无战乎？"公说，执曹伯，分曹、卫之田以畀宋人。

【注释】

〔1〕门尹般：宋大夫，名般。 〔2〕籍：凭借，依靠。

楚子入居于申[1]，使申叔去穀[2]，使子玉去宋，曰："无从晋师[3]。晋侯在外十九年矣，而果得晋国。险阻艰难，备尝之矣；民之情伪[4]，尽知之矣。天假之年，而除其害[5]。天之所置，其可废乎？《军志》曰：'允当则归。'又曰：'知难而退。'又曰：'有德不可敌。'此三志者[6]，晋之谓矣。"

【注释】

〔1〕入：退回。 〔2〕去穀：撤离穀地。 〔3〕从：追随。这里是周旋、交战之意。 〔4〕情伪：真假。情，实。 〔5〕害：指晋怀公、吕饴甥等人。 〔6〕志：记载。

子玉使伯棼请战[1],曰:"非敢必有功也,愿以间执谗慝之口[2]。"王怒,少与之师,唯西广、东宫与若敖之六卒实从之[3]。

【注释】

〔1〕伯棼:即鬬椒,字子越,楚大夫。 〔2〕间执:堵塞。 〔3〕西广:楚军分左右广,西广即右广。若敖:子玉为若敖氏,此指他本族军队。六卒:一卒为一百人。或谓一卒为兵车三十乘,然则六卒为一百八十乘,恐一族无此兵力,亦与"少与之师"不合。且前芳贾言子玉若将三百乘以上必败,可见三百乘非小数。下晋全国之兵亦仅七百乘,每乘士卒七十五人,计五万多人。

子玉使宛春告于晋师曰[1]:"请复卫侯而封曹,臣亦释宋之围。"子犯曰:"子玉无礼哉!君取一,臣取二,不可失矣[2]。"先轸曰:"子与之。定人之谓礼,楚一言而定三国,我一言而亡之。我则无礼,何以战乎?不许楚言,是弃宋也,救而弃之,谓诸侯何?楚有三施,我有三怨,怨仇已多,将何以战?不如私许复曹、卫以携之[3],执宛春以怒楚,既战而后图之。"公说,乃拘宛春于卫,且私许复曹、卫。曹、卫告绝于楚。[4]

【注释】

〔1〕宛春:楚大夫。 〔2〕不可失:不可失去战斗的时机。 〔3〕携:离间。 〔4〕告绝:宣布绝交。

子玉怒,从晋师[1]。晋师退。军吏曰:"以君辟臣,辱也。且楚师老矣,何故退?"子犯曰:"师直为壮[2],曲为老。岂在久乎?微楚之惠不及此[3],退三舍辟之,所以报也。背惠食言,以亢其仇[4],我曲楚直。其众素饱[5],不可谓老。我退而楚还,我将何求?若其不还,君退臣犯,曲在彼矣。"退三舍。楚众欲止,子玉不可。夏四月戊辰,晋侯、宋公、齐国归父、崔夭、秦小子憖次于城濮[6]。楚师背酅而舍[7],晋侯患之,听舆人之诵,曰:"原田每每[8],舍其旧而新是谋。"公疑焉[9]。子犯曰:"战也。战而捷,必得诸侯。若其不捷,表里山河[10],必无害也。"公曰:"若楚惠何?"栾贞子曰[11]:"汉阳诸姬[12],楚实尽之。思小惠而忘大耻,不如战也。"晋侯梦与楚子搏,楚子伏己而盬其脑[13],是以惧。子犯曰:"吉。我得天[14],楚伏其罪,吾且柔之矣[15]。"

【注释】

〔1〕从晋师:撤离宋国来与晋军对垒。 〔2〕直:理直。壮:气壮。 〔3〕微:没有。 〔4〕亢:捍卫,庇护。 〔5〕饱:指士气饱满。 〔6〕国归父、崔夭:齐大夫。小子憖(yìn):秦穆公之子。 〔7〕酅(xī):山陵险阻处。 〔8〕原田:高而平的田。每每:茂盛的样子。士兵在此是以田地轮播为譬,希望建立新功。 〔9〕疑:迟疑不决。 〔10〕表里山河:外有河,内有山。指可以坚守,没有危害。山指太行山,河指黄河。 〔11〕栾贞子:即栾枝。 〔12〕汉阳:汉水以北。 〔13〕盬(gǔ):吸。 〔14〕得天:晋侯仰面,所以得天。 〔15〕柔之:将他驯伏。脑髓是阴柔之物,楚王吸之,所以象征他被降服。

子玉使鬥勃请战[1],曰:"请与君之士戏,君冯轼而观之[2]，得臣与寓目焉。"晋侯使栾枝对曰："寡君闻命矣。楚君之惠未之敢忘，是以在此。为大夫退，其敢当君乎？既不获命矣[3]，敢烦大夫谓二三子[4]，戒尔车乘[5]，敬尔君事[6]，诘朝将见[7]。"

【注释】
〔1〕鬭勃：楚大夫。〔2〕冯轼：靠着车前横木。冯，同"凭"。〔3〕获命：获停战之命。〔4〕二三子：诸位。〔5〕戒：备。〔6〕敬：严肃、谨慎。君事：犹言国事。〔7〕诘朝（jié zhāo）：明晨。

晋车七百乘，韅、靷、鞅、靽[1]。晋侯登有莘之虚以观师[2]，曰："少长有礼，其可用也。"遂伐其木以益其兵[3]。己巳，晋师陈于莘北，胥臣以下军之佐当陈、蔡。子玉以若敖之六卒将中军，曰："今日必无晋矣。"子西将左[4]，子上将右[5]。胥臣蒙马以虎皮，先犯陈、蔡[6]。陈、蔡奔，楚右师溃。狐毛设二旆而退之。栾枝使舆曳柴而伪遁，楚师驰之[7]。原轸、郤溱以中军公族横击之[8]。狐毛、狐偃以上军夹攻子西，楚左师溃。楚师败绩。子玉收其卒而止[9]，故不败[10]。

【注释】
〔1〕韅（xiǎn）、靷（yǐn）、鞅、靽（bàn）：战马的皮甲之类。背上的甲名韅，胸前的名靷，马颈之革叫鞅，絷马足之绳叫靽。〔2〕有莘之虚：古莘国废墟，当在今山东曹县西北。〔3〕兵：兵器。〔4〕子西：即司马鬭宜申。〔5〕子上：即鬭勃。〔6〕犯：冲击。〔7〕驰：急迫。〔8〕公族：晋公室子弟所组成的军队。〔9〕收其卒：收兵。卒，指若敖六卒。〔10〕不败：没有崩溃。

晋师三日馆谷[1]，及癸酉而还。甲午，至于衡雍[2]，作王宫于践土。

【注释】
〔1〕馆谷：住其地，食楚军之粮。　〔2〕衡雍：地在今河南原阳县西。

乡役之三月[1]，郑伯如楚致其师[2]，为楚师既败而惧，使子人九行成于晋[3]。晋栾枝入盟郑伯。五月丙午，晋侯及郑伯盟于衡雍。丁未，献楚俘于王，驷介百乘[4]，徒兵千。郑伯傅王[5]，用平礼也[6]。己酉，王享醴，命晋侯宥。王命尹氏及王子虎、内史叔兴父策命晋侯为侯伯[7]，赐之大辂之服[8]，戎辂之服[9]，彤弓一，彤矢百[10]，玈弓矢千[11]，秬鬯一卣[12]，虎贲三百人[13]。曰："王谓叔父，敬服王命，以绥四国，纠逖王慝[14]。"晋侯三辞，从命。曰："重耳敢再拜稽首[15]，奉扬天子之丕显休命[16]。"受策以出，出入三觐。[17]

【注释】
〔1〕乡：过去的。　〔2〕致其师：派兵助楚。　〔3〕子人九：郑大夫。　〔4〕驷介：驷马而被甲者。　〔5〕傅：相。　〔6〕平礼：用周平王之于晋文侯仇的礼节。　〔7〕策命：以策书命令。侯伯：诸侯之长。〔8〕大辂：天子所乘车。　〔9〕戎辂：戎车，战车。　〔10〕彤弓、彤矢：用红色涂饰的弓、矢。　〔11〕玈弓矢：黑色涂饰的弓矢。从《尚书·文侯之命》"彤弓一，彤矢百，卢（玈）弓一、卢矢百"意来看，"玈弓矢千"，玈弓当赐十把。　〔12〕秬鬯(jù chàng)：用黑黍加郁金草酿造的酒。卣(yǒu)：中型酒尊，椭圆形，大腹。　〔13〕虎贲：勇士。〔14〕纠逖：纠察惩治。　〔15〕敢：表敬副词，无意。　〔16〕丕：大。显：明。休命：赏赐与策命。　〔17〕出入：前后。三觐：诸说不一。或云

始至、享醴、离开三觐，或云献俘、享醴、受策三觐。

卫侯闻楚师败，惧，出奔楚，遂适陈，使元咺奉叔武以受盟。癸亥，王子虎盟诸侯于王庭，要言曰[1]："皆奖王室[2]，无相害也。有渝此盟，明神殛之，俾队其师[3]，无克祚国，及而玄孙，无有老幼。"君子谓是盟也信，谓晋于是役也能以德攻。

【注释】
〔1〕要：约。　〔2〕奖：辅助。　〔3〕队：同"坠"，陨。

初，楚子玉自为琼弁玉缨[1]，未之服也。先战，梦河神谓己曰："畀余，余赐女孟诸之麋[2]。"弗致也。大心与子西使荣黄谏[3]，弗听。荣季曰："死而利国，犹或为之，况琼玉乎？是粪土也，而可以济师，将何爱焉？"弗听。出，告二子曰："非神败令尹，令尹其不勤民[4]，实自败也。"既败，王使谓之曰："大夫若入，其若申、息之老何[5]？"子西、孙伯曰[6]："得臣将死，二臣止之曰：'君其将以为戮。'"及连谷而死[7]。晋侯闻之而后喜可知也，曰："莫余毒也已！蔿吕臣实为令尹[8]，奉己而已[9]，不在民矣。"

【注释】
〔1〕琼弁：马冠，戴在马鬃毛前，弁饰以琼玉。玉缨：玉饰的马鞅。〔2〕孟诸：宋国的薮泽，在今河南商丘市北。麋：同"湄"，水草相交处。　〔3〕大心：子玉之子。荣黄：即荣季，楚大夫。　〔4〕不勤民：不以民事为重。　〔5〕申、息之子弟皆从子玉出征，死者众多，故云。

〔6〕孙伯：即大心。　〔7〕连谷：不详所在。子玉至连谷犹不闻赦，故自杀。　〔8〕芍吕臣：即叔伯，见僖公二十三年注。　〔9〕奉己：言其自守，无大志。

或诉元咺于卫侯曰[1]："立叔武矣。"其子角从公，公使杀之。咺不废命[2]，奉夷叔以入守[3]。六月，晋人复卫侯。宁武子与卫人盟于宛濮[4]，曰："天祸卫国，君臣不协，以及此忧也。今天诱其衷[5]，使皆降心以相从也[6]。不有居者，谁守社稷？不有行者，谁扞牧圉[7]？不协之故，用昭乞盟于尔大神以诱天衷。自今日以往，既盟之后，行者无保其力[8]，居者无惧其罪。有渝此盟，以相及也。明神先君，是纠是殛。"国人闻此盟也，而后不贰。卫侯先期入，宁子先，长牂守门[9]，以为使也，与之乘而入。公子歂犬、华仲前驱。叔武将沐，闻君至，喜，捉发走出[10]，前驱射而杀之。公知其无罪也，枕之股而哭之。歂犬走出，公使杀之。元咺出奔晋。

【注释】

〔1〕诉：指造谣。　〔2〕不废命：不废卫侯之命。　〔3〕夷叔：即叔武。夷为谥号。　〔4〕宁武子：名俞，卫大夫。宛濮：在今河南长垣县西南。　〔5〕天诱其衷：当时俗语，即天心在我。　〔6〕降心：放弃成见。〔7〕扞：保卫。牧圉：养牛马的人。　〔8〕保：恃。力：功劳。　〔9〕长牂：卫大夫。　〔10〕捉：握。

城濮之战，晋中军风于泽，亡大旆之左旃[1]。祁瞒奸命[2]，司马杀之，以徇于诸侯，使茅茷代之。师还，壬午，济河。舟之侨先归，士会摄右[3]。秋七月丙申，振旅[4]，恺以入于晋[5]。献俘授馘，饮至大赏[6]，征会讨贰。杀舟之侨以徇于国，民于是大服。君子谓："文公其能刑矣，三罪而民服[7]。《诗》云：'惠此中国，以绥四方[8]。'不失赏刑之谓也。"

【注释】
〔1〕旐：旗旁长旒，用帛为之。〔2〕祁瞒：掌军马与旗章之官。奸命：犯军令。〔3〕士会：士蔿之孙，成伯之子。先食邑随，后徒封范。又称士季、随季、随武子、范武子等。〔4〕振旅：整顿军伍。〔5〕恺：唱凯歌。〔6〕饮至：见隐公五年注。〔7〕三罪：杀三罪人。指颠颉、祁瞒、舟之侨。〔8〕所引诗见《诗·大雅·民劳》。

冬，会于温，讨不服也。

卫侯与元咺讼，宁武子为辅[1]，鍼庄子为坐[2]，士荣为大士[3]。卫侯不胜。杀士荣，刖鍼庄子，谓宁俞忠而免之。执卫侯，归之于京师，置诸深室[4]。宁子职纳橐饘焉[5]。元咺归于卫，立公子瑕。

【注释】
〔1〕辅：辅相卫成公。〔2〕坐：代替卫成公。因臣无与君对质之理，故令人代替。〔3〕大士：治狱之官，质正其事。〔4〕深室：另外设立的囚室。〔5〕橐饘：供衣食。

是会也[1]，晋侯召王，以诸侯见，且使王狩。仲尼曰[2]："以臣召君，不可以训[3]。"故书曰："天王狩于河阳。"言非其地也，且明德也。

壬申,公朝于王所。
丁丑,诸侯围许。

【注释】
〔1〕是会:温之会。 〔2〕仲尼:孔子。 〔3〕训:法则。

晋侯有疾,曹伯之竖侯獳货筮史[1],使曰以曹为解:"齐桓公为会而封异姓[2],今君为会而灭同姓。曹叔振铎[3],文之昭也。先君唐叔,武之穆也。且合诸侯而灭兄弟,非礼也。与卫偕命,而不与偕复,非信也。同罪异罚,非刑也。礼以行义,信以守礼,刑以正邪,舍此三者,君将若之何?"公说,复曹伯,遂会诸侯于许。

【注释】
〔1〕货:贿赂。 〔2〕封异姓:齐桓公封邢、卫,于齐为异姓。〔3〕叔振铎:曹始封祖。

晋侯作三行以御狄[1],荀林父将中行,屠击将右行,先蔑将左行。

【注释】
〔1〕三行:犹三军。晋已有三军,于此时又设三军,古天子六军,以别于天子,故别称"行"。

【译文】

[经]
二十八年春,晋文公侵袭曹国。晋文公攻打卫国。

公子买戍守卫国,没满期就回来了,僖公把他杀了。

楚国人救援卫国。

三月丙午,晋文公攻入曹国,抓住曹共公,把他交给宋国人。

夏四月己巳,晋文公及齐国、宋国、秦国的军队与楚国军队在城濮交战,楚军大败。

楚国杀死他们的大夫得臣。

卫成公逃亡到楚国。

五月癸丑,僖公与晋文公、齐昭公、宋成公、蔡庄侯、郑文侯、卫叔武、莒兹丕公相会,在践土结盟。陈穆公来参加会见。

僖公在周襄王所居地朝见襄王。

六月,卫成公郑从楚国回到卫国。

卫元咺逃亡到晋国。

陈穆公款去世。

秋,杞伯姬来我国。

公子遂去齐国。

冬,僖公与晋文公、齐昭公、宋成公、蔡庄侯、郑文公、陈共公、莒兹丕公、邾子、秦穆公在温地相会。

周襄王在河阳打猎。壬申,僖公在周襄王所居地朝见襄王。

晋国人抓住卫成公,把他送到周都城。

卫元咺从晋国回到卫国。

诸侯于是包围了许国。

曹共公襄回到曹国,于是会同诸侯包围许国。

[传]

二十八年春,晋文公打算攻打曹国,向卫国借路,卫国人不答应。军队便绕道从南河渡过黄河。侵袭曹国,攻打卫国。正月戊申,占领五鹿。

二月,晋郤縠去世。以先轸统帅中军,胥臣辅佐下军,这是表示崇尚德行。

晋文公、齐昭公在敛盂结盟。卫成公请求加入盟会,晋国人不同意。卫成公想亲附楚国,国内臣民不愿意,因此把卫成公赶走以取悦于晋国。卫成公离开国都居住在襄牛。

公子买戍守卫国，楚国人援救卫国，没有获胜。僖公害怕晋国怪罪，杀死公子买以取悦于晋国。对楚国人谎称说："他没满期就回来了，所以杀死他。"

晋文公包围曹国，攻打城门，战死的人很多，曹国人把晋军的尸体陈列在城上，晋文公为此而担忧不安。他听从众人的计谋，声称将在曹国的墓地上安营。军队转移，曹国人惊扰害怕墓地遭掘，把他们所得到的晋军尸体装入棺材送出城来。晋军趁他们惊扰的机会攻城。三月丙午，攻入曹国。列举罪状责备曹共公，说他不重用僖负羁，而乘车的大夫却有三百人，并且令这些大夫自供有何功劳而获得禄位。命令部下不得进入僖负羁的家，并赦免他的族人，这是为了报答他的恩施。魏犨、颠颉发怒说："我们的功劳他不考虑封赏，还说什么报答呢！"放火烧僖负羁的家。魏犨在纵火时胸部受伤，晋文公想杀死他又爱惜他的才干，便派人去慰问，并且察看他的伤势。如果伤势严重，准备杀了他。魏犨捆紧了胸部出来会见使者说："托国君的福，我这不是很好吗？"向上跳了多次，向前跳了多次。晋文公于是饶恕了他，把颠颉杀了号令军中，立舟之侨为戎右。

宋国人派门尹般到晋国报告情况紧急。晋文公说："宋国人来报告情况紧急，不去救他就会和他断绝关系，如果请楚国解围，楚国一定不会同意。我国要想与楚国交战，齐国、秦国又不同意参战，怎么办？"先轸说："让宋国丢开我们而去给齐国、秦国送财礼，凭借这两国去请求楚国退兵。我们把曹共公抓起来，分割曹国、卫国的部分田地来赐给宋国人。楚国不舍得放弃曹、卫，一定不会答应齐、秦两国的要求。他们喜爱宋国的财礼，怒恨楚国的顽固，能不参加对楚国的战争吗？"晋文公听了很中意，便拘捕了曹共公，分割曹国、卫国的部分田地给宋国人。

楚成王退回本国，停留在申地，命令申叔撤离穀地，命令子玉撤离宋国，说："不要和晋国军队打交道。晋文公流亡国外有十九个年头，最终得到了晋国。险阻艰难，全尝遍了；民情的真伪，全了解了。上天赐给他年寿，而除去那些为害于他的人。上天所安置的人，难道人力可以废除吗？《军志》说：'恰如其分就应该停止。'又说：'知难而退。'又说：'有德行的人是不可抵敌的。'

这三条记载，都适用于晋国。"

子玉派伯棼请战，说："不敢说一定能建立功劳，只想以此堵塞谗言、用心邪恶人的口。"楚成王发怒，只给他小部分军队，只有西广、东宫部队和若敖氏的六百人跟随他。

子玉派宛春到晋军中告诉说："请你们恢复卫成公的君位，把土地还给曹国，臣下也解除对宋国的包围。"子犯说："子玉太无礼了！我们作为君王的只能得到一项利益，他作为臣子的倒得到二项利益，攻打的机会不可失去。"先轸说："你答应他。安定别人称作礼。楚国一句话而使三个国家得到安定，我们一句话否定便使三个国家灭亡。我们这是无礼，凭什么来作战呢？不答应楚国的话，那就是抛弃宋国，救援它而又抛弃它，怎么向诸侯们交代？楚国这样做对三国有恩，而我们却结下三处怨仇，怨仇已经这么多了，将凭什么作战呢？不如暗地里表示答应恢复曹、卫二国，以此来离间他们与楚国的关系，把宛春拘捕起来用以激怒楚国，战斗打起来再想办法。"晋文公赞同这话，于是把宛春拘禁在卫国，并且私下里答应恢复曹、卫二国。曹、卫宣布与楚国绝交。

子玉发怒，撤离宋国来与晋军对垒。晋军后退。军官们说："作为国君而避让臣子，这是耻辱。况且楚军已经衰疲了，为什么要后退？"子犯说："军队作战，理直的士气高涨，理曲的士气衰疲，哪里在乎在外作战时间的长久呢？如果没有楚国的恩惠我们到不了今天，退九十里避他们，就是作为报答。背弃恩惠不履行诺言，是以此庇护自己的仇敌，我们理曲，楚国理直。他们的士气一直很饱满，不能认为是衰疲。我们退兵而楚军撤回，我们还要求什么？如果他们不撤回，君王后退而臣子进逼，理曲的就是他们了。"晋军后退了九十里。楚国将士想就此罢手，子玉不同意。夏四月戊辰，晋文公、宋成公、齐国归父、崔夭、秦小子慭驻扎在城濮。楚军背靠着山陵险阻扎营，晋文公担心地形不利，听到众人在念诗歌说："原野田地里庄稼郁郁葱葱，旧田虽然好，新田也要种。"晋文公心中仍然迟疑不决。子犯说："打吧！作战而得胜，一定会得到诸侯的拥护。如果没能取胜，晋国外有大河，内有高山，一定没有什么危害。"晋文公说："对楚国昔日的恩惠怎么办？"栾贞子说："汉水以北的许多姬姓国，都是被楚灭掉的。考虑受到楚国的小恩惠而忘记同姓被灭的大耻辱是不对的，不如打吧。"晋文公做梦，梦中与楚成王搏斗，楚成王伏在自己身上吮吸他的脑浆，他因此而害怕。子犯说："这是吉兆。我们仰面得天，楚俯伏服罪，我们将要使他驯伏了。"

子玉派鬥勃请战，说："我请求与君王的将士们作一次角力游戏，君王可以在车上靠着车前横木观看，得臣我也一起观看。"晋文公派栾枝回答说："寡君听到你的命令了。楚君的恩惠不敢忘记，所以我们退到这里。对大夫你我们尚且退避，怎么敢抵挡你们国君呢？既然不能得到你们停战的命令，冒昧地麻烦大夫告诉诸位，准备好你们的战车，谨慎地执行你们国君的任务，明天早晨再见。"

晋国战车七百辆，装备齐全。晋文公登上古莘国的废墟检阅部队，说："年少与年长的排列合乎礼，可以使他们作战了。"于是砍伐树木，用以增加兵器。己巳，晋国军队在莘北摆开阵势，胥臣作为下军辅佐抵挡陈、蔡的军队。子玉带着若敖的六卒率领中军出战，说："今天一定要消灭晋国。"子西率领左军，子上率领右军。胥臣把马蒙上虎皮，当先冲击陈、蔡军队。陈、蔡军队逃跑，楚右军溃散。狐毛竖起两面大旗而后退。栾枝用战车拖着柴草假装逃跑，楚军急忙追击。先轸、郤溱带领中军及公室子弟兵拦腰袭击。狐毛、狐偃带领上军夹攻子西，楚左军溃散。楚军大败。子玉及早收兵，他所领一支军队得以不败。

晋国军队住了三天，吃楚军留下的粮食，到癸酉日回国。甲午，到达衡雍。为天子在践土建造了一座王宫。

这次战役的前三个月，郑文公去楚国并派兵助楚，由于楚军已经失败所以害怕，派子人九和晋国讲和。晋栾枝去郑国与郑文公订立盟约。五月丙午，晋文公与郑文公在衡雍结盟。丁未，把楚国俘虏献给周襄王，计驷马披甲的战车一百辆，步兵一千人。郑文公作为相礼，用周平王对晋文侯的礼节招待晋文公。己酉，周襄王设享礼用甜酒招待晋文公，命晋文公向自己劝酒。周襄王命尹氏及王子虎、内史叔兴父用策书命令晋文公为诸侯领袖，赐给他大辂车、戎辂车及相应的礼服，彤弓一把，彤矢一百枝，旅弓十把，旅矢一千枝，秬鬯一卣，虎贲三百人。说："天子对叔父说,你恭敬地服从天子的命令,以安抚四方诸侯,纠察惩治朝内的坏人。"晋文公辞谢三次,接受了命令,说:"重耳谨此再拜叩头,承受和发扬天子的光大优美的命令。"接受了策书后离开,前后共三次觐见。

卫成公听到楚军失败的消息,心中害怕,逃到楚国,又去陈国,派元咺事奉叔武去接受盟约。癸亥,王子虎在王庭与诸侯设盟,约定说:"大伙儿全都辅佐王室,不要互相伤害。有违背这盟誓的,神灵就诛杀他,使他军队毁败,不能享有国家,直到你的玄孙,不管老幼都是如此。"君子说这次结盟是守信用的,认为晋国在这次战役中能够用道德来进攻敌人。

起初,楚子玉自己制作了镶饰有琼玉的马冠与马鞅,还没有使用。作战以前,他梦见河神对自己说:"把这些东西给我,我赐你孟诸地方的岸边土地。"子玉不肯送去。大心与子西让荣黄劝谏他,他不听。荣黄说:"死如果有利于国家,尚且还要去做,何况是琼玉呢?只不过是粪土罢了,如果可以使军队成功,有什么不舍得的?"子玉不听。荣黄出来,告诉二人说:"不是神要使令尹失败,令尹不以人民的事情为重,实在是自己导致失败啊。"打了败仗后,楚成王派人对子玉说:"大夫如果回国,对申、息的父老交待?"子西、大心说:"得臣准备自杀,是臣等二人阻止他,说:'君王打算将你明正刑法。'"到了连谷,子玉便自杀了。晋文公听到后喜形于色,说:"没有人再来害我了。芳吕臣做令尹,他只知自守,不为人民考虑。"

有人在卫成公面前造元咺的谣说:"元咺立叔武为君了。"元咺的儿子角跟随卫成公在外,卫成公派人把他杀死。元咺没有因此而不听从卫成公的命令,事奉叔武回国摄政。六月,晋国人恢复卫成公的君位。宁武子与卫国大夫们在宛濮订立盟约,说:"上天降祸给卫国,使君臣不和协,所以才遭受这样的忧患。如今天意保佑我们,让大家抛弃成见和睦相处。没有留在都城的人,谁来守卫社稷?没有跟随君王出行的人,谁来保卫那些养牛马的人?由于不和协,因此乞求在大神之前明白宣誓用来乞求上天保佑。从今以后,既然已经订立盟约,出行的人不要仗恃自己有功,留在都城的人不用害怕自己有罪。有违背这盟约的,祸害就降临到他头上。神灵和先君在上，对他加以惩罚诛杀。"都城内的人听到了这盟词，才不再产生猜忌之心。卫成公在约定的日子以前进城。宁武子走在他前面，长牂看守城门，以为他是国君的使者，和他同乘一辆车进城。公子歂犬、华仲作卫成公的前驱。叔武正要洗头，听到君王到了，心中高兴，握着头发跑出来迎接，前驱却把他射死了。卫成公知道叔武没有罪，把头枕着他的大腿而哭。歂犬跑了出去，卫成公派人把他杀了。元咺逃跑到晋国。

城濮之战，晋国的中军在沼泽地遇到大风，丢失了大旗左边的长旒。祁瞒犯了军令，司马把他杀了，并通报诸侯，派茅茷代替他。军队回国。壬午，渡过黄河。舟之侨先行回国，士会代理车右。秋七月丙申，整顿队伍，唱着凯歌，进入晋国。在太庙献上俘虏及杀死敌人割下的左耳，置酒庆贺，犒赏将士，征召诸侯会盟，讨伐不顺服的国家。杀死舟之侨以通报全国，人民因此大为顺服。君子说："文公是个善于使用刑罚的人，杀了三个罪人而人民顺服。《诗》说：'施惠于这些中原国家，用以安抚四方诸侯。'说的就是保持赏赐与刑罚的公正。"

冬，在温地相会，商议讨伐不顺服的国家。

卫成公与元咺争讼，宁武子辅助卫成公出庭，以鍼庄子作卫成公替身，士荣作为狱官与元咺对质。卫成公没有获胜。晋国杀死士荣，砍了鍼庄子的脚，认为宁武子忠心而赦免了他。把卫成公拘捕起来，押往京师，另外辟了处囚室把他关起来。宁武子负责给卫成公供应衣食。元咺回到卫国，立公子瑕为君。

这次温地会盟，晋文公召请周襄王前来，带领诸侯朝见，并且让周襄王打猎。孔子说："作为臣子而召请君王，不能作为法则。"所以《春秋》记载说："周襄王在河阳打猎。"是说那儿不是打猎的地方，并且为了表明晋文公的德行而为他避讳。

壬申，僖公到周襄王所居之处朝见。

丁丑，诸侯包围了许国。

晋文公生病，曹共公的小仆侯獳贿赂晋国掌卜筮的官，叫他把得病原因说成是灭了曹国，教他说："齐桓公主持会盟而封异姓诸侯，如今君王主持会盟而灭同姓诸侯。曹叔振铎，是文王的儿子。先君唐叔，是武王的儿子。而且会合诸侯而灭兄弟之国，这是不合乎礼的。曹国与卫国一起得到君王赦免复国的诺言，却不与卫国一起复国，这是不守信用。罪相同而惩罚不同，这是不符合刑法的。礼仪用来推行道义，信用用来保持礼仪，刑法用来纠正邪恶，舍弃了这三样，君王将会怎样呢？"晋文公赞同他的话，让曹共公恢复君位，就在许国与诸侯相会。

晋文公设立三行用来抵御狄人，荀林父统帅中行，屠击统帅右行，先蔑统帅左行。

僖公二十九年

[经]

二十有九年春[1],介葛卢来[2]。

公自至围许。

夏六月,会王人、晋人、宋人、齐人、陈人、蔡人、秦人,盟于翟泉[3]。

秋,大雨雹。

冬,介葛卢来。

【注释】

〔1〕二十有九年:公元前631年。 〔2〕介葛卢:介,东夷小国,或谓在今山东胶县。葛卢,介君之名。 〔3〕翟泉:一作狄泉,在河南洛阳城外。

[传]

二十九年春,介葛卢来朝,舍于昌衍之上。[1]公在会[2],馈之刍米,礼也。

【注释】

〔1〕昌衍:即昌平山,在山东曲阜县东南。 〔2〕在会:指会诸侯

围许。

夏,公会王子虎、晋狐偃、宋公孙固、齐国归父、陈辕涛涂、秦小子憖,盟于翟泉,寻践土之盟,且谋伐郑也。卿不书[1],罪之也。在礼,卿不会公、侯,会伯、子、男可也。

【注释】
〔1〕卿:指狐偃等人。依例,卿参加盟会当记名。

秋,大雨雹,为灾也。
冬,介葛卢来,以未见公,故复来朝。礼之,加燕好[1]。介葛卢闻牛鸣。曰:"是生三牺[2],皆用之矣[3],其音云。"问之而信。

【注释】
〔1〕燕:燕礼。好:上等财货。〔2〕牺:宗庙所用贡品。〔3〕用:祭祀。

【译文】
[经]
二十九年春,介葛卢来我国。
僖公从围许战役回国。
夏六月,僖公与周天子使臣及晋、宋、齐、陈、蔡、秦各国人相会,在翟泉结盟。
秋,下大冰雹。
冬,介葛卢来我国。

[传]

二十九年春，介葛卢来我国朝见，安排他住在昌衍山上。僖公正与诸侯相会，赠送他干草粮食，这是合乎礼的。

夏，僖公与王子虎、晋狐偃、宋公孙固、齐国归父、陈辕涛涂、秦小子憖相会，在翟泉结盟，重温践土的盟约，并且商议攻打郑国的事。国卿参加会盟而《春秋》不记载他们的名，是表示责备他们。按照礼，卿不能参加与公、侯的会见，可以参加与伯、子、男的会见。

秋，下大冰雹，《春秋》记载，是因为造成灾害。

冬，介葛卢来我国，由于上次没见到僖公，所以再次来朝见。对他加以礼遇，在设宴款待时用上等礼品赠送他。介葛卢听到牛鸣，说："这头牛生了三头小牛，都已用作祭祀，它的声音表达了这点。"一问，果然如此。

僖公三十年

[经]

三十年春[1],王正月。

夏,狄侵齐。

秋,卫杀其大夫元咺及公子瑕。

卫侯郑归于卫[2]。

晋人、秦人围郑。

介人侵萧[3]。

冬,天王使周公来聘[4]。

公子遂如京师,遂如晋。

【注释】

〔1〕三十年,公元前630年。〔2〕卫侯:卫成公。〔3〕萧:宋邑,见庄公十二年注。〔4〕天王:周襄王。

[传]

三十年春,晋人侵郑,以观其可攻与否。狄间晋之有郑虞也[1],夏,狄侵齐。

【注释】

〔1〕间：乘隙，乘机。

晋侯使医衍鸩卫侯[1]。宁俞货医，使薄其鸩，不死。公为之请，纳玉于王与晋侯，皆十瑴[2]。王许之。秋，乃释卫侯。卫侯使赂周歂、冶廑，曰："苟能纳我，吾使尔为卿。"周、冶杀元咺及子适、子仪[3]。公入祀先君。周、冶既服将命，周歂先入，及门，遇疾而死。冶廑辞卿[4]。

【注释】

〔1〕鸩：毒药。 〔2〕瑴(jué)：玉一双。 〔3〕子适：即公子瑕，时为卫君。子仪：公子瑕之弟。 〔4〕冶廑见周歂暴死，心中害怕，所以不敢接受卿位。

九月甲午，晋侯、秦伯围郑[1]，以其无礼于晋，且贰于楚也[2]。晋军函陵[3]，秦军氾南[4]。佚之狐言于郑伯曰[5]："国危矣，若使烛之武见秦君，师必退。"公从之。辞曰："臣之壮也，犹不如人，今老矣，无能为也已。"公曰："吾不能早用子，今急而求子，是寡人之过也。然郑亡，子亦有不利焉。"许之，夜缒而出[6]，见秦伯，曰："秦、晋围郑，郑既知亡矣。若亡郑而有益于君，敢以烦执事。越国之鄙远，君知其难也，焉用亡郑以陪邻？邻之厚，君之薄也。若舍郑以为东道主，行李之往来[7]，共其乏困[8]，君亦无所害。且君尝为晋君赐矣，许君焦、瑕[9]，朝济而夕设版焉[10]，君之所知也。

夫晋何厌之有？既东封郑[11]，又欲肆其西封[12]，若不阙秦[13]，将焉取之？阙秦以利晋，唯君图之。"秦伯说，与郑人盟，使杞子、逢孙、杨孙戍之，乃还。

【注释】

〔1〕秦伯：秦穆公。〔2〕贰于楚：对晋贰而结好于楚。〔3〕函陵：在今河南新郑县北。〔4〕氾南：氾水之南，在今河南中牟县南，距函陵很近。〔5〕佚之狐：郑大夫。郑伯：郑文公。〔6〕缒：用绳子缚在身上吊下城。〔7〕行李：使臣。〔8〕共：同"供"。〔9〕焦、瑕：在今河南陕县附近，晋惠公曾答应割给秦国。〔10〕设版：即设防。古代修城以版为夹，中实土。〔11〕封：此指占有土地，扩张自己领地。〔12〕肆：任意。〔13〕阙：同"缺"，亏损，损害。

子犯请击之，公曰："不可。微夫人之力不及此[1]。因人之力而敝之[2]，不仁。失其所与[3]，不知[4]。以乱易整[5]，不武。吾其还也。"亦去之。

【注释】

〔1〕夫人：那个人。指秦穆公。〔2〕敝：失败，此指伤害。〔3〕与：友好。〔4〕知：同"智"。〔5〕乱：动乱，指关系破裂、互相攻战。整：互相友好和睦。

初，郑公子兰出奔晋，从于晋侯。伐郑，请无与围郑。许之，使待命于东[1]。郑石甲父、侯宣多逆以为大子[2]，以求成于晋，晋人许之。

【注释】

〔1〕东：晋东部边界。〔2〕石甲父：即石癸，郑大夫。侯宣多：郑大夫。

冬，王使周公阅来聘，飨有昌歜、白、黑、形盐[1]。辞曰："国君，文足昭也，武可畏也，则有备物之飨以象其德。荐五味，羞嘉谷[2]，盐虎形，以献其功[3]。吾何以堪之？"

东门襄仲将聘于周[4]，遂初聘于晋。

【注释】

〔1〕昌歜(chán)：用蒲根切制成的咸菜。白：熬稻。黑：熬黍。形盐：形似虎的盐。 〔2〕羞：进献。 〔3〕献(yí)：同"仪"，象。〔4〕东门襄仲：公子遂。

【译文】

[经]

三十年春，周历正月。

夏，狄人侵袭齐国。

秋，卫国杀死他们的大夫元咺与公子瑕。

卫成公郑回到卫国。

晋国人、秦国人包围郑国。

介国人侵袭萧邑。

冬，周襄王派周公来我国聘问。

公子遂去京师，于是去晋国。

[传]

三十年春，晋国人侵袭郑国，试探郑国是否可以攻打。狄人乘晋国防备郑国的机会，夏，侵袭齐国。

晋文公派医生衍用毒药毒死卫成公。宁俞贿赂医生，让他减少毒药的分量，卫成公得以不死。僖公为卫成公求情，送玉给周襄王与晋文公，每人十对，周襄王同意赦免他。秋天，便释放了卫成公。卫成公派人送礼给周歂、冶廑，说："如果能使我回国为君，我让你们当卿。"周、冶杀死元咺与公子瑕、子仪。卫成公回国，祭祀先君，周、冶两人已经穿好礼服，准备接受卿命。周歂先进太庙，到门口突然发病而死。冶廑害怕，不敢接受卿位。

九月甲午，晋文公、秦穆公率兵包围了郑国，因为郑国对晋文公不礼貌，而且背叛晋国亲附楚国。晋军驻扎在函陵，秦军驻扎在氾南。佚之狐对郑文公说："国家危险了，如果派烛之武去见秦君，秦军一定会退走。"郑文公同意了。烛之武推辞说："臣子少壮的时候，尚且不如别人，如今年老了，不能有所作为了。"郑文公说："我没能及早任用你，如今危急了而来求你，这是寡人的过错。但是郑国灭亡，你也有不利啊。"烛之武答应了郑文公，晚上用绳子从城上吊下城去，进见秦穆公，说："秦、晋包围郑国，郑国已经知道自己要灭亡了。如果灭亡郑国对君王有好处，那也就烦劳您的左右了。越过别人的国家以远方的土地作为自己的边邑，君王知道这是很困难的。何必要灭掉郑国来给你的邻国增加土地呢？邻国增强实力，就是君王削弱实力。如果放弃郑国，以郑国为东路上的主人，贵国使者往来，我国供应他各方面需要，对君王也没有什么不利。再说君王曾经给晋君以恩赐，晋君答应过给你焦、瑕土地，但他早晨渡河回去，晚上就修筑防卫工事，这是君王所知道的。晋国哪有满足的时候？已经东边向郑国扩张领土，又想为所欲为地向西方拓展。如果不损害秦国利益，他又向哪里去取得土地？损害秦国来有利于晋国，请君王考虑是否值得。"秦穆王赞同他的话，与郑国人订立盟约，派杞子、逢孙、杨孙帮助郑国戍守，便回国去了。

子犯请求追击秦军，晋文公说："不行。如果没有那个人的力量，我们就到不了今天这地位。凭借别人的力量反而去伤害他，是不仁。失去友好邻邦，是不智。以关系破裂代替和睦，是不武。我还是回去吧。"也离开了郑国。

起初，郑公子兰逃亡到晋国，跟随晋文公。攻打郑国时，公子兰请求不要参加对郑国的包围。晋文公同意了，让他在晋国东部边界等待命令。郑石甲父、侯宣多接公子兰回国为太子，以此同晋国讲和，晋国允许了。

冬，周襄王派周公阅来我国聘问，宴请他的食物有昌歜、白黑米糕、虎形盐。周公阅推辞说："国家的君主，文治足以显扬四方，武功可以令人畏惧，宴请时就备有象征他德行的食物。进五味，献美好的粮食，盐的形状如虎以象征他的功劳。我怎么当得起呢？"

东门襄仲将要去周朝聘问，于是乘便首次到晋国去聘问。

僖公三十一年

[经]

三十有一年春[1],取济西田[2]。

公子遂如晋。

夏四月,四卜郊不从[3],乃免牲[4],犹三望[5]。

秋七月。

冬,杞伯姬来求妇[6]。

狄围卫。十有二月,卫迁于帝丘[7]。

【注释】

〔1〕三十有一年:公元前629年。 〔2〕济西:济水之西。〔3〕郊:于郊外祭祀天地。不从:不吉。 〔4〕免牲:免而不杀为郊祀所准备的牺牲。 〔5〕望:望祭。鲁三望,郑玄以为望祭东海、泰山及淮水。 〔6〕求妇:杜注谓为其子成婚。 〔7〕帝丘:今河南濮阳县西南。

[传]

三十一年春,取济西田,分曹地也。使臧文仲往,宿于重馆[1]。重馆人告曰:"晋新得诸侯,必亲其共[2],不速行,将无及也。"从之。分曹地,自洮以南[3],东傅于济,尽曹地也。

襄仲如晋[4]，拜曹田也。

【注释】
〔1〕重馆：重地的候馆。重，在山东鱼台县西。〔2〕共：同"恭"。〔3〕洮：在今山东鄄城县西南。〔4〕襄仲：即公子遂。

夏四月，四卜郊，不从，乃免牲，非礼也。犹三望，亦非礼也。礼不卜常祀，而卜其牲、日[1]，牛卜日曰牲。牲成而卜郊，上怠慢也[2]。望，郊之细也[3]。不郊，亦无望可也。

【注释】
〔1〕卜其牲日：卜问用此牛及牲献之日是否吉利。〔2〕怠慢：杜注谓怠于吉庆的典礼，慢渎龟策。〔3〕细：细节。

秋，晋蒐于清原[1]，作五军以御狄[2]。赵衰为卿。
冬，狄围卫，卫迁于帝丘。卜曰三百年。卫成公梦康叔曰[3]："相夺予享[4]。"公命祀相。宁武子不可，曰："鬼神非其族类，不歆其祀。杞、鄫何事[5]？相之不享于此，久矣，非卫之罪也，不可以间成王、周公之命祀[6]。请改祀命。"
郑泄驾恶公子瑕[7]，郑伯亦恶之[8]，故公子瑕出奔楚。

【注释】
〔1〕清原：在今山西稷山县东南。〔2〕五军：晋原有三军三行，此时废三行，立新军之上、下军。〔3〕康叔：周武王弟，封为卫君，为

卫国的先祖。〔4〕相：夏后帝启之孙，帝中康之子，居帝丘。〔5〕杞、鄫：二国皆夏代之后，宜祀之，今却不祀。〔6〕间：干、犯，违反。〔7〕泄驾：郑大夫。公子瑕：文公子。〔8〕郑伯：郑文公。

【译文】

[经]

三十一年春，取得济水以西的田地。

公子遂去晋国。

夏四月，四次为郊祀事占卜，都不吉利，于是不杀备于郊祀的牺牲，仍然望祭三处。

秋七月。

冬，杞伯姬来我国为她儿子求婚。

狄人包围卫国。十二月，卫国迁移到帝丘。

[传]

三十一年春，取得济水以西的田地，这是分割到的曹国的土地。僖公派臧文仲前往分田，住在重地的候馆中。重地候馆中的人对他说："晋国新近成为诸侯的领袖，一定亲近恭顺他的人，不赶快走，将会赶不上。"臧文仲听从了他的话。分割到的曹国的土地，从洮地以南，东边靠着济水，都是曹国的土地。

公子遂到晋国去，是为了拜谢分到曹国的田地。

夏四月，四次为郊祀事占卜，都不吉利，于是不行郊祀不杀牺牲，这是不合乎礼的。仍然望祭三处，也是不合乎礼的。依礼，不为常规的祭祀占卜，只卜所用的牛及日子是否吉利，牛在占卜得到好日子后就称为"牲"。已经确定了牲还要占卜郊祀的吉凶，是在上者怠慢祀典蔑视龟卜。望祭，是郊祀中的细节。不举行郊祀，也不必举行望祭。

秋，晋国在清原检阅军队，建立五军来抵御狄人。赵衰被任命为卿。

冬，狄人包围卫国，卫国迁移到帝丘。占卜的结果说国家可维持三百年。卫成公梦见康叔对他说："相夺走了我的祭品。"卫成公命令祭祀相。宁武子不同意，说："鬼神不是他的同族，就不享用他们的祭祀。杞国与鄫国为什么不祭祀他？相在这里没享受到祭祀已经很久了，不是卫国的罪过，不可以违背成王、周公所定下的祀典。请您改变祭祀相的命令。"

郑泄驾厌恶公子瑕，郑文公也厌恶他，所以公子瑕逃到楚国。

僖公三十二年

[经]

三十有二年春[1],王正月。

夏四月己丑,郑伯捷卒[2]。

卫人侵狄。

秋,卫人及狄盟。

冬十有二月己卯,晋侯重耳卒[3]。

【注释】

〔1〕三十有二年:公元前628年。〔2〕郑伯:郑文公。〔3〕晋侯:晋公。

[传]

三十二年春,楚鬬章请平于晋,晋阳处父报之[1]。晋、楚始通。

夏,狄有乱。卫人侵狄,狄请平焉。秋,卫人及狄盟。

【注释】

〔1〕报:回聘。

冬，晋文公卒。庚辰，将殡于曲沃[1]，出绛，柩有声如牛。卜偃使大夫拜，曰："君命大事[2]。将有西师过轶我[3]，击之，必大捷焉。"

杞子自郑使告于秦，曰："郑人使我掌其北门之管[4]，若潜师以来，国可得也。"穆公访诸蹇叔[5]，蹇叔曰："劳师以袭远，非所闻也。师劳力竭，远主备之，无乃不可乎！师之所为，郑必知之。勤而无所，必有悖心[6]。且行千里，其谁不知？"公辞焉。召孟明、西乞、白乙[7]，使出师于东门之外。蹇叔哭之，曰："孟子，吾见师之出而不见其入也。"公使谓之曰："尔何知？中寿[8]，尔墓之木拱矣。"蹇叔之子与师，哭而送之，曰："晋人御师必于殽[9]。殽有二陵焉[10]：其南陵，夏后皋之墓也[11]；其北陵，文王之所辟风雨也。必死是间，余收尔骨焉。"秦师遂东。

【注释】

[1]殡：把灵柩埋葬进墓穴。 [2]大事：战争、祭祀等类事。 [3]轶：超越。 [4]管：钥匙。 [5]访：访问。这里有请教之意。蹇叔：秦老臣，曾为上大夫。 [6]悖：违逆，背叛。 [7]孟明：百里孟明，名视，故又称孟明视。西乞：名术。白乙：名丙。三人为秦军统帅。 [8]中寿：一般指六七十岁。 [9]殽：崤山，在今河南洛宁县西北六十里，西接陕县，东接渑池。当时为晋要塞，从秦往郑必经此地。 [10]二陵：两座山陵，即东、西崤山。两山相距三十五里，山多险坡，路窄难行。 [11]夏后皋：夏帝皋。后，帝，天子。

【译文】

[经]

三十二年春,周历正月。

夏四月己丑,郑文公捷去世。

卫国人侵袭狄人。

秋,卫国人与狄人订立盟约。

冬十二月己卯,晋文公重耳去世。

[传]

三十二年春,楚鬭章到晋国请求讲和,晋阳处父去楚国回聘。晋、楚两国开始往来。

夏,狄人发生内乱。卫国人侵袭狄人。狄请求讲和。秋,卫国人与狄人订立盟约。

冬,晋文公去世。庚辰,准备把晋文公的灵柩运送到曲沃去安葬,离开绛城,灵柩中发出像牛鸣似的声音。卜偃叫大夫们下拜,说:"国君在发布军事命令。不久会有秦国军队越过我国边境,如果出击,一定大胜。"

杞子从郑国派人报告秦穆公,说:"郑国人派我掌管他们的北门钥匙,如果派兵悄悄而来,可以占领郑国。"秦穆公向蹇叔请教,蹇叔说:"让军队辛苦疲劳地去偷袭远方国家,我没听说过有这样的事。军队劳苦,力量耗尽,远方的国家已经有了防备,这恐怕不行吧?我们军队的行动,郑国必然会知道。辛苦一场而无所得,士兵一定会产生不满。再说行军千里之远,谁会不知道呢?"秦穆公不接受他的意见。召见孟明、西乞、白乙,让他们在东门外出兵。蹇叔哭着送行,说:"孟明,我看到军队出去但不能看到他们回国了。"秦穆公派人对蹇叔说:"你知道什么?你如果活到中寿就死去,你墓上的树也已经要合抱粗了。"蹇叔的儿子参加了这支出征的队伍,蹇叔哭着送他,说:"晋国人必定会在殽山抵御我们的军队。殽山有两座山陵,那南边的山陵,有夏帝皋的坟墓;那北边的山陵,是文王曾经躲避过风雨的地方。你一定会死在两座山陵之间,我就在那里收你的尸骨吧。"秦国军队就向东进发。

僖公三十三年

[经]

三十有三年春[1]，王二月，秦人入滑。

齐侯使国归父来聘[2]。

夏四月辛巳，晋人及姜戎败秦师于殽[3]。

癸巳，葬晋文公。

狄侵齐。

公伐邾，取訾娄[4]。

秋，公子遂帅师伐邾。

晋人败狄于箕[5]。

冬十月，公如齐。十有二月，公自至齐。乙巳，公薨于小寝[6]。

陨霜不杀草，李、梅实。

晋人、陈人、郑人伐许。

【注释】

〔1〕三十有三年：公元前627年。〔2〕齐侯：齐昭公。〔3〕姜戎：姜姓之戎，居晋南。〔4〕訾娄：邾地。〔5〕箕：一说在今山西太谷县，一说在蒲县。〔6〕小寝：诸侯三寝室之一，即燕寝。

[传]

三十三年春，秦师过周北门[1]，左右免胄而下[2]。超乘者三百乘[3]。王孙满尚幼[4]，观之，言于王曰："秦师轻而无礼[5]，必败。轻则寡谋，无礼则脱[6]。入险而脱，又不能谋，能无败乎？"

【注释】

〔1〕周北门：周都洛邑的北门。 〔2〕左右：战车的御者左右执弓箭、戈盾的战士。免胄：脱去头盔。表示对周天子致敬。 〔3〕超乘：跳跃着上车。这是轻浮无礼的动作。 〔4〕王孙满：周大夫。 〔5〕轻：轻浮，轻佻。无礼：依礼，兵车过周都应脱下盔甲，收起兵器。 〔6〕脱：脱略，粗心。

及滑，郑商人弦高将市于周[1]，遇之。以乘韦先[2]，牛十二犒师，曰："寡君闻吾子将步师出于敝邑[3]，敢犒从者。不腆敝邑[4]，为从者之淹[5]，居则具一日之积[6]，行则备一夕之卫。"且使遽告于郑[7]。郑穆公使视客馆[8]，则束载、厉兵、秣马矣[9]。使皇武子辞焉，曰："吾子淹久于敝邑，唯是脯资饩牵竭矣[10]。为吾子之将行也，郑之有原圃[11]，犹秦之有具囿也[12]。吾子取其麋鹿以闲敝邑，若何？"杞子奔齐，逢孙、杨孙奔宋。孟明曰："郑有备矣，不可冀也[13]。攻之不克，围之不继，吾其还也。"灭滑而还。

【注释】

〔1〕市：买卖商品。 〔2〕乘韦：四张熟牛皮。乘，四。 〔3〕步师：行军。出于：经过。 〔4〕不腆：不丰厚。 〔5〕淹：淹滞，耽搁。

〔6〕积：粮食。此指军需及生活用品。　〔7〕遽告：急忙报告。遽，驿车。古代传递紧急公文，每到驿站即换马，迅速奔驰。　〔8〕客馆：宾馆。　〔9〕束载：捆束行李。厉兵：磨砺兵器。秣马：喂马。　〔10〕脯资饩牵：泛指食物。脯，干肉。资，粮食。饩，已杀的牲口。牵，未杀的牲口。　〔11〕原圃：郑畜养禽兽供打猎的场所，在今河南中牟县西北。　〔12〕具囿：秦畜养禽兽供打猎的场所，在今陕西凤翔县境。　〔13〕不可冀：指没有希望灭郑。

齐国庄子来聘[1]，自郊劳至于赠贿[2]，礼成而加之以敏[3]。臧文仲言于公曰："国子为政，齐犹有礼，君其朝焉。臣闻之，服于有礼，社稷之卫也。"

【注释】

〔1〕国庄子：即国归父。　〔2〕郊劳：使者至受聘者之郊，受聘国国君派卿朝服迎接，用束锦为礼，犒劳使者。赠贿：聘事结束，宾行，舍于郊外。国君又派卿赠以礼物。郊劳为聘礼开始，赠贿为结束。〔3〕敏：审视，恰当。

晋原轸曰[1]："秦违蹇叔，而以贪勤民，天奉我也[2]。奉不可失，敌不可纵。纵敌患生，违天不祥。必伐秦师。"栾枝曰[3]："未报秦施而伐其师，其为死君乎[4]？"先轸曰："秦不哀吾丧而伐吾同姓[5]，秦则无礼，何施之为？吾闻之，一日纵敌，数世之患也。谋及子孙，可谓死君乎？"遂发命，遽兴姜戎[6]。子墨衰绖[7]，梁弘御戎，莱驹为右。夏四月辛巳，败秦师于殽，获百里孟明视、西乞术、白乙丙以归。遂墨以葬文公。晋于是始墨。

【注释】

〔1〕原轸：即先轸，封于原。 〔2〕奉：送。 〔3〕栾枝：见僖公二十七年注。 〔4〕其为死君乎：死君，指晋文公，时在殡，故称。为，有。全句意为难道心目中还有死去的君王吗？ 〔5〕同姓：指滑国，与晋皆姬姓。 〔6〕兴：聚集，动员。 〔7〕子：指文公子襄公骦，君死未葬，故称子。墨：染黑。此指以丧服作军服。

文嬴请三帅[1]，曰："彼实构吾二君[2]，寡君若得而食之[3]，不厌，君何辱讨焉[4]！使归就戮于秦，以逞寡君之志，若何？"公许之。先轸朝，问秦囚。公曰："夫人请之，吾舍之矣[5]。"先轸怒曰："武夫力而拘诸原[6]，妇人暂而免诸国[7]。堕军实而长寇仇[8]，亡无日矣。"不顾而唾[9]。公使阳处父追之，及诸河，则在舟中矣。释左骖[10]，以公命赠孟明。孟明稽首曰："君之惠，不以累臣衅鼓[11]，使归就戮于秦，寡君之以为戮，死且不朽。若从君惠而免之，三年将拜君赐[12]。"

【注释】

〔1〕文嬴：晋文公夫人。 〔2〕构：挑拨离间。指引起这场战争。 〔3〕寡君：指秦穆公。文嬴是秦女，故称。 〔4〕讨：此指惩罚。 〔5〕舍之：放掉他们。 〔6〕原：原野。此指战场。 〔7〕暂：通"渐"，欺骗。免：赦免，放走。 〔8〕堕：同"隳"，即"毁"，毁弃，丢掉。军实：战果。长：助长。 〔9〕不顾：不回头，即当面。 〔10〕骖：车驾在前两侧的马。 〔11〕累臣：被囚系的臣子。指俘虏。衅鼓：以血涂在鼓上。古代新器如钟、鼓等造成，定要涂血以示隆重。 〔12〕意谓三年后再会来报仇。

秦伯素服郊次[1]，乡师而哭曰[2]："孤违蹇叔以辱二三子，孤之罪也。"不替孟明[3]，曰[4]："孤之过也，大夫何罪？且吾不以一眚掩大德[5]。"

【注释】
〔1〕郊次：驻扎在郊外。 〔2〕乡：向。 〔3〕替：废除。〔4〕"曰"字，各本无，据王念孙引《文选·西征赋》注、《白帖》补。〔5〕眚(shěng)：目病生翳，此指小错。

　　狄侵齐，因晋丧也。
　　公伐邾，取訾娄，以报升陉之役[1]。邾人不设备。秋，襄仲复伐邾。[2]

【注释】
〔1〕升陉之役：在僖公二十二年。 〔2〕襄仲：即公子遂。

　　狄伐晋，及箕。八月戊子，晋侯败狄于箕。郤缺获白狄子[1]。先轸曰："匹夫逞志于君而无讨[2]，敢不自讨乎？"免胄入狄师，死焉。狄人归其元[3]，面如生。

【注释】
〔1〕白狄子：白狄首领。白狄为狄之别种，居陕西。 〔2〕逞志于君：对君王无礼，指唾襄公事。 〔3〕元：头。

　　初，臼季使过冀[1]，见冀缺耨[2]，其妻馌之[3]。敬，相待如宾。与之归，言诸文公曰："敬，德之聚也。能敬必有德。德以治民，君请用之。臣闻之，出门如宾，承事如祭，仁之则也。"公曰："其父有罪[4]，可乎？"对曰："舜之罪也殛鲧[5]，其举也兴禹。管敬仲[6]，桓之贼也，实相以济。《康诰》曰[7]：'父不慈，子不祇[8]，兄不友，弟不共，不相及也。'《诗》曰：'采葑采菲，无以下体[9]。'君取节焉可也。"文公以为下军大夫。反自箕，襄公以三命命先且居将中军[10]，以再命命先茅之县赏胥臣曰[11]："举郤缺，子之功也。"以一命命郤缺为卿，复与之冀，亦未有军行[12]。

【注释】

〔1〕臼季：即司空季子、胥臣，臼为食邑，季为字，参僖公二十三年注。冀：今山西河津县。原为国，僖公时为晋所灭。〔2〕冀缺：即郤缺。耨：除草。〔3〕馌：送饭。〔4〕其父：郤缺父郤芮，为惠公党。〔5〕殛：流放。鲧：大禹的父亲。〔6〕管敬仲：管仲。〔7〕今《康诰》无此文。〔8〕祇：敬。〔9〕所引诗见《诗·邶风·谷风》。葑，蔓菁。菲，萝卜。〔10〕三命：命，按等级赐予臣下仪物、服饰，共分九等，以多为贵。公侯之卿三命，即三等。先且居：先轸子。〔11〕先茅：晋大夫，时绝后。〔12〕军行：在军中任职，晋军原分军与行，时全改为军。

冬，公如齐，朝，且吊有狄师也。反，薨于小寝，即安也[1]。

晋、陈、郑伐许，讨其贰于楚也。

【注释】

〔1〕即安：贪图安适。凡有疾病，当移居路寝，鲁僖公未移，而住燕安的小寝，故云。

楚令尹子上侵陈、蔡[1]。陈、蔡成，遂伐郑，将纳公子瑕。门于桔柣之门[2]。瑕覆于周氏之汪[3]。外仆髡屯禽之以献[4]。文夫人敛而葬之郐城之下[5]。

【注释】
〔1〕令尹子上：即鬬勃。参僖公二十八年注。 〔2〕门：攻打城门。桔柣之门：郑远郊之门。 〔3〕覆：战车翻倒。汪：泥塘。 〔4〕禽：同"擒"，杜注谓杀死。传无明文，或是擒而郑穆公杀之，亦通。 〔5〕文夫人：郑文公夫人。郐：本为国，妘姓，为郑桓公灭。地在今河南密县东南。

晋阳处父侵蔡，楚子上救之，与晋师夹泜而军[1]。阳子患之，使谓子上曰："吾闻之，文不犯顺[2]，武不违敌[3]。子若欲战，则吾退舍，子济而陈，迟速唯命，不然纾我[4]。老师费财[5]，亦无益也。"乃驾以待[6]。子上欲涉，大孙伯曰[7]："不可。晋人无信，半涉而薄我[8]，悔败何及，不如纾之。"乃退舍。阳子宣言曰："楚师遁矣。"遂归。楚师亦归。大子商臣谮子上曰："受晋赂而辟之，楚之耻之，罪莫大焉。"王杀子上。

【注释】
〔1〕泜(zhī)：水名，在今河南叶县东北，今名沙河。 〔2〕文：不恃武力行政。顺：顺应，顺服。 〔3〕违：避。 〔4〕纾：纾缓。此句言不然的话，你退舍，让我渡河。 〔5〕老：师久为老。 〔6〕驾：驾好车马。 〔7〕大孙伯：即成大心。 〔8〕薄：同"迫"，逼近。

葬僖公，缓作主[1]，非礼也。凡君薨，卒哭而祔[2]，祔而作主，特祀于主，烝尝禘于庙[3]。

【注释】

〔1〕主：神主。〔2〕卒哭：终哭，葬后十四日终哭。祔：将新死者神主入于主庙。〔3〕烝尝禘：均为祭名。

【译文】

[经]

三十三年春，周历二月，秦国人攻入滑国。

齐昭公派国归父来我国聘问。

夏四月辛巳，晋国人与姜戎在殽山打败秦国军队。

癸巳，安葬晋文公。

狄人侵袭齐国。

僖公攻打邾国，占领訾娄。

秋，公子遂率领军队攻打邾国。

晋国人在箕地打败狄人。

冬十月，僖公去齐国。十二月，僖公从齐国回到国内。乙巳，僖公在小寝去世。

降霜而没能杀死草，李、梅结实。

晋国人、陈国人、郑国人攻打许国。

[传]

三十三年春，秦国军队经过周都城北门，战车上驾驶的左右人员都脱去头盔下车致敬，随即一跳而登上车的有三百辆兵车的战士。王孙满年龄还小，看到了，对周襄王说："秦国军队轻佻而且无礼，一定会失败。轻佻就会缺少计谋，无礼便粗心大意。军队进入险地却粗心大意，又不能认真谋划，能不失败吗？"

秦军到达滑国，郑国的商人弦高准备到周都城做买卖，碰到了秦军。弦高先送上四张熟牛皮为礼，再送上十二头牛慰劳秦军，说："寡君听说您要行军到敝国去，谨以此慰劳您的部下。敝国虽然不富裕，为了您的部下在外滞留的时间久了，因而住一天就供应你们一天的需求，离开的话，我们就在你们临行前夕来代你们守夜保卫。"并且派人乘驿车急速回郑国报告。郑穆公派人去探看杞子等人住的宾馆，见他们已经捆束好行李，磨砺武器，喂饱马匹了。郑穆公派皇武子去宾馆致辞，说："各位在敝国停留已经很久了，粮食肉类都已吃完了。为了各位将离开这里，郑国的原圃就如同秦国的具囿一样，各位自己去猎取麋鹿，使敝国能够松口气，怎么样？"于是杞子逃往齐国，逢孙、杨孙逃到宋国。孟明说："郑国有准备了，不能指望灭亡它了。攻打它不能获胜，包围它又没有后援，我们还是回去吧。"灭亡了滑国后回兵。

齐国国归父来我国聘问，从郊外迎接送礼慰劳，一直到郊外赠礼送行，都圆满完成礼仪并且行事精审恰当。臧文仲对僖公说："国子执政，齐国仍然有礼，君王去朝见吧。臣子听说，对有礼的国家表示顺服，是自己社稷的保障。"

晋先轸说："秦国不听蹇叔的话，而因为贪心使人民劳苦，这是上天送给我们的机会。上天送的良机不可错过，对敌人不能轻易放走。放走敌人便会产生祸患，违反天意会导致不吉利。一定要攻击秦国军队。"栾枝说："还没有报答秦国所给的恩惠而攻击他们的军队，难道心目中还有死去的国君吗？"先轸说："秦国不哀悼我国的丧事，却攻打我们同姓国，他们这是无礼，还讲什么恩惠？我听说，一旦放走了敌人，会导致好几代人的祸患。为子孙后代打算，对死去的国君总可以交待了吧？"于是发布命令，紧急招集姜戎的军队。晋襄公把丧服染成黑色，以梁弘驾驭战车，莱驹为车右。夏四月辛巳，在殽山打败秦军，擒获百里孟明视、西乞术、白乙丙而回兵。于是就穿着黑色丧服安葬晋文公。晋国从此使用黑色丧服。

文嬴请求释放秦国三位主将，说："他们挑拨我们两国的国君，寡君如能得到他们，吃了他们都嫌不解恨，何必劳你的大驾去惩办他们呢？让他们回到秦国去受杀戮，用以满足寡君的愿望，你看怎么样？"晋襄公同意了。先轸朝见，问起秦国的囚徒。晋襄公说："夫人请求释放他们，我就把他们放了。"先轸发怒说："战士们费尽力气从战场上把他们捉住，一个女人几句花言巧语就把他们从国内放走了。毁弃战争的成果而增长敌人的力量，灭亡指日可待了。"当面对着襄公吐唾沫。晋襄公派阳处父去追回三人，追到黄河边上，三人已坐在船上了。阳处父解下战车左边的骖马，以晋襄公的名义赠送给孟明。孟明下拜说："蒙君王的恩惠，没有把我们这些俘虏杀了用血涂鼓，而让我们回到秦国去接受刑戮，如果我们的国君杀了我们，我们将死而不朽。如果托君王的福能得到赦免，三年后我们会来拜谢君王的恩赐。"

秦穆公穿着白衣服驻扎郊外等候，对着败回的军队哭着说："我不听蹇叔的话使诸位受辱，这是我的罪过。"不废除孟明的职务，说："这是我的过错，大夫有什么罪。而且我不会因为一件小错而掩盖别人的大德。"

狄人攻打齐国，是因为晋国有丧事。

僖公攻打邾国，占领訾娄，以报复升陉那次战役。邾国没有设防。秋，襄仲再次攻打邾国。

狄人攻打晋国，到达箕地。八月戊子，晋襄公在箕地打败狄人。郤缺擒获了白狄首领。先轸说："一个普通人在君王面前无法无天而没有受到惩罚，岂敢不自己惩罚自己？"脱下头盔冲入狄阵，死在军中。狄人归还他的头，面色与活着时一样。

起初，胥臣出使经过冀地，见郤缺在除草，他的妻子给他送饭。很恭敬，彼此像宾客一样。胥臣和他一起回来，对晋文公说："恭敬，是德行的集中表现。能够做到恭敬，就必定有德行。德行能用以治理人民，请君王用他。臣子听说，出门好像会见宾客，处理事情如同参与祭祀，这是仁义的准则。"晋文公说："他的父亲有罪，能用他吗？"胥臣回答说："舜惩罚有罪，流放了鲧，他举拔贤人，起用了禹。管仲是齐桓公的敌人，桓公以他为相而事业成功。《康诰》说：'父亲不慈爱，儿子不孝敬，兄长不友爱，弟弟不恭顺，这和对方无关。'《诗》说：'采蔓菁，采萝卜，不要抛弃它的根。'君王使用他的长处就可以了。"晋文公任命郤缺为下军大夫。从箕地回来后，晋襄公以三等品级命令先且居率领中军，以二等品级命令把先茅的封地赏给胥臣，说："推荐郤缺，是你的功劳。"以一等品级命令郤缺为卿，重新给他冀地，但是不担任军职。

冬，僖公去齐国朝聘，同时对狄军攻打齐国表示慰问。回国，死在小寝里，是他贪图安逸，没有移居路寝。

晋国、陈国、郑国攻打许国，是惩罚它依顺楚国。

楚令尹子上侵袭陈国、蔡国。陈、蔡两国与楚讲和，楚国便攻打郑国，准备送公子瑕回国为君。攻打桔柣之门，公子瑕的战车翻倒在周氏的泥塘里，外仆髡屯把他的尸体献给郑穆公。郑文公夫人为他殡敛而安葬在邲城下。

　　晋阳处父侵袭蔡国，楚子上救援蔡国，与晋国军队隔着泜水对峙。阳处父对此担心，派人对子上说："我听说，来文的人不冒犯顺理应服的人，来武的人不避让敌人。你如果想打，那么就让我退后三十里，你渡过河来列成阵势，早打晚打听你的。不然的话，你退后让我渡河。军队长久对耗，多费钱财，也没有什么益处。"于是驾好车马，等待楚国表态。子上想渡过河去，大孙伯说："不行。晋国人不讲信用，如果我们渡过一半而他们迫近攻打，失败了再后悔怎来得及，不如让他们渡河。"于是退后三十里。阳处父宣扬说："楚军逃走了。"于是回国。楚军也回国。太子商臣诬陷子上说："他接受了晋国的贿赂而退避，这是楚国的耻辱，没有比这更大的罪了。"楚成王杀死了子上。

　　安葬僖公，神主制作拖延，这是不合乎礼的。凡是国君去世，葬后十四天停止不定时的哭号，把死者神主附祭祖庙，附祭时就制做神主，单独向神主祭祀，烝、尝、禘祭就在祖庙中进行。

春秋左传卷八　文公上

文　公　元　年

[经]

元年春[1]，王正月，公即位。

二月癸亥，日有食之。

天王使叔服来会葬[2]。

夏四月丁巳，葬我君僖公。

天王使毛伯来锡公命。

晋侯伐卫[3]。

叔孙得臣如京师[4]。

卫人伐晋。

秋，公孙敖会晋侯于戚[5]。

冬十月丁未，楚世子弒其君頵。

公孙敖如齐。

【注释】
〔1〕元年：公元前626年。〔2〕天王：周襄王。叔服：周内史。〔3〕晋侯：晋襄公。〔4〕叔孙得臣：即庄叔得臣，桓公之孙。〔5〕公孙敖：庆父之子。戚：卫邑，在今河南濮阳县北。

[传]

元年春,王使内史叔服来会葬。公孙敖闻其能相人也,见其二子焉[1]。叔服曰:"榖也食子[2],难也收子[3]。榖也丰下[4],必有后于鲁国。"

【注释】
〔1〕见其二子:引二子出来相见。 〔2〕榖:文伯。食子:奉祭祀供养。 〔3〕难:惠叔。收子:收葬。 〔4〕丰下:颐颔丰满。

于是闰三月[1],非礼也。先王之正时也,履端于始[2],举正于中[3],归余于终[4]。履端于始,序则不愆。举正于中,民则不惑。归余于终,事则不悖。

夏四月丁巳,葬僖公。

王使毛伯卫来锡公命,叔孙得臣如周拜。

【注释】
〔1〕据江永考证,该年无闰三月,左氏误记。 〔2〕履端于始:以冬至为开始。 〔3〕举正于中:以正朔之月为中。或言按天象之正,分冬至、夏至、春分、秋分。 〔4〕归余于终:置闰月于岁终。故此言闰三月非礼。

晋文公之季年,诸侯朝晋。卫成公不朝,使孔达侵郑,伐绵、訾[1],及匡[2]。晋襄公既祥[3],使告于诸侯而伐卫,及南阳。先且居曰:"效尤,祸也。请君朝王,臣从师。"晋侯朝王于温,先且居、胥臣伐卫。五月辛酉朔,晋师围戚。六月戊戌,取之,获孙昭子[4]。卫人使告于陈。陈共公曰:"更伐之,我辞之[5]。"卫孔达帅师伐晋。君子以为古[6]。古者越国而谋。

秋，晋侯疆戚田，故公孙敖会之。

【注释】
〔1〕绵：不详所在。訾：疑即訾娄。 〔2〕匡：在今河南长垣县西南。 〔3〕祥：此指小祥，即父母丧周年后。 〔4〕孙昭子：卫武公四世孙，戚为其采邑。 〔5〕辞之：为之请和。 〔6〕古：同"估"，粗略。

初，楚子将以商臣为大子[1]，访诸令尹子上。子上曰："君之齿未也，而又多爱[2]，黜乃乱也。楚国之举[3]，恒在少者。且是人也，蜂目而豺声，忍人也[4]，不可立也。"弗听。

既又欲立王子职而黜大子商臣。商臣闻之而未察[5]，告其师潘崇曰："若之何而察之？"潘崇曰："享江芈而勿敬也[6]。"从之。江芈怒曰："呼，役夫[7]！宜君王之欲杀女而立职也。"告潘崇曰："信矣。"潘崇曰："能事诸乎[8]？"曰："不能。""能行乎？"曰："不能。""能行大事乎[9]？"曰："能。"

【注释】
〔1〕楚子：楚成王。 〔2〕爱：指内宠。 〔3〕举：指立国君。 〔4〕忍人：残忍的人。 〔5〕察：证实。 〔6〕江芈：楚成王的妹妹。 〔7〕役夫：骂人的话，犹"奴才"。 〔8〕诸：指王子职。 〔9〕行大事：指举行政变，杀死成王。

冬十月，以宫甲围成王[1]。王请食熊蹯而死[2]，弗听。丁未，王缢。谥之曰灵，不瞑；曰成，乃瞑。穆王立，以其为大子之室与潘崇，使为大师，且掌环列之尹[3]。

【注释】
[1]宫甲：太子宫中的武士。 [2]熊蹯(fán)：熊掌。熊掌难熟，楚成王想借此拖延时间，等到救兵。 [3]环列之尹：宫廷警卫官。

穆伯如齐[1]，始聘焉，礼也。凡君即位，卿出并聘[2]，践修旧好[3]，要结外援，好事邻国，以卫社稷，忠信卑让之道也。忠，德之正也；信，德之固也；卑让，德之基也。

【注释】
[1]穆伯：即公孙敖。 [2]并：遍，普遍。 [3]践：同"缵"，继。

殽之役，晋人既归秦帅，秦大夫及左右皆言于秦伯曰："是败也，孟明之罪也，必杀之。"秦伯曰："是孤之罪也。周芮良夫之诗曰[1]：'大风有隧[2]，贪人败类[3]。听言则对[4]，诵言如醉[5]。匪用其良，覆俾我悖[6]。'是贪故也，孤之谓矣。孤实贪以祸夫子，夫子何罪？"复使为政。

【注释】
[1]芮良夫：周厉王时卿士。下引诗见《诗·大雅·桑柔》，为芮良夫讽刺厉王所作。 [2]有隧：风疾速的样子。 [3]贪人：贪财犯法之人。类：良善。 [4]听言：顺从的话。 [5]诵言：劝谏的话。

〔6〕悖：违礼。

【译文】

［经］

元年春，周历正月，文公即位。

二月癸亥，发生日食。

周襄王派叔服来我国参加葬礼。

夏四月丁巳，安葬我国国君僖公。

周襄王派毛伯来我国赐文公策命。

晋襄公攻打卫国。

叔孙得臣去周京城。

卫国人攻打晋国。

秋，公孙敖与晋襄公在戚地相会。

冬十月丁未，楚太子杀死他的国君頵。

公孙敖去齐国。

［传］

元年春，周襄王派内史叔服来我国参加葬礼。公孙敖听说他善于为人相面，就让自己的两个儿子出来见他。叔服说："穀可以祭祀供养你，难可以收葬你。穀的下颔丰满，后代在鲁国一定会昌盛。"

这一年以三月为闰，这是不合乎礼的。先王端正时令，以冬至日作为开始，举正朔之月为中，把剩余的日子归总在岁末。以冬至日作为开始，四时的时序便不会错乱。举正朔之月为中，人民就不会迷惑。把剩余的日子归总在岁末，行事就没有错误。

夏四月丁巳，安葬僖公。

周襄王派毛伯来赐文公策命，叔孙得臣去周朝拜谢。

晋文公的末年，诸侯朝见晋国。卫成公不去朝见，派孔达侵袭郑国，攻打绵、訾，打到匡地。晋襄公守丧满周年后，派人通告诸侯而攻打卫国，到达南阳。先且居说："效法错误，便是祸患。请君王去朝见周天子，臣子跟从军队。"晋襄公在温地朝见周襄王，先且居、胥臣攻打卫国。五月辛酉朔，晋国军队包围戚地。六月戊戌，占领戚地，俘获孙昭子。卫国人派人报告陈国。陈共公说："你再去攻打晋国，我来为你们调停。"卫孔达率领军队攻打晋国。君子认为卫国这样做是粗略。所谓粗略，指的是让别的国家给自己出主意。

秋，晋襄公划定戚地田土的疆界，所以公孙敖去戚地与他相会。

起初，楚成王准备立商臣为太子，向令尹子上征求意见。子上说："君王年龄尚未衰老，宠爱的女人又多，如果立了太子以后又废除，就会导致祸乱。楚国立国君，通常是立年轻的。并且这个人眼睛像胡蜂，声音像豺，是个残忍的人，不宜立为太子。"楚成王没有听从。

商臣立为太子后，楚成王又想立王子职为太子而废除商臣。商臣听说了但没有证实，告诉他的老师潘崇说："怎么样才能证实这件事？"潘崇说："你宴请江芈，而有意对她不尊敬。"商臣照办了。江芈发怒说："呸，奴才！怪不得君王要杀死你而立王子职为太子。"商臣告诉潘崇说："真有这事了。"潘崇说："你能事奉王子职吗？"商臣说："不能。""能逃亡出国吗？"回答说："不能。""能够做大事情吗？"商臣说："能够。"

冬十月，商臣率领太子宫中的甲士包围了成王。成王请求吃了熊掌后再死，商臣不允许。丁未，成王上吊死了。定谥号为灵，尸体的眼睛不肯闭上；改谥为成，才闭上了。穆王立，把他做太子时所居宫室给潘崇，任命他为太师，并且担任宫廷警卫官。

公孙敖到齐国去，开始聘问，这是合乎礼的。凡是国君即位，卿出外普遍聘问，继续重温以往的友好关系，约结外援，友好地对待邻国，来保卫国家，这是合于忠信卑让的道义的。忠，表示德行纯正；信，表示德行稳固；卑让，表示德行有基础。

殽山的战役，晋国人放回了秦国的主将后，秦国的大夫及左右侍臣都对秦穆公说："这次战败，是孟明的罪过，一定要把他杀死。"秦穆公说："这是我的罪过。周朝芮良夫的诗说：'天上大风呼呼地吹，贪心的小人把善人斥退。顺从你的话儿你就答对，一听忠谏你就假装喝醉。忠臣良言你都不理不睬,反而说我与礼相背。'这是由于贪心的缘故,说的就是我啊。我由于贪心而使他遭到祸患,他有什么罪?"仍然让孟明执政。

文 公 二 年

[经]

二年春[1],王二月甲子,晋侯及秦师战于彭衙[2],秦师败绩。

丁丑,作僖公主。

三月乙巳,及晋处父盟。

夏六月,公孙敖会宋公、陈侯、郑伯、晋士縠[3],盟于垂陇[4]。

自十有二月不雨,至于秋七月。

八月丁卯,大事于大庙[5],跻僖公[6]。

冬、晋人、宋人、陈人、郑人伐秦。

公子遂如齐纳币[7]。

【注释】

〔1〕二年:公元前625年。 〔2〕晋侯:晋襄公。彭衙:秦邑,在今陕西白水县东北。 〔3〕宋公:宋成公。陈侯:陈共公。郑伯:郑穆公。 〔4〕垂陇:郑地,在今河南荥阳县东北。 〔5〕大事:祭祀之事。 〔6〕跻僖公:升僖公。僖公与闵公为兄弟,此升僖公位于闵公之上。 〔7〕纳币:送聘礼。币,帛。

[传]

二年春，秦孟明视帅师伐晋，以报殽之役。二月，晋侯御之。先且居将中军，赵衰佐之。王官无地御戎[1]，狐鞫居为右[2]。甲子，及秦师战于彭衙。秦师败绩。晋人谓秦"拜赐之师"[3]。

【注释】

〔1〕王官无地：晋大夫。王官为采邑。 〔2〕狐鞫居：狐偃族人，食邑于续，故又称续简伯、续鞫居。 〔3〕拜赐之师：孟明回国时有"三年将拜君赐"语，故以此讽刺。

战于殽也，晋梁弘御戎，莱驹为右。战之明日，晋襄公缚秦囚，使莱驹以戈斩之。囚呼，莱驹失戈，狼瞫取戈以斩囚，禽之以从公乘[1]，遂以为右。箕之役，先轸黜之而立续简伯。狼瞫怒。其友曰："盍死之？"瞫曰："吾未获死所。"其友曰："吾与女为难[2]。"瞫曰："《周志》有之[3]：'勇则害上[4]，不登于明堂[5]。'死而不义，非勇也。共用之谓勇[6]。吾以勇求右，无勇而黜，亦其所也[7]。谓上不我知[8]，黜而宜，乃知我矣。子姑待之。"及彭衙，既陈，以其属驰秦师，死焉。晋师从之，大败秦师。君子谓："狼瞫于是乎君子。诗曰：'君子如怒，乱庶遄沮[9]。'又曰：'王赫斯怒，爰整其旅[10]。'怒不作乱，而以从师，可谓君子矣。"

【注释】

〔1〕禽之：指擒莱驹。 〔2〕与女为难：与你一起发难。指杀死先

轸。〔3〕周志：周书。此引语见今《逸周书·大匡篇》。〔4〕则：如果。〔5〕明堂：太庙行礼处。不登于明堂，谓死后不能入明堂配享。〔6〕共用：死于国用。〔7〕亦其所：恰当。如犯上是无勇，那么遭黜便为恰当。〔8〕上：指先轸。〔9〕所引诗见《诗·小雅·巧言》。遄，疾。沮，止。〔10〕所引诗见《大雅·皇矣》。赫斯，即赫然，怒貌。爰，于是。

秦伯犹用孟明。孟明增修国政，重施于民。赵成子言于诸大夫曰[1]："秦师又至，将必辟之。惧而增德，不可当也。诗曰：'毋念尔祖，聿修厥德[2]。'孟明念之矣。念德不息，其可敌乎？"

【注释】
〔1〕赵成子：赵衰。〔2〕所引诗见《诗·大雅·文王》，毋、聿都是语首助词。

丁丑，作僖公主，书，不时也。

晋人以公不朝来讨。公如晋。夏四月己巳，晋人使阳处父盟公以耻之。书曰："及晋处父盟。"以厌之也[1]。适晋不书，讳之也。公未至，六月，穆伯会诸侯及晋司空士縠盟于垂陇，晋讨卫故也。书士縠，堪其事也[2]。陈侯为卫请成于晋，执孔达以说。

【注释】
〔1〕厌：憎恶。〔2〕堪：能胜任。

秋八月丁卯，大事于大庙，跻僖公，逆祀也[1]。于是夏父弗忌为宗伯[2]，尊僖公，且明见曰："吾见新鬼大，故鬼小。先大后小，顺也。跻圣贤[3]，明也。明、顺，礼也。"

【注释】
〔1〕逆祀：不依顺序祭祀。　〔2〕夏父弗忌：鲁大夫。宗伯：掌礼之官。　〔3〕圣贤：此指僖公。

君子以为失礼。礼无不顺。祀，国之大事也，而逆之，可谓礼乎？子虽齐圣[1]，不先父食久矣[2]。故禹不先鲧[3]，汤不先契[4]，文、武不先不窋[5]。宋祖帝乙[6]，郑祖厉王[7]，犹上祖也[8]。是以《鲁颂》曰："春秋匪解，享祀不忒，皇皇后帝，皇祖后稷[9]。"君子曰礼，谓其后稷亲而先帝也。《诗》曰："问我诸姑，遂及伯姊[10]。"君子曰礼，谓其姊亲而先姑也。仲尼曰："臧文仲，其不仁者三，不知者三。下展禽[11]，废六关[12]，妾织蒲[13]，三不仁也。作虚器[14]，纵逆祀，祀爰居[15]，三不知也。"

【注释】
〔1〕齐圣：聪明圣哲。　〔2〕不先父食：子不先父食，譬喻后立之君之位不能在先立之君之上。　〔3〕鲧：禹之父。　〔4〕契：汤的十三世祖。　〔5〕不窋：弃（后稷）之子，周武王十四世祖。　〔6〕帝乙：微子父。宋始封于微子。　〔7〕厉王：郑桓公父。郑始封于桓公。　〔8〕上：同"尚"。　〔9〕引诗见《诗·鲁颂·閟宫》。解，懈。忒，差误。皇皇后帝，上天。　〔10〕所引诗见《诗·邶风·泉水》。姑，父之姊妹。〔11〕展禽：即柳下惠。下展禽，使展禽居下位。　〔12〕废六关：杜注谓废弃塞关、阳关等六关，"所以禁绝末游，而废之"。　〔13〕妾织蒲：妾

织蒲席，言卖之而与民争利。〔14〕作虚器：指私畜大蔡之龟，作室以居之。有其器而无其位，所以称"虚器"。〔15〕祀爰居：爰居为海鸟，曾止于鲁东门外三日，臧文仲令人祭之。

冬，晋先且居、宋公子成、陈辕选、郑公子归生伐秦[1]，取汪[2]，及彭衙而还，以报彭衙之役。卿不书[3]，为穆公故，尊秦也，谓之崇德。

【注释】

〔1〕公子成：宋庄公之子。辕选：或云为辕涛涂之后。公子归生：字子家。或云郑灵公之弟。〔2〕汪：当近彭衙，在今陕西白水县附近。〔3〕卿：上述各国主将皆各国之卿。卿伐人国，依例当书。

襄仲如齐纳币，礼也。凡君即位，好舅甥[1]，修昏姻，娶元妃以奉粢盛[2]，孝也。孝，礼之始也。

【注释】

〔1〕好舅甥：通好舅甥之国。齐、鲁世为婚姻。〔2〕元妃：初配夫人。

【译文】

[经]

二年春，周历二月甲子，晋襄公与秦国军队在彭衙交战，秦军大败。
丁丑，制作僖公神主。
三月乙巳，与晋处父订立盟约。
夏六月，公孙敖与宋成公、陈共公、郑穆公、晋士縠相会，在垂陇结盟。
从十二月起至秋七月，没有下雨。

八月丁卯，在太庙举行祭祀，升僖公位。

冬，晋国人、宋国人、陈国人、郑国人攻打秦国。

公子遂去齐国送聘礼。

[传]

二年春，秦孟明视率领军队攻打晋国，以报复殽山战役。二月，晋襄公抵御秦军。先且居率领中军，赵衰辅佐他。王官无地驾驭战车，狐鞫居任车右。甲子，与秦军在彭衙交战。秦军大败。晋国人称秦国这是"拜谢恩赐的军队"。

在殽山作战的时候，晋梁弘为晋襄公驾驭战车，莱驹为车右。交战的第二天，晋襄公捆绑秦国的俘虏，命莱驹用戈砍去他的头。俘虏大叫，莱驹吓得把戈掉在地上，狼瞫捡起戈砍杀了俘虏，抓住莱驹追上襄公的战车，晋襄公就让他做车右。箕地战役，先轸罢免狼瞫而以续简伯为车右。狼瞫发怒。他的朋友说："何不去死？"狼瞫说："我没有找到死的场所。"他的朋友说："我和你一起发难。"狼瞫说："《周志》上有这么句话：'勇敢而如果杀害上级，死后不能入明堂配享。'死而不合乎道义，不是勇敢。为国家而死叫做勇敢。我因为勇敢而得做车右，没有勇敢而被罢免，也是恰当的。如果说上级不了解我，但罢免得恰当，也就是了解我了。你姑且等着吧。"到彭衙之战，军队已经摆好阵势，狼瞫率领他的部下冲进秦军，战死。晋国军队跟着他攻击，把秦军打得大败。君子说："狼瞫这样做可称得上是君子。《诗》说：'君子如果发怒，动乱差不多很快会被遏止。'又说：'文王赫然发怒，于是整顿好他的队伍。'发怒而不作乱，反而跟着军队作战，可以说是君子了。"

秦穆公仍然任用孟明。孟明进一步修明国政，给人民以优厚的恩惠。赵衰对各位大夫说："秦国军队再来的话，一定要避让它。由于心中有戒惧而更加修养德行，这样的人是不能抵挡的。《诗》说：'追念你的祖先，修明他的德行。'孟明想到这个道理了。想到德行而不懈怠，怎么能抵挡呢？"

丁丑，制作僖公神主。《春秋》记载，是由于制作不及时。

晋国人因为文公没去朝见而向我国问罪。文公去晋国。夏四月己巳,晋国人让阳处父与文公订立盟约来羞辱文公。《春秋》说:"与晋处父订立盟约。"是表示憎恶的意思。去晋国没作记载,这是为了避讳。文公没有回到鲁国,六月,穆伯与诸侯及晋司空士縠相会,在垂陇结盟,这是因为晋国讨伐卫国的缘故。《春秋》记载称呼"士縠",是因为认为他能胜任此事。陈共公为卫国向晋国求和,拘捕了孔达以讨好晋国。

秋八月丁卯,在太庙举行祭祀,升僖公位,这是不依顺序祭祀。这时夏父弗忌为宗伯,他尊崇僖公,而且宣布他所见到的说:"我见到新鬼大,旧鬼小。先大后小,这是顺序。把圣贤升位,这是明智。明智、有顺序,是合乎礼的。"

君子认为这是失礼。礼是没有不合顺序的。祭祀,是国家的大事,却不依顺序,能够称得上合乎礼吗?儿子即使是聪明圣贤,不能在父亲之前享受祭祀,这规矩奉行已经很长远了。所以禹不能排在鲧前面,汤不能排在契前面,文王、武王不能排在不窋前面。宋国以帝乙为始祖,郑国以厉王为始祖,这都是对祖宗的尊尚。因此《鲁颂》说:"四时致祭不懈怠,玉帛牺牲无差错。光明的天帝,先祖后稷神灵通。"君子说这合乎礼,说的是后稷虽然亲近但以天帝为先。《诗》说:"问候我的姑母们,于是又问候各位姊姊。"君子说这合乎礼,说的是姐姐虽然亲近,但以姑母为先。孔子说:"臧文仲,他做过不仁爱的事三件,不明智的事三件。使展禽屈在下位,废弃六关,妾织蒲席卖钱,这是三件不仁爱的事。私养大蔡之龟,放纵不合顺序的祭祀,祭祀爰居,这是三件不明智的事。"

冬,晋先且居、宋公子成、陈辕选、郑公子归生攻打秦国,占领汪地,到达彭衙后回兵,以报复彭衙战役。卿领兵而《春秋》不记载他们的名字,是为了秦穆公的原因,对秦表示尊敬,这叫做尊崇德行。

襄仲去齐国送聘礼,这是合乎礼的。凡是国君即位,通好舅甥之国,办理婚姻之事,娶元妃夫人襄助祭祀,这是孝。孝,是礼的开端。

文 公 三 年

[经]

三年春[1],王正月,叔孙得臣会晋人、宋人、陈人、卫人、郑人伐沈[2]。沈溃。

夏五月,王子虎卒[3]。

秦人伐晋。

秋,楚人围江[4]。

雨螽于宋[5]。

冬,公如晋。十有二月己巳,公及晋侯盟。

晋阳处父帅师伐楚以救江。

【注释】

〔1〕三年:公元前624年。〔2〕沈:国名,地在今安徽阜阳市西北。〔3〕王子虎:周太宰,一称王叔文公。〔4〕江:国名,在今河南息县西南。〔5〕雨螽:杜注谓螽自上而坠,宋人因其死为得天祐,喜而来告。

[传]

三年春,庄叔会诸侯之师伐沈[1],以其服于楚也。沈溃。凡民逃其上曰溃,在上曰逃。

卫侯如陈,拜晋成也。

夏四月乙亥,王叔文公卒,来赴,吊如同盟[2],礼也。

【注释】

〔1〕庄叔:庄为叔孙得臣之谥,叔为字。 〔2〕吊如同盟:王子虎为周卿士,此以同盟诸侯礼吊之。故云吊如同盟。

秦伯伐晋,济河焚舟[1],取王官[2],及郊。晋人不出,遂自茅津济[3],封殽尸而还[4]。遂霸西戎,用孟明也。

君子是以知秦穆公之为君也,举人之周也,与人之壹也[5];孟明之臣也,其不解也[6],能惧思也;子桑之忠也[7],其知人也,能举善也。《诗》曰"于以采蘩,于沼于沚,于以用之,公侯之事"[8],秦穆有焉。"夙夜匪解,以事一人"[9],孟明有焉。"诒厥孙谋,以燕翼子"[10],子桑有焉。

【注释】

〔1〕济河焚舟:表示拼死作战的决心。 〔2〕王官:在今山西闻喜县西。 〔3〕茅津:在今山西平陆县。 〔4〕封:堆土作坟,树立标记。〔5〕壹:专一。 〔6〕解:同"懈"。 〔7〕子桑:公孙枝。孟明及其父百里奚皆公孙枝所举荐。 〔8〕所引诗见《诗·召南·采蘩》。蘩(fán),白蒿。 〔9〕所引诗见《诗·大雅·烝民》。夙夜,早晚。〔10〕所引诗见《诗·大雅·文王有声》。诒,遗留。厥,其。燕,安乐。翼,辅助。

秋,雨螽于宋,队而死也[1]。

楚师围江。晋先仆伐楚以救江。冬，晋以江故告于周。王叔桓公、晋阳处父伐楚以救江[2]，门于方城，遇息公子朱而还[3]。

【注释】
〔1〕队：同"坠"。 〔2〕王叔桓公：王叔文公之子，周卿士。〔3〕息公子朱：息公，息县之尹。子朱，名。杜注云是役子朱为帅，子朱还，故晋师亦还。

晋人惧其无礼于公也[1]，请改盟。公如晋，及晋侯盟。晋侯飨公，赋《菁菁者莪》[2]。庄叔以公降[3]，拜，曰："小国受命于大国，敢不慎仪。君贶之以大礼[4]，何乐如之。抑小国之乐，大国之惠也。"晋侯降，辞，登，成拜。公赋《嘉乐》[5]。

【注释】
〔1〕无礼于公：指去年使阳处父与文公结盟以辱之事。 〔2〕菁菁者莪：《诗·小雅》篇名，杜注谓取其中"既见君子，乐且有仪"句。〔3〕以：示意。 〔4〕大礼：指飨礼。 〔5〕嘉乐：《诗·大雅》篇名，杜注谓取其中"显显令德，宜民宜人，受禄于天"句。

【译文】
[经]
三年春，周历正月，叔孙得臣会合晋、宋、陈、卫、郑诸国人攻打沈国。沈国人民溃散。
夏五月，王子虎去世。
秦国人攻打晋国。
秋，楚国人包围江国。
蝗虫像下雨般坠落在宋国。

冬，文公去晋国。十二月己巳，文公与晋襄公订立盟约。
晋阳处父率领军队攻打楚国来救援江国。

[传]

三年春，庄叔会合诸侯的军队攻打沈国，是因为沈国顺服楚国。沈国人民溃散。凡是人民逃离他们的君主称溃散，君王逃离称逃。

卫成公去陈国，答谢陈调停与晋言和。

夏四月乙亥，王叔文公去世，发来讣告，如同吊唁同盟诸侯一样去吊唁，这是合乎礼的。

秦穆公攻打晋国，渡过黄河，烧毁了渡船，占领了王官，到达晋国郊外。晋人不出战。秦军就从茅津渡河，给殽山战役中死亡的将士堆土作坟树立标记，然后回国。秦穆公于是成为西戎霸主，这是由于他任用孟明。

君子由此知道，秦穆公作为国君，选拔人才考虑全面，对待别人，一心一意；孟明作为臣子，努力不懈怠，能够心存戒惧，认真思考；子桑心存忠诚，他了解别人，能够推荐贤良。《诗》说"采集白蒿在何方？在那水池和水塘。什么地方要用它？公侯祭祀典礼上"，秦穆公就是这样的。"早晚工作不松懈，全心全意事奉一个人"，孟明就是这样的。"留下安民好谋略，保护子孙把福享"，子桑就是这样的。

秋，蝗虫像下雨般落在宋国，这是死后掉下来的。

楚国军队包围江国。晋先仆攻打楚国用以救援江国。冬，晋国把江国的事报告周襄王，周襄王派王叔桓公与晋阳处父攻打楚国用以救援江国。攻打方城的城门，碰到了楚息公子朱然后回国。

晋国人畏惧曾对文公无礼，请求改订盟约。文公去晋国，与晋襄公订立盟约。晋襄公设飨礼招待文公，赋《菁菁者莪》这首诗。庄叔让文公下阶，跪拜，说："小国接受大国的命令，怎不敢对礼仪不慎重？君王赐我以大礼，还有什么快乐能比得上？小国的快乐，是大国的恩赐。"晋襄公下阶，辞谢，上阶，完成拜礼。文公赋《嘉乐》。

文 公 四 年

[经]
四年春[1],公至自晋。
夏,逆妇姜于齐。
狄侵齐。
秋,楚人灭江。
晋侯伐秦[2]。
卫侯使宁俞来聘[3]。
冬十有一月壬寅,夫人风氏薨[4]。

【注释】
〔1〕四年:公元前623年。 〔2〕晋侯:晋襄公。 〔3〕卫侯:卫成公。 〔4〕风氏:僖公母。

[传]
四年春,晋人归孔达于卫,以为卫之良也,故免之。
夏,卫侯如晋拜。曹伯如晋[1],会正[2]。
逆妇姜于齐,卿不行,非礼也。君子是以知出姜之不允于鲁也[3]。曰："贵聘而贱逆之[4]，君而卑之[5]，立而废之[6]，弃信而坏其主[7]，在国必乱，在家必亡。不允宜哉！《诗》曰：'畏天之威，于时保之[8]。'敬主之谓也。"

【注释】
〔1〕曹伯：曹共公。〔2〕会正：会商纳贡赋之政。〔3〕出姜：即文公此次所娶齐女。允：终。〔4〕贵聘：公子遂纳聘礼，故谓贵聘。〔5〕君：即小君，国君夫人。不以卿迎，故云卑之。〔6〕立而废之：立为夫人，又不以礼相迎，等于废之。〔7〕主：内主，即夫人。〔8〕所引诗见《诗·周颂·我将》。于时，于是。保之，保国家。

秋，晋侯伐秦，围邧、新城[1]，以报王官之役[2]。
楚人灭江，秦伯为之降服、出次、不举[3]，过数[4]。大夫谏，公曰："同盟灭，虽不能救，敢不矜乎[5]！吾自惧也。"君子曰："《诗》云：'惟彼二国，其政不获，惟此四国，爰究爰度[6]。'其秦穆之谓矣。"

【注释】
〔1〕邧(yuán)：在今陕西澄城县南。新城：在今陕西澄城县东北。〔2〕王官之役：见文公三年传。〔3〕降服：素服。出次：避开正寝不居。不举：去盛馔而撤乐。〔4〕过数：谓超过礼数。〔5〕矜：哀怜，哀悼。〔6〕所引诗见《诗·大雅·皇矣》。不获，不得人心。究、度，谋求安宁。

卫宁武子来聘，公与之宴，为赋《湛露》及《彤弓》[1]。不辞，又不答赋。使行人私焉[2]。对曰："臣以为肄业及之也[3]。昔诸侯朝正于王[4]，王宴乐之，于是乎赋《湛露》,则天子当阳[5],诸侯用命也。诸侯敌王所忾而献其功[6],王于是乎赐之彤弓一,彤矢百,旅弓矢千,以觉报宴[7]。今陪臣来继旧好,君辱贶之,其敢干大礼以自取戾[8]?"

冬,成风薨。

【注释】

〔1〕湛露及彤弓:均为《诗·小雅》篇名。《湛露》为周王宴诸侯的诗,《彤弓》为周王宴赏有功诸侯的诗。鲁文公赋之,皆不合于礼,所以宁俞不辞不答。 〔2〕行人:外交人员。私:私下探问。 〔3〕肄业:练习。这是宁俞佯为不知,以为托词。 〔4〕朝正:正月朝贺。 〔5〕当阳:天子南面,向明而治。 〔6〕忾:恨怒。 〔7〕觉:明,明彰。 〔8〕干:犯。戾:罪。

【译文】

[经]

四年春,文公从齐国回到国内。

夏,去齐国迎接姜氏。

狄人侵袭齐国。

秋,楚国人灭亡江国。

晋襄公攻打秦国。

卫成公派宁俞来我国聘问。

冬十一月,夫人风氏去世。

[传]

四年春,晋国人释放孔达回卫国,这是由于孔达是卫国的贤良,所以赦免他。

夏,卫成公去晋国拜谢放回孔达。曹共公去晋国,商议纳贡赋的事。

去齐国迎接姜氏,卿没有去,这是不合乎礼的。君子因此而知道出姜在鲁国不会有好结果。君子说:"用尊贵的人去纳聘却用低贱的人迎亲,身份是国君夫人在礼节上却降低标准,立为夫人却废弃她,背弃信义而损害内主,这样的事发生在哪个国家这国家必定会混乱,发生在哪个家族这家族必然要灭亡。没有好结果是很适当的啊!《诗》说:'崇敬天威遵天道,这样才能把国保。'说的就是要敬重内主。"

秋,晋襄公攻打秦国,包围了邧、新城,用以报复王官战役。

楚国人灭亡了江国,秦穆公为这件事换上素服,出居别室,减膳撤乐,超过了规定的礼数。大夫劝谏他,秦穆公说:"同盟国灭亡,虽然无法去救援,又怎么敢不表示哀悼呢?我是自己戒惧啊。"君子说:"《诗》说:'想起夏商两朝末,不得民心国危亡。思量四方诸侯国,天下重任谁能当。'这说的就是秦穆公啊。"

卫宁武子来我国聘问,文公和他一起饮宴,为他赋《湛露》与《彤弓》。宁武子没有辞谢,又不赋诗回答。文公派外交人员私下询问宁武子,宁武子回答说:"臣子以为那是在练习学业而演奏的。从前诸侯正月去京师向天子朝贺,天子设宴奏乐,这时候赋《湛露》,那表示天子朝南对着太阳治事,诸侯听命效劳。诸侯把天子所愤恨的人作为敌人,献上自己的功劳。天子因此而赐给他们红色的弓一把,红色的箭百枝,黑色的弓十把,黑色的弓千枝,用来彰显他们的功劳和庆功的宴会。如今陪臣我前来继续过去的友好关系,蒙君王赐宴,岂敢犯大礼以自取罪孽呢?"

冬,成风去世。

文 公 五 年

[经]
五年春[1]，王正月，王使荣叔归含[2]，且赗[3]。
三月辛亥，葬我小君成风。王使召伯来会葬[4]。
夏，公孙敖如晋。
秦人入鄀[5]。
秋，楚人灭六[6]。
冬十月甲申，许男业卒。

【注释】
〔1〕五年：公元前622年。〔2〕王：周襄王。荣叔：周大夫。含：死者口中所含珠玉。〔3〕赗：以车马束帛助丧。〔4〕召伯：召昭公，周卿。〔5〕鄀：国名，时都商密，即今河南淅川县丹水古城。后迁湖北宜城县。〔6〕六：国名，地在今安徽六安县北。

[传]
五年春，王使荣叔来含且赗[1]，召昭公来会葬，礼也。
初，鄀叛楚即秦，又贰于楚。夏，秦人入鄀。

【注释】

〔1〕来含:一作"来归含",与经一致。含且赗,天子对诸侯及夫人葬事之礼节。

六人叛楚即东夷。秋,楚成大心、仲归帅师灭六[1]。冬,楚子燮灭蓼[2]。臧文仲闻六与蓼灭,曰:"皋陶、庭坚不祀忽诸[3]。德之不建,民之无援,哀哉!"

【注释】

〔1〕仲归:即子家。 〔2〕蓼:国名,庭坚之后,地在今河南固始县。 〔3〕皋陶:六为皋陶之后。忽诸:忽焉,一转眼。

晋阳处父聘于卫,反过宁[1]。宁嬴从之[2],及温而还[3]。其妻问之。嬴曰:"以刚[4]。《商书》曰:'沉渐刚克,高明柔克[5]。'夫子壹之[6],其不没乎。天为刚德,犹不干时[7],况在人乎?且华而不实[8],怨之所聚也。犯而聚怨[9],不可以定身。余惧不获其利而离其难[10],是以去之。"

晋赵成子、栾贞子、霍伯、臼季皆卒[11]。

【注释】

〔1〕宁:晋邑,在今河南获嘉县西北。 〔2〕宁嬴:掌逆旅的大夫。 〔3〕温:温山,在今河南修武县北。 〔4〕以:太。 〔5〕所引《商书》见《书·洪范》。沉渐,即沉潜,指柔和不外露。高明,性格高爽明朗。 〔6〕壹之:得其一,言刚而高明。 〔7〕不干时:不干犯四时顺序。 〔8〕华而不实:开花而不结果,喻言过其行。 〔9〕犯:指刚强便侵犯人。 〔10〕离:同"罹",遭受。 〔11〕赵成子:赵衰。栾贞子:栾枝。

霍伯：先且居。白季：胥臣。

【译文】
[经]
五年春，周历正月，周襄王派荣叔来我国送上死者所含的珠玉，并送上丧仪。

三月辛亥，安葬我国夫人成风。周襄王派召伯来我国参加葬礼。

夏，公孙敖去晋国。

秦国人攻入鄀国。

秋，楚国人灭亡六国。

冬十月甲申，许僖公业去世。

[传]
五年春，周襄王派荣叔来我国送上死者所含的珠玉并送上丧仪，派召昭公来我国参加葬礼，这是合乎礼的。

起初，鄀国背叛楚国亲附秦国，后又亲附楚国。夏，秦国人攻入鄀国。

六国人背叛楚国亲附东夷。秋，楚成大心、仲归率领军队灭亡六国。冬，楚子燮灭亡蓼国。臧文仲听说六与蓼灭亡，说："皋陶、庭坚转眼间就没有人祭祀他们了。德行不建立，人民无援助，伤心啊！"

晋阳处父到卫国去聘问，回来时经过宁地。宁嬴跟随他，到达温山又回来了。他妻子问原因，宁嬴说："这个人太刚强。《商书》说：'性格柔和的人要用刚强来克服，性格高爽明朗的人要用柔弱来克服。'这个人偏执其一，恐怕得不到善终吧。上天属于刚强的德行，尚且不干犯四时顺序，何况是人呢？而且华而不实，就会聚集怨恨。侵犯别人而聚集怨恨，不能够安定自身。我害怕得不到好处而蒙受灾难，所以离开他。"

晋赵成子、栾贞子、霍伯、白季均去世。

文公六年

[经]

六年春[1],葬许僖公。

夏,季孙行父如晋[2]。

秋,季孙行父如晋。

八月乙亥,晋侯驩卒。

冬十月,公子遂如晋,葬晋襄公。

晋杀其大夫阳处父。

晋狐射姑出奔狄[3]。

闰月,不告月[4],犹朝于庙。

【注释】

〔1〕六年:公元前621年。 〔2〕季孙行父:季友孙。 〔3〕狐射姑:晋大夫,狐偃子,食邑于贾,字季,故一称贾季。 〔4〕告月:即告朔,每月以朔日告神,用特羊祭,祭后听朝(即听朔),然后祭于诸庙,谓朝庙。

[传]

六年春,晋蒐于夷[1],舍二军[2]。使狐射姑将中军,赵盾佐之[3]。阳处父至自温,改蒐于董[4],易中军。阳子，成季之属也[5]，故党于赵氏，且谓赵盾能，曰："使能，国之利也。"是以上之。宣子于是乎始为国政[6]，制事典[7]，正法罪[8]，辟狱刑[9]，董逋逃[10]，由质要[11]，治旧洿[12]，本秩礼[13]，续常职[14]，出滞淹[15]。既成，以授大傅阳子与大师贾佗[16]，使行诸晋国，以为常法。

【注释】

〔1〕夷：见庄公十六年注。 〔2〕舍二军：僖公三十一年，晋作五军，今裁减二军。恢复三军。 〔3〕赵盾：赵衰子。 〔4〕董：在今山西万荣县。一说在闻喜县东北。 〔5〕成季：赵衰谥号。 〔6〕宣子：赵盾。宣为谥号。 〔7〕事典：办事的章程规则。 〔8〕法罪：根据罪之大小设定刑罚，即刑法律令。 〔9〕辟狱刑：清理狱囚、积案。辟，理。 〔10〕董逋逃：督促追捕逃犯。董，督。 〔11〕由：用。质：契约。要：账目。 〔12〕洿（wū）：污秽，指不便于民、不利于国的弊政。 〔13〕本秩礼：纠正、明确贵贱等级。 〔14〕续常职：有废阙的官，任贤使能，使恢复往常。 〔15〕出滞淹：荐举沉沦的贤能，授以官职。 〔16〕贾佗：晋卿，从晋文公出亡群臣之一。

臧文仲以陈、卫之睦也，欲求好于陈。夏，季文子聘于陈，且娶焉。

秦伯任好卒，以子车氏之三子奄息、仲行、鍼虎为殉，皆秦之良也。国人哀之，为之赋《黄鸟》[1]。君子曰："秦穆之不为盟主也宜哉！死而弃民。先王违世[2]，犹诒之法，而况夺之善人乎！《诗》曰：'人之云亡，邦国殄瘁[3]。'无善人之谓。若之何夺之？"

【注释】

〔1〕黄鸟：见《诗·秦风》。　〔2〕违世：离世，去世。　〔3〕所引诗见《诗·大雅·瞻卬》。殄瘁，病。

古之王者知命之不长[1]，是以并建圣哲[2]，树之风声[3]，分之采物[4]，著之话言[5]，为之律度，陈之艺极[6]，引之表仪[7]，予之法制，告之训典[8]，教之防利[9]，委之常秩，道之礼则，使无失其土宜[10]，众隶赖之，而后即命。圣王同之。今纵无法以遗后嗣，而又收其良以死，难以在上矣。君子是以知秦之不复东征也。

【注释】

〔1〕知命之不长：知道自己不可能长生不老，总有一天会死去。〔2〕并：普遍。圣哲：贤能的人。　〔3〕风声：风化声教。　〔4〕分之采物：分别按品级给予服饰。　〔5〕著：写在竹帛上。话言：善言。〔6〕艺极：准则。　〔7〕表仪：表率。　〔8〕训典：先王之书。　〔9〕防利：限止不正当得利。　〔10〕土宜：因地制宜。

秋，季文子将聘于晋，使求遭丧之礼以行[1]。其人曰："将焉用之？"文子曰："备豫不虞，古之善教也。求而无之，实难。过求何害？"

【注释】

〔1〕遭丧之礼：遇到丧事所应备的应用物品。据《仪礼》，分为五等。

八月乙亥，晋襄公卒。灵公少，晋人以难故[1]，欲立长君。赵孟曰[2]:"立公子雍。好善而长,先君爱之[3],且近于秦。秦,旧好也。置善则固,事长则顺,立爱则孝,结旧则安。为难故,故欲立长君,有此四德者,难必抒矣。"贾季曰:"不如立公子乐。辰嬴嬖于二君[4],立其子,民必安之。"赵孟曰:"辰嬴贱,班在九人[5],其子何震之有[6]?且为二嬖[7],淫也。为先君子,不能求大而出在小国,辟也[8]。母淫子辟,无威。陈小而远[9],无援,将何安焉?杜祁以君故[10],让偪姞而上之,以狄故[11],让季隗而己次之。故班在四。先君是以爱其子而仕诸秦,为亚卿焉。秦大而近,足以为援,母义子爱,足以威民,立之不亦可乎?"使先蔑、士会如秦,逆公子雍。贾季亦使召公子乐于陈,赵孟使杀诸郫[12]。贾季怨阳子之易其班也[13],而知其无援于晋也,九月,贾季使续鞫居杀阳处父。书曰:"晋杀其大夫。"侵官也[14]。

【注释】
〔1〕难:患难。晋时有何难,史无记载。 〔2〕赵孟:即赵盾。〔3〕先君:指晋文公。 〔4〕辰嬴:即晋怀公之妻怀嬴,后嫁文公。〔5〕班:位次。 〔6〕震:威。 〔7〕二嬖:为二君所宠。〔8〕辟:同"僻",卑陋。 〔9〕陈小而远:公子乐时在陈国。 〔10〕杜祁:公子雍之母。君:指晋襄公,为偪姞之子。 〔11〕以狄故:狄为晋之强邻。〔12〕郫:晋邑,在今河南济源县西。 〔13〕易其班:撤换他中军元帅的职务。 〔14〕侵官:逾越了职权。君王已命帅,阳处父改命他人,所以说他"侵官"。

冬十月,襄仲如晋,葬襄公。

十一月丙寅,晋杀续简伯[1]。贾季奔狄。宣子使臾骈送其帑[2]。夷之蒐,贾季戮臾骈[3],臾骈之人欲尽杀贾氏以报焉。臾骈曰:"不可。吾闻前志有之曰[4]'敌惠敌怨,不在后嗣',忠之道也。夫子礼于贾季,我以其宠报私怨,无乃不可乎?介人之宠[5],非勇也。损怨益仇[6],非知也。以私害公,非忠也。释此三者[7],何以事夫子?"尽具其帑,与其器用财贿,亲帅扞之[8],送致诸竟[9]。

【注释】

〔1〕续简伯:即续鞫居。 〔2〕帑:同"孥",妻子。 〔3〕戮:同"辱"。 〔4〕前志:当指以前的志书。 〔5〕介:因。 〔6〕损怨:减少我之怨气。 〔7〕释:舍弃。 〔8〕扞:保卫。 〔9〕竟:同"境"。

闰月不告朔,非礼也。闰以正时[1],时以作事[2],事以厚生[3],生民之道,于是乎在矣。不告闰朔,弃时政也,何以为民[4]?

【注释】

〔1〕正时:古人置闰于岁末,弥补差数,校正四时。 〔2〕作事:安排农事。 〔3〕厚生:使生活富足。 〔4〕为民:治民。

【译文】

[经]

六年春,安葬许僖公。

夏,季孙行父去晋国。

秋,季孙行父去晋国。

八月乙亥,晋襄公骦去世。

冬十月，公子遂去晋国，参加晋襄公葬礼。
晋国杀死他们的大夫阳处父。
晋狐射姑逃亡到狄。
闰月，没举行告朔仪式，仍然举行朝庙。

[传]

六年春，晋国在夷地阅兵，裁减二军，任命狐射姑率领中军，赵盾辅佐他。阳处父从温地来，改在董地阅兵，调换中军元帅。阳处父是赵衰的部下，所以偏袒赵氏，而且认为赵盾有才能，说："任用有才能的人，是国家的利益。"所以提升赵盾为中军元帅。赵盾从这时候开始执掌国政，制订章程规则，修订刑法律令，清理狱囚积案，督促追捕逃犯，使用契约账册，清除旧政弊端，纠正混乱的等级制度，恢复废除的官职，荐举任用沉沦的贤人。政令法规制订后，交给太傅阳处父和太师贾佗，请他们在晋国施行，作为经常施行的法律。

臧文仲因为陈、卫二国和睦，想要与陈国友好。夏，季文子到陈国去聘问，并且娶陈女为妻。

秦穆公任好去世，用子车氏的三个儿子奄息、仲行、鍼虎殉葬，这三人都是秦国的贤良。国内的人哀悼他们，为他们赋《黄鸟》。君子说："秦穆公没有做到盟主是恰当的！他死了后还对人民不利。先代君王去世时，还留下了法则，而何况夺去有利于百姓的好人呢！《诗》说：'贤人的去世，使国家得到伤害。'这是说伤感失去了贤人。失去尚且如此，怎么还去夺走他们呢？"

古代的帝王明白自己不可能长生不老，所以广泛选任贤能，为他们树立风化声教，按等级分给他们不同的旌旗服装，把他们的有益的话著录成书，为他们制订法度，对他们公布准则，设立表率作为他们的引导，给予规章制度让他们使用，告诉他们祖先的训示，教导他们廉政不谋私利，委任他们一定的官职，训导他们行为合乎礼仪，让他们不要违背各地的民俗风物，让大家都信赖他们，然后才离开世上。这点圣人与先王相同。如今既没有法则留给后代借鉴，反而又使他们中的贤良殉葬而死，这就难以处在君王的位子上了。君子因此而知道秦国不能够再向东征伐了。

秋，季文子将去晋国聘问，派人求取遇到丧事所应备的应用物品。那人说："准备用在什么地方？"文子说："准备好应付意外的需要，这是古人的好教训。一旦要用却没有，就陷入困境。备而不用又有什么妨害？"

八月乙亥，晋襄公去世。灵公幼小，晋国人因为国家有难，想立年长的人为国君。赵盾说："立公子雍。他乐于为善而又年长，先君文公喜爱他，而且他得到秦国的亲近。秦国，是我国的老朋友了。安排善良的人地位便能巩固，事奉年长的人别人就顺服，立先君所爱的人便合乎孝道，结交老朋友国家就安定。因为国家有难，所以要立年长的人为国君，他有这四项德行，祸难一定会得到缓解了。"贾季说："不如立公子乐。辰嬴受到两个君王的宠爱，立她的儿子，人民一定会安定。"赵孟说："辰嬴地位卑贱，位子排在第九，她的儿子有什么威望？并且她被两个国君宠爱，是淫荡。作为先君的儿子，不能够求得大国庇护而出居小国，这是卑陋。母亲淫荡而儿子卑陋，就没有威望。陈国小而且离得远，有事不能援助，怎么能巩固地位呢？杜祁因为国君的缘故，逊让偪姞而使她位居自己之上；因为狄人的缘故，逊让季隗而自己位居其下，所以排名第四。先君因为这个原因而喜爱她的儿子，让他出仕秦国，官做到亚卿。秦国大而且离我们近，有事足以救援，母亲有道义而儿子得到先君喜爱，足以威临人民，立他为君不也是可以的吗？"派先蔑、士会去秦国，迎接公子雍。贾季也派人到陈国召回公子乐，赵孟派人在郫地把他杀了。贾季怨恨阳处父撤销他中军元帅的职务，而且知道他在晋国没有人援助，九月，贾季派续鞫居杀死了阳处父。《春秋》记载"晋国杀死他们的大夫"不说是贾季，是因为阳处父逾越了职权。

冬十月，襄仲去晋国，参加晋襄公葬礼。

十一月丙寅，晋国杀死续鞫居。贾季逃亡到狄。宣子派臾骈让他送去贾季的妻子。在夷地阅兵的时候，贾季曾经侮辱臾骈，臾骈手下的人想把贾家的人全都杀了以报仇。臾骈说："不可以。我听说以前的志书上有这样的话：'对人有恩惠不要指望他的后代偿还，对人有仇怨不要向他的后代报复。'这合乎忠诚之道。赵盾对贾季以礼相待，我因为受到他的宠信而报复私人的仇怨，这恐怕不行吧？凭借受到人家的宠信而报怨，这不是勇敢。为宣泄自己的怨气而增加仇恨，这不是明智。因为私事妨害公务，这不是忠诚。丢弃了这三者，怎么事奉赵盾呢？"因此集中了贾季所有的家眷以及器用财货，亲自带人保卫，送到边境上。

闰月没举行告朔仪式，这是不合乎礼的。闰用来校正四季时辰，四时是安排农业生产的根据，农业生产合时能使人民富足，养活人民的方法，就是在此了。不举行闰月告朔仪式，是丢弃了施政的时令，怎么治理人民？

文公七年

[经]

七年春[1],公伐邾。

三月甲戌,取须句[2]。遂城郚[3]。

夏四月,宋公王臣卒[4]。

宋人杀其大夫。

戊子,晋人及秦人战于令狐[5]。

晋先蔑奔秦。

狄侵我西鄙。

秋八月,公会诸侯,晋大夫,盟于扈[6]。

冬,徐伐莒。

公孙敖如莒莅盟。

【注释】
〔1〕七年:公元前620年。 〔2〕须句:见僖公二十一年传注。
〔3〕郚(wù):鲁邑,当在今山东泗水县东南。 〔4〕宋公:宋成公。
〔5〕令狐:见僖公二十四年传注。 〔6〕扈:郑地,在今河南原阳县西。

[传]

七年春,公伐邾,间晋难也[1]。三月甲戌,取须句,置文公子焉[2],非礼也[3]。

夏四月,宋成公卒。于是公子成为右师[4],公孙友为左师[5],乐豫为司马[6],鳞矔为司徒[7],公子荡为司城[8],华御事为司寇[9]。

【注释】

〔1〕间(jiàn):乘机。〔2〕文公子:邾文公之子。〔3〕非礼:灭人国而以其君之子为守,故为无礼。〔4〕公子成:宋庄公之子。〔5〕公孙友:公子目夷之子。〔6〕乐豫:戴公玄孙。〔7〕鳞矔:桓公之孙。〔8〕公子荡:桓公子。司城:即司空。〔9〕华御事:华督之孙。

昭公将去群公子[1],乐豫曰:"不可。公族,公室之枝叶也,若去之则本根无所庇荫矣。葛藟犹能庇其本根[2],故君子以为比[3],况国君乎?此谚所谓'庇焉而纵寻斧焉'者也[4],必不可,君其图之。亲之以德,皆股肱也,谁敢携贰?若之何去之?"不听。

【注释】

〔1〕昭公:成公少子,名杵臼。成公卒,成公弟御杀太子及大司马公孙固自立,宋人共杀御而立昭公。事见《史记·宋世家》,与《左传》记事不合。〔2〕葛藟(lěi):蔓草,一名巨苽,浆果可食。〔3〕君子以为比:《诗·王风·葛藟》有"绵绵葛藟,在河之浒。终远兄弟,谓他人父"云云,序说是王族刺平王弃其九族。又,《诗·周南·樛木》有"南有樛木,葛藟累之"句。〔4〕寻:用。

穆、襄之族率国人以攻公,杀公孙固、公孙郑于公宫。六卿和公室,乐豫舍司马以让公子卬[1],昭公即位而葬。书曰："宋人杀其大夫。"不称名，众也，且言非其罪也。

【注释】
〔1〕公子卬：昭公之弟。

秦康公送公子雍于晋，曰："文公之入也无卫，故有吕、郤之难[1]。"乃多与之徒卫[2]。穆嬴日抱大子以啼于朝[3]，曰："先君何罪？其嗣亦何罪？舍适嗣不立而外求君，将焉置此？"出朝，则抱以适赵氏，顿首于宣子曰："先君奉此子也而属诸子，曰：'此子也才，吾受子之赐；不才，吾唯子之怨。'今君虽终，言犹在耳，而弃之。若何？"宣子与诸大夫皆患穆嬴，且畏偪[4]，乃背先蔑而立灵公[5]，以御秦师。

【注释】
〔1〕吕、郤之难：吕饴甥、郤芮之难，见僖公二十四年。〔2〕徒卫：步兵护卫。〔3〕穆嬴：晋襄公夫人，灵公母。〔4〕畏偪：畏国人以大义相逼。或云恐其宗与大夫相逼。〔5〕背先蔑：背弃先蔑。先蔑出迎公子雍为君，时已还朝。此言背先蔑，即背公子雍。

箕郑居守[1]。赵盾将中军，先克佐之[2]。荀林父佐上军。先蔑将下军，先都佐之。步招御戎，戎津为右。及堇阴[3]，宣子曰："我若受秦[4]，秦则宾也；不受，寇也。既不受矣，而复缓师，秦将生心。先人有夺人之心，军之善谋也。逐寇如追逃，军之善政也。"训卒利兵，秣马蓐食[5]，潜师夜起。戊子，败秦师于令狐，至于刳首[6]。己丑，先蔑奔秦，士会从之。

【注释】
〔1〕箕郑：时为上军元帅，因令其留守，故荀林父独自领上军。〔2〕先克：先且居之子。〔3〕堇阴：晋地，在今山西临猗县东。〔4〕受：接受。指接受公子雍。〔5〕蓐：厚。蓐食，即饱餐。〔6〕刳首：在临猗县西。

先蔑之使也，荀林父止之，曰："夫人、大子犹在，而外求君，此必不行。子以疾辞，若何？不然将及。摄卿以往可也[1]，何必子？同官为寮，吾尝同寮，敢不尽心乎！"弗听，为赋《板》之三章[2]，又弗听。及亡，荀伯尽送其帑及其器用财贿于秦，曰："为同寮故也。"

【注释】
〔1〕摄卿：以大夫代卿。〔2〕板：《诗·大雅》篇名。其第三章云："我虽异事，及尔同寮。我即尔谋，听我嚣嚣。我言维服，勿以为笑。先民有言，询于刍荛。"荀林父赋之，取其中同寮为他人谋划，应当听从之意。

士会在秦三年，不见士伯[1]。其人曰[2]："能亡人于国[3]，不能见于此，焉用之？"士季曰："吾与之同罪，非义之也，将何见焉？"及归，遂不见。

【注释】
〔1〕士伯：即先蔑。〔2〕其人：士会的从人。〔3〕亡人于国：言俱逃亡出晋国。

狄侵我西鄙，公使告于晋。赵宣子使因贾季问酆舒[1]，且让之。酆舒问于贾季曰："赵衰、赵盾孰贤？"对曰："赵衰，冬日之日也。赵盾，夏日之日也。"

【注释】
〔1〕酆舒：狄人的执政官。

秋八月，齐侯、宋公、卫侯、郑伯、许男、曹伯会晋赵盾盟于扈[1]，晋侯立故也。公后至，故不书所会。凡会诸侯，不书所会，后也。后至，不书其国，辟不敏也[2]。

【注释】
〔1〕齐侯：齐昭公。宋公：宋昭公。卫侯：卫成公。郑伯：郑穆公。许男：许昭公。曹伯：曹共公。　〔2〕辟不敏：避免出差错。因后至，不知诸侯位次。

穆伯娶于莒[1]，曰戴己，生文伯，其娣声己生惠叔。戴己卒，又聘于莒，莒人以声己辞[2]，则为襄仲聘焉[3]。冬，徐伐莒。莒人来请盟。穆伯如莒莅盟，且为仲逆。及鄢陵[4]，登城见之，美，自为娶之。仲请攻之，公将许之。叔仲惠伯谏曰[5]："臣闻之，兵作于内为乱，于外为寇，寇犹及人[6]，乱自及也。今臣作乱而君不禁，以启寇仇，若之何？"公止之，惠伯成之[7]。使仲舍之，公孙敖反之[8]，复为兄弟如初。从之。

【注释】

〔1〕穆伯：即公孙敖。〔2〕以声己辞：言声己当继戴己为正室，不必另聘。〔3〕襄仲：即公子遂，公孙敖的从父昆弟。〔4〕鄢陵：在今山东临沭县。〔5〕叔仲惠伯：鲁桓公子僖叔牙的孙子。〔6〕及人：伤及外人。与敌寇作战，双方都有伤亡，故云及人。〔7〕成之：和解之。〔8〕反：送回。

晋郤缺言于赵宣子曰："日卫不睦[1]，故取其地，今已睦矣，可以归之。叛而不讨，何以示威？服而不柔[2]，何以示怀？非威非怀，何以示德？无德，何以主盟？子为正卿，以主诸侯，而不务德，将若之何？《夏书》曰[3]：'戒之用休[4]，董之用威[5]，劝之以《九歌》，勿使坏。'九功之德皆可歌也，谓之九歌。六府、三事，谓之九功。水、火、金、木、土、谷，谓之六府。正德、利用、厚生，谓之三事。义而行之，谓之德、礼。无礼不乐[6]，所由叛也。若吾子之德莫可歌也，其谁来之？盍使睦者歌吾子乎？"宣子说之。

【注释】

〔1〕日：往日。〔2〕柔：怀柔。〔3〕古文《尚书》将以下文及郤缺语采入《大禹谟》。〔4〕休：美，喜庆。〔5〕董：督。〔6〕不乐：没有可歌颂的。

【译文】

[经]

七年春，文公攻打邾国。

三月甲戌，占领须句。接着修筑郚地的城墙。

夏四月，宋成公王臣去世。

宋国人杀死他们国家的大夫。

戊子，晋国人与秦国人在令狐交战。

晋先蔑逃到秦国。

狄人侵袭我国西部边境。

秋八月，文公与诸侯、晋大夫相会，在扈地结盟。

冬，徐国攻打莒国。

公孙敖去莒国参加会盟。

[传]

七年春，文公攻打邾国，这是乘晋国有祸难的机会。三月甲戌，占领须句，让邾文公的儿子做地方官，这是不合乎礼的。

夏四月，宋成公去世。这时公子成为右师，公孙友为左师，乐豫为司马，鳞矔为司徒，公子荡为司城，华御事为司寇。

昭公准备除掉公子们，乐豫说："不行。公族，是公室的枝叶，如果除掉了他们躯干和根就没有东西庇护遮盖了。葛藟尚且能庇护它的躯干和根，所以君子以它作比喻，何况是国君呢？这就是谚语所说的'树荫遮盖庇护你，你却对它用斧子'，一定不能这样做。君王请好好想一想。如果以德行亲近他们，都是左右辅佐之臣，谁敢怀有二心？为什么要除掉他们？"宋昭公不听从。

穆公、襄公的族人率领国人攻打昭公，在宫里杀死了公孙固、公孙郑。六卿与公室讲和，乐豫把司马的官位让给公子卬，昭公即位后安葬了被杀的人。《春秋》记载说："宋国人杀死他们的大夫。"没记载名字，是被杀的人太多，并且表示他们是无罪的。

秦康公送公子雍回晋国，说："文公回国为君时没有护卫，因此蒙受了吕、郤发动的祸难。"于是就多拨给公子雍步兵护卫。穆嬴天天抱着太子在朝廷上啼哭，说："先君有什么罪？他的继承人有什么罪？舍弃嫡子不立却到国外去求国君，准备怎么安排这孩子？"出了朝廷，就抱着孩子到赵家去，向宣子叩头说："先君把这个孩子嘱托给你，说：'这个孩子如果成材，我就是受到了你的恩赐；如果不成材，我便怨恨你。'如今君王虽然去世，说的话如同还在耳边，你却舍弃他，这是为什么？"宣子与诸大夫都因为穆嬴而伤脑筋，并且怕国人以大义相逼，就背弃迎立公子雍事而立灵公为国君，出兵抵御秦国军队。

　　箕郑留守国都。赵盾统帅中军，先克为辅佐。荀林父辅佐上军。先蔑统帅下军，先都为辅佐。步招驾驭战车，戎津为车右。军队到达堇阴，宣子说："我们如果接受秦国送来的公子雍为君，秦国就是我们的宾客；不接受，就是我们的敌人。已经决定不接受了，再滞留他们的军队，秦国人将会产生怀疑。行动占先便能使敌人丧失军心，这是作战的好谋略。驱逐敌人犹如追赶逃兵，这是作战的好方法。"于是教训士兵，磨砺兵器，喂好马匹，让部队吃饱，隐蔽行动，夜间行军。戊子，在令狐打败秦军，追击到刳首。己丑，先蔑逃到秦国，士会跟从他。

　　先蔑出使秦国时，荀林父劝阻他，说："夫人、太子还在，却到国外去求国君，这一定是行不通的。你借口有病而辞去使命，怎么样？不然的话，将遭受祸患。派人代理卿位前去就可以了，何必你亲往？一起做官称为寮，我曾经与你同寮，岂敢不尽我的心意呢？"先蔑不肯听从。荀林父为他赋《板》的第三章，他又不肯听从。到先蔑出逃，荀林父把他全部家属以及器具、财物送到秦国，说："这是为了同寮的缘故。"

　　士会在秦国三年，不与先蔑相见。他的手下说："你能够与他一起逃离晋国，却不愿在这里见面，为什么要这样？"士会说："我与他犯了相同的罪，并不是因为他有道义我才跟从他，见他干什么？"一直到回国，没有相见。

　　狄人侵袭我国西部边境，文公派人向晋国报告。赵宣子派贾季去问酆舒，并且责备狄人。酆舒向贾季提问说："赵衰、赵盾哪一个贤明？"贾季回答说："赵衰是冬天的太阳，赵盾是夏天的太阳。"

　　秋八月，齐昭公、宋昭公、卫成公、郑穆公、许昭公、曹共公与晋赵盾相会，在扈地结盟，这是为了晋灵公即位的缘故。文公迟到了，所以《春秋》不记载与会的国家。凡是诸侯会盟，不记载与会的国家，便是自己迟到了。迟到了，不写明这些国家，是为了避免出差错。

　　穆伯娶莒国女子为妻，名叫戴己，生下文伯，她的妹妹声己生下惠叔。戴己去世，穆伯又到莒国行聘，莒国人因为声己的缘故谢绝了，他便为襄仲行聘。冬，徐国攻打莒国。莒国前来请求结盟。穆伯去莒国参加盟会，并为襄仲迎亲。到达鄢陵，穆伯登城见到莒女，见她很美，便自己娶了她。襄仲请求攻打穆伯，文公准备同意他。叔仲惠伯劝谏说："臣下听说，内部发生战斗称为乱，外面发生战争称为寇。与外人作战还能够杀伤别人，内战死的全是自己人。如今臣子作乱而君王不去禁止，如果因此而引起外乱来侵，怎么办？"文公阻止了襄仲，惠伯为他们调解。让襄仲舍弃莒女，由穆伯把她送回国，两人重新和好与当初一样。两人听从了。

晋郤缺对赵宣子说："过去卫国对我们不顺服，所以我们占领它的土地。如今卫国已经顺服了，可以把土地还给它了。背叛而不讨伐，怎么能显示威严？顺服而不加以怀柔，怎么能显示关心？不显示威严又不显示关心，怎么能显示德行？没有德行，怎么能主持盟会？你作为正卿，主持诸侯之事，却不致力于德行，准备怎么办？《夏书》说：'用好话训诫他，用威严督管他，用《九歌》引导他，别让他学坏。'有关九功的德行都可以歌唱，称为九歌。六府、三事，称为九功。水、火、金、木、土、谷，称为六府。端正德行、利于使用、使民富裕，称为三事。合于道义而推行，称为德、礼。没有礼就没有能歌颂的，叛乱便由此产生。如果你的德行没有能歌颂的，有谁来归附你？为什么不让顺服的人来歌颂你呢？"宣子听了很高兴。

文 公 八 年

[经]

八年春[1],王正月。

夏四月。

秋八月戊申,天王崩[2]。

冬十月壬午,公子遂会晋赵盾,盟于衡雍[3]。

乙酉,公子遂会雒戎[4],盟于暴[5]。

公孙敖如京师,不至而复。丙戌,奔莒。

螽[6]。

宋人杀其大夫司马,宋司城来奔。

【注释】

〔1〕八年:公元前619年。〔2〕天王:周襄王。〔3〕衡雍:见僖公二十八年注。〔4〕雒戎:居于雒水一带的戎,参见僖公十一年传。〔5〕暴:即暴隧,在今河南原阳县西。〔6〕杜注云"为灾,故书"。

[传]

八年春,晋侯使解扬归匡、戚之田于卫[1],且复致公婿池之封[2],自申至于虎牢之境[3]。

夏,秦人伐晋,取武城[4],以报令狐之役。

秋，襄王崩。

晋人以扈之盟来讨[5]。

【注释】
　　[1]晋侯：晋灵公。解扬：晋大夫。匡、戚之田：原卫田，见文公元年注。　[2]公婿池：或云晋君女婿，名池；或云公婿池为人名，公婿为氏。公婿池之封，谓公婿池所划定的疆界。　[3]申：在今河南巩县东、荥阳西之汜水境。虎牢：在汜水西北。申与虎牢原皆郑地。[4]武城：在今陕西华县东北。　[5]扈之盟：扈之盟，文公迟到，故晋讨其不敬。

冬，襄仲会晋赵孟，盟于衡雍，报扈之盟也[1]，遂会伊、洛之戎。书曰"公子遂"，珍之也。
　　穆伯如周吊丧，不至，以币奔莒[2]，从己氏焉[3]。

【注释】
　　[1]报：补偿。　[2]币：指所带吊丧的礼物。　[3]己氏：即前所退还的莒女。

宋襄夫人，襄王之姊也，昭公不礼焉。夫人因戴氏之族[1]，以杀襄公之孙孔叔、公孙钟离及大司马公子卬，皆昭公之党也。司马握节以死[2]，故书以官。司城荡意诸来奔[3]，效节于府人而出[4]。公以其官逆之[5]，皆复之[6]。亦书以官，皆贵之也。

【注释】
　　[1]戴氏之族：戴公的后代。杜注云华、乐、皇三氏皆戴族。[2]节：符节。　[3]荡意诸：公子荡之孙。　[4]效：致。府人：掌管

百物之官。《周礼·天官》有内府、外府、玉府。〔5〕以其官逆之：按他原来官品迎接。照例，接待逃亡之臣应按原官降位安置。〔6〕皆复之：对他随行官属也都以原官接待。杜注谓皆请宋复其官，似误。

夷之蒐，晋侯将登箕郑父、先都[1]，而使士縠、梁益耳将中军。先克曰："狐、赵之勋[2]，不可废也。"从之。先克夺蒯得田于堇阴。故箕郑父、先都、士縠、梁益耳、蒯得作乱。

【注释】
〔1〕登：提升。箕郑父原佐新上军，先都佐新下军，此欲提升，杜注说是让他们统帅上军。〔2〕狐、赵：狐偃、赵衰。

【译文】
[经]
八年春，周历正月。
夏四月。
秋八月戊申，周襄王去世。
冬十月壬午，公子遂与晋赵盾相会，在衡雍结盟。
乙酉，公子遂与雒戎相会，在暴地结盟。
公孙敖去京师，没到达便返回。丙戌，逃到莒国。
发生蝗灾。
宋国人杀死他们的大夫司马，宋司城逃到我国。

[传]
八年春，晋灵公派解扬归还卫国匡、戚的田地，并且重新把公婿池划定的疆域，从申地至虎牢境内，还给郑国。
夏，秦国人攻打晋国，占领武城，以报复令狐那次战役。
秋，周襄王去世。

晋人由于文公在扈地盟会迟到而来讨伐。

冬，襄仲与晋赵孟相会，在衡雍订立盟约，补偿在扈地那次盟会，并因此与伊、洛的戎人相会。《春秋》称他为"公子遂"，是表示尊重他。

穆伯去周吊丧，没有到京师，带着吊丧的礼物逃到莒国，跟随己氏去了。

宋襄公夫人，是周襄王的姐姐，宋昭公对他无礼。夫人依靠戴氏的族人，杀了襄公的孙子孔叔、公孙钟离以及大司马公子卬，这些人都是昭公的同党。司马握住符节而死，所以《春秋》记载他的官职，不记名。司城荡意诸逃亡到我国，他先把符节还给府人后才出走。文公按照他原本的官职迎接他，对他的随行人员也都这样。《春秋》也记载他的官职，都是表示对他们的尊重。

在夷地阅兵的时候，晋襄公准备提升箕郑父、先都，而让士縠、梁益耳率领中军。先克说："狐、赵的功勋，不能废弃。"晋襄公听从了他的话。先克在堇阴夺取蒯得的田地。因此箕郑父、先都、士縠、梁益耳、蒯得发动叛乱。

文 公 九 年

[经]
九年春[1],毛伯来求金[2]。
夫人姜氏如齐。
二月,叔孙得臣如京师。辛丑,葬襄王。
晋人杀其大夫先都。
三月,夫人姜氏至自齐。
晋人杀其大夫士縠及箕郑父。
楚人伐郑。
公子遂会晋人、宋人、卫人、许人救郑。
夏,狄侵齐。
秋八月,曹伯襄卒。
九月癸酉,地震。
冬,楚子使椒来聘[3]。
秦人来归僖公、成风之襚[4]。
葬曹共公。

【注释】
〔1〕九年:公元前618年。 〔2〕求金:即求赗。时天子未葬,故不

称王命。求赙为无礼,详隐公三年注。〔3〕楚子:楚穆王。椒:即子越椒,又称鬬椒。字子越,又字伯棼。令尹子文从子。〔4〕襚:死者的衣服。僖公、成风已死多年,不知何故至此时方送助丧物。

[传]

九年春,王正月己酉,使贼杀先克[1]。乙丑,晋人杀先都、梁益耳。

毛伯卫来求金,非礼也。不书王命,未葬也。

【注释】

〔1〕此承上年传文,谓箕郑父等人派杀手杀先克。

二月,庄叔如周。葬襄王。

三月甲戌,晋人杀箕郑父、士縠、蒯得。

范山言于楚子曰[1]:"晋君少,不在诸侯[2],北方可图也。"楚子师于狼渊以伐郑[3]。囚公子坚、公子龙及乐耳[4]。郑及楚平。公子遂会晋赵盾、宋华耦、卫孔达、许大夫救郑,不及楚师。卿不书[5],缓也,以惩不恪[6]。

【注释】

〔1〕范山:楚大夫。〔2〕不在诸侯:用心不在称霸诸侯。〔3〕狼渊:在今河南许昌市西。〔4〕公子坚、公子龙、乐耳:均为晋大夫。〔5〕卿不书:依例卿领兵征战均当书名,赵盾、华耦、孔达均为卿。〔6〕恪:敬。

夏,楚侵陈,克壶丘[1],以其服于晋也。秋,楚公子朱自东夷伐陈，陈人败之，获公子茷[2]。陈惧[3]，乃及楚平。

【注释】
〔1〕壶丘：陈邑，在今河南新蔡县东南。〔2〕公子茷(fèi)：楚公子。〔3〕陈惧：杜注云陈以小胜大，故惧。

冬，楚子越椒来聘，执币傲。叔仲惠伯曰[1]："是必灭若敖氏之宗[2]。傲其先君，神弗福也。"

【注释】
〔1〕叔仲惠伯：参文公七年注。〔2〕若敖氏：楚宗族，子越椒为若敖后代。

秦人来归僖公、成风之禭，礼也。诸侯相吊贺也，虽不当事[1]，苟有礼焉，书也，以无忘旧好。

【注释】
〔1〕不当事：不及时。

【译文】
[经]
九年春，毛伯来我国求取丧仪。
夫人姜氏去齐国。
二月，叔孙得臣去京师。辛丑，安葬周襄王。
晋国人杀死他们的大夫先都。
三月，夫人姜氏从齐国回到国内。
晋国人杀死他们的大夫士縠及箕郑父。

楚国人攻打郑国。
公子遂会合晋、宋、卫、许国军队救援郑国。
夏，狄人侵袭齐国。
秋八月，曹共公襄去世。
九月癸酉，发生地震。
冬，楚穆王派鬥椒来我国聘问。
秦国人来我国向死去的僖公、成风赠送衣服。
安葬曹共公。

[传]

九年春，周历正月己酉，派杀手杀死先克。乙丑，晋国人杀死先都、梁益耳。

毛伯卫来我国求取丧仪，这不合乎礼。《春秋》没记载说这是出于周王命令，是因为襄王还没有安葬。

二月，庄叔去周京师。安葬襄王。

三月甲戌，晋国人杀死箕郑父、士縠、蒯得。

范山对楚穆王说："晋国国君年少，用心不在于称霸诸侯，可以动进攻北方的主意了。"楚穆王在狼渊出兵攻打郑国。囚禁了公子坚、公子龙以及乐耳。郑国与楚国讲和。公子遂会合晋赵盾、宋华耦、卫孔达、许大夫救援郑国，没有赶上楚军。《春秋》没有记载这些卿的名字，是因为他们出兵迟缓，以此惩戒他们办事不认真。

夏，楚国侵袭陈国，攻下壶丘，这是因为陈国顺服晋国。秋，楚公子朱从东夷进攻陈国，陈国人打败了他，俘获了公子茷。陈国害怕楚国报复，于是与楚国讲和。

冬，楚子越椒来我国聘问，手执礼物时神态傲慢。叔仲惠伯说："这个人一定会使若敖氏一族灭亡。对他的先君傲慢，神灵不会赐福给他。"

秦国人来我国向死去的僖公、成风赠送衣服，这是合乎礼的。诸侯间相互吊丧贺喜，即使是不及时，如果合乎礼，《春秋》便记载，以表示不忘记以往的友好。

文 公 十 年

[经]

十年春[1],王正月辛卯,臧孙辰卒[2]。

夏,秦伐晋。

楚杀其大夫宜申[3]。

自正月不雨,至于秋七月。

及苏子盟于女栗[4]。

冬,狄侵宋。

楚子、蔡侯次于厥貉[5]。

【注释】

〔1〕十年:公元前617年。〔2〕臧孙辰:即臧文仲,庄公二十八年为卿,至此已五十年。杜注云"公与小敛,故书日"。〔3〕宜申:鬭宜申,即子西,见僖公二十六年注。〔4〕苏子:周卿士。女栗:今不详何地。〔5〕楚子:楚穆王。蔡侯:蔡庄侯。厥貉:当在今河南项城县境。

[传]

十年春,晋人伐秦,取少梁[1]。夏,秦伯伐晋[2],取北徵[3]。

【注释】

〔1〕少梁：即梁国，见桓公九年注。僖公时为秦所灭。 〔2〕秦伯：秦康公。 〔3〕北徵：当为晋邑，今不详何地。

初，楚范巫矞似谓成王与子玉、子西曰[1]："三君皆将强死[2]。"城濮之役，王思之，故使止子玉曰："毋死。"不及。止子西，子西缢而县绝[3]，王使适至，遂止之，使为商公[4]。沿汉溯江，将入郢[5]。王在渚宫[6]，下，见之。惧而辞曰[7]："臣免于死，又有谗言，谓臣将逃，臣归死于司败也[8]。"王使为工尹[9]。又与子家谋弑穆王。穆王闻之，五月，杀鬭宜申及仲归[10]。

【注释】

〔1〕范巫矞似：范地的巫者名矞似。 〔2〕强死：无病而死。即横死。 〔3〕县绝：所悬的绳子断了。 〔4〕商公：商地的长官。商，在今河南淅川县南。 〔5〕郢：楚都，在今湖北江陵县北。 〔6〕渚宫：楚之别宫，在江陵。 〔7〕辞：指解释。 〔8〕司败：楚官名，相当于司寇，掌刑法。 〔9〕工尹：掌百工之官。 〔10〕仲归：即子家。

秋七月，及苏子盟于女栗，顷王立故也。

陈侯、郑伯会楚子于息[1]。冬，遂及蔡侯次于厥貉，将以伐宋。宋华御事曰："楚欲弱我也[2]。先为之弱乎[3]，何必使诱我[4]？我实不能，民何罪？"乃逆楚子，劳[5]，且听命。遂道以田孟诸[6]。宋公为右盂[7]，郑伯为左盂。期思公复遂为右司马[8]，子朱及文之无畏为左司马[9]。命夙驾载燧[10]，宋公违命，无畏抶其仆以徇[11]。或谓子舟曰[12]:"国君不可戮也[13]。"子舟曰:"当官而行,何强之有?《诗》曰:'刚亦不吐,柔亦不茹[14]。''毋纵诡随,以谨罔极[15]。'是亦非辟强也,敢爱死以乱官乎[16]!"

厥貉之会,麇子逃归[17]。

【注释】
〔1〕陈侯:陈共公。郑伯:郑穆公。 〔2〕弱我:使我顺服。〔3〕先为之弱:谓我主动示弱。 〔4〕诱:逼迫。 〔5〕劳:慰劳。〔6〕道:导。田:打猎。孟诸:见僖公二十八年注。 〔7〕盂:阵名,即圆阵。 〔8〕期思公:期思的地方长官。期思,楚邑,地当在今河南固始县西北。 〔9〕文之无畏:即申舟。文为氏,申为食邑,舟为字。〔10〕凤驾:早驾。燧:取火工具。 〔11〕抶:笞击。徇:号令。〔12〕子舟:即无畏。 〔13〕戮:同"辱"。 〔14〕所引诗见《诗·大雅·烝民》,二句倒。茹,食。 〔15〕所引诗见《诗·大雅·民劳》。诡随,诡谲欺诈。罔极,无标准,放荡不正。 〔16〕乱官:放弃职守。〔17〕麇:国名,地在今湖北郧县。此句与下年传为一事,为人割裂。

【译文】

[经]

十年春,周历正月辛卯,臧孙辰去世。
夏,秦国攻打晋国。
楚国杀死他们的大夫宜申。
从正月开始至秋七月一直没下雨。
与苏子在女栗结盟。
冬,狄人侵袭宋国。
楚穆王、蔡庄侯驻扎在厥貉。

[传]

十年春,晋国人攻打秦国,占领少梁。夏,秦康公攻打晋国,占领北徵。

　　起初，楚国范地的巫者矞似预言成王与子玉、子西说："这三个人都将不得好死。"城濮战役，楚成王想起了这预言，所以派人去阻止子玉说："不要自杀。"没赶上。去阻止子西，子西上吊时悬挂的绳子断了，楚成王的使者正好赶到，就阻止了他，任命他为商公。子西沿汉江而下，溯长江而上，将要进入郢都。楚成王在渚宫，子西下船，正好见到成王。子西害怕，自我解释说："臣子免于一死，又有人诬陷臣，说臣准备逃跑，所以臣回都城来请求死在司败手中。"成王让他担任工尹。这时他又与子家谋划杀死楚穆王。楚穆王听说了，五月，杀死子西与子家。

　　秋七月，与苏子在女栗结盟，是因为周顷王即位的缘故。

　　陈共公、郑穆公与楚穆王在息地相会。冬，就和蔡庄侯驻扎在厥貉，准备攻打宋国。宋华御事说："楚国是想要我们顺服他。我们不如先对他表示顺服，何必等他来威逼我们？我们确实是无能，人民有什么罪？"于是去迎接楚穆王，慰劳楚军，同时听候命令。于是便引导楚穆王到孟诸去打猎。宋昭公率领右边圆阵，郑穆公率领左边圆阵。期思公复遂任右司马，子朱与文之无畏任左司马。下令清晨出动带上取火的工具，宋昭公违背命令，无畏鞭打他的仆人，号令全军。有人对无畏说："国君是不可以侮辱的。"无畏说："按照职责处理事情，怎说得上强暴？《诗》说：'硬的东西不吐出来，软的东西不吞下去。''别听狡诈欺骗话，让那些放荡不正的人收束检点。'这也是不避强暴的意思，我岂敢爱惜自己的生命而放弃职守呢？"

　　厥貉相会时，麇国的国君逃回国内。

春秋左传卷九　文公下

文公十一年

[经]

十有一年春[1]，楚子伐麇。

夏，叔彭生会晋郤缺于承筐[2]。

秋，曹伯来朝[3]。

公子遂如宋。

狄侵齐。

冬十月甲午，叔孙得臣败狄于鹹[4]。

【注释】

〔1〕十有一年：公元前616年。〔2〕叔彭生：即叔仲惠伯。承筐：宋地。当在今河南睢县西。〔3〕曹伯：曹文公。〔4〕鹹：鲁地，在今山东巨野县南。或云在山东曹县。

[传]

十一年春，楚子伐麇，成大心败麇师于防渚[1]。潘崇复伐麇，至于锡穴[2]。

夏，叔仲惠伯会晋郤缺于承筐，谋诸侯之从于楚者。

秋，曹文公来朝，即位而来见也。

襄仲聘于宋，且言司城荡意诸而复之，因贺楚师之不害也。

【注释】
〔1〕防渚：麇地，即今湖北房县。 〔2〕钖(yáng)穴：在今陕西白河县东。

鄋瞒侵齐[1]，遂伐我。公卜使叔孙得臣追之，吉。侯叔夏御庄叔[2]，绵房甥为右，富父终甥驷乘[3]。冬十月甲午，败狄于咸，获长狄侨如[4]。富父终甥摏其喉以戈[5]，杀之，埋其首于子驹之门[6]，以命宣伯[7]。

【注释】
〔1〕鄋(sōu)瞒：狄国名，传为防风氏之后，漆姓，或谓漆姓。活动于山东境内。 〔2〕庄叔：即得臣。 〔3〕驷乘：古兵车一般三人乘，乘四人则第四人称驷乘，为车右的助手。 〔4〕长狄：狄之一种。 〔5〕摏：撞击。 〔6〕子驹之门：鲁都北郭之西门。 〔7〕命：名。宣伯：叔孙得臣之子叔孙侨如。

初，宋武公之世，鄋瞒伐宋，司徒皇父帅师御之，耏班御皇父充石[1]，公子榖甥为右，司寇牛父驷乘，以败狄于长丘[2]，获长狄缘斯[3]，皇父之二子死焉。宋公于是以门赏耏班，使食其征[4]，谓之耏门。晋之灭潞也[5]，获侨如之弟焚如。齐襄公之二年[6]，鄋瞒伐齐，齐王子成父获其弟荣如，埋其首于周首之北门[7]。卫人获其季弟简如[8]，鄋瞒由是遂亡。

郯大子朱儒自安于夫钟[9]，国人弗徇[10]。

【注释】

〔1〕皇父充石：即司徒皇父。 〔2〕长丘：在今河南封丘县南。 〔3〕缘斯：侨如祖先。 〔4〕征：指城门税。 〔5〕晋之灭潞：在宣公十五年。 〔6〕齐襄公之二年：齐襄公二年为鲁桓公十六年，下距宣公十五年有一百多年，决无此理，故诸家谓襄公为惠公之误。 〔7〕周首：齐邑，在今山东东阿县东。 〔8〕卫人获其季弟：杜注谓伐齐退走，至卫被获。 〔9〕夫钟：郕邑，见桓公十一年注。 〔10〕徇：顺服。

【译文】

[经]

十一年春，楚穆王攻打麇国。

夏，叔彭生与晋郤缺在承筐相会。

秋，曹文公来我国朝见。

公子遂去宋国。

狄人侵袭齐国。

冬十月甲午，叔孙得臣在鹹地打败狄人。

[传]

十一年春，楚穆王攻打麇国，成大心在防渚打败麇国军队。潘崇再次攻打麇国，打到锡穴。

夏，叔仲惠伯与晋郤缺在承筐相会，是为了商议对付跟从楚国的诸侯。

秋，曹文公来我国朝见，这是他即位为君后来我国朝见。

襄仲去宋国聘问，并为司城荡意诸求情让他回国，这次聘问是祝贺楚国军队没有对宋造成危害。

鄋瞒侵袭齐国，并攻打我国。文公为派遣叔孙得臣追击而占卜，吉利。侯叔夏为得臣驾驭战车，绵房甥为车右，富父终甥为驷乘。冬十月甲午，在鹹地打败狄人，俘获长狄侨如。富父终甥用戈撞击他的喉部，把他杀了，把他的头埋在子驹之门，用他的名字命名宣伯。

起初，宋武公的时候，鄋瞒攻打宋国，司徒皇父率领军队抵御他们，耏班为皇父驾驭战车，公子穀甥为车右，司寇牛父为驷乘，在长丘打败了狄人，俘获长狄缘斯，皇父的两个儿子死在战争中。宋武公便把城门赏给耏班，让他征收城门税，称那城门为耏门。晋国灭亡潞国的时候，俘获侨如的弟弟焚如。齐襄公二年，鄋瞒攻打齐国，齐王子成父俘获侨如的弟弟荣如，把他的头埋在周首的北门。卫国人俘获侨如的小弟弟简如，鄋瞒因此就灭亡了。

郕国太子朱儒自己安居在夫钟，郕国人不顺服他。

文公十二年

[经]

十有二年春[1],王正月,郕伯来奔。

杞伯来朝[2]。

二月庚子,子叔姬卒[3]。

夏,楚人围巢[4]。

秋,滕子来朝。

秦伯使术来聘[5]。

冬十有二月戊午,晋人、秦人战于河曲[6]。

季孙行父帅师城诸及郓[7]。

【注释】

〔1〕十有二年:公元前615年。〔2〕杞伯:杞桓公。〔3〕子叔姬:杞桓公夫人。〔4〕巢:国名,偃姓,地在今安徽巢县。〔5〕秦伯:秦康公。术:西乞术。〔6〕河曲:晋地,在今山西永济县南。〔7〕诸:见庄公二十九年注。郓:在今山东沂水县东北。

[传]

十二年春,郕伯卒,郕人立君。大子以夫钟与郕邦来奔[1]。公以诸侯逆之,非礼也。故书曰:"郕伯来奔。"不书地，尊诸侯也[2]。

【注释】
〔1〕郧邦：一云郧邑名，一云郧国的宝圭。当以后说为是。
〔2〕尊诸侯：杜注言既将太子当诸侯接待，所以不说他送人土地，以表示尊重诸侯。

杞桓公来朝，始朝公也。且请绝叔姬而无绝昏[1]，公许之。二月，叔姬卒，不言杞，绝也。书叔姬，言非女也。

楚令尹大孙伯卒[2]，成嘉为令尹[3]。群舒叛楚。夏，子孔执舒子平及宗子[4]，遂围巢。

秋，滕昭公来朝，亦始朝公也。

【注释】
〔1〕无绝昏：不断绝与鲁国的婚姻关系。杞桓公休叔姬，而立其妹为夫人，故云。〔2〕大孙伯：成大心。〔3〕成嘉：成大心之弟，字子孔。〔4〕舒子平：舒国国君，名平。宗子：宗为国名，地当在安徽舒城及庐江、巢县一带。子，春秋时对蛮夷之君多称子。

秦伯使西乞术来聘，且言将伐晋。襄仲辞玉曰[1]："君不忘先君之好，照临鲁国，镇抚其社稷，重之以大器[2]，寡君敢辞玉。"对曰："不腆敝器[3]，不足辞也。"主人三辞[4]。宾答曰："寡君愿徼福于周公、鲁公以事君[5]，不腆先君之敝器[6]，使下臣致诸执事以为瑞节[7]，要结好命[8]，所以藉寡君之命，结二国之好，是以敢致之。"襄仲曰："不有君子，其能国乎？

国无陋矣。"厚贿之。

【注释】
　　〔1〕玉：使者所带的礼物，如圭、璋一类。辞玉为聘礼中礼节之一。〔2〕大器：圭、璋。　〔3〕腆：厚。　〔4〕主人：指襄仲。　〔5〕鲁公：周公子伯禽。　〔6〕先君之敝器：杜注云出聘必定要告于太庙，所以将礼物称为先君之器。　〔7〕节：信。　〔8〕要结：约。好命：友好之命。

　　秦为令狐之役故，冬，秦伯伐晋，取羁马[1]。晋人御之。赵盾将中军，荀林父佐之。郤缺将上军，臾骈佐之。栾盾将下军[2]，胥甲佐之[3]。范无恤御戎，以从秦师于河曲。臾骈曰："秦不能久，请深垒固军以待之[4]。"从之。

【注释】
　　〔1〕羁马：晋邑，在今山西永济县南。　〔2〕栾盾：栾枝子。〔3〕胥甲：胥臣子。　〔4〕深垒：加高壁垒。

　　秦人欲战，秦伯谓士会曰："若何而战[1]？"对曰："赵氏新出其属曰臾骈，必实为此谋，将以老我师也。赵有侧室曰穿[2]，晋君之婿也，有宠而弱[3]，不在军事[4]，好勇而狂[5]，且恶臾骈之佐上军也。若使轻者肆焉[6]，其可。"秦伯以璧祈战于河。

【注释】
　　〔1〕若何：采取什么方法。因晋深垒固军不战，所以秦康公有此一问。　〔2〕侧室：支子。赵穿为赵盾从父兄弟。　〔3〕弱：年少。〔4〕在：察，知。　〔5〕狂：狂妄。　〔6〕轻者：勇而不刚强。肆：冲突。

十二月戊午，秦军掩晋上军[1]，赵穿追之，不及。反，怒曰："裹粮坐甲[2]，固敌是求，敌至不击，将何俟焉？"军吏曰："将有待也。"穿曰："我不知谋，将独出。"乃以其属出。宣子曰："秦获穿也，获一卿矣。秦以胜归，我何以报[3]？"乃皆出战，交绥[4]。秦行人夜戒晋师曰："两君之士皆未慭也[5]，明日请相见也。"臾骈曰："使者目动而言肆[6]，惧我也，将遁矣。薄诸河[7]，必败之。"胥甲、赵穿当军门呼曰："死伤未收而弃之，不惠也；不待期而薄人于险[8]，无勇也。"乃止。秦师夜遁。复侵晋，入瑕[9]。

城诸及郓，书，时也。

【注释】
　　[1]掩：冲击后即退。　[2]坐甲：披甲。　[3]报：回报国人。[4]交绥：刚交战即退。　[5]慭(yìn)：损伤。　[6]目动而言肆：杜注："目动，心不安；言肆，声放失常节。"　[7]薄：同"迫"。[8]不待期：秦军约好明天再战，晋军当夜出即为"不待期"。[9]瑕：见僖公三十年注。

【译文】
　　[经]
　　十二年春，周历正月，郕太子朱儒逃到我国。
　　杞桓公来我国朝见。
　　二月庚子，子叔姬去世。
　　夏，楚国人包围巢国。
　　秋，滕昭公来我国朝见。
　　秦康公派术来我国聘问。
　　冬十二月戊午，晋国人、秦国人在河曲交战。

季孙行父率领军队修筑诸邑与郓邑的城墙。

[传]

十二年春，郕伯去世，郕国人立了国君。太子把夫钟与郕国的宝圭作为礼物逃奔到我国。文公把他作为诸侯迎接，这是不合乎礼的。因此《春秋》记载说"郕伯逃到我国"，不说他献地，是因为对诸侯表示尊重。

杞桓公来我国朝见，这是他第一次来朝见文公。同时请求与叔姬断绝关系但仍维持与鲁国的婚姻关系，文公同意了。二月，叔姬去世。《春秋》不记载"杞"字，是由于杞桓公已和她断绝了关系；称为"叔姬"，说明她不是未出嫁的女子。

楚国令尹大孙伯去世，成嘉担任令尹。舒氏诸国背叛楚国，夏，子孔抓住了舒子平及宗子，就包围了巢国。

秋，滕昭公来我国朝见，他也是第一次来朝见文公。

秦康公派遣西乞术来我国聘问，并告知准备攻打晋国。襄仲不肯接受玉，说："君王不忘记与先君的友好关系，派人光临鲁国，镇定安抚我们国家，郑重地赠给我们大器，寡君不敢接受玉。"西乞术回答说："微薄的一点礼物，不值得贵国推辞。"主人推辞三次，客人说："寡君愿意向周公、鲁公求取福分来事奉贵国国君，以这微薄的先君的礼物，派下臣送到执事这儿作为祥瑞的信物，相约友好，用它来表达寡君的愿望，缔结两国友好关系，因此才敢送上。"襄仲说："不是有了君子，怎么能治理好国家？秦国有君子便不鄙陋了。"送给他丰厚的礼物。

秦国因为令狐战役的缘故，冬，秦康公攻打晋国，占领羁马。晋国人抵御秦军。赵盾率领中军，荀林父辅佐他。郤缺率领上军，臾骈辅佐他。栾盾率领下军，胥甲辅佐他。范无恤为赵盾驾驭战车，到河曲去迎战秦军。臾骈说："秦军不能持久，请高筑壁垒巩固军营等待他们。"赵盾听从了他的建议。

秦人打算交战，秦康公对士会说："采取什么办法使他们出战？"士会回答说："赵氏新安排他的部下名叫臾骈的辅佐上军，一定是他出的这个主意，想要消磨我军的士气。赵氏有个旁支的子弟名叫穿，是晋君的女婿，得到宠爱而年少，不懂得作战，喜欢逞勇而狂妄，并且对臾骈辅佐上军不服气。如果派些勇敢而又不刚强的人冲袭晋上军，也许能使他们出战。"秦康公把玉璧投入河中向河神祈求作战胜利。

　　十二月戊午，秦军冲袭晋上军，赵穿领兵追赶，没有赶上。回营后，发怒说："带着粮食，披上甲胄，就是要与敌人作战。敌人来了却不出击，准备等什么呢？"军吏说："将要有所等待啊。"赵穿说："我不懂得什么计谋，我准备自个儿出战。"于是带着自己的部下出击。赵盾说："秦国如果俘获赵穿，就是俘获了一个卿了，秦国胜利回归，我拿什么向国人交代？"于是全军出战，没战多久，两下退兵。秦国的使者晚上告诉晋军说："两位国君手下的将士都没有损伤，明天请再相见。"臾骈说："使者眼光闪烁而言语失常，这是害怕我们，秦军准备逃走了。把他们逼到河边，一定能打败他们。"胥甲、赵穿挡住营门大叫说："死伤的人还没收拾就抛弃他们，这是残酷；不等到约定的时间出兵而把人家逼到险地，这是没有勇气。"晋军于是停止出击。秦军夜间逃走。后来又侵袭晋国，攻入瑕地。

　　修筑诸邑及郓邑的城墙，《春秋》记载，是由于合乎时令。

文公十三年

[经]

十有三年春[1],王正月。

夏五月壬午,陈侯朔卒[2]。

邾子蘧蒢卒。

自正月不雨,至于秋七月。

大室屋坏[3]。

冬,公如晋。

卫侯会公于沓[4]。

狄侵卫。

十有二月己丑,公及晋侯盟[5]。

公还自晋。郑伯会公于棐[6]。

【注释】

〔1〕十有三年:公元前614年。 〔2〕陈侯:陈共公。未记其安葬事,因鲁国未去参加葬礼。 〔3〕大室:太庙之室。太庙为二层,屋上有屋,即重屋。此屋坏,指上层屋坏。 〔4〕卫侯:卫成公。沓:不详所在。 〔5〕晋侯:晋灵公。 〔6〕郑伯:郑穆公。棐:郑地,在今河南新郑县东。

[传]

十三年春,晋侯使詹嘉处瑕[1],以守桃林之塞[2]。

晋人患秦之用士会也,夏,六卿相见于诸浮[3]。赵宣子曰:"随会在秦[4],贾季在狄,难日至矣,若之何?"中行桓子曰[5]:"请复贾季,能外事,且由旧勋[6]。"郤成子曰[7]:"贾季乱,且罪大,不如随会,能贱而有耻,柔而不犯,其知足使也[8],且无罪。"乃使魏寿余伪以魏叛者[9],以诱士会,执其帑于晋,使夜逸。请自归于秦,秦伯许之。履士会之足于朝[10]。秦伯师于河西,魏人在东[11]。寿余曰:"请东人之能与夫二三有司言者[12],吾与之先。"使士会。士会辞曰:"晋人,虎狼也,若背其言,臣死,妻子为戮,无益于君,不可悔也。"秦伯曰:"若背其言,所不归尔帑者,有如河!"乃行。绕朝赠之以策[13],曰:"子无谓秦无人,吾谋适不用也。"既济,魏人噪而还[14]。秦人归其帑。其处者为刘氏[15]。

【注释】

〔1〕晋侯:晋灵公。詹嘉:晋大夫。 〔2〕桃林之塞:在今河南灵宝县阌乡西,与瑕邑隔河相对。 〔3〕诸浮:在晋都近郊。 〔4〕随会:即士会。 〔5〕中行桓子:即荀林父,曾将中行,故以为氏。 〔6〕旧勋:其父狐偃有大功。 〔7〕郤成子:郤缺。 〔8〕知:同"智"。 〔9〕魏寿余:毕万之后,魏为封邑。 〔10〕履:指暗中蹑其足。 〔11〕东:黄河之东。 〔12〕东人:河东人,即晋国人。 〔13〕绕朝:秦大夫。策:马鞭。一云策书。 〔14〕噪:群呼。魏人见计策得逞,故欢呼而回。 〔15〕其处者:士会家族留秦未返晋者。刘氏:士会始祖为尧时之刘累,故留秦者复刘之姓氏。

邾文公卜迁于绎[1]。史曰[2]："利于民而不利于君。"邾子曰："苟利于民，孤之利也。天生民而树之君[3]，以利之也。民既利矣，孤必与焉。"左右曰："命可长也，君何弗为？"邾子曰："命在养民。死之短长，时也[4]。民苟利矣，迁也，吉莫如之！"遂迁于绎。五月，邾文公卒。君子曰："知命。"

【注释】
〔1〕绎：邾邑，在今山东邹县峄山南。〔2〕史：太史。〔3〕树：立，安置。〔4〕时：时运。

秋七月，大室之屋坏，书，不共也。

冬，公如晋，朝，且寻盟。卫侯会公于沓，请平于晋。公还，郑伯会公于棐，亦请平于晋。公皆成之。郑伯与公宴于棐，子家赋《鸿雁》[1]。季文子曰："寡君未免于此[2]。"文子赋《四月》[3]。子家赋《载驰》之四章[4]。文子赋《采薇》之四章[5]。郑伯拜，公答拜。

【注释】
〔1〕子家：郑大夫公子归生。鸿雁：《诗·小雅》篇名。凡赋诗不言某章，皆指第一章。《鸿雁》首章云："鸿雁于飞，肃肃其羽。之子于征，劬劳于野。爰及矜人，哀此鳏寡。"归生以鳏寡比郑，欲鲁文公为之奔走，与晋讲和。〔2〕未免于此：言自己也是鳏寡。是季文子的托词。〔3〕四月：《诗·小雅》篇名。首章云："四月维夏，六月徂暑。先祖匪人，胡宁忍乎？"借此言自己奔驰道路之苦。〔4〕载驰：《诗·鄘风》篇名。其第四章云："我行其野，芃芃其麦。控于大邦，谁因谁极。"言依靠大邦救援。〔5〕采薇：《诗·小雅》篇名。其第四章中有"戎车既驾，四牡业业。岂敢定居，一月三捷"句，此借言将为郑奔波

不安居，使事成功。

【译文】
[经]
十三年春，周历正月。
夏五月壬午，陈共公朔去世。
郕文公蘧蒢去世。
从正月起至秋七月，没有下雨。
太庙正室屋顶毁坏。
冬，文公去晋国。
卫成公在沓地会见文公。
狄人侵袭卫国。
十二月己丑，文公与晋灵公结盟。
文公从晋国回国。郑穆公在棐地会见文公。

[传]
十三年春，晋灵公派遣詹嘉居住在瑕地，以防守桃林要塞。
晋国人对秦国任用士会感到忧虑，夏，六卿在诸浮聚会。赵宣子说："士会在秦，贾季在狄，祸患每天都会发生，怎么办？"中行桓子说："请让贾季回国，他善于处理外事，而且上代有功劳。"郤成子说："贾季性喜作乱，并且罪大，不如让士会回来，他能够自贬身份且知道耻辱，能够柔弱而不受侵犯，他的智谋足以担当大事，并且没有罪。"于是派魏寿馀假装率领魏地人叛变，去诱骗士会回国，把寿馀的妻子儿女抓到晋都城，又让他们晚上逃走。寿馀请求把魏地归入秦国，秦康公同意了。寿馀在朝廷上踩士会的脚示意。秦康公驻军于黄河西岸，魏地人在河东。寿馀说："请派一个能够与魏地几位官员说话的河东人，我跟他一起先去。"秦康公派士会去。士会推辞说："晋国人是虎狼，如果违背了原先的话扣留我，臣子死，妻子儿女也将被杀，对君王没有好处，后悔就来不及了。"秦康公说："如果晋人违背了原先的话扣留你，我不把你妻子儿女送还给你，河神不放过我！"士会这才上路。绕朝送给士会马鞭,说:"你不要说秦国没人,我的计谋正好不被采用罢了。"渡过了黄河,魏地的人大呼大叫地回去了。秦国人送回了士会的妻子儿女。他的家族中留在秦国的便以刘为氏。

邾文公占卜迁都绎地的吉凶,太史说:"对人民有利但对国君不利。"邾文公说:"如果对人民有利,就是对我有利。上天生育了人民给他们安排了君王,就是为了对他们有利。人民既然得利,我必定也得利了。"左右说:"生命可以延长,君王为什么不努力?"邾文公说:"活着是为了抚育人民,死得早些或晚些,这是时运。人民如果有利,就迁都,没有比这更大的吉利了!"于是迁都于绎。五月,邾文公去世。君子说他知道天命。

秋七月,太庙正室的屋顶坏了。《春秋》记载此事,是表示鲁君臣对祖先不尊敬。

冬,文公去晋国朝见,同时重温过去的盟约。卫成公在沓地会见文公,请文公调解与晋讲和。文公回国时,郑穆公在棐地会见文公,也请文公调解与晋讲和。文公都帮助他们达成和议。郑穆公与文公在棐地饮宴时,子家赋《鸿雁》的首章。季文子说:"寡君也不能免除这种情况。"文子赋《四月》的首章。子家赋《载驰》的第四章。文子赋《采薇》的第四章。郑穆公拜谢,文公答拜。

文公十四年

[经]

十有四年春[1],王正月,公至自晋。

邾人伐我南鄙。

叔彭生帅师伐邾[2]。

夏五月乙亥,齐侯潘卒[3]。

六月,公会宋公、陈侯、卫侯、郑伯、许男、曹伯、晋赵盾[4],癸酉,同盟于新城[5]。

秋七月,有星孛入于北斗[6]。

公至自会。

晋人纳捷菑于邾[7],弗克纳。

九月甲申,公孙敖卒于齐。

齐公子商人弑其君舍[8]。

宋子哀来奔[9]。

冬,单伯如齐[10]。

齐人执单伯。

齐人执子叔姬[11]。

【注释】

〔1〕十有四年：公元前 613 年。 〔2〕叔彭生：即叔仲惠伯。〔3〕齐侯潘：齐昭公。 〔4〕宋公：宋昭公。陈侯：陈灵公。卫侯：卫成公。郑伯：郑穆公。许男：许昭公。曹伯：曹文公。 〔5〕新城：宋地，在今河南商丘市南。 〔6〕孛：彗星。此用作动词。 〔7〕捷菑：邾公子。 〔8〕舍：时继昭公即位为君。 〔9〕子哀：高哀，宋大夫。〔10〕单伯：周卿士。 〔11〕子叔姬：昭姬，鲁女嫁于齐昭公者。

[传]

十四年春，顷王崩。周公阅与王孙苏争政，故不赴。凡崩、薨[1]，不赴则不书。祸、福，不告亦不书。惩不敬也。

【注释】

〔1〕崩、薨：天子死曰崩，诸侯死曰薨。

邾文公之卒也，公使吊焉，不敬。邾人来讨，伐我南鄙，故惠伯伐邾。

子叔姬妃齐昭公[1]，生舍。叔姬无宠，舍无威。公子商人骤施于国[2]，而多聚士，尽其家，贷于公有司以继之[3]。夏五月，昭公卒，舍即位。

【注释】

〔1〕妃：同"配"。 〔2〕骤：多次。 〔3〕公有司：掌公室财物的人。

邾文公元妃齐姜生定公，二妃晋姬生捷菑。文公卒，邾人立定公，捷菑奔晋。

六月，同盟于新城，从于楚者服[1]，且谋邾也。

秋七月乙卯夜，齐商人弑舍而让元[2]。元曰："尔求之久矣。我能事尔，尔不可使多蓄憾[3]，将免我乎？尔为之。"

【注释】

〔1〕从于楚者：指陈、郑、宋三国。〔2〕元：商人兄，后即位为齐惠公。〔3〕此句意为如果我接受你的建议为君，你便因此而多蓄怨恨，所以我不受君位。

有星孛入于北斗，周内史叔服曰："不出七年，宋、齐、晋之君皆将死乱。"

晋赵盾以诸侯之师八百乘纳捷菑于邾。邾人辞曰："齐出貜且长[1]。"宣子曰："辞顺而弗从，不祥。"乃还。

【注释】

〔1〕齐出：齐女所生。貜且(jué qū)：即邾定公。

周公将与王孙苏讼于晋，王叛王孙苏[1]，而使尹氏与聃启讼周公于晋[2]。赵宣子平王室而复之。

楚庄王立，子孔、潘崇将袭群舒，使公子燮与子仪守而伐舒蓼[3]。二子作乱，城郢而使贼杀子孔，不克而还。八月，二子以楚子出，将如商密。庐戢梨及叔麇诱之[4]，遂杀鬬克及公子燮。

初，鬬克囚于秦，秦有殽之败，而使归求成，成而不得志。公子燮求令尹而不得，故二子作乱。

【注释】
〔1〕王叛王孙苏：周匡王原许助王孙苏，此时违背诺言。〔2〕尹氏：周卿士。聃启：周大夫。〔3〕公子燮：庄王之傅。子仪：申公子，庄王之师，即鬥克。舒蓼：群舒之一，在今安徽舒城县及庐江县之间。〔4〕庐戢梨：楚庐邑大夫。叔麇：庐戢梨之佐。

穆伯之从己氏也，鲁人立文伯[1]。穆伯生二子于莒而求复，文伯以为请。襄仲使无朝[2]，听命，复而不出，三年而尽室以复适莒[3]。文伯疾而请曰："穀之子弱[4]，请立难也[5]。"许之。文伯卒，立惠叔。穆伯请重赂以求复，惠叔以为请，许之。将来，九月卒于齐，告丧，请葬[6]，弗许。

【注释】
〔1〕文伯：穆伯之子，名穀。〔2〕无朝：不得参与朝政。〔3〕尽室：全部家财。〔4〕子：文伯之子孟献子仲孙蔑。〔5〕难：文伯之弟，即惠叔。〔6〕请葬：请以卿礼葬。

宋高哀为萧封人[1]，以为卿，不义宋公而出，遂来奔。书曰："宋子哀来奔。"贵之也[2]。

【注释】
〔1〕萧：宋邑，见庄公十二年注。〔2〕贵之：大夫逃亡，均称其名，此称字，所以说"贵之"。

齐人定懿公[1]，使来告难[2]，故书以九月。齐公子元不顺懿公之为政也，终不曰"公"，曰"夫己氏"[3]。

襄仲使告于王[4]，请以王宠求昭姬于齐[5]。曰："杀其子，焉用其母？请受而罪之。"冬，单伯如齐，请子叔姬，齐人执之。又执子叔姬。

【注释】

〔1〕定：定其君位。懿公：即商人。〔2〕告难：告舍被杀之难。〔3〕夫己氏：犹言那个人。〔4〕王：周匡王。〔5〕昭姬：即子叔姬。

【译文】

[经]

十四年春，周历正月，文公从晋国回到国内。

邾国人攻打我国南部边境。

叔彭生率领军队攻打邾国。

夏五月乙亥，齐昭公潘去世。

六月，文公与宋昭公、陈灵公、卫成公、郑穆公、许昭公、曹文公、晋赵盾相会，癸酉，一起在新城结盟。

秋七月，有彗星行入北斗。

文公从盟会回国。

晋国人送捷菑回邾国为君，没有成功。

九月甲申，公孙敖在齐国去世。

齐公子商人杀死他的国君舍。

宋子哀逃来我国。

冬，单伯去齐国。

齐国人拘禁单伯。

齐国人拘禁子叔姬。

[传]

十四年春，周顷王去世。周公阅与王孙苏争做执政，所以没有发讣告。凡是天子、诸侯去世，不发讣告，《春秋》就不记载。

祸难、喜庆诸事，不来报告，《春秋》也不记载。这是为了惩诫不恭敬。

邾文公去世时，文公派人去吊唁，礼仪不恭敬。邾国人来讨伐，攻打我国南部边境，所以惠伯攻打邾国。

子叔姬嫁给齐昭公，生下了舍。叔姬不得宠，舍没有威信。公子商人多次在国内施舍财物，又聚养了许多门客，用尽了家产，向掌管公室财物的官员借贷以继续施舍。夏五月，昭公去世，舍即位。

邾文公的元妃齐姜生定公，次妃晋姬生捷菑。文公去世，邾国人立定公为国君，捷菑逃往晋国。

六月，一起在新城结盟，是因为跟从楚国的诸侯顺服，并商议邾国的事。

秋七月乙卯夜，齐商人杀死舍而把君位让给元。元说："你求这个位子很久了。我能够事奉你，你不要为这位子再多积聚怨恨，否则我能免于死难吗？你自己做国君吧。"

有彗星行入北斗，周内史叔服曰："不出七年，宋、齐、晋的国君都将死于祸乱。"

晋赵盾率领诸侯的军队战车八百辆送捷菑回邾国。邾国人不接受，说："齐女所生的貜且年长。"赵盾说："他的话有道理，如果不听从，不吉祥。"于是率兵回国。

周公准备和王孙苏去晋国争讼，周匡王违背了帮助王孙苏的诺言，而派尹氏与聃启去晋国为周公讲话。赵盾调和了王室的矛盾使他们恢复原来的职位。

楚庄王立，子孔、潘崇准备袭击舒氏诸国，令公子燮与子仪留守而去攻打舒蓼。公子燮与子仪发动叛乱，加筑郢都城墙，又派杀手去杀子孔，没有成功而回。八月，二人挟持楚庄王离开都城，准备去商密。庐戢梨与叔麇设计引诱他们，于是就杀死了子仪与公子燮。

起初，子仪被囚禁在秦国，秦国在殽地打了败仗，让他回国求和。讲和后，子仪的愿望没有达到。公子燮想做令尹而没做成，所以二人发动叛乱。

穆伯跑去跟随己氏的时候，鲁国人立文伯继承他的卿位。穆伯在莒国生了两个儿子而请求回国，文伯为他求情。襄仲令他不得参与朝政，他听从了，回到国内没有外出过，过了三年，带着全部家财又去了莒国。文伯生病时请求说："我的儿子还小，请立难继承卿位。"文公同意了。文伯去世，立惠叔为卿。穆伯让惠叔给大家送重礼以求回国。惠叔为他求情，得到允许。他准备回国，九月，死在齐国。派人报丧，请求以卿礼安葬，没得到同意。

宋高哀是萧地镇守边疆的地方官，宋昭公任命他为卿，他认为宋昭公不义而离开宋国，于是逃亡到我国。《春秋》记载"宋子哀逃来我国"，这是表示尊重他。

齐国人安定了懿公的君位，才派人来报告发生的祸难，所以《春秋》把这件事记为九月时发生。齐公子元对懿公执政不顺服，始终不称他为"公"，而称他为"那个人"。

襄仲派人把齐国发生的事报告周匡王，请求以天子的宠命向齐国要回子叔姬，说："杀了她的儿子，怎么还用得着他的母亲？请求接她回来而惩办她。"冬，单伯去齐国，请求接回子叔姬，齐国人把他拘禁了。又拘禁子叔姬。

文公十五年

[经]
十有五年春[1],季孙行父如晋。
三月,宋司马华孙来盟[2]。
夏,曹伯来朝[3]。
齐人归公孙敖之丧。
六月辛丑朔,日有食之。鼓,用牲于社。
单伯至自齐。
晋郤缺帅师伐蔡。戊申,入蔡。
秋,齐人侵我西鄙。
季孙行父如晋。
冬十有一月,诸侯盟于扈[4]。
十有二月,齐人来归子叔姬。
齐侯侵我西鄙[5],遂伐曹,入其郛。

【注释】
〔1〕十有五年:公元前612年。 〔2〕华孙:名耦,华为氏。〔3〕曹伯:曹文公。 〔4〕扈:见文公七年注。 〔5〕齐侯:齐懿公。

[传]

十五年春,季文子如晋,为单伯与子叔姬故也。

三月,宋华耦来盟,其官皆从之。书曰"宋司马华孙",贵之也[1]。公与之宴,辞曰:"君之先臣督[2],得罪于宋殇公,名在诸侯之策[3]。臣承其祀,其敢辱君?请承命于亚旅[4]。"鲁人以为敏。

【注释】
〔1〕贵之:诸侯大夫聘问一般称名,今加以官职,故云贵之。〔2〕督:华督,华耦曾祖,于桓公二年杀宋殇公。 〔3〕策:简策。〔4〕亚旅:杜注"上大夫"。

夏,曹伯来朝,礼也。诸侯五年再相朝,以修王命,古之制也。

齐人或为孟氏谋[1],曰:"鲁,尔亲也。饰棺置诸堂阜[2],鲁必取之。"从之。卞人以告[3]。惠叔犹毁以为请[4],立于朝以待命。许之,取而殡之。齐人送之。书曰:"齐人归公孙敖之丧。"为孟氏[5],且国故也[6]。葬视共仲[7]。

【注释】
〔1〕孟氏:公孙敖为庆父之子,孟氏。 〔2〕饰棺:古人于死人的棺木灵车依不同身份有不同装饰,称饰棺。堂阜:见庄公九年注。〔3〕卞:杜注:"鲁卞邑大夫。"时邑大夫例呼为"人"。卞,见僖公十七年注。 〔4〕毁:哀毁。指居丧期间悲哀过甚使容颜损害。惠叔为公孙敖之子,因公孙敖未葬,故时仍未行卒哭变服之礼,哀毁如初。〔5〕为孟氏:孟氏世为鲁卿。 〔6〕国故:孟氏是国之公族。 〔7〕共仲:即庆父。

声己不视[1],帷堂而哭[2]。襄仲欲勿哭,惠伯曰:"丧,亲之终也。虽不能始[3],善终可也。史佚有言曰[4]:'兄弟致美[5]。'救乏、贺善、吊灾、祭敬、丧哀,情虽不同,毋绝其爱,亲之道也。子无失道,何怨于人?"襄仲说,帅兄弟以哭之。

【注释】
〔1〕声己:公孙敖次妻,惠伯之母。视:视其柩。〔2〕帷堂:古人死,尸置堂中小敛,四周围以帷幕,称帷堂。这里是说声己在堂下哭,怨恨公孙敖,不欲见其尸,故在帷外哭。〔3〕虽不能始:谓公孙敖抢襄仲妻事。〔4〕史佚:见僖公十五年注。〔5〕致美:各尽其美。

他年,其二子来[1],孟献子爱之[2],闻于国。或谮之曰:"将杀子。"献子以告季文子。二子曰:"夫子以爱我闻,我以将杀子闻,不亦远于礼乎?远礼不如死。"一人门于句鼆[3],一人门于戾丘,皆死。

【注释】
〔1〕其二子:穆伯在莒国所生二子。〔2〕孟献子:即仲孙蔑,鲁大夫。〔3〕门:守门。杜注云:"句鼆、戾丘,鲁邑。有寇攻门,二子御之而死。"

六月辛丑朔,日有食之,鼓,用牲于社,非礼也。日有食之,天子不举,伐鼓于社,诸侯用币于社,伐鼓于朝,以昭事神、训民、事君[1],示有等威[2],古之道也。

【注释】

〔1〕训民：教训人民。　〔2〕等威：威仪之等差。

齐人许单伯请而赦之，使来致命。书曰"单伯至自齐"，贵之也。

新城之盟，蔡人不与。晋郤缺以上军、下军伐蔡，曰："君弱[1]，不可以怠。"戊申，入蔡，以城下之盟而还。凡胜国[2]，曰"灭之"；获大城焉[3]，曰"入之"。

【注释】

〔1〕君弱：指晋灵公尚未成年。　〔2〕胜国：谓绝其社稷，有其土地。　〔3〕获大城：攻入大城，但不取其地而回。

秋，齐人侵我西鄙，故季文子告于晋。

冬十一月，晋侯、宋公、卫侯、蔡侯、陈侯、郑伯、许男、曹伯盟于扈[1]，寻新城之盟，且谋伐齐也。齐人赂晋侯，故不克而还。于是有齐难[2]，是以公不会。书曰："诸侯盟于扈。"无能为故也。凡诸侯会，公不与，不书，讳君恶也。与而不书，后也。

【注释】

〔1〕晋侯：晋灵公。宋公：宋昭公。卫侯：卫成公。蔡侯：蔡庄侯。陈侯：陈灵公。郑伯：郑穆公。许男：许昭公。曹伯：曹文公。　〔2〕有齐难：即下文齐国侵袭鲁国事。

齐人来归子叔姬，王故也。

齐侯侵我西鄙,谓诸侯不能也。遂伐曹,入其郛,讨其来朝也。季文子曰:"齐侯其不免乎!己则无礼[1],而讨于有礼者,曰:'女何故行礼!'礼以顺天,天之道也。己则反天,而又以讨人,难以免矣。《诗》曰:'胡不相畏,不畏于天[2]?'君子之不虐幼贱,畏于天也。在《周颂》曰:'畏天之威,于时保之[3]。'不畏于天,将何能保?以乱取国[4],奉礼以守,犹惧不终,多行无礼,弗能在矣[5]!"

【注释】

〔1〕无礼:指扣押天子使臣,攻打无罪之国。〔2〕所引诗见《诗·小雅·雨无正》。〔3〕所引诗见《诗·周颂·我将》。〔4〕以乱取国:指齐懿公杀舍自立。〔5〕在:即"终",善终。

【译文】

[经]

十五年春,季孙行父去晋国。
三月,宋司马华孙来我国结盟。
夏,曹文公来我国朝见。
齐国人送回公孙敖的灵柩。
六月辛丑朔,发生日食。击鼓,用牺牲祭祀社神。
单伯从齐国来我国。
晋郤缺率领军队攻打蔡国。戊申,攻入蔡国。
秋,齐国人侵袭我国西部边境。
季孙行父去晋国。
冬十一月,诸侯在扈地结盟。
十二月,齐国人把子叔姬送回我国。
齐懿公侵袭我国西部边境,于是攻打曹国,进入曹都外城。

[传]

十五年春，季文子去晋国，是为了单伯与子叔姬被齐国拘禁的事。

三月，宋华耦来我国结盟，他的属官都跟着他。《春秋》记载说"宋司马华孙"，是表示尊重他。文公宴请他，他辞谢说："国君的先臣华督，得罪了宋殇公，名字记载在诸侯的简策上。臣子承继他的祭祀，怎么敢使君王蒙受耻辱？请让我在亚旅那儿承受命令。"鲁国人认为他对答敏捷。

夏，曹文公来朝见，这是合乎礼的。诸侯隔五年再次互相朝见，以重温周王的命令，这是古代的制度。

齐国有人为孟氏谋划，说："鲁国，是你的亲属。把公孙敖的棺木装饰好放在堂阜，鲁国一定会来搬取。"孟氏听从了这一建议。卞邑的大夫把这事通报国内。惠叔仍然悲哀过度地求文公允许运回棺枢，站在朝廷上等候命令。文公同意了，取回棺木停葬。齐国派人护送。《春秋》记载说："齐国人送回公孙敖的灵柩。"是为了孟氏，也是为了国家的缘故。依同安葬共仲的礼仪安葬公孙敖。

声己不肯去看棺木，在堂下帷外哭泣。襄仲想不去哭丧，惠伯说："丧事，是对待亲人的终结。虽不能有一个好的开端，有一个好的结束也是可以的。史佚有句话说：'兄弟之间各自致力做到完美。'救济贫乏、祝贺喜庆、慰问灾祸、祭祀恭敬、丧事悲哀，感情虽然不同，都不要断绝互相之间的爱，这是对待亲人的道德。你只要没有丧失道德，怨恨别人什么呢？"襄仲觉得他说得不错，带领兄弟去哭丧。

过了些年，公孙敖在莒国生的两个儿子来到鲁国，孟献子对他们很喜爱，国内的人都知道。有人诬陷二人，对孟献子说："这两个人打算杀死你。"孟献子把这事告诉了季文子。二人说："他以爱我们闻名，我们却以打算杀死他闻名，这不也是远离了礼吗？远离礼还不如死。"一个在句鼆守门，一个在戾丘守门，都战死了。

六月辛丑朔，发生日食，击鼓，用牺牲祭祀社神，这是不合乎礼的。发生日食，天子为之废食撤乐，在社庙中击鼓，诸侯用玉帛在社庙中祭祀，在朝廷上击鼓，以表明敬奉神明、教训人民、事奉君王，表示威仪的差别，这是古代的规矩。

齐国人同意了单伯要子叔姬回国的请求而赦免了他，派他来我国传达这一命令。《春秋》记载说"单伯从齐国来我国"，是表示尊重他。

新城盟会，蔡国人没有参加。晋郤缺率领上军、下军攻打蔡国，说："国君幼小，不可以懈怠。"戊申，攻入蔡国，与蔡国订立了城下之盟后撤兵。凡是占领了一个国家，称为"灭之"；攻入大城，称为"入之"。

秋，齐国人侵袭我国西部边境，所以季文子去向晋国报告。

冬十一月，晋灵公、宋昭公、卫成公、蔡庄侯、陈灵公、郑穆公、许昭公、曹文公在扈地结盟，重温在新城盟会的旧好，并且商议攻打齐国。齐国人给晋灵公送礼，所以没有战胜就撤兵回国。这时候有齐国侵袭我国的祸难，所以文公没有参加盟会。《春秋》记载说："诸侯在扈地结盟。"这是因为诸侯没有什么作为的缘故。凡是诸侯相会，我国国君不参加就不记载，这是讳言国君过错。参加了而不记载，是因为迟到了。

齐国人把子叔姬送回我国，是因为周匡王命令的缘故。

齐懿公侵袭我国西部边境，是因为他认为诸侯无所作为的缘故。并因此而攻打曹国，进入曹都外城，讨伐曹文公来我国朝见的事。季文子说："齐懿公恐怕不能免于祸难吧！自己行事无礼，而去讨伐有礼的人，说：'你为什么要做有礼的事！'礼是用来顺服上天的，表现的是上天的规律。自己违反上天行事，反而因此而讨伐别人，他难免有祸难了。《诗》说：'为何互相不畏惧，甚而不知畏上天？'君子不虐待幼小的与卑贱的人，就是因为畏惧上天。在《周颂》中说：'畏惧上天的威力，所以能把福禄保。'不畏惧上天，能保得住什么？通过动乱取得君位，按照礼义来保持它，还怕没有好结果，多做不合乎礼义的事，就不能得到善终了！"

文公十六年

[经]

十有六年春[1],季孙行父会齐侯于阳谷[2],齐侯弗及盟[3]。

夏五月,公四不视朔[4]。

六月戊辰,公子遂及齐侯盟于郪丘[5]。

秋八月辛未,夫人姜氏薨。

毁泉台[6]。

楚人、秦人、巴人灭庸[7]。

冬十有一月,宋人弑其君杵臼。

【注释】

[1]十有六年:公元前611年。 [2]齐侯:齐懿公。阳谷:见僖公三年注。 [3]弗及:不肯。 [4]视朔:朔日告庙后听治本月之政。参文公六年注。 [5]郪(qī)丘:齐地,具体所在不详。 [6]泉台:即郎台。见庄公三十一年注。 [7]庸:国名,地在今湖北竹山县东。

[传]

十六年春,王正月,及齐平。公有疾,使季文子会齐侯于阳谷。请盟,齐侯不肯,曰:"请俟君间[1]。"

夏五月，公四不视朔，疾也。公使襄仲纳赂于齐侯，故盟于郪丘。

【注释】
〔1〕间：病好。

有蛇自泉宫出[1]，入于国，如先君之数[2]。秋八月辛未，声姜薨，毁泉台[3]。

【注释】
〔1〕泉宫：泉台所在之宫，在曲阜南。〔2〕先君之数：鲁自伯禽至僖公共十七君。〔3〕毁泉台：杜注："鲁公以为蛇妖所出而声姜薨，故坏之。"

楚大饥，戎伐其西南，至于阜山[1]，师于大林[2]。又伐其东南，至于阳丘[3]，以侵訾枝[4]。庸人帅群蛮以叛楚[5]。麇人率百濮聚于选[6]，将伐楚。于是申、息之北门不启。

【注释】
〔1〕阜山：在今湖北房县南。〔2〕大林：在今湖北荆门县西北。〔3〕阳丘：不详今所在。〔4〕訾枝：当在今湖北枝江县。〔5〕群蛮：指湖北散居各部落蛮人。〔6〕百濮：散居湖北石首一带的濮人。选：在今湖北枝江县境。

楚人谋徙于阪高[1]。蒍贾曰："不可。我能往，寇亦能往，不如伐庸。夫麇与百濮，谓我饥不能师，故伐我也。若我出师，必惧而归。百濮离居，将各走其邑，谁暇谋人？"乃出师。旬有五日，百濮乃罢[2]。自庐以往[3]，振廪同食[4]。次于句澨[5]。使庐戢梨侵庸，及庸方城[6]。庸人逐之，囚子扬窗[7]。三宿而逸，曰："庸师众，群蛮聚焉，不如复大师[8]，且起王卒，合而后进。"师叔曰[9]："不可。姑又与之遇以骄之。彼骄我怒，而后可克，先君蚡冒所以服陉隰也[10]。"又与之遇，七遇皆北，唯裨、鯈、鱼人实逐之[11]。庸人曰："楚不足与战矣。"遂不设备。

【注释】

〔1〕阪高：或言在今湖北襄阳县西，或言在今当阳东北。〔2〕罢：各自罢归。〔3〕庐：在湖北南漳县东。〔4〕振廪：打开当地粮仓。〔5〕句澨：在今湖北均县。〔6〕方城：在今湖北竹山县东。〔7〕子扬窗：庐戢梨的属官。〔8〕复大师：再起大兵。〔9〕师叔：即楚大夫潘尪。〔10〕蚡冒：楚武王之兄厉王。陉隰：在今湖北江陵一带。〔11〕裨、鯈、鱼：均为庸国地名。或云为蛮部落名。

楚子乘驲[1]，会师于临品[2]，分为二队：子越自石溪，子贝自仞[3]，以伐庸。秦人、巴人从楚师。群蛮从楚子盟，遂灭庸。

【注释】

〔1〕驲：传车，驿车。〔2〕临品：当在今湖北均县。〔3〕石溪、仞：均在均县。

宋公子鲍礼于国人[1]，宋饥，竭其粟而贷之[2]。

年自七十以上，无不馈诒也，时加羞珍异。无日不数于六卿之门[3]，国之材人，无不事也，亲自桓以下，无不恤也。公子鲍美而艳，襄夫人欲通之，而不可，乃助之施。昭公无道，国人奉公子鲍以因夫人。

【注释】
〔1〕公子鲍：昭公庶弟，后即位为文公。〔2〕贷：施予或借贷。〔3〕数：密。言参请不绝。

于是，华元为右师，公孙友为左师，华耦为司马，鳞鱹为司徒，荡意诸为司城，公子朝为司寇。初，司城荡卒，公孙寿辞司城[1]，请使意诸为之。既而告人曰："君无道，吾官近，惧及焉。弃官则族无所庇。子，身之贰也[2]，姑纾死焉[3]。虽亡子，犹不亡族。"既，夫人将使公田孟诸而杀之[4]。公知之，尽以宝行。荡意诸曰："盍适诸侯？"公曰："不能其大夫至于君祖母以及国人[5]，诸侯谁纳我？且既为人君，而又为人臣，不如死。"尽以其宝赐左右而使行。夫人使谓司城去公，对曰："臣之而逃其难，若后君何[6]？"冬十一月甲寅，宋昭公将田孟诸，未至，夫人王姬使帅甸攻而杀之[7]。荡意诸死之。书曰："宋人弑其君杵臼。"君无道也[8]。

文公即位，使母弟须为司城。华耦卒，而使荡虺为司马[9]。

【注释】
〔1〕公孙寿：公子荡之子。荡卒，其当继位，他推辞，让儿子荡意

诸为司城。〔2〕身：我。〔3〕纾死：让儿子代位而死，自己可缓死。〔4〕孟诸：见僖公二十八年注。〔5〕不能：即不得，不见容。〔6〕若后君何：杜注："言无以事后君。"〔7〕夫人王姬：即襄夫人，周室女。帅甸：官名，专管治理公族内部事务。〔8〕君无道：凡是君王被杀，《春秋》称为"君"，便是君无道。〔9〕荡虺：荡意诸之弟。

【译文】

[经]

十六年春，季孙行父在阳谷会见齐懿公，齐懿公不肯订立盟约。

夏五月，文公第四次不视朔。

六月戊辰，公子遂与齐懿公在郪丘结盟。

秋八月辛未，夫人姜氏去世。

拆毁泉台。

楚国人、秦国人、巴国人灭亡庸国。

冬十一月，宋国人杀死他们的国君杵臼。

[传]

十六年春，周历正月，与齐国媾和。文公有病，派季文子在阳谷会见齐懿公。季文子请求结盟，齐懿公不答应，说："请等贵国国君病好了再说。"

夏五月，文公第四次不视朔，是由于生病。文公派襄仲给齐懿公送礼，所以在郪丘结盟。

有蛇从泉宫爬出来，进入国都，与鲁先君的数字相同。

秋八月辛未，声姜去世，拆毁泉台。

楚国发生大饥荒，戎人攻打它的西南部，到达阜山，驻军于大林。又攻打它的东南部，到达阳丘，去侵袭訾枝。庸国人率领各部蛮人背叛楚国。麇国人率领各部濮人聚集在选地，准备进攻楚国。这时候，申邑、息邑的北门不再开放。

楚国人计划迁移到阪高，蒍贾说："不行。我能够去，敌人也能去，不如去攻打庸国。麇国和各部濮人，是认为我们遇到饥荒不能出兵，所以攻打我们。如果我们出兵，他们必定害怕而回去。各部濮人分居，将会回到各自的地盘，有谁还有空来动别人的主意？"于是出兵。十五天后，各部濮人停战回去。从庐邑向前，楚兵沿途打开粮仓让大家一起食用。军队驻扎在句澨。派遣庐戢梨侵袭庸国，到达庸国的方城。庸国人赶走楚军，囚禁了子扬窗。过了三晚，子扬窗逃了出来，说："庸国军队人数众多，各部蛮人集聚在一起，不如再发大兵，并且出动国君的卫队，会合在一起后再进军。"师叔说："不行。姑且再和他们接战让他们骄傲。他们骄傲，我们激奋，然后可以取胜，先君蚡冒就是用这方法使陉隰顺服的。"楚军再次与他们交战，打了七次都败走，只有裨、鯈、鱼人参与追赶楚军。庸国人说："楚国人不足一战了。"于是不再防备。

楚庄王乘坐驿站的传车，在临品与前敌部队会师，把军队分为二队：子越从石溪出发，子贝从仞地出发，去攻打庸国。秦国人、巴国人跟随着楚军。各部蛮人服从楚王，订立盟约，于是就灭亡了庸国。

宋公子鲍对国人以礼相待，宋国发生饥荒，他拿出所有的粮食施舍给别人。年龄从七十岁以上的，没有不给他们馈送饮食的，还按时令加送刚上市的珍异食品。没有一天不进出六卿的家门，国中贤惠的人，他都加以事奉，亲戚中从桓公的子孙以下，没有不救济的。公子鲍华美而艳丽，襄夫人想要和他私通，公子鲍不答应，襄夫人就帮助他施舍。宋昭公无道，国内的人们事奉公子鲍以依附襄夫人。

这时候，华元任右师，公孙友任左师，华耦任司马，鳞鱹任司徒，荡意诸任司城，公子朝任司寇。起初，司城荡去世，公孙寿不肯继任司城，请让意诸担任。后来他告诉别人说："国君无道，我的官位离国君太近，怕祸患会波及我身上。如果不做官，家族便无所庇护。儿子，是我的替身，姑且用他代我使我晚些死。虽然死了儿子，还不致灭亡家族。"不久后，襄夫人打算让宋昭公去孟诸打猎而杀死他。昭公知道了这事，把全部珍宝带着上路。荡意诸说："为什么不到别的国家去？"昭公说："得不到自己的大夫拥护以致君祖母及国人也不信任我，有哪个国家会接纳我？

再说已经做了别人的君主,而又去做别人的臣子,还不如死。"把他的珍宝全部赐给左右而让他们离开。襄夫人派人对荡意诸说叫他离开昭公,荡意诸回答说:"做他的臣子而在他有难时逃离,怎么能事奉以后的国君?"冬十一月甲寅,宋昭公准备在孟诸打猎,还没到,襄夫人派遣师甸攻击他,把他杀了。荡意诸为昭公而死。《春秋》记载说:"宋国人杀死他们的国君杵臼。"称他为君,是因为国君无道。

文公即位,任命同母弟须为司城。华耦去世,任命荡虺为司马。

文公十七年

[经]
十有七年春[1],晋人、卫人、陈人、郑人伐宋。
夏四月癸亥,葬我小君声姜。
齐侯伐我西鄙[2]。
六月癸未,公及齐侯盟于穀。诸侯会于扈。
秋,公至自穀。
冬,公子遂如齐。

【注释】
〔1〕十有七年:公元前610年。 〔2〕齐侯:齐懿公。

[传]
十七年春,晋荀林父、卫孔达、陈公孙宁、郑石楚伐宋。讨曰:"何故弑君!"犹立文公而还[1]。卿不书,失其所也[2]。
夏四月癸亥,葬声姜。有齐难,是以缓[3]。

【注释】

〔1〕犹立文公而还：据宣公元年传，晋国收受了宋国的礼物，所以仍然立宋文公而还。 〔2〕所：应有的立场。 〔3〕缓：君夫人死五月当葬，此已九月，故云"缓"。

齐侯伐我北鄙。襄仲请盟。六月，盟于榖。

晋侯蒐于黄父[1]，遂复合诸侯于扈[2]，平宋也。公不与会，齐难故也。书曰"诸侯"，无功也[3]。

于是，晋侯不见郑伯[4]，以为贰于楚也。

【注释】

〔1〕黄父：一名黑壤，在今山西翼城县东北。 〔2〕诸侯：因言"复合"，知与上年会扈诸侯相同。 〔3〕无功：杜注："刺欲平宋而复不能。" 〔4〕郑伯：郑穆公。

郑子家使执讯而与之书[1]，以告赵宣子，曰："寡君即位三年[2]，召蔡侯而与之事君。九月，蔡侯入于敝邑以行[3]。敝邑以侯宣多之难[4]，寡君是以不得与蔡侯偕。十一月，克减侯宣多而随蔡侯以朝于执事[5]。十二年六月，归生佐寡君之嫡夷[6]，以请陈侯于楚而朝诸君[7]。十四年七月，寡君又朝，以蒇陈事[8]。十五年五月，陈侯自敝邑往朝于君。往年正月[9]，烛之武往朝夷也[10]。八月，寡君又往朝。以陈、蔡之密迩于楚而不敢贰焉，则敝邑之故也。虽敝邑之事君，何以不免？在位之中[11]，一朝于襄，而再见于君。夷与孤之二三臣相及于绛，虽我小国，则蔑以过之矣[12]。今大国曰：'尔未逞吾志。'敝邑有亡，无以加焉。古人有言曰：

'畏首畏尾[13],身其余几。'又曰:'鹿死不择音[14]。'小国之事大国也,德,则其人也[15],不德,则其鹿也,铤而走险[16],急何能择?命之罔极[17],亦知亡矣。将悉敝赋以待于鯈[18],唯执事命之。文公二年六月壬申[19],朝于齐。四年二月壬戌,为齐侵蔡,亦获成于楚。居大国之间而从于强令[20],岂其罪也?大国若弗图,无所逃命。"

【注释】

〔1〕子家:公子归生,郑执政。执讯:通讯问之官。〔2〕三年:郑穆公三年,即鲁文公二年。〔3〕行:去朝见。〔4〕侯宣多之难:郑穆公为侯宣多所立,侯宣多时恃宠专权。〔5〕克减:消灭。〔6〕寡君之嫡夷:指郑穆公太子,字子蛮,后即位为郑灵公。〔7〕请:请命。〔8〕蒇:完成。〔9〕往年:指郑穆公十七年,鲁文公十六年。〔10〕烛之武往朝夷:指烛之武为太子夷而往朝晋。〔11〕在位之中:指郑穆公在君位时。〔12〕则蔑以过之:谓事大国之礼无能再加于此了。〔13〕畏首畏尾:喻郑北畏晋,南畏楚。〔14〕音:"荫"通假字。一云即指声音。〔15〕则其人也:言则以人道相事。〔16〕铤而走险:铤,急走貌。此言晋如不以德相待,郑国将如鹿将死,不再选择庇荫之地,急走险地,投向楚国。〔17〕命之罔极:言晋责备没有止境。〔18〕悉敝赋:尽征军队与军需品。鯈:在晋、郑边境。〔19〕文公二年:郑文公二年,即鲁庄公二十二年。〔20〕强令:大国施加压力命令。

晋巩朔行成于郑[1],赵穿、公婿池为质焉。

秋,周甘歜败戎于邥垂[2],乘其饮酒也。

【注释】

〔1〕巩朔:晋大夫,亦称士庄伯、巩伯。〔2〕甘歜:王子带之后。邥(shěn)垂:当在河南洛阳市南。

冬十月，郑大子夷、石楚为质于晋。

襄仲如齐，拜穀之盟。复曰："臣闻齐人将食鲁之麦[1]。以臣观之，将不能[2]。齐君之语偷[3]。臧文仲有言曰：'民主偷必死'。"

【注释】

〔1〕食鲁之麦：谓将攻打鲁国。　〔2〕将：推测之词，可能，也许。〔3〕偷：苟且，无远志。

【译文】

[经]

十七年春，晋国人、卫国人、陈国人、郑国人攻打宋国。

夏四月癸亥，安葬我国君夫人声姜。

齐懿公攻打我国西部边境。

六月癸未，文公与齐懿公在穀地结盟。诸侯在扈地相会。

秋，文公从穀地回国。

冬，公子遂去齐国。

[传]

十七年春，晋荀林父、卫孔达、陈公孙宁、郑石楚攻打宋国。声讨他们说："为什么杀死国君！"仍然立了宋文公而回国。卿领兵而《春秋》不记载他们的名字，这是因为没有正确处理问题。

夏四月癸亥，安葬声姜。因为有齐国进攻的祸难，所以延缓了。

齐懿公攻打我国北部边境。襄仲请求结盟。六月，在穀地结盟。

晋灵公在黄父阅兵，于是再次在扈地会合诸侯，这是为了与宋国讲和。文公没有参加会议，是因为有齐国攻打这一祸难。《春秋》记载"诸侯"而不列举，是讥刺他们没有成效。

这时，晋灵公不肯与郑穆公相见，以为他背叛晋国倒向楚国。

郑子家派执讯带上他的书信去晋国，告达赵宣子，说："寡君即位三年，召请蔡侯和他一起事奉贵国国君。九月，蔡侯进入敝邑前去贵国。敝邑因为有侯宣多造成的祸难，寡君因此而不能与蔡侯一起去贵国。十一月，消灭了侯宣多，就跟随蔡侯一起向贵国执事朝见。十二年六月，归生辅佐寡君的太子夷，请命于楚，与陈侯一起朝见贵国国君。十四年七月，寡君再此朝见，以完成陈国的事。十五年五月，陈侯从敝邑前去朝见贵国国君。去年正月，烛之武为太子夷前往贵国朝见而去贵国。八月，寡君又去贵国朝见。以陈、蔡二国紧挨着楚国而不敢不顺服贵国，这是因为敝邑的缘故。敝邑虽然如此事奉贵国国君，为什么仍然不能免于罪呢？寡君在位期间，一次朝见襄公，二次朝见灵公。太子夷与我们几个臣子不停地到绛都去，我们虽是小国，但事奉大国的礼不能再有超过的了。如今大国说：'你们没能满足我的愿望。'敝邑但有灭亡而已，再不能增加什么了。古人有句话说：'害怕头又害怕尾，中间身子又剩多少。'又说：'鹿在临死时顾不上选择庇荫之所。'小国事奉大国，大国以德相待，小国就以人道相事；不以德相待，那小国就像鹿一样，急走险地，在急迫中怎么会留意选择庇荫之地？贵国的责备没有止境，我们也知道不免灭亡了。只好把敝邑所有的军队集中起来等在儵地，听凭执事的命令。文公在二年六月壬申，去齐国朝见。四年二月壬戌，为齐国侵袭蔡国，也和楚国达成和议。处在大国的中间而屈从于压力，难道是小国的罪过吗？大国如果不加谅解，我们也没有地方可以逃避你们的命令。"

晋巩朔去郑国表示和解，赵穿、公婿池作为人质。

秋，周甘歜在邥垂打败了戎人，是乘了他们喝醉酒的机会。

冬十月，郑太子夷、石楚去晋国作为人质。

襄仲去齐国，拜谢穀地的结盟。回来报告文公说："臣子听说齐国人打算吃鲁国的麦子。从臣子看来，这也许办不到。齐国国君的话苟且无远志。臧文仲有话说：'人民的管理者苟且无远志，必然很快就会死。'"

文公十八年

[经]

十有八年春[1]，王二月丁丑，公薨于台下[2]。

秦伯䓨卒[3]。

夏五月戊戌，齐人弑其君商人。

六月癸酉，葬我君文公。

秋，公子遂、叔孙得臣如齐。

冬十月，子卒[4]。

夫人姜氏归于齐。

季孙行父如齐。

莒弑其君庶其。

【注释】

〔1〕十有八年：公元前609年。〔2〕台下：宫中的台下。知其为暴卒。〔3〕秦伯：秦康公。〔4〕子：指文公太子恶。凡在葬，公侯称子，但时文公已葬，仍称子，杜注云是鲁人讳弑。

[传]

十八年春，齐侯戒师期[1]，而有疾，医曰："不及秋，将死。"公闻之，卜曰："尚无及期[2]。"惠伯令龟[3]，卜楚丘占之曰："齐侯不及期，非疾也。君亦不闻。令龟有咎。"二月丁丑，公薨。

【注释】
〔1〕戒师期：下达出兵日期。〔2〕尚：希望。〔3〕令龟：即命龟，临卜，以所卜之事告龟。

齐懿公之为公子也，与邴歜之父争田，弗胜。及即位，乃掘而刖之，而使歜仆[1]。纳阎职之妻，而使职骖乘[2]。夏五月，公游于申池[3]。二人浴于池，歜以扑抶职[4]。职怒。歜曰："人夺女妻而不怒，一抶女庸何伤？"职曰："与刖其父而弗能病者何如？"乃谋弒懿公，纳诸竹中。归，舍爵而行[5]。齐人立公子元。

【注释】
〔1〕仆：驾车。〔2〕骖乘：乘车时在车右之人。〔3〕申池：在齐都临淄西。〔4〕扑：马鞭。抶：击。〔5〕舍爵：告奠祖庙。

六月，葬文公。
秋，襄仲、庄叔如齐，惠公立故[1]，且拜葬也。
文公二妃敬嬴生宣公。敬嬴嬖而私事襄仲[2]。宣公长而属诸襄仲，襄仲欲立之，叔仲不可[3]。仲见于齐侯而请之。齐侯新立而欲亲鲁，许之。冬十月，仲杀恶及视而立宣公。书曰"子卒"，讳之也。仲以君命召惠伯[4]。其宰公冉务人止之[5]，曰："入必死。"叔仲曰："死君命可也。"公冉务人曰："若君命可死，非君命何听?"弗听,乃入,杀而埋之马矢之中。公冉务人奉其帑以奔蔡,既而复叔仲氏[6]。

【注释】
〔1〕惠公:齐惠公,即公子元。〔2〕私事:私下勾结。〔3〕叔仲:即惠伯、叔彭生。〔4〕君:此指太子恶。〔5〕宰:卿大夫家臣之长。〔6〕复叔仲氏:复立其子。其子为叔仲氏。

夫人姜氏归于齐,大归也[1]。将行,哭而过市曰:"天乎,仲为不道,杀適立庶。"市人皆哭,鲁人谓之哀姜。

【注释】
〔1〕大归:归而不再回来。

莒纪公生大子仆,又生季佗[1],爱季佗而黜仆,且多行无礼于国。仆因国人以弑纪公,以其宝玉来奔,纳诸宣公。公命与之邑,曰:"今日必授。"季文子使司寇出诸竟[2],曰:"今日必达。"公问其故。季文子使大史克对曰[3]:"先大夫臧文仲教行父事君之礼,行父奉以周旋[4],弗敢失队[5]。曰:'见有礼于其君者,事之如孝子之养父母也。见无礼于其君者,诛之如鹰鹯之逐鸟雀也。'先君周公制《周礼》曰:'则以观德[6],德以处事,事以度功,功以食民。'作《誓命》曰[7]:'毁则为贼[8],掩贼为藏[9],窃贿为盗[10],盗器为奸[11]。主藏之名[12],赖奸之用[13],为大凶德,有常无赦[14]，在《九刑》不忘[15]。'行父还观莒仆[16]，莫可则也。孝敬忠信为吉德，盗贼藏奸为凶德。夫莒仆，则其孝敬，则弑君父矣；则其忠信，则窃宝玉矣。其人，则盗贼也；其器，则奸兆也[17]。保而利之，则主藏也。以训则昏[18]，民无则焉。不度于善[19]，而皆在于凶德，是以去之。

【注释】

〔1〕季佗：一名朱，继纪公为渠丘公。 〔2〕出诸竟：驱逐出鲁境。 〔3〕大史克：鲁史官，即里革。 〔4〕奉以周旋：奉先训以遵循。 〔5〕队：同"坠"。 〔6〕则以观德，以礼的法则来观人之德。 〔7〕誓命：当亦姬旦所作，并上"周礼"俱亡佚。 〔8〕毁则：毁弃礼的法则。 〔9〕掩：藏匿。藏：窝藏、包庇。 〔10〕赇：财物。 〔11〕器：指大器、重器，宝物。 〔12〕主藏之名：指接受莒仆则有窝藏的名声。 〔13〕赖奸：即利别人所盗宝物。 〔14〕常：常刑。 〔15〕九刑：刑书名。 〔16〕还观：遍观，详察。 〔17〕奸兆：奸类。因其器属盗得。 〔18〕训：教训人民。 〔19〕度：居。

"昔高阳氏有才子八人[1]：苍舒、隤敳、梼戭、大临、尨降、庭坚、仲容、叔达[2]，齐圣广渊，明允笃诚[3]，天下之民谓之'八恺'[4]。高辛氏有才子八人[5]：伯奋、仲堪、叔献、季仲、伯虎、仲熊、叔豹、季狸，忠肃共懿，宣慈惠和[6]，天下之民谓之'八元'[7]。此十六族也，世济其美，不陨其名，以至于尧，尧不能举。舜臣尧，举八恺，使主后土[8]，以揆百事[9]，莫不时序[10]，地平天成。举八元，使布五教于四方，父义、母慈、兄友、弟共、子孝，内平外成[11]。

昔帝鸿氏有不才子[12]，掩义隐贼[13]，好行凶德，丑类恶物，顽嚚不友[14]，是与比周[15]，天下之民谓之'浑敦'[16]。少皞氏有不才子[17]，毁信废忠，崇饰恶言[18]，靖谮庸回[19]，服谗蒐慝[20]，以诬盛德[21]，天下之民谓之'穷奇'[22]。颛顼氏有不才子[23]，不可教训[24]，不知话言，告之则顽，舍之则嚚，傲很明德[25]，以乱天常，天下之民谓之'梼杌'[26]。此三族也，世济其凶，增其恶名，以至于尧，尧不能去。缙云氏有不才子[27]，贪于饮食，冒于货贿[28]，侵欲崇侈[29]，不可盈厌，聚敛积实，不知纪极[30]，不分孤寡，不恤穷匮，天下之民以比三凶，谓之'饕餮'[31]。舜臣尧，宾于四门[32]，流四凶族浑敦、穷奇、梼杌、饕餮，投诸四裔[33]，以御魑魅[34]。是以尧崩而天下如一，同心戴舜以为天子，以其举十六相，去四凶也。故《虞书》数舜之功[35]，曰'慎徽五典[36]，五典克从'，无违教也。曰'纳于百揆[37]，百揆时序'，无废事也。曰'宾于四门，四门穆穆'[38]，无凶人也。舜有大功二十而为天子[39]。今行父虽未获一吉人，去一凶矣，于舜之功，二十之一也，庶几免于戾乎[40]！"

【注释】

〔1〕高阳氏：帝颛顼。 〔2〕苍舒、隤敱（tuí guī）、梼戭（yǎn）、大临、龙降、庭坚、仲容、叔达：八人皆颛顼苗裔。 〔3〕齐圣广渊，明允笃诚：此总言八人之德，一字为一事。孔颖达疏云："齐者，中也，率心由道，举措皆中也。圣者，通也，博达众务，庶事尽通也。广者，宽也，器宇宏大，度量宽宏也。渊者，深也，知能周备，思虑深远也。明

者，达也，晓解事务，照见幽微也。允者，信也，终始不愆，言行相副也。笃者，厚也，志性良谨，交游款密也。诚者，实也，秉心纯直，布行贞实也。"〔4〕恺：和，言其和于物。〔5〕高辛氏：帝喾。〔6〕忠肃共懿，宣慈惠和：此亦总言其德，孔颖达疏云："忠者，与人无隐，尽心奉上也。肃者，敬也，应机敏达，临事恪勤也。共者，治身克谨，当官理治也。懿者，美也，保己精粹，立行纯厚也。宣者，遍也，应受多方，知思周遍也。慈者，爱出于心，恩彼于物也。惠者，性多哀矜，好拯穷匮也。和者，体度宽简，物无乖争也。"〔7〕元：善之长。〔8〕后土：地官。禹作司空，平水土，即土地之官。〔9〕揆：度。〔10〕时序：顺当。〔11〕内平外成：内指诸夏，外指夷狄。平成，平安和睦。〔12〕帝鸿氏：黄帝。〔13〕掩义隐贼：压制埋没有义的人，包庇盗贼。〔14〕顽嚚：心中没有道德观念为顽，口不道忠信之言为嚚。不友：不友爱。〔15〕比周：靠近、密切。〔16〕浑敦：不开通貌。〔17〕少皞氏：少皞金天氏，黄帝之子。〔18〕崇：聚。〔19〕靖：安。庸：用。回：邪。〔20〕服：行。蒐慝：隐恶。〔21〕盛德：盛德之人，贤人。〔22〕穷奇：即共工，其行事穷困，所好奇异。〔23〕颛顼氏：即前所言高阳氏。〔24〕不可：不知。〔25〕傲狠：傲慢狠暴。〔26〕梼杌：凶顽无匹貌。杜注以为即鲧。〔27〕缙云氏：黄帝时官名，相当于夏官。贾逵云为炎帝之苗裔，封于缙云。〔28〕冒：贪。〔29〕侵欲：侵人之欲望。〔30〕纪极：止境。〔31〕饕餮（tāo tiè）：贪财贪食。〔32〕宾于四门：《尚书·舜典》语。谓辟四门，达四聪，以宾礼众贤。〔33〕四裔：四面边远地区。〔34〕魑魅：山林异气所生精灵。〔35〕虞书：《尚书》之首，包括《尧典》、《舜典》、《大禹谟》、《皋陶谟》、《益稷》五篇，下引各句均见《舜典》。数：列举。〔36〕徽：美。五典：即前所称"五教"。〔37〕百揆：此指百事。〔38〕穆穆：静美貌。〔39〕大功二十：即举十六相去四凶。〔40〕戾：罪恶。

宋武氏之族道昭公子[1]，将奉司城须以作乱[2]。十二月，宋公杀母弟须及昭公子[3]，使戴、庄、桓之族攻武氏于司马子伯之馆[4]。遂出武、穆之族，使公孙师为司城[5]。公子朝卒[6]，使乐吕为司寇[7]，以靖国人。

【注释】

〔1〕武氏之族：武公的族人。〔2〕司城须：文公母弟。〔3〕宋公：宋文公。〔4〕司马子伯：即华耦。时华耦已卒。〔5〕公孙师：庄公之孙。〔6〕公子朝：宋司寇，参文公十六年传。〔7〕乐吕：戴公曾孙。

【译文】

[经]

十八年春，周历二月丁丑，文公在官中台下去世。

秦康公罃去世。

夏五月戊戌，齐国人杀死他们的国君商人。

六月癸酉，安葬我国国君文公。

秋，公子遂、叔孙得臣去齐国。

冬十月，太子去世。

夫人姜氏返回齐国。

季孙行父去齐国。

莒国杀死他们的国君庶其。

[传]

十八年春，齐懿公下达了出兵的日子，却生了病，医生说："不到秋天，就要死去。"文公听说了，占卜，说："希望他不到那日子就死。"惠伯把所卜之事告诉龟甲，卜楚丘占卜，说："齐懿公活不到那个日子，不是死于生病。君王也听不到这件事。致告龟甲的人有祸。"二月丁丑，文公去世。

齐懿公在做公子的时候，与邴歜的父亲争夺田地，齐懿公失败了。等到即位后，他把邴歜父亲的尸体挖出来，斩断尸体的脚，而让邴歜为自己驾车。夺取了阎职的妻子，而让阎职做他的骖乘。夏五月，齐懿公到申池去游玩。邴歜与阎职在池中洗澡，邴歜用马鞭子打阎职。阎职发怒。邴歜说："人家夺走了你的妻子你不发怒，打你一下又有什么关系？"阎职说："与斩断他父亲的脚却不敢怨恨的人比怎么样？"二人于是合谋杀死了懿公，把尸体放在竹林子里。回城,在宗庙中祭奠后离开了齐国。齐国人立公子元为君。

六月,安葬文公。

秋,襄仲、庄叔去齐国,是因为齐惠公即位的缘故,同时拜谢齐国来参加葬礼。

文公第二个妃子敬嬴生下宣公。敬嬴有宠而私下与襄仲勾结。宣公年长,敬嬴把他嘱托给襄仲,襄仲想立他为君,叔仲不同意。襄仲见到齐惠公,请求齐惠公帮助立宣公。齐惠公新近即位而想亲近鲁国,答应了他。冬十一月,襄仲杀死了太子恶和公子视,立宣公为君。《春秋》记载说"子卒",是讳言此事。襄仲以国君的命令召叔仲。叔仲的家臣之长公冉务人劝止他,说:"进宫必定会死。"叔仲说:"死于国君的命令是可以的。"公冉务人说:"如果是国君的命令可以死,不是国君的命令,为什么听从?"叔仲不听,于是进宫,襄仲把他杀死后埋在马粪中。公冉务人事奉叔仲的妻子儿女逃亡到蔡国,不久后重新立了叔仲氏。

夫人姜氏回齐国去,回去后不再来了。准备上路时,她哭着经过集市,说:"天哪,襄仲无道,杀死嫡子,立庶子为君。"集市上的人都哭了,鲁国人称她为哀姜。

莒纪公生太子仆,又生季佗,他喜欢季佗,而罢黜了太子仆,同时在国内做了许多不合于礼的事。太子仆依靠国人杀死了纪公,带着他的宝玉逃到鲁国,把宝玉献给宣公。宣公命令给他一座城邑,说:"今天一定要办好。"季文子派遣司寇把太子仆驱逐出境,说:"今天一定要执行。"宣公问他原因,季文子派太史克回答说:"先大夫臧文仲教导行父我事奉君主的礼仪,行父奉行他的教导而施行,不敢有所贬损。臧文仲说:'见到对他的君主有礼的人,事奉他犹如孝子供养父母。见到对他的君主无礼的人,杀死他犹如鹰鹯追逐鸟雀。'先君周公制订《周礼》说:'根据礼的法则来观察人的德行,德行的好坏表现于处置事情的是非,事情的是非用以衡量功劳的大小,依功劳大小决定取食于民的厚薄。'又制作《誓命》说:'毁弃礼的法则就是贼,藏匿贼的就是窝主,偷窃财物的就是盗,偷盗宝器的就是奸。有窝主的名声,利用奸人偷盗的宝器,是大凶德,国有常刑,不得赦免,载在《九刑》

中，不能忘记。'行父详细审察莒仆，没有可以取法的。孝敬忠信是吉德，盗贼、窝赃是凶德。莒仆这个人，用孝敬来衡量，他杀死了他的君父了；用忠信来衡量，他偷窃了宝玉了。这个人，就是盗贼；他的宝器，就是奸人的赃物。保护他而接受他的宝玉，就是窝赃。以此来教训人民，人民就昏乱，无所取法了。这些都不属于好事，却都属于凶德，所以才把他赶走。

"往昔高阳氏有有才能的子孙八人：苍舒、隤敳、梼戭、大临、尨降、庭坚、仲容、叔达，他们齐正、通达、宽宏、深远、明晓、信允、厚笃、诚实，天下的百姓称之为'八恺'。高辛氏有有才能的子孙八人：伯奋、仲堪、叔献、季仲、伯虎、仲熊、叔豹、季狸，他们忠诚、勤敬、恭谨、纯美、周密、慈爱、仁惠、和蔼，天下的百姓称之为'八元'。这十六个家族，世世代代继承先人的美德，不堕落前人美好的声誉，一直到尧的时代，尧没有能举拔他们。舜做了尧的臣子后，举拔八恺，让他们担任主管土地的官，以处理各种事务，没有不顺当的，大地与上天皆平安无事。举拔八元，让他们在四方宣扬五种教化，父亲有道义，母亲慈爱，哥哥友爱，弟弟恭敬，儿子孝顺，华夏与四夷都平安无事。往昔帝鸿氏有个不成材的儿子，压制道义之士，包庇盗贼，喜欢做属于凶德的那类事，爱和坏东西在一起，与不讲道德忠信、不友爱的人关系密切，天下的百姓称之为'浑敦'。少暤氏有个不成材的儿子，毁坏诚信，废弃忠直，专门从事花言巧语与秽恶之言，听惯了谗言，任用奸邪，造谣中伤，隐蔽罪恶，以诬陷盛德的人，天下的百姓称之为'穷奇'。颛顼氏有个不成材的儿子，不接受教训，不知道好话，告诉他德义他不放在心上，听其自然他又不道忠信的言语，傲慢狠暴，不修明德，以悖乱上天的常理，天下的百姓称之为'梼杌'。这三个家族，世代继承先人的凶恶，增加他们的坏名声，一直到尧的时代，尧没有能驱除他们。缙云氏有个不成材的儿子，喜欢吃喝，贪图财物，强取他人的东西，崇尚奢侈，不知道满足，聚财积粮，没有止境，不分给孤寡的人，不周济穷人，天下的百姓把他和三凶相比，称之为'饕餮'。舜做了尧的臣子后，开辟四面的城门，流放四凶家族浑敦、穷奇、梼杌、饕餮，把他们赶到四边边远之地，让他们去抵御魑魅。因此，尧死后而天下就像一个人一样，同心拥戴舜做天子，因为他举拔了十六相，去掉了四凶。所以《虞书》列举舜的功劳，说'谨慎地弘扬五典，五典便会服从他'，是说没有不正确的教导。说'放入各种事务中，各种事物都顺当'，是说没有荒废的政事。说'开辟四面的城门，从门中进来的人都安详肃穆'，这是说没有凶顽的人。舜有大功二十件而做了天子。如今行父虽然没有得到一个好人，却赶走了一个凶顽的人，和舜的功劳相比，有二十分之一了，差不多可以免于罪过了吧！"

宋武公的族人领着昭公的儿子，打算事奉司城须以发动叛乱。十二月，宋文公杀死同母弟须及昭公的儿子，派遣戴公、庄公、桓公的族人在司马子伯的馆舍中攻打武公的族人。于是把武公、穆公的族人赶出国去，任命公孙师为司城。公子朝去世，任命乐吕为司寇，以安定国内的人民。

春秋左传卷十　宣公上

宣 公 元 年

[经]

元年春[1]，王正月，公即位。

公子遂如齐逆女。

三月，遂以夫人妇姜至自齐[2]。

夏，季孙行父如齐。

晋放其大夫胥甲父于卫。

公会齐侯于平州[3]。

公子遂如齐。

六月，齐人取济西田[4]。

秋，邾子来朝。

楚子、郑人侵陈[5]，遂侵宋。晋赵盾帅师救陈。

宋公、陈侯、卫侯、曹伯会晋师于棐林[6]，伐郑。

冬，晋赵穿帅师侵崇[7]。

晋人、宋人伐郑。

【注释】

〔1〕元年：公元前608年。　〔2〕妇姜：称妇，是由于婆婆尚在。　〔3〕齐侯：齐惠公。平州：在今山东莱芜县西。　〔4〕济西田：本曹国地，时予以赂齐。　〔5〕楚子：楚庄王。　〔6〕宋公：宋文公。陈侯：陈

灵公。卫侯：卫成公。曹伯：曹文公。棐林：在河南新郑县东。〔7〕崇：国名，所在不详，或云在今渭水以北黄河边。

[传]

元年春，王正月，公子遂如齐逆女，尊君命也[1]。三月，遂以夫人妇姜至自齐，尊夫人也[2]。

夏，季文子如齐，纳赂以请会。

【注释】
〔1〕尊君命：释经称公子遂的缘故。诸侯之卿出入称名氏，是尊君命。〔2〕尊夫人：释单称遂的缘故。迎亲单称名，是尊重夫人。

晋人讨不用命者[1]，放胥甲父于卫，而立胥克[2]。先辛奔齐[3]。

会于平州，以定公位[4]。东门襄仲如齐拜成。六月，齐人取济西之田，为立公故，以赂齐也。

【注释】
〔1〕不用命：指文公十二年河曲之役，赵穿及胥甲父不肯追击秦兵事。〔2〕胥克：胥甲父之子。〔3〕先辛：胥甲父属下大夫。〔4〕定公位：即获得诸侯承认。

宋人之弑昭公也，晋荀林父以诸侯之师伐宋[1]，宋及晋平。宋文公受盟于晋。又会诸侯于扈，将为鲁讨齐。皆取赂而还。郑穆公曰："晋不足与也。"遂受盟于楚。陈共公之卒[2]，楚人不礼焉。陈灵公受盟于晋。秋，楚子侵陈，遂侵宋。晋赵盾帅师救陈、宋。会于棐林,以伐郑也。楚芃贾救郑,遇于北林[3],囚晋解扬[4],晋人乃还。

【注释】

〔1〕伐宋:事在文公十七年。这一段是补叙当时事。〔2〕陈共公之卒:事在文公十三年。〔3〕北林:在今河南郑州市东南。〔4〕解扬:见文公八年注。

晋欲求成于秦,赵穿曰:"我侵崇,秦急崇,必救之。吾以求成焉。"冬,赵穿侵崇,秦弗与成。晋人伐郑,以报北林之役。

于是,晋侯侈,赵宣子为政,骤谏而不入,故不竞于楚[1]。

【注释】

〔1〕竞:同"争"。不竞于楚,即不与楚国相争斗。

【译文】

[经]

元年春,周历正月,宣公即位。
公子遂去齐国迎亲。
三月,遂和夫人姜氏从齐国到来。
夏,季孙行父去齐国。
晋国把他们的大夫胥甲父放逐到卫国。
宣公在平州会见齐惠公。
公子遂去齐国。
六月,齐国人取去济水以西的田地。
秋,邾子来我国朝见。
楚庄王、郑国人侵袭陈国,又去侵袭宋国。晋赵盾率领军队救援陈国。

宋文公、陈灵公、卫成公、曹文公在棐林与晋国军队会合，攻打郑国。

冬，晋赵穿率领军队侵袭崇国。

晋国人、宋国人攻打郑国。

[传]

元年春，周历正月，公子遂去齐国迎亲，《春秋》称"公子遂"，是由于尊重国君的命令。三月，遂和夫人姜氏从齐国到来。《春秋》称"遂"，是由于尊重夫人。

夏，季文子去齐国，进献礼物请求安排两国国君会见。

晋国人惩罚不肯效力的人，把胥甲父放逐到卫国，而以胥克继承他的职务。先辛逃亡到齐国。

在平州会见，是为了稳定宣公的君位。东门襄仲去齐国拜谢事情圆满成功。六月，齐国人取去济水以西的田地，是为了请齐国帮助宣公即位而给齐国的谢礼。

宋国人杀死昭公时，晋荀林父带领诸侯的军队攻打宋国，宋国与晋国讲和。宋文公在晋国接受盟约。又与诸侯在扈地相会，准备为鲁国攻打齐国。两次都得到对方的礼物后回国。郑穆公说："晋国不值得依靠。"于是接受了楚国的盟约。陈共公去世时，楚国人没有按礼吊丧。陈灵公接受了晋国的盟约。秋，楚庄王侵袭陈国，又去侵袭宋国。晋赵盾率领军队救援陈、宋。与诸侯在棐林会合，去攻打郑国。楚芳贾救援郑国，双方军队在北林相遇，楚军俘获囚禁了晋大夫解扬，晋国军队就回国了。

晋国想与秦国讲和，赵穿说："我们去侵袭崇国，秦国为崇国着急，一定会出兵救援它。我们趁此与秦讲和。"冬，赵穿侵袭崇国，秦国不肯与晋国讲和。晋军攻打郑国，以报复北林战役。

这时候，晋灵公奢侈，赵盾为执政，屡次劝谏他不听，所以晋国不能与楚国相争。

宣 公 二 年

[经]

二年春[1],王二月壬子,宋华元帅师及郑公子归生帅师,战于大棘[2]。宋师败绩,获宋华元。

秦师伐晋。

夏,晋人、宋人、卫人、陈人侵郑。

秋九月乙丑,晋赵盾弑其君夷皋。

冬十月乙亥,天王崩[3]。

【注释】

〔1〕二年:公元前607年。 〔2〕大棘:在今河南睢县南。 〔3〕天王:周匡王。

[传]

二年春,郑公子归生受命于楚,伐宋。宋华元、乐吕御之。二月壬子,战于大棘,宋师败绩,囚华元,获乐吕[1],及甲车四百六十乘,俘二百五十人,馘百人[2]。狂狡辂郑人[3],郑人入于井,倒戟而出之,获狂狡。君子曰:"失礼违命,宜其为禽也。戎,昭果毅以听之之谓礼[4],杀敌为果,致果为毅。易之[5],戮也。"

【注释】
〔1〕获:有生擒和死获二义,此与上"囚"对举,知所获为乐吕之尸。〔2〕馘(guó):割取左耳以计战功。〔3〕狂狡:宋大夫。辂:迎战。〔4〕昭果毅以听之:表明果毅精神以行动。〔5〕易之:相反。

将战,华元杀羊食士,其御羊斟不与[1]。及战,曰:"畴昔之羊[2],子为政[3],今日之事,我为政。"与入郑师[4],故败。君子谓:"羊斟非人也,以其私憾,败国殄民[5],于是刑孰大焉。《诗》所谓'人之无良'者[6],其羊斟之谓乎!残民以逞。"

【注释】
〔1〕羊斟:即叔牂,一作羊羹。〔2〕畴昔:从前,前时。〔3〕为政:作主。〔4〕与入:驱入。〔5〕殄民:即残民,使民受害。〔6〕所引诗见《诗·小雅·角弓》。

宋人以兵车百乘、文马百驷以赎华元于郑[1]。半入,华元逃归,立于门外,告而入。见叔牂,曰:"子之马然也。"对曰:"非马也,其人也。"既合而来奔[2]。

【注释】
〔1〕文马:马鬣加文饰的马,或云马毛色有文彩者。〔2〕合:对答。

宋城，华元为植[1]，巡功[2]。城者讴曰："睅其目[3]，皤其腹[4]，弃甲而复。于思于思[5]，弃甲复来。"使其骖乘谓之曰："牛则有皮，犀兕尚多，弃甲则那[6]？"役人曰："从其有皮[7]，丹漆若何[8]？"华元曰："去之，夫其口众我寡。"

【注释】
〔1〕植：版筑时所立的木柱，依此定城的广狭。 〔2〕巡功：视察工地。 〔3〕睅：大眼睛。 〔4〕皤：大肚子。 〔5〕于思：大胡子。〔6〕那：奈何，算得了什么。 〔7〕从：同"纵"。 〔8〕丹漆：涂饰甲的原料。

秦师伐晋，以报崇也，遂围焦[1]。夏，晋赵盾救焦，遂自阴地[2]，及诸侯之师侵郑，以报大棘之役。楚鬥椒救郑，曰："能欲诸侯而恶其难乎？"遂次于郑以待晋师。赵盾曰："彼宗竞于楚[3]，殆将毙矣。姑益其疾[4]。"乃去之。

【注释】
〔1〕焦：在今河南陕县南。 〔2〕阴地：据杜注，指河南陕县至嵩县位黄河南、秦岭北地区。或谓指河南卢氏县之阴地城。 〔3〕彼宗：指鬥椒所属若敖氏，该宗自子文以来，世为令尹。竞：强。 〔4〕益其疾：谓示弱以骄之，使他早些灭亡。

晋灵公不君[1]，厚敛以雕墙[2]，从台上弹人而观其辟丸也。宰夫胹熊蹯不熟[3]，杀之，置诸畚，使妇人载以过朝[4]。赵盾、士季见其手，问其故，而患之。将谏，士季曰："谏而不入，则莫之继也。会请先[5]，不入则子继之。"三进[6]，及溜，而后视之，曰："吾知所过矣，将改之。"稽首而对曰："人谁无过？过而能改，善莫大焉。《诗》曰：'靡不有初，鲜克有终[7]。'夫如是，则能补过者鲜矣。君能有终，则社稷之固也，岂唯群臣赖之。又曰：'衮职有阙，惟仲山甫补之[8]。'能补过也。君能补过，衮不废矣。"犹不改。宣子骤谏，公患之，使钼麑贼之[9]。晨往，寝门辟矣，盛服将朝，尚早，坐而假寐。麑退，叹而言曰："不忘恭敬，民之主也。贼民之主，不忠。弃君之命，不信。有一于此，不如死也。"触槐而死。

【注释】
〔1〕不君：不合为君之道。 〔2〕敛：聚敛。雕：用彩画装饰。〔3〕宰夫：专管国君膳食的厨师。胹（ér）：煮。熊蹯（fán）：熊掌。〔4〕载：扛抬。 〔5〕会：士季名会。 〔6〕三进：指进门、入庭、上阶。 〔7〕所引诗见《诗·大雅·荡》。 〔8〕所引诗见《诗经·大雅·烝民》。衮，天子之服。衮职，天子的职责。仲山甫，周宣王卿士，辅佐宣王中兴。 〔9〕钼麑（chú ní）：晋勇士。

秋九月，晋侯饮赵盾酒，伏甲将攻之。其右提弥明知之，趋登曰[1]："臣侍君宴，过三爵，非礼也。"遂扶以下。公嗾夫獒焉[2]，明搏而杀之。盾曰："弃人用犬，虽猛何为。"斗且出，提弥明死之。

【注释】
〔1〕趋：快步。 〔2〕嗾：用口发声。獒（áo）：猛犬。

初，宣子田于首山[1]，舍于翳桑[2]，见灵辄饿，问其病。曰："不食三日矣。"食之，舍其半。问之，曰："宦三年矣[3]，未知母之存否，今近焉，请以遗之。"使尽之，而为之箪食与肉[4]，置诸橐以与之[5]。既而与为公介[6]，倒戟以御公徒，而免之。问何故。对曰："翳桑之饿人也。"问其名居，不告而退，遂自亡也。

【注释】

〔1〕首山：一名首阳山，在山西永济县东南。〔2〕翳桑：桑荫。一说为地名。〔3〕宦：贵族家的臣仆。〔4〕箪食：用竹篮盛着饭。〔5〕橐：袋子。〔6〕介：甲士。

乙丑，赵穿攻灵公于桃园。宣子未出山而复[1]。太史书曰："赵盾弑其君。"以示于朝。宣子曰："不然。"对曰："子为正卿，亡不越竟，反不讨贼，非子而谁？"宣子曰："乌呼，'我之怀矣，自诒伊戚[2]'，其我之谓矣！"孔子曰："董狐[3]，古之良史也，书法不隐。赵宣子，古之良大夫也，为法受恶。惜也，越竟乃免。"

【注释】

〔1〕山：指晋边境的山，或谓即河南温山。〔2〕所引诗杜注谓逸诗。怀，怀恋。〔3〕董狐：即晋太史。

宣子使赵穿逆公子黑臀于周而立之[1]。壬申，朝于武宫。

初，丽姬之乱[2]，诅无畜群公子[3]，自是晋无公族[4]。及成公即位,乃宦卿之適而为之田[5],以为公族,又宦其馀子亦为馀子[6],其庶子为公行[7]。晋于是有公族、馀子、公行。赵盾请以括为公族[8],曰:"君姬氏之爱子也[9]。微君姬氏,则臣狄人也[10]。"公许之。冬,赵盾为旄车之族[11]。使屏季以其故族为公族大夫[12]。

【注释】

〔1〕黑臀:襄公弟,即位为成公。〔2〕丽姬:即骊姬。〔3〕诅:诅咒,是祭神使之加祸于某人之礼,使人不敢违反。群公子:献公诸子。〔4〕公族:公室子弟的群体。亦特指公族大夫,管公室子弟及卿子弟。〔5〕宦:仕。此用作动词,作授职解。適:嫡子。为之田:与之田。〔6〕馀子:此指嫡子的同母弟。后一馀子指馀子大夫,杜注谓"治馀子之政"。〔7〕庶子:庶出子。公行:掌公之戎行。〔8〕括:赵盾异母弟,赵姬之子。〔9〕君姬氏:即赵姬,文公女,嫁赵衰。〔10〕臣狄人也:赵盾为狄女叔隗所生,赵姬请于赵衰迎归,立为嫡子。〔11〕旄车之族:即馀子大夫。旄车,诸侯所乘的兵车。〔12〕屏季:即赵括。

【译文】

[经]

二年春,周历二月壬子,宋华元率领军队与郑公子归生率领军队在大棘交战。宋军大败,俘获宋华元。

秦国军队攻打晋国。

夏,晋国人、宋国人、卫国人、陈国人侵袭郑国。

秋九月乙丑,晋赵盾杀死他的国君夷皋。

冬十月乙亥,周匡王去世。

[传]

二年春,郑公子归生接受楚国命令,攻打宋国。宋华元、乐吕率兵抵御。二月壬子，在大棘交战，宋军大败，郑军生擒华元，获得乐吕的尸体，缴获战车四百六十辆，俘虏二百五十人，割了死者的耳朵上百只。狂狡迎战郑国人，郑国人掉进井里，狂狡用戟柄放下去拉他出来，郑国人出来后俘获了狂狡。君子说："丢掉礼数违反命令，他被擒真是活该。作战，发扬果断刚毅的精神来听命行动叫做礼，杀死敌人就是果断，达到果断便是刚毅。反过来做，就要受到刑戮。"

在准备交战时，华元杀羊犒劳将士，他的驾车人羊斟没吃到。到交战时，羊斟说："往日吃羊，你作主；今天打仗，我作主。"驾车驱入郑军，所以打败。君子说："羊斟真不是个人，因为私仇，使国家战败人民受害，还有比这应该受更重的刑罚的人吗？《诗》所谓'人中的坏人'，就是说羊斟这样的人吧！他残害人民只是为了使自己快意。"

宋国人用兵车一百辆、鬣毛加彩绘的马四百匹，向郑国赎取华元。才交了一半，华元逃了回来。他站在门外，派人通报后才进城。遇见羊斟，说："是你的马不听话才使我落到这等地步。"羊斟说："不是马的问题，是人的问题。"答话后就逃来我国。

修筑宋都的城墙，华元设立好标杆，视察工地。修筑城墙的劳工唱道："瞪着大眼睛，挺着大肚子，丢了皮甲逃得快。胡子长满腮，丢了皮甲逃回来。"华元派他的骖乘对他们说："有牛就有皮，犀兕多的是，丢掉了皮甲，又有何关系？"劳工说："就算你有皮，哪里弄丹漆？"华元说："走吧，他们人多我们人少。"

秦国军队攻打晋国，以报复晋国攻打崇国，于是包围了焦邑。夏，晋赵盾救援焦地，于是从阴地会合诸侯的军队侵袭郑国，以报复大棘战役。楚鬥椒救援郑国，说："难道能既想得到诸侯拥护而又害怕困难吗？"便驻扎在郑国等待晋军到来。赵盾说："他的宗族在楚国过分强大，差不多要完蛋了。姑且让他加速灭亡。"于是离开郑国。

晋灵公不遵循为君之道，大量搜刮财货，绘饰宫室的墙壁，从台上用弹弓射人而看着人们躲避弹丸为乐。厨师烧煮熊掌没煮烂，他把厨师杀了，装在畚箕里，派宫女抬出去，经过朝廷。赵盾、士季见到畚箕里露出的尸体的手，询问杀人的缘故后，感到忧虑。准备进谏，士季说："如果我们一起去劝谏而君王不听从，就没有人能继续劝谏了。请让我先去，君王不听，你再接着劝谏。"士季向前进入行了三次礼，一直到了滴水檐下，晋灵公才假装刚看见他，说："我知道所犯的过错了，打算改正。"士季叩头回答说："什么人没有过错？有了过错能够改正，没有比这更好的了。《诗》说：'凡事无不有个好的开始，但却很少有好的结果。'如果像这样，能够弥补过错的人就很少了。君王能够有好的结果，那么我们的国家就有了保障了，岂仅是我们臣子们有所依赖呢？《诗》又说：'天子的职责有所缺失，只有仲山甫能够为他弥补。'这是说周天子有过失能补过。君王能够补过，您的职责也就不致荒废了。"晋灵公仍然不改。赵盾屡次进谏，晋灵公厌恶他，派钼麑去暗杀他。钼麑清晨前往，见赵盾寝室的门已经打开，赵盾穿好朝服准备上朝，因为时间还早，坐在那儿闭着眼养神。钼麑退了出来，感叹说："这人在家不忘恭敬，真是百姓的好当家。暗杀百姓的好当家，是不忠。背弃君王的命令，是不信。两件中有了一件，就不如去死好。"便撞在槐树上而死。

　　秋九月，晋灵公请赵盾饮酒，埋伏了甲士准备杀死赵盾。赵盾的车右提弥明知道了这件事，快步登上殿堂说："臣子侍奉君王宴饮，喝酒超过三爵，就不合礼仪了。"于是就搀扶着赵盾走下殿堂。晋灵公嗾使猛犬来咬赵盾，提弥明和犬搏斗，杀死了犬。赵盾说："不用人而用狗，虽然凶猛，又有什么用。"一边斗一边退了出来，提弥明战死了。

　　起初，赵盾在首山打猎，在桑荫下休息，见到灵辄饿坏了，问他有什么病。灵辄说："已经三天没有吃东西了。"赵盾给他东西吃，他留下一半。赵盾问他为什么，他说："在外给人做仆人已经三年了，不知道母亲还在不在，现在离家近了，请让我把这些食品孝敬母亲。"赵盾让他全部吃完，另外给他准备了一篮子饭和一些肉，放在口袋里交给他。后来灵辄做了晋灵公的侍卫，把戟掉转方向来抵御晋灵公的甲士，使赵盾免于难。赵盾问他原因，他回答说："我就是桑荫下挨饿的人。"问他姓名居址，他不回答就退走了，接着便自己逃亡了。

　　乙丑，赵穿在桃园杀死了晋灵公。赵盾这时没有走出晋国的山界，闻讯后就回来了。太史记载说"赵盾杀死他的君王"，拿到朝廷上给大家看。赵盾说："不是这样。"太史回答说："你是正卿，逃亡没有走出国境，回来没有讨伐杀君的贼人，不是你杀君又是谁呢？"赵盾说："哎呀！'由于我多所怀恋，反而给自己带来了如此烦恼'，这说的就是我了！"孔子说："董狐，是古代的好史官，依据法则记载不加隐讳。赵盾，是古代的好大夫，为了法则而蒙受恶名。可惜啊，如果他走出了国境就可以免去杀君恶名了。"

赵盾派赵穿去周迎接公子黑臀而立他为国君。壬申，到武官去朝祭。

起初，骊姬发起祸乱时，祭神诅咒，不许收留公子们，从此晋国不设公族大夫。到成公即位，才把官职授给卿的嫡子并且给他们田地，让他们成为公族成员，又把官职授给卿的馀子，让他们担任馀子，让卿的庶子为公行。晋国从此有了公族、馀子、公行。赵盾请求让赵括担任公族大夫，说："他是君姬氏的爱子。没有君姬子，那么臣将成为狄人。"成公同意了。冬，赵盾担任馀子。让赵括统领他的旧族担任公族大夫。

宣 公 三 年

[经]

三年春[1],王正月,郊牛之口伤[2],改卜牛,牛死,乃不郊。犹三望。

葬匡王。

楚子伐陆浑之戎[3]。

夏,楚人侵郑。

秋,赤狄侵齐[4]。

宋师围曹。

冬十月丙戌,郑伯兰卒。

葬郑穆公。

【注释】

〔1〕三年:公元前606年。 〔2〕牛:指用作牺牲的牛,未卜日,故不称牲。其礼详僖公三十一年经及传。 〔3〕楚子:楚庄王。陆浑之戎:见僖公二十二年注。 〔4〕赤狄:狄之一种。

[传]

三年春,不郊而望,皆非礼也。望,郊之属也。不郊亦无望,可也。

晋侯伐郑，及郔[1]。郑及晋平，士会入盟。

【注释】

〔1〕郔(yán)：一说即廪延，在今河南滑县；一说在郑州。

楚子伐陆浑之戎，遂至于洛[1]，观兵于周疆[2]。定王使王孙满劳楚子。楚子问鼎[3]之大小轻重焉。对曰："在德不在鼎。昔夏之方有德也，远方图物[4]，贡金九牧[5]，铸鼎象物，百物而为之备，使民知神、奸[6]。故民入川泽山林，不逢不若[7]。螭魅罔两，莫能逢之，用能协于上下以承天休[8]。桀有昏德[9]，鼎迁于商，载祀六百[10]。商纣暴虐，鼎迁于周。德之休明[11]，虽小，重也[12]。其奸回昏乱，虽大，轻也。天祚明德，有所厎止[13]。成王定鼎于郏鄏[14]，卜世三十，卜年七百，天所命也。周德虽衰，天命未改，鼎之轻重，未可问也。"

【注释】

〔1〕洛：洛水，源出陕西洛南，东流经河南省入黄河。〔2〕观兵：检阅军队。〔3〕鼎：九鼎，传夏时用九州贡的铜铸成，代表九州。〔4〕图物：把事物画成图像。〔5〕贡金：贡铜。九牧：九州之牧。牧为一州之长。〔6〕奸：邪恶的东西。〔7〕不若：不顺，有危害的东西。〔8〕承：领受。天休：上天赐予的福分。〔9〕昏德：德行昏聩惑乱。〔10〕载祀：年代。载与祀均年的意思。〔11〕休明：美好光明。〔12〕重也：言无法搬走。〔13〕厎(zhǐ)止：终限。〔14〕定鼎：把鼎稳固地安置好。郏鄏(jiá rǔ)：即今河南洛阳，周王城。

夏，楚人侵郑，郑即晋故也。

宋文公即位，三年，杀母弟须及昭公子，武氏之谋也。使戴、桓之族攻武氏于司马子伯之馆，尽逐武、穆之族[1]。武、穆之族以曹师伐宋。秋，宋师围曹，报武氏之乱也。

【注释】
〔1〕以上事参文公十八年传。

冬，郑穆公卒。初，郑文公有贱妾曰燕姞，梦天使与己兰，曰："余为伯鯈[1]。余，而祖也，以是为而子。以兰有国香，人服媚之如是[2]。"既而文公见之，与之兰而御之。辞曰[3]："妾不才，幸而有子，将不信[4]，敢征兰乎[5]?"公曰："诺。"生穆公，名之曰兰。

【注释】
〔1〕伯鯈：南燕之祖，姞姓。燕姞为南燕女。〔2〕服：佩。媚：爱。〔3〕辞：告。〔4〕将：可能。〔5〕征兰：以兰为信物。

文公报郑子之妃曰陈妫[1]，生子华、子臧。子臧得罪而出。诱子华而杀之南里[2]，使盗杀子臧于陈、宋之间[3]。又娶于江，生公子士。朝于楚，楚人鸩之，及叶而死[4]。又娶于苏[5]，生子瑕、子俞弥。俞弥早卒。泄驾恶瑕[6]，文公亦恶之，故不立也。公逐群公子，公子兰奔晋，从晋文公伐郑。石癸曰："吾闻姬、姞耦，其子孙必蕃。姞，吉人也，后稷之元妃也。今公子兰，姞甥也。天或启之，必将为君，其后必蕃，先纳之可以亢宠[7]。"与孔将钼、侯宣多纳之，盟于大宫而立之[8]，以与晋平。

穆公有疾，曰："兰死，吾其死乎，吾所以生也。"刈兰而卒[9]。

【注释】

〔1〕报：淫。郑子：子仪，文公之叔父，娶于陈。〔2〕诱子华：事见僖公二十六年。〔3〕杀子臧：事见僖公二十四年。〔4〕叶：楚地，在今河南叶县南。〔5〕苏：古国名，在今河南温县。〔6〕泄驾恶瑕：参见僖公三十一年传。〔7〕亢宠：保护宠幸，历久不衰。〔8〕大宫：郑祖庙。以上事可参见僖公三十年传。〔9〕刈兰：或云穆公欲试己之生死而刈兰，或云有人误刈兰，或云兰开花而人刈之。

【译文】

[经]

三年春，周历正月，郊祀用的牛口受伤，改卜定其他牛，牛死了，于是不举行郊祀，仍然望祭三处。

安葬周匡王。

楚庄王攻打陆浑之戎。

夏，楚国人侵袭郑国。

秋，赤狄侵袭齐国。

宋国军队包围了曹国。

冬十月丙戌，郑穆公兰去世。

安葬郑穆公。

[传]

三年春，没举行郊祀而举行望祭，都是不合乎礼的。望祭是郊祀的一部分，不举行郊祀也不举行望祭，是可以的。

晋成公攻打郑国，到达郔地。郑国与晋国讲和，士会进入郑都签订盟约。

楚庄王攻打陆浑之戎，于是到达洛水边，在周王的疆界检阅军队。周定王派王孙满去慰问楚庄王。楚庄王问鼎的大小与轻重。王孙满说："这决定于君主的道德而不在于鼎的本身。往昔夏朝正当有德的时候，远方的人把各种东西画成图像，九州的长官贡献了铜，铸成鼎，把各种东西的图像铸在鼎上，各种事物都得以备载，让人民认识神道与邪恶的东西。因此人民进入川泽山林，就不会碰上有危害的东西。魑魅魍魉，这类鬼怪都不会遇到，因而能够使上上下下的人们和睦相处以领受上天赐予的福分。桀德行昏聩惑乱，鼎迁到商朝，经历了六百年。商纣王残暴肆虐，鼎迁移到周。德行美好光明，鼎虽小，分量很重；如果奸邪昏乱，鼎虽大，分量很轻。上天赐福给明德的君王，总有终结的日子。成王把鼎安顿在郏鄏，占卜的预言说可传三十代，享年七百年，这是天意决定的。周朝的德行虽然衰弱，天命并没有改变，鼎的轻重，还不可以询问。"

夏，楚国人侵袭郑国，是因为郑国靠拢晋国的缘故。

宋文公即位第三年，杀了同母弟须和昭公的儿子，须的叛乱出自于武氏的策划。派戴公、桓公的族人在司马子伯的馆舍中攻打武氏，把武公、穆公的族人全部驱逐出境。武公、穆公的族人带着曹国军队攻打宋国。秋，宋国军队包围曹国，报复他们支助武氏作乱。

冬，郑穆公去世。起初，郑文公有个地位低下的小妾名叫燕姞，她梦见天使给自己一支兰花，说："我是伯鯈。我是你的祖先，拿这个作为你的儿子。因为兰花的香味是国内所有花中最香的，佩带它，人们就会像爱兰花一样爱你。"不久后文公见到燕姞，赐给她一支兰花而与她同房。燕姞告诉文公说："妾没有才能，如果侥幸怀了孩子，人们可能不会相信是你的儿子，我大胆请求把兰花来作信物。"文公说："行。"后来生下了穆公，取名为兰。

文公奸淫郑子的妻子叫陈妫的，生下子华、子臧。子臧得罪文公而离开郑国。郑文公诱骗子华，把他杀死在南里，派杀手在陈、宋之间杀死子臧。又娶江国女子，生下公子士。公子士去楚国朝见，楚国人给他喝鸩酒，到了叶地死去。文公又娶苏国女子，生下子瑕、子俞弥。俞弥早死。泄驾厌恶子瑕，文公也讨厌他，所以没立他为太子。文公赶走公子们，公子兰逃到晋国，跟随晋文公攻打郑国。石癸说："我听说姬、姞二姓通婚，他们的子孙必定众多昌盛。姞，是吉人的意思，后稷的元妃就是姞氏，如今公子兰是姞氏的外甥。上天或者要使他光大，必然会做国君，他的后代一定众多昌盛，如果先接纳他为国君，可以保护宠幸，历久不衰。"与孔将钽、侯宣多接纳了公子兰，在祖庙中设立盟誓后立他为国君，以此与晋国讲和。

穆公生病，说："兰花死了，我也就要死了，我是兰花托生的。"割掉了兰花，穆公便死了。

宣 公 四 年

[经]

四年春[1],王正月,公及齐侯平莒及郯[2],莒人不肯。公伐莒,取向[3]。

秦伯稻卒[4]。

夏六月乙酉,郑公子归生弑其君夷。

赤狄侵齐。

秋,公如齐。

公至自齐。

冬,楚子伐郑[5]。

【注释】
〔1〕四年:公元前 605 年。 〔2〕齐侯:齐惠公。莒:见隐公二年注。郯:国名,己姓,地在今山东郯城县。 〔3〕向:在今山东莒县南。 〔4〕秦伯稻:秦共公。 〔5〕楚子:楚庄王。

[传]

四年春,公及齐侯平莒及郯,莒人不肯。公伐莒,取向,非礼也。平国以礼不以乱[1],伐而不治,乱也。以乱平乱,何治之有?无治,何以行礼?

【注释】

〔1〕乱：指用兵。

楚人献鼋于郑灵公。公子宋与子家将见[1]。子公之食指动，以示子家，曰："他日我如此，必尝异味。"及入，宰夫将解鼋[2]，相视而笑。公问之，子家以告。及食大夫鼋，召子公而弗与也。子公怒，染指于鼎，尝之而出。公怒，欲杀子公。

【注释】

〔1〕公子宋：字子公。子家：即公子归生。〔2〕解：宰杀、分解。

子公与子家谋先。子家曰："畜老，犹惮杀之，而况君乎？"反谮子家，子家惧而从之。夏，弑灵公。书曰："郑公子归生弑其君夷。"权不足也[1]。君子曰："仁而不武[2]，无能达也。"凡弑君，称君[3]，君无道也；称臣，臣之罪也。

【注释】

〔1〕权不足：解经独书子家的缘故。言子家权不足御侮，害怕谗言而从，所以书为首恶。按：以上诸家解释均如此。但无论从权位及事之因果，均当以子公为首恶，此恐别有隐情，或具体动手杀君的是公子归生。所谓"权"者，均衡责备子家与郑灵公之谓，故既书臣名以明子家之罪，又书灵公名以明君之罪，所谓"各打五十大板"。〔2〕仁而不武：起初回答子公的话是仁，不讨子家是不武。〔3〕称君：仅称君之名。

郑人立子良[1]，辞曰："以贤则去疾不足，以顺则公子坚长[2]。"乃立襄公。襄公将去穆氏[3]，而舍子良。子良不可，曰："穆氏宜存，则固愿也。若将亡之，则亦皆亡，去疾何为？"乃舍之，皆为大夫。

【注释】
〔1〕子良：公子去疾，穆公庶子。〔2〕顺：少长顺序。公子坚：灵公庶弟，去疾之兄，立为襄公。〔3〕去穆氏：即赶走自己的兄弟们。

初，楚司马子良生子越椒[1]。子文曰："必杀之。是子也，熊虎之状，而豺狼之声，弗杀，必灭若敖氏矣。谚曰：'狼子野心。'是乃狼也，其可畜乎[2]？"子良不可。子文以为大戚，及将死，聚其族，曰："椒也知政[3]，乃速行矣，无及于难。"且泣曰："鬼犹求食，若敖氏之鬼，不其馁而[4]？"及令尹子文卒，斗般为令尹[5]，子越为司马，蒍贾为工正，谮子扬而杀之，子越为令尹，己为司马。子越又恶之，乃以若敖氏之族圉伯嬴于轑阳而杀之[6]，遂处烝野[7]，将攻王。王以三王之子为质焉[8]，弗受，师于漳澨[9]。

【注释】
〔1〕子良：斗伯比之子，令尹子文之弟。子越椒：即斗椒，字子越。〔2〕畜：养。〔3〕知：掌握。〔4〕其：将。〔5〕斗般：子文之子。字子扬。〔6〕圉：囚禁。伯嬴：即蒍贾。轑阳：楚邑，在今湖北江陵县境内。〔7〕烝野：在今江陵县境内。〔8〕三王：指文王、成王、穆王。〔9〕漳澨：漳水边，离江陵不远。

秋七月戊戌，楚子与若敖氏战于皋浒[1]。伯棼射王[2]，汰辀[3]，及鼓跗[4]，著于丁宁[5]。又射汰辀，以贯笠毂[6]。师惧，退。王使巡师曰："吾先君文王克息，获三矢焉。伯棼窃其二，尽于是矣。"鼓而进之，遂灭若敖氏。

【注释】

〔1〕皋浒：在今湖北襄阳县西。〔2〕伯棼：即子越椒。〔3〕汰(tài)：过。辀：车辕。〔4〕鼓跗：类似现今的鼓架。〔5〕丁宁：钲，军中以为号令。〔6〕笠毂：车子伞盖上的木头。

初，若敖娶于䢵[1]，生鬬伯比。若敖卒，从其母畜于䢵，淫于䢵子之女，生子文焉。䢵夫人使弃诸梦中，虎乳之。䢵子田，见之，惧而归，夫人以告，遂使收之。楚人谓乳穀，谓虎於菟，故命之曰鬬穀於菟。以其女妻伯比，实为令尹子文。其孙箴尹克黄使于齐[2]，还，及宋，闻乱。其人曰："不可以入矣。"箴尹曰："弃君之命，独谁受之？君，天也，天可逃乎？"遂归，复命而自拘于司败[3]。王思子文之治楚国也，曰："子文无后，何以劝善？"使复其所，改命曰生。

冬，楚子伐郑，郑未服也。

【注释】

〔1〕若敖：若敖为楚宗族一支。熊仪为君时称若敖，至平王东迁后，蚡冒的一支以若敖为氏。此若敖指子文的祖父。䢵(yún)：国名，地在今湖北安陆一带。〔2〕箴尹：职司进谏。〔3〕司败：主管司法的官。

【译文】

[经]

四年春,周历正月,宣公与齐惠公让莒国与郯国讲和,莒国人不肯。宣公攻打莒国,占领向地。

秦共公稻去世。

夏六月乙酉,郑公子归生杀死了他的国君夷。

赤狄侵袭齐国。

秋,宣公去齐国。

宣公从齐国回到国内。

冬,楚庄王攻打郑国。

[传]

四年春,宣公与齐惠公让莒国与郯国讲和,莒国人不肯。宣公攻打莒国,占领向地,这是不合乎礼的。调停两国争斗应用礼而不用战乱,攻打他便达不到安定,就造成战乱。以战乱去平定战乱,怎么会安定?没有安定,怎么实施礼?

楚国人献鼋给郑灵公。子公与子家将要进见灵公,子公的食指自己摇动起来,他给子家看,说:"以往我这样,一定会尝到新奇的美味。"等到进去后,见厨师正准备宰杀鼋,两人互相看着笑了起来。郑灵公问他们笑什么,子家把刚才的事告诉了灵公。到了请大夫们吃鼋时,灵公请了子公却不给他吃。子公发怒,把手指伸进鼎中蘸了鼋羹,尝了尝味后退出去。灵公发怒,要想杀死子公。

子公与子家商量要先动手,子家说:"畜生老了,尚且不忍心杀死它,何况是君王呢?"子公反过来在灵公面前诬陷子家,子家害怕,只好跟着他干。夏,杀死灵公。《春秋》记载说:"郑公子归生杀死他的国君夷。"这是因为子家权力不足的缘故。君子说:"仁爱而没有武勇,做不成什么事。"凡是杀死国君,如果只记载国君的名字,是因为国君无道;记载臣子的名字,是表示臣子有罪。

郑国人要立子良为国君,子良推辞说:"以贤明而论,去疾我是不够的;以少长顺序而论,公子坚比我年长。"于是立公子坚为君,就是襄公。襄公想把穆公的儿子全都赶走,仅仅留下子良。子良不同意,说:"穆公的儿子如果适宜留下来,这是我本来的愿望。如果要流亡他国,那么也就全都逃离,唯独留下我一个人干吗?"襄公于是不再赶走他们,都任命为大夫。

起初,楚司马子良生下子越椒。子文说:"你一定要把他杀了。这个孩子,形状如熊虎,声音似豺狼,不杀了他,一定会使我们若敖氏灭亡。谚语说:'狼崽子生来就有野兽的凶恶之心。'这孩子就是只狼,怎么可以哺养他呢?"子良不同意。子文为此感到极度忧虑,到了将去世时,召集了他的族人,说:"如果有一天子越椒掌握政权,你们就赶快离开,不要一起遭难。"一边哭一边说:"鬼如果也要吃东西的话,我们若敖氏祖先的鬼不是将要挨饿了吗?"到了令尹子文去世,鬪般任令尹,子越任司马,蒍贾任工正。蒍贾在楚王面前讲鬪般坏话使楚王把鬪般杀了,以子越任令尹,自己任司马。子越又憎恶蒍贾,于是率领若敖氏族人把蒍贾囚禁在轑阳而杀死了他,就此住在烝野,准备进攻楚庄王。楚庄王用三王的子孙做人质,子越不接受,楚庄王于漳澨出兵。

秋七月戊戌,楚庄王与若敖氏在皋浒交战。子越射庄王,一箭飞过车辕,穿过鼓架,射在钲上。又一箭飞过车辕,贯穿了车盖。楚军害怕,朝后退。楚庄王派人在军中宣示说:"我先君文王攻下息国,获得三支好箭。子越偷了其中二支,已经全用完了。"击鼓进军,就消灭了若敖氏。

起初,若敖娶邧国女子为妻,生下鬪伯比。若敖去世,鬪伯比跟着他母亲在邧国受养育,私通邧子的女儿,生下子文。邧子的夫人派人把孩子丢到云梦泽中,有老虎喂奶给他吃。邧子打猎,见到这情况,心中恐惧而回来,提到这事,夫人把女儿生子的情况告诉了邧子,邧子就让人把孩子抱了回来。楚国人称奶为"榖",称虎为"於菟",所以给孩子取名鬪榖於菟。邧子把女儿嫁给伯比,这孩子就是令尹子文。子文的孙子箴尹克黄出使齐国,回来的路上,到达宋国,听说了子越叛乱的消息。他的手下人说:"不可以进入楚国国境了。"箴尹说:"废弃国君的使命,有谁会接纳我?国君,就像是天,天难道能够逃避吗?"于是回到楚国,汇报了出使情况后自己到司败那儿请求拘禁。楚庄王想念到子文治理楚国的功绩，说："子文没有后代，用什么来劝人为善呢？"让克黄仍旧担任原来的官职，改名为"生"。

冬，楚庄王攻打郑国，是因为郑国没有顺服。

宣 公 五 年

[经]
五年春[1],公如齐。
夏,公至自齐。
秋九月,齐高固来逆叔姬[2]。
叔孙得臣卒。
冬,齐高固及子叔姬来。
楚人伐郑。

【注释】
〔1〕五年:公元前604年。 〔2〕高固:齐大夫,即高宣子。

[传]
五年春,公如齐,高固使齐侯止公[1],请叔姬焉。
夏,公至自齐,书,过也[2]。
秋九月,齐高固来逆女,自为也。故书曰:"逆叔姬。"卿自逆也。

【注释】

〔1〕齐侯：齐惠公。止：留。 〔2〕过：杜注谓："公既见止，连婚于邻国之臣。"

冬，来，反马也[1]。
楚子伐郑[2]，陈及楚平。晋荀林父救郑，伐陈。

【注释】

〔1〕反马：诸侯士大夫娶妇，妇乘母家之车，驾母家之马。婚后三月，夫家留其车而归还其马。 〔2〕楚子：楚庄王。

【译文】

[经]

五年春，宣公去齐国。
夏，宣公从齐国回来。
秋九月，齐高固来我国迎接叔姬。
叔孙得臣去世。
冬，齐高固与子叔姬来我国。
楚国人攻打郑国。

[传]

五年春，宣公去齐国，高固让齐惠公留住宣公，请求娶叔姬为妻。

夏，宣公从齐国回来，《春秋》记载，是表示宣公有过错。

秋九月，齐高固来我国迎亲，是为自己娶亲。所以《春秋》记载说："迎接叔姬。"是卿亲自迎娶的缘故。

冬，高固与子叔姬来我国，这是来归还马匹。

楚庄王攻打郑国，陈国与楚讲和。晋荀林父救援郑国，攻打陈国。

宣 公 六 年

[经]
六年春[1],晋赵盾、卫孙免侵陈[2]。
夏四月。
秋八月,螽。
冬十月。

【注释】
〔1〕六年:公元前603年。 〔2〕孙免:卫大夫。

[传]
六年春,晋、卫侵陈,陈即楚故也。
夏,定王使子服求后于齐[1]。
秋,赤狄伐晋。围怀[2],及邢丘[3]。晋侯欲伐之[4]。中行桓子曰[5]:"使疾其民[6],以盈其贯[7],将可殪也[8]。《周书》曰:'殪戎殷[9]。'此类之谓也。"

【注释】
〔1〕子服:周大夫。 〔2〕怀:在今河南武涉县南。 〔3〕邢丘:在今河南温县东。 〔4〕晋侯:晋成公。 〔5〕中行桓子:即荀林父。

〔6〕疾：害。疾其民，即危害其民。〔7〕盈其贯：即满贯。贯为穿线的绳子。〔8〕殪：死。〔9〕周书：指《尚书·康诰》。戎殷，大国殷商。

冬，召桓公逆王后于齐[1]。

楚人伐郑，取成而还。

郑公子曼满与王子伯廖语[2]，欲为卿。伯廖告人曰："无德而贪，其在《周易》《丰》䷶之《离》䷝[3]，弗过之矣。"间一岁，郑人杀之。

【注释】

〔1〕召桓公：周卿士。〔2〕公子曼满、王子伯廖：均为郑大夫。〔3〕丰之离：《丰》卦第六爻由阴变阳为《离》。故杜注举《丰》上六爻辞说"丰其屋，蔀其家，闚其无人，三岁不觌，凶"，谓"义取无德而大其屋，不过三岁，必灭亡"。

【译文】

[经]

六年春，晋赵盾、卫孙免侵袭陈国。

夏四月。

秋八月，发生蝗灾。

冬十月。

[传]

六年春，晋国、卫国侵袭陈国，是因为陈国靠拢楚国的缘故。

夏，周定王派子服去齐国求齐女为王后。

秋，赤狄攻打晋国。包围怀地，到达邢丘。晋成公准备攻打他们。中行桓子说："让他危害他们的人民，以使他罪恶满贯，那时大概就可以消灭了他。《周书》说：'消灭大国殷商。'说的就是这类情况。"

冬,召桓公去齐国迎接王后。

楚国人攻打郑国,与郑订立和约后回国。

郑公子曼满对王子伯廖说,自己想做卿。伯廖告诉别人说:"没有德行而贪婪,应在《周易》《丰》卦☳变成《离》卦☳这一卦象上,不过三年,必定灭亡。"过了两年,郑国人杀死了公子曼满。

宣 公 七 年

[经]

七年春[1],卫侯使孙良夫来盟[2]。

夏,公会齐侯伐莱[3]。

秋,公至自伐莱。

大旱。

冬,公会晋侯、宋公、卫侯、郑伯、曹伯于黑壤[4]。

【注释】

〔1〕七年:公元前602年。〔2〕卫侯:卫成公。〔3〕齐侯:齐惠公。莱:国名,地在今山东昌邑县东南。〔4〕晋侯:晋成公。宋公:宋文公。郑伯:郑襄公。曹伯:曹文公。黑壤:一名黄父,在今山西翼城县东北。

[传]

七年春,卫孙桓子来盟[1],始通,且谋会晋也。

夏,公会齐侯伐莱,不与谋也[2]。凡师出,与谋曰及,不与谋曰会。

【注释】
〔1〕孙桓子：即孙良夫。　〔2〕与谋：参与策划。

赤狄侵晋，取向阴之禾[1]。

郑及晋平，公子宋之谋也，故相郑伯以会[2]。冬，盟于黑壤，王叔桓公临之[3]，以谋不睦。

【注释】
〔1〕向阴：或谓即向邑，在今河南济源县。　〔2〕相：为相礼。〔3〕王叔桓公：周卿士。临：监临。

晋侯之立也，公不朝焉，又不使大夫聘，晋人止公于会。盟于黄父，公不与盟[1]，以赂免。故黑壤之盟不书，讳之也。

【注释】
〔1〕公不与盟：因被执，故未参与盟誓。

【译文】
[经]
七年春，卫成公派孙良父来我国结盟。
夏，宣公与齐惠公会合攻打莱国。
秋，宣公从攻打莱国战役回国。
大旱。
冬，宣公与晋成公、宋文公、卫成公、郑襄公、曹文公在黑壤相会。

[传]

七年春，卫孙桓子来我国结盟，这是宣公即位后首次通好，同时商议与晋国会见。

夏，宣公与齐惠公会合攻打莱国，宣公事先没有参与策划。凡是出兵，参与策划叫"及"，不参与策划叫"会"。

赤狄侵袭晋国，掠夺向阴地方的稻谷。

郑国与晋国讲和，这是出于公子宋的策划，所以他作为郑襄公的相礼者参加盟会。冬，诸侯在黑壤会盟，王叔桓公到会监临，以策划对付与晋不和睦的国家。

晋成公即位时，宣公没有去朝见，又不派大夫去聘问，晋国人因此在会上拘留了他。诸侯在黄父结盟，宣公没有参加，由于向晋国送礼才得以释放回国。所以《春秋》不记载黑壤的结盟，是隐讳宣公被拘留的事。

宣 公 八 年

[经]

八年春[1],公至自会。

夏六月,公子遂如齐,至黄乃复[2]。

辛巳,有事于大庙[3]。仲遂卒于垂[4]。

壬午,犹绎[5]。万入去籥[6]。

戊子,夫人嬴氏薨[7]。

晋师、白狄伐秦。

楚人灭舒蓼[8]。

秋七月甲子,日有食之,既。

冬十月己丑,葬我小君敬嬴。雨,不克葬。庚寅,日中而克葬。

城平阳[9]。

楚师伐陈。

【注释】

〔1〕八年:公元前601年。 〔2〕至黄乃复:公子遂因病而返,黄为齐邑,在今山东淄川。 〔3〕有事:举行禘祭。 〔4〕仲遂:即公子遂。垂:齐地,具体所在不详。 〔5〕犹绎:仍再次举行祭祀。 〔6〕万:万舞。籥:吹乐器,形如笛。万舞中有籥舞。 〔7〕嬴氏:宣公之母。

〔8〕舒蓼：见文公十四年注。　〔9〕平阳：在今山东新泰县北。

[传]

八年春，白狄及晋平[1]。夏，会晋伐秦。晋人获秦谍，杀诸绛市[2]，六日而苏。

有事于大庙，襄仲卒而绎，非礼也。

楚为众舒叛故，伐舒蓼，灭之。楚子疆之[3]，及滑汭[4]，盟吴、越而还[5]。

【注释】

〔1〕白狄：见僖公三十三年注。　〔2〕绛：晋都城。　〔3〕楚子：楚庄王。疆：划正其疆界。　〔4〕滑汭：滑水之曲。滑水今所在不详。〔5〕吴：国名，姬姓，太伯之后。初都梅里(今江苏无锡市东)，至诸樊迁吴(今苏州市)。越：少康后代，封于会稽(今浙江绍兴市)，拥有杭州以南、以东土地。

晋胥克有蛊疾[1]，郤缺为政。秋，废胥克，使赵朔佐下军[2]。

冬，葬敬嬴。旱，无麻，始用葛茀[3]。雨，不克葬，礼也。礼，卜葬，先远日[4]，辟不怀也[5]。

【注释】

〔1〕蛊：腹中有虫。又为神志错乱之病。　〔2〕赵朔：赵盾之子。时盾已死，郤缺为政，令朔代替胥克。　〔3〕茀：引棺的绳索。亦作绋。〔4〕远日：十天以外的日子。　〔5〕辟不怀：避免不怀念死者之心，因择近日有草草求葬之嫌。

城平阳，书，时也。

陈及晋平。楚师伐陈,取成而还。

【译文】

[经]

八年春,宣公从黑壤会议回到国内。
夏六月,公子遂去齐国,到了黄地就返回。
辛巳,在太庙举行禘祭。公子遂在垂地去世。
壬午,再次举行祭祀。用万舞,去掉籥。
戊子,夫人嬴氏去世。
晋国军队、白狄攻打秦国。
楚国人灭亡了舒蓼。
秋七月甲子,发生日食,全食。
冬十月己丑,安葬我国夫人敬嬴。天下雨,没能安葬。庚寅,日正午而完成葬事。
修筑平阳城墙。
楚国军队攻打陈国。

[传]

八年春,白狄与晋国讲和。夏,会同晋国攻打秦国。晋国人抓获了秦国的间谍,把他杀死在绛都的街市上,六天后他复活了。
在太庙举行禘祭,襄仲去世而连着祭祀,这是不合乎礼的。
楚国因为舒氏诸国背叛的缘故,攻打舒蓼,把它灭亡了。楚庄王划定疆界,到达滑水之曲,与吴国、越国结盟后回去。
晋胥克得了神志错乱的病,这时郤缺为执政。秋,罢免胥克,令赵朔辅佐下军。
冬,安葬敬嬴。天旱,没有麻,开始用葛做牵引棺柩的绳索。天下雨,没能安葬,这是合乎礼的。礼法规定,占卜确定安葬的日子,先选较远的一旬之外的日子,以避免人们有草草求葬的感觉。
修筑平阳的城墙,《春秋》记载,是由于合乎时令。
陈国与晋国讲和。楚国军队攻打陈国,签订和约后才回国。

宣 公 九 年

[经]

九年春[1],王正月,公如齐。

公至自齐。

夏,仲孙蔑如京师[2]。

齐侯伐莱[3]。

秋,取根牟[4]。

八月,滕子卒。

九月,晋侯、宋公、卫侯、郑伯、曹伯会于扈[5]。

晋荀林父帅师伐陈。

辛酉,晋侯黑臀卒于扈。

冬十月癸酉,卫侯郑卒。

宋人围滕。

楚子伐郑[6]。

晋郤缺帅师救郑。

陈杀其大夫泄冶。

【注释】

〔1〕九年:公元前600年。 〔2〕仲孙蔑:公孙敖之孙孟献子。

〔3〕齐侯：齐惠公。　〔4〕根牟：国名，地在今山东沂水县南。　〔5〕晋侯：晋成公。宋公：宋文公。卫侯：卫成公。郑伯：郑襄公。曹伯：曹文公。　〔6〕楚子：楚庄王。

[传]
九年春，王使来征聘[1]。夏，孟献子聘于周，王以为有礼，厚贿之。

秋，取根牟，言易也[2]。

滕昭公卒。

会于扈，讨不睦也。陈侯不会[3]。晋荀林父以诸侯之师伐陈。晋侯卒于扈，乃还。

冬，宋人围滕，因其丧也。

【注释】
〔1〕王使：周王使者。征聘：示意鲁国遣使往周聘问。　〔2〕言易也：此释"取"字。　〔3〕陈侯：陈灵公。

陈灵公与孔宁、仪行父通于夏姬[1]，皆衷其衵服以戏于朝[2]。洩冶谏曰："公卿宣淫，民无效焉，且闻不令[3]，君其纳之[4]。"公曰："吾能改矣。"公告二子，二子请杀之，公弗禁，遂杀洩冶。孔子曰："《诗》云：'民之多辟，无自立辟。'[5] 其洩冶之谓乎。"

【注释】
〔1〕孔宁、仪行父：陈大夫。夏姬：郑穆公女，陈大夫御叔之妻。〔2〕衵(nì)服：内衣。　〔3〕闻：名声。令：善。　〔4〕纳：收藏。〔5〕所引诗见《诗·大雅·板》。多辟，多邪僻之事。立辟，立为法度。

楚子为厉之役故[1],伐郑。

晋郤缺救郑,郑伯败楚师于柳棼[2]。国人皆喜,唯子良忧曰[3]:"是国之灾也,吾死无日矣。"

【注释】

〔1〕厉之役:杜注谓指宣公六年楚伐郑之役。 〔2〕柳棼:郑地,今所在不详。 〔3〕子良:即公子去疾。

【译文】

[经]

九年春,周历正月,宣公去齐国。
宣公从齐国回来。
夏,仲孙蔑去京师。
齐惠公攻打莱国。
秋,占领根牟。
八月,滕昭公去世。
九月,晋成公、宋文公、卫成公、郑襄公、曹文公在扈地相会。
晋荀林父率领军队攻打陈国。
辛酉,晋成公黑臀在扈地去世。
冬十月癸酉,卫成公郑去世。
宋国人包围滕国。
楚庄王攻打郑国。
晋郤缺率领军队援救郑国。
陈国杀死他们的大夫泄冶。

[传]

九年春,周王使者来我国要求派人去周聘问。夏,孟献子去周朝聘问,周定王认为他有礼,送给他丰厚的礼物。
秋,占领根牟。《春秋》记载说"取",是说进行得很容易。

滕昭公去世。

在扈地相会，是打算攻打不服从晋国的国家。陈灵公没参加会见。晋荀林父率领诸侯的军队攻打陈国。晋成公在扈地去世，军队于是回国。

冬，宋国人包围滕国，是乘滕国有丧事的机会。

陈灵公与孔宁、仪行父和夏姬私通，三人都把夏姬的贴身内衣穿在里面，在朝廷上互相戏谑。泄冶劝谏说："国君与卿宣扬淫乱，人民就无所效法了，且名声很坏，君王请把它藏起来吧。"陈灵公说："我会改正的。"灵公把这事告诉孔宁与仪行父，二人请求杀死泄冶，灵公没有阻止，于是杀了泄冶。孔子说："《诗》说：'人民多邪僻的事，你不要再自立法度。'恐怕说的就是泄冶这样的人吧。"

楚庄王因为厉地一役的缘故，攻打郑国。

晋郤缺救援郑国，郑襄公在柳棼打败楚国军队。郑国的人都很高兴，只有子良担忧说："这是国家的灾难啊，我离死的日子恐怕不远了。"

宣 公 十 年

[经]
十年春[1],公如齐。
公至自齐。
齐人归我济西田。
夏四月丙辰,日有食之。
己巳,齐侯元卒。
齐崔氏出奔卫[2]。
公如齐。
五月,公至自齐。
癸巳,陈夏徵舒弑其君平国[3]。
六月,宋师伐滕。
公孙归父如齐,葬齐惠公。
晋人、宋人、卫人、曹人伐郑。
秋,天王使王季子来聘[4]。
公孙归父帅师伐邾,取绎[5]。
大水。
季孙行父如齐。
冬,公孙归父如齐。

齐侯使国佐来聘[6]。

饥。

楚子伐郑[7]。

【注释】

〔1〕十年：公元前599年。〔2〕崔氏：崔杼，齐大夫。〔3〕夏徵舒：陈大夫，御叔之子。〔4〕天王：周定王。〔5〕绎：邾邑。〔6〕齐侯：齐顷公。国佐：国归父之子，一称国武子。〔7〕楚子：楚庄王。

[传]

十年春，公如齐。齐侯以我服故，归济西之田。

夏，齐惠公卒。崔杼有宠于惠公，高、国畏其逼也[1]，公卒而逐之，奔卫。书曰"崔氏"，非其罪也，且告以族，不以名。凡诸侯之大夫违[2]，告于诸侯曰："某氏之守臣某，失守宗庙，敢告。"所有玉帛之使者[3]，则告，不然，则否。

【注释】

〔1〕高、国：高氏、国氏，世为齐上卿。〔2〕违：离开国家。〔3〕玉帛之使者：指互相聘问往来的国家。玉帛为聘问礼物。

公如齐奔丧。

陈灵公与孔宁、仪行父饮酒于夏氏。公谓行父曰："徵舒似女。"对曰："亦似君。"徵舒病之。公出，自其厩射而杀之[1]。二子奔楚[2]。

【注释】
〔1〕厩：马厩。 〔2〕二子：指孔宁、仪行父。

滕人恃晋而不事宋，六月，宋师伐滕。
郑及楚平。诸侯之师伐郑，取成而还。
秋，刘康公来报聘[1]。
师伐邾，取绎。
季文子初聘于齐。
冬，子家如齐，伐邾故也。
国武子来报聘。

【注释】
〔1〕刘康公：即王季子，食采于刘，谥康公。报聘：回报孟献子之聘。

楚子伐郑。晋士会救郑，逐楚师于颍北[1]。诸侯之师戍郑。郑子家卒。郑人讨幽公之乱[2]，斫子家之棺而逐其族。改葬幽公，谥之曰灵。

【注释】
〔1〕颍北：颍水之北。颍水出河南登封县，东南流经禹县、临颍、西华而南入沙河。 〔2〕幽公：即郑灵公。

【译文】
[经]
十年春，宣公去齐国。
宣公从齐国回国。

齐国人归还我国济水以西的田地。
夏四月丙辰，发生日食。
己巳，齐惠公元去世。
齐崔氏逃亡到卫国。
宣公去齐国。
五月，宣公从齐国回国。
癸巳，陈夏徵舒杀死他的国君平国。
六月，宋国军队攻打滕国。
公孙归父去齐国，参加齐惠公葬礼。
晋国人、宋国人、卫国人、曹国人攻打郑国。
秋，周定王派王季子来我国聘问。
公孙归父率领军队攻打邾国，占领绎邑。
发大水。
季孙行父去齐国。
冬，公孙归父去齐国。
齐顷公派国佐来我国聘问。
发生饥荒。
楚庄王攻打郑国。

[传]

十年春，宣公去齐国。齐惠公因为我国顺服的缘故，归还济水以西的田地。

夏，齐惠公去世。崔杼得到惠公的宠爱，高氏、国氏害怕他的逼迫，惠公去世后就把他赶走，他逃到卫国。《春秋》记载说"崔氏"，是说这不是他的罪过，而且报告鲁国时也称族，没说名字。凡是诸侯的大夫离开国家，报告诸侯说："某氏的守臣某，失守宗庙，谨此通告。"凡是互相聘问往来的友好国家就去通告，不是的就不通告。

宣公去齐国奔丧。

陈灵公与孔宁、仪行父在夏家喝酒。灵公对行父说："徵舒长得像你。"行父回答说："也像君王。"夏徵舒对此感到愤怒。灵公从夏家走出来时，夏徵舒从家中的马厩里用箭射死了他。孔宁、仪行父逃到楚国。

滕国人凭恃与晋国的关系而不事奉宋国，六月，宋国军队攻打滕国。

郑国与楚国讲和。诸侯的军队攻打郑国，订立了和约后回国。

秋，刘康公来我国回聘。

我军攻打邾国，占领绎邑。

季文子首次去齐国聘问。

冬，子家去齐国，这是由于攻打邾国的事。

国武子来我国回聘。

楚庄王攻打郑国。晋士会率军救援郑国，在颍水北面赶走了楚国军队。诸侯的军队戍守郑国。郑子家去世。郑国人声讨杀害幽公的动乱，砍碎了子家的棺木，赶走了他的族人。改葬幽公，改谥号为"灵"。

宣公十一年

[经]

十有一年春[1],王正月。

夏,楚子、陈侯、郑伯盟于辰陵[2]。

公孙归父会齐人伐莒。

秋,晋侯会狄于欑函[3]。

冬十月,楚人杀陈夏徵舒。

丁亥,楚子入陈[4]。纳公孙宁、仪行父于陈。

【注释】

〔1〕十有一年:公元前598年。 〔2〕楚子:楚庄王。陈侯:按陈灵公时已被杀,成公尚在晋未即位,此陈侯不知为谁。郑伯:郑襄公。辰陵:在今河南淮阳县西。 〔3〕欑函:不详。杜注谓狄为会主,晋景公往会,故欑函为狄地。 〔4〕入陈:杜注谓楚庄王先杀徵舒,后以陈为县,又复陈,故书入在杀徵舒之后。

[传]

十一年春,楚子伐郑,及栎[1]。子良曰[2]:"晋、楚不务德而兵争,与其来者可也。晋、楚无信,我焉得有信。"乃从楚。夏,楚盟于辰陵,陈、郑服也。

【注释】

〔1〕栎：即今河南禹县。 〔2〕子良：公子去疾。

楚左尹子重侵宋[1]，王待诸郔[2]。令尹蒍艾猎城沂[3]，使封人虑事[4]，以授司徒。量功命日[5]，分财用[6]，平板干[7]，称畚筑[8]，程土物[9]，议远迩[10]，略基趾[11]，具糇粮[12]，度有司[13]，事三旬而成，不愆于素[14]。

【注释】

〔1〕子重：即公子婴齐，庄王弟。 〔2〕郔：在今河南项城县。〔3〕蒍艾猎：即孙叔敖。沂：楚邑，在今河南正阳县。 〔4〕封人：筑城的主事官。虑事：筹划，估算工程所需。 〔5〕量功：估量要多少人工。命日：估算要多少时间。 〔6〕分：分配。财用：材料工具。 〔7〕板：筑墙时所用夹板。干：筑墙时树立两头的支柱。 〔8〕称：均衡。畚筑：盛土之器与筑土之杵。此指运土与筑墙的人力。 〔9〕程：计算。土物：土方与材料。 〔10〕议：议定。远迩：远近。全句谓对施工人员取水取土的地点远近做好规定，以均劳役。 〔11〕略：巡视。 〔12〕糇粮：干粮。 〔13〕度：审度，选定。 〔14〕素：原计划。

晋郤成子求成于众狄[1]，众狄疾赤狄之役，遂服于晋。秋，会于欑函，众狄服也。是行也，诸大夫欲召狄。郤成子曰："吾闻之，非德，莫如勤，非勤，何以求人？能勤有继[2]，其从之也[3]。《诗》曰：'文王既勤止[4]。'文王犹勤，况寡德乎？"

【注释】

〔1〕郤成子：即郤缺。众狄：白狄各部。 〔2〕有继：杜注："勤则功继之。" 〔3〕从：就。指去狄人那儿。 〔4〕所引诗见《诗·周颂·

费》。止,语气词。

冬,楚子为陈夏氏乱故,伐陈。谓陈人无动[1],将讨于少西氏[2]。遂入陈,杀夏徵舒,轘诸栗门[3],因县陈。陈侯在晋[4]。

【注释】
〔1〕动:惊动,害怕。 〔2〕少西氏:夏徵舒祖父名少西,所以称夏家为少西氏。 〔3〕轘(huàn):车裂。栗门:陈国城门名。 〔4〕陈侯:指灵公太子,名午。

申叔时使于齐[1],反,复命而退。王使让之曰:"夏徵舒为不道,弑其君,寡人以诸侯讨而戮之,诸侯县公皆庆寡人,女独不庆寡人,何故?"对曰:"犹可辞乎?"王曰:"可哉!"曰:"夏徵舒弑其君,其罪大矣,讨而戮之,君之义也。抑人亦有言曰:'牵牛以蹊人之田[2],而夺之牛。'牵牛以蹊者,信有罪矣;而夺之牛,罚已重矣。诸侯之从也,曰讨有罪也。今县陈,贪其富也。以讨召诸侯,而以贪归之,无乃不可乎?"王曰:"善哉!吾未之闻也。反之,可乎?"对曰:"可哉!吾侪小人所谓取诸其怀而与之也[3]。"乃复封陈,乡取一人焉以归,谓之夏州[4]。故书曰:"楚子入陈,纳公孙宁、仪行父于陈。"书有礼也。

【注释】
〔1〕申叔时:楚大夫。 〔2〕蹊(xī):践踏。 〔3〕侪:辈。 〔4〕夏州:在今湖北汉阳北。

厉之役，郑伯逃归，自是楚未得志焉。郑既受盟于辰陵，又徼事于晋[1]。

【注释】

〔1〕徼：求。此条与下一年传相连。

【译文】

[经]

十一年春，周历正月。

夏，楚庄王、陈侯、郑襄公在辰陵结盟。

公孙归父会同齐国人攻打莒国。

秋，晋景公在欑函会见狄人。

冬十月，楚国人杀死陈夏徵舒。

丁亥，楚庄王进入陈国。送公孙宁、仪行父回陈国。

[传]

十一年春，楚庄王攻打郑国，到达栎地。子良说："晋国、楚国不致力于修明道德而以武力相争，谁打来我们就听谁的就是。晋国、楚国没有信用，我们怎能够守信用？"于是跟从楚国。夏，楚国在辰陵主盟，是因为陈国、郑国顺服。

楚左尹子重侵袭宋国，楚庄王等在郔地听消息。令尹蒍艾猎修筑沂地城墙，派封人筹划工程计划，报告给司徒。估量人工多少，测算所用时间，分配材料用具，取平夹板和支柱，均衡运土与筑墙的人力搭配，计算土方与器材，设定各段取水取土的远近，巡视城基及四周范围，准备好粮食，确定监工，干了三十天便完成了，没有超过原计划。

晋郤成子谋求与狄人各部落和好，狄人各部落痛恨赤狄对他们的奴役，便顺服晋国。秋，在欑函相会，这是由于狄人各部落顺服。这次去欑函相会前，大夫们想召集狄人来晋国。郤成子说：

"我听说，没有德行，就只能勤劳，不勤劳，用什么来求别人？能够勤劳，就会有好结果，还是到狄人那儿去吧。《诗》说：'文王终身勤劳。'文王尚且勤劳，何况缺少德行的人呢？"

冬，楚庄王为了陈夏氏作乱的缘故，攻打陈国。告诉陈国人不要害怕，是来讨伐少西氏的。于是进入陈国，杀死夏徵舒，把他的尸体在栗门车裂。因而把陈国设为楚国的一个县。这时陈侯在晋国。

申叔时出使齐国，回到楚国，向楚庄王汇报使命完成后就退了下来。楚庄王派人责备他说："夏徵舒不合为臣之道，杀死他的国君，寡人率领诸侯讨伐他把他杀了，诸侯和县公都向寡人祝贺，唯独你不祝贺寡人，什么原因？"申叔时回答说："还能解释几句吗？"楚庄王说："可以。"申叔时说："夏徵舒杀死他的国君，他的罪很大了，讨伐他把他杀死，这是君王所作合乎正义的事。不过人们也有这么一句话说：'牵着牛践踏别人的田，就把他的牛夺过来。'牵牛践踏别人田地的人，确实是有罪的；但把他的牛夺过来，处罚也就太重了。诸侯跟从君王，说是为了讨伐有罪的人。如今把陈作为自己的县，就是贪图它的财富。用讨伐的名义召集诸侯，而以贪婪作为结束，这恐怕是不行的吧？"楚庄王说："说得好！我没听到过这番道理。还给他，可以吗？"申叔时回答说："行！这就是我辈小人所说的从人家怀里取出来又还给人家啊。"楚庄王于是重新封立陈国，每一乡带了一个人回楚国，住在一起，称为夏州。因此《春秋》记载说："楚庄王进入陈国，送公孙宁、仪行父回陈国。"这是表明楚庄王这事做得合乎礼。

厉地一役，郑襄公逃回国，从此楚国就对郑没有真正控制过。郑国已经在辰陵接受盟约，又请求奉事晋国。

春秋左传卷十一　宣公下

宣公十二年

[经]

十有二年春[1]，葬陈灵公。

楚子围郑[2]。

夏六月乙卯，晋荀林父帅师及楚子战于邲[3]，晋师败绩。

秋七月。

冬十有二月戊寅，楚子灭萧[4]。

晋人、宋人、卫人、曹人同盟于清丘[5]。

宋师伐陈，卫人救陈。

【注释】

〔1〕十有二年：公元前597年。〔2〕楚子：楚庄王。〔3〕邲：郑地。邲为河名，即今汴河，晋、楚交战处在今河南荥阳县北。〔4〕萧：见庄公十二年注。〔5〕清丘：卫地，在今河南濮阳县西南。

[传]

十二年春，楚子围郑。旬有七日，郑人卜行成，不吉。卜临于大宫[1]，且巷出车[2]，吉。国人大临，守陴者皆哭[3]。楚子退师，郑人修城，进复围之，三月克之。入自皇门[4],至于逵路。郑伯肉袒牵羊以逆[5],曰:"孤不天,不能事君,使君怀怒以及敝邑,孤之罪也,敢不唯命是听?其俘诸江南以实海滨,亦唯命。其翦以赐诸侯[6],使臣妾之[7],亦唯命。若惠顾前好,徼福于厉、宣、桓、武[8],不泯其社稷,使改事君,夷于九县[9],君之惠也,孤之愿也,非所敢望也。敢布腹心[10],君实图之。"左右曰:"不可许也,得国无赦[11]。"王曰:"其君能下人,必能信用其民矣,庸可几乎[12]?"退三十里而许之平。潘尪入盟[13],子良出质。

【注释】
〔1〕临:哭。 〔2〕巷出车:把兵车陈列在街巷。表示拼命保卫国家。 〔3〕陴:城上的女墙。此代指城墙。 〔4〕皇门:郑都城门名。〔5〕郑伯:郑襄公。肉袒:脱去上衣,露出身体。 〔6〕翦:翦除,灭亡。 〔7〕臣妾:做奴仆。 〔8〕徼福:求福。厉、宣、桓、武:周厉王、周宣王、郑桓公、郑武公,指郑国祖先。 〔9〕夷:等同。九县:指许多县。 〔10〕布:披露,陈述。腹心:心里话。 〔11〕得国无赦:得到了一个国家,不能再赦免他。 〔12〕庸:或许。几:同"冀",希望。〔13〕潘尪(wāng):楚大夫,也称师叔。

夏六月,晋师救郑。荀林父将中军,先縠佐之[1]。士会将上军,郤克佐之。赵朔将下军,栾书佐之[2]。赵括、赵婴齐为中军大夫[3]。巩朔、韩穿为上军大夫。荀首、赵同为下军大夫[4]。韩厥为司马[5]。

【注释】
〔1〕先縠:先轸后代,又称原縠。食采于彘,故又称彘子

〔2〕栾书：栾盾之子。　〔3〕赵括、赵婴齐：即屏括、楼婴，赵盾之异母弟。　〔4〕荀首：荀林父弟。赵同：即原同，赵括兄。　〔5〕韩厥：曲沃桓叔之后代。

及河[1]，闻郑既及楚平，桓子欲还[2]，曰："无及于郑而剿民[3]，焉用之？楚归而动，不后[4]。"随武子曰[5]："善。会闻用师，观衅而动[6]。德刑政事典礼不易[7]，不可敌也，不为是征[8]。楚军讨郑，怒其贰而哀其卑，叛而伐之，服而舍之，德刑成矣。伐叛，刑也；柔服[9]，德也。二者立矣。昔岁入陈，今兹入郑，民不罢劳[10]，君无怨讟[11]，政有经矣[12]。荆尸而举[13]，商农工贾不败其业[14]，而卒乘辑睦[15]，事不奸矣[16]。蒍敖为宰，择楚国之令典[17]，军行，右辕，左追蓐[18]，前茅虑无[19]，中权[20]，后劲[21]，百官象物而动[22]，军政不戒而备[23]，能用典矣。其君之举也[24]，内姓选于亲，外姓选于旧。举不失德，赏不失劳。老有加惠，旅有施舍[25]。君子小人，物有服章。贵有常尊[26]，贱有等威[27]，礼不逆矣。德立，刑行，政成，事时，典从，礼顺，若之何敌之？见可而进，知难而退，军之善政也。兼弱攻昧[28]，武之善经也[29]。子姑整军而经武乎！犹有弱而昧者，何必楚？仲虺有言曰[30]：'取乱侮亡。'兼弱也。《汋》曰[31]：'於铄王师[32]，遵养时晦[33]。'耆昧也[34]。《武》曰[35]：'无竞惟烈[36]。'抚弱耆昧以务烈所，可也。"彘子曰："不可。晋所以霸，师武臣力也。今失诸侯，不可谓力。

有敌而不从，不可谓武。由我失霸，不如死。且成师以出，闻敌强而退，非夫也[37]。命为军帅，而卒以非夫，唯群子能，我弗为也。"以中军佐济[38]。

【注释】

〔1〕河：黄河。〔2〕桓子：荀林父。〔3〕剿：劳。〔4〕不后：不为不及。〔5〕随武子：士会。〔6〕衅：间隙。观衅，即待机，寻找机会。〔7〕不易：合乎其道。〔8〕不为是征：不攻打这样的国家。〔9〕柔服：以柔安抚。〔10〕罢：同"疲"。〔11〕怨讟(dú)：怨恨。〔12〕经：常规。〔13〕荆尸：楚国的一种阵法。荆尸而举，即列阵出兵。〔14〕商：行商。贾：坐商。〔15〕卒乘：步兵曰卒，车兵曰乘。辑：和。〔16〕奸：犯。〔17〕令典：好的法典。〔18〕追蓐：割草以备休息用。〔19〕茅：茅旌。即旄旌，饰有牛尾的旌旗。古行军，前军探路，以旌为标识通知后军，根据不同情况，出示不同旗旌。〔20〕中权：中军制谋。〔21〕后劲：以精兵为殿后。〔22〕百官：军中诸官。象物而动：物，指旌旗。百官各建旌旗，依旗而动。〔23〕戒：敕令。〔24〕举：选拔人才。〔25〕施舍：赐予。〔26〕常尊：一定的礼仪以示尊重。〔27〕贱有等威：卑贱者也分成等级，使有所畏。〔28〕昧：昏暗。〔29〕武：用兵。〔30〕仲虺：汤左相。〔31〕汋：《诗·周颂》篇名。〔32〕於：发语词。铄：美。〔33〕遵：率。养：取。时：此。〔34〕耆昧：攻昧。〔35〕武：《诗·周颂》篇名。〔36〕竞：强。烈：功业。〔37〕夫：丈夫。〔38〕济：渡河。

知庄子曰[1]："此师殆哉。《周易》有之，在《师》䷆之《临》䷒[2]，曰：'师出以律，否臧凶[3]。'执事顺成为臧，逆为否。众散为弱[4]，川壅为泽[5]，有律以如己也[6]，故曰律。否臧，且律竭也[7]。盈而以竭，夭且不整，所以凶也[8]。不行之谓临，有帅而不从，临孰甚焉！此之谓矣。果遇，必败，彘子尸之[9]。虽免而归，必有大咎。"韩献子谓桓子曰："彘子以偏师陷，子罪大矣。子为元帅，师不用命，谁之罪也？失属亡师，为罪已重，不如进也。事之不捷，恶有所分，与其专罪，六人同之，不犹愈乎？"师遂济。楚子北，师次于郔。沈尹将中军[10]，子重将左[11]，子反将右[12]，将饮马于河而归。闻晋师既济，王欲还，嬖人伍参欲战[13]。令尹孙叔敖弗欲，曰："昔岁入陈，今兹入郑，不无事矣。战而不捷，参之肉其足食乎？"参曰："若事之捷，孙叔为无谋矣。不捷，参之肉将在晋军，可得食乎？"令尹南辕反旆[14]，伍参言于王曰："晋之从政者新，未能行令。其佐先縠刚愎不仁[15]，未肯用命。其三帅者专行不获，听而无上，众谁适从？此行也，晋师必败。且君而逃臣，若社稷何？"王病之，告令尹，改乘辕而北之，次于管以待之[16]。

【注释】

〔1〕知庄子：即荀首。〔2〕在师之临：《师》卦坎下坤上，《临》卦兑下坤上。《师》卦初爻由阴变阳，坎变为兑，成《临》卦。下"师出以律"为《师》初六之爻词。律，法。〔3〕否臧：不善。〔4〕众散为弱：坎为众，今变为兑，兑为柔弱之象，故云。〔5〕川壅为泽：坎为川，今变为兑，兑为泽，是川被壅。〔6〕如：从。全句谓有法律号令者，以其能指挥三军如一人，犹自己指挥自己。〔7〕竭：尽，穷。〔8〕盈而以竭，夭且不整，所以凶：言律败则凶。坎为川，川水竭；变为泽，泽水易竭。师出不以律，则律竭。夭为阻塞意，川壅为阻塞，众散为不整。〔9〕尸：主。〔10〕沈尹：沈县之尹。〔11〕子重：庄王弟公子婴齐，楚卿。〔12〕子反：公子侧，楚卿，后官大司马。〔13〕伍参：伍奢之祖父。〔14〕南辕反旆：回车南向，掉转大旗。言回楚。〔15〕刚愎：刚且狠。〔16〕管：郑地，在今河南郑州市。

晋师在敖、鄗之间[1]。郑皇戌使如晋师[2]，曰："郑之从楚，社稷之故也，未有贰心。楚师骤胜而骄，其师老矣，而不设备，子击之，郑师为承[3]，楚师必败。"彘子曰："败楚服郑，于此在矣，必许之。"栾武子曰[4]："楚自克庸以来[5]，其君无日不讨国人而训之于民生之不易[6]，祸至之无日，戒惧之不可以怠。在军，无日不讨军实而申儆之于胜之不可保[7]，纣之百克而卒无后，训之以若敖、蚡冒筚路蓝缕[8]，以启山林。箴之曰：'民生在勤，勤则不匮。'不可谓骄。先大夫子犯有言曰[9]：'师直为壮，曲为老。'我则不德，而徼怨于楚，我曲楚直，不可谓老。其君之戎，分为二广，广有一卒[10]，卒偏之两[11]。右广初驾，数及日中[12]，左则受之，以至于昏。内官序当其夜[13]，以待不虞。不可谓无备。子良，郑之良也。师叔[14]，楚之崇也。师叔入盟，子良在楚，楚、郑亲矣。来劝我战，我克则来，不克遂往，以我卜也，郑不可从。"赵括、赵同曰："率师以来，唯敌是求。克敌得属，又何俟？必从彘子。"知季曰[15]："原、屏，咎之徒也[16]。"赵庄子曰："栾伯善哉，实其言[17]，必长晋国[18]。"

【注释】

〔1〕敖、鄗(qiāo)：二山名，在河南荥阳县北。〔2〕皇戌：郑卿。〔3〕承：后继。〔4〕栾武子：栾书。〔5〕克庸：楚灭庸国为文公十六年事。〔6〕讨：治，教训。于：以。〔7〕军实：军中官兵。〔8〕若敖、蚡冒：皆楚之先君。筚路：柴车。蓝缕：破旧衣服。〔9〕子犯：狐偃。〔10〕广有一卒：谓每部一卒之车，即三十辆车。〔11〕卒偏之

两：即每卒分为两偏。　〔12〕数：漏刻之数。此指时间。　〔13〕内官：王左右亲近的臣子。序：依次序。　〔14〕师叔：即潘尪。　〔15〕知季：即知庄子荀首。　〔16〕咎：殃咎。徒：同"途"。全句谓二人自取祸殃。〔17〕实：实践。　〔18〕长：长久。

　　楚少宰如晋师，曰："寡君少遭闵凶，不能文[1]。闻二先君之出入此行也[2]，将郑是训定，岂敢求罪于晋。二三子无淹久。"随季对曰："昔平王命我先君文侯曰：'与郑夹辅周室，毋废王命。'今郑不率[3]，寡君使群臣问诸郑，岂敢辱候人[4]？敢拜君命之辱。"彘子以为谄，使赵括从而更之，曰："行人失辞。寡君使群臣迁大国之迹于郑[5]，曰：'无辟敌。'群臣无所逃命[6]。"

【注释】

　　〔1〕不能文：谦词，谓不善辞令。　〔2〕二先君：谓成王与穆王，均曾攻打郑国。　〔3〕率：遵循。　〔4〕候人：送往迎来之官。此句言不劳楚人迎送。　〔5〕迁大国之迹：外交辞令，意为赶走你们。　〔6〕无所逃命：即非战不可。

　　楚子又使求成于晋，晋人许之，盟有日矣。楚许伯御乐伯，摄叔为右，以致晋师[1]。许伯曰："吾闻致师者，御靡旌摩垒而还[2]。"乐伯曰："吾闻致师者，左射以菆[3]，代御执辔，御下两马[4]，掉鞅而还[5]。"摄叔曰："吾闻致师者，右入垒，折馘[6]，执俘而还。"皆行其所闻而复。晋人逐之，左右角之[7]。乐伯左射马而右射人，角不能进，矢一而已。麋兴于前，射麋丽龟[8]。晋鲍癸当其后,使摄叔奉麋献焉,曰:"以岁之非时,献禽之未至,敢膳诸从者。"鲍癸止之,曰:"其左善射,其右有辞,君子也。"既免。

【注释】

〔1〕致晋师:古战前先使勇士犯敌称致师,即单车挑战。 〔2〕靡旌:车疾行则旗必斜披,因代指快速驾车。摩:迫近。 〔3〕菆(zōu):好箭。 〔4〕两:整理。 〔5〕掉鞅:拨正马颈上的皮带。 〔6〕折馘:杀死敌人,割下耳朵。 〔7〕左右角之:谓张两角左右夹攻。 〔8〕丽:中。龟:背部。

晋魏锜求公族未得[1],而怒,欲败晋师。请致师,弗许。请使,许之。遂往,请战而还。楚潘党逐之,及荧泽[2],见六麋,射一麋以顾献曰[3]:"子有军事,兽人无乃不给于鲜[4],敢献于从者。"叔党命去之[5]。赵旃求卿未得[6],且怒于失楚之致师者,请挑战[7],弗许。请召盟,许之,与魏锜皆命而往[8]。郤献子曰:"二憾往矣,弗备必败。"彘子曰:"郑人劝战,弗敢从也。楚人求成,弗能好也。师无成命,多备何为?"士季曰:"备之善。若二子怒楚,楚人乘我[9],丧师无日矣。不如备之。楚之无恶,除备而盟,何损于好?若以恶来,有备不败。且虽诸侯相见,军卫不彻,警也。"彘子不可。士季使巩朔、韩穿帅七覆于敖前[10],故上军不败。赵婴齐使其徒先具舟于河,故败而先济。

【注释】

〔1〕魏锜:魏犨之后,或称吕锜、厨武子。 〔2〕荧泽:即荥泽,在

今河南荥阳县东。〔3〕顾：回头。〔4〕兽人：掌打猎的官。给：足。〔5〕叔党：即潘党。〔6〕赵旃：赵穿子。〔7〕挑战：率军队出战。〔8〕皆命：一起受命。〔9〕乘：乘势掩杀。〔10〕七覆：七处伏兵。

潘党既逐魏锜，赵旃夜至于楚军[1]，席于军门之外[2]，使其徒入之。楚子为乘广三十乘，分为左右[3]。右广鸡鸣而驾，日中而说[4]。左则受之，日入而说。许偃御右广，养由基为右。彭名御左广，屈荡为右。乙卯，王乘左广以逐赵旃。赵旃弃车而走林，屈荡搏之，得其甲裳。晋人惧二子之怒楚师也，使軘车逆之[5]。潘党望其尘，使骋而告曰："晋师至矣。"楚人亦惧王之入晋军也，遂出陈。孙叔曰："进之。宁我薄人[6]，无人薄我。《诗》云：'元戎十乘，以先启行[7]。'先人也。《军志》曰：'先人有夺人之心'，薄之也。"遂疾进师，车驰卒奔，乘晋军。桓子不知所为，鼓于军中曰："先济者有赏。"中军、下军争舟，舟中之指可掬也[8]。

【注释】

〔1〕夜至于楚军：杜注说二人一起受命，但没一起走，赵旃后至。〔2〕席：席地而坐。〔3〕分为左右：分为左右两广。〔4〕说：同"税"，卸车。〔5〕軘车：专用于屯守的兵车。〔6〕薄：迫。〔7〕所引诗见《诗·雅·六月》。元戎，大戎，冲锋陷阵的兵车。启行，冲破敌军，打开缺口。〔8〕掬：捧。此言兵士争舟，先乘者以刀断攀船舷欲上船的人的手指，以免船载人太多。

晋师右移[1]，上军未动。工尹齐将右拒卒以逐下军[2]。楚子使唐狡与蔡鸠居告唐惠侯曰[3]:"不穀不德而贪,以遇大敌,不穀之罪也。然楚不克,君之羞也,敢借君灵以济楚师。"使潘党率游阙四十乘[4],从唐侯以为左拒,以从上军。驹伯曰[5]:"待诸乎?"随季曰:"楚师方壮,若萃于我,吾师必尽,不如收而去之。分谤生民[6],不亦可乎?"殿其卒而退[7],不败。王见右广,将从之乘。屈荡户之[8],曰:"君以此始,亦必以终。"自是楚之乘广先左。

【注释】

〔1〕右移:黄河在右,晋军向右逃走渡河。 〔2〕工尹齐:楚大夫,工尹为官名。右拒:右边方阵。 〔3〕唐狡、蔡鸠居:楚大夫。唐惠侯:唐国国君。唐为楚属国,地在今湖北随县西北。 〔4〕游阙:指用作机动的兵车。 〔5〕驹伯:郤锜,郤克子。 〔6〕分谤生民:分担罪责,保存实力。因逃走则需同罪,不战则保存实力。 〔7〕殿其卒:为上军作后卫。 〔8〕户:止。

晋人或以广队不能进[1],楚人惎之脱扃[2],少进,马还[3],又惎之拔旆投衡[4],乃出。顾曰:"吾不如大国之数奔也。"

【注释】

〔1〕广:兵车。队:同"坠"。指陷入坑内。 〔2〕惎(jì):教。扃:车前横木。 〔3〕还:盘旋不进。 〔4〕衡:车轭。辕前横木以厄马颈者。

赵旃以其良马二,济其兄与叔父,以他马反,遇敌不能去,弃车而走林。逢大夫与其二子乘,谓其二子无顾。顾曰:"赵傁在后[1]。"怒之,使下,指木曰:"尸女于是[2]。"授赵旃绥[3],以免。明日以表尸之[4],皆重获在木下。

【注释】
〔1〕傁:同"叟"。 〔2〕尸:收尸。 〔3〕绥:挽以上车的绳索。〔4〕以表:按照标志。

楚熊负羁囚知罃[1]。知庄子以其族反之,厨武子御[2],下军之士多从之。每射,抽矢,菆,纳诸厨子之房[3]。厨子怒曰:"非子之求而蒲之爱[4],董泽之蒲[5],可胜既乎[6]?"知季曰:"不以人子,吾子其可得乎?吾不可以苟射故也。"射连尹襄老,获之,遂载其尸。射公子谷臣[7],囚之。以二者还。

【注释】
〔1〕熊负羁:楚大夫。知罃:知武子,知庄子之子,字子羽。〔2〕厨武子:魏锜,食邑于厨。 〔3〕房:箭房,即箭袋。 〔4〕蒲:蒲柳,是制箭杆的材料。 〔5〕董泽:在今山西闻喜县东北,产蒲。〔6〕胜:尽。既:取。 〔7〕公子谷臣:楚王之子。

及昏,楚师军于邲,晋之余师不能军,宵济,亦终夜有声[1]。

丙辰,楚重至于邲[2],遂次于衡雍[3]。潘党曰:"君盍筑武军[4],而收晋尸以为京观[5]?臣闻克敌必示子孙,以无忘武功。"楚子曰:"非尔所知也。夫文,止戈为武。武王克商,作《颂》曰:'载戢干戈,载櫜弓矢。我求懿德，肆于时夏，允王保之[6]。'又作《武》，其卒章曰：'耆定尔功[7]。'其三曰：'铺时绎思，我徂惟求定[8]。'其六曰：'绥万邦，屡丰年[9]。'夫武，禁暴、戢兵、保大、定功、安民、和众、丰财者也。故使子孙无忘其章。今我使二国暴骨，暴矣；观兵以威诸侯，兵不戢矣。暴而不戢，安能保大？犹有晋在，焉得定功？所违民欲犹多，民何安焉？无德而强争诸侯，何以和众？利人之几[10]，而安人之乱，以为己荣，何以丰财？武有七德，我无一焉，何以示子孙？其为先君宫，告成事而已[11]。武非吾功也。古者明王伐不敬，取其鲸鲵而封之[12]，以为大戮，于是乎有京观，以惩淫慝[13]。今罪无所，而民皆尽忠以死君命，又可以为京观乎？"祀于河，作先君宫，告成事而还。

【注释】
[1]终夜有声：谓军队无法约束，吵闹不停。 [2]重：辎重。 [3]衡雍：在今河南原阳县。 [4]武军：杜注谓军营，或谓即坟墓。 [5]京观：高丘，坟山。 [6]所引诗见《诗·周颂·时迈》。戢，收藏兵器。櫜(gāo)，弓衣，此作动词。肆，陈设。夏，乐歌名。 [7]所引诗见《诗·周颂·武》。耆，致。 [8]所引诗见今《诗·周颂·赉》。铺，今诗作"敷"，布。绎，陈。思，语末助词。徂，往。 [9]所引诗见《诗·周颂·桓》。 [10]几：危。 [11]成事：战胜。 [12]鲸鲵：海中大鱼。此喻指大奸首恶。 [13]淫慝：不敬。

是役也，郑石制实入楚师[1]，将以分郑而立公子鱼臣[2]。辛未，郑杀仆叔及子服。君子曰："史佚所谓毋怙乱者，谓是类也。《诗》曰：'乱离瘼矣，爰其适归[3]？'归于怙乱者也夫！"

【注释】
　　[1]石制：郑大夫，字子服。入楚师：招楚师入郑。　[2]公子鱼臣：字仆叔。　[3]所引诗见《诗·小雅·四月》。瘼，疾苦。

　　郑伯、许男如楚[1]。
　　秋，晋师归，桓子请死，晋侯欲许之。士贞子谏曰[2]："不可。城濮之役，晋师三日谷，文公犹有忧色。左右曰：'有喜而忧，如有忧而喜乎？'公曰：'得臣犹在，忧未歇也。困兽犹斗，况国相乎！'及楚杀子玉，公喜而后可知也，曰：'莫余毒也已。'是晋再克而楚再败也[3]。楚是以再世不竞[4]。今天或者大警晋也，而又杀林父以重楚胜，其无乃久不竞乎？林父之事君也，进思尽忠，退思补过，社稷之卫也，若之何杀之？夫其败也，如日月之食焉，何损于明？"晋侯使复其位。

【注释】
　　[1]郑伯：郑襄公。许男：许昭公。　[2]士贞子：士渥浊，晋大夫。　[3]再克：再次胜利。败其军为一胜，杀其国相为一胜。[4]再世：两世，指成王、穆王两世。不竞：不强。

　　冬，楚子伐萧，宋华椒以蔡人救萧。萧人囚熊相宜僚及公子丙。王曰："勿杀，吾退。"萧人杀之。王怒，遂围萧。萧溃。申公巫臣曰[1]："师人多寒。"王巡三军,拊而勉之。三军之士,皆如挟纩[2]。遂傅于萧。还无社与司马卯言[3],号申叔展[4]。叔展曰:"有麦麹乎[5]?"曰:"无。""有山鞠穷乎[6]?"曰:"无。""河鱼腹疾奈何[7]?"曰:"目于眢井而拯之[8]。""若为茅绖[9],哭井则己[10]。"明日萧溃,申叔视其井,则茅绖存焉,号而出之。

【注释】
〔1〕申公巫臣:申县地方官巫臣,屈氏,故又称屈巫,字子灵。〔2〕纩:丝绵。 〔3〕还无社:萧大夫。司马卯:楚大夫。 〔4〕号:呼。申叔展:楚大夫。 〔5〕麦麹:酿酒的酒母。 〔6〕山鞠穷:即芎藭,草药。按:时两军对垒,不能直言,故问答以隐语。山鞠穷与麦麹代表什么意思,众说不一。或谓二物所以御湿,申叔展暗示他逃泥中以避,而还无社不解,故申叔展进一步以"河鱼腹疾"开导他,无社始明白。〔7〕河鱼腹疾:古习语,譬喻因水湿而得病,暗示无社逃于低湿处。〔8〕眢井:枯井。此是无社明白了对方的话,表示要躲在枯井中。〔9〕茅绖:茅草带子。 〔10〕已:同"已"。

晋原縠、宋华椒、卫孔达、曹人同盟于清丘[1],曰:"恤病讨贰。"于是卿不书,不实其言也[2]。宋为盟故[3],伐陈。卫人救之。孔达曰:"先君有约言焉[4],若大国讨[5],我则死之。"

【注释】
〔1〕原縠:即先縠。 〔2〕不实其言:没实行约言。 〔3〕宋为盟故:因盟有"讨贰"之约,陈贰于晋,所以宋伐之。 〔4〕先君:指卫成公。卫成公与陈共公约好。 〔5〕大国:指晋国。

【译文】

[经]

十二年春,安葬陈灵公。

楚庄王包围郑国。

夏六月乙卯,晋荀林父率领军队在邲地与楚庄王交战,晋国军队大败。

秋七月。

冬十二月戊寅,楚庄王灭亡萧国。

晋国人、宋国人、卫国人、曹国人一起在清丘结盟。

宋国军队攻打陈国,卫国人救援陈国。

[传]

十二年春,楚庄王包围了郑国。过了十七天,郑国人为求和的事占卜,不吉利。又为到太庙去号哭并把兵车陈列在街巷中准备决战而占卜,吉利。城中的人都到太庙号哭,守城的将士也都哭。楚庄王退军,郑国人修筑城墙,楚军再次推进,又包围了都城,攻了三个月,打破了郑都。楚兵从皇门入城,到达大路上。郑襄公光着上身牵着羊去迎接,说:"孤不能顺从天意,没好好事奉君王,使君王带着愤怒来到敝邑,这是孤的罪过,岂敢不一切听从君王的命令?如果把孤俘虏到江南去,安置在海边上,也听从君王的命令。如果灭亡郑国把郑地分割开赐给诸侯,让孤做他们的奴仆,也听从君王的命令。如果承蒙顾念从前的友好关系,为厉王、宣王、桓公、武公求福,不灭亡他们的国家,让我们改而奉事君王,等同于楚国的各县,这是君王的恩惠,也是孤的愿望,但又不敢这样希望。谨此表露心中的话,君王请考虑。"庄王左右随从说:"不能答应他,已得到一个国家就不能再行赦免。"楚庄王说:"他们的国君能够屈居人下,一定能得到人民的信任和使用人民,这个国家恐怕还是有希望的吧?"退军三十里,允许郑国讲和。潘尪进入郑都订立盟约,子良出到楚国做人质。

夏六月,晋国军队救援郑国。荀林父率领中军,先縠辅佐他。士会率领上军,郤克辅佐他。赵朔率领下军,栾书辅佐他。赵括、赵婴齐任中军大夫。巩朔、韩穿任上军大夫。荀首、赵同任下军大夫。韩厥任司马。

到达黄河边，听说郑国已经和楚国讲和，荀林父打算回兵，说："来不及救援郑国而劳师动众，有什么意义？等楚军回国后再去打郑国，也不算迟。"士会说："说的对。我听说用兵打仗，要等待时机然后行动。那个国家德行、刑罚、政令、事务、典则、礼仪都不违背常道，就是不可敌的，不应该和它打仗。楚军讨伐郑国，由于郑国怀有二心而愤恨它，见郑屈服卑下而哀怜它。背叛就讨伐它，顺服就饶恕它，德行、刑罚都具备了。讨伐背叛者，是刑罚；安抚顺服者，是德行。楚国这二者都树立起来了。楚国往年进入陈国，如今又进入郑国，人民不感到疲劳，国君没有受到怨恨，可见政令合乎常道了。列阵出兵，商贩、农民、工匠、店主都没有受影响，兵士间关系和睦，事务就没有差错了。蒍敖担任执政，选用楚国好的法典，军队出动，右军跟随主将的车辕，左军割草以备宿息用，前军举着旄旗开路以防意外，中军制订计谋，后军以精兵断后，各级官员依据象征自己的旌旗指挥行动，军中事务不必等待命令而完备，这是善于运用典则了。他们的国君选拔人才时，同姓中选最近的亲戚，异姓中选阀阅世宦之家。选拔时不遗失有德行的人，赏赐时不漏掉有功劳的人。对老人特别有恩惠，对旅客有赐予。君子和小人，各有规定的衣服色彩。对高贵的人以一定的礼仪以示尊重，对卑贱的人也通过等级规定使他们有所畏服，这样，礼节就没有不顺的了。德行树立，刑罚施行，政令有成，事务合时，典则通行，礼仪顺当，怎么能与他作对？看到有胜利的机会就前进，发觉有困难就后退，这是行军作战的上策。兼并弱小，攻打愚昧，这是用兵的好规则。你姑且整顿军队、筹划用兵的方略吧！另外还有弱小愚昧的国家，何必一定要与楚国交战？仲虺说过：'占取混乱的国家，欺侮要灭亡的国家。'就是指兼并弱小。《汋》诗说：'天子的军队多辉煌，挥兵攻取愚昧昏聩的殷商。'是说攻打愚昧。《武》诗说：'他的功业举世无双。'安抚弱小进攻愚昧，以致力于建功立业，这就可以了。"先縠说："不行。晋国之所以能成为诸侯领袖，是由于军队勇武、臣子尽力。如今失去诸侯，不能说是尽力。有了敌人不去迎战，不能说是勇武。由咱们手中丢掉霸业，还不如死去。而且整顿军队出动,听到敌人强大就撤退,这不是大丈夫的行为。任命为军队的统帅,结果却不像个大丈夫,这只有你们各位愿意这样,我可不干。"就率领中军副将所属的军队渡过了黄河。

荀首说:"这样进兵太危险了。《周易》上有这样的卦象,即从《师》卦☷☷变为《临》卦☷☷,爻辞说:'出兵用律法号令来约束,做不到的有凶险。'执行顺当而获成功是善,反过来就是不善。大众离散便是弱,流水壅塞便成沼泽,有律法指挥三军便如同自己指挥自己一样,所以叫做'律'。执行不善,律法将穷竭无用。从充足到穷竭,阻塞而且不整齐,这就是凶象。不能够流动称为临,有统帅而不服从,还有比这更严重的'临'吗?说的就是这情况了。果真与敌人作战,一定失败,先縠是罪魁祸首。即使他脱身逃回,必然有大的灾祸。"韩厥对荀林父说:"先縠带着部分军队陷敌,你的罪也很大了。你是最高统帅,军队不听命令,这是谁的过错?这次出来失去属国,被歼灭军队,犯的罪过已经很重,还不如进军。就算打了败仗,罪名有人分担,与其你一个人承担罪名,由六个人共同负责,不是好一些吗?"军队就渡过了黄河。楚庄王率兵向北推进,驻扎在郔地。沈尹率领中军,子重率领左军,子反率领右军,打算在黄河饮马后就回国。听到晋军已经渡河,楚庄王打算退兵,他的宠臣伍参主张迎战。令尹孙叔敖反对,说:"我们上年攻入陈国,今年攻入郑国,不是没有战争了。交战后如果不能获胜,就是吃了伍参的肉还不够抵罪呢!"伍参说:"如果作战得胜,那就显出你孙叔没有谋略。不能获胜,我的肉将落入晋军手里,哪轮得到你吃?"孙叔敖下令回车向南、倒转旌旗。伍参对楚庄王说:"晋国的执政官是新近委任的,号令不能施行。他的辅佐先縠刚愎不仁,不肯听从命令。他们的三个统帅,想要专权行事而办不到。想要听从他们的所作所为,那么军中就没有上级,大军听谁的命令呢?这一次,晋军必然失败。再说我们以国君之尊避让别国的臣子,国家如何能受这等耻辱?"楚庄王听了后觉得难堪,就叫孙叔敖转过车辕向北进发,驻扎在管地等待晋军。

晋国军队驻扎在敖、鄗二山之间。郑皇戌出使到晋军中,说:"郑国顺从楚国,是为了保全国家的缘故,没有叛离晋国的意思。

楚国军队屡次获得胜利而骄傲，他们长久在外已经劳累气衰，又不加防备，你们攻击他们，郑国的军队作为后应，楚军必然失败。"先縠说："打败楚国，收服郑国，在此一举了，咱们一定得答应他。"栾书说："楚国自从战胜庸国以来，他们的国君没有一天不在治理国家时教育人民说人民安居乐业不容易，祸患随时会到来，要时刻戒备警惕，不可懈怠。在军队中没有一天不在管理官兵时警诫他们说胜利不能永远保持，纣打了一百次胜仗而最终仍然灭亡，用若敖、蚡冒乘柴车、穿破衣开创山林基业的事迹来教训他们。劝诫大家说：'人民的生计全靠勤劳，勤劳了就不会贫乏。'这就不能说楚国骄傲。先大夫子犯曾经说过：'出兵作战，理直就气壮，理亏的就气衰。'我们的行为不合乎道德，却去和楚国结怨，我们理亏楚国理直，这就不能说楚国气衰。他们国君的卫队分为左右二广，每广有战车一卒三十辆，每卒又分为左右两偏。右广先套车备战，计算时间到中午，左广就接替上去，直到黄昏。左右近臣按次序轮流值夜，以防备意外。这样不能说楚国不加防备。子良，是郑国的贤人。潘尪，是楚国地位崇高的人。潘尪进入郑都订盟，子良在楚国做人质，楚国和郑国关系很密切了。现在郑国来劝我们出击，我们胜了就来归服，我们不胜就投靠楚国，这是拿我们的结果来决定自己的立场，郑国的话不能听从。"赵括、赵同说："率领军队而来，就是找敌人战斗，打败敌人，得到属国，这样的好事不做还等什么？一定要听从先縠的话。"荀首说："赵同、赵括二人，正是自取祸殃啊。"赵朔也说："栾书的话有理！照他的话去做，一定能使晋国国运长久。"

　　楚少宰到晋军中去，说："寡君年轻时遭遇忧患，不善于辞令。听说二位先君在这里来往，是为了教训安定郑国，怎敢得罪晋国？你们各位不要待得太久了。"士会回答说："从前平王命令我们的先君文公说：'和郑国一起辅佐周王室，不要废弃天子的命令。'现在郑国不遵循天子的命令，寡君派下臣们来向郑国问罪，怎么敢有劳贵国候人迎送？谨拜谢贵国国君的命令。"先縠认为这样说是奉承楚国，派赵括追上使者更正说："行人的话不妥当。寡君派下臣们来是要请大国撤离郑国，说：'不要避让敌人。'下臣们不得不执行命令。"

楚庄王又派人向晋军求和，晋国人答应了，已经定了结盟的日期。楚许伯为乐伯驾驭战车，摄叔为车右，向晋军单车挑战。许伯说："我听说单车挑战，飞快地驾车使车上的旌旗斜倒，迫近敌人的营垒然后回来。"乐伯说："我听说单车挑战，车左用好箭射敌，代替驾车的执辔，驾车的下车整理马匹，拨正马颈上的皮带，然后回来。"摄叔说："我听说单车挑战，车右冲入敌营垒，杀死敌人割下耳朵，带着俘虏，然后回来。"三人都按照他们所听说的做了。晋国人追赶他们，左右两角夹攻。乐伯左边射马，右边射人，使两角不能接近，最后只剩下一支箭了。有麋出现在前面，乐伯射麋正中背部。晋鲍癸正在后面追赶，乐伯派摄叔拿着麋献给他，说："因为还没到打猎的时候，应当奉献的禽兽还没送来，谨以此献给您的随从当饭菜。"鲍癸阻止部下不再追赶，说："他们的车左善于射箭，车右善于辞令，都是君子啊。"因此三人都免于被俘。

晋魏锜要求担任公族大夫没有成功，他心中怀怒，想叫晋军吃败仗。他要求单车挑战，没有得到允许。请求出使，被允许了。魏锜就到了楚营，请战以后回来。楚潘党追赶他，到达荧泽，魏锜见到有六只麋跑过，射了一头，回车献给潘党说："足下军务繁忙，可能兽人不能供给足够的新鲜野味，谨以此献给你的部下。"潘党下令离开不再追赶。赵旃要求做卿没能得到，同时对放走了楚国单车挑战的人而感到愤怒，请求带兵向楚挑战，没被允许。请求去召请楚人来会盟，允许了，与魏锜一起接受命令前往。郤克说："这一对愤愤不平的家伙去了，我们不作准备，必定会吃败仗。"先縠说："郑国人劝我们出击，我们不敢听从。楚国人要求讲和，我们不能与他们修好。军中没有一定的主见，多作准备有什么用？"士会说："有备无患。如果二人激怒了楚国，楚军乘势掩杀，我们随时可能被消灭。不如作好防备。楚国人没有恶意，就撤销防备与他们结盟，对两国交好有什么损害？如果他们带着恶意来，我们有了防备就不会失败。再说即使是诸侯间相见，军队的守卫也不撤除，这就是警惕。"先縠不同意。士会派巩朔、韩穿率兵在敖山前设下七处伏兵，所以后来上军没有失败。赵婴齐派他的部下先在河边备下船只，所以后来虽然打败却能先渡过河去。

潘党已经赶走了魏锜，赵旃在夜间到达楚营，铺开席子坐在军门外，派他的手下进入楚营。楚庄王设立乘广，每广三十辆战车，分设左右二广。右广鸡叫时套上车，到日正中时卸车。左广就接替它，到太阳下山时卸车。右广的指挥车由许偃驾御，养由基任车右，左广的指挥车由彭名驾御，屈荡任车右。乙卯，楚庄王乘左广的指挥车追赶赵旃。赵旃丢弃了战车逃进树林，屈荡入林和他搏斗，获得了他的甲裳。晋国人害怕二人激怒楚国军队，派出轺车去接他们。潘党远望飞扬的车尘，派人飞车前往报告说："晋国军队来了。"楚国人也害怕楚庄王进入晋军，就出兵列阵迎战。孙叔敖说："前进。宁可我们先迫近敌人，不要让敌人迫近我们。《诗》说：'战车十辆，冲在前面开道。'就是说要先下手攻敌。《军志》说：'先下手便可以夺去敌人的斗志。'说的是要迫近敌人。"于是便快速进军，战车飞驰，步兵急跑，掩袭晋军。荀林父手足无措，在军中击鼓说："先渡河退回的有赏。"中军、下军抢着上船，船上被砍下的断指可以用手捧起来。

晋军向右移动，上军没有动。工尹齐率领右方阵的士兵追逐晋军的下军。楚庄王派唐狡与蔡鸠居对唐惠侯说："在下德行不够却贪功，因而遇上了强大的敌人，这是在下的罪过。但楚国如果不能取胜，对君王来说也是耻辱，谨借君王的威灵来帮助楚军取得胜利。"派潘党率领机动部队战车四十辆，跟从唐惠侯作为左方阵，以迎战晋军的上军。驹伯说："抵御他们吗？"士会说："楚国军队士气正旺，如果集中兵力对付我们，我军必然会全军覆灭。还不如收兵撤离。分担罪责，保全实力，不也是可以的吗？"亲自为上军作殿后而退兵，没有损失。楚庄王见到右广的战车，准备乘坐，屈荡阻止他说："君王乘坐左广的车开始战斗，也一定要乘坐它凯旋而归。"从此楚国的乘广以左广为先。

晋国人有战车陷在坑里不能前进，楚国人教他们抽掉车前的横木。战车出坑后行不多远，马盘旋不走，楚国人又教他们拔掉大旗、扔掉车轭，这样才逃了出去。晋军回头对楚军说："我们可不像大国多次逃跑，很有经验。"

赵旃用他的两匹好马拉车送走他的哥哥与叔父，自己用别的马拉车逃回，碰上敌人不能逃脱，就扔掉战车逃进树林。逢大夫和他的两个儿子乘一辆车经过，逢大夫吩咐两个儿子别回头看。儿子回头看了说："赵老头在后面。"逢大夫发怒，赶他儿子下车，指着一棵树说："在这里收你们的尸体。"把拉着上车的绳索递给赵旃，赵旃上车，得以逃脱。第二天，逢大夫按照标志去收尸，在那棵树下找到了他两个儿子叠在一起的尸体。

楚熊负羁活捉了知罃。荀首带着他的部族撤回，魏锜为他驾车，下军的将士大多跟着他。荀首每次射箭，抽出箭来，见是好箭，就放进魏锜的箭袋里。魏锜发怒说："不去救自己的儿子却舍不得箭，董泽地方的蒲柳，难道用得尽吗？"荀首说："捉不到敌人的儿子，我的儿子难道能得到吗？这就是我不随意把好箭用掉的缘故。"射连尹襄老，得到他的尸体，就用战车载上。射公子穀臣，把他俘虏了。带着二者回程。

到黄昏，楚军驻扎在邲地，晋国的残兵败卒已列不成队伍，夜里渡河，整整一夜吵闹不停。

丙辰，楚军的辎重到达邲地，军队便移驻衡雍。潘党说："君王何不在这里修筑武军，把晋军的尸体收集起来建立京观？臣子听说战胜了敌人一定要有纪念物让子孙知道，让后代不忘记我们的武功。"楚庄王说："这不是你所知道的。在文字，止戈是武。武王战胜商朝，作《颂》说：'收起干戈，藏好弓箭。我追求美好的德行，遍施于这中原大地，成就王业保封疆。'又作《武》诗，它最后一章说：'巩固政权功绩辉煌。'它的第三章说：'布陈这勤劳的美德加以发扬，我去征讨只是求得天下安定。'它的第六章说：'安抚万邦，常得丰年。'武力，是用来禁止强暴、消弭战争、保持强大、巩固功业、安定人民、调和大众、丰富财物的。所以要让子孙不要忘记他的武功。如今我使得两国将士暴露尸骨，这是强暴了；夸耀武力以威胁诸侯，战争不能消弭了。强暴而又不能消弭战争，怎能够保持强大？还有晋国在，怎么能巩固功业？所做违背人民愿望的还很多，人民怎会安定？没有德行而勉强争取诸侯拥戴，用什么调和大众？利用别人的危难达到自己的目的，坐视别人的动乱，以此为自己的光荣，这怎么能丰富财物？武王有七德，我一种都没有，用什么来昭示子孙？还是修建先君的神庙，报告战争胜利就行了。武力不是我的功勋。古时候贤明的君王讨伐无礼的国家，捕杀它的首恶元凶，筑坟山示众，这是对罪大恶极的人的惩罚，所以就有了京观，以惩罚罪恶。如今晋国的罪恶无法确指，而他们的士兵是尽忠而为执行君王的命令而死，又怎能建造京观呢？"在黄河边祭祀河神，修建先君的神庙，报告战争胜利然后回国。

这次战役，郑石制实是把楚军引入郑国，打算分割郑国，立公子鱼臣为君。辛未，郑国杀死了公子鱼臣和石制。君子说："史佚所说的不要凭借动乱，就是说的这类人。《诗》说：'兵荒马乱心忧苦，何处可去何处可归宿？'这是归罪于靠动乱来谋利的人吧！"

郑襄公、许昭公去楚国。

秋，晋军回到国内，荀林父请求定他死罪，晋景公准备答应他。士渥浊劝谏说："不能这样。城濮战役，晋军胜利后把敌人留下来的粮食吃了三天，文公还是面有忧色。左右的人说：'有了喜事而忧愁，难道有了忧愁的事你才高兴吗？'文公说：'令尹子玉还在，忧愁还不能完结呢。一头野兽被围逼得紧了还要作垂死的争斗，何况是一个国家的执政呢！'等到楚国杀死了子玉，文公高兴的样子可以想象得到，他说：'再没有人来害我们了。'这犹同晋国再次获胜而楚国再次失败，楚国因此经历了两代国君都不能强盛。如今上天或许是要大大地警戒晋国一下，但再杀死林父以让楚国再胜一次，恐怕晋国也会长久不能强盛了吧。林父事奉国君，进而想着竭尽忠诚，退而想着补救过失，是国家的卫士，怎么可以杀死他？他的战败，就好像日月有蚀，哪里会损害他的光明？"晋侯让荀林父恢复了原来的职位。

冬，楚庄王攻打萧国。宋华椒率领蔡国军队救援萧国。萧国人俘禁了熊相宜僚与公子丙。楚庄王说："别杀他们，我退兵。"萧国人杀了二人。楚庄王发怒，就包围了萧国。萧国人溃散。申公巫臣说："军中士兵们大多感到很冷。"楚庄王巡视了三军，抚摩并勉励士兵们。三军的士兵，都好像披上了丝绵。军队就前进迫近萧国。还无社对司马卯说，把申叔展喊出来。叔展说："你有麦麹吗？"回答说："没有。""有山鞠穷吗？"回答说："没有。"

"得了风湿疾病怎么办?"回答说:"注意观察枯井便可救它。"申叔展说:"你在井上放根茅草带子,在井上哭一场就成了。"第二天萧国崩溃。申叔见到有口井,上放着茅草带子,就放声号哭,把还无社救了出来。

晋先縠、宋华椒、卫孔达、曹国人一起在清丘结盟,盟誓说:"周济有困难的国家,讨伐不顺服的国家。"对这次盟会《春秋》没有记载这些卿的姓名,是因为他们没有实行约言。宋国为实行盟约的缘故,攻打陈国。卫国人救援陈国。孔达说:"先君对陈国有过约言,如果大国因此来攻打我们,我就为此而死。"

宣公十三年

[经]

十有三年春[1]，齐师伐莒。

夏，楚子伐宋[2]。

秋，螽。

冬，晋杀其大夫先縠[3]。

【注释】

〔1〕十有三年：公元前596年。 〔2〕楚子：楚庄王。 〔3〕杜注云："书名，以罪讨。"

[传]

十三年春，齐师伐莒，莒恃晋而不事齐故也。

夏，楚子伐宋，以其救萧也。君子曰："清丘之盟，唯宋可以免焉。"

秋，赤狄伐晋，及清[1]，先縠召之也[2]。

冬，晋人讨邲之败，与清之师，归罪于先縠而杀之，尽灭其族。君子曰："恶之来也[3]，己则取之，其先縠之谓乎！"

【注释】

〔1〕清：即清原，见僖公三十一年注。 〔2〕先縠召之：杜注谓"邲战不得志，故召狄欲为变。" 〔3〕恶：刑戮。

清丘之盟，晋以卫之救陈也讨焉[1]。使人弗去，曰："罪无所归，将加而师[2]。"孔达曰："苟利社稷，请以我说[3]，罪我之由。我则为政而亢大国之讨[4]，将以谁任？我则死之。"

【注释】

〔1〕讨：责问。晋国根据清丘之盟以责备卫国。 〔2〕而：同"尔"。 〔3〕请以我说：请以我为解。 〔4〕亢：当。

【译文】

[经]

十三年春，齐国军队攻打莒国。

夏，楚庄王攻打宋国。

秋，发生蝗灾。

冬，晋国杀死他的大夫先縠。

[传]

十三年春，齐国军队攻打莒国，是因为莒国依仗着与晋关系密切而不事奉齐国的缘故。

夏，楚庄王攻打宋国，因为宋国援救萧国的缘故。君子说："清丘会盟，只有宋国可以免于受讥刺。"

秋，赤狄攻打晋国，到达清地，是先縠把他们召来的。

冬，晋国人追究邲地战败的原因和清地战役的罪责，归罪于先縠而把他杀了，灭绝了他的族人。君子说："刑戮的到来，是自己找的，这说的就是先縠吧！"

根据清丘盟约,晋国因为卫国救援陈国对卫国加以责备。晋国的使者不肯离开,说:"没有人承担罪名,将要对你们诉诸武力。"孔达说:"只要对国家有利,请以我塞责,罪过由我引起。我作为执政而面对大国的责备,能把罪名推给谁?我愿为此而死。"

宣公十四年

[经]

十有四年春[1],卫杀其大夫孔达。

夏五月壬申,曹伯寿卒。

晋侯伐郑[2]。

秋九月,楚子围宋[3]。

葬曹文公。

冬,公孙归父会齐侯于穀[4]。

【注释】

〔1〕十有四年:公元前595年。〔2〕晋侯:晋景公。〔3〕楚子:楚庄王。〔4〕齐侯:齐顷公。穀:见庄公七年注。

[传]

十四年春,孔达缢而死。卫人以说于晋而免。遂告于诸侯曰:"寡君有不令之臣达[1],构我敝邑于大国,既伏其罪矣,敢告。"卫人以为成劳[2],复室其子[3],使复其位。

【注释】

〔1〕不令:不善。 〔2〕成劳:旧勋。指助卫成公复国。 〔3〕室:以女妻之。

夏,晋侯伐郑,为邲故也。告于诸侯,蒐焉而还[1]。中行桓子之谋也[2],曰:"示之以整[3],使谋而来[4]。"郑人惧,使子张代子良于楚[5]。郑伯如楚[6],谋晋故也。郑以子良为有礼,故召之。

【注释】

〔1〕蒐:检阅车马。 〔2〕中行桓子:荀林父。 〔3〕整:队伍齐整,军纪严明。 〔4〕使谋而来:让郑自己考虑来从晋。 〔5〕子张:穆公孙,即公孙黑肱。 〔6〕郑伯:郑襄公。

楚子使申舟聘于齐,曰:"无假道于宋[1]。"亦使公子冯聘于晋,不假道于郑。申舟以孟诸之役恶宋[2],曰:"郑昭宋聋[3],晋使不害,我则必死。"王曰:"杀女,我伐之。"见犀而行[4]。及宋,宋人止之,华元曰:"过我而不假道,鄙我也[5]。鄙我,亡也。杀其使者必伐我,伐我亦亡也。亡一也。"乃杀之。楚子闻之,投袂而起[6],屦及于窒皇[7],剑及于寝门之外,车及于蒲胥之市[8]。秋九月,楚子围宋。

【注释】

〔1〕假道:借路。无假道,即不打招呼,径趋而过。 〔2〕孟诸之役:事见文公十年。时宋公导楚穆王在孟诸打猎,宋公违命,申舟鞭其仆。 〔3〕昭:眼明。此与下聋借指处事方法,言郑国解事,懂得权衡利害,宋国则否。 〔4〕犀:申舟之子。 〔5〕鄙我:以我为边鄙县邑。

〔6〕投袂：即奋袂，甩衣袖。　〔7〕窒皇：路寝前之庭。　〔8〕蒲胥：地名，为楚都之市。

冬，公孙归父会齐侯于穀。见晏桓子[1]，与之言鲁乐[2]。桓子告高宣子曰[3]："子家其亡乎[4]，怀于鲁矣[5]。怀必贪，贪必谋人。谋人，人亦谋己。一国谋之，何以不亡？"

【注释】
〔1〕晏桓子：名弱，齐大夫，晏婴之父。　〔2〕鲁乐：在鲁的快乐。〔3〕高宣子：齐卿高固。　〔4〕子家：归父字。　〔5〕怀：留恋宠信。

孟献子言于公曰[1]："臣闻小国之免于大国也[2]，聘而献物，于是有庭实旅百[3]；朝而献功[4]，于是有容貌采章[5]，嘉淑而有加货[6]，谋其不免也。诛而荐贿[7]，则无及也。今楚在宋，公其图之。"公说。

【注释】
〔1〕孟献子：仲孙蔑。　〔2〕免：免罪。　〔3〕庭实旅百：指所献的礼物。见庄公十二年注。　〔4〕献功：献治国征伐之功。　〔5〕容貌采章：指充作装饰的玄纁玑组、羽毛齿革等物。　〔6〕嘉淑：美好。加货：常额外的礼物。　〔7〕荐：进。

【译文】
[经]
十四年春，卫国杀死它的大夫孔达。
夏五月壬申，曹文公寿去世。
晋景公攻打郑国。

秋九月，楚庄王包围宋国。
安葬曹文公。
冬，公孙归父在穀地会见齐顷公。

[传]

十四年春，孔达自缢而死。卫国人以此向晋国交代而免于被讨伐。于是就通告诸侯说："寡君有不肖臣子孔达，在敝邑与大国之间制造事端，现在已经伏罪了，谨此通告。"卫国人因为孔达对卫国有功劳，为他儿子娶妻，让他继承孔达的职务。

夏，晋景公攻打郑国，是为了郔地战役的缘故。晋国通告诸侯，举行阅兵后回国。这是荀林父的计谋，他说："让他们看到我军队伍齐整，使他们自觉考虑来顺从我们。"郑国人害怕，派子张去楚国代替子良为人质。郑襄公去楚国，是为了商量对付晋国。郑国因为子良有礼，所以召他回国。

楚庄王派遣申舟去齐国聘问，对他说："不要向宋国借路。"又派遣公子冯去晋国聘问，也不向郑国借路。申舟因为孟诸之役中得罪了宋国，说："郑国人明白懂事，宋国人昏聩糊涂，去晋国的使者不会被伤害，我却一定会被杀死。"楚庄王说："如果杀了你，我就出兵去攻打他。"申舟把自己的儿子申犀引见给楚庄王然后出行。到了宋国，宋国人拦住他不让通过。华元说："经过我国国境却不借路，是把我国当作他们的属县。把我们当作他们的属县，就等于是亡国。杀死他的使者一定会来攻打我们，攻打我国的结果也是亡国。反正一样是亡国。"于是杀死了申舟。楚庄王听说了，拂袖而起，往外便走，侍从追着送鞋给他，到前庭才赶上；送剑的追到寝宫门外才送上；备车的追到蒲胥市上才让他坐上车。秋九月，楚庄王包围了宋国。

冬，公孙归父与齐顷公在穀地相会。见到晏桓子，对他谈起自己在鲁国的种种快乐。桓子告诉高宣子说："公孙归父恐怕会逃离鲁国了，他怀恋鲁国对他的宠信。怀恋必然会贪婪，贪婪必然会谋害别人。谋害别人，别人也会谋害他。一国的人一起对付他，他怎能不被迫逃走？"

孟献子对宣公说："臣子听说小国能免于被大国怪罪，是去聘问而献上礼物，因此就有陈列在庭中的礼物上百件；去朝见而进献功劳，因此就有光彩华丽的装饰品，美好而且还有常额外的礼品，这是为了谋求免除不能赦免的罪过。当大国责备你再献上财礼，就来不及了。如今楚王在宋国，君王应该计划一下。"宣公觉得他说的对。

宣公十五年

[经]

十有五年春[1],公孙归父会楚子于宋[2]。

夏五月,宋人及楚人平。

六月癸卯,晋师灭赤狄潞氏[3],以潞子婴儿归[4]。

秦人伐晋。

王札子杀召伯、毛伯[5]。

秋,螽。

仲孙蔑会齐高固于无娄[6]。

初税亩[7]。

冬,蝝生[8]。

饥。

【注释】

〔1〕十有五年:公元前594年。 〔2〕楚子:楚庄公。 〔3〕潞:国名,赤狄之别种,故称氏。其地当在今山西潞城县东北。 〔4〕子:对夷狄之国国君的统称。 〔5〕王札子:即王子捷。召伯、毛伯:皆周卿士。 〔6〕无娄:不详今所在。 〔7〕初税亩:开始按田亩征税。在此以前,施行井田制,有公田,有私田。农奴役于公田,不得报酬,称藉。从此,鲁国废除井田制,承认土地私有权,一律征税。 〔8〕蝝(yuán):还没生出翅膀的蝗虫幼虫。

[传]

　　十五年春，公孙归父会楚子于宋。宋人使乐婴齐告急于晋。晋侯欲救之。伯宗曰[1]："不可。古人有言曰：'虽鞭之长，不及马腹。'天方授楚，未可与争。虽晋之强，能违天乎？谚曰：'高下在心[2]。'川泽纳污[3]，山薮藏疾[4]，瑾瑜匿瑕[5]，国君含垢[6]，天之道也，君其待之。"乃止。使解扬如宋[7]，使无降楚，曰："晋师悉起，将至矣。"郑人囚而献诸楚，楚子厚赂之，使反其言，不许，三而许之。登诸楼车[8]，使呼宋人而告之。遂致其君命[9]。楚子将杀之，使与之言曰："尔既许不穀而反之，何故？非我无信，女则弃之，速即尔刑。"对曰："臣闻之，君能制命为义[10]，臣能承命为信，信载义而行之为利[11]。谋不失利，以卫社稷，民之主也。义无二信，信无二命。君之赂臣，不知命也。受命以出，有死无霣[12]，又可赂乎？臣之许君，以成命也。死而成命，臣之禄也[13]。寡君有信臣，下臣获考死[14]，又何求？"楚子舍之以归。

【注释】

　　[1]伯宗：晋大夫。　[2]高下在心：谓处理事情高下屈伸，都在乎心中有数。意为劝晋侯忍耐慎重。　[3]污：污垢。　[4]薮：草野。疾：指毒害人的虫蛇。　[5]瑾瑜：均为美玉。　[6]含垢：忍受耻辱。[7]解扬：晋壮士，字子虎。　[8]楼车：装有望敌楼的兵车。[9]致：传达。　[10]制命：制定发布正确的命令。　[11]信载义：以信实去承受道义。　[12]霣：同"陨"，毁弃。　[13]禄：福。[14]考：成。考死，谓完成命令而死。即死得其所。

夏五月,楚师将去宋。申犀稽首于王之马前,曰:"毋畏知死而不敢废王命[1],王弃言焉。"王不能答。申叔时仆[2],曰:"筑室反耕者[3],宋必听命。"从之。宋人惧,使华元夜入楚师,登子反之床[4],起之曰:"寡君使元以病告,曰:'敝邑易子而食,析骸以爨。虽然,城下之盟,有以国毙,不能从也。去我三十里,唯命是听。'"子反惧,与之盟而告王。退三十里。宋及楚平,华元为质。盟曰:"我无尔诈,尔无我虞。"

【注释】

〔1〕毋畏:申毋畏,即申舟。 〔2〕申叔时:楚大夫。仆:驾车。〔3〕筑室:建筑房舍。反耕者:叫回耕田的农民。这样做表示楚国将长久留在此地。 〔4〕子反:楚主将公子侧。

潞子婴儿之夫人,晋景公之姊也。酆舒为政而杀之[1],又伤潞子之目。晋侯将伐之,诸大夫皆曰:"不可。酆舒有三俊才[2],不如待后之人。"伯宗曰:"必伐之。狄有五罪,俊才虽多,何补焉?不祀,一也。耆酒[3],二也。弃仲章而夺黎氏地[4],三也。虐我伯姬[5],四也。伤其君目,五也。怙其俊才[6],而不以茂德[7],滋益罪也。后之人或者将敬奉德义以事神人,而申固其命[8],若之何待之?不讨有罪,曰'将待后,后有辞而讨焉',毋乃不可乎?夫恃才与众,亡之道也。商纣由之,故灭。天反时为灾,地反物为妖,民反德为乱,乱则妖灾生。故文反正为乏[9]。尽在狄矣。"晋侯从之。六月癸卯,晋荀林父败赤狄于曲梁[10]。辛亥,灭潞。酆舒奔卫，卫人归诸晋，晋人杀之。

【注释】
〔1〕酆舒：潞国大臣。〔2〕俊才：才艺胜人者。〔3〕耆：同"嗜"。〔4〕仲章：杜注谓潞国的贤人。黎氏：黎国，地在今山西长治市西南，后徙黎城县。〔5〕虐：即杀。〔6〕怙：恃，凭藉。〔7〕茂德：美德、盛德。〔8〕申固其命：使国运固强。〔9〕文：文字。反正为乏：小篆正作正，乏作丏，其形似反。〔10〕曲梁：在今山西潞城县。

王孙苏与召氏、毛氏争政，使王子捷杀召戴公及毛伯卫。卒立召襄〔1〕。

秋七月，秦桓公伐晋，次于辅氏〔2〕。壬午，晋侯治兵于稷以略狄土〔3〕，立黎侯而还。及洛〔4〕，魏颗败秦师于辅氏。获杜回，秦之力人也。

【注释】
〔1〕召襄：召戴公之子。〔2〕辅氏：晋地，在今陕西大荔县东。〔3〕稷：晋地，在今山西稷山县南。略：强取。〔4〕洛：在陕西大荔县东南。

初，魏武子有嬖妾〔1〕，无子。武子疾，命颗曰："必嫁是。"疾病〔2〕，则曰："必以为殉。"及卒，颗嫁之，曰："疾病则乱，吾从其治也〔3〕。"及辅氏之役，颗见老人结草以亢杜回〔4〕，杜回踬而颠〔5〕，故获之。夜梦之曰："余，而所嫁妇人之父也。尔用先人之治命，余是以报。"

【注释】

〔1〕魏武子：魏犨，魏颗之父。 〔2〕疾病：病危。 〔3〕乱：神智不清。 〔4〕治：神智清醒。 〔5〕亢：遮拦。 〔6〕踬：绊，行时遇阻碍。

晋侯赏桓子狄臣千室[1]，亦赏士伯以瓜衍之县[2]。曰："吾获狄土，子之功也。微子，吾丧伯氏矣[3]。"羊舌职说是赏也[4]，曰："《周书》所谓'庸庸祗祗'者[5]，谓此物也夫[6]。士伯庸中行伯，君信之，亦庸士伯，此之谓明德矣。文王所以造周，不是过也。故《诗》曰：'陈锡载周[7]。'能施也。率是道也[8]，其何不济？"

【注释】

〔1〕狄臣：狄人的奴隶。 〔2〕士伯：士渥浊，曾谏杀荀林父。瓜衍：在今山西孝义县。 〔3〕伯氏：荀林父。 〔4〕羊舌职：晋大夫，叔向之父。说：解说。 〔5〕所引《周书》见《书·康诰》。庸，用。祗，敬。 〔6〕物：类。 〔7〕所引诗见《诗·大雅·文王》。陈，布。锡，赐。载，创始。 〔8〕率：遵循。

晋侯使赵同献狄俘于周，不敬。刘康公曰[1]："不及十年，原叔必有大咎[2]，天夺之魄矣。"

初税亩，非礼也。谷出不过藉[3]，以丰财也。

冬，蝝生，饥。幸之也[4]。

【注释】

〔1〕刘康公：王季子。 〔2〕原叔：赵同。 〔3〕藉：赋税。旧井田法用藉法，即农奴无偿耕公田，私田纳税，公田不纳。故《诗·大雅·

韩奕》云："实墉实壑，实亩实籍。" 〔4〕幸之：何以幸之，不详。杜注谓"未为灾，而书之者，幸其冬生，不为物害"。

【译文】

[经]

十五年春，公孙归父与楚庄王在宋国相会。
夏五月，宋国人与楚国人讲和。
六月癸卯，晋国军队灭亡赤狄潞氏，把潞君婴儿带回国。
秦国人攻打晋国。
王札子杀死召伯、毛伯。
秋，发生蝗灾。
仲孙蔑在无娄与齐高固相会。
开始按田亩多少征税。
冬，蝗虫的幼虫遍生。
发生饥荒。

[传]

十五年春，公孙归父与楚庄王在宋国相会。宋国人派乐婴齐去晋国告急。晋景公准备救援宋国。伯宗说："不行。古人有句话说：'鞭子虽长，但够不到马肚子。'上天正保佑楚国，不能和他争斗。晋国虽然强大，能违背天意吗？谚语说：'高低上下，都在心里。'河流湖泊里容纳污泥浊水，山林草野中隐藏着毒虫长蛇，美玉上隐匿着斑点，国君要忍受耻辱，这是上天的常道，君王还是等待着吧。"于是停止发兵。晋景公派解扬到宋国去，叫宋国不要投降楚国，说："晋军倾国而出，快要到达了。"路过郑国，郑国人把解扬囚禁起来献给楚国，楚庄王送给他许多财物，叫他说相反的话。解扬不答应，再三强迫，他才同意了。楚国人让解扬登上楼车，叫他向宋国人喊话，告诉他们晋兵不来。解扬就乘机传达了晋景公的命令。楚庄王将要杀死他，派人对他说："你既然已经答应了我却又反过来说，是什么缘故？不是我不讲信用，是你丢弃了信用，快去接受你应受的刑罚。"解扬回答说："臣子听说，君王能制定正确的命令就是义，臣子能接受命令就是信，以信用去承受道义然后去执行就是利益。谋划能够不损害利益，以此保卫国家，这就是百姓的主人。从道义不允许有两种信用，从信用不允许接受两方面的命令。君王收买臣子，是不懂得怎样接受命令的道理。接受了命令出使，宁死也不会毁弃使命，难道会让人家收买吗？臣子所以答应君王，正是为了完成使命。牺牲生命而能完成使命，这是臣子的福气。寡君有守信的臣子，下臣能完成命令而死，还有什么要求？"楚庄王赦免了他，放他回国。

夏五月，楚国军队准备离开宋国。申犀在楚庄王马前叩头说："毋畏知道一定会死而不敢废弃君王的命令，君王丢弃自己的诺言了。"楚庄王无言可答。申叔时正为庄王驾车，说："建筑房舍，叫回耕田的农民，宋国一定会听从命令。"楚庄王照他的话做了。宋国人害怕，派华元夜里潜入楚军中，登上子反的床，把他叫起来，说："寡君派我把我们的困境告诉你，说：'敝邑互相交换儿子杀了吃，拆开尸骨当柴烧。即使这样，城下之盟，宁可让国家灭亡，也不肯订立。你们退兵三十里，宋国将完全听你们的命令。'"子反害怕，与华元盟誓后报告了楚庄王。楚军后退三十里。宋国与楚国讲和，华元作为人质。盟词说："我不欺骗你，你不欺骗我。"

潞君婴儿的夫人，是晋景公的姐姐。酆舒执政把她杀了，又伤了潞君的眼睛。晋景公准备攻打他，大夫们都说："不行。酆舒有三项出众的才能，不如等待他的后任。"伯宗说："一定要攻打他。狄人有五条罪状，出众的才能虽多，有什么帮助？不祭祀，这是一。嗜酒，这是二。废弃仲章而夺取黎国的土地，这是三。杀了我们的伯姬，这是四。伤了他的国君的眼睛，这是五。凭仗着自己出众的才能，而不用美德，这更滋长了罪孽。他的继任或者将会敬奉德义以事奉神明，而使国运巩固，到时又怎么对待他？不讨伐有罪的人，却说'将要等待他的后任，以后有理由了再去讨伐'，恐怕是不行的吧？凭仗着才能与人多，是亡国之道。商纣由于这样，所以灭亡。天违反时令便成灾害，地违反物性便成妖异，人民违反道德便是祸乱，有了祸乱便会产生妖异灾难。所以文字把正字反过来就成了乏字。这些狄人都存在了。"晋景公听从了他的话。六月癸卯，晋荀林父在曲梁打败了赤狄。辛亥，灭亡了潞国。酆舒逃到卫国，卫国人把他押送到晋国，晋国人杀死了他。

王孙苏和召氏、毛氏争做执政，派王子捷杀死召戴公与毛伯卫。最终立了召襄。

秋七月，秦桓公攻打晋国，驻扎在辅氏。壬午，晋景公在稷地举行军事演习，强行占取了狄人的土地，立了黎侯后回返。到达洛地，魏颗在辅氏打败秦国军队，俘虏了杜回，他是秦国的力士。

起初，魏武子有宠妾，没有生儿子。武子生病，命魏颗说："我死后你一定要把她嫁出去。"到病危时，又说："一定要把她殉葬。"到魏武子死后，魏颗把她嫁了，说："病重时神智昏乱，我听从他清醒时的话。"到了辅氏这一役，魏颗见到有个老人把草打成结来遮拦杜回，杜回被绊倒在地，所以把他俘虏了。夜里，魏颗梦见老人说："我是你所嫁女子的父亲。你执行你先人清醒时的命令，我以此作为报答。"

晋景公赏赐给荀林父狄人的奴隶一千户，也赏赐给士渥浊瓜衍县城，说："我获得狄人的土地，是你的功劳。没有你，我就失去了荀林父。"羊舌职对这次赏赐解释说："《周书》所说的'使用可用的人，尊敬可尊敬的人'，就是说的这类事。士渥浊以为荀林父可用，君王相信他的话，同时也任用士渥浊，这就称作明德。文王所以创建周朝，也没超过这些。因此《诗》说：'把利益赐给天下，创立了周朝。'这是说周文王能够施予。遵循这个法则，有什么事办不成呢？"

晋景公派遣赵同到周朝进献俘虏的狄人，赵同不恭敬。刘康公说："不出十年，赵同一定有大灾难，上天已经夺去他的魂魄了。"

开始按田亩多少征税，这是不合乎礼的。所征的谷子不应超出赋税的规定，这是为了使财产丰富。

冬，蝗虫的幼虫遍生，发生饥荒。《春秋》记载此事，是表示庆幸。

宣公十六年

[经]

十有六年春[1],王正月,晋人灭赤狄甲氏及留吁[2]。

夏,成周宣榭火[3]。

秋,郯伯姬来归。

冬,大有年。

【注释】

〔1〕十有六年:公元前593年。 〔2〕甲氏、留吁:赤狄别种。〔3〕宣榭:周台榭名。

[传]

十六年春,晋士会帅师灭赤狄甲氏及留吁、铎辰[1]。三月,献狄俘。晋侯请于王,戊申,以黻冕命士会将中军[2],且为大傅[3]。于是晋国之盗逃奔于秦。羊舌职曰:"吾闻之,禹称善人,不善人远,此之谓也夫。《诗》曰:'战战兢兢,如临深渊,如履薄冰[4]。'善人在上也。善人在上,则国无幸民[5]。谚曰:'民之多幸，国之不幸也。'是无善人之谓也。"

【注释】

〔1〕铎辰：留吁之属。居今山西潞城县、屯留县一带。 〔2〕黼冕：黼为有青黑花纹绣的衣服，冕为礼帽。二者为卿大夫礼服。 〔3〕大傅：太傅，主刑礼之官。 〔4〕所引诗见《诗·小雅·小旻》。战战兢兢，恐惧戒慎貌。 〔5〕幸民：希图侥幸躲避刑法之人。

夏，成周宣榭火，人火之也。凡火，人火曰火，天火曰灾。

秋，郯伯姬来归，出也。

为毛、召之难故[1]，王室复乱。王孙苏奔晋[2]，晋人复之。

【注释】

〔1〕毛、召之难：见去年传。 〔2〕王孙苏奔晋：杜注云"毛、召之党欲讨苏氏，放出奔"。

冬，晋侯使士会平王室，定王享之，原襄公相礼[1]，殽烝[2]。武子私问其故。王闻之，召武子曰[3]："季氏，而弗闻乎？王享有体荐[4]，宴有折俎[5]。公当享，卿当宴，王室之礼也。"武子归而讲求典礼，以修晋国之法。

【注释】

〔1〕原襄公：周大夫。相礼：襄助礼仪。古行朝聘、盟会、享谦、祭祀等礼仪，必有人为相。 〔2〕殽烝：祭祀、宴会杀牲以置于俎曰烝。全只牲畜而不煮熟，称全烝，祭天用之。半只称房蒸。节解牲体连肉带

骨而置于俎称殽烝，殽烝煮熟可食用。〔3〕武子：即士会，谥武，字季。〔4〕体荐：即房烝。〔5〕折俎：即殽烝。

【译文】

[经]

十六年春，周历正月，晋国人灭亡赤狄甲氏及留吁。
夏，周东都宣榭着火。
秋，郯伯姬回到国内。
冬，大丰收。

[传]

十六年春，晋士会率领军队灭亡了赤狄甲氏及留吁、铎辰。三月，向周朝献上俘虏的狄人。晋景公请示了周天子，戊申，把黻冕赐给士会命他率领中军，并担任太傅。这时候，晋国的盗贼都逃奔到秦国去。羊舌职说："我听说，禹荐举善人，不善的人都避到远方去，说的就是这种情况吧！《诗》说：'战战兢兢过日子，如同面对深渊，又像脚踩薄冰。'这是因为善人在上执政。善人在上执政，国中就没有心存侥幸的刁民。谚语说：'人民多存侥幸，就是国家的不幸。'这是说的没有善人的情况。"

夏，周东都宣榭着火，是人为使它着火的。凡着火，人为的称做火，天降的称作灾。

秋，郯伯姬回到国内，这是被休弃。

为了毛氏、召氏祸乱的缘故，周王室再次发生动乱。王孙苏逃到晋国，晋国人让他回朝复位。

冬，晋景公派遣士会去调和王室间的争斗。周定王设享礼招待他，原襄公任相礼，上殽烝。士会悄悄问这是什么缘故。周定王听见了，召唤士会到跟前说："季氏，你没有听说吗？天子设享礼有体荐，设宴会有折俎。诸侯当设享礼招待，卿该设宴会招待，这是王室的礼仪。"士会回国后就讲求典章礼仪，以修明晋国的法度。

宣公十七年

[经]

十有七年春[1],王正月庚子,许男锡我卒。

丁未,蔡侯申卒。

夏,葬许昭公。

葬蔡文公。

六月癸卯,日有食之。

己未,公会晋侯、卫侯、曹伯、邾子同盟于断道[2]。

秋,公至自会。

冬十有一月壬午,公弟叔肸卒。

【注释】

〔1〕十有七年:公元前592年。 〔2〕晋侯:晋景公。卫侯:卫穆公。曹伯:曹宣公。断道:晋地,今不详确切地点。

[传]

十七年春,晋侯使郤克征会于齐[1]。齐顷公帷妇人[2],使观之。郤子登,妇人笑于房[3]。献子怒[4],

出而誓曰："所不此报[5]，无能涉河！"献子先归，使栾京庐待命于齐，曰："不得齐事，无复命矣。"郤子至，请伐齐，晋侯弗许；请以其私属[6]，又弗许。

【注释】
〔1〕征：召。〔2〕帷：以布帛作屏障。妇人：指齐顷公母萧同叔子。〔3〕笑于房：郤克是跛子，故当其登阶时妇人笑之。〔4〕献子：即郤克。〔5〕所：如果。〔6〕私属：家族。

齐侯使高固、晏弱、蔡朝、南郭偃会[1]。及敛盂[2]，高固逃归[3]。夏，会于断道，讨贰也。盟于卷楚[4]，辞齐人[5]。晋人执晏弱于野王[6]，执蔡朝于原[7]，执南郭偃于温[8]。苗贲皇使[9]，见晏桓子，归，言于晋侯曰："夫晏子何罪？昔者诸侯事吾先君，皆如不逮，举言群臣不信[10]，诸侯皆有贰志。齐君恐不得礼，故不出，而使四子来。左右或沮之，曰：'君不出，必执吾使。'故高子及敛盂而逃。夫三子者曰：'若绝君好，宁归死焉。'为是犯难而来。吾若善逆彼以怀来者[11]，吾又执之，以信齐沮，吾不既过矣乎？过而不改，而又久之[12]，以成其悔，何利之有焉？使反者得辞[13]，而害来者，以惧诸侯，将焉用之？"晋人缓之，逸[14]。

秋八月，晋师还[15]。

【注释】
〔1〕高固：即高宣子。晏弱：即晏桓子。〔2〕敛盂：卫地，在今河

南濮阳县东。〔3〕高固逃归：杜注："闻郤克怨故。"〔4〕卷楚：杜注谓即断道。〔5〕辞：拒绝。〔6〕野王：在今河南沁阳县。〔7〕原：在今河南济源县北。〔8〕温：在今河南温县。〔9〕苗贲皇：楚鬥椒之子，逃至晋，晋以苗邑与之居住，遂仕于晋。〔10〕举：皆。〔11〕若：应该。〔12〕久之：久执之。〔13〕反者：指高固。〔14〕逸：逃归。下年传有"蔡朝、南郭偃逃归"句，知此逃者仅晏弱一人。〔15〕晋师：参加会盟的军队。

范武子将老[1]，召文子曰[2]："燮乎！吾闻之，喜怒以类者鲜[3]，易者实多[4]。《诗》曰：'君子如怒，乱庶遄沮；君子如祉，乱庶遄已[5]。'君子之喜怒，以已乱也。弗已者，必益之。郤子其或者欲已乱于齐乎？不然，余惧其益之也。余将老，使郤子逞其志[6]，庶有豸乎[7]？尔从二三唯敬。"乃请老，郤献子为政。

【注释】
　〔1〕范武子：即士会，初封随，改封范。〔2〕文子：士燮。士会之子。〔3〕类：合乎礼法。〔4〕易：反其道。〔5〕所引诗见《诗·小雅·巧言》。遄沮，速止。祉，喜。已，止。〔6〕逞其志：满足他的心愿。〔7〕豸：解。言患乱得解。

　　冬，公弟叔肸卒。公母弟也。凡大子之母弟，公在曰公子，不在曰弟。凡称弟，皆母弟也。

【译文】
　　[经]
　　十七年春，周历正月庚子，许昭公锡我去世。
　　丁未，蔡文公申去世。
　　夏，安葬许昭公。

安葬蔡文公。

六月癸卯，发生日食。

己未，宣公会合晋景公、卫穆公、曹宣公、邾子一起在断道结盟。

秋，宣公从盟会回国。

冬十一月壬午，宣公弟叔肸去世。

[传]

十七年春，晋景公派遣郤克到齐国召请齐顷公参加盟会。齐顷公张布帷幕，让妇人藏在帷幕后偷看。郤克登上台阶，妇人们在廊房中哄笑。郤克发怒，出来后发誓说："如果不报这耻辱，就不能渡过黄河！"郤克先回国，派栾京庐在齐国等待齐顷公的决定，说："没能完成到齐国来的使命，你就不要回国复命。"郤克回到晋国，请求攻打齐国，晋景公不答应；他请求带领自己族人去，景公仍然不同意。

齐顷公派高固、晏弱、蔡朝、南郭偃参加会盟。行到敛盂，高固逃了回去。夏，在断道相会，商议讨伐不顺从晋国的国家。在卷楚结盟，晋国拒绝齐国人参加。晋国人在野王拘留了晏弱，在原地拘留了蔡朝，在温地拘留了南郭偃。苗贲皇出使，经过野王，见到晏弱，回到都城后，对晋景公说："晏子有什么罪过？过去诸侯事奉我们的先君，都唯恐有什么事没做好，都说是因为晋国的臣子们不讲信用，所以诸侯都有背弃我们的意思。齐国的国君恐怕得不到礼遇，所以不出行，而派四位大夫来。他的左右随从有人阻止，说：'君王不出行，他们一定会把我们的使者抓起来。'所以高固到了敛盂而逃回去。这三个人说：'如果因为我们而断绝了两国国君的友好关系，宁可回国被处死。'因此他们甘愿冒着危险而来。我们应该好好迎接他们以此安抚前来的人，我们却把他们抓了起来，以证实齐国劝阻他们来的人是正确的，我们不是已经做错了吗？有了过错却不改正，又久久不肯放他们，以造成他们的后悔，这有什么好处呢？使得逃回去的人有理由解释，而伤害前来的人，让诸侯畏惧，这有什么用？"晋国人因此放松了对他们的看管，晏弱逃了回去。

秋八月，晋军返回。

士会准备告老退休，把士燮叫来说："燮啊！我听说，喜怒合乎礼法的人很少，不合礼法的反而很多。《诗》说：'君子如果发怒，祸乱差不多马上能阻住；君子如果心欢喜，祸乱差不多马上能阻止。'君子的喜怒，是用来阻止祸乱的。不能够阻止，就一定会增加。郤子或者是想在齐国阻止祸乱吧？不是的话，我害怕他会增加祸乱。我准备告老退休了，让郤子满足他的心愿，祸乱也许能得到消弭吧？你跟随着几位大夫恭敬从事。"于是请求告老退休，郤克执政。

冬，宣公的弟弟叔肸去世。他是宣公的同母弟弟。凡是太子的同母弟弟，国君在世的称公子，不在世的称弟。凡是称弟的，都是指同母弟弟。

宣公十八年

[经]
十有八年春[1],晋侯、卫世子臧伐齐[2]。
公伐杞。
夏四月。
秋七月,邾人戕鄫子于鄫。
甲戌,楚子旅卒[3]。
公孙归父如晋。
冬十月壬戌,公薨于路寝[4]。
归父还自晋,至笙[5],遂奔齐。

【注释】
〔1〕十有八年:公元前591年。〔2〕晋侯:晋景公。〔3〕楚子:楚庄王。〔4〕路寝:见庄公三十二年注。〔5〕笙:今所在无考。

[传]
十八年春,晋侯、卫大子臧伐齐,至于阳穀[1]。齐侯会晋侯盟于缯[2],以公子彊为质于晋。晋师还,蔡朝、南郭偃逃归。

【注释】

〔1〕阳榖：见僖公三年注。　〔2〕齐侯：齐顷公。缯：今所在无考。

夏，公使如楚乞师，欲以伐齐。

秋，邾人戕鄫子于鄫。凡自内虐其君曰弑[1]，自外曰戕。

楚庄王卒，楚师不出。既而用晋师，楚于是乎有蜀之役[2]。

【注释】

〔1〕虐：杀。　〔2〕蜀之役：在成公二年冬。蜀，鲁地，或谓在山东泰安县西。

公孙归父以襄仲之立公也[1]，有宠，欲去三桓以张公室[2]。与公谋而聘于晋，欲以晋人去之。冬，公薨。季文子言于朝曰："使我杀適立庶以失大援者，仲也夫！"臧宣叔怒曰[3]："当其时不能治也，后之人何罪？子欲去之，许请去之。"遂逐东门氏[4]。子家还，及笙，坛帷[5]，复命于介[6]。既复命，袒、括发[7]，即位哭，三踊而出[8]。遂奔齐。书曰："归父还自晋。"善之也。

【注释】

〔1〕襄仲杀恶及视而立宣公，见文公十八年。归父为襄仲之子。〔2〕三桓：鲁大夫孟孙（仲孙）、叔孙、季孙，均为桓公之后，故称三桓。〔3〕臧宣叔：臧孙许，鲁大夫。　〔4〕东门氏：即襄仲之族。　〔5〕坛帷：筑土为坛，设置帷幕。　〔6〕介：副手。　〔7〕袒：脱去外衣。括

发：以麻束发。〔8〕踊：顿足跳跃，遭丧后表示哀痛。

【译文】

[经]

十八年春，晋景公、卫太子臧攻打齐国。

宣公攻打杞国。

夏四月。

秋七月，邾国人在鄫国杀死鄫子。

甲戌，楚庄王旅去世。

公孙归父去晋国。

冬十月壬戌，宣公在路寝中去世。

归父从晋国回来，到达笙地，就逃往齐国。

[传]

十八年春，晋景公、卫太子臧攻打齐国，到达阳榖。齐顷公与晋景公会见在缯地结盟，让公子彊作为人质住在晋国。晋军回国，蔡朝、南郭偃逃回国内。

夏，宣公的使者去楚国请求出兵，打算攻打齐国。

秋，邾国人在鄫国杀死鄫子。凡是国内的人杀死他们的国君称"弑"，外人杀死国君称"戕"。

楚庄王去世，楚军不再出发。不久就借助晋国军队，楚国和我国因此发生蜀地之战。

公孙归父因为襄仲拥立宣公的缘故，受到宣公宠爱，想要去除三桓来扩张公室的势力。他与宣公商量后去晋国聘问，想借晋国的力量去除三桓。冬，宣公去世。季文子在朝廷上说："使我国杀死嫡子立庶子为君而失掉大援的，就是襄仲这个人吧！"臧宣叔发怒说："在当时不能治罪，他的后人有什么罪？你想去除他，我就请求去除他。"于是就赶走东门氏。公孙归父回国，到达笙地，筑土为坛，设置帷幕，向他的副手复命。复命完了，脱掉外衣，用麻束发，站在规定的位子上哭泣，三次顿足跳跃后退出。于是就逃往齐国。《春秋》记载说："归父从晋国回来。"这是对他表示赞赏。

春秋左传卷十二　成公上

成公元年

[经]

元年春[1],王正月,公即位。

二月辛酉,葬我君宣公。

无冰。

三月,作丘甲[2]。

夏,臧孙许及晋侯盟于赤棘[3]。

秋,王师败绩于茅戎[4]。

冬十月。

【注释】

〔1〕元年:公元前592年。　〔2〕丘甲:周制,九夫为井,四井为邑,四邑为丘,四丘为甸。每甸出车一乘,戎马四匹,牛十二头,甲士三人,步卒七十二人。今鲁国将每甸所赋令每丘出之,所以《春秋》记载,讥刺重敛。　〔3〕晋侯:晋景公。赤棘:晋地,今不详何在。　〔4〕茅戎:戎别种,或谓居山西平陆县,或谓居河南修武县。

[传]

元年春,晋侯使瑕嘉平戎于王[1],单襄公如晋拜成[2]。刘康公徼戎[3],将遂伐之。叔服曰[4]:"背盟而欺大国,此必败。背盟不祥,欺大国不义,神人弗助,将何以胜?"不听,遂伐茅戎。三月癸未,败绩于徐吾氏[5]。

【注释】
〔1〕瑕嘉:晋大夫,即詹嘉。 〔2〕单襄公:周卿士,即单朝。〔3〕徼(jiǎo)戎:乘戎不备而侥幸败戎。 〔4〕叔服:周内史,参见文公元年经传。 〔5〕徐吾氏:茅戎一部。此指徐吾氏所居地。

为齐难故,作丘甲。
闻齐将出楚师,夏,盟于赤棘。
秋,王人来告败。
冬,臧宣叔令修赋、缮完、具守备[1],曰:"齐、楚结好,我新与晋盟,晋、楚争盟,齐师必至。虽晋人伐齐,楚必救之,是齐、楚同我也。知难而有备,乃可以逞[2]。"

【注释】
〔1〕修赋:整顿军赋。缮完:修治城郭。 〔2〕逞:解。

【译文】
[经]
元年春,周历正月,成公即位。
二月辛酉,安葬我国国君宣公。
没有结冰。
三月,制定丘甲制。
夏,臧孙许与晋景公在赤棘结盟。
秋,周朝军队被茅戎打得大败。

冬十月。

[传]

元年春，晋景公派瑕嘉调解周王和戎人的关系，单襄公去晋国拜谢调解成功。刘康公想乘戎不备以侥幸取胜，准备就去进攻戎人。叔服说："背弃盟约而欺骗大国，这一定会失败。背弃盟约就不祥，欺骗大国是不义，神明与人都不帮助我们，将用什么去取胜？"刘康公不听劝阻，于是就去攻打茅戎。三月癸未，在徐吾氏部落被打得大败。

为了对付齐国的进攻，制订丘甲制。

听说齐国准备邀楚军来犯，夏，在赤棘与晋结盟。

秋，周王的使者来报告战败的情况。

冬，臧宣叔命令整顿军赋、修治城郭、完成防御设备，说："齐、楚结成友好，我国新近与晋国结盟，晋、楚争做盟主，齐国的军队一定会到来。虽然晋国人会攻打齐国，楚国一定会救齐国，这样就成了齐、楚一起对付我国的局面。知道有祸难而事先做好准备，祸难就可以解除。"

成 公 二 年

[经]

二年春[1],齐侯伐我北鄙[2]。

夏四月丙戌,卫孙良夫帅师及齐师战于新筑[3],卫师败绩。

六月癸酉,季孙行父,臧孙许、叔孙侨如、公孙婴齐帅师会晋郤克、卫孙良夫、曹公子首及齐侯战于鞌[4],齐师败绩。

秋七月,齐侯使国佐如师。己酉,及国佐盟于袁娄[5]。

八月壬午,宋公鲍卒。

庚寅,卫侯速卒。

取汶阳田。

冬,楚师、郑师侵卫。

十有一月,公会楚公子婴齐于蜀[6]。

丙申,公及楚人、秦人、宋人、陈人、卫人、郑人、齐人、曹人、邾人、薛人、鄫人盟于蜀。

【注释】

〔1〕二年：公元前589年。〔2〕齐侯：齐顷公。〔3〕孙良夫：卫大夫，孙林父之父。新筑：卫地，在今河北魏县南。〔4〕公孙婴齐：叔肸之子，又称仲齐，谥声伯。鞌：在今山东历城县附近。〔5〕袁娄：即爰娄，在今山东临淄西。〔6〕公子婴齐：即子重，楚令尹。蜀：鲁地，见宣公十八年注。

[传]

二年春，齐侯伐我北鄙，围龙[1]。顷公之嬖人卢蒲就魁门焉，龙人囚之。齐侯曰："勿杀！吾与而盟，无入而封[2]。"弗听，杀而膊诸城上[3]。齐侯亲鼓，士陵城，三日，取龙，遂南侵及巢丘[4]。

【注释】

〔1〕龙：在今山东泰安县东南。〔2〕封：境。〔3〕膊：暴露。〔4〕巢丘：离龙不远。

卫侯使孙良夫、石稷、宁相、向禽将侵齐[1]，与齐师遇。石子欲还，孙子曰："不可。以师伐人，遇其师而还，将谓君何？若知不能，则如无出。今既遇矣，不如战也。"夏，有……[2]

【注释】

〔1〕石稷：即石成子，石碏四世孙。宁相：宁俞子。〔2〕以下有阙文，当记卫军战败事。

石成子曰："师败矣。子不少须[1]，众惧尽。子丧师徒，何以复命？"皆不对。又曰："子，国卿也。陨子[2]，辱矣。子以众退，我此乃止。"且告车来甚众。齐师乃止，次于鞫居[3]。

【注释】

〔1〕须：等待。 〔2〕隕：损失。 〔3〕鞫居：在今河南封丘县。或云封丘离新筑过远，当为别一地。

新筑人仲叔于奚救孙桓子[1]，桓子是以免。既，卫人赏之以邑，辞。请曲县、繁缨以朝[2]，许之。仲尼闻之曰："惜也，不如多与之邑。唯器与名，不可以假人，君之所司也[3]。名以出信，信以守器，器以藏礼，礼以行义，义以生利，利以平民，政之大节也。若以假人，与人政也。政亡，则国家从之，弗可止也已。"

【注释】

〔1〕新筑人：指新筑大夫。孙桓子：孙良夫。 〔2〕曲县：县指悬挂的乐器，如钟、磬类。天子四面悬挂，名宫悬；诸侯三面悬挂，称轩县、曲县；大夫左右悬挂，称判县；士挂东面或阶间，称特县。繁缨：马鬃毛前的装饰，诸侯所用。 〔3〕君之所司：国君所管辖。

孙桓子还于新筑，不入[1]，遂如晋乞师。臧宣叔亦如晋乞师。皆主郤献子[2]。晋侯许之七百乘。郤子曰："此城濮之赋也[3]。有先君之明与先大夫之肃[4]，故捷。克于先大夫，无能为役，请八百乘。"许之。郤克将中军，士燮佐上军，栾书将下军，韩厥为司马，以救鲁、卫。臧宣叔逆晋师，且道之[5]。季文子帅师会之。及卫地，韩献子将斩人，郤献子驰，将救之，至则既斩之矣。郤子使速以徇,告其仆曰:"吾以分谤也。"

【注释】
〔1〕不入:不入国都。 〔2〕主郤献子:以郤克为主人。即通过郤克的关系请求出兵。 〔3〕赋:兵员的数目。 〔4〕肃:敏捷。 〔5〕道:同导。向导。

师从齐师于莘[1]。六月壬申,师至于靡笄之下[2]。齐侯使请战,曰:"子以君师,辱于敝邑,不腆敝赋[3],诘朝请见[4]。"对曰:"晋与鲁、卫,兄弟也,来告曰:'大国朝夕释憾于敝邑之地[5]。'寡君不忍,使群臣请于大国,无令舆师淹于君地[6]。能进不能退,君无所辱命[7]。"齐侯曰:"大夫之许,寡人之愿也;若其不许,亦将见也。"齐高固入晋师,桀石以投人[8],禽之而乘其车,系桑本焉[9],以徇齐垒,曰:"欲勇者贾余馀勇。"

【注释】
〔1〕从:追上。莘:今山东莘县。 〔2〕靡笄:山名,即今山东济南市千佛山。 〔3〕不腆敝赋:外交谦词,不强大的军队。 〔4〕诘朝:明天早晨。 〔5〕朝夕:早晚。意为不断。 〔6〕淹:久留。 〔7〕无所:无须。 〔8〕桀:举。 〔9〕桑本:桑树根。

癸酉,师陈于鞌。邴夏御齐侯[1],逢丑父为右[2]。晋解张御郤克,郑丘缓为右。齐侯曰:"余姑翦灭此而朝食。"不介马而驰之[3]。郤克伤于矢,流血及屦,未绝鼓音,曰:"余病矣[4]!"张侯曰:"自始合,而矢贯余手及肘,余折以御,左轮朱殷[5],岂敢言病。吾子忍之!"缓曰:"自始合,苟有险,余必下推车,子岂识之?然子病矣!"张侯曰:"师之耳目,在吾旗鼓,进退从之。此车一人殿之[6],可以集事[7],若之何其以病败君之大事也?擐甲执兵[8],固即死也。病未及死,吾子勉之!"左并辔[9],右援枹而鼓[10],马逸不能止,师从之。齐师败绩。逐之,三周华不注[11]。

【注释】
〔1〕邴(bǐng)夏:齐大夫。 〔2〕逢(péng)丑父:齐大夫。〔3〕介:甲。 〔4〕病:伤。 〔5〕朱殷:殷红,深红。 〔6〕殿:镇守。〔7〕集事:成事。 〔8〕擐(huàn):穿。 〔9〕并辔:驾车本双手挽辔,以一手双辔称并辔。 〔10〕枹(fú):鼓槌。郤克受伤,故解张帮他击鼓。 〔11〕华不(fū)注:山名,在山东济南。

韩厥梦子舆谓己曰[1]:"旦辟左右[2]。"故中御而从齐侯[3]。邴夏曰:"射其御者,君子也。"公曰:"谓之君子而射之,非礼也。"射其左,越于车下[4]。射其右,毙于车中。綦毋张丧车[5],从韩厥,曰:"请寓乘。"从左右,皆肘之,使立于后。韩厥俯[6],定其右[7]。逢丑父与公易位。将及华泉[8],骖絓于木而止[9]。丑父寝于轏中[10],蛇出于其下,以肱击之,伤而匿之,故不能推车而及[11]。韩厥执絷马前[12],再拜稽首,奉觞加璧以进,曰:"寡君使群臣为鲁、卫请,曰:'无令舆师陷入君地。'下臣不幸,属当戎行,无所逃隐。且惧奔辟而忝两君[13]。臣辱戎士,敢告不敏,摄官承乏。"丑父使公下，如华泉取饮。郑周父御佐车[14]，宛茷为右[15]，载齐侯以免。韩厥献丑父，郤献子将戮之。呼曰："自今无有代其君任患者[16]，有一于此，将为戮乎！"郤子曰："人不难以死免其君，我戮之不祥，赦之以劝事君者。"乃免之。

【注释】

〔1〕子舆：韩厥父亲。〔2〕左右：车左或车右。〔3〕从：追赶。〔4〕越：坠落。〔5〕綦毋张：晋大夫。〔6〕俯：弯下身子。〔7〕定：放妥当。〔8〕华泉：泉名，在华不注山下，流入济水。〔9〕骖：车前两侧的马。絓：同"挂"，绊住。〔10〕辂：栈车，以竹木做成的一种车。〔11〕及：被追上。以上事为交战前事。〔12〕执絷：握着马缰。按以下是韩厥对齐侯行进见礼。但因逢丑父与齐顷公交换了位置，时处车左，所以韩厥误认他为齐顷公，所以发生了让齐顷公逃走的事。〔13〕忝：辱。〔14〕佐车：副车。〔15〕宛茷（yuán fèi）：与郑周父俱为齐大夫。〔16〕任患：承受祸患。

　　齐侯免，求丑父，三入三出[1]。每出，齐师以帅退[2]。入于狄卒，狄卒皆抽戈楯冒之[3]。以入于卫师，卫师免之[4]。遂自徐关入[5]。齐侯见保者[6]，曰："勉之！齐师败矣。"辟女子[7]，女子曰："君免乎？"曰："免矣。"曰："锐司徒免乎[8]？"曰："免矣。"曰："苟君与吾父免矣，可若何！"乃奔。齐侯以为有礼，既而问之，辟司徒之妻也[9]，予之石窌[10]。

【注释】

〔1〕三入三出：三进三出。第一次入，出晋师；第二次入，出狄卒；第三次入，出卫军。〔2〕以帅退：拥护着他退出。〔3〕楯：同

"盾"。冒：覆盖，护卫。〔4〕免之：使他免于伤害。狄、卫均晋友军，此时不欲太甚，所以都不加害齐顷公。〔5〕徐关：齐地，当在今山东淄川附近。〔6〕保者：守卫城邑的人。〔7〕辟女子：叫女子让道。辟，开道赶走行人。这句有省略，谓齐顷公的前驱开道，有女子拦路，故叫她让开。〔8〕锐司徒：不详所指。或谓指管兵器的官。〔9〕辟：同壁。辟司徒，管军中营垒的官。〔10〕石窌(liù)：在今山东长清县东南。

晋师从齐师，入自丘舆[1]，击马陉[2]。齐侯使宾媚人赂以纪甗、玉磬与地[3]。不可，则听客之所为。宾媚人致赂，晋人不可，曰："必以萧同叔子为质，而使齐之封内尽东其亩。"对曰："萧同叔子非他，寡君之母也。若以匹敌，则亦晋君之母也。吾子布大命于诸侯，而曰：'必质其母以为信。'其若王命何？且是以不孝令也。《诗》曰：'孝子不匮，永锡尔类[4]。'若以不孝令于诸侯，其无乃非德类也乎[5]？先王疆理天下物土之宜[6]，而布其利[7]，故《诗》曰：'我疆我理，南东其亩。[8]'今吾子疆理诸侯，而曰'尽东其亩'而已，唯吾子戎车是利，无顾土宜，其无乃非先王之命也乎？反先王则不义，何以为盟主？其晋实有阙。四王之王也[9]，树德而济同欲焉[10]。五伯之霸也[11]，勤而抚之，以役王命。今吾子求合诸侯，以逞无疆之欲[12]。《诗》曰：'布政优优，百禄是遒[13]。'子实不优，而弃百禄，诸侯何害焉！不然，寡君之命使臣，则有辞矣，曰：'子以君师辱于敝邑，不腆敝赋，以犒从者。畏君之震[14]，师徒桡败[15]。吾子惠徼齐国之福，不泯其社稷[16]，使继旧好，唯是先君之敝器、土地不敢爱[17]。子又不许，请收合余烬[18]，背城借一。敝邑之幸，亦云从也。况其不幸，敢不唯命是听。'"鲁、卫谏曰："齐疾我矣[19]！其死亡者，皆亲昵也。子若不许，仇我必甚。唯子则又何求？子得其国宝，我亦得地，而纾于难，其荣多矣！齐、晋亦唯天所授，岂必晋？"晋人许之，对曰："群臣帅赋舆以为鲁、卫请[20]，若苟有以借口而复于寡君，君之惠也。敢不唯命是听。"

【注释】

〔1〕丘舆：齐邑，在今山东益都县西南。〔2〕击：攻打。马陉：在益都西南。〔3〕宾媚人：国佐，齐大夫。纪甗(yǎn)：纪国的一件古炊器。〔4〕所引诗见《诗·大雅·既醉》。匮，穷尽。〔5〕德类：道德法式。〔6〕疆理：定疆界，区分条理。物：物色、考察。〔7〕布：分布。〔8〕所引诗见《诗·小雅·信南山》。〔9〕四王：虞舜、夏禹、商汤、周武。或云指禹、汤、周文、周武。王(wàng)：成就王业。〔10〕同欲：共同的要求。〔11〕五伯：即五霸。霸谓"以力假仁"，即能令天下共同效力于天子的诸侯。五霸指夏伯昆吾，商伯大彭、豕韦，周伯齐桓、晋文。〔12〕无疆：无止境。〔13〕所引诗见《诗·商颂·长发》。布，施行。优优，宽和的样子。遒，聚集。〔14〕震：威严。〔15〕师徒：士兵。桡败：战败。〔16〕泯：灭亡。〔17〕敝器：破旧的器物。〔18〕余烬：此指残余的军队。〔19〕疾：痛恨。〔20〕赋舆：兵车。

禽郑自师逆公[1]。秋七月，晋师及齐国佐盟于爰娄，使齐人归我汶阳之田。公会晋师于上鄝[2]，赐三帅先路三命之服[3]，司马、司空、舆帅、候正、亚旅[4]，皆受一命之服。

【注释】

〔1〕禽郑：鲁大夫。 〔2〕上鄩：在今山东阳谷县。 〔3〕先路：天子、诸侯赐给卿表示等级的车。路，同辂。三命之服：参僖公三十三年注。 〔4〕舆帅：管后勤的官。候正：主管侦察谍报的官。亚旅：上大夫。

八月，宋文公卒。始厚葬，用蜃炭[1]，益车马，始用殉，重器备[2]，椁有四阿[3]，棺有翰桧[4]。君子谓："华元、乐举[5]，于是乎不臣。臣治烦去惑者也[6]，是以伏死而争。今二子者，君生则纵其惑，死又益其侈，是弃君于恶也，何臣之为？"

【注释】

〔1〕蜃：大蚌蛤。蜃炭，把蜃烧成灰。放棺中以吸潮气。 〔2〕重：多。器备：用品。 〔3〕四阿：架木于棺四周为椁，与棺齐高后仍往上堆，逐步收缩成顶，顶为方形，四面成斜坡，类宫室之四阿，故名。 〔4〕翰：棺旁装饰。桧：棺木上的装饰。二者均为天子所用。 〔5〕乐举：当为宋执政大夫。 〔6〕烦：烦乱。

九月，卫穆公卒，晋三子自役吊焉[1]，哭于大门之外。卫人逆之，妇人哭于门内，送亦如之。遂常以葬。

【注释】

〔1〕晋三子：晋三位主将郤克、士燮、栾书。役：戎役。指军中。

楚之讨陈夏氏也[1]，庄王欲纳夏姬，申公巫臣曰："不可。君召诸侯，以讨罪也。今纳夏姬，贪其色也。贪色为淫，淫为大罚。《周书》曰'明德慎罚'，文王所以造周也[2]。明德，务崇之之谓也。慎罚，务去之之谓也。若兴诸侯，以取大罚，非慎之也。君其图之！"王乃止。子反欲取之，巫臣曰："是不祥人也！是夭子蛮[3]，杀御叔，杀灵侯，戮夏南，出孔、仪，丧陈国，何不祥如是？人生实难，其有不获死乎[4]？天下多美妇人，何必是？"子反乃止。

【注释】
〔1〕楚讨陈夏氏：事在宣公十一年。〔2〕以上概括《尚书·康诰》语。〔3〕子蛮：杜注谓郑灵公之字，为夏姬之兄。据昭公二十八年夏姬杀三夫，则子蛮当为夏姬最初之夫。〔4〕不获死：不得善终。

王以予连尹襄老。襄老死于邲[1]，不获其尸，其子黑要烝焉。巫臣使道焉[2]，曰："归[3]，吾聘女。"又使自郑召之，曰："尸可得也，必来逆之。"姬以告王，王问诸屈巫[4]。对曰："其信！知罃之父，成公之嬖也，而中行伯之季弟也[5]，新佐中军，而善郑皇戌，甚爱此子。其必因郑而归王子与襄老之尸以求之[6]。郑人惧于邲之役而欲求媚于晋，其必许之。"王遣夏姬归。将行，谓送者曰："不得尸，吾不反矣。"巫臣聘诸郑，郑伯许之。

【注释】
〔1〕死于邲：事见宣公十二年。〔2〕道：示意。〔3〕归：指回郑国。〔4〕屈巫：即巫臣。〔5〕中行伯：荀林父。〔6〕王子：即王子縠臣，被荀首擒获。

及共王即位,将为阳桥之役[1],使屈巫聘于齐,且告师期。巫臣尽室以行。申叔跪从其父将适郢[2],遇之,曰:"异哉!夫子有三军之惧[3],而又有《桑中》之喜[4],宜将窃妻以逃者也。"及郑,使介反币,而以夏姬行。将奔齐,齐师新败,曰:"吾不处不胜之国。"遂奔晋,而因郤至,以臣于晋。晋人使为邢大夫[5]。

【注释】

〔1〕阳桥之役:指攻打鲁国,见下文。阳桥,鲁地,在今山东泰安县西北。〔2〕申叔跪:申叔时之子。〔3〕三军之惧:谓负有军事使命,必戒惧从事。〔4〕桑中:《诗·鄘风》篇名,写男女幽会。〔5〕邢:晋邑,在今河南温县东北。

子反请以重币锢之[1],王曰:"止!其自为谋也,则过矣。其为吾先君谋也,则忠。忠,社稷之固也,所盖多矣[2]。且彼若能利国家,虽重币,晋将可乎?若无益于晋,晋将弃之,何劳锢焉。"

【注释】

〔1〕锢:禁锢,即让晋国不要录用他。〔2〕盖:覆盖,庇护。

晋师归,范文子后入[1]。武子曰[2]:"无为吾望尔也乎[3]?"对曰:"师有功,国人喜以逆之,先入,必属耳目焉[4],是代帅受名也,故不敢。"武子曰:"吾知免矣。"郤伯见,公曰:"子之力也夫!"对曰:"君之训也,二三子之力也,臣何力之有焉!"范叔见,劳之如郤伯，对曰："庚所命也[5]，克之制也，燮何力之有焉！"栾伯见，公亦如之，对曰："燮之诏也，士用命也，书何力之有焉！"

【注释】
〔1〕范文子：士燮。 〔2〕武子：士会。 〔3〕为：同"谓"。〔4〕属耳目：引起人们的注意。 〔5〕庚：荀庚，荀林父子，时将上军，为士燮的上司。

宣公使求好于楚。庄王卒，宣公薨，不克作好。公即位，受盟于晋，会晋伐齐。卫人不行使于楚，而亦受盟于晋，从于伐齐。故楚令尹子重为阳桥之役以救齐。将起师，子重曰："君弱[1]，群臣不如先大夫，师众而后可。《诗》曰：'济济多士，文王以宁[2]。'夫文王犹用众，况吾侪乎？且先君庄王属之曰：'无德以及远方，莫如惠恤其民，而善用之。'"乃大户[3]，已责[4]，逮鳏[5]，救乏，赦罪，悉师，王卒尽行。彭名御戎，蔡景公为左，许灵公为右。二君弱，皆强冠之[6]。

【注释】
〔1〕弱：年幼。 〔2〕所引诗见《诗·大雅·文王》。济济，人才众多貌。宁，安。 〔3〕大户：清理户口。 〔4〕已责：免除人民的债务。〔5〕逮鳏：施舍以及于鳏夫。 〔6〕强冠：勉强行冠礼。任车左、车右必为成年人。

冬，楚师侵卫，遂侵我，师于蜀。使臧孙往[1]，辞曰："楚远而久，固将退矣。无功而受名，臣不敢。"

楚侵及阳桥，孟孙请往[2]，赂之以执斫、执针、织纴[3]，皆百人，公衡为质[4]，以请盟。楚人许平。

【注释】
〔1〕臧孙：即臧孙许。〔2〕孟孙：即孟献子仲孙蔑。〔3〕执斫、执针、织纴：均工匠，即木匠、缝工、织布工。〔4〕公衡：杜注谓成公子。

十一月，公及楚公子婴齐、蔡侯、许男、秦右大夫说、宋华元、陈公孙宁、卫孙良夫、郑公子去疾及齐国之大夫盟于蜀。卿不书，匮盟也[1]。于是乎畏晋而窃与楚盟，故曰匮盟。蔡侯、许男不书，乘楚车也，谓之失位。君子曰："位其不可不慎也乎！蔡、许之君，一失其位，不得列于诸侯，况其下乎？《诗》曰：'不解于位，民之攸塈[2]。'其是之谓矣。"

【注释】
〔1〕匮盟：缺乏诚意的盟。〔2〕所引诗见《诗·大雅·假乐》。解，同懈。塈，休息。

楚师及宋，公衡逃归。臧宣叔曰："衡父不忍数年之不宴[1]，以弃鲁国，国将若之何？谁居？后之人必有任是夫！国弃矣。"

是行也，晋辟楚，畏其众也。君子曰："众之不可以已也。大夫为政，犹以众克，况明君而善用其众乎？《大誓》所谓'商兆民离，周十人同'者[2]，众也。"

【注释】

〔1〕宴：安。　〔2〕《大誓》：指《尚书·泰誓》。

晋侯使巩朔献齐捷于周[1]，王弗见[2]，使单襄公辞焉，曰："蛮夷戎狄，不式王命[3]，淫湎毁常[4]，王命伐之，则有献捷，王亲受而劳之，所以惩不敬，劝有功也。兄弟甥舅[5]，侵败王略[6]，王命伐之，告事而已，不献其功，所以敬亲昵，禁淫慝也。今叔父克遂[7]，有功于齐，而不使命卿镇抚王室，所使来抚余一人，而巩伯实来，未有职司于王室[8]，又奸先王之礼，余虽欲于巩伯[9]，其敢废旧典以忝叔父[10]？夫齐，甥舅之国也，而大师之后也[11]，宁不亦淫从其欲以怒叔父[12]，抑岂不可谏诲？"士庄伯不能对[13]。王使委于三吏[14]，礼之如侯伯克敌使大夫告庆之礼，降于卿礼一等。王以巩伯宴[15]，而私贿之，使相告之曰[16]："非礼也，勿籍[17]。"

【注释】

〔1〕献捷：即献俘。　〔2〕王：周定王。　〔3〕式：用。　〔4〕淫湎：沉湎酒色。　〔5〕兄弟甥舅：前者指同姓诸侯，后者指异姓诸侯。　〔6〕王略：周王的法略。　〔7〕克遂：成功。　〔8〕未有职司于王室：巩朔时为上军大夫，尚非由周王室任命的卿。意指来使地位太低。　〔9〕欲：同"好"，喜爱。　〔10〕忝：辱。　〔11〕大师：齐始祖吕尚。　〔12〕淫从其欲：放纵私欲。　〔13〕士庄伯：即巩朔。　〔14〕三吏：即三公。　〔15〕以：与。　〔16〕相：赞礼。　〔17〕籍：史册。

【译文】

[经]

二年春,齐顷公攻打我国北部边境。

夏四月丙戌,卫孙良夫率领军队与齐国军队在新筑交战,卫军大败。

六月癸酉,季孙行父、臧孙许、叔孙侨如、公孙婴齐率领军队会合晋郤克、卫孙良夫、曹公子首与齐顷公在鞌地交战,齐军大败。

秋七月,齐顷公派国佐到诸侯军中。己酉,与国佐在袁娄结盟。

八月壬午,宋文公鲍去世。

庚寅,卫穆公遬去世。

收取汶水以北的田地。

冬,楚军、郑军侵袭卫国。

十一月,成公与楚公子婴齐在蜀地相会。

丙申,成公与楚、秦、宋、陈、卫、郑、齐、曹、邾、薛、鄫各国人在蜀地结盟。

[传]

二年春,齐顷公攻打我国北部边境,包围了龙地。齐顷公的宠臣卢蒲就魁攻打城门,龙人把他擒获。齐顷公说:"别杀他!我与你们订立盟约,不进入你们的地域。"龙人不听,杀了卢蒲就魁,把他的尸体陈列在城上示众。齐顷公亲自击鼓,士兵爬上城墙,三天,占领了龙地,就此向南进军,到达巢丘。

卫穆公派孙良夫、石稷、宁相、向禽准备侵袭齐国,和齐军相遇。石稷打算撤回,孙良夫说:"不行。带领军队去攻打人家,碰上它的军队却撤回,怎么对君王交代?如果明白打不过别人,那就应当不出兵。如今既然与敌人相遇,不如一战。"夏,有……

石稷说:"军队打败了,你如不停止撤退抵挡一阵,全军恐怕都要完了。你丧失了军队,怎么复命?"孙良夫都不回答。石稷又说:"你是国家的卿,损失了你,对国家是耻辱。你带着众人撤退,我停下来抵抗。"同时通告援军的战车已大批来到。齐军于是停下不追，驻扎在鞫居。

新筑大夫仲叔于奚救援孙良夫，孙良夫因此免于遇难。不久，卫国人把城邑赏给仲叔于奚，他谢绝了，请求得到诸侯用的曲县、用繁缨饰马朝见，卫穆公同意了。孔子听说了这件事后说："可惜啊，不如多给他几个城邑。只有器具与名号不能假借给别人，这是国君所掌管的。有了名号便具有威信，有了威信就能保住象征他地位的器具，器具是用来体现礼法，礼法是用来推行道义，道义用来产生利益，利益用来治理人民，这是政事的大纲。如果把名号与器具假借给别人，就是授予人政权。政权丢失，那么国家也会跟着灭亡，这是无法阻止的。"

孙良夫回到新筑，不进国都，就到晋国去请求晋国出兵。臧宣叔也到晋国请求出兵。二人都通过郤克向晋景公请求。晋景公答应派兵车七百辆。郤克说："这是城濮战役我军的兵车数。因为有先君的英明和先大夫们的敏捷才能，所以获胜。我郤克与先大夫们比较，简直连做他们的仆役都嫌无能，请派八百辆兵车。"景公同意了。郤克率领中军，士燮辅佐上军，栾书率领下军，韩厥为司马，出兵援救鲁、卫。臧宣叔迎接晋军，并为他们作向导。季文子率领军队与晋军会合。到达卫地，韩厥将要杀人，郤克飞车前往，准备救下那人。等赶到，已经杀了。郤克让人赶快把死者尸体在军中示众，告诉自己的仆人说："我这是为韩厥分担人们对他的非议。"

军队在莘地追上齐军。六月壬申，军队到达靡笄山下。齐顷公派人请战，说："足下率领你们国君的军队光临敝邑，我们将以不强大的军队，要求和你们明天早晨相见。"郤克回答说："晋国与鲁、卫是兄弟国家，鲁、卫来告诉说：'大国不分日夜地到敝邑土地上来发泄气愤。'寡君于心不忍，派我们这些臣子来请求大国，不要使我们的军队过久地停留在贵国。我们只能前进不能后退，用不着再劳动贵国国君下令。"齐顷公说："大夫允许决战，正是寡人的愿望；如果你不允许，我们也将在战场上见面。"齐高固冲进晋军中，举起石头投掷晋国士兵，抓获晋兵而乘上他的战车，把桑树根缚在车上，遍行齐军中，说："需要勇气的人可以来买我多馀的勇气。"

癸酉，军队在鞌地摆开阵势。邴夏为齐顷公驾驶战车，逢丑父任车右。晋解张为郤克驾驶战车，郑丘缓为车右。齐顷公说："我姑且消灭了这些家伙后再吃早饭。"马不披甲，飞驰而出。郤克被箭射伤，血流到鞋上，但鼓声没有停歇过，说："我受伤了！"解张说："从一开始交战，就有箭贯穿了我的手和肘，我折断了箭杆继续驾车，左边的车轮都被血染成深红色，哪里敢说受伤。你还是忍着点吧！"郑丘缓说："从一开始交战，只要遇到险阻，我一定下车推车，你难道知道吗？不过你真是受伤了！"解张说："军队的耳目，在我们的旌旗和鼓声，前进与后退听从旗鼓的指挥。这辆战车有一个人镇守着，就可以完成战斗任务，怎么能因为受伤而败坏国君的大事呢？穿戴盔甲，拿起武器，本来就是准备牺牲的。受伤而没到死的程度，你还是尽力而为吧！"说完，用左手总揽缰绳，右手拿起鼓槌击鼓，马失去控制停不下来一直往前，军队也就跟着冲上去。齐军大败。晋军追赶齐军，绕华不注山跑了三圈。

韩厥梦见父亲子舆对自己说："明天交战不要站在车左或车右。"因此他居中驾车而追赶齐顷公。邴夏说："射那个驾车的，他是个君子。"齐顷公说："说他是君子而射他，不合乎礼。"射车左，车左倒在车下。射车右，车右死在车里。綦毋张丢了战车，追上韩厥，说："请让我搭乘你的战车。"上车后准备站在车左或车右，韩厥都用肘推他，使他站在自己后面。韩厥弯下腰，把车右的尸体放稳当。逢丑父与齐顷公交换了位置。快要到华泉，骖马挂在树上，车停了下来不能前进。前几天，逢丑父睡在栈车里，有蛇爬到他身子下边，他用手臂打蛇，手臂被蛇咬伤，他没声张，所以这时不能下车推车，被韩厥赶上。韩厥握着马缰走到马前，再次下拜叩头，捧着酒觞加上璧献上，说："寡君派遣臣子们为鲁、卫请命，说：'不要让军队久留在贵国的土地。'下臣不幸，正好在军中服役，不能逃避责任。而且也怕奔走逃避会成为两国国君的耻辱。下臣勉强充当一名战士，谨向君王秉告自己无能，但由于人手缺乏，不得不暂时充当这个职位。"逢丑父让齐顷公下车，去华泉取水。郑周父驾驶副车，宛茷为车右，载上齐顷公使他免于被俘。韩厥献上逢丑父，郤克准备杀死他。逢丑父大叫说：

"到现在为止还没有能代替他的国君承担祸患的人,有一个这样的人在这儿,还要杀死他吗?"郤克说:"一个人不怕牺牲自己来使他的国君免于祸患,我杀了他是不吉利的,赦免他用来勉励事奉国君的人。"于是赦免了逢丑父。

齐顷公免于被俘,寻找逢丑父,三次进入敌军,三次冲出敌军。每次从敌军冲出,齐军都拥护着他后退。冲入狄人的军队中,狄军士兵都拿起戈、盾护卫他。冲进卫军中,卫军也不让他受伤害。于是从徐关进入齐都。齐顷公见到守城军队,说:"你们努力吧!齐军战败了。"齐顷公的前卫叫一女子让道,那女子说:"国君免于祸难了吗?"回答说:"免了。"又问:"锐司徒免于祸难了吗?"回答说:"免了。"女子说:"如果国君和我父亲都免于祸难,还要怎么样?"便跑开了。齐顷公认为她有礼。不久后查问,知道她是辟司徒的妻子,便赐给她石窌做封地。

晋军追赶齐军,从丘舆进入齐国,攻打马陉。齐顷公派国佐赠送纪甗、玉磬与土地以求和,指示他如果对方不接受,就听任他们怎么办。国佐献上礼物,晋国人不同意,说:"一定要以萧同叔子作为人质,而且把齐国境内的垄亩畦埂全都改成东西走向。"国佐回答说:"萧同叔子不是别人,是寡君的母亲。如果从对等的地位来说,也就是晋国国君的母亲。您在诸侯中发布重大命令,却说:'一定要用他的母亲做人质才能取信。'将怎样对待周天子的命令呢?而且这是以不孝来号令诸侯。《诗》说:'孝子的孝心没有穷尽,他永远把自己的孝思分给同类的人。'如果以不孝来号令诸侯,那不就是不符合道德法则吗?先王把天下的田地划分疆界,区分条理,考察土地特点,从而作有利于生产的布置,所以《诗》说:'我划定疆界、区分条理,分别南向东向开辟田间的垄亩。'如今您让诸侯定疆界、分条理,却说'全把田中垄亩改作东向'而已,只考虑方便自己兵车通行,不管土地是否适宜,那不就是不符合先王的命令了吗?违反先王的制度就是不义,怎样做诸侯的盟主呢?晋国在这点上确实是有过失的。四王之所以成就王业,是因为他们树立德行,满足诸侯的共同愿望。五伯之所以成就霸业,是因为他们勤劳而安抚诸侯,共同为天子效命。如今您要求会合诸侯,以满足自己没有止境的欲望。《诗》说:'推行政事和缓宽大，各种福禄都会集中到你身上。'你如果不肯宽和施政，而丢弃一切福禄，这对诸侯又有什么害处呢！你如果不答应讲和，寡君命令我使臣，还有一番话要说，话是这样的：'您带领国君的军队光临敝邑，我们只能以自己微薄的力量来犒劳您的随从。畏惧贵国国君的威严，我们的军队战败了。承蒙您光临为齐国求福，如果不灭亡我们的国家，让我们继续过去的友好关系，那么先君留下的破旧的器具、土地，我们是不敢爱惜的。您如果又不允许，我们就只能请求收拾残兵败将，背靠着我们的城墙决一死战。如果敝邑侥幸取胜，也还是依从贵国。如果不幸败了，岂敢不唯命是听？'"鲁、卫两国劝谏说："齐国痛恨我们了！他们死去和溃逃的，都是宗族亲戚。您如果不答应，他们必然更加仇恨我们。即使从您这方面，又还想希求什么？您得到他们的宝器，我们也得到土地，又解除了祸患，这也就非常荣耀了！齐、晋也都是由上天授与的国家，难道一定只能有晋国一国吗？"晋人答应了讲和，回答说："下臣们率领兵车来为鲁、卫两国请命，只要有所交代能让我们向国君复命，那就是君王的恩惠了。岂敢不唯命是从？"

禽郑从军中去迎接成公。秋七月，晋军与齐国佐在爰娄结盟，让齐国人归还我国汶水以北的田地。成公与晋军在上鄍会见，赐给晋军三位主将先路和三命的车服，司马、司空、舆师、候正、亚旅都接受了一命的车服。

八月，宋文公去世。开始厚葬，用蜃炭，添加车马，开始用人殉葬，增多用品，椁有四阿，棺有翰、桧装饰。君子说："华元、乐举，在这事上有失为臣之道。作为臣子，是为君治理烦乱解除迷惑的，因此要冒死争辩。如今这两个人，国君活着时放纵他作恶，死了又增加他的奢侈，这是把国君弃置在邪恶中，这是什么臣子？"

九月，卫穆公去世，晋国三位主将自军中前往吊唁，在大门外哭泣。卫国人迎接他们，妇女在门内哭，送行时也是如此。以后别国人来吊唁就依此例直到下葬。

楚国讨伐陈夏氏时，楚庄王想收纳夏姬，申公巫臣说："不能这样。君王召集诸侯，是为了讨伐有罪。如今收纳夏姬，是表明贪图她的美色。贪图美色叫做淫，淫便要受到重大惩罚。《周书》说'宣扬道德小心惩罚'，文王因此而创建周朝。宣扬道德，是说要致力于提倡道德。小心惩罚，是说要致力于避免受到惩罚。如果发动诸侯的军队，反而得到重大惩罚，就不是对惩罚小心避免了。君王请考虑一下！"楚庄王便打消了纳夏姬的念头。子反想要娶她，巫臣说："这是个不吉利的人啊！她使子蛮早死，使御叔被杀，灵侯被杀，夏南遭戮，孔宁、仪行父逃亡在外，陈国灭亡，有什么不吉利的能和她相比？人生在世实在不容易，你娶了她，岂不是也将不得好死？天下美貌的妇人多的是，何必一定要娶她？"子反便打消了娶夏姬的念头。

楚庄王把夏姬给了连尹襄老。襄老在邲之战被杀死，没有找到他的尸体，襄老的儿子黑要与夏姬私通。巫臣派人向夏姬示意，说："你回郑国去，我娶你为妻。"又派人从郑国召她，说："襄老的尸体可以得到，但一定要亲自来迎接。"夏姬把这事报告楚庄王，庄王询问巫臣的意见。巫臣回答说："这话可信。知䓨的父亲，是晋成公的宠臣，又是荀林父的弟弟，新近辅佐中军，而与郑皇戌交好，他很喜欢这个儿子。他一定会通过郑国归还王子和襄老的尸体而要求交换知䓨。郑国人害怕邲地战役得罪了晋国而想要讨好晋国，他们一定会答应。"楚庄王就打发夏姬回郑国。将要出发时，夏姬对送行的人说："得不到襄老的尸体，我就不回来了。"巫臣向郑国求亲，郑襄公同意了。

到了楚共王即位，准备发动阳桥战役，派遣巫臣到齐国去聘问，并报告出兵日期。巫臣带上全家及所有财产前往。申叔跪跟着他父亲将到郢都去，碰上巫臣，说："奇怪啊！这个人有肩负军事命令的戒惧之心，却又有与人私情密约的喜悦神态，大概他要带着妻子逃跑吧。"出使回到郑国，巫臣派他的副手带回财礼，就带着夏姬走了。他打算逃亡到齐国去，齐国新近战败，他说："我不住在不打胜仗的国家。"于是逃亡到晋国，通过郤至的关系，做了晋国的臣子。晋国人派他任邢地的大夫。

子反请求送重礼给晋国要求不要录用巫臣，楚共王说："别这样干！他为自己打算是有罪过的，他为我的先君打算则是忠诚的。忠诚，便使国家巩固，所能庇护的东西就多了。而且他如果能有利于晋国,即使送去重礼,晋国会同意吗?如果对晋国没有益处,晋国将会丢弃他,哪里用得着我们去求他不要录用呢?"

晋军回到国内,士燮最后进城。士会说:"你认为我不盼望你吗?"士燮回答说:"军队打了胜仗,国内的人高兴地迎接他们,先进城的人,一定格外受人注目,这是代替主将接受荣耀,所以我不敢走在前面。"士会说:"我知道这样能免于祸害了。"郤克进见,晋景公说:"这是您的功劳啊!"郤克回答说:"这是君王的教导,各位臣子的功劳,下臣有什么功劳呢!"士燮进见,景公慰劳他如对郤克一样,士燮回答说:"这是荀庚的命令,郤克的节制,我士燮有什么功劳呢!"栾书进见,景公也这样慰劳他,栾书回答说:"这是士燮的指示,将士们效命,我栾书有什么功劳呢!"

鲁宣公派遣使者去楚要求与楚友好。楚庄王去世,宣公也去世,没有能建立友好关系。成公即位,接受了晋国的盟约,会同晋国攻打齐国。卫国人不派使者去楚国行聘,也接受了晋国的盟约,随晋国攻打齐国。因此楚令尹子重策划阳桥战役来救援齐国。准备出兵时,子重说:"君王年幼,臣子们比不上先大夫,军队人数众多然后才能取胜。《诗》说:'济济一堂人才多,文王倚此安邦国。'文王尚且要用众多的人,何况我辈呢?再说先君庄王嘱咐我们说:'如果没有德行播及远方,不如加恩体恤国民,而好好地使用他们。'"于是清理户口,免除欠债,施舍鳏夫,救济贫乏,赦免罪人,发动全部军队,王室警卫军也都出动。彭名驾驭战车,蔡景公为车左,许灵公为车右。两国国君还没成年,都勉强为他们举行冠礼。

冬,楚军侵袭卫国,接着侵袭我国,军队在蜀地摆开阵势。成公派臧孙许去求和,臧孙许推辞说:"楚军远离本国且出兵很久了,本来就要撤退。没有退兵的功劳而得到这份荣誉,下臣不敢。"楚军进攻到达阳桥,孟孙请求前往,送给楚国木工、缝工、织布工各一百名,以公衡为人质,请求结盟。楚国人答应讲和。

十一月,成公与楚公子婴齐、蔡景公、许灵公、秦右大夫说、宋华元、陈公孙宁、卫孙良夫、郑公子去疾以及齐国的大夫在蜀地结盟。《春秋》不记载卿的名字,是因为这盟会是缺乏诚意的。在这时候他们害怕晋国而偷偷地和楚结盟,所以说结盟没有诚意。

蔡景公、许灵公《春秋》不记载，是因为他们乘坐楚国的战车，这叫做失去身份。君子说："身份是不可以不谨慎对待的啊！蔡、许的国君，一旦失去他们的身份，就不能排列在诸侯之中，何况位在他们以下的人呢？《诗》说：'在位的人不懈怠，人民便得到休息。'说的就是这种情况了。"

楚军到达宋国，公衡逃了回来。臧孙许说："公衡不肯忍受数年的不安宁生活，因此抛弃鲁国，把国家怎么办？谁来承担祸患？他的后人一定会有人承担祸患的！他抛弃了国家！"

在这次战役中，晋国避开楚国，是因为畏惧楚军人数众多。君子说："大众是不可以不重视的。楚国大夫执政，尚且因为大众而取得胜利，何况是贤明的君主而善于使用大众的呢？《大誓》所说的'商有亿万人离心离德，周朝十个人同心同德'，就是说使用大众的重要性。"

晋景公派遣巩朔去周朝进献齐国的俘虏，周定王不肯接见他，派单襄公辞谢，说："蛮夷戎狄，不奉行天子的命令，沉湎酒色，败坏纲常，天子命令攻打他们，就有了进献俘虏的礼仪，天子亲自接受并加以慰劳，这是用来惩罚不恭敬，勉励有功人士。对于兄弟甥舅之国，侵犯败坏天子的法度政略，天子命令讨伐他，不过报告战争胜利而已，不进献俘虏，这是用来表示尊敬亲近的人，禁止邪恶。如今叔父能成功，在齐国建立功劳，却不派遣曾受天子任命的卿来安抚王室，所派来安抚我的使者，却仅是巩伯，他在周王室中又没有担任职务，这事又违背了先王的礼制，我虽然喜欢巩伯，但又怎敢废除旧典来羞辱叔父？齐国，是我的甥舅之国，而且是姜太公的后代，难道是它放纵私欲因此激怒了叔父，还是因为它已不可救药了呢？"巩朔不能回答。周定王把接待的事委任给三公，让他们按照诸侯战胜敌人派大夫来朝告庆的礼仪接待他，比接待卿的礼降低一等。周定王与巩朔宴饮，私下送他礼物，叫相礼的人告诉他说："这是不合乎礼的，不要记载在史册上。"

成 公 三 年

[经]

三年春[1],王正月,公会晋侯、宋公、卫侯、曹伯伐郑[2]。

辛亥,葬卫穆公。

二月,公至自伐郑。

甲子,新宫灾[3],三日哭。

乙亥,葬宋文公。

夏,公如晋。

郑公子去疾帅师伐许。

公至自晋。

秋,叔孙侨如帅师围棘[4]。

大雩。

晋郤克、卫孙良夫伐廧咎如[5]。

冬十有一月,晋侯使荀庚来聘。

卫侯使孙良夫来聘。

丙午,及荀庚盟。

丁未,及孙良夫盟。

郑伐许。

【注释】

〔1〕三年：公元前588年。〔2〕晋侯：晋景公。宋公：宋共公。卫侯：卫定公。曹伯：曹宣公。〔3〕新宫：宣公庙。〔4〕棘：在今山东肥城县南。〔5〕廧咎如：见僖公二十三年注。

[传]

三年春，诸侯伐郑，次于伯牛[1]，讨邲之役也。遂东侵郑。郑公子偃帅师御之[2]，使东鄙覆诸鄤[3]，败诸丘舆[4]。皇戌如楚献捷。

夏，公如晋，拜汶阳之田。

许恃楚而不事郑，郑子良伐许。

【注释】

〔1〕伯牛：当为郑西部地名，具体所在无考。〔2〕公子偃：郑穆公子。〔3〕覆：埋伏。鄤(mǎn)：当为郑东部地名。〔4〕丘舆：郑地，今无考。

晋人归公子縠臣与连尹襄老之尸于楚，以求知罃。于是荀首佐中军矣，故楚人许之。王送知罃，曰："子其怨我乎？"对曰："二国治戎[1]，臣不才，不胜其任，以为俘馘[2]。执事不以衅鼓，使归即戮，君之惠也。臣实不才，又谁敢怨？"王曰："然则德我乎？"对曰："二国图其社稷，而求纾其民[3]，各惩其忿以相宥也[4]，两释累囚以成其好[5]。二国有好，臣不与及[6]，其谁敢德？"王曰："子归，何以报我？"对曰："臣不任受怨[7]，君亦不任受德，无怨无德，不知所报。"王曰："虽然，必告不穀。"对曰："以君之灵，累臣得归骨于晋[8]，寡君之以为戮，死且不朽。若从君之惠而免之，以赐君之外臣首；首其请于寡君而以戮于宗，亦死且不朽。若不获命，而使嗣宗职，次及于事[9]，而帅偏师以修封疆，虽遇执事，其弗敢违[10]。其竭力致死，无有二心，以尽臣礼，所以报也。"王曰："晋未可与争。"重为之礼而归之。

【注释】
〔1〕治戎：治兵，作战。〔2〕俘馘：这里仅为俘虏的意思。〔3〕纾：舒缓。〔4〕惩：懊悔。〔5〕累囚：拘禁的囚犯。〔6〕臣不与及：与臣无关。〔7〕任：担负。〔8〕累臣：被拘禁的臣子。〔9〕次及于事：轮到我担任国家政事。〔10〕违：避。

秋，叔孙侨如围棘。取汶阳之田，棘不服，故围之。

晋郤克、卫孙良夫伐廧咎如，讨赤狄之余焉。廧咎如溃，上失民也[1]。

【注释】
〔1〕杜注谓此为传释经之文，而经无"廧咎如溃"四字，是经阙此四字。

冬十一月，晋侯使荀庚来聘，且寻盟[1]。卫侯使孙良夫来聘，且寻盟[2]。公问诸臧宣叔曰："中行伯之于晋也，其位在三[3]。孙子之于卫也，位为上卿，将谁先？"对曰："次国之上卿当大国之中，中当其下，下当其上大夫。小国之上卿当大国之下卿，中当其上大夫，下当其下大夫。上下如是，古之制也。卫在晋，不得为次国。晋为盟主，其将先之。"丙午，盟晋，丁未，盟卫，礼也。

【注释】
〔1〕寻盟：寻元年赤棘之盟。 〔2〕寻盟：寻宣公七年之盟。〔3〕位在三：晋郤克为中军主将，位第一；荀首佐中军，位第二；荀庚为上军主将，位第三。

十二月甲戌，晋作六军。韩厥、赵括、巩朔、韩穿、荀骓、赵旃皆为卿[1]，赏鞌之功也。

【注释】
〔1〕荀骓：时将晋国新下军。后谥文子。

齐侯朝于晋，将授玉[1]。郤克趋进曰："此行也，君为妇人之笑辱也，寡君未之敢任。"晋侯享齐侯。齐侯视韩厥[2]，韩厥曰："君知厥也乎[3]？"齐侯曰："服改矣。"韩厥登，举爵曰："臣之不敢爱死，为两君之在此堂也。"[4]

【注释】
〔1〕授玉：朝见时礼节之一。 〔2〕视：盯住。 〔3〕知：认识。〔4〕韩厥此语因郤克挖苦齐顷公太过分，所以补救。

荀罃之在楚也，郑贾人有将寘诸褚中以出[1]。既谋之，未行，而楚人归之。贾人如晋，荀罃善视之，如实出己。贾人曰:"吾无其功,敢有其实乎?吾小人,不可以厚诬君子[2]。"遂适齐。

【注释】
〔1〕褚:装衣物用的囊。 〔2〕诬:欺。

【译文】
[经]
三年春,周历正月,成公会合晋景公、宋共公、卫定公、曹宣公攻打郑国。
辛亥,安葬卫穆公。
二月,成公从攻打郑国战役中回国。
甲子,新宫火灾,哭泣三天。
乙亥,安葬宋文公。
夏,成公去晋国。
郑公子去疾率领军队攻打许国。
成公从晋国回来。
秋,叔孙侨如率领军队包围棘邑。
举行求雨的祭祀。
晋郤克、卫孙良夫攻打廧咎如。
冬十一月,晋景公派荀庚来我国聘问。
卫定公派孙良夫来我国聘问。
丙午,与荀庚订立盟约。
丁未,与孙良夫订立盟约。
郑国攻打许国。

[传]
三年春,诸侯攻打郑国,驻扎在伯牛,讨伐郔地战役郑国欺骗晋国之罪。于是东进侵袭郑国。郑公子偃率领军队抵御,命东部边境的军队埋伏在鄤地,在丘舆打败了诸侯的军队。皇戌去楚

国进献俘虏。

夏，成公去晋国，拜谢得到汶水以北的田地。

许国依仗与楚国友好而不事奉郑国，郑子良攻打许国。

晋国人把公子縠臣与连尹襄老的尸体送还楚国，要求交换知罃。这时候荀首已经辅佐中军了，所以楚国人答应了。楚共王为知罃送行，说："你怨恨我吗？"知罃回答说："二国交战，下臣不才，不能胜任，所以做了俘虏。君王的左右没有用我的血来涂鼓面，让我回国接受诛戮，这是君王对我的恩惠。下臣实在没有才能，又敢怨恨谁？"楚共王说："那么你感激我吗？"知罃回答说："二国为自己的国家利益打算，希望让人民松口气，各自懊悔自己当初的怨恨而相互宽恕，双方释放被拘禁的人，建立友好关系。两国友好，与下臣没有关系，又敢感激谁呢？"楚共王说："你回去，用什么报答我？"知罃说："下臣没有什么可怨恨的，君王也对我没有什么恩德，没有怨恨没有恩德，就不知道要报答什么。"楚共王说："尽管这样，你一定要告诉我你的想法。"知罃说："因为君王的威灵，我这个被囚禁的臣子能够带着这身骨头回到晋国，寡君如果加以诛戮，死且不朽。如果由于君王的恩惠而免受惩罚，把我赐给君王的外臣荀首，荀首向寡君请求而按家法把下臣在宗庙中诛戮，也死而不朽。如果得不到寡君的同意，而让下臣继承宗子的职位，按次序承担国家政事，率领部分军队治理边疆，虽然碰到君王的左右，我不敢避让，竭尽全力一直到战死，也不会有其他信念，以尽到做臣子的职责，这就是所报答君王的。"楚共王说："晋国是不能够与它争斗的。"于是对知罃重加礼遇后放他回去。

秋，叔孙侨如包围棘邑。收取汶水以北的田地，棘人不肯归服，所以包围它。

晋郤克、卫孙良夫攻打廧咎如，是讨伐赤狄人的残余。廧咎如溃败，因为它的部落主得不到人民拥护。

冬十一月，晋景公派荀庚来我国聘问，并重温过去的盟约。卫定公派孙良夫来我国聘问，并重温过去的盟约。成公向臧宣叔询问说："荀庚在晋国，排位列第三。孙良夫在卫国，位为上卿，应该让谁在前？"臧宣叔回答说："次等国家的上卿相当于大国的中卿，中卿相当于大国的下卿，下卿相当于大国的上大夫。小国的上卿相当于大国的下卿，中卿相当于大国的上大夫，下卿相当于大国的下大夫。位次相比是这样，这是古代的制度。卫国与晋国比，称不上次等国家。晋国为盟主，应该让它排在前面。"丙午，与晋结盟，丁未，与卫结盟，这是合乎礼的。

十二月甲戌，晋国组建六军。韩厥、赵括、巩朔、韩穿、荀骓、赵旃都任卿，是犒赏鞌地战役的功劳。

齐顷公到晋国去朝见，将要举行授玉礼节。郤克快步上前说："这一次，君王是因为妇人的戏笑而受辱，寡君不敢受礼。"晋景公设享礼款待齐顷公。齐顷公盯住韩厥看，韩厥说："君王认识我吗？"齐顷公说："服装换过了。"韩厥登上台阶，举起酒爵说："下臣在战斗中不惜牺牲，为的就是两国国君和睦共处在这堂上。"

荀䓨在楚国时，有个郑国商人打算把他放在大口袋中带出楚国，已经计划好了，还没实施，而楚国人把荀䓨放了。商人到晋国去，荀䓨待他很好，就像他真的救出了自己一样。商人说："我没有这样的功劳，岂敢接受与有功劳一样的接待？我是小人，不能这样欺骗君子。"于是就到齐国去。

成 公 四 年

[经]

四年春[1],宋公使华元来聘[2]。

三月壬申,郑伯坚卒。

杞伯来朝[3]。

夏四月甲寅,臧孙许卒。

公如晋。

葬郑襄公。

秋,公至自晋。

冬,城郓[4]。

郑伯伐许[5]。

【注释】
〔1〕四年:公元前587年。〔2〕宋公:宋共公。〔3〕杞伯:杞桓公。〔4〕郓:在今山东郓城县东。〔5〕郑伯:郑悼公。

[传]

四年春,宋华元来聘,通嗣君也[1]。

杞伯来朝,归叔姬故也[2]。

【注释】
　　〔1〕嗣君：指宋共公。　〔2〕叔姬：鲁女嫁杞伯为夫人者。

　　夏，公如晋，晋侯见公，不敬。季文子曰："晋侯必不免。《诗》曰：'敬之敬之，天惟显思，命不易哉[1]！'夫晋侯之命在诸侯矣，可不敬乎？"秋，公至自晋，欲求成于楚而叛晋，季文子曰："不可。晋虽无道，未可叛也。国大臣睦，而迩于我，诸侯听焉，未可以贰。史佚之志有之，曰：'非我族类，其心必异。'楚虽大，非吾族也，其肯字我乎[2]？"公乃止。

【注释】
　　〔1〕所引诗见《诗·周颂·敬之》。　〔2〕字：爱。

　　冬十一月，郑公孙申帅师疆许田，许人败诸展陂[1]。郑伯伐许，取钽任、泠敦之田[2]。

【注释】
　　〔1〕展陂：在今河南许昌市西北。　〔2〕钽任、泠敦：均在许昌。

　　晋栾书将中军，荀首佐之，士燮佐上军，以救许伐郑，取汜、祭[1]。楚子反救郑，郑伯与许男讼焉[2]，皇戌摄郑伯之辞[3]。子反不能决也，曰："君若辱在寡君[4]，寡君与其二三臣共听两君之所欲，成其可知也[5]。不然，侧不足以知二国之成[6]。"
　　晋赵婴通于赵庄姬[7]。

【注释】

〔1〕氾(fán)：在今河南荥阳县西北。祭：在今河南郑州市北。〔2〕许男：许灵公。 〔3〕摄：代。 〔4〕辱在寡君：外交辞令，意为去朝见楚王。 〔5〕成：判断是非曲直。 〔6〕侧：公子侧，即子反。〔7〕赵婴：即赵婴齐。赵庄姬：赵朔之妻，成公女。此句与下年传文相连。

【译文】

[经]

四年春，宋共公派华元来我国聘问。

三月壬申，郑襄公坚去世。

杞桓公来我国朝见。

夏四月甲寅，臧孙许去世。

成公去晋国。

安葬郑襄公。

秋，成公从晋国回国。

冬，修筑郓地城墙。

郑悼公攻打许国。

[传]

四年春，宋华元来我国聘问，是为他新继位的国君通好。

杞桓公来我国朝见，是为了要休弃叔姬的缘故。

夏，成公去晋国，晋景公会见成公，不恭敬。季文子说："晋侯一定难以免除祸患。《诗》说：'处事警惕又警惕，天理昭彰不可欺，保全国运实不易！'晋侯的命运决定于诸侯，怎么能不警惕呢？"秋，成公从晋国回国，想要向楚国请求和好而背叛晋国，季文子说："不行。晋国虽然无道，但不可以背叛。他国家大、臣子和睦，而且靠近我国，诸侯听从他命令，不能够背离他。史佚的记载中有这样一句话，说：'不是我相同的种族，他的心意必然不同。'楚国虽然大，但不是我们的同族，他怎么肯爱护我们呢？"成公打消了这个念头。

冬十一月，郑公孙申率领军队划定所占许国田地的疆界，许国人在展陂打败了他。郑悼公攻打许国，占领鉏任、泠敦的田地。

晋栾书率领中军，荀首辅佐他，士燮辅佐上军，去救援许国，攻打郑国，占领了氾地、祭地。楚子反率兵救援郑国，郑悼公与许灵公在子反面前互相指责对方。皇戌代表郑悼公发言，子反无法判定谁是谁非，说："二位国君如果肯屈驾去问候寡君，寡君和他的几位臣子一起听取二位国君的要求，是非曲直就可以判明了。不这样的话，我不足以确定二国哪一国有理。"

晋赵婴与赵庄姬私通。

成 公 五 年

[经]

五年春[1],王正月,杞叔姬来归。

仲孙蔑如宋。

夏,叔孙侨如会晋荀首于穀[2]。

梁山崩[3]。

秋,大水。

冬十有一月己酉,天王崩[4]。

十有二月己丑,公会晋侯、齐侯、宋公、卫侯、郑伯、曹伯、邾子、杞伯同盟于虫牢[5]。

【注释】

〔1〕五年:公元前 586 年。 〔2〕穀:齐地,见庄公七年注。〔3〕梁山:或谓在今陕西韩城县。 〔4〕天王:周定王。 〔5〕晋侯:晋景公。齐侯:齐顷公。宋公:宋共公。卫侯:卫定公。郑伯:郑悼公。曹伯:曹宣公。邾子:邾定公。杞伯:杞桓公。虫牢:郑地,在今河南封丘县北。

[传]

五年春,原、屏放诸齐[1]。婴曰:"我在,故栾氏不作[2]。我亡，吾二昆其忧哉[3]！且人各有能有不能，舍我何害？"弗听。婴梦天使谓己："祭余，余福女。"使问诸士贞伯[4]，贞伯曰："不识也。"既而告其人曰："神福仁而祸淫，淫而无罚，福也。祭，其得亡乎[5]？"祭之，之明日而亡。

【注释】
〔1〕原、屏：赵同、赵括。放：指放赵婴。〔2〕栾氏：指栾书等人。〔3〕二昆：即二兄，指赵同、赵括。〔4〕士贞伯：士渥浊。〔5〕亡：通"无"。

孟献子如宋，报华元也。
夏，晋荀首如齐逆女，故宣伯饩诸榖[1]。

【注释】
〔1〕饩(yùn)：为在野行路之人馈送食物。

梁山崩，晋侯以传召伯宗[1]。伯宗辟重[2]，曰："辟传！"重人曰："待我，不如捷之速也。"问其所，曰："绛人也。"问绛事焉，曰："梁山崩，将召伯宗谋之。"问："将若之何？"曰："山有朽壤而崩，可若何？国主山川，故山崩川竭，君为之不举[3]，降服[4]，乘缦[5]，彻乐，出次[6]，祝币[7]，史辞，以礼焉。其如此而已，虽伯宗若之何？"伯宗请见之，不可。遂以告而从之。

【注释】

〔1〕传：传车。伯宗：晋大夫。 〔2〕辟重：叫装载货物的车让道。〔3〕不举：减膳撤乐。 〔4〕降服：换去平时华丽的衣服而穿素服。〔5〕缦：没有彩绘的车子。 〔6〕出次：离开寝宫。 〔7〕祝币：陈列献神的礼物。

许灵公愬郑伯于楚[1]。六月，郑悼公如楚，讼，不胜，楚人执皇戌及子国[2]。故郑伯归，使公子偃请成于晋。秋八月，郑伯及晋赵同盟于垂棘[3]。

【注释】

〔1〕愬：控告。 〔2〕子国：穆公子公子发。 〔3〕垂棘：晋地，在今山西潞城县北。

宋公子围龟为质于楚而还[1]，华元享之。请鼓噪以出[2]，鼓噪以复入，曰："习攻华氏。"宋公杀之。

【注释】

〔1〕围龟：宋文公之子。字子灵。 〔2〕鼓噪：击鼓呼叫。

冬，同盟于虫牢，郑服也。诸侯谋复会，宋公使向为人辞以子灵之难。

十一月己酉，定王崩。

【译文】

[经]

五年春，周历正月，杞叔姬被休回国。
仲孙蔑去宋国。

夏，叔孙侨如在穀地与晋荀首相会。

梁山发生山崩。

秋，发大水。

冬十一月己酉，周定王去世。

十二月己丑，成公会同晋景公、齐顷公、宋共公、卫定公、郑悼公、曹宣公、邾定公、杞桓公一起在虫牢结盟。

[传]

五年春，赵同、赵括把赵婴放逐到齐国。赵婴说："有我在这里，所以栾氏不敢作乱。我走后，我的两位兄长恐怕就有忧患了！再说一个人有能做到的事有不能做到的事，放我一步又有什么坏处呢？"赵同、赵括不理他。赵婴做梦梦见天使对他说："祭我，我保佑你。"他派人去向士贞伯请教吉凶。士贞伯说："我不知道。"不久后告诉那人说："神明保佑仁爱的人而降祸给淫邪的人，淫邪而没受到惩罚，就是福了。祭祀了难道就能免除祸吗？"赵婴祭祀了神，第二天就被放逐。

孟献子去宋国，是回报华元对鲁国的聘问。

夏，晋荀首去齐国迎亲，所以宣伯在穀地馈送给他食物。

梁山发生山崩，晋景公用传车召见伯宗。伯宗在路上叫装载货物的重车让道，说："避让传车！"押车的人说："等我让道，还不如走捷径来得快。"问他是哪里人，他回答说："绛人。"问他绛都发生了什么事，他回答说："梁山发生山崩，将召见伯宗商议怎么办。"伯宗问他："应该怎么办？"回答说："山因为有腐朽的土壤所以崩塌，又能怎样？山川是国家的根本，所以山崩塌河流干涸，国君便为此减膳撤乐，穿素衣，乘普通的车子，不奏乐，不住在寝宫里，太祝陈列供品，太史作文，祭山川之神。就这样做而已，即使是伯宗来又能怎样？"伯宗邀请他一起去见景公，他不同意。伯宗就把他的话告诉景公，照着做了。

许灵公向楚国控告郑悼公。六月，郑悼公去楚国，与许灵公辩论，没有获胜，楚国人拘留了皇戌与子国。因此郑悼公回国后，派公子偃去晋国求和。秋八月，郑悼公与晋赵同在垂棘结盟。

宋公子围龟在楚国做人质回国，华元设享礼款待他。他请求击鼓呼叫而出华元家，又击鼓呼叫着进去，说："我是演习进攻华氏。"宋共公把他杀了。

冬，一起在虫牢结盟，是因为郑国顺服晋国。诸侯商议再次聚会，宋共公派向为人以发生公子围龟的事为理由辞谢了。

十一月己酉，周定王去世。

成 公 六 年

[经]

六年春[1],王正月,公至自会。

二月辛巳,立武宫[2]。

取鄟[3]。

卫孙良夫帅师侵宋。

夏六月,邾子来朝[4]。

公孙婴齐如晋。

壬申,郑伯费卒。

秋,仲孙蔑、叔孙侨如帅师侵宋。

楚公子婴齐帅师伐郑。

冬,季孙行父如晋。

晋栾书帅师救郑。

【注释】

〔1〕六年:公元前585年。 〔2〕武宫:纪念武功的建筑。 〔3〕鄟(zhuān):国名,一云地在今山东郯城县北,一云在今兖州一带。 〔4〕邾子:邾定公。

[传]

六年春，郑伯如晋拜成，子游相[1]，授玉于东楹之东[2]。士贞伯曰："郑伯其死乎？自弃也已！视流而行速[3]，不安其位，宜不能久[4]。"

【注释】

〔1〕子游：公子偃字。相：任相礼。 〔2〕楹：堂上大柱，东西各一。诸侯相见，授玉应在两楹之间的堂上。如身份低的人，方授受于堂与东楹之间，也不当在东楹之东。 〔3〕流：如流水，谓其东张西望。 〔4〕宜：殆。

二月，季文子以鞌之功立武宫，非礼也。听于人以救其难[1]，不可以立武[2]。立武由己，非由人也。

取鄟，言易也。

【注释】

〔1〕听于人：鞌之战是鲁向晋请兵与齐战，鲁军从属于晋军。 〔2〕立武：建立纪念性建筑以表彰武功。

三月，晋伯宗、夏阳说，卫孙良夫、宁相，郑人，伊、洛之戎、陆浑蛮氏侵宋[1]，以其辞会也。师于针[2]，卫人不保[3]。说欲袭卫，曰："虽不可入，多俘而归，有罪不及死。"伯宗曰："不可。卫唯信晋，故师在其郊而不设备。若袭之，是弃信也。虽多卫俘，而晋无信，何以求诸侯？"乃止。师还，卫人登陴[4]。

【注释】

〔1〕伊洛之戎：见僖公十一年注。陆浑：陆浑之戎，见僖公二十二年注。蛮氏：戎蛮，居河南临汝县西南一带。〔2〕针：卫邑，在卫都帝丘附近，即今河南濮阳县附近。〔3〕不保：不设防。〔4〕陴：城上女墙。杜注说是卫人知道了夏阳说的计谋故上城守卫。

晋人谋去故绛。诸大夫皆曰："必居郇瑕氏之地[1]，沃饶而近盬[2]，国利君乐，不可失也。"韩献子将新中军，且为仆大夫[3]。公揖而入。献子从。公立于寝庭，谓献子曰："何如？"对曰："不可。郇瑕氏土薄水浅，其恶易觏[4]。易觏则民愁，民愁则垫隘[5]，于是乎有沉溺重膇之疾[6]。不如新田[7]，土厚水深，居之不疾，有汾、浍以流其恶[8]，且民从教，十世之利也。夫山、泽、林、盬，国之宝也。国饶，则民骄佚。近宝，公室乃贫，不可谓乐。"公说，从之。夏四月丁丑，晋迁于新田。

【注释】

〔1〕郇瑕：杜注为古国。一云即郇邑、瑕邑，在今山西临猗县。〔2〕盬：即盐池，今名解池。〔3〕仆大夫：太仆之官，掌宫中事。〔4〕恶：污秽肮脏之物。觏：合，结。〔5〕垫隘：羸弱。〔6〕沉溺：风湿病。重：同"肿"。膇：足肿。〔7〕新田：今山西侯马市。〔8〕汾、浍：均水名。汾水流经新田西北，浍水在新田注入汾水。

六月，郑悼公卒。

子叔声伯如晋[1]。命伐宋。秋，孟献子、叔孙宣伯侵宋，晋命也。

楚子重伐郑，郑从晋故也。

冬，季文子如晋，贺迁也。

【注释】
〔1〕子叔声伯：即公孙婴齐。

晋栾书救郑，与楚师遇于绕角[1]。楚师还，晋师遂侵蔡。楚公子申、公子成以申、息之师救蔡，御诸桑隧[2]。赵同、赵括欲战，请于武子，武子将许之。知庄子、范文子、韩献子谏曰："不可。吾来救郑，楚师去我，吾遂至于此，是迁戮也。戮而不已，又怒楚师，战必不克。虽克，不令[3]。成师以出，而败楚之二县，何荣之有焉？若不能败，为辱已甚[4]，不如还也。"乃遂还。

【注释】
〔1〕绕角：杜注为郑地。一云蔡地，在今河南鲁山县东南。〔2〕桑隧：在今河南确山县东。〔3〕令：善。〔4〕已：太。

于是，军帅之欲战者众，或谓栾武子曰："圣人与众同欲，是以济事。子盍从众？子为大政[1]，将酌于民者也。子之佐十一人，其不欲战者，三人而已。欲战者可谓众矣。《商书》曰：'三人占，从二人[2]。'众故也。"武子曰："善钧[3]，从众。夫善，众之主也。三卿为主，可谓众矣。从之，不亦可乎？"

【注释】

〔1〕大政：执政大臣。　〔2〕所引文见今《尚书·洪范》。〔3〕钧：同"均"。

【译文】

[经]

六年春，周历正月，成公从盟会回国。

二月辛巳，建立武宫。

占领鄟国。

卫孙良夫率领军队侵袭宋国。

夏六月，邾定公来我国朝见。

公孙婴齐去晋国。

壬申，郑悼公费去世。

秋，仲孙蔑、叔孙侨如率领军队侵袭宋国。

楚公子婴齐率领军队攻打郑国。

冬，季孙行父去晋国。

晋栾书率领军队救援郑国。

[传]

六年春，郑悼公去晋国拜谢晋允许和好，子游任相礼，在东楹的东边举行授玉仪式。士贞伯说："郑伯恐怕要死了吧？自己不尊重自己。眼光流动不停而行步快速，在他的位子上惶惶不安，大概活不了多久了。"

二月，季文子由于鞌地战役的功勋建筑武宫，这是不合乎礼的。听命于别人以救自己的危难，不能建筑表彰武功的建筑物。建筑这类建筑物要靠自己取胜才行，不能靠别人的功劳。

占领鄟国，《春秋》用"取"字，是说得来轻而易举。

三月，晋伯宗、夏阳说，卫孙良夫、宁相，郑国人，伊、洛的戎人、陆浑的蛮氏侵袭宋国，是因为宋国拒绝参加盟会。军队驻扎在针地，卫国人不设防。夏阳说想袭击卫国，说："虽然未必能攻入都城，多抓些俘虏回去，君王即使怪罪也不至于问死罪。"

伯宗说:"不行。卫国因为相信晋国,所以军队在他的郊外他也不设防。如果袭击他,是背弃信义。虽然能多抓些卫国俘虏,但晋国因此而没有了信义,用什么去求得诸侯拥护?"于是没有行动。军队回国,卫国人登上城墙守卫。

晋国人商议把都城从原来的绛邑迁走。各位大夫都说:"一定要选郇瑕氏的地方,肥沃富饶而靠近盐池,国家有利,国君快乐,不要失去那地方。"这时韩厥率领中军,兼任仆大夫。晋景公对众人施礼退朝入内,韩厥跟着。景公站在寝官外的庭院里,对韩厥说:"怎么样?"韩厥回答说:"不行。郇瑕氏那地方土壤浇薄水流湍浅,污秽的东西容易聚积。污秽容易聚积百姓就愁苦,百姓愁苦便身体瘦弱,这样就会生风湿脚肿的疾病。不如迁到新田去,那里土地厚实水流渊深,住在那里不会生病,有汾水、浍水带走产生的污秽物,而且百姓顺从教导,子孙十代可安享其利。高山、水泽、森林、盐池,是国家的宝藏。国家富饶,人民就骄佚。靠近宝藏,公室就会贫困。不能说是快乐。"景公听了很满意,依从了他的话。夏四月丁丑,晋国都迁到了新田。

六月,郑悼公去世。

子叔声伯去晋国。晋国命令鲁国攻打宋国。秋,孟献子、叔孙宣伯侵袭宋国,是听从晋国的命令。

楚子重攻打郑国,是因为郑国顺服晋国的缘故。

冬,季文子去晋国,是去祝贺晋国迁都。

晋栾书救援郑国,与楚军在绕角相遇。楚军撤退,晋军便侵袭蔡国。楚公子申、公子成率领申、息二县的军队救援蔡国,在桑隧抵御晋军。赵同、赵括想要出战,向栾书请求,栾书准备答应他们。荀首、士燮、韩厥劝阻说:"不行。我们来救援郑国,楚军不与我们交战,我们就到了这里,这是转移杀戮的对象。不停地杀戮,又激怒楚军,作战一定不会获胜。即使打胜仗,也不是光彩的事。整顿军队出国,却打败楚国两个县的军队,有什么光荣呢?如果不能打败他们,那耻辱就太大了,还不如撤回去。"于是就回国去了。

这时候,军中将领想出战的占多数,有人对栾书说:"圣人听从大众的愿望,所以能够成事。您为什么不听从大伙儿的?您作为执政大臣，应当斟酌人民的意见行事。您的辅佐有十一个人，不想出战的，不过三个人，想出战的可以说是多数。《商书》说：'三个人占卜，听从相同的两个人。'因为是多数的缘故。"栾书说："各人的美德相同，听从多数。美德，是大众服从的主导。现在有三位卿这样认为，可以说是多数了。听从他们，不也是可以的吗？"

成公七年

[经]

七年春[1]，王正月，鼷鼠食郊牛角[2]，改卜牛。鼷鼠又食其角，乃免牛。

吴伐郯[3]。

夏五月，曹伯来朝[4]。

不郊，犹三望。

秋，楚公子婴齐帅师伐郑。

公会晋侯、齐侯、宋公、卫侯、曹伯、莒子、邾子、杞伯救郑[5]。

八月戊辰，同盟于马陵[6]。

公至自会。

吴入州来[7]。

冬，大雩。

卫孙林父出奔晋。

【注释】

[1]七年：公元前584年。 [2]鼷鼠：一种小鼠。 [3]郯：见宣公四年注。 [4]曹伯：曹宣公。 [5]晋侯：晋景公。齐侯：齐顷公。宋公：宋共公。卫侯：卫定公。杞伯：杞桓公。 [6]马陵：卫地，在今

河北大名县东南。〔7〕州来：国名，地在今安徽凤台县。

[传]

七年春，吴伐郯，郯成。季文子曰："中国不振旅[1]，蛮夷入伐，而莫之或恤，无吊者也夫[2]！《诗》曰：'不吊昊天，乱靡有定[3]。'其此之谓乎！有上不吊[4]，其谁不受乱？吾亡无日矣！"君子曰："知惧如是，斯不亡矣。"

【注释】

〔1〕中国：华夏诸国。振旅：整顿军队。〔2〕吊：善。〔3〕所引诗见《诗·小雅·节南山》。昊天，苍天。〔4〕上：谓霸主。

郑子良相成公以如晋，见，且拜师。

夏，曹宣公来朝。

秋，楚子重伐郑，师于氾[1]。诸侯救郑。郑共仲、侯羽军楚师[2]，囚郧公钟仪[3]，献诸晋。八月，同盟于马陵，寻虫牢之盟，且莒服故也。

晋人以钟仪归，囚诸军府[4]。

【注释】

〔1〕氾：在今河南襄城县。〔2〕军：包围。〔3〕郧公：郧县长官。郧，今湖北沔阳县。〔4〕军府：军用仓库，亦用以囚禁俘虏。

楚围宋之役[1]，师还，子重请取于申、吕以为赏田[2]，王许之。申公巫臣曰："不可。此申、吕所以邑也,是以为赋[3],以御北方。若取之,是无申、吕也。晋、郑必至于汉[4]。"王乃止。子重是以怨巫臣。子反欲取夏姬,巫臣止之,遂取以行[5],子反亦怨之。及共王即位,子重、子反杀巫臣之族子阎、子荡及清尹弗忌及襄老之子黑要[6],而分其室[7]。子重取子阎之室,使沈尹与王子罢分子荡之室,子反取黑要与清尹之室。巫臣自晋遗二子书,曰:"尔以谗慝贪惏事君[8],而多杀不辜。余必使尔罢于奔命以死[9]。"

【注释】

〔1〕围宋之役:在宣公十四、十五年。 〔2〕申:见隐公元年注。吕:国名,姜姓,地在今河南南阳市西,早为楚灭。 〔3〕赋:兵赋。〔4〕汉:汉水。 〔5〕遂取以行:事见成公二年。 〔6〕清尹:官名。〔7〕室:家财。 〔8〕贪惏:贪婪。 〔9〕罢:同"疲"。奔命:奉命奔驰。

巫臣请使于吴,晋侯许之。吴子寿梦说之。乃通吴于晋,以两之一卒适吴[1],舍偏两之一焉[2]。与其射御,教吴乘车,教之战陈,教之叛楚。置其子狐庸焉,使为行人于吴。吴始伐楚,伐巢、伐徐。子重奔命。马陵之会,吴入州来,子重自郑奔命。子重、子反于是乎一岁七奔命。蛮夷属于楚者,吴尽取之,是以始大,通吴于上国[3]。

【注释】

〔1〕两之一卒:合两偏以成一卒车,即兵车三十辆。 〔2〕舍:留下。偏两之一:一偏的卒车,即十五辆战车。 〔3〕上国:中原诸国。

卫定公恶孙林父[1]。冬，孙林父出奔晋。卫侯如晋，晋反戚焉[2]。

【注释】
〔1〕孙林父：孙良夫之子，谥文，又称孙文子。 〔2〕反戚：孙林父携戚邑投晋，晋归还卫。戚，见文公元年注。

【译文】
[经]
七年春，周历正月，鼷鼠咬坏郊祭用牛的角，占卜另外选定牛。鼷鼠又咬坏那牛的角，于是不用牛祭祀。
吴国攻打郯国。
夏五月，曹宣公来我国朝见。
不举行郊祭，仍然望祭三处。
秋，楚公子婴齐率领军队攻打郑国。
成公会合晋景公、齐顷公、宋共公、卫定公、曹宣公、莒子、邾子、杞桓公救援郑国。
八月戊辰，一起在马陵结盟。
成公从盟会回国。
吴国人攻入州来国。
冬，举行求雨的祭祀。
卫孙林父离开卫国逃到晋国。

[传]
七年春，吴国攻打郯国，郯国与吴国讲和。季文子说："华夏各国不整顿军队，蛮夷打了进来，却没有人为此感到担忧，这是因为没有善人的缘故吧！《诗》说：'苍天不善，祸乱从来不曾停。'说的就是这情况吧！有在诸侯之上的霸主却不善，还有谁不受到祸乱？我们离灭亡不远了！"君子说："像这样知道戒惧，这就不会灭亡。"

郑子良作为相礼随郑成公去晋国，朝见，同时拜谢去年晋国出兵救郑。

夏，曹宣公来我国朝见。

秋，楚子重攻打郑国，军队驻扎在氾地。诸侯救援郑国。郑共仲、侯羽包围楚军，擒获楚鄖公钟仪，把他献给晋国。八月，一起在马陵结盟，重温在虫牢的盟约，同时是因为莒国顺服。

晋国人把钟仪带回国，关押在军府。

楚国包围宋国那次战役，军队回国，子重请求取得申、吕二邑的土地作为奖赏，楚庄王答应了。申公巫臣说："不行。申、吕之所以为城邑，就是因为有这些土地，兵赋从此产生，以抵御北方。如果让私人取得这些土地，就没有了申、吕二邑。晋国、郑国一定会进逼到汉水。"楚庄王便撤回了命令。子重因此而怨恨巫臣。子反想娶夏姬为妻，巫臣劝阻他，结果自己娶了夏姬逃走了，子反因此也怨恨巫臣。到了楚共王即位，子重、子反杀死了巫臣的族人子阎、子荡与清尹弗忌以及襄老的儿子黑要，瓜分他们的财产。子重取得子阎的财产，让沈尹及王子罢瓜分子荡的财产，子反取得黑要及清尹的财产。巫臣从晋国寄书信给子重、子反，说："你们用邪恶贪婪事奉君王，杀了许多无辜的人。我一定要让你们疲于奔命而死。"

巫臣请求出使吴国，晋景公同意了。吴王寿梦很喜爱他。于是巫臣使吴国与晋国通好，他带领了晋国的三十辆战车去吴国，留下了十五辆。送给吴国射手和驾驭战车的人，教吴国乘车作战，教他们列阵战法，教他们背叛楚国。巫臣把他的儿子狐庸留在吴国，让他担任吴国的行人。吴国开始攻打楚国，攻打巢国、徐国。子重奉命奔驰救援。马陵盟会时，吴国攻入州来，子重从郑国奉命奔驰救援。就这样，子重、子反一年中七次奉命奔驰。那些从属于楚国的蛮夷，吴国全数予以攻取，因此开始强大，得以和中原各国通问往来。

卫定公厌恶孙林父。冬，孙林父离开卫国逃到晋国。卫定公去晋国，晋国把戚邑还给卫国。

成 公 八 年

[经]

八年春[1],晋侯使韩穿来言汶阳之田[2],归之于齐。

晋栾书帅师侵蔡。

公孙婴齐如莒。

宋公使华元来聘[3]。

夏,宋公使公孙寿来纳币。

晋杀其大夫赵同、赵括。

秋七月,天子使召伯来赐公命[4]。

冬十月癸卯,杞叔姬卒。

晋侯使士燮来聘。

叔孙侨如会晋士燮、齐人、邾人伐郯。

卫人来媵[5]。

【注释】

〔1〕八年:公元前583年。 〔2〕晋侯:晋景公。 〔3〕宋公:宋共公。 〔4〕天子:周简王。召伯:召桓公,周卿士。 〔5〕媵:遣女陪嫁。国君之女出嫁,他国遣女陪嫁。

[传]

八年春,晋侯使韩穿来言汶阳之田,归之于齐。季文子饯之,私焉,曰:"大国制义以为盟主[1],是以诸侯怀德畏讨,无有贰心。谓汶阳之田,敝邑之旧也,而用师于齐,使归诸敝邑。今有二命曰:'归诸齐。'信以行义,义以成命,小国所望而怀也。信不可知,义无所立,四方诸侯,其谁不解体?《诗》曰:'女也不爽,士贰其行。士也罔极,二三其德[2]。'七年之中,一与一夺,二三孰甚焉!士之二三,犹丧妃耦[3],而况霸主?霸主将德是以[4],而二三之,其何以长有诸侯乎?《诗》曰:'犹之未远,是用大简[5]。'行父惧晋之不远犹而失诸侯也[6],是以敢私言之。"

【注释】

〔1〕制义:处理事务合符道义。〔2〕所引诗见《诗·卫风·氓》。此以"女"比鲁,以"士"比晋。〔3〕妃:同"配"。此言士对女无信义,将失去嘉偶。〔4〕以:用。〔5〕所引诗见《诗·大雅·板》。今《诗》"简"作"谏"。犹,同"猷",谋略。〔6〕行父:季文子之名。

晋栾书侵蔡,遂侵楚,获申骊[1]。楚师之还也,晋侵沈[2],获沈子揖初[3],从知、范、韩也[4]。君子曰:"从善如流,宜哉!《诗》曰:'恺悌君子,遐不作人[5]。'求善也夫!作人,斯有功绩矣。"是行也,郑伯将会晋师[6],门于许东门,大获焉。

【注释】

〔1〕申骊：楚大夫。〔2〕沈：国名，姬姓，地在今安徽阜阳市西北。〔3〕揖初：沈国君名。杜注将"初"字属下，作"自是"解，然又云前绕角之役听从知、范、韩三人，互相矛盾。〔4〕知、范、韩：荀首、士燮、韩厥。〔5〕所引诗见《诗·大雅·旱麓》。遐不，何不。作人，起用人才。〔6〕郑伯：郑成公。

声伯如莒[1]，逆也[2]。
宋华元来聘，聘共姬也[3]。
夏，宋公使公孙寿来纳币，礼也。

【注释】

〔1〕声伯：公孙婴齐，见成公二年注。〔2〕逆：杜注："自为逆妇。"〔3〕共姬：穆姜所生，成公姊妹。嫁宋共公，故称共姬。

晋赵庄姬为赵婴之亡故[1]，谮之于晋侯，曰："原、屏将为乱。"栾、郤为征[2]。六月，晋讨赵同、赵括[3]。武从姬氏畜于公宫[4]。以其田与祁奚[5]。韩厥言于晋侯曰："成季之勋[6]，宣孟之忠[7]，而无后，为善者其惧矣。三代之令王，皆数百年保天之禄。夫岂无辟王[8]，赖前哲以免也。《周书》曰：'不敢侮鳏寡[9]。'所以明德也。"乃立武，而反其田焉。

【注释】

〔1〕庄姬：晋成公女。〔2〕征：证。〔3〕讨：讨伐，诛戮。〔4〕武：赵武，赵朔与庄姬之子。〔5〕祁奚：晋大夫，字黄羊。〔6〕成季：赵衰。〔7〕宣孟：赵盾。〔8〕辟：邪僻。〔9〕所引句见《尚书·康诰》。

秋，召桓公来赐公命。

晋侯使申公巫臣如吴，假道于莒。与渠丘公立于池上[1]，曰："城已恶[2]！"莒子曰："辟陋在夷，其孰以我为虞[3]？"对曰："夫狡焉思启封疆以利社稷者，何国蔑有？唯然，故多大国矣，唯或思或纵也[4]。勇夫重闭[5]，况国乎？"

【注释】

〔1〕渠丘公：莒国国君，名朱。池：护城河。 〔2〕已：太。 〔3〕虞：望。 〔4〕或思或纵：有的防备而得存，有的放纵而灭亡。 〔5〕重闭：层层门户关闭。

冬，杞叔姬卒。来归自杞，故书。

晋士燮来聘，言伐郯也，以其事吴故。公赂之，请缓师。文子不可[1]，曰："君命无贰，失信不立[2]。礼无加货，事无二成[3]。君后诸侯，是寡君不得事君也[4]。燮将复之。"季孙惧，使宣伯帅师会伐郯。

卫人来媵共姬，礼也。凡诸侯嫁女，同姓媵之，异姓则否。

【注释】

〔1〕文子：即士燮。 〔2〕失信：没完成使命为失信。 〔3〕二成：两种结果。 〔4〕不得事君：不能事奉君王。即与鲁绝交。

【译文】

[经]

八年春，晋景公派遣韩穿来我国通知有关汶水以北田地的事，叫我国把田地还给齐国。
　　晋栾书率领军队侵袭蔡国。
　　公孙婴齐去莒国。
　　宋共公派华元来我国聘问。
　　夏，宋共公派公孙寿来我国送聘礼。
　　晋国杀死它的大夫赵同、赵括。
　　秋七月，周简王派召伯来我国赐给成公仪物命服。
　　冬十月癸卯，杞叔姬去世。
　　晋景公派遣士燮来我国聘问。
　　叔孙侨如会同晋士燮、齐国人、邾国人攻打郯国。
　　卫国人送女来充陪嫁。

[传]

　　八年春，晋景公派遣韩穿来我国通知有关汶水以北田地的事，叫我国把田地还给齐国。季文子设宴为韩穿饯行，二人私下谈论起来。季文子说："大国处理事务合符道义因而成为诸侯盟主，因此诸侯感怀德行害怕受到讨伐，没有产生叛离异心。大国说汶水以北的田地，是敝邑原来的领土，因而对齐国用兵，让它把田地还给敝邑。现在又有不同的命令说：'把田地还给齐国。'信用是用来推行道义的，道义用来完成命令，这是小国所祈望和感怀的。信用不能得知，道义无所建立，四方诸侯，谁能不涣散离心？《诗》说：'我做妻子没过错，是你男子太无情。是是非非没定准，前后不一坏德行。'在七年里，忽而给予忽而夺走，还有什么比这更前后不一的呢？男人前后不一，尚且失去配偶，更何况诸侯的领袖？诸侯的领袖应该惟德是用，却前后不一，他怎么能长久地得到诸侯的拥护呢？《诗》说：'谋略缺乏远见，所以极力劝谏。'行父我害怕晋国没有深远的谋略而失去诸侯，所以大胆私下和你说这番话。"

　　晋栾书侵袭蔡国，于是又侵袭楚国，擒获了申骊。楚军回国时，晋国侵袭沈国，擒获沈国国君揖初，这是听从了荀首、士燮、韩厥的意见的结果。君子说："从善如流，这是多么适当啊！《诗》说：'平易近人的好君子，何不起用人才？'说的就是求取善人啊！起用人才，这就有功绩了。"这次行动，郑成公准备会合晋军，经过许国，攻打许都东门，俘获很多。

声伯去莒国，是为自己迎亲。

宋华元来我国聘问，为宋共公谋娶共姬为夫人。

夏，宋共公派公孙寿来我国送聘礼，这是合乎礼的。

晋赵庄姬为了赵婴被放逐的缘故，在晋景公面前诬陷赵同与赵括，说："赵同、赵括将要作乱。"栾氏、郤氏为她作证。六月，晋国讨伐赵同、赵括。赵武跟着庄姬住在公宫中，免于被杀。晋景公把赵氏的田地赐与祁奚。韩厥对晋景公说："以赵衰的功勋，赵盾的忠诚，却没有继承他们爵位的后代，做好事的人就要害怕了。三代时的贤明君王，都能够数百年保持上天赐予的禄位。他们中间难道就没有邪僻的人？但都托庇他们先祖得以免除祸难。《周书》说：'不敢欺侮鳏夫寡妇。'就是用这方法来发扬道德。"于是立赵武为赵氏继承人，归还他赵氏的田地。

秋，召桓公来我国赐给成公仪物命服。

晋景公派遣申公巫臣去吴国，向莒国借路。巫臣与渠丘公站在护城河边，巫臣说："城墙坏得太厉害了！"渠丘公说："我们偏僻简陋，处在夷地，还有谁会打我们的主意呢？"巫臣回答说："动脑筋开拓疆土以利于自己国家的狡诈的人，哪个国家没有？正因为如此，所以有了这么多大国，只是小国们有的警惕防备而得存，有的放纵松垮而灭亡。勇敢的人尚且关闭内外门户，何况一个国家？"

冬，杞叔姬去世。她被杞君休弃回国，所以《春秋》记载。

晋士燮来我国聘问，通知出兵攻打郯国，因为郯国事奉吴国。成公送给他财物，请求迟些时出兵。士燮不同意，说："君王的命令不能违背，完不成使命就无法自立。按规定的礼物外不能再加财物，一件事不能有两种圆满的结果。君王比诸侯晚到，这样寡君就不能事奉君王了。我将如此向寡君回报。"季孙害怕，派宣伯率领军队会合晋军攻打郯国。

卫国人送女来作为共姬的陪嫁，这是合乎礼的。凡是诸侯女儿出嫁，同姓诸侯送女作为陪嫁，异姓的不送。

成 公 九 年

[经]

九年春[1],王正月,杞伯来逆叔姬之丧以归[2]。

公会晋侯、齐侯、宋公、卫侯、郑伯、曹伯、莒子、杞伯同盟于蒲[3]。

公至自会。

二月,伯姬归于宋。

夏,季孙行父如宋致女[4]。

晋人来媵[5]。

秋七月丙子,齐侯无野卒。

晋人执郑伯。

晋栾书帅师伐郑。

冬十有一月,葬齐顷公。

楚公子婴齐帅师伐莒。庚申,莒溃。

楚人入郓[6]。

秦人、白狄伐晋。

郑人围许。

城中城[7]。

【注释】

〔1〕九年：公元前 582 年。〔2〕杞伯：杞桓公。〔3〕晋侯：晋景公。齐侯：齐顷公。宋公：宋共公。卫侯：卫定公。郑伯：郑成公。曹伯：曹宣公。莒子：莒渠丘公。蒲：卫地，在今河南长垣县。〔4〕致女：女嫁三月，遣大夫聘问，称致女。〔5〕滕：滕伯姬。〔6〕郓：见文公十二年注。〔7〕中城：据《穀梁传》即曲阜内城。杜注谓在厚丘，即今江苏沭阳，则非鲁境。

[传]

九年春，杞桓公来逆叔姬之丧，请之也。杞叔姬卒，为杞故也[1]。逆叔姬，为我也。

为归汶阳之田故，诸侯贰于晋。晋人惧，会于蒲，以寻马陵之盟。季文子谓范文子曰："德则不竞[2]，寻盟何为？"范文子曰："勤以抚之，宽以待之，坚彊以御之，明神以要之[3]，柔服而伐贰，德之次也。"是行也，将始会吴，吴人不至。

【注释】

〔1〕为杞故：因为遭杞桓公休弃的缘故。〔2〕竞：强。〔3〕要：约束。

二月，伯姬归于宋。

楚人以重赂求郑，郑伯会楚公子成于邓[1]。

【注释】

〔1〕邓：一在蔡。一在楚，即楚所灭之邓国，见桓公七年注。此当为后者。

夏，季文子如宋致女，复命，公享之。赋《韩奕》之五章[1]，穆姜出于房[2]，再拜，曰："大夫勤辱，不忘先君以及嗣君[3]，施及未亡人。先君犹有望也！敢拜大夫之重勤。"又赋《绿衣》之卒章而入[4]。

【注释】
〔1〕韩奕：《诗·大雅》篇名。第五章述韩姞嫁蹶父，生活安乐，且有美誉。〔2〕穆姜：伯姬之母。房：路寝之北，中间为室，东西两旁为房。〔3〕先君：宣公，伯姬之父。〔4〕绿衣：《诗·邶风》篇名。卒章有"我思古人，实获我心"句。

晋人来媵，礼也。
秋，郑伯如晋。晋人讨其贰于楚也，执诸铜鞮[1]。
栾书伐郑，郑人使伯蠲行成，晋人杀之，非礼也。兵交，使在其间可也。楚子重侵陈以救郑。

【注释】
〔1〕铜鞮：在今山西沁县南。

晋侯观于军府，见钟仪。问之曰："南冠而絷者，谁也？"有司对曰："郑人所献楚囚也。"使税之[1]，召而吊之[2]。再拜稽首。问其族，对曰："泠人也[3]。"公曰："能乐乎？"对曰："先人之职官也，敢有二事？"使与之琴，操南音。公曰："君王何如？"对曰："非小人之所得知也。"固问之，对曰："其为大子也，师保奉之[4]，以朝于婴齐而夕于侧也[5]。不知其他。"

【注释】

〔1〕税：同"脱"，释放出来。〔2〕吊：慰问。〔3〕泠人：乐官。泠通"伶"。〔4〕师保：二者都是教育辅导太子的官。〔5〕婴齐：公子婴齐，即令尹子重。侧：公子侧，即司马子反。

公语范文子，文子曰："楚囚，君子也。言称先职，不背本也。乐操土风[1]，不忘旧也。称大子[2]，抑无私也[3]。名其二卿，尊君也。不背本，仁也。不忘旧，信也。无私，忠也。尊君，敏也。仁以接事，信以守之，忠以成之，敏以行之。事虽大，必济。君盍归之，使合晋、楚之成。"公从之，重为之礼，使归求成。

【注释】

〔1〕土风：本土乐曲，指楚乐。〔2〕称：列举。〔3〕抑：语助。

冬十一月，楚子重自陈伐莒，围渠丘[1]。渠丘城恶，众溃，奔莒。戊申，楚入渠丘。莒人囚楚公子平，楚人曰："勿杀！吾归而俘。"莒人杀之。楚师围莒。莒城亦恶，庚申，莒溃。楚遂入郓，莒无备故也。

【注释】

〔1〕渠丘：莒邑，在今山东莒县北。

君子曰："恃陋而不备[1]，罪之大者也。备豫不虞[2]，善之大者也。莒恃其陋，而不修城郭，浃辰之间[3]，而楚克其三都，无备也夫！《诗》曰：'虽有丝麻，无弃菅蒯。虽有姬、姜，无弃蕉萃。凡百君子，莫不代匮[4]。'言备之不可以已也。"

【注释】

〔1〕恃陋：凭仗地处偏僻，即上年莒子所说"辟陋在夷，其孰以我为虞"。〔2〕不虞：意外。〔3〕浃辰：十二天。〔4〕所引诗不见今《诗》，杜注云"逸诗"。菅蒯，皆多年生草本植物，古人用以编席、鞋等。姬、姜，黄帝与炎帝的姓，也是周时大姓，古常代指美女。蕉萃，即憔悴。匮，缺少。

秦人、白狄伐晋，诸侯贰故也。

郑人围许，示晋不急君也。是则公孙申谋之，曰："我出师以围许，为将改立君者，而纾晋使[1]，晋必归君。"

城中城，书，时也。

十二月，楚子使公子辰如晋[2]，报钟仪之使，请修好结成。

【注释】

〔1〕纾：迟缓，拖延。〔2〕楚子：楚共王。公子辰：字子商，官大宰。

【译文】

[经]

九年春，周历正月，杞桓公来我国迎接叔姬的尸体回国。

成公会合晋景公、齐顷公、宋共公、卫定公、郑成公、曹宣公、莒渠丘公、杞桓公一起在蒲地结盟。

成公从盟会回国。

二月，伯姬出嫁到宋国。

夏，季孙行父去宋国慰问伯姬。

晋国人送女来作陪嫁。
秋七月丙子，齐顷公无野去世。
晋国人拘禁郑成公。
晋栾书率领军队攻打郑国。
冬十一月，安葬齐顷公。
楚公子婴齐率领军队攻打莒国。庚申，莒国溃散。
楚国人攻入郓地。
秦国人、白狄攻打晋国。
郑国人包围许国。
修筑内城城墙。

[传]

九年春，杞桓公来我国迎接叔姬的尸体，是应我国请求而来。杞叔姬去世，是因为遭杞休弃的缘故。杞桓公来迎接叔姬的尸体，是因为我国请求的缘故。

由于把汶水以北田地归还齐国的缘故，诸侯对晋国生叛离之心。晋国人害怕，在蒲地与诸侯相会，以重温在马陵的盟约。季文子对范文子说："德行已经衰弱，重温盟约干什么？"范文子说："殷勤地安抚诸侯，宽和地对待诸侯，坚强地驾御诸侯，通过对神明发誓来制约诸侯，对顺服者怀柔而对叛离者讨伐，这是次一等的德行。"这一次，准备开始与吴国会见，吴国人没有来。

二月，伯姬出嫁到宋国。

楚国人送重礼要求郑国归服他们，郑成公与楚公子成在邓地相会。

夏，季文子去宋国慰问伯姬，回国复命，成公设享礼慰劳他。季文子赋《韩奕》的第五章，穆姜听见从房中出来，再次下拜，说："大夫辛勤，不忘记先君以及嗣君，延及我这个未亡人。先君也是如此期望你的！谨拜谢大夫加倍的辛勤。"又赋《绿衣》的最后一章后入内。

晋国人送女来作陪嫁，这是合乎礼的。

秋，郑成公去晋国。晋国人讨伐他叛晋顺服楚国，在铜鞮拘捕了他。

栾书攻打郑国，郑国人派伯蠲讲和，晋国人把他杀了，这是不合乎礼的。两国交兵，使者可以在其间往来。楚子重侵袭陈国以救援郑国。

晋景公视察军府，见到钟仪。问看管的人说："戴着南方人帽子而被囚禁的人是谁？"主管官吏回答说："是郑国人所献的楚国俘虏。"景公让人把他放出来，召见他，并表示慰问。钟仪再拜叩头。景公问他世系职业，他回答说："是乐官。"景公说："能够奏乐吗？"钟仪回答说："这是我先人所掌管的职务，我怎敢从事别的事业？"让人给他琴，他弹奏南方的乐调。景公说："你们的君王怎么样？"钟仪回答说："这不是小人所能知道的。"景公坚持问他，他回答说："他做太子时，师保事奉他，每天早晨向婴齐请教，晚上向侧请教。我不知道别的。"

景公把这件事告诉范文子，文子说："楚囚是个君子。言辞中举出先人的职官，这是不忘本。音乐弹奏本土乐调，这是不忘故旧。列举国君做太子时事，表现出他没有私心。对二卿直呼其名，这是尊重国君。不忘本，是仁。不忘旧，是信。没有私心，是忠。尊重国君，是敏。用仁来处理事情，以信来保持它，以忠来完成它，以敏来推行它，哪怕再大的事情也能办成功。君王何不放他回去，让他结成晋、楚之间的和好。"景公听从了文子的话，对钟仪重加礼遇，让他回去求和。

冬十一月，楚子重从陈国出发攻打莒国，包围了渠丘。渠丘城墙破败，大众溃散，逃亡到莒城。戊申，楚军攻入渠丘。莒国人俘虏了楚公子平，楚国人说："不要杀死他！我放回你们的俘虏。"莒国人把公子平杀了。楚军包围莒城。莒城的城墙也破败，庚申，莒国溃散。楚军就进入郓城，这是因为莒国没有设防的缘故。

君子说："凭仗地处偏僻而不加防备，这是罪中的大罪。防备意外，这是善中的大善。莒国凭仗地处偏僻，因而不修治城郭，十二天之间，楚国攻下了它的三个城市，这是由于没有防备的缘故啊！《诗》说：'虽然有了丝和麻，不要丢弃菅与蒯。虽然有了美女，不要丢弃憔悴人。凡是君子，没有不碰上缺这缺那的时候。'是说防备不可以停止。"

秦国人、白狄攻打晋国，是由于诸侯对晋国生叛离之心的缘故。

郑国人包围许国，这是向晋国表示他们并不急于让国君回国。这是公孙申出的主意，他说："我们出兵包围许国，做出准备改立国君的样子，拖延派遣使者去晋国，晋国一定会把国君送回来。"

修筑内城城墙，《春秋》记载，是因为合乎时令。

十二月，楚共王派公子辰到晋国，回报钟仪的使命，请求恢复友好关系，签订和约。

成 公 十 年

[经]

十年春[1],卫侯之弟黑背帅师侵郑[2]。

夏四月,五卜郊不从,乃不郊。

五月,公会晋侯、齐侯、宋公、卫侯、曹伯伐郑[3]。

齐人来媵[4]。

丙午,晋侯獳卒。

秋七月,公如晋。

冬十月。

【注释】

〔1〕十年:公元前581年。 〔2〕卫侯:卫定公。 〔3〕晋侯:指晋厉公,时景公疾,晋人立太子为君。齐侯:齐灵公。宋公:宋共公。曹伯:曹宣公。 〔4〕媵:谓媵伯姬。杜注谓齐人异姓,来媵不合于礼。

[传]

十年春,晋侯使籴茷如楚[1],报大宰子商之使也[2]。

卫子叔黑背侵郑,晋命也。

【注释】

〔1〕籴茷：晋大夫。　〔2〕子商：即公子辰。

郑公子班闻叔申之谋[1]。三月，子如立公子繻[2]。夏四月，郑人杀繻，立髡顽[3]。子如奔许。栾武子曰："郑人立君，我执一人焉，何益？不如伐郑而归其君，以求成焉。"晋侯有疾。五月，晋立大子州蒲以为君，而会诸侯伐郑。郑子罕赂以襄钟[4]，子然盟于修泽[5]，子驷为质[6]。辛巳，郑伯归。

【注释】

〔1〕公子班：即子如。叔申：即公孙申。　〔2〕公子繻：成公庶兄。〔3〕髡顽：成公太子，后即位为僖公。　〔4〕子罕：穆公子，即公子喜。襄钟：郑襄公庙之钟。　〔5〕子然：穆公子。修泽：郑地，在今河南原阳县西南。　〔6〕子驷：即公子骓，穆公子。

晋侯梦大厉[1]，被发及地，搏膺而踊[2]，曰："杀余孙[3]，不义。余得请于帝矣！"坏大门及寝门而入。公惧，入于室。又坏户。公觉，召桑田巫[4]。巫言如梦。公曰："何如？"曰："不食新矣[5]。"公疾病，求医于秦。秦伯使医缓为之[6]。未至，公梦疾为二竖子[7]，曰："彼，良医也。惧伤我，焉逃之？"其一曰："居肓之上[8]，膏之下[9]，若我何？"医至，曰："疾不可为也。在肓之上，膏之下，攻之不可[10]，达之不及[11]，药不至焉，不可为也。"公曰："良医也。"厚为之礼而归之。六月丙午，晋侯欲麦，使甸人献麦[12]，馈人为之[13]。召桑田巫，示而杀之。将食，张[14]，如厕，陷而卒。小臣有晨梦负公以登天[15]，及日中，负晋侯出诸厕。遂以为殉。

【注释】
〔1〕厉：恶鬼。〔2〕搏膺：捶胸。〔3〕杀余孙：指成公八年杀赵同、赵括事。〔4〕桑田：在今河南灵宝县。〔5〕新：新麦。〔6〕缓：秦国名医。〔7〕竖子：儿童。〔8〕肓：心与膈膜之间。〔9〕膏：心尖脂肪。〔10〕攻：指灸。〔11〕达：指针。〔12〕甸人：管诸侯籍田的官。〔13〕馈人：主饮食的官。〔14〕张：同"涨"。〔15〕小臣：宦官。

郑伯讨立君者，戊申，杀叔申、叔禽[1]。君子曰："忠为令德，非其人犹不可[2]，况不令乎？"

【注释】
〔1〕叔禽：叔申之弟。〔2〕非其人：此指郑成公，谓效忠的对象不当。

秋，公如晋。晋人止公，使送葬。于是糸发荗未反[1]。冬，葬晋景公。公送葬，诸侯莫在。鲁人辱之，故不书，讳之也。

【注释】
〔1〕从明年传，晋人疑鲁从楚，故待糸发荗归而证之。

【译文】
[经]
十年春，卫定公的弟弟黑背率领军队侵袭郑国。

夏四月，五次占卜定郊祀日期都不吉利，于是不举行郊祀。

五月，成公会合晋厉公、齐灵公、宋共公、卫定公、曹宣公攻打郑国。

齐国人送女来作陪嫁。

丙午，晋景公獳去世。

秋七月，成公去晋国。

冬十月。

[传]

十年春，晋景公派籴茷去楚国，是回报太宰子商出使晋国。

卫子叔黑背侵袭郑国，是执行晋国的命令。

郑公子班听说了叔申的计谋。三月，公子班立公子繻为国君。夏四月，郑国人杀死公子繻，立髡顽为国君。公子班逃往许国。栾武子说："郑国人立了国君，我们抓一个普通人，有什么好处？不如攻打郑国而把他们的国君送回去，以此求和。"这时晋景公生病，五月，晋立太子州蒲为国君，会同诸侯攻打郑国。郑子罕把郑襄公庙中的钟献给晋国，子然与诸侯在修泽结盟，子驷作为人质。辛巳，郑成公回到国内。

晋景公做梦梦见个大恶鬼，头发披到地上，捶胸跳跃，说："你杀了我的子孙，这是不义。我已经请求上帝报仇得到允许了！"鬼毁坏了大门及寝门走进来。景公害怕，逃进内室。鬼又毁坏了内室的门。景公醒过来，召见桑田的巫人问吉凶。巫人叙述的情况与景公的梦境一样。景公问："怎么样？"巫人说："吃不到新麦了。"景公病重，向秦国请求良医。秦桓公派医缓去晋国为他诊治。医缓还没到，晋景公梦见疾病变成两个小孩，一个说："他是个良医，我怕受到他伤害，逃到什么地方好？"一个说："呆在肓之上，膏之下，他能把我们怎么样？"医缓到达，说："病已没治了。在肓之上，膏之下，艾灼不能治，针刺够不着，药力达不到，没法治了。"景公说："真是个好医生。"赠送他厚礼而送他回国。六月丙午，晋景公想吃麦饭，让甸人献上新麦，馈人烹煮。做好后召见桑田巫人，让他看了新麦饭，然后把他杀了。景公将要吃麦饭，肚子胀痛，便上厕所，跌进厕坑里死了。有个宦官早晨梦见背着景公登天,到了中午,被派把景公从厕坑里背出来,于是就把他作为殉葬。

郑成公讨伐拥立新君的人,戊申,杀了叔申、叔禽。君子说:"忠诚是美德,但所忠的对象不适当尚且不行,何况本人又并不善良呢?"

秋,成公去晋国。晋国人把成公留住,让他给晋景公送葬。这时候,籴茷还没回来。冬,安葬晋景公。成公送葬,诸侯没有一个到场的。鲁国人引以为耻,所以《春秋》没有记载,这是有意隐讳。

春秋左传卷十三　成公下

成公十一年

[经]

十有一年春[1]，王三月，公自至晋。

晋侯使郤犨来聘[2]。己丑，乃郤犨盟。

夏，季孙行父如晋。

秋，叔孙侨如如齐。

冬十月。

【注释】
〔1〕十有一年：公元前580年。　〔2〕晋侯：晋厉公。郤犨(chōu)：晋大夫，郤克从父兄弟。

[传]

十一年春，王三月，公至自晋。晋人以公为贰于楚，故止公。公请受盟，而后使归[1]。

郤犨来聘，且莅盟。

【注释】
〔1〕鲁成公自去年七月去晋，至此共历九月。

声伯之母不聘[1]，穆姜曰[2]："吾不以妾为姒[3]。"生声伯而出之，嫁于齐管于奚。生二子而寡[4]，以归声伯。声伯以其外弟为大夫[5]，而嫁其外妹于施孝叔。郤犨来聘，求妇于声伯。声伯夺施氏妇以与之。妇人曰："鸟兽犹不失俪，子将若何[6]？"曰："吾不能死亡。"妇人遂行，生二子于郤氏。郤氏亡[7]，晋人归之施氏，施氏逆诸河，沉其二子。妇人怒曰："已不能庇其伉俪而亡之，又不能字人之孤而杀之[8]，将何以终？"遂誓施氏[9]。

【注释】
〔1〕声伯：即公孙婴齐。不聘：未行媒聘之礼。凡聘则为妻，不聘为妾。〔2〕穆姜：鲁宣公夫人。声伯之父与宣公为同母兄弟，故穆姜与声伯母为妯娌。〔3〕姒：兄妻为姒，弟妻为娣。兄弟之妻相互称"姒"。〔4〕二子：据下文为一子一女。〔5〕外弟：指其母与管于奚所生子。〔6〕子：指其夫施孝叔。〔7〕郤氏亡：郤氏被灭在成公十七年。〔8〕字：抚爱。〔9〕誓施氏：杜注云："约誓不复为之妇。"

夏，季文子如晋报聘，且莅盟也。

周公楚恶惠、襄之逼也[1]，且与伯舆争政[2]，不胜，怒而出。及阳樊[3]，王使刘子复之[4]，盟于鄄而入[5]。三日，复出奔晋。

秋，宣伯聘于齐，以修前好。

【注释】
〔1〕周公楚：周王室臣。惠、襄：周惠王、周襄王的后裔、族人。〔2〕伯舆：周大夫。〔3〕阳樊：在今河南济源县。〔4〕王：周简王。刘子：即刘康公。〔5〕鄄：周邑，今不详何地。

晋郤至与周争鄇田[1]，王命刘康公、单襄公讼诸晋。郤至曰："温，吾故也，故不敢失。"刘子、单子曰："昔周克商，使诸侯抚封[2]，苏忿生以温为司寇，与檀伯达封于河[3]。苏氏即狄，又不能于狄而奔卫[4]。襄王劳文公而赐之温[5]，狐氏、阳氏先处之[6]，而后及子。若治其故，则王官之邑也，子安得之？"晋侯使郤至勿敢争。

【注释】
〔1〕鄇（hóu）：温别邑，在今河南武陟县境。〔2〕抚：有。〔3〕檀伯达：封于檀而为氏。檀为周邑，在今河南济源县境。与温均近黄河。〔4〕苏氏事见僖公十年。〔5〕赐文公温事见僖公二十五年。〔6〕狐氏、阳氏：指狐溱、阳处父。狐溱封温见僖公二十五年，阳处父封温见文公六年传。

宋华元善于令尹子重，又善于栾武子[1]。闻楚人既许晋籴茷成，而使归复命矣。冬，华元如楚，遂如晋，合晋、楚之成。

【注释】
〔1〕栾武子：栾书。

秦、晋为成，将会于令狐[1]。晋侯先至焉，秦伯不肯涉河[2]，次于王城[3]，使史颗盟晋侯于河东[4]。晋郤犨盟秦伯于河西。范文子曰："是盟也何益？齐盟[5]，所以质信也。会所，信之始也。始之不从，其可质乎？"秦伯归而背晋成。

【注释】

〔1〕令狐：见僖公二十四年注。〔2〕秦伯：秦桓公。〔3〕王城：见僖公十五年注。〔4〕史颗：秦大夫。〔5〕齐：同"斋"。

【译文】

[经]

十一年春，周历三月，成公从晋国回来。

晋厉公派郤犫来我国聘问。己丑，与郤犫订立盟约。

夏，季孙行父去晋国。

秋，叔孙侨如去齐国。

冬十月。

[传]

十一年春，周历三月，成公从晋国回来。晋国人认为成公通好楚国，所以扣留他。成公请求接受盟约，晋国人才让他回国。

郤犫来我国聘问，同时参加盟会。

声伯的母亲嫁过来时没有举行媒聘之礼，穆姜说："我不能称一个小妾为嫂嫂。"声伯的母亲生了声伯后，就被遣离家门，嫁给了齐国的管于奚。她生了二个孩子后丈夫死了，便靠声伯过日子。声伯让他的外弟担任大夫，而把他的外妹嫁给施孝叔。郤犫来鲁国聘问，向声伯求鲁女为妻。声伯又把外妹从她丈夫那儿夺走，嫁给郤犫。他外妹对丈夫说："鸟兽尚且不肯丢失配偶，你准备怎么办？"施孝叔说："我不能为你而死去或逃亡。"声伯的外妹就跟着郤犫走了，在郤家生了二个孩子。郤氏被灭，晋国人把她送还施孝叔，施孝叔在黄河边迎接她，把她二个孩子丢进了河里。她发怒说："自己不能够庇护他的配偶而让她离开，又不能够爱护别人的孤儿而杀死他们，这样的人会有什么好结果？"于是就发誓再也不做施氏的妻子。

夏，季文子去晋国回报聘问，并参加盟会。

周公楚厌恶惠、襄的族人逼迫他，并且与伯舆争夺政权，没有取胜，发怒而离开。到达阳樊，周简王派刘康公去请他回来，在鄟地订立盟约后入都。三天后，他再次离开逃亡到晋国。

秋，宣伯去齐国聘问，以重修以往的友好关系。

晋郤至与周朝争夺鄇地的田地，周简王命令刘康公、单襄公到晋国去诉讼。郤至说："温，过去就是我的封邑，所以我不敢丢失。"刘康公、单襄公说："往昔周朝战胜商朝，让诸侯拥有封地，苏忿生拥有温地担任司寇，与檀伯达封在黄河边。苏氏投靠狄人，又与狄人不和而逃到卫国。襄王犒劳文公而赐给他温地，狐氏、阳氏先住在那里，后来才轮到你。如果追索它的过去，那是王朝属官的封邑，你怎么能得到它？"晋厉公下令使郤至不敢再争。

宋华元与令尹子重交好，又与栾书关系不错。他听说楚国人已经同意晋籴茷讲和，而让他回国复命。冬，华元去楚国，接着去晋国，安排晋、楚两国和好的事。

秦、晋两国为结好事，准备在令狐相会。晋厉公先到，秦桓公不肯渡过黄河，驻扎在王城，派史颗去河东与晋厉公签订盟约。晋郤犨去河西与秦桓公签订盟约。范文子说："这样的结盟有什么好处？斋戒盟誓，是为了保证信用。到达相会的地点，是信用的开始。开始都不遵从，盟约还有保证吗？"秦桓公回去后就背弃了与晋国的和好条约。

成公十二年

[经]

十有二年春[1],周公出奔晋[2]。
夏,公会晋侯、卫侯于琐泽[3]。
秋,晋人败狄于交刚[4]。
冬十月。

【注释】

〔1〕十有二年:公元前579年。〔2〕周公:即周公楚。〔3〕晋侯:晋厉公。卫侯:卫定公。琐泽:杜注谓"地阙",或云在今河北大名县,或谓在今河北涉县。〔4〕交刚:不详,或云在今山西隰县。

[传]

十二年春,王使以周公之难来告。书曰:"周公出奔晋。"凡自周无出[1],周公自出故也。

宋华元克合晋、楚之成。夏五月,晋士燮会楚公子罢、许偃。癸亥,盟于宋西门之外,曰:"凡晋、楚无相加戎,好恶同之,同恤菑危,备救凶患。若有害楚,则晋伐之。在晋,楚亦如之。交贽往来[2],道路无壅,谋其不协,而讨不庭[3]。有渝此盟,明神殛之,俾队其师,无克胙国。"郑伯如晋听成[4]。会于琐泽,成故也。

【注释】

〔1〕自周无出:此释《春秋》记周公出奔的缘故。因普天之下皆王土,所以从周朝出逃不用"出"字。 〔2〕交贽往来:使者往来。贽,礼物。 〔3〕不庭:不来朝见。指叛晋、楚的诸侯。 〔4〕郑伯:郑成公。听:受。

狄人间宋之盟以侵晋,而不设备。秋,晋人败狄于交刚。

晋郤至如楚聘,且莅盟。楚子享之,子反相,为地室而县焉[1]。郤至将登[2],金奏作于下[3],惊而走出。子反曰:"日云莫矣[4],寡君须矣[5],吾子其入也!"宾曰:"君不忘先君之好,施及下臣,贶之以大礼[6],重之以备乐[7]。如天之福,两君相见,何以代此[8]。下臣不敢。"子反曰:"如天之福,两君相见,无亦唯是一矢以相加遗[9],焉用乐?寡君须矣,吾子其入也!"宾曰:"若让之以一矢[10],祸之大者,其何福之为?世之治也[11],诸侯闲于天子之事,则相朝也,于是乎有享宴之礼。享以训共俭[12],宴以示慈惠[13]。共俭以行礼[14],而慈惠以布政。政以礼成,民是以息。百官承事,朝而不夕,此公侯之所以扞城其民也[15]。故《诗》曰:'赳赳武夫,公侯干城[16]。'及其乱也,诸侯贪冒[17],侵欲不忌,争寻常以尽其民[18],略其武夫[19],以为己腹心股肱爪牙[20]。故《诗》曰:'赳赳武夫,公侯腹心[21]。'天下有道，则公侯能为民干城，而制其腹心[22]。乱则反之。今吾子之言，乱之道也，不可以为法。然吾子，主也，至敢不从？"遂入，卒事。归，以语范文子。文子曰："无礼必食言，吾死无日矣夫！"

【注释】

〔1〕地室：地下室。县：钟、鼓一类悬挂乐器。〔2〕登：登堂。〔3〕金奏：以钟镈一类乐器奏九种夏乐。这是诸侯相见时用的礼。〔4〕莫：同"暮"，此指晚，非晚上之意。〔5〕须：等待。〔6〕贶：赠、赐。〔7〕重：加上。备乐：完整的音乐。即金奏。〔8〕代：增加。〔9〕无亦：即"亦"之意。加遗：即"加"。此句意为两国国君只能以战争相见。〔10〕让：赠，即"加遗"。〔11〕治：太平。〔12〕共俭：恭敬俭约。〔13〕慈惠：慈爱恩惠。〔14〕行：推行。〔15〕扞城：即"干城"，捍卫。〔16〕所引诗见《诗·周南·兔罝》。〔17〕贪冒：贪图私利。〔18〕寻常：八尺为寻，倍寻为常。此指尺寸之地。尽其民：使其民投于战争而死亡。〔19〕略：争取，网罗。〔20〕股肱：大腿与手臂。比喻左右得力的臣子。〔21〕所引诗见《诗·周南·兔罝》。腹心，原意是君王亲信，这里是贬意，喻帮凶爪牙。〔22〕制：控制。

冬，楚公子罢如晋聘，且莅盟。十二月，晋侯及楚公子罢盟于赤棘[1]。

【注释】

〔1〕赤棘：晋地，具体所在不详。成公元年鲁、晋曾于此地会盟。

【译文】

[经]

十二年春，周公离开周都逃到晋国。

夏，成公与晋厉公、卫定公在琐泽相会。

秋，晋国人在交刚打败狄人。

冬十月。

[传]

十二年春，周简王的使者来我国报告周公的祸难。《春秋》记载说："周公离开周都逃到晋国。"凡是从周朝外逃的都不能称为"出"，这里是周公自己要离开，所以才用"出"字。

宋华元成功地使晋、楚两国和好。夏五月，晋士燮会见楚公子罢、许偃。癸亥，在宋西门之外结盟，誓词说："凡是晋、楚两国，不以兵戎相加，要好恶相同，一起周济灾难危困，无保留地救援饥荒祸患。如果有危害楚国的，晋国就攻打它；晋国发生这情况，楚国也这样办。使者互相往来聘问，道路没有阻隔，共同商量对付不顺服的国家，讨伐背叛的诸侯。有违背这盟誓的，神灵就诛杀他，使他的军队毁败，不能享有国家。"郑成公去晋国听受和约。诸侯在琐泽相会，是由于晋、楚和好的缘故。

狄人乘晋国人在宋与楚结盟的机会侵袭晋国，自己却不加防备。秋，晋国人在交刚打败狄人。

晋郤至去楚国聘问，同时参加盟会。楚共王设享礼招待他，子反任相礼，建地下室悬挂钟鼓等乐器。郤至将要登堂，下面击起了钟镈奏乐，郤至吃了一惊而退了出来。子反说："时间不早了，寡君在等着，请您还是进去吧！"郤至说："君王不忘记我们先君之间的友好，推爱及于下臣，赐我以盛大的礼仪，再加上成套的音乐。如果上天降福，让我们两国国君相见，还能增加什么礼节？下臣不敢接受。"子反说："如果上天降福，让我们两国国君相见，也只能是用一支箭互相赠送，哪里用得着音乐？寡君在等着，请您还是进去吧！"郤至说："如果用一支箭相赠送，这是祸患中大的祸患，还说什么降福呢？世代太平，诸侯完成天子的使命后有空闲，就互相朝见，在这种情况下就有了享、宴的礼仪。享礼用来教导恭敬俭约，宴礼用来表示慈爱恩惠。恭敬俭约用来推行礼仪，慈爱恩惠用来实施政事。政事凭借礼仪来完成，人民因此得以休养生息。百官承担政事，早上朝见，不在晚上相会，这是公侯之所以用来捍卫他的人民的措施。所以《诗》说：'武夫雄赳赳，在捍卫公侯。'到了世代混乱，诸侯贪图私利，侵夺的欲望无所顾忌，为了争尺寸之地而使人民战争致于死亡，网罗他的武士，作为自己的心腹、股肱、爪牙。所以《诗》说：'武夫雄赳赳，是公侯的腹心。'天下有道，那公侯就能成为人民的捍卫者，制约好他的心腹。天下动乱就出现相反情况。如今您的话，是动乱之道，不能够作为行动的准则。但是您，是主人，我郤至怎敢不服从？"于是就进去，把事务完成。郤至回到晋国，把情况告诉范文子。文子说："无礼的人一定不会实施诺言，我们离死的日子不远了！"

冬，楚公子罢去晋国聘问，同时参加盟会。十二月，晋厉公与楚公子罢在赤棘结盟。

成公十三年

[经]

十有三年春[1],晋侯使郤锜来乞师[2]。

三月,公如京师[3]。

夏五月,公自京师,遂会晋侯、齐侯、宋公、卫侯、郑伯、曹伯、邾人、滕人伐秦[4]。

曹伯卢卒于师。

秋七月,公至自伐秦。

冬,葬曹宣公。

【注释】

〔1〕十有三年:公元前578年。〔2〕晋侯:晋厉公。〔3〕杜注:"伐秦,道过京师,因朝王。"〔4〕齐侯:齐灵公。宋公:宋共公。卫侯:卫定公。郑伯:郑成公。曹伯:曹宣公。

[传]

十三年春,晋侯使郤锜来乞师,将事不敬[1]。孟献子曰:"郤氏其亡乎!礼,身之干也。敬,身之基也。郤子无基。且先君之嗣卿也[2],受命以求师,将社稷是卫,而惰,弃君命也。不亡何为?"

【注释】

〔1〕将事:处理事务。 〔2〕嗣卿:郤锜父郤克为景公上卿,郤锜为厉公卿,故云"嗣卿"。

三月,公如京师。宣伯欲赐,请先使[1],王以行人之礼礼焉。孟献子从,王以为介[2],而重贿之。公及诸侯朝王,遂从刘康公、成肃公会晋侯伐秦。

【注释】

〔1〕先使:先去通报。 〔2〕介:杜注:"辅相威仪者。"按古相见,主有相迎宾赞礼,宾有随从通传名介。孟献子跟随成公朝见,所以周王以为介。

成子受脤于社[1],不敬。刘子曰[2]:"吾闻之,民受天地之中以生[3],所谓命也[4]。是以有动作礼义威仪之则,以定命也。能者养之以福[5],不能者败以取祸。是故君子勤礼,小人尽力。勤礼莫如致敬,尽力莫如敦笃[6]。敬在养神,笃在守业。国之大事,在祀与戎,祀有执膰[7],戎有受脤,神之大节也。今成子惰,弃其命矣,其不反乎[8]?"

【注释】

〔1〕成子:即成肃公。受脤:接受祭肉。 〔2〕刘子:即刘康公。〔3〕天地之中:天地间中和之气。古时认为人是得了天地间中和之气而生。 〔4〕命:生命。 〔5〕养之以福:一本作"养以之福",《汉书》引同。意为有能力的人保持动作礼义威仪的法则就得到福。 〔6〕敦笃:敦厚笃实。 〔7〕执膰:祭祀后把祭肉分配给有关人员。 〔8〕反:同"返"。

夏四月戊午，晋侯使吕相绝秦[1]，曰："昔逮我献公[2]，及穆公相好，戮力同心[3]，申之以盟誓，重之以昏姻。天祸晋国，文公如齐，惠公如秦。无禄[4]，献公即世，穆公不忘旧德，俾我惠公用能奉祀于晋[5]。又不能成大勋，而为韩之师[6]。亦悔于厥心，用集我文公[7]，是穆之成也[8]。

【注释】

〔1〕吕相：魏锜之子魏相。 〔2〕昔逮：自从。 〔3〕戮力：并力，合力。 〔4〕无禄：没有福禄。即不幸。 〔5〕用：因而。奉祀：主持祭祀。即为国君。秦纳惠公在僖公十五年。 〔6〕韩之师：见僖公十五年。 〔7〕集：成就，成全。秦纳文公在僖公二十四年。 〔8〕成：成就，成全。

"文公躬擐甲胄[1]，跋履山川，逾越险阻，征东之诸侯，虞、夏、商、周之胤，而朝诸秦，则亦既报旧德矣。郑人怒君之疆埸[2]，我文公帅诸侯及秦围郑。秦大夫不询于我寡君，擅及郑盟。诸侯疾之，将致命于秦[3]。文公恐惧，绥静诸侯，秦师克还无害，则是我有大造于西也[4]。

【注释】

〔1〕擐（huàn）：穿。 〔2〕怒：侵犯。疆埸（yì）：边境。 〔3〕致命：拼死决战。 〔4〕造：功劳。西：指秦国，在晋国之西。

"无禄，文公即世，穆为不吊[1]，蔑死我君[2]，寡我襄公[3]，迭我殽地[4]，奸绝我好[5]，伐我保城[6]，殄灭我费滑[7]，散离我兄弟[8]，挠乱我同盟，倾覆我国家。我襄公未忘君之旧勋，而惧社稷之陨，是以有殽之师。犹愿赦罪于穆公[9]，穆公弗听，而即楚谋我。天诱其衷[10]，成王殒命[11]，穆公是以不克逞志于我[12]。

【注释】
〔1〕吊：吊唁。〔2〕蔑死我君：或谓当从《释文》所引作"蔑我死君"，与下"寡我襄公"对。〔3〕寡：少，这里是欺侮的意思。〔4〕迭：同"轶"，突然进犯。〔5〕奸绝：遏绝，断绝。〔6〕保城：谓边境小城。〔7〕费滑：即滑国，费为滑都。秦灭滑见僖公三十三年。〔8〕散离我兄弟：秦伐郑灭滑，二国与晋同为姬姓国，故云。〔9〕赦罪：即释罪，求和解。〔10〕天诱其衷：当时俗语，即天心在我。〔11〕成王：楚成王。秦通楚谋晋事见文公十四年。〔12〕逞：满足。

"穆、襄即世，康、灵即位。康公，我之自出[1]，又欲阙翦我公室[2]，倾覆我社稷，帅我蟊贼[3]，以来荡摇我边疆。我是以有令狐之役。康犹不悛[4]，入我河曲，伐我涑川[5]，俘我王官[6]，翦我羁马[7]。我是以有河曲之战[8]。东道之不通[9]，则是康公绝我好也。

【注释】
〔1〕我之自出：秦康公为晋献公女伯姬所生。〔2〕阙翦：损害。〔3〕蟊贼：二者均为食苗的害虫，此喻危害国家的人。指晋文公子公子雍，秦曾应晋求送其回国为君，后晋变卦，于是二国战于令狐。见文公七年传。〔4〕悛(quān)：悔改。〔5〕涑川：水名，在今山西西南部。或谓指山西永济县之涑水城。〔6〕王官：在今山西闻喜县南。秦康公伐涑川、掠王官不见记载。〔7〕翦：削断。羁马：在今山西永济县南。〔8〕河曲之战：见文公十二年传。〔9〕东道不通：指两国不相往来。

"及君之嗣也[1]，我君景公引领西望曰：'庶抚我乎！'君亦不惠称盟[2]，利吾有狄难[3]，入我河县[4]，焚我箕、郜[5]，芟夷我农功[6]，虔刘我边陲[7]。我是以有辅氏之聚[8]。

【注释】
〔1〕君：指秦桓公。〔2〕称盟：举行盟会。〔3〕狄难：时晋军入赤狄作战，见宣公十五年。〔4〕河县：临黄河的县。秦、晋以黄河为界。〔5〕箕：在今山西蒲县。郜：在今山西祁县。〔6〕芟夷：收割。〔7〕虔刘：杀戮。〔8〕辅氏之聚：辅氏之战，见宣公十五年。

"君亦悔祸之延，而欲徼福于先君献、穆，使伯车来[1]，命我景公曰：'吾与女同好弃恶，复修旧德，以追念前勋。'言誓未就，景公即世。我寡君是以有令狐之会[2]。君又不祥[3]，背弃盟誓。白狄及君同州[4]，君之仇雠，而我之昏姻也[5]。君来赐命曰：'吾与女伐狄。'寡君不敢顾昏姻，畏君之威，而受命于吏[6]。君有二心于狄[7]，曰：'晋将伐女。'狄应且憎，是用告我。楚人恶君之二三其德也，亦来告我曰：'秦背令狐之盟，而来求盟于我，昭告昊天上帝、秦三公、楚三王曰[8]："余虽与晋出入[9]，余唯利是视。"不穀恶其无成德[10]，是用宣之，以惩不壹。'

【注释】
〔1〕伯车：秦桓公子，名鍼。〔2〕令狐之会：见成公十一年。〔3〕不祥：不善。〔4〕同州：同在禹贡九州之雍州。〔5〕我之昏姻：白狄女子曾嫁晋文公。〔6〕受：同"授"。〔7〕有：同"又"。

〔8〕秦三公：穆、康、共。楚三王：成、穆、庄。　〔9〕出入：往来。
〔10〕不穀：本为周王自贬之称，楚君称王，不敢称"予一人"，乃自称不穀。

"诸侯备闻此言，斯是用痛心疾首，昵就寡人。寡人帅以听命，唯好是求。君若惠顾诸侯，矜哀寡人，而赐之盟，则寡人之愿也。其承宁诸侯以退[1]，岂敢徼乱。君若不施大惠，寡人不佞[2]，其不能以诸侯退矣。敢尽布之执事，俾执事实图利之！"

【注释】
　　〔1〕承宁：宁静，平息。　〔2〕不佞：即"不才"。

　　秦桓公既与晋厉公为令狐之盟，而又召狄与楚，欲道以伐晋，诸侯是以睦于晋。
　　晋栾书将中军，荀庚佐之。士燮将上军，郤锜佐之。韩厥将下军，荀罃佐之。赵旃将新军，郤至佐之。郤毅御戎[1]，栾鍼为右[2]。孟献子曰："晋帅乘和[3]，师必有大功。"五月丁亥，晋师以诸侯之师及秦师战于麻隧[4]，秦师败绩，获秦成差及不更女父[5]。曹宣公卒于师。师遂济泾，及侯丽而还[6]。迓晋侯于新楚。[7]

【注释】
　　〔1〕郤毅：郤至之弟，又称步毅。　〔2〕栾鍼：栾书之子。
〔3〕乘：车上甲士。　〔4〕麻隧：秦地，在今陕西泾阳县。　〔5〕不更：官名，或云即车右。　〔6〕侯丽：当在泾水南岸。　〔7〕新楚：当在今陕西朝邑(今已并入大荔县)。

成肃公卒于瑕。

六月丁卯夜，郑公子班自訾求入于大宫[1]，不能，杀子印、子羽[2]。反军于市。己巳，子驷帅国人盟于大宫，遂从而尽焚之，杀子如、子駹、孙叔、孙知[3]。

【注释】
〔1〕公子班：其于成公十年逃往许，此时求归。訾：郑地，今不详。大宫：郑祖庙。〔2〕子印、子羽：均为穆公子。〔3〕子如：即公子班。子駹(páng)：子如弟。孙叔、孙知：子如之子。

曹人使公子负刍守[1]，使公子欣时逆曹伯之丧。秋，负刍杀其大子而自立也，诸侯乃请讨之，晋人以其役之劳[2]，请俟他年。冬，葬曹宣公。既葬，子臧将亡[3]，国人皆将从之。成公乃惧，告罪，且请焉。乃反，而致其邑。

【注释】
〔1〕公子负刍：与公子欣时均曹宣公庶子，负刍自立，即成公。〔2〕其役：伐秦之役。〔3〕子臧：欣时字。

【译文】
[经]
十三年春，晋厉公派郤锜来我国请求出兵。
三月，成公去京师。
夏五月，成公从京师离开，于是会合晋厉公、齐灵公、宋共公、卫定公、郑成公、曹宣公、邾国人、滕国人攻打秦国。
曹宣公卢在军中去世。
秋七月，成公从攻打秦国战役回国。

冬，安葬曹宣公。

[传]

十三年春，晋厉公派郤锜来我国请求出兵，处理事务时不恭敬。孟献子说："郤氏恐怕要灭亡了吧！礼，是身体的主干。敬，是身体的基础。郤子没有基础。而且他的父亲是先君的卿，他又是当今君王的卿，接受命令来求出兵，打算以此保卫国家，但却懈怠，是抛弃国君的命令。他不灭亡还能怎样？"

三月，成公去京师。宣伯想得到周王的赏赐，请求先去通报，周简王以对待行人的礼接待他。孟献子跟着成公，简王把他作为介，重重地赏赐他。成公与诸侯朝见简王，就跟从刘康公、成肃公会合晋厉公攻打秦国。

成肃公在社庙接受祭肉时不恭敬。刘康公说："我听说，人民接受天地间的中和之气而生，这就是通常说的命。因此就有了动作、礼义、威仪的法则，用来定命。有能力的人保持这些法则就得到福分，没有能力的人败坏这些法则就取得祸患。因此君子勤修礼义，小人竭尽能力。勤修礼义没有比行为恭敬更好的，竭尽能力没有比敦厚笃实更好的。恭敬在于供奉神明，笃实在于各安本分。国家的大事，在于祭祀与战争。祭祀时有分配祭肉的礼，战争时有接受祭肉的礼，这是事奉神明的关键所在。如今成子在接受祭肉时漫不经心，这是丢弃他的命了，他大概回不来了吧？"

夏四月戊午，晋厉公派吕相去与秦国绝交，说："自从我们献公与你们穆公相互友好，合力同心，用盟誓加以申明，又用婚姻来加深这种关系。上天降祸给晋国，文公去了齐国，惠公到了秦国。不幸，献公去世，穆公不忘昔日的情义，使我们惠公因此能在晋国主持祭祀，但又不能完成重大功勋，因而发动了韩地的战役。他后来心中懊悔，因此支持我们文公登上君位，这是穆公成全我们的结果。

"文公亲自披甲带胄，跋涉山川，逾越艰难险阻，征服东方的诸侯，虞、夏、商、周的后代，都向秦国朝见，这也可以算是报答了秦国往日的恩惠了。郑国人侵犯君王的边境，我们文公率领诸侯与秦国一起包围郑国。秦大夫不征求我国寡君的意见，擅自与郑结盟。诸侯憎恨这事,准备与秦拼死一战。文公恐惧,安抚诸侯,使秦军得以安然回国,这也算是我国给予秦国的大恩惠了。

"不幸,文公去世,穆公不肯来吊唁,轻视我们去世的君主,欺负我们的襄公,突然袭击我们殽地,断绝我们的友好邻邦,攻打我们边境城堡,灭亡我们同姓滑国,离间我们兄弟国家,扰乱我们同盟诸侯,倾覆我们国家。我们襄公没有忘记贵国君王过去的勋劳,而又害怕国家遭到灭亡,所以才有了殽地一役。我们国君仍然希望向穆公解释我们的罪过,但穆公不答应,而勾结楚国打我们的主意。上天保佑我国,楚成王丧命,穆公侵犯我国的阴谋因此没有得逞。

"穆公、襄公去世,康公、灵公即位。康公,是我们晋国女子所生,却又想损害我们公室,倾覆我们国家,率领我国败类,前来扰乱我国边疆。因此,我国才发动了令狐这一战役。康公仍然不思悔改,侵入我们河曲,攻打我国涑川,掠夺我国王官,削剪我国羁马。我国因此才发动了河曲之战。东面道路的不通,就是由于康公和我们断绝友好关系的缘故。

"到了君王即位,我们国君景公伸长了脖子朝西望说:'也许要安抚我们了吧!'君王却同样不肯加恩结盟,反而乘我们有狄人侵犯的机会,攻入我国沿河城县,焚毁我们的箕邑、郜邑,收割我们的庄稼,杀戮我们边境的人民。我国因此而发动辅氏战役。

"君王也懊悔祸患蔓延,而想求福于先君献公、穆公,派伯车来我国,命令我们景公说:'我与你同心同德抛弃怨恶,重新完备过去的情谊,以追念先君的功勋。'盟誓尚未完成,景公去世。我们寡君因此有令狐的会见。君王又居心不良,背弃了盟约。白狄与君王同处一州,是君王的仇敌,但与我们有婚姻关系。君王派人来命令说:'我和你去攻打狄。'寡君不敢顾及婚姻关系,害怕君王的威力,就向下吏下达了出兵的命令。君王却又讨好狄人,说:'晋国将要攻打你们。'狄人口头上应付你们,心中却憎恶你们,因此把你们的话告诉了我们。楚国人讨厌君王这种反复无常的德行,也来告诉我们说:'秦国背弃了令狐的盟约,却来要求与我国结盟,他们对着皇天上帝、秦国的三位先公、楚国的三位先王发誓说:"我们虽然与晋国来往,我不过是为了图谋利益而

已。'鄙人憎恶他们没有应有的德行,所以把真相宣布出来,用来惩戒表里不一的人。'

"诸侯全都听到了这话,因此而痛心疾首,来亲近寡人。寡人率领诸侯来听取君王的命令,只是为了求得友好。君王如果加恩于诸侯,怜悯寡人,赐给我们盟约,那是寡人的愿望,那就会率领诸侯心平气和地退走,怎么敢求取战乱?君王如果不肯施予大恩,寡人不才,就不能率领诸侯退走了。谨把详情全部报告给您的执事,请执事仔细权衡一下利弊吧!"

秦桓公与晋厉公在令狐结盟后,又去召狄人与楚人,想引导他们攻打晋国,诸侯因此与晋和睦。

晋栾书率领中军,荀庚辅佐他。士燮率领上军,郤锜辅佐他。韩厥率领下军,荀䓨辅佐他。赵旃率领新军,郤至辅佐他。郤毅驾御战车,栾鍼任车右。孟献子说:"晋军将帅与士兵齐心协力,军队一定能建立大功。"五月丁亥,晋军率领诸侯军队与秦军在麻隧交战,秦军大败,俘获了秦国的成差和不更女父。曹宣公在军中去世。军队于是就渡过泾水,到达侯丽后回兵,在新楚迎接晋厉公。

成肃公在瑕地去世。

六月丁卯夜,郑公子班从訾地要求让他进入祖庙,没获同意,便杀死子印、子羽,回国驻军于市上。己巳,子驷率领国内的人们在祖庙结盟,人们就跟随子驷把公子班的军营全部烧毁,杀了公子班及子骀、孙叔、孙知。

曹国人让公子负刍守国,派公子欣时去迎接曹宣公的尸体。秋,负刍杀了太子而自立为君,诸侯就请求讨伐曹国,晋国人因为伐秦战役疲劳,请求等以后再说。冬,安葬曹宣公。葬后,公子欣时准备离开曹国,国人都打算跟随他。成公才感到恐惧,承认罪过,并请求欣时留下。欣时回到都城,把自己的封邑交还给成公。

成公十四年

[经]

十有四年春[1],王正月,莒子朱卒[2]。
夏,卫孙林父自晋归于卫。
秋,叔孙侨如如齐逆女。
郑公子喜帅师伐许[3]。
九月,侨如以夫人妇姜氏至自齐[4]。
冬十月庚寅,卫侯臧卒。
秦伯卒[5]。

【注释】

〔1〕十有四年:公元前577年。〔2〕莒子朱:即莒渠丘公。〔3〕公子喜:穆公子,字子罕。〔4〕妇姜氏:时宣公夫人穆姜尚在,故称妇。〔5〕秦伯:即秦桓公。杜注云不称名是未赴以名,参隐公七年传例。

[传]

十四年春,卫侯如晋[1],晋侯强见孙林父焉,定公不可。夏,卫侯既归,晋侯使郤犨送孙林父而见之。卫侯欲辞,定姜曰[2]:"不可。是先君宗卿之嗣也[3],大国又以为请,不许,将亡。虽恶之,不犹愈于亡乎?君其忍之!安民而宥宗卿[4],不亦可乎?"卫侯见而复之。

【注释】
〔1〕卫侯:卫定公。 〔2〕定姜:定公夫人。 〔3〕宗卿:同宗而任卿。此指孙良夫。 〔4〕宗卿:此指孙林父。孙林父出奔前为卫卿。

卫侯飨苦成叔[1],宁惠子相[2]。苦成叔傲。宁子曰:"苦成家其亡乎!古之为享食也,以观威仪、省祸福也。故《诗》曰:'兕觥其觩,旨酒思柔,彼交匪傲,万福来求[3]。'今夫子傲,取祸之道也。"

【注释】
〔1〕飨:同"享",设享礼招待。苦成叔:即郤犫。苦为其采邑,成为谥,叔为字。 〔2〕宁惠子:宁殖,卫大夫。 〔3〕所引诗见《诗·小雅·桑扈》。兕觥,用犀牛角制成的酒器。觩(qiú),角弯曲的样子。彼,同"匪",非。交,同"儌"。求,聚。

秋,宣伯如齐逆女。称族,尊君命也。

八月,郑子罕伐许,败焉。戊戌,郑伯复伐许。庚子,入其郛[1]。许人平以叔申之封[2]。

【注释】
〔1〕郛:外城。 〔2〕叔申之封:公孙申划定疆域的田地。成公四年,公孙申划定上一年所侵许田疆界,被许国人打败,至此同意割让。

九月，侨如以夫人妇姜氏至自齐。舍族，尊夫人也。故君子曰："《春秋》之称[1]，微而显[2]，志而晦[3]，婉而成章，尽而不汙[4]，惩恶而劝善。非圣人谁能修之？"

【注释】
〔1〕称：言论，记载。〔2〕微：言辞不多。〔3〕志而晦：叙事真实而意义幽深。〔4〕尽：尽其事实，没有保留。汙：汙曲。

卫侯有疾，使孔成子、宁惠子立敬姒之子衎以为大子[1]。

冬十月，卫定公卒。夫人姜氏既哭而息，见大子之不哀也，不内酌饮[2]。叹曰："是夫也，将不唯卫国之败，其必始于未亡人！乌呼！天祸卫国也夫！吾不获鱄也使主社稷[3]。"大夫闻之，无不耸惧[4]。孙文子自是不敢舍其重器于卫[5]，尽置诸戚[6]，而甚善晋大夫。

【注释】
〔1〕孔成子：孔达之子孔烝鉏。敬姒：卫定公妾。〔2〕内：同"纳"。酌：同"勺"。酌饮，指吃粗食饮水，是守丧之礼。〔3〕鱄：太子衎的弟弟。〔4〕耸惧：悚惧。〔5〕孙文子：孙林父。舍：放置。重器：宝器。〔6〕戚：孙林父的封邑。

【译文】

[经]
十四年春，周历正月，莒渠丘公朱去世。
夏，卫孙林父从晋国回到卫国。
秋，叔孙侨如去齐国迎亲。

郑公子喜率领军队攻打许国。

九月，侨如带着成公夫人姜氏从齐国回来。

冬十月庚寅，卫定公臧去世。

秦桓公去世。

[传]

十四年春，卫定公去晋国，晋厉公坚持要卫定公接见孙林父，卫定公不答应。夏，卫定公回国后，晋厉公派郤犫送孙林父去卫国见他。卫定公想拒绝，定姜说："不行。这个人是先君的宗卿的后人，大国又为他说情，不同意，国家将会灭亡。虽然厌恶他，但总比国家灭亡要好些吧？君王还是忍耐一下吧！安定人民而原谅宗卿，不也是可以的吗？"卫定公便接见了孙林父，恢复了他的官职与采邑。

卫定公设享礼招待郤犫，宁惠子任相礼。郤犫神色傲慢。宁惠子说："郤氏恐怕要被灭亡了吧！古时候举行享礼，是为了展示威仪、省察祸福。因此《诗》曰：'牛角杯儿弯弯，美酒性儿柔软。不求侥幸不骄傲，万福聚齐遂心愿。'如今这位先生态度傲慢，是取祸之道。"

秋，宣伯去齐国迎亲。《春秋》称呼他的族名"叔孙"，是因为尊重国君的命令。

八月，郑子罕攻打许国，被打败。戊戌，郑成公再次攻打许国。庚子，攻入许国外城。许国人答应以割让当年叔申划定的田地为条件与郑国讲和。

九月，宣伯带着夫人姜氏从齐国来到。《春秋》不称他族名，是由于尊重夫人。所以君子说："《春秋》的记载，言辞不多而意义显明，叙事真实而意义幽深，用语委婉而顺理成章，尽其事实而无所歪曲，警戒邪恶而奖励善良。不是圣人，谁能够撰写？"

卫定公生病，让孔成子、宁惠子立敬姒的儿子衎为太子。

冬十月，卫定公去世。夫人姜氏哭完后休息，见太子一点不哀伤，也不按规定吃粗食饮水。她叹息说："这个人啊，将要不仅仅使卫国败坏，受害的一定从我这未亡人开始！天哪！这是上天降祸给卫国吧！让我没能得到让鱄来做国君。"大夫们听到后，没有一个不感到害怕。孙林父从此不敢把值钱的东西放在都城，全都放在戚邑，同时特别与晋国的大夫们交好。

成公十五年

[经]

十有五年春[1]，王二月，葬卫定公。

三月乙巳，仲婴齐卒[2]。

癸丑，公会晋侯、卫侯、郑伯、曹伯、宋世子成、齐国佐、邾人[3]，同盟于戚。

晋侯执曹伯，归于京师。

公至自会。

夏六月，宋公固卒。

楚子伐郑[4]。

秋八月庚辰，葬宋共公。

宋华元出奔晋。

宋华元自晋归于宋。

宋杀其大夫山[5]。

宋鱼石出奔楚[6]。

冬十有一月，叔孙侨如会晋士燮、齐高无咎、宋华元、卫孙林父、郑公子鰌、邾人会吴于钟离[7]。

许迁于叶[8]。

【注释】

〔1〕十有五年：公元前576年。〔2〕仲婴齐：仲遂子，公孙归父弟。〔3〕晋侯：晋厉公。卫侯：卫献公。郑伯：郑成公。曹伯：曹成公。〔4〕楚子：楚共王。〔5〕山：即荡泽，官司马，公孙寿之孙。〔6〕鱼石：公子目夷之曾孙，官左师。〔7〕钟离：本为小国，地在今安徽凤阳县东。〔8〕叶：在今河南叶县。从此许为楚之附庸。

[传]

十五年春，会于戚，讨曹成公也。执而归诸京师。书曰："晋侯执曹伯。"不及其民也[1]。凡君不道于其民，诸侯讨而执之，则曰某人执某侯。不然，则否。

诸侯将见子臧于王而立之，子臧辞曰："前志有之，曰：'圣达节[2]，次守节，下失节。'为君，非吾节也。虽不能圣，敢失守乎？"遂逃，奔宋。

【注释】

〔1〕不及其民：曹成公的罪仅在杀宣公太子自立，没有危害人民。〔2〕达节：进退裕如，知天应命，皆合乎节义。

夏六月，宋共公卒。

楚将北师[1]。子囊曰[2]："新与晋盟而背之，无乃不可乎？"子反曰："敌利则进，何盟之有？"申叔时老矣，在申，闻之，曰："子反必不免。信以守礼，礼以庇身，信礼之亡，欲免得乎？"楚子侵郑，及暴隧[3]，遂侵卫，及首止[4]。郑子罕侵楚，取新石[5]。栾武子欲报楚，韩献子曰："无庸。使重其罪，民将叛之。无民，孰战？"

【注释】

〔1〕北师：北侵郑、卫。 〔2〕子囊：庄王子，共王弟子贞。〔3〕暴隧：即暴。见文公八年注。 〔4〕首止：卫地，见桓公十八年注。〔5〕新石：楚邑，在今河南叶县。

秋八月，葬宋共公。于是华元为右师，鱼石为左师，荡泽为司马，华喜为司徒[1]，公孙师为司城[2]，向为人为大司寇，鳞朱为少司寇[3]，向带为大宰，鱼府为少宰。荡泽弱公室，杀公子肥[4]。华元曰："我为右师，君臣之训，师所司也。今公室卑而不能正，吾罪大矣。不能治官[5]，敢赖宠乎[6]？"乃出奔晋。二华，戴族也。司城，庄族也。六官者，皆桓族也。

【注释】

〔1〕华喜：华父督的玄孙。 〔2〕公孙师：庄公孙。 〔3〕鳞朱：桓公的后代。 〔4〕公子肥：共公子。一云共公太子。 〔5〕治官：即尽职。 〔6〕赖：利。

鱼石将止华元，鱼府曰："右师反，必讨，是无桓氏也[1]。"鱼石曰："右师苟获反，虽许之讨，必不敢。且多大功，国人与之，不反，惧桓氏之无祀于宋也。右师讨，犹有戌在[2]，桓氏虽亡，必偏[3]。"鱼石自止华元于河上。请讨，许之，乃反。使华喜、公孙师帅国人攻荡氏，杀子山。书曰："宋杀其大夫山。"言背其族也[4]。

【注释】

〔1〕无桓氏：谓桓公一族也将受牵连被灭。 〔2〕戌：向戌，亦桓

族,与华元友善。〔3〕偏:一部分。〔4〕言背其族:此释《春秋》不称山的族名的缘故。

鱼石、向为人、鳞朱、向带、鱼府出舍于睢上[1]。华元使止之,不可。冬十月,华元自止之,不可,乃反。鱼府曰:"今不从,不得入矣。右师视速而言疾,有异志焉。若不我纳,今将驰矣[2]。"登丘而望之,则驰。骋而从之,则决睢澨[3],闭门登陴矣。左师、二司寇、二宰遂出奔楚。

【注释】
〔1〕睢:睢水,流经今河南。此指宋都城外的睢水。〔2〕驰:驾车速行。〔3〕睢澨:指睢水堤防。

华元使向戌为左师,老佐为司马[1],乐裔为司寇,以靖国人。

【注释】
〔1〕老佐:戴公五世孙。

晋三郤害伯宗[1],谮而杀之,及栾弗忌[2]。伯州犁奔楚[3]。韩献子曰:"郤氏其不免乎!善人,天地之纪也,而骤绝之[4],不亡何待?"
初,伯宗每朝,其妻必戒之曰:"'盗憎主人,民恶其上[5]。'子好直言,必及于难。"

【注释】

〔1〕三郤：郤锜、郤犨、郤至。 〔2〕栾弗忌：伯宗的党羽。〔3〕伯州犁：伯宗子。后仕楚为太宰。 〔4〕骤：屡。 〔5〕"盗憎"二句：为当时俗语。言主人未得罪盗贼，而盗贼憎恶主人；在上者未得罪下民，下民常毁恶在上者。

十一月，会吴于钟离，始通吴也。

许灵公畏逼于郑，请迁于楚。辛丑，楚公子申迁许于叶。

【译文】

[经]

十五年春，周历二月，安葬卫定公。

三月乙巳，仲婴齐去世。

癸丑，成公会合晋厉公、卫献公、郑成公、曹成公、宋太子成、齐国佐、邾国人，一起在戚地结盟。

晋厉公把曹成公抓起来送往京师。

成公从盟会回国。

夏六月，宋共公固去世。

楚共王攻打郑国。

秋八月庚辰，安葬宋共公。

宋华元出逃到晋国。

宋华元从晋国回到宋国。

宋国杀死它的大夫山。

宋鱼石出逃到楚国。

冬十一月，叔孙侨如会合晋士燮、齐高无咎、宋华元、卫孙林父、郑公子鰌、邾国人在钟离与吴国人相会。

许国迁移到叶地。

[传]

十五年春，诸侯在戚地相会，是为了讨伐曹成公。把曹成公抓起来送往京师。《春秋》记载说："晋侯把曹伯抓起来。"这是因为曹成公没有危害他的人民。凡是国君对人民无道，诸侯讨伐他而把他抓起来，就说"某人把某人抓起来"。否则就不作这样的记载。

诸侯准备让子臧进见周王并立他为国君，子臧拒绝说："以前的志书上有这样的话，说：'圣人通达节义，次一等的保守节义，下等的失去节义。'做国君，不合乎我的节义。我虽不能比上圣人，又怎敢失去节义呢？"于是就逃走到宋国。

夏六月，宋共公去世。

楚国准备派兵北上。子囊说："刚刚与晋国结盟而背弃盟约，恐怕不可以吧？"子反说："敌情有利于我们就前进，盟约管它干什么？"申叔时已经年老，住在申地，听说后，说："子反一定难以免于祸难。信用是用来保守礼义的，礼义是用来庇护自身的，信用和礼义丢失了，想免于祸难行吗？"楚共王侵袭郑国，到达暴隧，于是就侵袭卫国，到达首止。郑子罕侵袭楚国，攻取了新石。栾武子想要对楚国报复，韩献子说："不用。让他们加重自己的罪孽，人民就会叛离他们。失去了人民，谁为他们作战？"

秋八月，安葬宋共公。这时候华元任右师，鱼石任左师，荡泽任司马，华喜任司徒，公孙师任司城，向为人任大司寇，鳞朱任少司寇，向带任太宰，鱼府任少宰。荡泽要削弱公室的力量，杀死公子肥。华元说："我任右师，国君与臣子的教导，是师所职掌的。如今公室的地位卑下我却不能拨正，我的罪过大了。做官不能尽职，怎么敢倚仗得到宠爱而取利呢？"于是出逃到晋国。二华，是戴公的族人。司城，是庄公的族人。其他六位官员，都是桓公的族人。

鱼石准备劝阻华元出逃，鱼府说："右师回来，一定会讨伐荡泽，这样就会没有我们桓氏一族了。"鱼石说："右师如果能回来，即使允许他讨伐，他也一定不敢。再说他建有许多大功，国人拥护他，他不回来，我害怕我们桓氏一族在宋国无立身之地了。右师讨伐，还有向戌能免，桓氏一族即使灭亡，也一定是灭亡一部分。"鱼石亲自在黄河边上劝阻华元别走。华元请求讨伐荡泽，鱼石同意了，华元这才回来。派遣华喜、公孙师率领国人攻击荡氏，杀了荡泽。《春秋》记载说："宋国杀死它的大夫山。"称名而不称族，是说荡泽背叛了他的宗族。

鱼石、向为人、鳞朱、向带、鱼府出都居住在睢水边。华元派人劝阻他们，他们不听。冬十月，华元亲自去劝阻他们，他们不听，于是回转。鱼府说："现在不听从，就再不能进入国都了。右师眼珠转动很快话也说得很急，他已另有打算了。如果不接纳我们，现在就要快速驾车而去了。"登上山丘眺望他，见他正飞速而归。众人驱车跟着他，他已经决开睢水堤防，关闭城门，登城设防了。左师、二司寇、二宰就出逃到楚国。

华元任命向戌为左师，老佐为司马，乐裔为司寇，以安定国人。

晋三郤陷害伯宗，诬陷他把他杀了，连带杀了栾弗忌。伯州犁逃到楚国。韩献子说："郤氏恐怕难以免除祸难了吧！善人，是天地的纪纲，而多次加以杀害，不灭亡还等什么？"

起初，伯宗每次朝见，他的妻子一定要劝诫他说："'盗贼无缘故地憎恨主人，下民无缘故地毁恶上人。'你喜欢直言不讳，一定会蒙受祸难。"

十一月，与吴国在钟离相会，这是开始与吴国往来。

许灵公害怕郑国的逼迫，请求把国家迁到楚国去。辛丑，楚公子申把许国迁到叶地。

成公十六年

[经]

十有六年春[1],王正月,雨,木冰。

夏四月辛未,滕子卒[2]。

郑公子喜帅师侵宋[3]。

六月丙寅朔[4],日有食之。

晋侯使栾黡来乞师[5]。

甲午晦[6],晋侯及楚子、郑伯战于鄢陵[7],楚子、郑师败绩。

楚杀其大夫公子侧。

秋,公会晋侯、齐侯、卫侯、宋华元、邾人于沙随[8],不见公。

公至自会。

公会尹子、晋侯、齐国佐、邾人伐郑[9]。

曹伯归自京师[10]。

九月,晋人执季孙行父,舍之于苕丘[11]。

冬十月乙亥,叔孙侨如出奔齐。

十有二月乙丑,季孙行父及晋郤犨盟于扈[12]。

公至自会[13]。

乙酉，刺公子偃[14]。

【注释】
〔1〕十有六年：公元前575年。〔2〕滕子：滕文公。〔3〕公子喜：即子罕。〔4〕朔：月初。〔5〕栾黡：栾书之子。〔6〕晦：月尽。〔7〕晋侯：晋厉公。楚子：楚共王。郑伯：郑成公。鄢陵：在今河南鄢陵县北。〔8〕齐侯：齐灵公。卫侯：卫献公。沙随：宋地，在今河南宁陵县北。〔9〕尹子：即尹武公，周卿士。〔10〕曹伯：曹成公。〔11〕苕丘：今不详。〔12〕颍：郑地，见文公七年注。〔13〕至自会：此会指伐郑之役。〔14〕刺：杀。公子偃：成公庶弟。

[传]
十六年春，楚子自武城使公子成以汝阴之田求成于郑[1]。郑叛晋，子驷从楚子盟于武城[2]。

【注释】
〔1〕武城：今河南南阳市北。汝阴之田：汝水以南的田地。相当今郏县与叶县之间。〔2〕子驷：即公子騑。从：此指前往。

夏四月，滕文公卒。
郑子罕伐宋，宋将鉏、乐惧败诸汋陂[1]。退，舍于夫渠[2]，不儆[3]，郑人覆之，败诸汋陵[4]，获将鉏、乐惧。宋恃胜也。

【注释】
〔1〕汋陂：当在河南宁陵一带。〔2〕夫渠：当离汋陂不远。〔3〕不儆：不加警戒。〔4〕汋陵：在今河南宁陵县南。

卫侯伐郑，至于鸣雁[1]，为晋故也。

晋侯将伐郑，范文子曰："若逞吾愿[2]，诸侯皆叛，晋可以逞[3]。若唯郑叛，晋国之忧，可立俟也。"栾武子曰："不可以当吾世而失诸侯，必伐郑。"乃兴师。栾书将中军，士燮佐之。郤锜将上军，荀偃佐之。韩厥将下军，郤至佐新军。荀罃居守。郤犨如卫，遂如齐，皆乞师焉。栾黡来乞师，孟献子曰："有胜矣。"戊寅，晋师起。

【注释】

〔1〕鸣雁：在今河南杞县北。〔2〕逞：满足。〔3〕逞："缢"的假借，缓。

郑人闻有晋师，使告于楚，姚句耳与往[1]。楚子救郑，司马将中军[2]，令尹将左[3]，右尹子辛将右[4]。过申，子反入见申叔时，曰："师其何如？"对曰："德、刑、详、义、礼、信[5]，战之器也。德以施惠，刑以正邪，详以事神，义以建利，礼以顺时，信以守物。民生厚而德正[6]，用利而事节[7]，时顺而物成。上下和睦，周旋不逆[8]，求无不具，各知其极[9]。故《诗》曰：'立我烝民，莫匪尔极[10]。'是以神降之福，时无灾害，民生敦庞[11]，和同以听[12]，莫不尽力以从上命，致死以补其阙[13]。此战之所由克也。今楚内弃其民，而外绝其好，渎齐盟，而食话言，奸时以动[14]，而疲民以逞。民不知信，进退罪也。人恤所厎[15]，其谁致死？子其勉之！吾不复见子矣。"姚句耳先归，子驷问焉，对曰："其行速，过险而不整。速则失志，不整丧列。志失列丧，将何以战？楚惧不可用也。"

【注释】
〔1〕姚句耳：非正式使者，故云"与往"。〔2〕司马：即公子侧，字子反。〔3〕令尹：即公子婴齐，字子重。〔4〕子辛：即公子壬父。〔5〕详：同"祥"，敬顺，和善。〔6〕厚：丰厚。〔7〕用利：有利而用民。事节：事情合于节度。〔8〕周旋：举措。不逆：顺当。〔9〕极：准则。〔10〕所引诗见《诗·周颂·思文》。烝，众。〔11〕敦庞：敦厚富足。〔12〕和同：和合一致。〔13〕阙：杜注"战死者"。〔14〕奸：违反。正当春耕而用兵，故云"奸时"。〔15〕恤：忧。厎：至。

五月，晋师济河。闻楚师将至，范文子欲反，曰："我伪逃楚[1]，可以纾忧[2]。夫合诸侯，非吾所能也，以遗能者。我若群臣辑睦以事君[3]，多矣。"武子曰："不可。"六月，晋、楚遇于鄢陵。范文子不欲战，郤至曰："韩之战，惠公不振旅[4]。箕之役，先轸不反命[5]。邲之师，荀伯不复从[6]。皆晋之耻也。子亦见先君之事矣。今我辟楚[7]，又益耻也。"文子曰："吾先君之亟战也[8]，有故。秦、狄、齐、楚皆强，不尽力，子孙将弱。今三强服矣，敌楚而已。唯圣人能外内无患，自非圣人[9]，外宁必有内忧，盍释楚以为外惧乎[10]？"

【注释】
〔1〕伪：同"为"，如果，假如。〔2〕纾忧：缓和局势。〔3〕辑

睦：和好。〔4〕不振旅：溃败。韩之战见僖公十五年。〔5〕反命：回复命令。不反命，指战死。箕之役见僖公三十三年。〔6〕不复从：没从原路回兵。指失败。邲之战见宣公十二年。〔7〕辟：同"避"。〔8〕亟：屡次。〔9〕自：如果。〔10〕外惧：外部引起警戒者。时晋厉公骄侈，群臣不和，晋国的危机在内而不在外，所以士燮反复申诉不战的道理。

甲午晦，楚晨压晋军而陈[1]。军吏患之。范匄趋进[2]，曰："塞井夷灶[3]，陈于军中，而疏行首[4]。晋、楚唯天所授，何患焉？"文子执戈逐之，曰："国之存亡，天也，童子何知焉？"栾书曰："楚师轻窕[5]，固垒而待之，三日必退。退而击之，必获胜焉。"郤至曰："楚有六间[6]，不可失也。其二卿相恶[7]，王卒以旧[8]，郑陈而不整，蛮军而不陈[9]，陈不违晦[10]，在陈而嚣[11]，合而加嚣。各顾其后，莫有斗心，旧不必良，以犯天忌，我必克之。"

【注释】
〔1〕压：迫近。〔2〕范匄：士燮之子，又称士匄，谥宣子。〔3〕夷：平。〔4〕疏行首：将行列间道路隔宽。〔5〕轻窕：同"轻佻"，浮躁。〔6〕间：空隙，缺点。〔7〕二卿：指子重、子反。相恶：不和。二人有仇，故后子重逼子反自杀。〔8〕旧：一云老兵。一云旧家子弟。〔9〕蛮：指随楚而来的各部落。〔10〕违晦：避开月底。当时认为月底不宜作战。〔11〕嚣：喧闹。

楚子登巢车以望晋军[1]，子重使大宰伯州犁侍于王后。王曰："骋而左右，何也？"曰："召军吏也。""皆聚于中军矣。"曰："合谋也。""张幕矣。"曰："虔卜于先君也。""彻幕矣。"曰:"将发命也。""甚嚣,且尘上矣。"曰:"将塞井夷灶而为行也。""皆乘矣,左右执兵而下矣。"曰:"听誓也[2]。""战乎?"曰:"未可知也。""乘而左右皆下矣。"曰:"战祷也。"伯州犁以公卒告王。苗贲皇在晋侯之侧[3],亦以王卒告。皆曰:"国士在[4],且厚,不可当也。"苗贲皇言于晋侯曰:"楚之良,在其中军王族而已。请分良以击其左右,而三军萃于王卒,必大败之。"公筮之,史曰:"吉。其卦遇《复》䷗,曰:'南国蹙[5],射其元王[6],中厥目。'国蹙王伤,不败何待?"公从之。有淖于前,乃皆左右相违于淖。步毅御晋厉公,栾鍼为右。彭名御楚共王,潘党为右。石首御郑成公,唐苟为右。栾、范以其族夹公行,陷于淖[7]。栾书将载晋侯,鍼曰:"书退!国有大任[8],焉得专之?且侵官,冒也;失官,慢也;离局[9],奸也[10]。有三罪焉,不可犯也。"乃掀公以出于淖[11]。

【注释】

〔1〕巢车:即辕车,上有瞭望台的战车。〔2〕听誓:听取军令。〔3〕苗贲皇:楚鬥椒之子,逃晋。因他熟悉楚国情况,所以也同伯州犁一样,站在晋君之侧。〔4〕国士:指伯州犁。〔5〕蹙:局迫。可引申为削弱。〔6〕元王:元首,指国王。〔7〕陷于淖:晋厉公的车陷入泥沼。〔8〕大任:大事。〔9〕离局:离开岗位。〔10〕奸:不忠。〔11〕掀:抬。

癸巳[1],潘尪之党与养由基蹲甲而射之[2],彻七札焉[3]。以示王,曰:"君有二臣如此,何忧于战?"

王怒曰:"大辱国。诘朝,尔射,死艺[4]。"吕锜梦射月,中之,退入于泥。占之,曰:"姬姓,日也[5]。异姓,月也。必楚王也。射而中之,退入于泥,亦必死矣。"及战,射共王,中目。王召养由基,与之两矢,使射吕锜,中项,伏弢[6]。以一矢复命。

【注释】

〔1〕癸巳:为甲午前一天。此补叙。 〔2〕潘尪之党:潘尪的儿子潘党。蹲甲:叠起披甲。 〔3〕彻:贯穿。七札:七层甲。 〔4〕死艺:死在卖弄技艺上。指他有勇无谋,夸口轻敌。 〔5〕姬姓日也:姬为周天子姓,故以日当之。晋为姬姓国。 〔6〕弢:弓套。

郤至三遇楚子之卒,见楚子,必下,免胄而趋风[1]。楚子使工尹襄问之以弓[2],曰:"方事之殷也,有韎韦之跗注[3],君子也。识见不榖而趋[4],无乃伤乎?"郤至见客,免胄承命,曰:"君之外臣至,从寡君之戎事,以君之灵,间蒙甲胄[5],不敢拜命。敢告不宁[6],君命之辱。为事之故,敢肃使者[7]。"三肃使者而退。

【注释】

〔1〕趋风:向前快走。以表示尊敬。 〔2〕工尹襄:工尹为官职,襄为名。问:问候。古代问候必送礼。 〔3〕韎(mèi)韦:赤色柔皮,古用以制军服。跗注:衣裤相连的军服。 〔4〕识:适。 〔5〕间(jiàn):参加。 〔6〕宁:同"獰",伤。 〔7〕肃:肃拜,即站立,身俯折,两手合拢当心下移。

晋韩厥从郑伯,其御杜溷罗曰:"速从之!其御屡顾，不在马，可及也。"韩厥曰："不可以再辱国君[1]。"乃止。郤至从郑伯，其右茀翰胡曰："谍辂之[2]，余从之乘而俘以下。"郤至曰："伤国君有刑。"亦止。石首曰："卫懿公唯不去其旗，是以败于荧[3]。"乃内旌于弢中。唐苟谓石首曰："子在君侧，败者壹大[4]。我不如子，子以君免，我请止[5]。"乃死。

【注释】
〔1〕再辱国君：鞌之战，韩厥曾追及齐顷公。 〔2〕谍辂之：派轻车绕道迎击。 〔3〕败于荧：卫懿公败于荧泽，见闵公二年。 〔4〕败者壹大：战败了更应一心保护君主。 〔5〕止：止而抵御晋军。

楚师薄于险[1]，叔山冉谓养由基曰："虽君有命[2]，为国故，子必射！"乃射，再发，尽殪。叔山冉搏人以投，中车，折轼。晋师乃止。囚楚公子茷。

【注释】
〔1〕薄：迫。 〔2〕虽君有命：楚共王前叱责养由基，当同时禁止他射箭。

栾鍼见子重之旌，请曰："楚人谓夫旌，子重之麾也。彼其子重也。日臣之使于楚也[1]，子重问晋国之勇。臣对曰：'好以众整[2]。'曰：'又何如？'臣对曰：'好以暇[3]。'今两国治戎，行人不使，不可谓整。临事而食言，不可谓暇。请摄饮焉[4]。"公许之。使行人执榼承饮[5]，造于子重[6]，曰："寡君乏使，使鍼御持矛[7]，是以不得犒从者，使某摄饮。"子重曰："夫子尝与吾言于楚，必是故也，不亦识乎[8]！"受而饮之，免使者而复鼓。

【注释】
〔1〕日：往日。〔2〕好：喜欢。众整：人多而有纪律。〔3〕暇：从容不迫。〔4〕摄饮：送酒去。〔5〕榼：酒器。〔6〕造：到。〔7〕持矛：为车右。古车战，车左善射，车右持矛戟善战。〔8〕识：记。

旦而战，见星未已。子反命军吏察夷伤[1]，补卒乘，缮甲兵，展车马[2]，鸡鸣而食，唯命是听。晋人患之。苗贲皇徇曰[3]："蒐乘补卒，秣马利兵，修陈固列，蓐食申祷[4]，明日复战。"乃逸楚囚。王闻之，召子反谋。穀阳竖献饮于子反，子反醉而不能见。王曰："天败楚也夫！余不可以待。"乃宵遁。晋入楚军，三日穀。范文子立于戎马之前，曰："君幼，诸臣不佞，何以及此？君其戒之！《周书》曰'惟命不于常'[5]，有德之谓。"

【注释】
〔1〕夷伤：创伤。〔2〕展：陈列。〔3〕徇：宣令。〔4〕蓐食：吃早饭。申：再次。〔5〕引文见《尚书·康诰》。

楚师还，及瑕[1]，王使谓子反曰："先大夫之覆师徒者[2]，君不在。子无以为过，不穀之罪也。"子反再拜稽首曰："君赐臣死，死且不朽。臣之卒实奔，臣之罪也。"子重使谓子反曰:"初陨师徒者[3],而亦闻之矣[4]。盍图之?"对曰:"虽微先大夫有之,大夫命侧[5],侧敢不义?侧亡君师,敢忘其死?"王使止之,弗及而卒。

【注释】
〔1〕瑕:在今安徽蒙城县北。 〔2〕先大夫:指子玉。 〔3〕初陨师徒者:指子玉。 〔4〕而:同"尔"。 〔5〕侧:子反名侧。

战之日,齐国佐、高无咎至于师。卫侯出于卫,公出于坏隤[1]。宣伯通于穆姜[2],欲去季、孟[3],而取其室。将行,穆姜送公,而使逐二子。公以晋难告,曰:"请反而听命。"姜怒,公子偃、公子鉏趋过,指之曰:"女不可,是皆君也。"公待于坏隤,申宫儆备[4],设守而后行,是以后。使孟献子守于公宫。

【注释】
〔1〕坏隤:当在曲阜附近。 〔2〕宣伯:叔孙侨如。穆姜:成公母。 〔3〕季、孟:季文子(季孙行父)、孟献子(仲孙蔑)。 〔4〕申宫:防护宫室。

秋,会于沙随,谋伐郑也。
宣伯使告郤犨曰:"鲁侯待于坏隤以待胜者[1]。"郤犨将新军,且为公族大夫,以主东诸侯。取货于宣伯而诉公于晋侯[2],晋侯不见公。

【注释】

〔1〕待胜者：杜注："观晋、楚之胜负。"　〔2〕诉：毁谤。

曹人请于晋曰："自我先君宣公即世，国人曰：'若之何忧犹未弭[1]？'而又讨我寡君，以亡曹国社稷之镇公子[2]，是大泯曹也[3]。先君无乃有罪乎？若有罪，则君列诸会矣。君唯不遗德刑，以伯诸侯，岂独遗诸敝邑？敢私布之。"

【注释】

〔1〕未弭：没止息。宣公死，太子接着被杀，故云"忧犹未弭"。　〔2〕镇：重，重要人物。镇公子，指子臧。　〔3〕泯：灭。

七月，公会尹武公及诸侯伐郑。将行，姜又命公如初。公又申守而行。诸侯之师次于郑西，我师次于督扬[1]，不敢过郑。子叔声伯使叔孙豹请逆于晋师[2]，为食于郑郊。师逆以至，声伯四日不食以待之，食使者而后食。

【注释】

〔1〕督扬：郑东地。　〔2〕子叔声伯：即公子婴齐。叔孙豹：叔孙侨如之弟。

诸侯迁于制田[1]。知武子佐下军[2]，以诸侯之师侵陈，至于鸣鹿[3]。遂侵蔡。未反，诸侯迁于颍上[4]。戊午，郑子罕宵军之，宋、齐、卫皆失军[5]。

【注释】

〔1〕制田：在今河南新郑县东北。 〔2〕知武子：即荀䓨。 〔3〕鸣鹿：在今河南鹿邑县西。 〔4〕颍上：指颍水边。颍水流经今河南登封、禹县、临颍等地，此指禹县之颍。 〔5〕失军：不成军，即战败。

曹人复请于晋，晋侯谓子臧："反，吾归而君。"子臧反，曹伯归。子臧尽致其邑与卿而不出。

宣伯使告郤犨曰："鲁之有季、孟，犹晋之有栾、范也，政令于是乎成。今其谋曰：'晋政多门[1]，不可从也。宁事齐、楚，有亡而已，蔑从晋矣[2]。'若欲得志于鲁，请止行父而杀之，我毙蔑也而事晋[3]，蔑有贰矣。鲁不贰，小国必睦。不然，归必叛矣。"

【注释】

〔1〕多门：谓出自各大卿族，不能统一。 〔2〕蔑：不。 〔3〕蔑：仲孙蔑，即孟献子，时守公宫。

九月，晋人执季文子于苕丘。公还，待于郓[1]，使子叔声伯请季孙于晋。郤犨曰："苟去仲孙蔑而止季孙行父，吾与子国[2]，亲于公室。"对曰："侨如之情[3]，子必闻之矣。若去蔑与行父，是大弃鲁国而罪寡君也。若犹不弃，而惠徼周公之福，使寡君得事晋君，则夫二人者，鲁国社稷之臣也。若朝亡之，鲁必夕亡。以鲁之密迩仇雠[4]，亡而为仇，治之何及[5]？"郤犨曰："吾为子请邑。"对曰："婴齐，鲁之常隶也，敢介大国以求厚焉[6]？承寡君之命以请，若得所请，吾子之赐多矣，又何求？"

【注释】
〔1〕郓：在今山东郓城县。 〔2〕吾与子国：指让声伯任执政。〔3〕侨如之情：指侨如与穆姜私通谋夺季氏、孟氏事。 〔4〕仇雠：指楚国、齐国。 〔5〕治：补救。 〔6〕厚：厚禄。

范文子谓栾武子曰："季孙于鲁，相二君矣。妾不衣帛，马不食粟，可不谓忠乎？信谗慝而弃忠良，若诸侯何？子叔婴齐奉君命无私[1]，谋国家不贰[2]，图其身不忘其君。若虚其请[3]，是弃善人也。子其图之！"乃许鲁平，赦季孙。冬十月，出叔孙侨如而盟之[4]，侨如奔齐。

【注释】
〔1〕无私：指不受郤犨请邑。 〔2〕不贰：指等晋使四天不吃饭。〔3〕虚：拒绝。 〔4〕出：放逐。

十二月，季孙及郤犨盟于扈。归，刺公子偃，召叔孙豹于齐而立之。

齐声孟子通侨如[1]，使立于高、国之间。侨如曰："不可以再罪。"奔卫，亦间于卿[2]。

【注释】
〔1〕声孟子：齐灵公之母，宋女。 〔2〕间于卿：位于卿之间。

晋侯使郤至献楚捷于周，与单襄公语，骤称其伐[1]。单子语诸大夫曰:"温季其亡乎[2]!位于七人之下,而求掩其上[3]。怨之所聚,乱之本也。多怨而阶乱[4],何以在位?《夏书》曰:'怨岂在明?不见是图[5]。'将慎其细也。今而明之,其可乎?"

【注释】

〔1〕骤:多次。伐:功劳。 〔2〕温季:即郤至。 〔3〕掩:盖。〔4〕阶乱:祸乱的阶梯。 〔5〕所引句本逸《书》,今入《五子之歌》。

【译文】

[经]

十六年春,周历正月,下雨,沾附树上凝结成冰。
夏四月辛未,滕文公去世。
郑公子喜率领军队侵袭宋国。
六月丙寅朔,发生日食。
晋厉公派栾黡来我国请求出兵。
甲午晦,晋厉公与楚共王、郑成公在鄢陵交战,楚共王、郑军大败。
楚国杀死他们的大夫公子侧。
秋,成公与晋厉公、齐灵公、卫献公、宋华元、邾国人在沙随约会,晋厉公不肯接见成公。
成公从沙随之会回国。
成公会同尹子、晋厉公、齐国佐、邾国人攻打郑国。
曹成公从京师回国。
九月,晋国人把季孙行父抓起来,安置在苕丘。
冬十月乙亥,叔孙侨如出逃到齐国。
十二月乙丑,季孙行父与晋郤犨在扈地结盟。
成公从攻打郑国战役回国。
乙酉,杀死公子偃。

[传]

十六年春，楚共王从武城派公子成以割让汝水以南田地为条件与郑国讲和。郑国背叛晋国，子驷前往武城与楚共王结盟。

夏四月，滕文公去世。

郑子罕攻打宋国，宋将钼、乐惧在汋陂打败郑军。宋军退兵，驻扎在夫渠，不加警戒。郑国人设伏兵掩袭，在汋陵打败宋军，擒获将钼、乐惧。宋军败在凭借打了胜仗而不加防备。

卫献公攻打郑国，到达鸣雁，是为了晋国而出兵。

晋厉公准备攻打郑国，范文子说："如果满足我的愿望，诸侯都背叛晋国，晋国内部的祸患就能得到缓解。如果仅仅郑国背叛，晋国的忧患，马上就会到来。"栾书说："不能够在我们这一代失去诸侯，一定要攻打郑国。"于是出动军队。栾书率领中军，士燮辅佐他。郤锜率领上军，荀偃辅佐他。韩厥率领下军，郤至辅佐新军。荀罃留守国内。郤犨去卫国，接着去齐国，都是为请求出兵事。栾黡来我国请求出兵，孟献子说："晋国胜算在握了。"戊寅，晋军出发。

郑国人闻知晋军来攻，派人去报告楚国，姚句耳一起前往。楚共王发兵救援郑国，司马子反率领中军，令尹子重率领左军，右尹子辛率领右军。军队经过申邑，子反入城去拜会申叔时，说："这次出兵将会怎样结果？"申叔时回答说："德行、刑法、敬顺、道义、礼仪、信用，这是战争的根本。德行用来施予恩惠，刑法用来纠正邪恶，敬顺用来事奉神明，道义用来建立利益，礼仪用来顺合时宜，信用用来保守事物。人民生活富裕便会德行淳正，对人民有利才用民，事情便合于节度，时宜合适，万物便有收成。上下和睦，举措顺当，有所需求便无不具备，人民各自知道行为的准则。所以《诗》说：'养育百姓，无不合乎准则。'因此神明就降赐福禄，四时没有灾害，人民生活敦厚富足，和合一致听从命令，没有不尽力服从上面的命令，牺牲性命前仆后继。这就是战争所以能胜利的缘故。如今楚国对内放弃他的人民，对外断绝他的友好国家，亵渎盟约，说话不算数，违反时令发动战争，使人民疲劳以满足自己心意。人民不知道信用，进退都是罪过。人们为自己的结局而担忧，谁肯牺牲性命？你还是尽力去做吧！我再也见不到你了。"姚句耳先回国，子驷问他楚军情况，他回答说："他们前进快速，经过险地而队伍不整齐。前进快速就会疏于考虑，队伍不整齐就不成阵列。疏于考虑、不成阵列，将凭什么作战？楚军恐怕不能依靠了。"

五月，晋军渡过黄河。听说楚军将要到来，范文子主张撤军，说："我们如果避让楚国，可以缓和局势。会合诸侯交战，不是我们的能力所能承受的，还是留给有能力的人去干。我们如果群臣和睦以事奉君王，那就很不错了。"栾书说："不行。"六月，晋、楚两国的军队在鄢陵相遇。范文子不想与楚交战。郤至说："韩地一战，惠公溃不成军。箕地战役中，先轸没能生还复命。邲地一战，荀林父落荒而逃。这都是晋国的耻辱。您也都见到先君时的这些战役。现在我们避让楚国，又是增加耻辱了。"范文子说："我们先君多次作战，是有原因的。秦、狄、齐、楚当时都很强大，要是我们不尽力，子孙就会衰弱。现在三个强国都已经顺服，敌手只剩下楚国一个而已。只有圣人才能使内外都没有忧患，如果不是圣人，尽管外部安宁，内部必然产生忧患，何不丢开楚国让它作为外部忧患而引起我们戒惧呢？"

甲午晦，楚军在清晨迫近晋军列开阵势。晋国的军吏因此担心无法出营列阵。范匄快步走向前，说："填塞营中的水井，铲平灶头，就在营中摆开阵势，把行列间距离放宽，就行了。晋、楚两国各看天意所在，又担心什么？"范文子拿起戈来赶他走，说："国家的存亡，这是天意，你小孩子懂什么？"栾书说："楚军浮躁，我们加固营垒等待着，不出三天他们一定会撤退。趁他们撤退时攻击他们，一定可以获胜。"郤至说："楚国有六处缺陷，不可以失去攻打他们的机会。他们的二卿不和，楚王的亲兵都是老兵，郑国的军队列阵而不整齐，蛮人组成了队伍而不成阵势，列阵作战不避晦日，士兵在阵中喧闹，与敌人交战就会更加喧闹。各军彼此观望后顾，缺乏斗志。老兵不一定精良，加上犯了上天所忌，我军一定能战胜他们。"

楚共王登上巢车眺望晋军，子重让太宰伯州犁侍立在王的身后。楚共王说："车子左右驰骋，这是干什么？"伯州犁说："是召集军吏。""那些人都聚集在中军了。"伯州犁说："这是在一起商议。""帐幕张开了。"伯州犁说:"这是在先君神主前占卜。""帐幕撤掉了。"伯州犁说:"快要发布命令了。""人声喧闹得厉害,并且尘土上扬了。"伯州犁说:"将要填塞水井铲平灶头摆开行列。""都上了战车了,将帅们拿着兵器下车了。"伯州犁说:"是在听取军令。""他们要交战吗?"伯州犁说:"还不能确定。""上了战车,将帅们又下车了。"伯州犁说:"这是战前做祈祷。"伯州犁把晋君的亲兵的情况告诉了楚共王。苗贲皇侍立在晋厉公身旁,也把楚王的亲兵的情况告诉了晋厉公。晋国的将士都说:"伯州犁这个杰出人士在楚国,且他们军队力量雄厚,不容易抵挡。"苗贲皇对晋厉公说:"楚国的精锐,在中军和王族而已。请求把我们的精兵分一部分去攻打他们左右二军,而集中三军对付楚王的亲兵,一定能大败他们。"晋厉公吩咐太史占筮,太史说:"吉利。得到了'复'䷗卦,卦辞说:'南方国家要失势,箭射国王,中了他的眼珠子。'国家失势、国王受伤,不吃败仗还等什么呢?"晋厉公听从他出战。阵地前有个大泥坑,于是晋军都或左或右绕开泥坑前进。步毅为晋厉公驾驭战车,栾鍼任车右。彭名为楚共王驾驭战车,潘党任车右。石首为郑成公驾驭战车,唐苟为车右。栾、范带着他们部族的队伍左右拥簇着晋厉公前进,晋厉公的车陷入了泥坑里。栾书打算让晋厉公乘自己的战车,栾鍼说:"栾书退后去!国家有大事,你怎能一人独断专行?再说侵犯别人的职权,这是冒犯;丢弃了自己的职责,这是渎职;离开自己的岗位,这是不忠。有三件罪名,不能够胡来。"他于是抬起厉公乘的战车拖出了泥坑。

  癸巳,潘尪的儿子潘党与养由基叠起披甲比赛射箭,都贯穿了七层甲。拿去给楚共王看,说:"君王有两个这样的臣子,还愁不打胜仗吗?"楚共王发怒说:"别给我丢脸。明天,你射箭,就会死在卖弄本领上面。"晋国的吕锜梦见自己射月亮,射中了,自己后退陷入泥坑里。为此事占卜,占者说:"姬姓国家好比太阳,异姓国好比月亮。你射中的一定是楚王。射中后,后退陷入泥坑,你自己也一定活不了。"到了交战时,吕锜射楚共王,射中了他的眼睛。楚共王叫来了养由基,给他两枝箭,叫他去射吕锜,射中脖子,倒在弓套上死去。养由基拿了剩下的一支箭向楚共王复命。

郤至三次遇上楚共王的亲兵，他见到楚共王，总要跳下战车，脱去头盔而快步走过。楚共王派工尹襄用弓为礼物去问候他，说："正当战斗激烈的时候，有个穿红色熟皮军服的人，他是个君子。刚才见到鄙人而快步跑开，莫不是受伤了吗？"郤至接见了工尹襄，脱下头盔，听他传达楚共王的话，说："君王的外臣郤至，跟随寡君参加作战，托君王的福，参加了披甲的行列，不敢拜谢宠命。谨向君王报告没有受伤，感谢君王惠赐问候，实不敢当。因为在战斗中，只好谨此向使者肃拜。"对工尹襄肃拜三次后退走。

晋韩厥追赶郑成公，他的御者杜溷罗说："快追上去！他的御者多次回头张望，不专心驾驶，可以赶上。"韩厥说："我不能够再次做羞辱国君的事。"于是停止了追赶。郤至追赶郑成公，他的车右茀翰胡说："派轻车绕道从正面拦截，我追上他的战车去把他俘虏下车。"郤至说："伤害国君要受到刑罚。"也停止追赶。郑成公的御者石首说："卫懿公因为没有收掉他的旗子，所以在荧地败得很惨。"于是把旌旗藏进弓袋中。唐苟对石首说："你在国君身边，战败了更应一心保护君主。我不如你，你带着国君逃走，我请求留下挡一阵。"于是留下抵御晋军战死。

楚军被晋军逼迫到险阻地方，叔山冉对养由基说："虽然君王有禁令，但为了国家，你一定要射箭。"养由基于是向晋军射箭，射二箭，死二人。叔山冉抓住晋军投掷过去，投中战车，折断了车轼。晋军于是停了下来。囚禁了楚公子茷。

栾鍼见到子重的旌旗，向晋厉公请求说："楚国人说这旌旗，是子重的旗号。他恐怕就在旗下了。往日臣子出使到楚国去，子重曾问起晋国军队的勇敢表现在哪里。臣回答说：'喜欢人多而有纪律。'他说：'还有什么？'臣子回答说：'喜欢临事从容不迫。'如今两国交战，连一个使者也不派，不能说有纪律。临到事情却说话不算，不能说是从容不迫。请让我派人送杯酒去。"晋厉公同意了。栾鍼派使者拿着酒榼装满酒，到子重那儿，说："寡君缺少人手，派栾鍼拿矛当侍卫，因此不能来犒劳您的左右，特派我送酒来。"子重说："这位先生曾经在楚国对我说过这番话，一定是为了这个，他的记性真是太好了！"接过酒来喝了，让使者回去，才又擂起了战鼓。

这天，从清早开始交战，到星星出现时还没停战。子反命令军吏调查受伤情况，补充士兵，修理盔甲武器，摆列战车马匹，鸡叫时吃饭，唯主帅的命令是听。晋军因此而担心。苗贲皇在军中传令说：“检阅战车，补充士兵，喂饱马匹，磨快刀枪，整顿军阵，巩固行列，一早吃饭后再次祷告，明天再战。”他故意让楚国俘虏逃回去报告情况。楚共王听说后，忙召见子反来商量。子反有个童子名穀阳的献酒给子反，子反喝醉了不能来见楚王。楚共王说：“这是上天要让楚国打败仗啊！我不能再等了。”楚军便连夜撤退。晋军进入楚营，把楚营中的粮食吃了三天。范文子站在晋厉公的车马前说："君王年幼，臣子们又没才能，怎么能取得这场胜利？君王还是要警惕啊！《周书》说'天命不会常在不变'，是说天只保佑有德行的人。"

楚军回国，到达瑕地，楚共王派人对子反说："先大夫使军队覆没，国君不在军中。这次不同，你不要作为自己的过错，这是鄙人的罪过。"子反再次下拜叩头说："君王赐下臣一死，死而不朽。下臣的士兵确实打了败仗，是下臣的罪过。"子重派人对子反说："当初让军队覆没的人的结果，你也听到过了。你何不自己打算一下？"子反回答说："即使没有先大夫的例子，大夫这样教导我，我岂敢陷于不义？我使国君的军队损失，怎敢逃避一死？"楚共王派人阻止他，还没赶到，子反就自杀了。

作战的时候，齐国佐、高无咎率兵到达军中，卫献公从卫国赶来，成公从坏隤出发。叔孙侨如和穆姜私通，想要去除季、孟而取得他们的家财。成公将要上路，穆姜送他，让他赶走季文子与孟献子。成公以要应晋国要求出兵的事敷衍她，说："请等我回来后再听取您的命令。"穆姜发怒，公子偃、公子鉏快步走过，穆姜指着他俩说："你不同意，这两人都可以是国君。"成公便等在坏隤，防护宫室，加强戒备，设置守卫后出行，所以迟到了。他让孟献子在公宫留守。

秋，诸侯在沙随相会，商议攻打郑国。

侨如派人报告郤犫说："鲁侯等在坏隤，以观望谁是胜者。"郤犫率领新军，并且担任公族大夫，负责对东方诸侯的接待联络工作。他从侨如那儿收取贿赂而在晋厉公面前毁谤鲁成公，晋厉公因此不肯接见成公。

曹国人向晋国请求说:"自从我国先君宣公去世,国人说:'怎么一回事,怎么忧患还没消除?'而贵国又讨伐我国寡君,使得主持我们曹国国政的重要人物子臧逃亡,这是在大举削弱我们曹国。大概是先君有罪吧?可如果有罪,那君王又让他参加盟会了。君王正因为不丢弃德行和刑罚,所以领袖诸侯,难道唯独对敝邑丢弃?谨在此私下向君王布达。"

七月,成公会合尹武公及诸侯攻打郑国。将要出发,穆姜又向成公提出前项要求。成公又在宫中设置防备后上路。诸侯的军队驻扎在郑国西面,我军驻扎在督扬,不敢经过郑都城。子叔声伯派叔孙豹去请求晋军前来迎接我军,在郑国郊外准备饭食款待。晋军来迎接我军,声伯等着他们四天没有吃饭,等给晋国使者吃了饭后自己才吃。

诸侯的军队迁移到制田。知武子辅佐下军,率领诸侯的军队侵袭陈国,到达鸣鹿。于是就侵袭蔡国。还没回兵,诸侯迁移到颖上。戊午,郑子罕在夜间突袭诸侯,宋、齐、卫的军队都溃散。

曹国人再次请求晋国,晋厉公对子臧说:"回去吧,我让你们国君回国。"子臧回去,曹成公回到国内。子臧把他全部封邑与卿位交出去而不再出仕。

叔孙侨如派人告诉郤犫说:"鲁国有季氏、孟氏,就如同晋国有栾氏、范氏,政令就是由这些宗族制订的。如今他们商议说:'晋国的政令出自多门,不能服从。宁可事奉齐、楚,哪怕亡国,不再服从晋国。'晋国如想使鲁国听话,请拘留季孙行父并把他杀了,我杀了仲孙蔑事奉晋国,这就没有背叛晋国的人了。鲁国不背叛晋国,其他小国必然亲附晋国。不这样,季孙行父回去后一定会背叛晋国。"

九月,晋国人在苕丘拘捕了季孙行父。成公回国,停留在郓地,派子叔声伯去向晋国请求释放季孙行父。郤犫说:"如果去掉仲孙蔑而拘禁季孙行父,我让你任执政,对你比对公室还亲。"声伯回答说:"侨如的事,你一定听说了。如果去掉仲孙蔑与季孙行父,是大大削弱鲁国而惩罚寡君。如果还不弃鲁国,而承蒙您向周公求福,让寡君能够事奉晋君,那么这二人就是鲁国的栋梁之臣。如果早晨除掉他们，鲁国晚上一定灭亡。鲁国靠近晋国的仇敌，灭亡鲁国便帮助了仇敌，那时再补救就来不及了。"郤犨说："我为你请求封邑。"声伯回答说："婴齐我是鲁国的小臣，怎敢依靠大国以求厚禄？我奉寡君的命令来请求放了季孙行父，如果得到所请求的，您对我的赏赐就很多了，我还求什么？"

范文子对栾武子说："季孙在鲁国，辅助过两个国君。妾不穿丝绸，马不吃粟，能够不说他是个忠臣吗？听信奸邪而丢弃忠良，怎么向诸侯交代？子叔婴齐接受君命出使而没有私心，为国家打算忠心如一，为自己打算而不忘国君。如果拒绝他的请求，是丢弃善人啊。你还是好好想一想！"于是就允许鲁国讲和，赦免了季孙行父。冬十月，放逐叔孙侨如，并和大夫们设立盟誓，侨如逃亡到齐国。

十二月，季孙与郤犨在扈地结盟。回到国内，杀死公子偃，把叔孙豹从齐国召回，让他继承叔孙氏官职。

齐声孟子与叔孙侨如私通，让他位于高氏、国氏之间。侨如说："不能再犯罪了。"逃亡到卫国，也位在卿之间。

晋厉公派郤至去周朝献对楚战役的俘获，他和单襄公交谈，多次夸口自己的功劳。单襄公对大夫们说："郤至恐怕要完蛋了吧！官位在七人之下，而想要爬在他们上面。聚集怨仇，是祸乱的根本。多招怨恨而导致祸乱，怎么还能据有官位？《夏书》说：'怨恨何止只在明处，看不见的更要防护。'这是说要对细微之处谨慎从事。如今郤至把怨恨公开了，难道行吗？"

成公十七年

[经]

十有七年春[1],卫北宫括帅师侵郑[2]。

夏,公会尹子、单子、晋侯、齐侯、宋公、卫侯、曹伯、邾人伐郑[3]。

六月乙酉,同盟于柯陵[4]。

秋,公至自会。

齐高无咎出奔莒。

九月辛丑,用郊。

晋侯使荀䍣来乞师。

冬,公会单子、晋侯、宋公、卫侯、曹伯、齐人、邾人伐郑。

十有一月,公至自伐郑。

壬申,公孙婴齐卒于貍脤[5]。

十有二月丁巳朔,日有食之。

邾子貜且卒。

晋杀其大夫郤锜、郤犫、郤至。

楚人灭舒庸[6]。

【注释】

〔1〕十有七年：公元前 574 年。〔2〕北宫括：成公曾孙。〔3〕尹子：尹武公。单子：单襄公。二人皆周大夫。晋侯：晋厉公。齐侯：齐灵公。宋公：宋平公。卫侯：卫献公。曹伯：曹成公。〔4〕柯陵：在今河南许昌市南。〔5〕貍脤：今不详何地。〔6〕舒庸：见僖公三年注。

[传]

十七年春，王正月，郑子驷侵晋虚、滑[1]。卫北宫括救晋，侵郑，至于高氏[2]。

【注释】

〔1〕虚：在今河南偃师县。滑：在河南偃师县南。〔2〕高氏：在今河南禹县西南。

夏五月，郑大子髡顽、侯獳为质于楚[1]，楚公子成、公子寅戍郑。公会尹武公、单襄公及诸侯伐郑，自戏童至于曲洧[2]。

【注释】

〔1〕侯獳：郑大夫。〔2〕戏童：在今河南巩县东南。曲洧：在今河南扶沟县。

晋范文子反自鄢陵，使其祝宗祈死[1]，曰："君骄侈而克敌，是天益其疾也，难将作矣！爱我者惟祝我[2]，使我速死，无及于难，范氏之福也。"六月戊辰，士燮卒。

【注释】

〔1〕祝宗:当即祝史,司祭神记史之事。 〔2〕祝:此指诅咒。

乙酉,同盟于柯陵,寻戚之盟也。

楚子重救郑,师于首止[1]。诸侯还[2]。

齐庆克通于声孟子[3],与妇人蒙衣乘辇而入于闳[4]。鲍牵见之[5],以告国武子[6],武子召庆克而谓之[7]。庆克久不出,而告夫人曰:"国子谪我[8]!"夫人怒。

【注释】

〔1〕首止:见桓公十八年注。 〔2〕诸侯还:杜注:"畏楚强。" 〔3〕庆克:齐大夫,庆封之父。 〔4〕蒙衣:杜注谓穿妇女衣服,以衣遮冒。闳:宫中巷门。 〔5〕鲍牵:齐大夫,鲍叔牙曾孙。 〔6〕国武子:即国佐。 〔7〕谓:告。 〔8〕谪:谴责。

国子相灵公以会[1],高、鲍处守[2]。及还,将至,闭门而索客[3]。孟子诉之曰:"高、鲍将不纳君,而立公子角[4]。国子知之[5]。"秋七月壬寅,刖鲍牵而逐高无咎。无咎奔莒,高弱以卢叛[6]。齐人来召鲍国而立之[7]。

【注释】

〔1〕会:指会合诸侯伐郑。 〔2〕高、鲍:高无咎、鲍牵。 〔3〕索客:检查旅客。这是国君将回时例行的警戒措施。 〔4〕公子角:顷公子。 〔5〕知:与闻,参与。 〔6〕高弱:高无咎子。卢:高氏采邑,在今山东长清县西南。 〔7〕鲍国:鲍牵弟,谥文子。

初，鲍国去鲍氏而来为施孝叔臣。施氏卜宰[1]，匡句须吉。施氏之宰，有百室之邑。与匡句须邑，使为宰，以让鲍国，而致邑焉。施孝叔曰："子实吉。"对曰："能与忠良，吉孰大焉！"鲍国相施氏忠，故齐人取以为鲍氏后。仲尼曰："鲍庄子之知不如葵[2]，葵犹能卫其足。"

【注释】
〔1〕宰：家宰，家臣之长。 〔2〕鲍庄子：即鲍牵。葵：一种植物，古人采食其嫩叶。

冬，诸侯伐郑。十月庚午，围郑。楚公子申救郑，师于汝上[1]。十一月，诸侯还。

【注释】
〔1〕汝上：汝水边。汝水流贯今河南省，是郑与楚的界河。

初，声伯梦涉洹[1]，或与己琼瑰[2]，食之，泣而为琼瑰，盈其怀。从而歌之曰："济洹之水，赠我以琼瑰。归乎！归乎！琼瑰盈吾怀乎！"惧不敢占也[3]。还自郑，壬申，至于貍脤而占之，曰："余恐死，故不敢占也。今众繁而从余三年矣，无伤也。"言之，之莫而卒[4]。

【注释】
〔1〕洹：洹水，即今安阳河，源出山西，流至今河南安阳市，又东至内黄县入卫水。 〔2〕琼瑰：一种次于玉的石头制成的珠子。

〔3〕惧不敢占：古人死后含珠入殓，所以声伯梦珠以为不祥，不敢占梦。
〔4〕莫：同"暮"。

齐侯使崔杼为大夫，使庆克佐之，帅师围卢。国佐从诸侯围郑，以难请而归。遂如卢师，杀庆克，以穀叛[1]。齐侯与之盟于徐关而复之[2]。十二月，卢降，使国胜告难于晋[3]，待命于清[4]。

【注释】
〔1〕穀：见庄公七年注。 〔2〕徐关：见成公二年注。 〔3〕国胜：国佐之子。 〔4〕清：在今山东聊城县西。

晋厉公侈，多外嬖[1]。反自鄢陵，欲尽去群大夫，而立其左右。胥童以胥克之废也[2]，怨郤氏，而嬖于厉公。郤锜夺夷阳五田[3]，五亦嬖于厉公。郤犨与长鱼矫争田[4]，执而梏之[5]，与其父母妻子同一辕。既，矫亦嬖于厉公。栾书怨郤至，以其不从己而败楚师也，欲废之。使楚公子茷告公曰[6]："此战也，郤至实召寡君。以东师之未至也[7]，与军帅之不具也[8]，曰：'此必败！吾因奉孙周以事君[9]。'"公告栾书，书曰："其有焉！不然，岂其死之不恤，而受敌使乎[10]？君盍尝使诸周而察之[11]？"郤至聘于周，栾书使孙周见之。公使觇之[12]，信[13]。遂怨郤至。

【注释】
〔1〕外嬖：受宠爱的大夫。 〔2〕胥童：胥克之子。宣公八年，郤缺废胥克。 〔3〕夷阳五：一作夷羊五。夷羊为复姓。 〔4〕长鱼矫：出自

秦修鱼氏，嬴姓。〔5〕梏：手铐。〔6〕公子茷：时被晋俘禁。〔7〕东师：指齐、鲁、卫之军。〔8〕军帅之不具：晋出动四军，但新军将郤犨出使乞师，下军佐荀䓨留守国内，所以说军队的统帅不全。〔9〕孙周：一称周子，以其出于公孙，故称孙周。后嗣位，为晋悼公。〔10〕受敌使：谓鄢陵之战郤至接受楚共王派人送上弓问候他之事。〔11〕尝：试。周：周朝。时孙周在周事单襄公，所以派他去周，看他是否与孙周勾结。〔12〕觇：窥视。〔13〕信：果见二人交往，遂信公子茷的话。

厉公田，与妇人先杀而饮酒[1]，后使大夫杀。郤至奉豕[2]，寺人孟张夺之，郤至射而杀之。公曰："季子欺余[3]。"

厉公将作难，胥童曰："必先三郤，族大多怨。去大族不逼[4]，敌多怨有庸[5]。"公曰："然。"郤氏闻之，郤锜欲攻公，曰："虽死，君必危。"郤至曰："人所以立，信、知、勇也。信不叛君，知不害民，勇不作乱。失兹三者，其谁与我？死而多怨，将安用之？君实有臣而杀之[6]，其谓君何？我之有罪，吾死后矣！若杀不辜，将失其民，欲安，得乎？待命而已！受君之禄，是以聚党[7]。有党而争命，罪孰大焉！"

【注释】
〔1〕杀：射杀被围困的野兽。依礼，田猎时诸侯发矢射兽后，依次当由卿、大夫射，妇人不得参与。〔2〕奉豕：献上猎获的野猪。〔3〕季子：郤至。欺：欺侮，轻视。因郤至不告而擅杀宦官，故厉公不满。〔4〕不逼：公室不受逼迫。〔5〕敌多怨有庸：杜注谓意为讨伐多怨的敌人容易建立功劳。〔6〕君实有臣：谓臣子是从属于君王的。〔7〕聚党：聚养宗党。

壬午，胥童、夷羊五帅甲八百，将攻郤氏。长鱼矫请无用众，公使清沸魋助之[1]，抽戈结衽[2]，而伪讼者。三郤将谋于榭[3]，矫以戈杀驹伯、苦成叔于其位[4]。温季曰[5]："逃威也[6]！"遂趋。矫及诸其车，以戈杀之，皆尸诸朝。

【注释】
〔1〕清沸魋(tuí)：亦厉公宠臣。〔2〕结衽：衽，衣襟。结衽，谓互相揪住对方。〔3〕榭：建于台上的房屋。〔4〕驹伯：郤锜。苦成叔：郤犨。位：坐处。〔5〕温季：郤至。〔6〕逃威：欲逃于无罪而被杀。

胥童以甲劫栾书、中行偃于朝[1]。矫曰："不杀二子，忧必及君。"公曰："一朝而尸三卿，余不忍益也[2]。"对曰："人将忍君。臣闻乱在外为奸，在内为轨[3]。御奸以德，御轨以刑。不施而杀[4]，不可谓德。臣逼而不讨，不可谓刑。德刑不立，奸轨并至。臣请行。"遂出奔狄。公使辞于二子，曰："寡人有讨于郤氏，郤氏既伏其辜矣。大夫无辱[5]，其复职位。"皆再拜稽首曰："君讨有罪，而免臣于死，君之惠也。二臣虽死，敢忘君德。"乃皆归。公使胥童为卿。

【注释】
〔1〕劫：劫持。〔2〕不忍益：不忍心再加杀戮。〔3〕轨：同"宄"。〔4〕施：施恩惠。〔5〕无辱：不要将被劫持这事当作耻辱。

公游于匠丽氏[1]，栾书、中行偃遂执公焉。召士匄，士匄辞。召韩厥，韩厥辞，曰："昔吾畜于赵氏，孟姬之谗，吾能违兵[2]。古人有言曰'杀老牛莫之敢尸[3]'，而况君乎？二三子不能事君，焉用厥也！"

【注释】
〔1〕匠丽氏：据《晋语》等载，晋厉公卒于翼，则匠丽氏当在翼地。〔2〕违兵：不肯用兵。孟姬谗杀赵同、赵括时，晋侯、栾氏、郤氏皆参与进攻赵氏。见成公八年。〔3〕尸：主。

舒庸人以楚师之败也，道吴人围巢[1]，伐驾，围厘、虺[2]，遂恃吴而不设备。楚公子橐师袭舒庸，灭之。

【注释】
〔1〕巢：在今安徽巢县东北。〔2〕驾、厘：均在今安徽无为县境内。虺：在今安徽庐江县。

闰月乙卯晦[1]，栾书、中行偃杀胥童。民不与郤氏，胥童道君为乱，故皆书曰："晋杀其大夫。"

【注释】
〔1〕闰月：闰十二月。

【译文】

[经]

十七年春，卫北宫括率领军队侵袭郑国。

夏，成公会合尹武公、单襄公、晋厉公、齐灵公、宋平公、卫献公、曹成公、邾国人攻打郑国。

六月乙酉，一起在柯陵结盟。

秋，成公从盟会回国。

齐高无咎出逃到莒国。

九月辛丑，举行郊祭。

晋厉公派荀䓨来我国请求出兵。

冬，成公会合单襄公、晋厉公、宋平公、卫献公、曹成公、齐国人、邾国人攻打郑国。

十一月，成公从攻打郑国战役回国。

壬辰，公孙婴齐在狸脤去世。

十二月丁巳朔，发生日食。

邾子貜且去世。

晋国杀死他们的大夫郤锜、郤犨、郤至。

楚国人灭亡舒庸。

[传]

十七年春，周历正月，郑子驷侵袭晋虚邑、滑邑。卫北宫括救援晋国，侵袭郑国，到达高氏。

夏五月，郑太子髡顽、侯獳到楚国作人质，楚公子成、公子寅戍守郑国。成公会合尹武公、单襄公与诸侯攻打郑国，从戏童打到曲洧。

晋范文子从鄢陵战役回国后，让他的祝宗祈求让他快死，说："君王骄傲而战胜了敌人，这是上天加重他的疾病，祸难将到来了！爱我的人只有诅咒我，使我快些死，不要遭受祸难，这是范氏的福气。"六月戊辰，范文子去世。

乙酉，诸侯一起在柯陵结盟，是重温戚地的盟约。

楚子重救援郑国，军队驻扎在首止。诸侯退兵回国。

齐庆克与声孟子私通，与一妇人同穿女衣蒙头乘小车进入宫中的巷门。鲍牵见到了，报告了国佐，国佐把庆克召来，告诉他这件事。庆克躲在家中很久不出门，而报告声孟子说："国佐谴责我！"声孟子发怒。

国佐辅相灵公会合诸侯，高无咎、鲍牵留守国内。齐灵公回国时，将要到达都城，高、鲍关闭城门，检查旅客。声孟子诬陷说："高、鲍两人打算不接纳国君进城,立公子角为君。国佐参与了这件事。"秋七月壬寅,齐灵公砍去鲍牵的双脚,放逐高无咎。高无咎逃往莒国。高弱带领卢地人民叛乱。齐国人来我国召回鲍国,让他继承鲍氏的职位。

起初,鲍国离开鲍氏而来我国做施孝叔的家臣。施孝叔占卜决定家宰,匡句须吉利。施氏的家宰有一百家人家的采邑。施氏给了匡句须采邑,让他担任家宰,他把这职位让给鲍国,并把采邑也给了鲍国。施孝叔说:"你是占卜确定吉利的。"匡句须说:"能够让给忠良,还有比这更大的吉利吗!"鲍国辅佐施氏很忠心,所以齐国人让他回国作为鲍氏的继承人。仲尼说:"鲍牵的智慧还比不上葵菜,葵菜尚且能保住它的脚。"

冬,诸侯攻打郑国。十月庚午,包围郑都城。楚公子申援救郑国,军队驻扎在汝水边。十一月,诸侯撤回。

起初,声伯梦见自己趟过洹水,有人给自己琼瑰,他吃下去,哭出的眼泪都成了琼瑰,落满了怀抱。他接着唱歌说:"渡过了洹河水,有人送给我琼瑰。回去吧!回去吧!琼瑰装满我怀内!"声伯醒来后心中害怕,不敢占梦。这次从郑国回来,壬申,到达貍脤而占这梦,说:"我害怕会死,所以不敢占。如今这么多人跟着我已经三年了,没事。"说了这件事,到了晚上就死了。

齐灵公任命崔杼为大夫,派庆克辅佐他,率领军队包围卢邑。国佐跟随诸侯包围郑国,以国内有祸难为由请求回国。于是就去包围卢邑的军中,杀死庆克,率领穀地百姓叛乱。齐灵公与国佐在徐关订立盟约后恢复了他的官职。十二月,卢邑投降。齐灵公派遣国胜去晋国报告发生的祸难,让他在清地待命。

晋厉公奢侈,多宠爱的大夫。他从鄢陵战役回国后,想要把一些大夫们都撤了,换上自己的亲信。胥童因为胥克被解除职务而怨恨郤氏,他是厉公的宠臣。郤锜夺取夷阳五的田地,夷阳五也得到厉公的宠爱。郤犨与长鱼矫争夺田地,把长鱼矫抓起来上了镣铐,和他的父母妻子一起系在同一根车辕上。后来,长鱼矫也得到厉公的宠爱。栾书怨恨郤至,因为他不同意自己固守待变而提出作战并打败了楚军,所以想把郤至废除掉。他让楚公子茷告诉晋厉公说:"这次战役,郤至是召来我们寡君的人。他坚持要战,是因为当时东方诸侯的军队还没到,晋军主帅配备不全,他对我们寡君说:'这一战晋军必败!我将乘机奉孙周为国君以事奉君王。'"晋厉公把公子茷的话告诉栾书,栾书说:"恐怕是有这么回事,不然的话,他怎么会不顾死亡的威胁而接受敌人使者的问候呢?君王何不试派他到周朝去而考察他一下呢?"晋厉公派郤至去周朝聘问,栾书通知孙周让他接待郤至。厉公派人窥视郤至,回来报告这情况,厉公相信了公子茷的话,于是就怨恨郤至。

厉公打猎,和妇人一起先射猎并且饮酒,然后让大夫们射猎。郤至奉献射杀的野猪,寺人孟张抢走他的野猪,郤至射死了寺人孟张。厉公说:"郤至太轻视我了。"

厉公准备发动攻击,胥童说:"一定要先除掉三郤,他们宗族庞大招致的怨仇很多。除掉大族公室便不受逼迫,讨伐多怨仇的敌人容易建立功劳。"厉公说:"不错。"郤氏听到了这消息,郤锜准备进攻厉公,说:"就是死,国君也一定危险。"郤至说:"人所以立身处世,靠的是信用、智慧、勇敢。有信用就不背叛国君,有智慧就不危害人民,有勇敢就不发动叛乱。失去了这三者,还有谁亲近我们?死了还要增加怨恨,为什么要这样干?君王拥有臣子而把臣子杀了,能把君王怎么样?我如果有罪,君王杀了我,我已经死得晚了!如果君王杀的是没有罪的人,将会失去他的人民的拥护,他想安安定定地做国君,办得到吗?还是等待君王的命令吧!受了国君的爵禄,因此才有能力聚养宗党。有了宗党却与国君抗争,还有比这更大的罪吗?"

壬午,胥童、夷阳五率领八百名甲士,准备攻打郤氏。长鱼矫请求不要劳师动众,厉公派清沸魋帮助他,两人抽出戈来,互相扭结,伪装成打架的样子。三郤准备去台榭里为他们判决是非,长鱼矫用戈把郤锜、郤犨杀死在座位上。郤至说:"与其无罪被杀不如逃走!"于是快步奔逃。长鱼矫在车旁追上了他,用戈杀了他,把三人的尸体都陈列在朝廷上。

胥童带领甲士在朝廷上劫持了栾书、中行偃。长鱼矫说:"不杀这两个人,祸患一定会降临到君王身上。"晋厉公说:"一天之中已把三位卿陈尸朝廷,我不忍心再加杀戮。"长鱼矫说:"人家将要忍心对待君王。臣子听说祸乱在朝外的称为奸,在朝内的称为宄。对付奸人要用德行安抚，对付宄臣要用刑法杀戮。不施恩惠而杀，不能称作有德行。臣子逼迫君王而不讨伐，不能称有刑法。德行、刑法不树立，奸人宄臣都产生。臣子请求离开。"于是就出逃到狄人那儿。厉公派人到栾书、中行偃那儿致歉说："寡人对郤氏讨伐，郤氏已经伏罪了。大夫请不要把受到劫持的事当作耻辱，还是担任原来的职位吧。"二人都再拜叩头说："君王讨伐有罪的人，而赦免臣子一死，这是君王的恩惠。我们两个臣子即使死了，也不敢忘记君王的大德。"于是都回去了。晋厉公任命胥童为卿。

晋厉公到匠丽氏家游玩，栾书、中行偃伺机把他抓了起来。召唤士匄，士匄拒绝到场。召唤韩厥，韩厥也推辞，说："过去我托庇于赵氏，孟姬诬陷赵氏，我能做到不参与用兵。古人有句话说'杀头老牛却没人敢做主'，何况是国君呢？各位不能事奉君王，又哪能用得上我韩厥呢！"

舒庸人因为楚国打了败仗，引导吴国人包围巢地，攻打驾地，包围厘、虺二地，于是便倚仗吴国的保护不设防备。楚公子囊率领军队袭击舒庸，把它灭亡了。

闰十二月乙卯晦，栾书、中行偃杀死胥童。人民不亲附郤氏，胥童引导国君动乱，所以《春秋》都记载说"晋国杀死他们的大夫"。

成公十八年

[经]
十有八年春[1],王正月,晋杀其大夫胥童[2]。
庚申,晋杀其君州蒲。
齐杀其大夫国佐。
公如晋。
夏,楚子、郑伯伐宋[3]。
宋鱼石复入于彭城[4]。
公至自晋。
晋侯使士匄来聘[5]。
秋,杞伯来朝[6]。
八月,邾子来朝[7]。
筑鹿囿[8]。
己丑,公薨于路寝。
冬,楚人、郑人侵宋。
晋侯使士鲂来乞师[9]。
十有二月,仲孙蔑会晋侯、宋公、卫侯、邾子、齐崔杼同盟于虚朾[10]。
丁未,葬我君成公。

【注释】

〔1〕十有八年：公元前 573 年。〔2〕杜注："传在前年，经在今春，从告。"〔3〕楚子：楚共王。郑伯：郑成公。〔4〕彭城：今江苏徐州市。〔5〕晋侯：晋悼公。〔6〕杞伯：杞桓公。〔7〕邾子：邾宣公。〔8〕鹿囿：鹿苑。〔9〕士鲂：士会子，封鲂，故又称鲂恭子。〔10〕宋公：宋平公。卫侯：卫献公。虚杅：一云在鲁，即今山东泗水县。一云在宋，在今河南延津县。

[传]

十八年春，王正月庚申，晋栾书、中行偃使程滑弑厉公，葬之于翼东门之外，以车一乘[1]。使荀䓨、士鲂逆周子于京师而立之[2]，生十四年矣。大夫逆于清原[3]，周子曰："孤始愿不及此。虽及此，岂非天乎！抑人之求君，使出命也，立而不从，将安用君？二三子用我今日，否亦今日，共而从君，神之所福也。"对曰："群臣之愿也，敢不唯命是听。"庚午，盟而入，馆于伯子同氏[4]。辛巳，朝于武宫[5]，逐不臣者七人[6]。周子有兄而无慧[7]，不能辨菽麦，故不可立。

【注释】

〔1〕车：指葬车。诸侯葬车当七乘，此仅一乘，即不以诸侯礼安葬。〔2〕周子：即上年之孙周。〔3〕清原：见僖公三十一年注。〔4〕伯子同：晋大夫。〔5〕武宫：见僖公二十四年注。〔6〕不臣者：助厉公为恶及不臣服新君者，杜注谓"夷羊五之属"。〔7〕无慧：杜注谓"盖世所谓白痴"。

齐为庆氏之难故[1]，甲申晦，齐侯使士华免以戈杀国佐于内宫之朝[2]。师逃于夫人之宫[3]。书曰："齐杀其大夫国佐。"弃命,专杀,以穀叛故也。使清人杀国胜[4]。国弱来奔[5],王湫奔莱[6]。庆封为大夫[7],庆佐为司寇。既,齐侯反国弱,使嗣国氏,礼也。

【注释】
〔1〕庆氏之难:国佐杀庆克,见去年传。〔2〕士华免:士为官名,掌刑。〔3〕师:众人。指同在内宫朝堂的官员。〔4〕国胜时待命于清。〔5〕国弱:国胜之弟。〔6〕王湫:国佐同党。〔7〕庆封:与庆佐均为庆克子。大夫在齐等于卿。

二月乙酉朔,晋悼公即位于朝。始命百官,施舍、已责[1],逮鳏、寡,振废滞[2],匡乏困,救灾患,禁淫慝,薄赋敛,宥罪戾,节器用,时用民,欲无犯时。使魏相、士鲂、魏颉、赵武为卿[3]。荀家、荀会、栾黡、韩无忌为公族大夫[4],使训卿之子弟共俭孝弟。使士渥浊为大傅,使修范武子之法。右行辛为司空[5],使修士蒍之法。弁纠御戎[6],校正属焉[7],使训诸御知义。荀宾为右[8],司士属焉[9],使训勇力之士时使。卿无共御[10],立军尉以摄之。祁奚为中军尉[11],羊舌职佐之。魏绛为司马[12]。张老为候奄[13]。铎遏寇为上军尉[14]。籍偃为之司马[15],使训卒乘亲以听命[16]。程郑为乘马御[17],六驺属焉[18],使训群驺知礼。凡六官之长,皆民誉也。举不失职,官不易方[19],爵不逾德,师不陵正,旅不逼师[20],民无谤言,所以复霸也。

【注释】

〔1〕已责：免除对国家所欠债务。 〔2〕振：起用。 〔3〕魏颉：魏颗之子，谥文子。 〔4〕荀家、荀会：皆荀偃之族。韩无忌：韩厥之子。〔5〕右行辛：贾辛，领右行，故以为氏。 〔6〕弁纠：即栾纠。 〔7〕校正：主马官。 〔8〕荀宾：荀偃之族。 〔9〕司士：诸卿的车右。〔10〕卿无共御：卿即各军主帅、辅佐，原均有固定的御者，此时取消。〔11〕祁奚：字黄羊。 〔12〕魏绛：魏犨子。 〔13〕张老：张孟。候奄：主斥候之官。 〔14〕铎遏寇：复姓铎遏，名寇。 〔15〕籍偃：即籍游。〔16〕卒乘：步兵与车兵。亲：步调一致。 〔17〕程郑：荀氏别族。乘马御：即赞仆，管马的官。 〔18〕六驺：诸侯的马，即六闲之驺。〔19〕官不易方：谓官守其业，无相逾易。 〔20〕师、正、旅：均官吏名位，正为主将，师辖二千五百人，旅辖五百人。

公如晋，朝嗣君也。

夏六月，郑伯侵宋，及曹门外[1]。遂会楚子伐宋，取朝郏[2]。楚子辛、郑皇辰侵城郜[3]，取幽丘[4]，同伐彭城，纳宋鱼石、向为人、鳞朱、向带、鱼府焉。以三百乘戍之而还。书曰："复入。"凡去其国，国逆而立之曰入。复其位曰复归。诸侯纳之曰归。以恶曰复入。宋人患之。西鉏吾曰[5]："何也？若楚人与吾同恶[6]，以德于我，吾固事之也，不敢贰矣。大国无厌，鄙我犹憾[7]。不然，而收吾憎，使赞其政。以间吾衅，亦吾患也。今将崇诸侯之奸[8]，而披其地[9]，以塞夷庚[10]。逞奸而携服[11]，毒诸侯而惧吴、晋，吾庸多矣[12]，非吾忧也。且事晋何为[13]？晋必恤之。"

【注释】

〔1〕曹门：宋城门名。 〔2〕朝郏：在今河南夏邑县。 〔3〕子辛：即公子壬夫。城郜：在今安徽萧县。 〔4〕幽丘：在今安徽萧县。

〔5〕西鉏吾：宋大夫。 〔6〕恶：指恶鱼石等。 〔7〕鄙我犹憾：杜注谓："言己事之，则以我为鄙邑，犹恨不足，此吾患也。" 〔8〕崇：尊重。 〔9〕披：分。 〔10〕夷庚：车马往来的平道。 〔11〕逞奸：让奸人得到满足。携服：使原来顺服的人背离。 〔12〕庸：福。 〔13〕事晋何为：言宋平时事奉晋国就是为得到晋国帮助。

公至自晋。晋范宣子来聘，且拜朝也。君子谓："晋于是乎有礼。"

秋，杞桓公来朝，劳公，且问晋故。公以晋君语之。杞伯于是骤朝于晋而请为昏[1]。

【注释】
〔1〕骤：赶快。昏：同"婚"。

七月，宋老佐、华喜围彭城，老佐卒焉[1]。
八月，邾宣公来朝，即位而来见也。
筑鹿囿，书，不时也。
己丑，公薨于路寝，言道也[2]。

【注释】
〔1〕老佐：时官司马。 〔2〕道：正常。

冬十一月，楚子重救彭城，伐宋，宋华元如晋告急。韩献子为政，曰："欲求得人[1]，必先勤之[2]，成霸安疆，自宋始矣。"晋侯师于台谷以救宋[3]，遇楚师于靡角之谷[4]，楚师还。

【注释】
〔1〕得人：即得诸侯。〔2〕勤之：为之勤劳。〔3〕台谷：在今山西晋城县境。〔4〕靡角之谷：在彭城附近。

晋士鲂来乞师。季文子问师数于臧武仲[1]，对曰："伐郑之役，知伯实来[2]，下军之佐也。今彪季亦佐下军，如伐郑可也。事大国，无失班爵而加敬焉[3]，礼也。"从之。

【注释】
〔1〕臧武仲：即臧孙纥。〔2〕知伯：即荀䓨。〔3〕无失班爵：不要紊乱来者爵位高低。即依爵位高低决定。

十二月，孟献子会于虚朾，谋救宋也。宋人辞诸侯而请师以围彭城。孟献子请于诸侯，而先归会葬。
丁未，葬我君成公，书，顺也[1]。

【注释】
〔1〕书顺：杜注说成公死于路寝，五月而葬，国家安静，太子继位，所以说"书顺"。

【译文】
[经]
十八年春，周历正月，晋国杀死他们的大夫胥童。
庚申，晋国杀死他们的国君州蒲。
齐国杀死他们的大夫国佐。
成公去晋国。
夏，楚共王、郑成公攻打宋国。

宋鱼石回国进入彭城。
成公从晋国回国。
晋悼公派士匄来我国聘问。
秋，杞桓公来我国朝见。
八月，邾宣公来我国朝见。
修筑鹿囿的围墙。
己丑，成公在路寝中去世。
冬，楚国人、郑国人侵袭宋国。
晋悼公派士鲂来我国请求出兵。
十二月，仲孙蔑会合晋悼公、宋平公、卫献公、邾宣公、齐崔杼一起在虚朾结盟。
丁未，安葬我国国君成公。

[传]

十八年春，周历正月庚申，晋栾书、中行偃派程滑杀死厉公，葬在翼城的东门外，只用了一辆葬车。派荀䓨、士鲂去京师迎接周子回国立为君，这时他十四岁。大夫们在清原迎接他，周子说："我开始的愿望并没有想要这样，现在到这地步，难道不是天意吗？不过人们要求有国君，是让他发布命令，立了国君而不服从，要国君有什么用？各位要我做是在今天，不要我做也在今天说明白，恭敬而服从君王，这是神明所保佑的。"大夫们回答说："这是臣子们的愿望，怎敢不唯命是听。"庚午，与大夫们订立盟约后入都，住在伯子同家中。辛巳，在武宫朝见，放逐了不合臣道的大夫七人。周子有个哥哥是白痴，分不清豆类与麦子，所以不能立为国君。

齐国为了庆氏遭难的缘故，甲申晦，齐灵公派遣士华免用戈在内宫朝堂上杀死国佐。众臣逃进了夫人的宫里。《春秋》记载说："齐国杀死他们的大夫国佐。"是因为他废弃君王的命令，擅自杀人，带领穀地人民叛乱的缘故。灵公让清地的人杀死国胜。国弱逃来我国，王湫逃到莱地。任命庆封为大夫，庆佐为司寇。后来，齐灵公让国弱回国，让他继承国氏，这是合乎礼的。

二月乙酉朔，晋悼公在朝廷上即位，开始任命百官，赏赐众人,免除欠债,施惠遍及鳏夫、寡妇,起用被废黜和屈居下僚的贤人,救济贫困,援助灾难,禁止邪恶,减轻赋税,宽恕罪过,节省器用,按时用民,个人的欲望不与农时相冲突。任命魏相、士鲂、魏颉、赵武为卿。荀家、荀会、栾黡、韩无忌为公族大夫,让他们教育卿的子弟恭敬勤俭、孝顺友好。任命士渥浊为太傅,让他学习太傅范武子治国的法度。任命右行辛为司空,让他学习司空士蔿建都城宫室的法度。任命弁纠为驾御战车的官,主管马的校正归他管辖,让他训练御者们明白道义。任命荀宾为车右,各卿的车右归他管辖,让他训练勇敢有力量的武士待时而用。规定卿不用固定的御者,设立军尉兼任御者。任命祁奚为中军尉,羊舌职做他的副手。魏绛为中军司马。张老为中军候奄。铎遏寇为上军尉。籍偃为上军司马,让他训练步兵与车兵步调一致,听从命令。任命程郑为乘马御,国君的六驺归他管辖,让他训练马匹知道礼仪进退。凡是各部门的长官,都是百姓赞誉的人。举拔的人不失职,做官的人牢守职司,任命的爵位不超过德行,师不凌驾于正之上,旅不逼迫师,人民没有怨言,所以晋国再次成为诸侯的领袖。

成公去晋国,是去朝见新接位的国君。

夏六月,郑成公侵袭宋国,到达曹门外。接着就会合楚共王攻打宋国,占领了朝郏。楚子辛、郑皇辰侵袭城郜,占领了幽丘,一起攻打彭城,接回宋鱼石、向为人、鳞朱、向带、鱼府居住,留下三百辆战车戍守然后回国。《春秋》记载说:"复入。"凡是离开自己的国家,国人迎接他回国而拥立他,称为"入"。让他恢复原来的职位,称为"复归"。诸侯送他回国的,称为"归"。用不正当手段回国的,称为"复入"。宋国人担心这件事。西鉏吾说:"有什么可担心的?如果楚国人和我们一样鄙恶他们,施予我们恩德,我们本来是会事奉他们的,不敢背离他们。现在这个大国贪得无厌,把我国作为他们的边境城邑仍然不满足。不然,收留我们所憎恶的人,让他们辅助政事,等候机会打击我们,也是我们的祸患。如今他们却尊崇诸侯的叛徒,而且分给他们领地,阻塞了车马通行的大道。让坏人得到满足而使原来顺服的国家背离,触犯诸侯而威胁吴、晋,我们的好处就多了,这不是我们的忧患。再说我们事奉晋国是为了什么？晋国一定会帮助我们。"

成公从晋国回来。晋范宣子来我国聘问，同时拜谢成公对晋君的朝见。君子说："晋国在这件事上合乎礼。"

秋，杞桓公来我国朝见，慰劳成公，同时问晋国的情况。成公把晋悼公贤明的情况告诉他。杞桓公因此赶快去晋国朝见并请求通婚。

七月，宋老佐、华喜包围彭城，老佐死在战役中。

八月，邾宣公来我国朝见，这是为了新即位而来进见。

修筑鹿囿的围墙，《春秋》记载，是因为不合时令。

己丑，成公在路寝中去世，这是说属于正常情况。

冬十一月，楚子重救援彭城，攻打宋国。宋华元去晋国告急。韩献子这时任执政，说："要想得到诸侯的拥护，一定要先为他们付出勤劳，成就霸业，安定疆土，从宋国开始。"晋悼公率军从台谷出发以救援宋国，与楚军在靡角之谷相遇，楚军退回国内。

晋士鲂来我国请求出兵。季文子向臧武仲询问出兵的数量，臧武仲回答说："攻打郑国的战役，是知伯来求出兵，他是下军辅佐。如今士鲂也是下军辅佐，出兵数与攻打郑国时相同就行了。事奉大国，不要搞乱来使的爵位次序，同时加等对待，这是合乎礼的。"季文子听从了他的建议。

十二月，孟献子与诸侯的虚朾相会，是为了商议救援宋国。宋人辞谢诸侯，而请求出兵包围彭城。孟献子向诸侯请求，先回国参加成公葬礼。

丁未，安葬我国国君成公。《春秋》这样记载，是说诸事顺当。